DAVID GOODING

TIEFER GLAUBEN

365 Andachten zum Weiterdenken

MIX
Papier | Fördert gute Waldnutzung
FSC
www.fsc.org
FSC® C014496

David Gooding
TIEFER GLAUBEN
365 Andachten zum Weiterdenken

Best.-Nr. 271323
ISBN 978-3-86353-323-6
Christliche Verlagsgesellschaft Dillenburg

Best.-Nr. 180224
ISBN 978-3-85810-603-2
Verlag Mitternachtsruf, www.mnr.ch

Titel des englischen Originals:
Bringing us to Glory
Daily Readings for the Christian Journey

1. Auflage

www.cv-dillenburg.de
Übersetzung: Svenja Lueg
Satz und Umschlaggestaltung: Christliche Verlagsgesellschaft Dillenburg
Umschlagmotiv: Unsplash.com/Silas Baisch

Druck: GGP Media GmbH, Pößneck
Printed in Germany

Wenn Sie Rechtschreib- oder Zeichensetzungsfehler entdeckt haben,
können Sie uns gerne kontaktieren: info@cv-dillenburg.de

Inhalt

Vorwort des englischen Herausgebers 5
Vorwort des deutschen Herausgebers 6

Wegbereiter unserer Errettung

Teil 1 – Christi Hingabe an den Willen des Vaters 8
Teil 2 – Der Herr beginnt, die Werke des Teufels zu zerstören 36
Teil 3 – Der Herr als Spender und Erhalter des Lebens 48
Teil 4 – Der dienende König 57
Teil 5 – Der Hirtenkönig 66
Teil 6 – Die Freuden der Gemeinschaft mit dem König 84
Teil 7 – Der Weg ans Kreuz 103
Teil 8 – Der Tod und die Auferstehung des Herrn 124
Teil 9 – Die Himmelfahrt und Erhöhung Christi 137
Teil 10 – Unser großer Hoher Priester 148
Teil 11 – Die Wiederkunft des Herrn 157

Die Reise eines Jüngers

Teil 1 – Wo wir beginnen: unsere Rechtfertigung und Erlösung 165
Teil 2 – Heiligkeit: das Ziel der Reise. 182
Teil 3 – Glaube für die Reise 199
Teil 4 – Unser Wandel mit dem Herrn 219
Teil 5 – Unser Alltagsleben 238
Teil 6 – Gebet 268
Teil 7 – Hindernisse, Herausforderungen und Prüfungen 278
Teil 8 – Die Welt und unser geistlicher Kampf 300
Teil 9 – Aufs Ende schauen 316

Der Erlösungsplan des Vaters

Teil 1 – Gottes Charakter und Herrschaft 322
Teil 2 – Das Ziel unserer Erlösung 341
Teil 3 – Die Umsetzung des Plans: Schöpfung und Sündenfall 351
Teil 4 – Die Umsetzung des Plans: Gottes Erlösungsstrategie 370

Teil 5 – Die Umsetzung des Plans: Israel und Gottes Ziele 383
Teil 6 – Gottes Anschauungsunterricht: die Stiftshütte 399
Teil 7 – Gottes Anschauungsunterricht: heilige Tage, Feste und Opfer . . . 411
Teil 8 – Das versprochene Erbe 427
Teil 9 – Gott versorgt uns auf der Reise: der Heilige Geist 438
Teil 10 – Gott versorgt uns auf der Reise: die Gemeinde 457
Teil 11 – Gott versorgt uns auf der Reise: unsere Loyalität bewahren 475
Teil 12 – Als die Zeit erfüllt war, sandte Gott seinen Sohn 483

Weitere Veröffentlichungen von David Gooding 495
Index: Tägliche Textlesung und Schlüsselverse 502
Stimmen zum Buch 511
Quellenangaben der Andachten aus den Werken von David Gooding . . . 516

Vorwort des englischen Herausgebers

Diejenigen von uns, die das Privileg hatten, Professor Gooding persönlich zu begegnen, sind ihm aus vielen Gründen zu großem Dank verpflichtet – nicht zuletzt dafür, dass er uns den großen Wert von Gottes Wort lehrte und uns beibrachte, wie man es studiert. Doch eines seiner nachhaltigsten Vermächtnisse, für das ich immer dankbar sein werde, ist folgendes: Er war in der Lage, seine eigene Wertschätzung für die Größe und Herrlichkeit unseres Gottes zu vermitteln. Manchmal wird Gottes Wesen in einer Art und Weise dargestellt, die unterwürfige Angst und Schuldgefühle hervorruft. David Gooding jedoch jubelte mit unbändiger Freude über Gottes Güte. Durch die genaue Analyse von Gottes Wort entdeckte und vermittelte er die mannigfaltige Herrlichkeit unseres Herrn und Retters.

Daher ist es die Hoffnung des Myrtlefield Trust, dem ich dankbar bin für die Möglichkeit der Herausgabe dieses Buch, dass diese Texte auch andere Menschen in die Schriften von Professor Gooding einführen und – noch wichtiger – eine größere Liebe und Hingabe zu unserem auferstanden Herrn wecken werden. Dieses Buch ist so aufgebaut, dass es einer gewissen Struktur folgt. Dennoch soll es kein vollständiges oder systematisches Lehrbuch für Dogmatik sein. Es ist unser Gebet, dass die Leser etwas von der Größe von Gottes Plänen und seiner Fürsorge begreifen werden, mit denen er uns zur Herrlichkeit führt.

Helen Crookes, Belfast, 2020

Vorwort des deutschen Herausgebers

Tiefer glauben ist ein Andachtsbuch der besonderen Art: Es wurde aus den vielfältigen Schriften von Professor Gooding – aus seinen Büchern, Artikeln, Vorlesungen usw. – unter dem großen Thema der Nachfolge eines Christen zusammengestellt. Das erklärt die Unterschiedlichkeit der Beiträge in Stil und Inhalt. Es sind alles Auszüge aus größeren Werken.

Dass die Kraft des Evangeliums für den Christen nicht mit der Bekehrung endet, dass Christus uns auf dem Weg begleitet, der uns einmal zur Herrlichkeit führt, dass er für uns betet, damit unser Glaube nicht aufhört, dass er wirklich bei uns ist alle Tage – all das hat den Autor tief bewegt, was er auch immer wieder zum Ausdruck bringt. Daher die interessante Mischung in den Andachten aus profunder Bibelkenntnis und Begeisterung. Wissenschaftliche Gründlichkeit und Leidenschaft für unseren Herrn sind für den Autor kein Widerspruch – im Gegenteil. Dass er dabei immer wieder auch auf typologische Bibelauslegung zurückgriff, ebenfalls nicht, wie er in der Andacht zum 23. Oktober auch formuliert:

„Ich benötige etwas Hilfe, wenn ich über so etwas nachdenke, etwas, das sowohl meine Fantasie als auch mein logisches Denken beflügelt. Deshalb bin ich Gott sehr dankbar. Denn er hat sich auf meine Ebene herabgebeugt und mir Symbole für die großartigen ewigen Wahrheiten geschenkt, ein Festschmaus für mein Denken."

Dieser Andachtsband eignet sich auch, um einen Zugang zum Werk von Prof. Gooding zu finden. Dabei hat diese Sammlung durchaus das Zeug dazu, ein Klassiker zu werden. Nicht zu Unrecht wurde der Vergleich zu bekannten Andachtsbüchern wie „Mein Äußerstes für sein Höchstes" (Oswald Chambers) gezogen.

Mit der Herausgabe dieses Buches auf Deutsch verbinden wir als Verlag die Hoffnung, dass es Christen in ihrem Glauben stärkt, sie ermutigt, treu ihren Weg mit ihrem Herrn Jesus Christus zu gehen, der mit ihnen unterwegs ist und der „das gute Werk, das er in ihnen angefangen hat, auch weiterführen und an dem Tag, an dem er wiederkommt, vollenden wird" (nach Phil 1,6).

Der Verlag, Dillenburg, im August 2022

Wegbereiter unserer Errettung

Teil 1 – Christi Hingabe an den Willen des Vaters

1. Januar

Viele Söhne zur Herrlichkeit führen

Textlesung: Hebräer 2,5-18

Denn es entsprach ihm, um dessentwillen alle Dinge und durch den alle Dinge sind, indem er viele Söhne zur Herrlichkeit führte, den Urheber ihrer Rettung durch Leiden vollkommen zu machen. (V. 10)

Viele Söhne zur Herrlichkeit führen – das ist eine Aufgabe, die Gott nur auf eine Weise tun kann, die seiner Heiligkeit, Würde und Liebe entspricht. Einen Sünder einfach nur durch einen plötzlichen Akt göttlicher Macht in die himmlische Herrlichkeit zu versetzen, das würde dessen rebellisches und selbstsüchtiges Herz nicht verändern und ihn ebenso wenig in einen Heiligen verwandeln, wie sich ein Tiger in einen freundlichen und wohlerzogenen Gast verwandelt, bloß weil Sie ihn in Ihr Wohnzimmer führen. Der Sünder muss zunächst zur Buße geführt werden und Vergebung erhalten. Der Rebell muss mit Gott versöhnt werden. Das rein menschliche Geschöpf muss wiedergeboren und ein Kind Gottes werden. Und wenn die betroffene Person *reichlich* Eingang in das ewige Reich unseres Herrn bekommen (siehe 2Petr 1,11) und dort ein „über die Maßen überreiches, ewiges Gewicht von Herrlichkeit" tragen soll (2Kor 4,17), so wird irgendein Vorbereitungs-, Trainings- und Läuterungsprozess unverzichtbar sein, ob nun von langer oder kurzer Dauer. Und Leid wird ein unvermeidbarer Bestandteil dieses Prozesses sein.

Um seine vielen Söhne zur Herrlichkeit zu führen, musste ihnen Gott daher zunächst eine Kraftquelle und einen Anführer, einen Pionier und Wegbereiter ihrer Errettung geben. Und dann musste Gott zulassen, dass dieser sich das Recht als ihr Anführer erwarb, indem er zuerst selbst litt. Als Sohn Gottes besaß er vor seiner Menschwerdung ebenso unendliche Macht wie sein Vater. Doch wie viel wusste er damals aus persönlicher Erfahrung über Leid? Wie würde er ohne eine solche persönliche Erfahrung mit Leid jemals sein Volk in dessen Leiden verstehen und dies nachempfinden können? Indem er dies sagt, stellt der Verfasser des Hebräerbriefes natürlich keine Bedingungen auf, deren Erfüllung er von Gott einfordert. Vom Heiligen Geist inspiriert gibt er uns weiter, wie Gott selbst über all das dachte. Was für einen herrlichen Einblick in Gottes Charakter vermittelt uns das! Im Besitz endloser Macht hatte er als Schöpfer das Recht, uns so zu behandeln, wie er wollte. Aber da er nun einmal beschlossen hatte, uns über den Weg des Leids zur Herrlichkeit zu führen, bestand sein unendliches Mitgefühl darauf, dass dies nicht nur irgendwie geschehen sollte, sondern auf eine Weise, die angemessen wäre – selbst wenn dies das Leiden seines eigenen Sohnes bedeutete.[1]

2. *Januar*

Die Menschwerdung ermöglicht es uns, Gott nahezukommen

Textlesung: Johannes 1,1-18

Und das Wort wurde Fleisch und wohnte unter uns. (V. 14)

Wenn Jesus von Anfang an die göttliche Würde seiner wesenhaften Beziehung zum Vater verkündet und gezeigt hätte, so wäre eines der Hauptziele der Menschwerdung zunichtegemacht worden. Seine Jünger hätten ihn zwar möglicherweise trotzdem als den Schöpfer angebetet, in dem, durch den und für den das Universum geschaffen worden war. Doch Gott sucht eine Beziehung zu den Menschen, die unendlich viel höher reicht als die Beziehung zwischen einem Schöpfer und seinen Geschöpfen. Er will seine Geschöpfe durch eine geistliche „Geburt von oben" in eine Beziehung von Kindern und dann erwachsenen Söhnen mit dem Vater erheben. Diese geistliche Geburt hängt davon ab, ob sie eine persönliche Beziehung zu seinem Sohn aufbauen. Das wiederum ist abhängig davon, ob sie sich zu ihm hingezogen fühlen – ohne Angst vor ihm, mit wachsendem Glauben und einer sich stetig vertiefenden Erkenntnis. Dies erfordert, dass er immer nur so viel von sich offenbart, dass ihr Glauben und ihre Liebe weiter wachsen, doch nie so viel auf einmal, dass es ihre menschliche Persönlichkeit überwältigt und es ihnen unmöglich macht, sich ihm gegenüber wie Freunde zu verhalten.

Viele Nationen kennen in ihrer Volksüberlieferung die Geschichte eines königlichen Prinzen, der sich plötzlich in ein armes Mädchen aus der Stadt verliebt. Entschlossen, ihr Herz zu gewinnen und sie zu seiner Braut zu machen, verlässt er den Palast, zieht gewöhnliche Kleider an und nähert sich ihr als gewöhnlicher Mann, wenngleich ein wenig über ihrem Niveau. Er ist nicht nur äußerlich attraktiv, sondern vor allem in seinem Gebaren und Verhalten anziehend. Aber im Allgemeinen verbirgt er seine Herrlichkeit, damit sie sich weder vor ihm fürchtet noch – im anderen Extrem – ihn nur wegen seines Reichtums und seiner Stellung, nicht aber um seiner selbst willen liebt. Wenn er dann ihr Herz gewonnen und sie ihre Treue zu ihm unter Beweis gestellt hat, offenbart er ihr allmählich – so heißt es in den Geschichten – immer mehr von seinem Reichtum und seiner Majestät bis zur strahlenden Herrlichkeit der öffentlichen Hochzeit und der anschließenden Krönung. So hat sich – nicht in der Volksüberlieferung, sondern in der historischen Wirklichkeit – die Geschichte der Menschwerdung von Gottes Sohn abgespielt. Er kam zur Erde als wahrer Mensch und doch ganz Gott, um uns für sich zu gewinnen. Was können wir anderes sagen, als auszurufen: Oh seliges Mysterium! „Groß ist das Geheimnis der Gottesfurcht: Der offenbart worden ist im Fleisch“ (1Tim 3,16).[2]

3. Januar

Der Sohn offenbart seinen Vater

Textlesung: Matthäus 11,20-30

Alles ist mir übergeben worden von meinem Vater;
und niemand erkennt den Sohn als nur der Vater,
noch erkennt jemand den Vater als nur der Sohn,
und der, dem der Sohn ihn offenbaren will. (V. 27)

Über den Vater, den transzendenten Allmächtigen, wurde nie etwas anderes bekannt als das, was die zweite Person der Trinität, der Sohn Gottes, bekannt gemacht hat. „Niemand hat Gott jemals gesehen; der einziggeborene Sohn, der in des Vaters Schoß ist, der hat ihn bekannt gemacht“ (siehe Joh 1,18). Wenn Sie etwas über Gottes Vorstellung zum Thema „Farbe“ wissen wollen, dann schauen Sie sich die Schöpfung an; vergessen Sie nur nicht, dass es der Sohn Gottes war, der die Schöpfung machte. Wenn Sie etwas über Gottes Gedanken in Bezug auf Musik wissen wollen, schauen Sie sich die Schöpfung und das menschliche Ohr an; denken Sie jedoch daran, dass es der Sohn Gottes war, der das menschliche Ohr schuf. „Den Vater kennt niemand – nur der Sohn und die, denen der Sohn es offenbar machen will“ (NeÜ). Er besitzt (verzeihen Sie bitte die Wortwahl – sie ist nicht im kommerziellen Sinn gemeint) das exklusive Monopol auf Gotteserkenntnis.

In einer Zeit, in der Jesus Christus sogar vom Christentum darauf reduziert wird, nur „ein Mensch, der für andere da ist“ zu sein, „ein erleuchteter Prophet“ oder „ein Jude, der seiner Zeit voraus war“, sollten wir uns neu die exklusiven Ansprüche von Jesus Christus, unserem Herrn, in Erinnerung rufen. Er verfügt über das exklusive Monopol auf die Offenbarung des Vaters.

Wie lauten seine Bedingungen? „Kommt her zu mir, alle ihr Mühseligen und Beladenen! Und ich werde euch Ruhe geben“ (siehe Mt 11,28). Da steht noch nicht einmal zuerst: „Geht und sucht in euren Bibeln“, so gut das auch ist. Denn der Eine, der Gott bekannt macht, ist eine Person. Und er sagt: „Kommt her zu mir.“ Das ist wahr. Dies predigen wir den Nichtbekehrten. Predigen wir es auch uns selbst! Nicht zuerst meine Bibel, sondern zuerst der Herr Jesus, der das Wort ist. Nicht das Buch ohne die Person: erst die Person, dann das Buch. So will ich selbst als Gläubiger, der diese Worte liest, immer daran denken, dass ich nicht zu einem philosophischen Dokument oder einem theologischen System komme. Ich komme zu einer Person.[3]

4. Januar

Der Sohn Gottes und die Erschaffung des Universums

Textlesung: Daniel 7,9-14

Jetzt, am Ende dieser Zeiten, sprach er durch den Sohn zu uns.
Ihn hat er zum Erben über alles eingesetzt,
ihn, durch den er das ganze Universum erschuf.
(Hebr 1,2; NeÜ)

Das Universum ist nicht selbstexistent. Es wurde geschaffen. Das führt unweigerlich zu der Frage: „Wozu wurde es geschaffen?" Instinktiv lehnen wir den Gedanken ab, es könnte keine Absicht, kein Ziel hinter seiner Existenz stehen. Unser Denken weigert sich, sich mit der Vorstellung abzufinden, dass zwar jeder Bestandteil des Universums einen Zweck und eine Funktion in Bezug auf das Ganze erfüllt, das Ganze selbst aber keinen Zweck und keine Funktion haben sollte.

Wir selbst sind ebenso wenig selbstexistent. Und wir haben uns ganz gewiss nicht selbst geschaffen. Früher oder später beginnen wir alle zu fragen: „Warum bin ich hier? Worin besteht der Sinn des Lebens?" Die meisten von uns stellen fest, dass wir selbst zu klein sind, um ein ausreichendes Ziel und einen zufriedenstellenden Zweck für unser eigenes Leben darzustellen. Wir müssen nach einem größeren und erfüllenderen Ziel suchen. Doch was könnte das sein? Die Familie? Die Gesellschaft? Die Nation? Die Menschheit? Das Verhalten der Nationen und des Menschengeschlechts allgemein scheint die Menschheit selbst als ein ziemlich unbefriedigendes Lebensziel zu entlarven, wie die bisherige Geschichte zeigt. „Aber die Menschheit", sagen Sie vielleicht, „hat große Fortschritte gemacht und wird weiter große Fortschritte machen. Ich will zufrieden sein, wenn mein eigenes Leben dem noblen Ziel des Fortschritts der Menschheit dient." Das haben Sie schön gesagt. Doch wenn die Menschheit tatsächlich Fortschritte macht – und das tut sie gewiss in manchen Bereichen –, dann wirft das wiederum dieselbe Frage auf: Fortschritt auf welches Ziel hin? Wenn es auf diese Frage keine Antwort gibt, wäre es letztlich sinnlos, dem „Fortschritt der Menschheit zu dienen". Welchen Zweck hat es, ein Zahnrad in der Maschinerie eines Busses zu sein, die den

Bus antreibt, wenn nicht klar ist, wohin er fährt? Wenn es tatsächlich keinen Ort gibt, auf den er zusteuert? Wenn es keinen Grund dafür gibt, dass er überhaupt irgendwo hinfährt?

Wo sollen wir dann einen ausreichenden Sinn und ein zufriedenstellendes Ziel für unsere Existenz finden? Die Antwort lautet: in Gottes Sohn. Für ihn und zu seiner Freude wurde das Universum mit uns selbst darin geschaffen. Er wurde zum Erben aller Dinge ernannt – des materiellen Universums, all seiner Geschöpfe, seiner Geschichte und seines Fortschritts. Als allmächtiger und ewiger Sohn Gottes ist er allein groß und würdig genug, das ultimative Lebensziel des Einzelnen, der Menschheit und des Universums zu sein.[4]

5. Januar

Gottes Sohn und der Fortbestand des Universums

Textlesung: Römer 8,18-25; Hiob 38,1-18

Durch die Macht seines Wortes trägt er das All. (Hebr 1,3; NeÜ)

Es gibt noch etwas, das Christus seit jeher getan hat und immer tun wird: Er erhält alle Dinge durch die Macht seines Wortes. Er erhält das Universum, das er selbst geschaffen hat, und zwar nicht wie ein totes Gewicht, das er hochhalten müsse, sondern in dem Sinne, dass er es voranbringt zu seinem endgültigen Ziel und seiner Bestimmung. Wissenschaftler sprechen von den Gefahren der Kernspaltung und dass der Mensch die Welt in die Luft jagt, auf der wir leben. Darüber müssen Sie sich keine Sorgen machen. Denn es ist das mächtige Wort Christi, das die Existenz dieser Welt aufrechterhält und bewahrt. Man sagt uns, das Universum dehne sich aus. Sterne, die bereits Millionen Lichtjahre entfernt sind, bewegen sich ständig weiter weg von der Erde – und das mit gewaltiger Geschwindigkeit. Wohin geht das alles? Wo wird es enden? Tatsache ist: Gottes Sohn erhält alles aufrecht und führt es seiner Bestimmung zu.

Doch es gibt noch mehr. Er hat „das Opfer gebracht ..., das von Sünden reinigt“, so sagt die Heilige Schrift. In der Schlachter-Übersetzung heißt es, dass „er die Reinigung von unseren Sünden durch sich selbst vollbracht hat". Aber der Gedanke ist eigentlich noch größer als das. Es ist nicht nur eine Frage unserer Sünden – so schlimm und groß sie auch sind. Es geht um das gesamte verunreinigte und zerrissene Universum. Er hat alles geschaffen. Er erhält alles. Und als die Sünde alles verdarb, da kam er selbst, um es wieder in Ordnung zu bringen. Er ist kein bloßes Geschöpf, das an einem Universum herumdoktert, das es selbst nicht gemacht hat. Er ist der Schöpfer des Universums. Und er ist obendrein dessen Erlöser. Er hat das Werk vollbracht, das die letztendliche Versöhnung aller Dinge mit Gott möglich macht – „indem er Frieden gemacht hat durch das Blut seines Kreuzes – ... sei es, was auf der Erde oder was in den Himmeln ist" (Kol 1,20).[5]

6. Januar

Die Person des Sohnes Gottes

Textlesung: Jesaja 6,1-4; Johannes 12,41

Er, der Ausstrahlung seiner Herrlichkeit und Abdruck seines Wesens ist. (Hebr 1,3; NeÜ)

Wir haben über den Sohn Gottes in Bezug auf die Schöpfung nachgedacht. Doch wie ist er in sich selbst? Er ist der Abglanz von Gottes Herrlichkeit und das getreue Abbild seines [essenziellen] Wesens. Beachten Sie hier die Gegenwartsform. Hier handelt es sich um Dinge, die schon immer für Christus galten, die jetzt gelten und immer so sein werden. Er ist der Abglanz von Gottes Herrlichkeit. Keiner von uns hat jemals Gott den Vater gesehen. Nicht einmal Mose. Als Mose im Felsspalt stand und Gott all seine Herrlichkeit vorbeiziehen ließ, da sah Mose nicht den Einen, den wir als Gott den Vater kennen (2Mo 33,17-23). Er sah den Einen, der später Jesus von Nazareth wurde, der aber seit jeher und in alle Ewigkeit der Abglanz von Gottes Herrlichkeit ist. Er hat Gottes Herrlichkeit gezeigt, indem er das Universum schuf – und damit deutlich gemacht, dass Gott ein Gott der Farbe, der Musik, der Schönheit, der Erhabenheit und Macht ist. Durch Mose und sein Gesetz machte er Gott als einen Gott der moralischen Ordnung und Reinheit, der Gerechtigkeit und Heiligkeit bekannt. Aber in seiner eigenen Menschwerdung, seinem Tod, seiner Auferstehung und Himmelfahrt hat er die Herrlichkeit des Vaters auf eine Weise geoffenbart, wie es nur der Sohn tun konnte. „Und das Wort wurde Fleisch und wohnte unter uns", sagt der Apostel Johannes, „und wir haben seine Herrlichkeit angeschaut, eine Herrlichkeit als eines Einzigen vom Vater, voller Gnade und Wahrheit" (Joh 1,14).

Nicht nur in seinen Taten, sondern in seiner eigenen Person ist er der Abglanz von Gottes Herrlichkeit. Jesaja blickte einmal in den Himmel hinauf, wo er den Herrn hoch und erhaben sah und sein Gewandsaum den Tempel ausfüllte. Die Serafim verhüllten ihre Köpfe und Füße, während sie riefen: „Heilig, heilig, heilig ist der HERR der Heerscharen." Jesaja sah, so berichtet er uns, „den König, den HERRN der Heerscharen" (Jes 6,1-5). Johannes, der von Gottes Geist inspirierte Evangelist, ergänzt folgende Information: Die Person, die Jesaja dort sah, war der, den wir Jesus nennen (Joh 12,41). Er ist die Person der Trinität, die die Herrlichkeit Gottes offenbart. Er spiegelt sie nicht nur wider, so wie ein Spiegel die Lichtstrahlen der Sonne reflektiert, aber in sich selbst kein Licht hat. Vielmehr verhält es sich so: Genau wie die Sonnenstrahlen uns offenbaren, wie die Sonne ist, weil sie dasselbe Wesen besitzen wie die Sonne, so offenbart Christus Gott, weil er seinem tiefsten Wesen nach Gott ist.[6]

7. Januar

Den Namen des Vaters bekannt machen

Textlesung: Johannes 17

Und ich habe ihnen deinen Namen kundgetan und werde ihn kundtun. (V. 26)

Gottes Name, das heißt Gottes Charakter, ist unbegrenzt in seinem Reichtum und seiner Herrlichkeit. Daher dürfen Gottes Menschen keine geistlichen Kleinkinder bleiben. Sie müssen in die Gotteserkenntnis hineinwachsen, indem sie zu reifen Söhnen werden und immer mehr in ihrer Erkenntnis des Vaters und des Sohnes zunehmen. Zu diesem Zweck verpflichtet sich Christus nun mit dem Versprechen einer nie endenden Offenbarung: „Und ich habe ihnen deinen Namen kundgetan und werde ihn kundtun."

Getreu diesem Versprechen macht Christus seiner Gemeinde hier auf der Erde den Namen des Vaters unablässig bekannt – in dem Maße, wie sie es ertragen kann. Dazu gebraucht er Gottes Wort ebenso wie die Erziehung und Erfahrung durch das Leben. Nur wenige Menschen sind in den Genuss eines nahezu perfekten menschlichen Vaters gekommen. Manche wurden durch entstellte Interpretationen von Vaterschaft, die ihnen ihre Eltern (vielleicht unbeabsichtigt) vermittelt haben, emotional geschädigt oder sogar tief verletzt. Es kann ein ganzes Leben dauern, bis Christus diese falschen Prägungen korrigiert und das Denken neu ausgerichtet hat. Noch wichtiger: Es kann ebenso lange dauern, unser Herz von der vollkommenen Fürsorge, der Versorgung, dem Mitgefühl, der Geduld und dem Erbarmen der Liebe des Vaters zu überzeugen und uns gewiss zu machen, dass das alles wunderbarer ist, als wir je zu träumen wagten. In ähnlicher Weise kann es lange dauern, bis Christus uns das unermüdliche Bemühen des Vaters bewusst gemacht hat, dass seine Kinder in der Heiligkeit wachsen – bis zu dem Punkt, an dem sie seiner eigenen Heiligkeit entsprechen –, koste es, was es wolle (Hebr 12,5-11).

Beachten Sie jedoch den Höhepunkt, auf den sich das Gebet Christi zubewegt. Er hat vor, die Seinen am Ende zu sich zu holen – dorthin, wo er ist. Dort wird er ihnen die unerschöpflichen Reichtümer zeigen, die bereits sein Eigen waren, bevor die Schöpfung ins Dasein gerufen wurde. Das Ziel dieser niemals endenden Offenbarung ist, dass seine Menschen immer tiefer das unendliche Ausmaß der Herrlichkeit ergründen, die Christus vom Vater gegeben wurde. Wenn sie das tun, werden sie diese Liebe mit immer größerem Staunen erkennen. Und dann wird über ihrer Anbetung der Liebe des Vaters zum Sohn die Stimme des Sohnes zu hören sein, der immer mehr vom Namen des Vaters offenbart. Eine Welle begeisterten Staunens und großer Freude wird sie dann erfüllen, während sie wieder und wieder begreifen – jedes Mal so, als wäre es etwas völlig Neues und Frisches –, dass der Vater sie ebenfalls liebt, und zwar so vollkommen, reichhaltig und grenzenlos, wie er den Sohn liebt. Und die Liebe Gottes wird in ihnen sein, und der Sohn Gottes wird für immer bei ihnen sein.[7]

8. Januar

Zeige uns den Vater

Textlesung: Johannes 14,5-12

Wer mich gesehen hat, hat den Vater gesehen. (V. 9)

Christi Antwort an Philippus muss einen Ausdruck von Fassungslosigkeit und Unverständnis auf Philippus' Gesicht hinterlassen haben. Denn der Herr fuhr fort: „Glaubst du nicht, dass ich im Vater bin und der Vater in mir ist? Nimm doch die Worte, die ich zu euch rede, und die Wunderwerke, die ich vollbracht habe. Was denkst du denn, wie ich das tue, Philippus? Ich bin nicht die Quelle der Worte, die ich zu euch rede, noch der Werke, die ich tue. Der Vater, der in mir wohnt, ist die Quelle von beidem. Glaube mir, Philippus, dass ich im Vater bin und der Vater in mir ist. Oder wenn du mir einfach nicht glauben kannst, dann glaube mir auf der Basis eben jener Werke, die ich tue" (vgl. V. 10-11).

Das muss ein wunderbarer Moment an diesem außergewöhnlichen Abend gewesen sein. Thomas und Philippus hatten gedacht, dass Gott weit, weit weg im Himmel sei. Nun fanden sie heraus, dass der Vater gewissermaßen in der Person Jesu am anderen Tischende saß. Den ganzen Abend lang hatten sie Jesu Worten gelauscht. Sie hatten sich über die Gnade und das Ehrfurchteinflößende in seinen Worten gewundert. Doch die ganze Zeit waren es die Worte des Vaters gewesen, die sie gehört hatten. Und dabei hatten sie Jesus ins Gesicht geschaut; sie hatten den Ausdruck von Liebe, Ermutigung und Trauer gesehen. Doch was sie in Jesu Gesicht eigentlich gesehen hatten, war das Licht der Erkenntnis der Herrlichkeit Gottes. Johannes hatte sich sogar an Jesu Brust gelehnt. Die Liebe, die in jedem Herzschlag seiner Worte mitschwang, war die Liebe Gottes. War das wirklich Gott gewesen, der da nur wenige Augenblicke zuvor zu ihren Füßen gekniet und sie gewaschen hatte? War Gott so? Ja, ganz genau: „Die Worte, die ich zu euch rede, rede ich nicht von mir selbst; der Vater aber, der in mir bleibt, tut seine Werke. Wer mich gesehen hat, hat den Vater gesehen." So ist Gott. Gewiss hatten die Apostel dort im Obersaal nicht die äußerliche Herrlichkeit Gottes und Christi gesehen, so wie sie Johannes später in dieser Offenbarung sah, die ihm auf der Insel Patmos geschenkt wurde (siehe das Buch der Offenbarung). So werden alle

Menschen seines Reiches sie eines Tages sehen. Sie aber hatten tatsächlich in das Herz und die Gedanken des Vaters geblickt, seinen Charakter und seine Haltung, seine Worte und Werke gesehen. Christus hatte ihnen den Vater gebracht.[8]

9. Januar

In seinem Tod, seiner Auferstehung und Himmelfahrt offenbart Christus den Vater

Textlesung: Johannes 16,17-33

Dies habe ich in Bildreden zu euch geredet;
es kommt die Stunde, da ich nicht mehr in Bildreden zu euch sprechen,
sondern euch offen von dem Vater verkündigen werde. (V. 25)

Diese Stunde kam mit seinem Tod, seiner Auferstehung und seiner Himmelfahrt. Seine Auferstehung demonstrierte deutlicher, als Worte es konnten, dass er der „Sohn Gottes in Kraft" war (Röm 1,4). Seine Auferstehung demonstrierte außerdem, dass das Kreuz weder ein Unfall noch ein Desaster gewesen war. Es stand definitiv nicht im Widerspruch zum Wesen und Charakter Gottes. Tatsächlich war es sogar der klarste Ausdruck von Gottes Herz in der gesamten Weltgeschichte. Es war der Mittelpunkt von Zeit und Ewigkeit, den Gott durch seinen entschlossenen Ratschluss und seine Vorkenntnis vor der Grundlegung der Erde geplant hatte (1Petr 1,20; Apg 2,23). Es war in den Prophezeiungen des Alten Testaments vorausgesagt (Lk 24,25-27) und zu Gottes vorherbestimmter Stunde ausgeführt worden. Es war die mächtigste und tiefste Botschaft aus dem Herzen des Vaters, die der Mensch je erhoffen konnte oder die Gott je hätte ersinnen können. Es war über jede Fehlinterpretation erhaben.

Gott verfügt über absolute Allmacht. Aber die Bibel sagt nirgendwo, dass Gott Macht ist. Sie sagt, dass Gott Liebe ist. Wenn das also beschreibt, wie der Vater wirklich ist, wo könnten wir es besser wahrnehmen als im Kreuz Christi? „Hierin ist die Liebe Gottes zu uns offenbart worden, dass Gott seinen einzigen Sohn in die Welt gesandt hat, damit wir durch ihn leben. Hierin ist die Liebe: Nicht, dass wir Gott geliebt haben, sondern dass er uns geliebt und seinen Sohn gesandt hat als eine Sühnung für unsere Sünden. ... dass der Vater den Sohn gesandt hat als Retter der Welt" (1Jo 4,9-10.14). Aber auch damit würde Christus sich nicht zufriedengeben. Was wäre, wenn er den Charakter des Vaters auf Golgatha völlig offenbart hätte, wir aber nicht in der Lage wären, ihn zu erfassen? Um also seine klare und deutliche Offenbarung des Vaters zu Ende zu führen, schickte er nach seiner Himmelfahrt den Heiligen Geist zu jedem Einzelnen in seinem Volk. Dieser goss die Liebe Gottes in ihre Herzen aus, um sicherzustellen, dass sie diese Liebe persönlich erfassen und genießen können.[9]

10. Januar

Die erste Versuchung

Textlesung: Lukas 4,1-13

Und Jesus antwortete ihm: Es steht geschrieben: „Nicht vom Brot allein soll der Mensch leben." (V. 4)

Der Erzählfluss in Lukas' Geschichte – der Sohn Adams, der Sohn Gottes, wird vom Teufel in Bezug auf Essen in Versuchung geführt –, bringt uns gedanklich zurück zu der Geschichte, in der Adam aus Ungehorsam von dem Baum aß. Das wiederum beleuchtet unsere beiden Grundfragen weiter: Wer ist Jesus, und wozu ist er gekommen? Er ist der zweite Mensch, gekommen, um zu triumphieren, wo der erste Mensch versagte. Er ist dazu bestimmt, in seiner Auferstehung der Beginn und das Oberhaupt einer neuen Menschheit zu sein, so wie Adam der Beginn und das Oberhaupt der alten war. Doch die erste Versuchung zeigt bereits den Unterschied zwischen Jesus und dem ersten Menschen: „Wenn du Gottes Sohn bist", sagte der Teufel, „so sprich zu diesem Stein, dass er Brot wird" (V. 3). Selbstverständlich hätte ein solcher Vorschlag für Adam niemals eine Versuchung dargestellt, genauso wenig wie für jeden von uns. Adam verfügte nicht über die Macht, Steine in Brot zu verwandeln, noch hat irgendein anderer Mensch sie seither besessen. Für Christus lag im Gegensatz dazu das ganze Ausmaß dieser Versuchung in der Tatsache, dass er als Sohn Gottes sehr wohl die Macht besaß, Steine in Brot zu verwandeln, wenn er gewollt hätte. Er antwortete dem Teufel nicht: „Sei kein Dummkopf: Ich habe nicht die Macht, Steine in Brot zu verwandeln." Stattdessen erwiderte er: „Nicht vom Brot allein soll der Mensch leben." Das griechische Wort, das Lukas hier für „Mensch" verwendet, beschreibt das Wesen des Menschen. Christi Antwort weist daher darauf hin, dass er zwar in der Tat der Sohn Gottes ist, zugleich jedoch auch Mensch. Er beabsichtigt daher, zu den Bedingungen zu leben, die für einen Menschen, für einen Sohn Adams, richtig und angemessen sind.

Und so wurde der erste Sieg errungen. Dabei handelte es sich allerdings nicht um einen Sieg der bloßen Askese. Menschliches Leben benötigt zu seiner Erhaltung mehr als Brot, wenn es wahres Leben und nicht nur eine Form lebendigen Todes sein soll: Es hängt ab von Gottes Wort und von Gemeinschaft mit ihm in liebevollem Gehorsam gegenüber diesem Wort. In der Wüste ließ Gott zu, dass Israel hungerte (vgl. 5Mo 8,3). Dann gab er das Manna, damit das Volk lernte, dass der Mensch nicht nur von Brot allein lebt, sondern von jedem Wort, das aus Gottes Mund hervorgeht. Nach vierzig Tagen des Fastens in der Wüste ist Christus nun hungrig. Doch er ordnet sich bereitwillig dem geschriebenen Wort – „Es steht geschrieben" – unter. Er weigert sich, unabhängig von Gottes Wort, das ihm ins Herz gesprochen wurde, zu essen.[10]

11. Januar

Der Mensch Jesus und die Erfüllung von Gottes Plan für die Menschheit

Textlesung: Hebräer 2,1-9

Jetzt aber sehen wir ihm noch nicht alles unterworfen. (V. 8)

Momentan sehen wir diesem Menschen noch nicht alles unterworfen. Das bedeutet jedoch nicht, dass Gott sein ursprüngliches Ziel verworfen hätte. Die Sünde hat alles verdorben, und der Mensch hat in seiner Torheit und seinem Ungehorsam viel von seiner Herrschaft verloren. Aber Gott gibt sich nicht geschlagen. Ganz im Gegenteil. In seinem ursprünglichen Plan war der Menschen bewusst dazu geschaffen worden, ein wenig niedriger als die Engel zu sein.

Vielleicht lag das daran, dass die Erschaffung des Menschen Gottes strategische Antwort auf die Rebellion war, die in der unsichtbaren Welt ausgebrochen war, zu der die Engel von Natur aus gehören. Wer weiß? Doch Satan verführte schon sehr früh und erfolgreich Gottes Vizekönig, den Menschen. Er brachte ihn auf einen Kurs der Illoyalität und Rebellion gegen eben jenen Gott, als dessen Ebenbild er geschaffen war. Da wurde die Weisheit in Gottes Strategie, den Menschen ein wenig unter die Engel zu erniedrigen, schließlich offenbar. Engel in dem ihnen angemessenen Stand heiraten nicht und zeugen auch keine Nachkommen. Der Mensch kann beides. Und das machte Gottes lange im Voraus geplanten strategischen Schachzug möglich, durch den er selbst als Mensch in unsere Welt hineingeboren wurde. So konnte er als Mensch den Feind besiegen und Gottes ursprünglichen Plan mit der Menschheit siegreich verwirklichen.

Schon jetzt, so sagt unser Autor, sehen wir die erste Etappe dieses Plans erfüllt: „Doch Jesus sehen wir" (NeÜ). Beachten Sie seinen Namen: Es ist ein menschlicher Name, ein hebräischer Name, der ihm von menschlichen Eltern entsprechend der Anweisung eines Engels gegeben wurde. „Doch Jesus sehen wir bereits, der für kurze Zeit geringer als die Engel gemacht wurde" (V. 9; NeÜ) – genau wie der erste Mensch, Adam, es gewesen war. Er hat Fleisch und Blut angenommen und ist geworden, was Engel nie waren und niemals sein werden: ein Mensch. Und sehen Sie dann, wie er als Baby in einer primitiven Krippe in einem unbekannten Dorf namens Bethlehem liegt, scheinbar hilflos. Aber nehmen Sie nicht an, das sei irgendetwas, wofür man sich schämen müsste! Das ist ein enormer Fortschritt für die Menschheit. Es ist der erste Schritt auf dem Weg zur Erlösung und der triumphalen Verherrlichung des Menschen.[11]

12. Januar

Er schämt sich nicht, sie Brüder zu nennen

Textlesung: Hebräer 2,10-18

Denn sowohl der, welcher heiligt, als auch die, welche geheiligt werden, sind alle von einem; aus diesem Grund schämt er sich nicht, sie seine Brüder zu nennen. (V. 11)

Warum schämt sich der Eine, der präexistente, ewige Sohn Gottes, der die zweite Person der Trinität ist, nicht, uns seine Brüder zu nennen? Der Begriff „Brüder" ist keine leere, religiöse Rhetorik oder eine fromme, sentimentale Übertreibung: Der Begriff ist absolut echt und meint genau das, was er sagt. Er täuscht uns nichts vor. Jesus ist wahrhaft Mensch geworden wie wir (wenngleich er nicht sündig war – Sünde ist kein notwendiger Bestandteil des Menschseins). Er erlebte menschliche Freuden und menschliches Leid. Weil er selbst darunter gelitten hat, weiß er, was es bedeutet, hungrig (Mt 4,2), müde (Joh 4,6), durstig (Joh 19,28), traurig angesichts des Todes eines geliebten Freundes (Joh 11,35) und gebrochenen Herzens angesichts blinder, grundloser Ablehnung (Lk 13,32-35) zu sein. Er weiß, was Versuchung ist. Er weiß, was Tod bedeutet – mehr, als wir, die wir ihm vertrauen, es jemals wissen werden.

Wenn er uns daher seine Brüder nennt, sind das keine leeren Worte. Er befürchtet nicht, dass irgendjemand jemals seine Lebensumstände mit unseren vergleichen und ihm Scheinheiligkeit vorwerfen wird, weil er sich traut, uns seine Brüder zu nennen. Der Begriff bildet die Realität ab. Er schämt sich nicht, uns Brüder zu nennen, weil er und wir wirklich „alle von einem sind".

Wir müssen natürlich darauf achten, wer hier laut dem Schreiber diejenigen sind, die „alle von einem" sind. Es heißt nicht: Weil unser Herr wahrer Mensch geworden ist, nennt er jeden Menschen seinen Bruder. Heutzutage zitieren Leute ständig die folgenden Worte unseres Herrn: „Was ihr einem dieser meiner geringsten Brüder getan habt, habt ihr mir getan" (Mt 25,40), als würde damit gesagt, dass jeder Mann, jede Frau, jeder Junge und jedes Mädchen auf der Erde – alle nicht Wiedergeborenen, alle überzeugten Atheisten, religiösen Heuchler, Kriminellen, Kinderschänder, Betrüger, Lügner und Mörder – allesamt Brüder des Herrn Jesus seien. Das ist natürlich nicht wahr. Unser Herr selbst war sehr darauf bedacht, präzise zu zeigen, wer seine Brüder sind: „Meine Mutter und meine Brüder sind die, welche das Wort Gottes hören und tun“ (Lk 8,21).[12]

13. Januar

Christi Treue verglichen mit Moses Treue

Textlesung: Hebräer 3

*Christus aber erweist seine Treue als Sohn
und damit als Herr über das Haus Gottes. (V. 6; NeÜ)*

Um uns eine Vorstellung von der Treue unseres Herrn zu uns zu vermitteln, vergleicht der Heilige Geist unseren Herrn mit Mose. Wir bemerken: Der Ausdruck, den er für Mose verwendet – „der ein treuer Diener für das ganze Haus Gottes war“ (V. 2; NeÜ) –, stammt aus einem Kontext, in dem Mirjam und Aaron sich den Reihen derer angeschlossen hatten, die gegen ihn murrten (4Mo 12,1-8). Israel, so scheint es, zögerte nie lange, gegen Mose zu murren: Moses Lebensmittel- und Wasserversorgung, ja, sogar seine persönlichen und privaten Angelegenheiten wie seine Heirat wurden allesamt zu Anlässen, gegen ihn zu murren. Und das sogar, obwohl er zu dem Zeitpunkt der Wegbereiter ihrer Rettung war. Doch in alledem strahlte Moses' Güte hell auf. Er war, so sagt es die Schrift, demütiger als jeder andere Mensch auf dem Erdboden (V. 3). Ich frage mich, wie er es überhaupt schaffte, sich zu beherrschen. Er hatte immerhin sein Leben für dieses Volk eingesetzt.

Was ließ diesen Mann Israel gegenüber so treu bleiben? Es war seine Treue gegenüber Gott, der ihn über sein Haus eingesetzt hatte. Mose war als Gottes Gesandter mit der Botschaft der Erlösung aus Ägypten zu Israel gesandt worden. Anschließend vermittelte Mose zwischen Israel und Gott. Er rettete das Volk durch seine Fürbitte. Ungeachtet all ihres Murrens und all ihrer Fehler und persönlichen Beleidigungen blieb Mose der Aufgabe treu, die Gott ihm aufgetragen hatte.

Aber trotz all seiner Treue knickte Mose schließlich ein. Es kam der Tag, an dem die Israeliten ihn durch ihre undankbaren Beschwerden so erzürnten, dass es aus ihm herausbrach. „Hört doch, ihr Widerspenstigen!", schrie er sie an, „Werden wir für euch Wasser aus diesem Felsen hervorbringen?" Und mit diesen Worten schlug er mit seinem Stab auf den Felsen, anstatt nur mit ihm zu reden, so wie Gott ihn angewiesen hatte (vgl. 4Mo 20,9-12).

Dieser Akt der Ungeduld kostete Mose seinen Eintritt ins Gelobte Land. Das wirkt hart, oder? Aber Gott hatte Mose dazu eingesetzt, für Israel zu sorgen. Wenn Mose das nicht tun konnte, ohne die Beherrschung zu verlieren und dadurch Gott dem Volk gegenüber falsch zu repräsentieren, dann musste Mose abtreten. Gott hat uns einen Wegbereiter unserer Rettung ernannt. Ihm hat er die Verantwortung dafür übertragen, uns sicher durch diese Welt hindurch nach Hause in die Herrlichkeit zu bringen. Gott sei Dank können wir auf seine Treue zählen. Wir können wissen, dass er niemals versagen, niemals seine Geduld mit irgendeinem von uns oder die Beherrschung verlieren wird. Er wird seine ihm von Gott aufgetragene Aufgabe bis zum Ende erfüllen. Er wird bis zum Äußersten gehen, um alle, die durch ihn zu Gott kommen, zu retten.[13]

14. Januar

Christus lernte Gehorsam

Textlesung: Hebräer 5

Obwohl er Gottes Sohn war, hat er an dem, was er durchmachen musste, gelernt, was Gehorsam bedeutet. (V. 8; NeÜ)

Das Erstaunliche ist: Als einzigartiger Sohn Gottes mit dem Recht, über jedes geschaffene Wesen und jede Kraft im gesamten Universum zu befehlen, lernte er dennoch Gehorsam. Er lernte ihn durch Leiden.

Als dem ewigen Sohn des Vaters musste man ihm nicht beibringen, den Willen des Vaters zu tun. Er musste nicht lernen, *zu gehorchen*. Er hatte immer vollkommen gehorcht. Doch im Himmel ist es pure Freude und das reinste Vergnügen, Gottes Willen zu tun. Wenn er sich als der noch nicht Mensch gewordene Sohn auf den Himmel beschränkt und unsere Welt nicht besucht hätte, so hätte er nie Gehorsam gelernt oder den Preis des Gehorsams gegenüber Gott in dieser gottlosen Welt gezahlt. Und wen hätte es überrascht, wenn er das getan hätte? Wer hätte sich darüber beschweren können? Doch wie hätte er dann lernen können, was es kostet, gehorsam zu sein? Wenn er das nicht selbst aus eigener Erfahrung gelernt hätte, wie hätte er dann verstehen können, was es uns kostet, ihm zu gehorchen?

Also kam er. Lebte in unserer Welt und lernte. Er war so stark und sündlos, so mutig, auch dem bittersten Widerstand und dem schmerzhaftesten physischen und mentalen Leiden ins Auge zu sehen. Und dennoch brachte ihn diese Erfahrung dazu, laut zu schreien und zu weinen. Erinnern wir uns an Gethsemane. Ich bin mir bewusst: Wenn wir in Gethsemanes dunklem Schatten stehen, stehen wir an einem geheimnisvollen Ort, an der Verbindungsstelle zwischen dem Menschlichen und dem Göttlichen. Wir müssen die Schuhe ausziehen. Dieser Boden ist heilig. Hier ziemt sich Anbetung für uns, nicht Analyse. Doch als unser Herr betete: „Abba, Vater, alles ist dir möglich. Nimm diesen Kelch von mir weg! Doch nicht, was ich will, sondern was du willst!" (Mk 14,36), da sagte er, was er meinte, und meinte, was er sagte. In seinen Worten fehlte jegliche Vortäuschung. Er gab nicht vor, diesen Kelch nicht trinken zu wollen, obwohl er es eigentlich wollte. Und definitiv handelte es sich dabei nicht um eine pompöse Bühnenshow, die darauf abzielte, den Effekt zu steigern, wenn er anschließend nachgeben und sagen würde: „Dein Wille geschehe." In völliger Aufrichtigkeit, mit bitterer Angst und Tränen flehte er zu Gott, er möge es ihm ersparen, diesen Kelch trinken zu müssen.

Aber es war der Wille seines Vaters, dass er ihn trinken sollte. Also wollte er, was Gott wollte, und trank den Kelch aus, rückhaltlos und ohne Bitterkeit bis zum letzten Tropfen – und er entdeckte durch eigene Erfahrung den Preis des Gehorsams. „Obwohl er Gottes Sohn war", sagt die Schrift, „hat er an dem, was er durchmachen musste, gelernt, was Gehorsam bedeutet."[14]

15. Januar

Die Gebete Christi und die Anerkennung von Gottes Charakter

Textlesung: Johannes 12,27-33; 1. Timotheus 6,13-16

Der hat in den Tagen seines Fleisches
sowohl Bitten als auch Flehen mit starkem Geschrei und Tränen
dem dargebracht, der ihn aus dem Tod retten kann,
und ist um seiner Gottesfurcht willen erhört worden. (Hebr 5,7)

Von allen Gebeten und Fürbitten, die Gott je gehört hat, werden sich doch gewiss die, die von den Lippen und aus dem Herzen des Mensch gewordenen Sohnes Gottes stammen, als die wirksamsten erweisen. Denn die erstaunliche Geschichte ist: Gott hat nicht nur oben aus seinem Heiligtum herab*geschaut;* in der Person seines Sohnes *kam* er herab! Derselbe Herr, der eines Tages in seiner Herrlichkeit erscheinen und Zion wiederaufbauen wird, ist einst im Fleisch erschienen und durch die Straßen von Jerusalem gegangen. Er sah sich nicht nur die Schmerzen, Ungerechtigkeiten und Grausamkeiten von oben an. Stattdessen kam er persönlich und erlebte sie. Er hörte nicht nur die Gebete der Verzweifelten. Er stimmte in sie ein. Er hörte nicht nur das Stöhnen der zum Tode Verurteilten. Er wurde selbst zum Gefangenen. Und obwohl er sündlos war, wurde er zu den Verbrechern gezählt, wurde als junger Mann vom Land der Lebendigen abgeschnitten und trug die Sünde vieler, um Fürbitte für die Verbrecher zu tun (vgl. Jes 53,8.12). Obgleich der Mensch gewordene Messias der Sohn Gottes war, hat er „in den Tagen seines Fleisches sowohl Bitten als auch Flehen mit starkem Geschrei und Tränen dem dargebracht, der ihn aus dem Tod retten kann, und ist um seiner Gottesfurcht willen erhört worden" (Hebr 5,7). Eines Tages wird Gott das Erscheinen unseres Herrn Jesus Christus herbeiführen – nicht nur als Antwort auf die Gebete der Gläubigen aller Zeiten, sondern vor allem als Antwort auf die Gebete und Fürbitten des Messias selbst (1Tim 6,13-16).

Was für eine Bestätigung des Charakters Gottes wird das sein! Was für eine Proklamation seines Namens, eine Demonstration der Herrlichkeit seiner Treue und seines Mitgefühls (Ps 102,14-17.22)! Was für eine Verteidigung von Gottes

Offenbarung in seinem Wort, wie sie vom historischen Israel und Jerusalem bezeugt wurde, gegenüber all den Agnostikern und Atheisten der Welt! Auch das Gebet wird vor all diesen Ungläubigen und Kritikern Anerkennung erfahren, die so oft gesagt haben, Gebet sei nutzlos, da Gott entweder nicht höre oder, falls doch, sich nicht darum kümmere. Das Erscheinen unseres großen Gottes und Retters, Jesus Christus, wird mit überwältigender Klarheit demonstrieren, dass Gott sowohl gehört als auch sich gekümmert hat. Gottes Name und sein Charakter werden in Zion verkündet werden und sein Lob wird in Jerusalem erklingen. Die Völker und Königreiche der Welt werden sich versammeln, um den Herrn anzubeten (Ps 102,22; vgl. Sach 14,16).[15]

16. Januar

Der neue und lebendige Weg – der Vorhang

Textlesung: 2. Mose 26,31-37

Wir haben also jetzt einen freien und ungehinderten Zugang zum wirklichen Heiligtum, liebe Geschwister. Jesus hat ihn durch sein Blut für uns eröffnet. Er hat uns durch seinen Körper – sozusagen durch den Vorhang im Tempel hindurch – einen neuen Weg zum Leben gebahnt. (Hebr 10,19-20; NeÜ)

Der Vorhang war eine barmherzige Maßnahme. Gewiss, er versperrte den Zugang zur unmittelbaren Gegenwart Gottes. Und dennoch erlaubte er es den Priestern, wenigstens ins Heilige zu kommen – zum Leuchter, zum Tisch und zum goldenen Räucheraltar und all dem, was sie repräsentierten. Hätte es keinen Vorhang gegeben, hätten sie nicht einmal das Heilige betreten können. Denn ohne den Vorhang hätte sich das Heilige in der unmittelbaren Gegenwart Gottes befunden. Doch weil es den Vorhang gab, konnten sie nicht nur das Heilige betreten, sondern sogar bis direkt zum Vorhang treten, all seine Farben, Figuren und Symbole betrachten und dadurch etwas über Gottes Majestät lernen. Der Vorhang war also eine wunderbare Vorwegnahme der Menschwerdung Christi, seines Lebens und Dienstes auf der Erde. Die Menschenmenge konnte direkt zu Christus kommen. Sünder konnten ihn berühren. Kleine Kinder konnten sich in seine Arme schmiegen. Dennoch wohnte die ganze Fülle der Gottheit leibhaftig in ihm. In der Tat, er brachte den Vater so deutlich zum Ausdruck, dass er sagen konnte: „Wer mich gesehen hat, hat den Vater gesehen" (vgl. Joh 12,45; 14,9).

Das war unaussprechlich herrlich. Doch noch wunderbarer ist die Tatsache, dass er nicht mehr wie der Vorhang auftrat. Derselbe Jesus – noch immer wahrer Mensch mit einem echten menschlichen Körper, durchbohrt von den Nägeln und dem Speerstoß – ist als unser Wegbereiter, Vertreter und Hoher Priester in den Himmel selbst eingetreten, in Gottes unmittelbare Gegenwart. Indem er das getan hat, hat er uns einen neuen und lebendigen Weg eröffnet, auf dem wir selbst in die unmittelbare Gegenwart Gottes eintreten können. Und sogar jetzt schon dürfen wir im Geist so mutig dort eintreten, wie wir es eines Tages in neuen Körpern tun werden, die verwandelt und seinem verherrlichten Leib gleichgestaltet sein werden.[16]

17. Januar

Warum der Herr verlassen und seinen Brüdern gleichgestaltet wurde

Textlesung: Psalm 22

Mein Gott, mein Gott, warum hast du mich verlassen? (V. 2)

Christi Leben war vollkommen und sündlos, während Israels Leben verdorben und sündig war. Ungeachtet dessen wurden die Israeliten von Gott gehört und erhört, wenn sie zu ihm schrien. Doch als Christus schrie, wurde er nicht gehört – bzw. er wurde zwar *ge*hört, aber nicht *er*hört. Im Herzen wusste er, warum er verlassen war. Es lag daran, dass er darauf bestanden hatte, seinen Platz neben seinen Brüdern einzunehmen. Weil er sich geweigert hatte, von ihnen getrennt zu werden, trotz ihrer Sünde, Schwäche, Gebrechlichkeit und ihrer Rebellion gegen Gott. Er trug ihre Sünden mit seinem Leib ans Kreuz. Um ihretwillen war er von Gott verlassen. Der Apostel Johannes formuliert es so: „Da er die Seinen, die in der Welt waren, geliebt hatte, liebte er sie bis ans Ende" (Joh 13,1).

Die Weltgeschichte hat niemals eine dunklere Nacht für die Menschheit gesehen als den Moment, in dem der Mensch Jesus stellvertretend für die

Menschheit den Zorn Gottes gegen die menschliche Sünde erlitt und verlassen wurde. Er wurde „unserer Übertretungen wegen dahingegeben“ (Röm 4,25).

Aber dieser Vers geht folgendermaßen weiter: Er wurde „unserer Rechtfertigung wegen auferweckt“. Die dunkle Nacht der Verlassenheit wich der Morgendämmerung der Auferstehung und dem strahlenden mittäglichen Licht der Himmelfahrt. Die Erde wurde nun gegen den Himmel eingetauscht, Leiden und Schmach gegen Herrlichkeit, das Kreuz gegen den Thron und die Krone. Der Mensch Jesus stand im Begriff, sich zur Rechten der Majestät in der Höhe zu setzen. Doch würde das nicht die Bande etwas lockern, die ihn mit seinen Jüngern verbanden? Würde sich der verherrlichte Sohn des Menschen nun nicht vor den majestätischen Engeln Gottes ein wenig schämen, sich zu seinen einfachen Nachfolgern auf der Erde als seinen Brüdern zu bekennen? Niemals! Unmittelbar an der Schwelle zur Himmelfahrt sagte er zu Maria: „Geh aber hin zu meinen Brüdern und sprich zu ihnen: Ich fahre auf zu meinem Vater und eurem Vater und zu meinem Gott und eurem Gott!“ (Joh 20,17). Und in der strahlenden Morgenröte der zweiten Hälfte von Psalm 22 hören wir, wie der verherrlichte Messias verkündet: „Verkündigen will ich deinen Namen meinen Brüdern; inmitten der Versammlung will ich dich loben“ (V. 23). Noch immer gilt: Wo immer sich die Seinen versammeln, dort ist er mitten unter ihnen, offenbart ihnen den Namen des Vaters (Joh 17,26) und lenkt die Antwort ihres Lobes. Hier entspringt die unbezähmbare und unerschöpfliche Quelle unserer Hoffnung für uns Menschen.[17]

18. Januar

Die zweite Versuchung

Textlesung: Jesaja 14,12-15; 5. Mose 10,12-22

Aber Jesus entgegnete: „Es steht geschrieben:
‚Du sollst den Herrn, deinen Gott, anbeten und ihm allein dienen!‘“
(Lk 4,8; NeÜ)

Die zweite Versuchung beruhte weniger auf der Frage, wer Jesus war, als vielmehr auf der Autorität, die der Teufel selbst für sich in Anspruch nahm:

„Diese ganze Macht und Herrlichkeit [...] sie ist mir überlassen worden, und ich gebe sie, wem ich will." Wir brauchen nicht darüber zu entscheiden, in welchem Umfang diese Behauptung wahr war. Zu einem gewissen Grad war sie es bestimmt. Vergleichen Sie sie mit Offenbarung 13,2. Dort sagt die Schrift über das Tier: „Der Drache gab ihm seine Kraft und seinen Thron und große Macht." Zugegebenermaßen zeigt eben die Formulierung „Diese ganze Macht und Herrlichkeit ... sie ist mir überlassen worden" das unauslöschliche Bewusstsein des Teufels, dass er nur ein Geschöpf ist und seine Macht letztlich vom Schöpfer ableitet. Doch gerade in dieser Tatsache liegt die Macht dieser Versuchung: Warum gesteht Gott dem Teufel so lang anhaltende und scheinbar erfolgreiche Macht zu? Die erste Versuchung prüfte das Vertrauen auf Gott als denjenigen, der das zum Leben Notwendige bereitstellt. Die zweite prüft nun das Vertrauen auf Gott als moralischem Regenten des Universums sowie das Vertrauen auf seine Verheißungen, dass dem „Sohn des Menschen und den Heiligen" (vgl. Dan 7) einmal universale Herrschaft übergeben werden wird.

Die Anbetung, die Satan verlangte, beinhaltete vermutlich nicht jenes Element der Ehrfurcht und des Lobpreises, das die Anbetung Gottes normalerweise einschließt. Was Satan forderte, war Folgendes: Christus sollte ihn als eine letzte Tatsache und Autorität anerkennen, die nicht überwunden werden kann, sondern mit der man rechnen und Kompromisse schließen muss. Unter diesen Bedingungen war der Teufel bereit, Christus weltweiten Erfolg zuzugestehen. Viele politische und religiöse Bewegungen vor und nach dieser Begebenheit haben sich Erfolg und Macht zu diesen Bedingungen erkauft. Sie haben ihre Einstellung mit Zweckdienlichkeit, Realismus oder Sachzwängen gerechtfertigt. Das Ergebnis ist, dass die Menschheit trotz vieler scheinbarer Fortschritte ein Gefangener dämonischer Kräfte des Bösen geblieben ist, sowohl im privaten Leben als auch in ihren sozialen und politischen Institutionen. Wiederum zitierte Christus die Schrift als den autoritativen Ausdruck von Gottes absoluter Autorität (vgl. Lk 4,8). Indem er das tat, weigerte er sich, sich vor irgendjemand anderem als Gott zu beugen. Im Geheimnis der Absichten Gottes und seiner Herrschaft über das Universum würde Christus für diese Weigerung mit dem Kreuz bezahlen. Für die Menschheit jedoch würde sie die Möglichkeit der Freiheit erkaufen, von der wir ihn kurz darauf sprechen hören, wenn er seinen öffentlichen Dienst beginnt.[18]

19. Januar

Die dritte Versuchung

Textlesung: Matthäus 4,1-11

Wenn du Gottes Sohn bist, so wirf dich von hier hinab. (Lk 4,9)

Die Macht der dritten Versuchung beruhte erneut auf der Tatsache, dass Jesus Gottes Sohn war. Sie stützte sich aber außerdem auf seine bleibende Entschlossenheit, der Heiligen Schrift zu vertrauen und Gott zu gehorchen. Daher zitierte der Teufel eine Bibelstelle, die dem Messias Schutz durch Engel versprach. Er forderte Christus nicht nur heraus, darauf zu vertrauen, sondern sein Vertrauen auch durch entsprechendes Handeln unter Beweis zu stellen. Die Versuchung war extrem subtil. Wir erinnern uns daran, wie Johannes der Täufer den Leuten zu Recht deutlich erklärte, dass es nutzlos ist, einfach nur den Anspruch zu erheben, Kinder Abrahams zu sein: Sie müssen handeln, müssen praktische Beweise für die Gültigkeit ihres Anspruchs vorlegen. Auf gottesfürchtige Menschen übt die Herausforderung, Gottes Wort zu vertrauen und „einen Glaubensschritt zu wagen", zudem eine starke Anziehung aus. Sich zu weigern oder auch nur zu zögern, zur Tat zu schreiten, kann als Mangel an Glauben erscheinen.

Doch Christus durchschaute die Täuschung: In Wirklichkeit war das keine Aufforderung, Gott zu vertrauen, sondern ihn zu versuchen. Es war keine Aufforderung, seine Sohnschaft zu beweisen, sondern sie zu missbrauchen. Mit keinem Wort hatte Gott Christus geheißen, vom Tempel zu springen. Es war weder für Gottes Werk notwendig, noch machte irgendeine menschliche Not dies erforderlich. Die einzigen Gründe, es dennoch zu tun, beruhten entweder auf Prahlerei oder auf dem Versuch, Gott zu prüfen und zu sehen, ob er sein Versprechen einlösen würde. Und die Schrift verbietet es dem Menschen, Gott auf diese Weise auf die Probe zu stellen.

Gott steht nicht auf dem Prüfstand. Es besteht kein Zweifel an seiner Treue, der ausgeräumt werden müsste, indem wir ihn einer Prüfung unterziehen. Vom Tempel zu springen hätte bedeutet, die Initiative zu ergreifen und Gott in eine Situation zu zwingen, in der er keine Wahl gehabt hätte, als die Aktion zu unterstützen, um eine Katastrophe abzuwenden. Hätte er es nicht getan, hätte man ihn der Untreue beschuldigt. Das hätte jedoch bedeutet, die Rolle von Mensch und

Gott, von Sohn und Vater zu vertauschen. Die Forderung Satans nach Taten als Beweis für die Sohnschaft Christi war unaufrichtig, und Christus weigerte sich, ihr nachzukommen. Und das Einzige, was der Teufel damit erreicht hatte, war, zu demonstrieren, dass Jesus tatsächlich der wahre Sohn Gottes war.[19]

20. Januar

Christus reinigt den Tempel

Textlesung: Lukas 19,28-48

Mein Haus ist ein Bethaus. (V. 46)

Als er in die Stadt eingezogen war, ging Christus geradewegs zum Tempel, wie Maleachi es vorausgesagt hatte (Mal 3,1). Das lag nicht einfach nur daran, dass er als der Sohn des Vaters zuallererst das Haus seines Vaters besuchen wollte. Er war Israels König, der im Begriff stand, von Israel abgelehnt zu werden. Deshalb begab er sich sofort zur Quelle des Problems und deckte die Ursache dafür auf, dass Israel für die rechtmäßigen Ansprüche ihres Besitzers und Königs blind war: Räuber hatten den Tempel Gottes heimgesucht. Ein äußeres Indiz für diesen Überfall war die unverfrorene Kommerzialisierung der Tempeldienste. Das allein war schon schlimm genug. Allerdings war es nur das Symptom eines tiefer liegenden Missstandes.

Irgendjemand musste natürlich die benötigten Schafe und Vögel an potenzielle Anbeter verkaufen. Diesen Verkauf hätte man jedoch dem säkularen Handel überlassen sollen. Er hätte nicht mit dem heiligen Tempelbezirk und den Aktivitäten des Tempels in Verbindung stehen sollen. Die für den Tempel Zuständigen erlaubten nicht nur, dass dieser Handel in den Tempelhöfen stattfand. Sie profitierten sogar selbst ungebührlich von den Verkäufen. Das war nicht nur unangemessen, sondern skandalös. Anstatt priesterliche Vermittler zu sein, die Menschen halfen, in die Anbetung zu finden und Gottes Segen zu erfahren, waren sie zu Zwischenhändlern geworden. Sie hatten ihr Priesteramt in ein kommerzielles Monopol umfunktioniert, um finanziellen Profit aus der Suche der Menschen nach Gott zu schlagen.

Auf diese Weise beraubten sie die Menschen. Denn es ist schwierig, Gottes Gnade und das freie Geschenk seiner Rettung durch die Dienste von Menschen zu empfangen, die aus der geistlichen Not der Menschen Geld schlagen wollten. Außerdem beraubten sie Gott. Sie behandelten sein Wort und seine Heilsmittel so, als bildeten sie den Warenbestand in ihrem Geschäft. Sie behandelten Gottes Volk nicht als Eigentum Gottes, das es zu Gottes Freude zu fördern galt. Vielmehr betrachteten sie es als einen Markt, an dem sie als Geschäftsleute exklusive Rechte besaßen. Mit großer Entrüstung trieb Christus die Verkäufer hinaus und unterrichtete die Leute täglich in den Tempelhöfen. Das markierte den Beginn eines Kampfes auf Leben und Tod. Auf der einen Seite standen die Tempelautoritäten. Sie waren entschlossen, ihren Status, ihre Macht und ihr Einkommen zu verteidigen. Auf der anderen Seite stand der Messias, „der da kommt im Namen des Herrn", um die göttlichen Rechte zu sichern. Und viel stand auf dem Spiel: der Glaube, die Liebe, der Gehorsam und die Hingabe des Volkes. Von diesem Zeitpunkt an bildete dieser Kampf um die Herzen der Menschen des Volkes eines von Lukas' Hauptanliegen.[20]

21. Januar

Gewissheit des Sieges

Textlesung: Johannes 14,15-31

Der Herrscher dieser Welt ist schon gegen mich unterwegs.
Er wird zwar nichts an mir finden, aber die Welt soll erkennen,
dass ich den Vater liebe und das tue, was er mir aufgetragen hat. –
Steht auf, wir wollen gehen!" (V. 30-31; NeÜ)

Sofort bemerken wir: Das Geheimnis seines Sieges war seine unbeirrbare und völlig unerschütterliche Liebe zum Vater. Nun ist es eine Tatsache, dass wir gewöhnlichen Männer und Frauen oft – und manchmal sogar sehr leichtfertig – von unserer Liebe zu Gott reden, obwohl unser Verhalten oft im Widerspruch zu unseren Liebesbeteuerungen steht. Bei unserem Heiland jedoch war das anders. Seine Liebe zum Vater war immer beständig, uneingeschränkt und aufrichtig. Dennoch wird in den gesamten Evangelien nur ein einziges Mal davon berichtet, wie unser Herr sagt: „Ich liebe den Vater." Und dieses eine Mal war bei dieser Gelegenheit. Das ist bezeichnend. Denn nun war der Augenblick gekommen, in dem er vor der Welt und vor Himmel, Erde und Hölle unter Beweis stellen musste, dass seine Liebe zum Vater uneingeschränkt und unerschütterlich war.

Im Garten Eden hatte sich Eva, umgeben von all den Freuden, die Gott ihr in seinem schöpferischen Einfallsreichtum und seiner Liebe geschenkt hatte, täuschen lassen, dass Gott gegen sie sei. Sie entschied sich für die verbotene Frucht – und nicht für Gott und sein Wort. Sie liebte sich selbst und die Welt mehr als den Vater. Nun sollte unser Herr dem Satan, dem Fürsten dieser Welt, begegnen. Dieser würde all seine giftige Macht aufwenden, um ihm alles zu nehmen, was er besaß – bis auf den letzten Fetzen Kleidung. Satan würde ihm all das zufügen, was er niemals verdient hatte – den Schmerz und die Todesqualen Golgathas, die er hätte vermeiden können, wenn er nur von seiner Liebe zum Vater abgelassen hätte. Doch der Fürst dieser Welt fand nichts an Christus – keine Sünde, keine Schwäche, die seinen Überredungskünsten oder seinen Feindseligkeiten nachgeben würde. Christus würde dem gesamten Universum demonstrieren, was er vom Vater hielt. Er stand vor der Wahl: Auf der einen Seite gingen die Königreiche dieser Welt und all ihre Pracht mit Illoyalität gegenüber dem Vater einher; auf der anderen Seite ging Loyalität gegenüber dem Vater mit all dem unerträglichen Leid einher, das diese Welt ihm zufügen konnte. Er entschied sich für Letzteres. Seine Liebe zum Vater war unerschütterlich und ungebrochen.[21]

22. Januar

Das Vertrauen des Herrn in seinen Vater

Textlesung: Psalm 16,7-11

Darum freute sich mein Herz, und meine Zunge jubelte;
ja, auch mein Fleisch wird in Hoffnung ruhen;
denn du wirst meine Seele nicht im Hades zurücklassen noch zugeben,
dass dein Heiliger Verwesung sieht. Du hast mir kundgetan Wege des Lebens;
du wirst mich mit Freude erfüllen vor deinem Angesicht. (Apg 2,26-28)

An dieser Prophezeiung fällt sofort auf, dass sie nicht einfach über den Messias spricht, sondern den Messias selbst zu Wort kommen lässt. Sie kündigt nicht einfach an, dass Gott nach seinem Tod und Begräbnis eingreifen wird, um ihn von den Toten aufzuerwecken. Sie zeigt den Messias selbst, der in der Konfrontation mit dem Tod jenes Geheimnis seiner Beziehung zu Gott verrät, das die Macht des Todes über ihn gebrochen hat. Unerschütterlich und unbeirrbar richtete er die Liebe seines Herzens, die Energie seiner Seele, die Kraft seines Geistes und die Stärke seines Leibes ganz auf Gott aus. Es gab keinen einzigen Augenblick, in dem sein innerer Blick nicht in ununterbrochenem Gehorsam und Hingabe auf Gott gerichtet war. Er war der „Heilige" Gottes – absolut loyal und vollkommen sündlos. Er hatte „den HERRN stets vor Augen". Er war sich dessen bewusst, dass Gott „zu (s)einer Rechten" war, sodass er „nicht wanken" würde. Das gab ihm diese felsenfeste Stabilität, die weder Widerstand noch Verfolgung und nicht einmal der nahende Tod zunichtemachen konnte. Es war ein Glaube an Gott, den nicht einmal die Leiden und die Verlassenheit Golgathas auslöschen oder zerstören konnten. Eine solch vollkommene Unterordnung unter Gottes Willen konnte Gott nur bestätigen, indem er ihn von den Toten auferweckte. Der Autor des Hebräerbriefes formulierte es schließlich folgendermaßen: Er hat seine Bitten „dem dargebracht, der ihn aus dem Tod retten kann, und ist um seiner Gottesfurcht willen erhört worden" (Hebr 5,7). Gott wäre nicht länger moralisch, wenn er einen solchen Glauben verstoßen hätte, wenn er solcher Loyalität mit endgültiger Illoyalität begegnet wäre, oder wenn er solch makellose Liebe und solchen Gehorsam dem Tod, dem Verfall und der Verwesung preisgeben hätte. Deshalb beugte sich Jesus im Tod in unerschütterlichem Vertrauen auf Gottes Wesensart mit einem triumphierenden Gebet auf den Lippen. Das lässt „sein Fleisch in Hoffnung ruhen", dass Gott ihm „die Wege des Lebens kundtun" und ihn mit ewiger Freude in seiner Gegenwart beschenken würde.[22]

Teil 2 – Der Herr beginnt, die Werke des Teufels zu zerstören

23. Januar

Das Werk des Herrn und die Werke des Teufels

Textlesung: Lukas 4,14-34

Er schrie auf mit lauter Stimme und sprach:
Ach, was haben wir mit dir zu schaffen, Jesus, Nazarener?
Bist du gekommen, uns zu verderben?
Ich kenne dich, wer du bist: der Heilige Gottes. (V. 33-34)

Bei der Versuchung war Satans Bemühen, den Sohn Gottes zu Fall zu bringen, gescheitert. Nun sehen wir, wie der Sohn Gottes zum Gegenangriff übergeht. Lukas berichtet, wie der von einem Dämon besessene Mann in der Synagoge in Kapernaum lauthals aufschrie: „Ach, was haben wir mit dir zu schaffen, Jesus, Nazarener? Bist du gekommen, uns zu verderben? Ich kenne dich, wer du bist: der Heilige Gottes." Das war eine rhetorische Frage. Aber wenn wir sie trotzdem beantworten müssen, können wir uns gut die Worte von Johannes zu eigen machen: „Hierzu ist der Sohn Gottes offenbart worden, damit er die Werke des Teufels vernichtet" (1Jo 3,8). Auf dieser Ebene des geistlichen Kampfes muss die Schlacht um die Errettung des Menschen letzten Endes geschlagen werden.

Es wäre natürlich falsch, dumm und gefährlich zu behaupten, jeder Mensch sei von irgendeinem Dämon besessen. Dämonenbesessenheit ist nach dem Neuen Testament eine extreme Form geistlicher Knechtschaft. Andererseits meinen die Verfasser des Neuen Testaments ihre Behauptung ernst, dass jeder nicht wiedergeborene Mensch in einem sehr realen Sinne unter der Macht Satans steht (vgl. z. B. Apg 26,18; 2Kor 4,3-4; Eph 2,2; Kol 1,13; 1Petr 2,9). Und er muss seine Augen für diese Tatsache geöffnet bekommen und Christus erlauben, ihn aus seiner geistlichen Finsternis und Knechtschaft in die Freiheit des Lichtes Gottes zu führen. Und eben davon spricht Christus, wenn er in Nazareth behauptete, er sei gekommen, um den Gefangenen Freiheit und den Blinden das Augenlicht zu bringen. Die Leute konnten nicht nur nicht begreifen, dass er der Messias war. Sie wurden sogar zornig und versuchten, ihn in einem Wutanfall zu töten. Und das war ein nur allzu deutlicher Hinweis darauf, dass sie Gefangene Satans waren, blind für ihren eigenen Zustand und dafür, wo ihre Rettung lag. Wenn solche Leute jemals befreit werden sollten, müsste Christus die Macht des Satans über ihnen brechen.[23]

24. Januar

Christus beweist die Existenz der unsichtbaren Welt

Textlesung: 2. Timotheus 1,8-14

Ich bin von dem Vater ausgegangen und in die Welt gekommen; wieder verlasse ich die Welt und gehe zum Vater. (Joh 16,28)

Satan, der Fürst dieser Welt, hat Millionen von Menschen davon überzeugt, dass diese Welt die einzige Welt sei, die es gibt. Er hat sie davon überzeugt, dass keine göttliche Absicht hinter der Erschaffung des Universums stecke, da es ja keinen Gott gab und gibt. Er hat sie davon überzeugt zu glauben, dass es keinen Himmel jenseits dieses Lebens gibt. Ihm zufolge ist alle Rede von Gottes Paradies nur ein Märchen. Und er hat Millionen von Menschen, die nicht genug von Wissenschaftstheorie verstehen, um diese Lüge zu durchschauen, davon überzeugt, dass der Glaube an Gott und an den Himmel irgendwie unwissenschaftlich sei. Auf diese Weise hat Satan diese Welt für sie in ein Gefängnis verwandelt und das Leben darin buchstäblich zu einer hoffnungslosen Existenz gemacht.

Um die Menschheit aus dieser armseligen Knechtschaft zu befreien, hat Gott seinen Sohn Jesus Christus in die Welt gesandt. Aber wenn wir jemals erlöst werden sollen, dann müssen wir vor allen Dingen eines erkennen und glauben, und zwar nicht nur die ethischen Lehren Christi. Es ist Folgendes: „Ich bin von dem Vater ausgegangen“, sagt Christus, „und in die Welt gekommen.“ Dann ist diese

Welt also weder die einzige Welt, die es gibt, noch ist diese Welt aus sich selbst entstanden. Dahinter und vor ihr steht der Vater. „Wieder“, so sagt Christus, „verlasse ich die Welt und gehe zum Vater.“ Dann ist diese Welt also nicht das Ende: Es gibt Leben über sie hinaus. Da dies wahr ist, ist die Lüge Satans demaskiert. Für diejenigen, die Christus glauben, ist Satans Macht gebrochen, die diese Welt in ein Gefängnis verwandelt.[24]

25. Januar

Christi Waffen im geistlichen Kampf

Textlesung: Lukas 4,31-44

Was ist dies für ein Wort? Denn mit Vollmacht und Kraft gebietet er den unreinen Geistern, und sie fahren aus. (V. 36)

Uns ist klar, dass Christus für die Befreiung und Erlösung der Menschheit später auf Golgatha eine weitere Schlacht ganz anderer Art schlagen musste. Das mindert jedoch nicht die Bedeutung der Aussage, die Lukas hier trifft: Im Kampf um die Befreiung des Menschen aus der Macht Satans besteht die erste und wichtigste Taktik in der Verkündigung des höchsten und absolut autoritativen Wortes Gottes. Daraus folgt: Wer das Predigen von Gottes Wort vernachlässigt oder Zweifel in den Köpfen der Menschen in Bezug auf die Autorität und Zuverlässigkeit von Gottes Wort sät, spielt Satan direkt in die Karten und hilft ihm dabei, sie weiter gefangen zu halten. Dieses Gefühl äußerster Dringlichkeit im Hinblick auf das Wort Gottes, dass es so vielen wie möglich gepredigt würde, führte dazu, dass Christus Kapernaum trotz seiner großen Beliebtheit verließ, um es auch anderswo zu predigen (so Lk 4,42-44).

Die zweite Sache, die im Kampf gegen das geistlich Böse von äußerster Wichtigkeit ist, ist die Identität Jesu. Gleich zweimal wird uns berichtet (vgl. 4,33-34.41), wie Dämonen aufschrien, als sie ihre Opfer verließen, in der Erkenntnis, dass Jesus der Christus, der Sohn Gottes, war. Bei jeder dieser Gelegenheiten brachte Christus sie zum Schweigen. Auf den ersten Blick wirkt das vielleicht überraschend. Im ganzen Verlauf dieses Abschnitts des Lukasevangeliums hat die

Frage nach der Notwendigkeit von Beweisen dafür, wer Jesus ist, sehr stark im Vordergrund gestanden. Daher hätten wir vielleicht erwartet, dass Jesus die Aufmerksamkeit der Leute auf das Zeugnis dieser besiegten dämonischen Mächte gelenkt hätte. Aber natürlich tat er das nicht. Im Laufe des großen Krieges mögen Satan und seine Dämonen aus taktischen Gründen manchmal das Wahre sagen – bei der dritten Versuchung zitierte Satan sogar die Heilige Schrift. Oder sie werden möglicherweise gegen ihren Willen dazu gezwungen werden, das Wahre zu sagen. Doch sie werden die Wahrheit niemals aus Treue zur Wahrheit sagen oder um Menschen zum Glauben an die Wahrheit zu führen.

Die Wahrheit ist letztlich eine Person. Und in der großen Schlacht der Welten ist seine Identität von entscheidender Bedeutung. Im eigentlichen Sinne kann man nur denen trauen, die aus ihrer Treue dieser Person gegenüber sprechen. Diejenigen selbstverständlich, die leugnen, dass Jesus der Christus ist, erklären damit schlicht, dass sie auf der anderen Seite kämpfen.[25]

26. Januar

Die Heilung des von einem Dämon besessenen Jungen

Textlesung: Lukas 9,37-43; 5. Mose 32,6-20

Jesus aber antwortete und sprach:
Ungläubiges und verkehrtes Geschlecht,
bis wann soll ich bei euch sein und euch ertragen?
Bring deinen Sohn her! (Lk 9,41)

Dies ist ein sehr bewegender Abschnitt. Seine Relevanz für die Situation in unserer Geschichte ist sofort offensichtlich. Die verdrehten Gliedmaßen, die verkrampften Gesichtszüge und die gestörte Persönlichkeit des Jungen, dazu die Verzweiflung des Vaters, seinen einzigen Sohn in diesem Zustand zu sehen, zeichneten ein ausdrucksstarkes Bild von der Verzweiflung des himmlischen Vaters, mitansehen zu müssen, wie seine Söhne und Töchter in Israel sich von ihm abwandten. Angezogen von falscher Religion und dämonischen Mächten wurden sie auf der tieferen Ebene ihrer geistlichen Beziehungen eigensinnig, korrupt und verdreht. Und all das, weil sie den Glauben an den Vater und die Liebe zu ihm verloren hatten, ihm nicht mehr gehorsam waren. Für *den* Sohn des Vaters war es eine fast unerträgliche Qual, unter so ungläubigen und verdorbenen Söhnen zu sein: „Bis wann soll ich bei euch sein und euch ertragen?", fragte er. Doch wie sollte das Problem dann in Ordnung gebracht werden? Wie sollten Israels Söhne und Töchter für den Vater zurückgewonnen werden? Das Problem begann mit Undankbarkeit, und dann kam Unglaube, der sich zu Ungehorsam, Entfremdung und Treulosigkeit steigerte, bis jede beliebige Religion, jede dämonische Macht und jeder Aberglaube attraktiver und faszinierender schien als der Vater selbst. Offensichtlich reichten reine Moralpredigten und Ermahnungen nicht aus, um sie zurückzubringen. Sie benötigten eine neue Offenbarung des Vaters, eine Vorstellung seiner Majestät und Herrlichkeit, um mit der Faszination der Sünde und der Attraktivität des Götzendienstes zu brechen. Nur das konnte in ihnen wieder ein Gefühl unvergleichlichen Staunens über Gott erwecken und Glauben, Anbetung und Gehorsam hervorrufen.

Genau das tat Christus für die Menschen in unserer Geschichte. Die Jünger waren nicht dazu in der Lage gewesen. Es waren jene, die zurückgeblieben waren, als Christus und die drei auf den Berg stiegen. Sie hatten nie die Herrlichkeit und die Wolke gesehen oder die Stimme des Vaters gehört. Hierfür brauchte es den Sohn des Vaters. Von der Pracht der Verklärung, wo die Stimme der „majestätischen Herrlichkeit" ihn zu seinem „auserwählten Sohn" erklärt hatte, war er den Berg hinabgestiegen in die geistliche Verkommenheit der Niederung, um dort bekannt zu machen, wie der Vater wirklich ist, um einigen seiner lange verloren geglaubten Söhne seine Herrlichkeit zu offenbaren. Und die Wirkung auf das Volk, so berichtet Lukas, war folgende: Sie staunten alle über die herrliche Größe Gottes.[26]

27. Januar

Der Mann, der sich selbst Legion nannte

Textlesung: Lukas 8,26-39
Was ist dein Name? (V. 30)

Der große Schöpfer, der zahllose Grashalme macht, von denen keiner dem anderen gleicht, der seine Schneeflocken verstreut, und keine ist der anderen gleich, hat jeden von uns geschaffen. Äußerlich ähneln wir uns in bestimmten Dingen sehr. Innerlich hingegen ist jeder von uns einzigartig. Haben Sie jemals überlegt, wer Sie sind – die Person, von der Gott sagt, dass sie für immer bestehen wird? Sie sind fast schon etwas Furchterregendes! Damit meine ich nicht Ihr Aussehen. Ich meine die Tatsache, dass Sie als einzigartige Persönlichkeit irgendwo für immer existieren werden. Wie wichtig sind Sie, und wofür alles steht Ihr Name!

Ermessen Sie also, wie tief dieser arme Mann gefallen war. Wir lesen von unserem Herrn, der vor ihm stand und fragte: „Was ist dein Name?“, und er erwiderte: „Legion.“ Das war nicht sein Name, nicht sein wahrer Name. Das war nicht der, den man ihm nach seiner Geburt gegeben hatte. „Viele Dämonen waren in ihn gefahren“ (V. 30). Dämonen Satans waren in diesen Mann hineingefahren und waren dabei, seine Persönlichkeit zu zerstören und ihn in ein Monster zu verwandeln. Was für eine Tragik. Er war schon so entstellt, dass er sich selbst nicht wiedererkannte. Als er gefragt wurde: „Was ist dein Name?“, antwortete er kläglich: „Legion.“

Sie sagen vielleicht: „Er war ein extremer Fall.“

Das war er in der Tat.

„Der Mann hatte sicherlich einen Nervenzusammenbruch erlitten.“

Vielleicht hatte er das. Doch die Bibel macht deutlich, dass hinter all seinem Leiden die Tatsache stand, dass Satan selbst seines Lebens habhaft geworden war und nun dabei war, es Stück für Stück zu zerstören.

Sie sagen vielleicht: „Warum erwähnen Sie einen solchen Mann, der so weit weg ist von Leuten wie uns? Sie glauben doch selbst nicht, dass sich jemand von uns in derselben Lage befindet?“

Selbstverständlich glaube ich das nicht. Aber sehen wir hier nicht eine lebhafte Warnung? Hier auf der Erde, auf dieser Seite des Grabes, steht ein Mann, den Satan fast bis zum Äußersten getrieben hat. In ihm sehen wir, was es bedeuten wird, verloren zu sein. Was es für eine menschliche Seele bedeutet, sich in den Fängen Satans zu befinden und auf Erden fast verloren zu sein – eine Seele, die doch als Ebenbild Gottes zur glücklichen Gemeinschaft mit ihm in all den geheimnisvollen, wunderbaren Freuden und Wonnen geschaffen wurde. Er ist ein trauriges Beispiel dafür, was es heißen wird, zugrunde zu gehen – körperlich und geistig – und verloren auf der Müllhalde der Ewigkeit zu landen.[27]

28. Januar

Die Heilung des stummen Mannes

Textlesung: Lukas 11,14-28

Wenn ich aber durch den Finger Gottes die Dämonen austreibe, so ist also das Reich Gottes zu euch gekommen. (V. 20)

Es war etwas Herrliches, das der Heiland vollbrachte, als er den Dämon austrieb, der für die körperlich bedingte Stummheit des Mannes verantwortlich war. Lukas berichtet uns, dass die Menschen erstaunt waren, als das jahrelange Schweigen gebrochen wurde und der Mann zum ersten Mal in seinem Leben redete (vgl. V. 14). Das sollten sie auch: Sie hatten sich so daran gewöhnt, dass dieser Mann stumm war, dass sie es sich nicht anders vorstellen konnten. Noch herrlicher jedoch ist die große geistliche Erlösung, die Christus mit diesem Wunder veranschaulichte. Um uns das vorzustellen, dürfen wir vielleicht einen Teil der Analogie heranziehen, die Jesus selbst in der Diskussion verwendete, die auf sein Wunder folgte (vgl. V. 21-22). „Wenn der Starke bewaffnet seinen Hof bewacht, so ist seine Habe in Frieden." Das heißt, sein Besitz bleibt ungestört und sicher und bereitet ihm weder Schwierigkeiten noch Sorgen. Das ist der wahre Zustand eines gebetslosen, geistlich stummen Menschen. Sein Frieden, seine scheinbare Zufriedenheit und sein geistliches Schweigen – das ist der Frieden, der im Gefängnis herrscht. Als Hab und Gut des starken Feindes bitten sie Gott um nichts, nicht einmal um Befreiung. Denn ihre gebetslosen Zungen wurden von einem Tyrannen in Ketten gelegt, dem endlose Mittel zur Verfügung stehen, um sie zum Schweigen zu bringen und jegliche Flucht und jeglichen Kontakt mit der Welt da oben zu verhindern. Viele von ihnen sind sogar davon überzeugt worden, dass es gar keine Welt da oben gibt (vgl. Eph 2,1-3).

In einer solch grauenhaften Situation können wir Gott nur dafür danken, dass er nicht gewartet hat, bis die Gefangenen ihn darum baten, bevor er eingriff. Er ergriff die Initiative. So stark und bewaffnet der Feind auch war, durch die Menschwerdung begann ein Stärkerer als er, ins Gefängnis einzudringen, den Tyrannen zu bezwingen und die Gefangenen anzusprechen. Die wundersame Befreiung eines Gefangenen aus den Fängen eines Dämons der physischen Stummheit verblüffte den Rest von ihnen gewiss. Doch das Wunder sollte viel mehr sein als eine Zurschaustellung übernatürlicher Macht, die die Existenz Gottes und seines Königreichs bewies. Es war auch als Zeichen dafür gedacht, um Menschen zu ermutigen, ihr Schweigen zu brechen, um frei zu werden und mit dem Vater zu sprechen. Seitdem ist der, der stärker ist als der Starke, durch seinen Tod bis in die tiefsten Tiefen der Kerker des Feindes vorgedrungen. Er hat dessen letztes Bollwerk zerschlagen. Scharen sind freigelassen worden (vgl. Kol 2,13-15; Hebr 2,14-15). Der auferstandene und triumphierende Herr hat tatsächlich Satans „Beute verteilt“ (Lk 11,22).[28]

29. Januar

Die Reinigung des Aussätzigen

Textlesung: Lukas 5,12-16

Da berührte Jesus ihn mit seiner Hand und sagte: „Ich will es, sei rein!“ Sofort verschwand der Aussatz. (V. 13; NeÜ)

Christi Reinigung des Aussätzigen demonstrierte zwei Dinge zugleich: sein göttliches Mitgefühl und seine wunderbare Macht. Er hätte den Mann heilen können, indem er einfach den Befehl ausgesprochen hätte: „Sei rein!“ Doch in seinem Mitgefühl streckte er die Hand aus und berührte ihn. Es ist nicht schwer, sich vorzustellen, was die Berührung dieser Hand für einen Mann bedeutete, der als Unberührbarer von der Gesellschaft ausgegrenzt worden war. Aber wir dürfen Christi Mitgefühl nicht falsch deuten: Es enthielt keinerlei Kritik an den jüdischen Priestern. Er wollte damit nicht sagen, dass sie diesen Mann nicht abgesondert hätten, wenn sie nur mehr Mitgefühl gehabt hätten. Christi Berührung besaß die wundersame Fähigkeit, den Aussatz zu vertreiben. Die Priester verfügten nicht über diese Macht. Hätten sie den Aussätzigen berührt, hätten sie dadurch die Unreinheit durch Ansteckung verbreitet. Das wäre nur Pseudo-Barmherzigkeit gewesen. Es war ihre gottgegebene Pflicht, die Reinheitsstandards aufrechtzuerhalten, Aussatz zu diagnostizieren, Aussätzige für unrein zu erklären und sie – so schmerzhaft und hart das auch war – abzusondern. Indem er den Aussätzigen berührte, untergrub er nicht den Kampf der Priester gegen den Aussatz. Im Gegenteil: Er bestätigte ihre Autorität. Denn als er den Mann gereinigt hatte, schickte er ihn zu den Priestern, damit sie ihn untersuchen konnten, und wies ihn an, die Opfer darzubringen, die das Gesetz Moses verlangte (vgl. V. 14).

Die Analogie gilt auch für moralische und geistliche Unreinheit. Heutzutage scheinen viele Leute die Vorstellung zu haben, dass Christi Mitgefühl mit unreinen Menschen ein Recht auf Freizügigkeit bedeutet. Doch das ist ein Irrtum und gefährlich. Gottes Gesetz verurteilt Unreinheit und warnt davor, dass sie zu ewiger Absonderung führen wird, wenn sie fortbesteht (vgl. Offb 21,27). Gewiss, Christus kann tun, was das Gesetz nicht zu tun vermochte: Er kann einen Menschen rein machen (vgl. Joh 13,10; Eph 5,26). Das bedeutet jedoch nicht, dass er dem Gesetz widerspricht. Einen Menschen zu reinigen ist nicht dasselbe, wie zu sagen, aus vermeintlichem Mitleid solle Schmutz nicht länger so streng als schmutzig betrachtet werden. Reinigung setzt voraus, dass Schmutz schmutzig, hässlich, gefährlich und inakzeptabel ist. Christus hat nachweislich (vgl. Lk 16,14-18) und ausdrücklich bestritten, dass er gekommen sei, um zu einer freizügigeren Haltung gegenüber den moralischen Anforderungen des Gesetzes zu ermutigen. Und später warnen uns auch seine Apostel ernstlich, dass verschiedenste Formen moralischer Unreinheit ansteckend sind (vgl. 1Kor 5,6; Hebr 12,14-15).[29]

30. Januar

Die Frau, die gebeugt war

Textlesung: Lukas 13,1-17

Diese aber, die eine Tochter Abrahams ist, die der Satan gebunden hat, siehe, achtzehn Jahre lang, sollte sie nicht von dieser Fessel gelöst werden am Tag des Sabbats? (V. 16)

Wie auch immer man ihren körperlichen Zustand bezeichnen mag – er hatte ihr definitiv einen beachtlichen Teil ihrer Menschenwürde geraubt: Sie war dauerhaft verkrümmt und völlig unfähig, sich aufzurichten. Einerseits war dies bloß ein körperlicher Zustand. Doch andererseits ist die aufrechte Haltung des Menschen mehr als nur ein anatomisches Detail. Sie ist etwas unverkennbar Menschliches, ein angemessener körperlicher Ausdruck der moralischen, geistlichen und eigentlichen Würde des Menschen, der als Gottes Ebenbild dazu geschaffen wurde, über alle anderen Geschöpfe zu herrschen (vgl. 1Mo 1,26-27). Aus demselben Grund ist der gebeugte Rücken eine typische Körperhaltung des Lastenträgers und des Sklaven unter dem Joch. Er wird dadurch zu einer offensichtlichen und anschaulichen Metapher für die Auswirkungen von Unterdrückung und Sklaverei. Obendrein war der Gesundheitszustand der Frau nicht einfach körperlichen Ursachen geschuldet. Christus erklärte ihn als eine Fessel, die Satan bewirkt hatte, dessen Niedertracht von Anfang an schon immer danach gestrebt hatte, den Menschen seiner Herrschaft und Würde zu berauben und ihn zum Sklaven zu erniedrigen. Nur wenige Menschen leiden körperlich unter einem gekrümmten Rücken: Moralisch und geistlich stellen jedoch alle Menschen früher oder später fest, dass sie von Schwächen dieser oder jener Art gebeugt werden, von denen sie sich nicht aus eigener Kraft befreien können.

Eines Tages jedoch, so berichtet uns die Geschichte, schlurfte die Frau irgendwie in die Synagoge, um Gottes Wort zu hören, denn es war Sabbat. Welches Wort würde die Bibel für sie und ihren Zustand bereithalten? Aus sich selbst heraus und nicht durch pharisäische Auslegungstraditionen verkompliziert, hätte die Bibel klar genug gesprochen. Vielleicht so: „Ich bin der HERR, euer Gott, der ich euch aus dem Land Ägypten herausgeführt habe, damit ihr nicht ihre Sklaven sein musstet. Und ich habe die Stangen eures Joches zerbrochen und euch aufrecht gehen lassen" (3Mo 26,13). Der Synagogenvorsteher war jedoch ein Pharisäer. Er hätte ihr gesagt: Wenn Gott jemals gewillt wäre, sie zu befreien und sie aufzurichten, dann wäre es gewiss nicht heute: Dies war immerhin der Sabbat; es würde Gott nicht verherrlichen, wenn sie am Sabbat von ihren Fesseln befreit würde. Doch bevor er die Möglichkeit hatte, irgendetwas zu sagen, streckten sich stärkere Arme aus und legten ihre Hände auf sie. Eine andere Stimme sagte: „Frau, du bist gelöst von deiner Schwäche!"; und sofort stand sie aufrecht und verherrlichte Gott (Lk 13,12-13).[30]

31. Januar

Jesu Wunder – Wegweiser zu Gott

Textlesung: Apostelgeschichte 10,34-44
Männer von Israel, hört diese Worte:
Jesus, den Nazoräer, einen Mann, der von Gott euch gegenüber
erwiesen worden ist durch Machttaten und Wunder und Zeichen,
die Gott durch ihn in eurer Mitte tat, wie ihr selbst wisst. (Apg 2,22)

Petrus erinnerte seine Zuhörer an die vielen Machttaten, die in der letzten Zeit geschehen waren. Im Verlauf der letzten drei Jahre waren die Gesetzmäßigkeiten der Natur immer wieder vorübergehend außer Kraft gesetzt oder sogar umgekehrt worden, während Jesus von Nazareth landauf und landab in Palästina unterwegs gewesen war und gewaltige Machttaten, Wunder und Zeichen gewirkt hatte. Viele der Ortsansässigen werden aus erster Hand von diesen Wundern gewusst haben. Diejenigen, die nur als Besucher des Passahfestes da waren, an dem Jesus gestorben war, werden durch die endlosen Gespräche und Diskussionen gehört haben, was sich vor seiner Kreuzigung im Tempel und in der Stadt abgespielt hatte (vgl. z. B. Joh 11,56; 12,9.17-18). Jeder hatte von der Art und Qualität dieser Wunder gehört. Keines von ihnen war eine groteske Entstellung des Natürlichen gewesen. Keines von ihnen war eine reine Machtdemonstration gewesen, eine bloße Show eines übernatürlichen Feuerwerks. Jedes einzelne Wunder war ein Akt des Erbarmens gewesen, der Leben und Frieden, geistige und physische Ganzheit, Befreiung von Angst und Knechtschaft gebracht und für Freude, Vertrauen und Zufriedenheit gesorgt hatte. Die einzige offenkundige Ausnahme bildete die Verfluchung des Feigenbaums. Sie schadete allerdings niemandem und vermittelte eine gesunde geistliche Lektion. Die Macht, die durch Jesus von Nazareth in die Natur einbrach, war keine fremde Macht. Seine Wunder zeigten, dass „nicht einfach nur irgendein Gott, sondern ein Gott in die Natur eindringt, der mit seiner Macht zwar außerhalb ihrer Gesetze steht, aber nicht als ein Fremder, sondern als ihr Souverän" (C. s. Lewis, *Wunder*). Der Versuch des Establishments, Jesu Wunder als Täuschung zu entlarven, die mithilfe satanischer Kräfte vollbracht wurden, war völlig absurd (Lk 11,14-20). Es waren nicht nur Wunder, die Macht demonstrierten: Es waren Zeichen der Größe, der Liebe, des Erbarmens und Mitleids Gottes gewesen; Wunder physischer Versorgung, Rettung und Heilung, die zugleich Gleichnisse der geistlichen Rettung darstellten, die er als Retter der Welt den Menschen anbot, die sich nicht selbst durch menschliche Kraft retten konnten. Jesu gesamtes Leben war ein Zeichen eines andauernden Eindringens der übernatürlichen Macht und der rettenden Gnade Gottes in unsere gefallene, gebrochene, sündige Welt. Mit welchen noch gnädigeren Gesten hätte Gott seinen Sohn vor Israel bestätigen können, als er ihn als rechtmäßigen Messias und Herrscher zu ihnen sandte?[31]

1. Februar

Ewiges Leben hier und jetzt

Textlesung: 1. Johannes 1,1-10

Was wir gesehen und gehört haben, verkündigen wir auch euch, damit auch ihr mit uns Gemeinschaft habt; und zwar ist unsere Gemeinschaft mit dem Vater und mit seinem Sohn Jesus Christus. (V. 3)

Hier handelt es sich nicht um irgendeine mystische Erfahrung, bei der uns ein undefinierter und undefinierbarer Schauer durch den Intellekt oder die Emotionen läuft. „Das ewige Leben, das ... offenbart worden ist", nennt es Johannes. Es wurde hier auf dieser Erde ganz konkret in der Person des Herrn Jesus offenbart. Johannes sagt: „Was wir gehört, was wir mit unseren Augen gesehen, was wir angeschaut und unsere Hände betastet haben vom Wort des Lebens." Achten Sie darauf, wie echt diese Offenbarung war: Man konnte sie anfassen, betasten, sehen und hören. Das ist die große historische Offenbarung, die uns in der Geburt, im Leben, im Sterben und in der Auferstehung unseres geliebten Herrn geschenkt wird.

Heute lässt der Heilige Geist diese Offenbarung in unseren Herzen Wirklichkeit werden. Das müssen wir jedoch mit den konkreten historischen Fakten zusammenhalten, die Gott uns im historischen Herrn Jesus Christus gezeigt hat. Man kann sich der Begeisterung von Johannes kaum entziehen. Was für eine Sache muss das gewesen sein! Das „verkündigen wir auch euch", sagt Johannes, „damit auch ihr mit uns Gemeinschaft habt." Stellen Sie sich vor, Sie berühren zufällig jemanden, während Sie in ein Ruderboot steigen. Sie fahren gemeinsam über den See, übernachten im selben Gasthaus. Und dann wachen Sie auf und stellen fest: Die Person, die Sie zuvor berührt haben, ist der Mensch gewordene Gott. Wenn das in Ihren Ohren nach frommer Sprache klingt, dann müssen Sie das den Aposteln nachsehen. Sie empfinden eine Begeisterung, die sie kaum für sich behalten können – schließlich haben sie tatsächlich den Mensch gewordenen Gott gesehen und berührt! Gott bewahre uns davor, dass wir in unserer Generation jemals das Staunen darüber verlieren.

Lieber Bruder, liebe Schwester, dieses ewige Leben, das Sie haben, bildet nicht nur den Schlusssatz einer theologischen Aussage. Gott möge uns helfen, aufzuwachen und zu sehen, wer es ist, der da steht – mitten in unserem verdrehten, knorrigen Dornbusch, der genau wie wir in Gefahr steht, verzehrt zu werden. Was jedoch Ihren inneren Menschen erleuchtet, sodass er heller zum ewigen Licht hin leuchtet, ist bereits die Person des Mensch gewordenen Gottes in Ihnen. Das ist das ewige Leben und der Kern unserer Gemeinschaft. Die Menschwerdung und das Leben unseres Herrn bilden die Grundlage dafür.

Beachten wir also, was wir dadurch erfahren sollen. Denn Johannes sagt: „Damit auch ihr mit uns Gemeinschaft habt; und zwar ist unsere Gemeinschaft mit dem Vater und mit seinem Sohn Jesus Christus.“[32]

2. *Februar*

Ewiges Leben ist Leben in Christus

Textlesung: Kolosser 3,1-15

Denn der Lohn der Sünde ist der Tod, die Gnadengabe Gottes aber ewiges Leben in Christus Jesus, unserem Herrn. (Röm 6,23)

Gewiss, das ewige Leben ist ein Geschenk. Wir bekommen es unverzüglich. Ein Baby hat physisches Leben. In zwanzig Jahren könnte es eine Goldmedaille bei den Olympischen Spielen gewinnen. Aber als Sie das Baby anschauten, hätten Sie sich niemals erträumt, dass es das Potenzial dafür hätte. Ja, das Potenzial war schon vorhanden, aber es musste durch hartes, zielgerichtetes Training entwickelt werden; und das Training förderte das Potenzial und zeigte gute Wirkungen.

Aber jetzt kommen wir an einen weiteren wichtigen Punkt: Dieses ewige Leben ist ein kostenloses Geschenk Gottes *in Christus Jesus, unserem Herrn*. Es gibt kein ewiges Leben ohne Christus. Wir können nicht sagen: „Herr, du hast mir das ewige Leben geschenkt; das ist so großzügig von dir und ich danke dir sehr dafür. Aber jetzt bin ich zu beschäftigt und komme im Augenblick auch gut allein klar. Ich habe ja mein ewiges Leben sicher. Ich werde mich ab und zu einmal bei dir melden, aber wir sehen uns ja dann im Himmel, Herr."

Das ist Unsinn. „Christus *ist* euer Leben", sagt Paulus (vgl. Kol 3,4). Ohne ihn haben Sie überhaupt kein ewiges Leben. Wenn Sie in den Himmel kommen, werden Sie nicht sagen können: „Herr, es ist großartig, hier zu sein durch deine Gnade. Und der Himmel ist so ein interessanter Ort, den ich erst einmal erkunden muss. Deshalb werde ich nicht viel Zeit haben, mit dir zu reden, es gibt so unendlich viel zu entdecken. Ich hoffe, dich irgendwann in den nächsten dreihundert Jahren mal zu sehen, denn ich habe ja jetzt ewiges Leben!"

„Nein, das hast du nicht", sagt Christus, „nicht ohne mich. Wenn ihr nicht das Fleisch des Sohnes des Menschen esst und sein Blut trinkt, so habt ihr kein Leben in euch selbst" (vgl. Joh 6,53).

Das gilt auch für uns. Christus ist unser Leben. Wir haben kein ewiges Leben ohne ihn; definitiv nicht. Was haben Sie durch Ihre Taufe symbolisiert, als Sie wieder aus dem Wasser stiegen? Jedenfalls nicht, dass Sie sich nun anstrengen werden, da Ihnen ja vergeben wurde. Nein, sondern dass Sie mit Christus begraben wurden und nun mit Christus auferstanden sind. Ihre Verbindung mit Christus ist es, die Ihnen das ewige Leben bringt.[33]

3. Februar

Christus ist der wahre Weinstock

Textlesung: Jesaja 5,1-7

Ich bin der wahre Weinstock, und mein Vater ist der Weingärtner. (Joh 15,1)

In der gesamten Geschichte Israels – und der Geschichte der Welt – war die Lage nie so schlimm wie in dem Moment, als Jesus den Obersaal mit seinen Jüngern verließ, um nach Gethsemane und ans Kreuz zu gehen. Der Himmel war im Begriff, Zeuge der abscheulichsten Gewalttat zu werden, die Israel je begangen hatte, und den bittersten Schrei zu hören, den Israel je von einem unschuldig

Leidenden erzwungen hatte. Der Besitzer des Weinbergs Israel hatte seinen einzigen Sohn gesandt, um die Früchte einzusammeln, die ihm zustanden. Doch die Pächter des Weinbergs standen im Begriff, diesen einzigen Sohn aus dem Weinberg hinauszustoßen und zu ermorden (Lk 20,9-18).

Wie würde die Reaktion des Besitzers aussehen? Würde er das gesamte Projekt, Trauben anzubauen, aufgeben? Nein, weit gefehlt! Stattdessen beabsichtigte er, sogar noch mehr und noch bessere Trauben anzubauen – nicht nur in Israel, sondern in der ganzen Welt. Aber um das zu tun – und hier kommt das Geheimnis –, würde er einen anderen Weinstock und eine andere Methode zur Kultivierung und Produktion einsetzen. „Ja", sagt da jemand, „das stimmt. Nun wird Gott Israel als seinen Weinstock zurücksetzen und an die Stelle Israels die christliche Kirche als neuen und besseren Weinstock einsetzen."

Nein, ganz gewiss nicht! Wenn Israel am Ende versagte, trotz seiner langen Linie inspirierter Propheten und gottesfürchtiger Heiliger, welche realistische Hoffnung hätte dann die Kirche, es besser zu machen? In der Tat hat sich diese unheilige Verschmelzung von Religion und Politik, die die Menschen Christentum nennen, oft schlimmerer moralischer Verdorbenheit, Grausamkeit und Unterdrückung schuldig gemacht, als es Israel je tat. Nein, Christus sagte nicht: „Israel hat versagt. Aber ihr, meine Jünger, müsst versuchen, es besser zu machen." Wenn wir denken, er hätte das gesagt, dann riskieren wir, die Herrlichkeit des Evangeliums der Heiligkeit zu verpassen. Denn das wollte unser Herr nun ankündigen. Gottes Antwort auf Israels Versagen war nicht die Kirche, sondern Christus. Der Weinstock Israel hatte gewiss versagt. Aber, so sagte Christus: „*Ich bin* der wahre Weinstock."[34]

4. Februar

Die Erhabenheit von Gottes Versorgung

Textlesung: Galater 5,16-26

Wie ihr nun den Christus Jesus, den Herrn, empfangen habt,
so wandelt in ihm, gewurzelt und auferbaut in ihm und gefestigt im Glauben,
wie ihr gelehrt worden seid, indem ihr überreich seid in Danksagung!
(Kol 2,6-7)

Halten wir kurz inne, um die Herrlichkeit dieser großartigen Vorsorge für unsere Heiligkeit zu betrachten. Gott gab den Israeliten ein Gesetz mit klaren Anweisungen dafür, welches Verhalten und welches Bekenntnis er von ihm erwartete. An dem Gesetz an sich war nichts auszusetzen: Es war heilig, gerecht und gut. Der Grund für das Scheitern des Gesetzes als Strategie zum Traubenanbau bestand darin, wie Paulus es formuliert, dass es „durch das Fleisch kraftlos war" (Röm 8,3). Israel – gefallene Menschen, die versagten wie wir alle – besaß nicht die nötige moralische und geistliche Stärke, um das Gesetz nach Gottes Maßstäben und Anforderungen zu erfüllen. Und Christen sind an und für sich auch nicht besser oder stärker als die Israeliten. Hätte Gott einfach mit derselben Methode weitergemacht, wäre das Ergebnis ebenso unbefriedigend gewesen wie zuvor.

Nein, Gott hatte eine neue Vorgehensweise im Sinn, und zwar schon vor der Grundlegung der Welt: eine völlig neue Art von Weinstock – den Sohn Gottes selbst. Verwurzelt – wenn wir diese Metapher verwenden dürfen – in der Gottheit, da er selbst Gott ist und dennoch zugleich wahrer Mensch, war er und ist er und wird er für immer in jeder Hinsicht imstande sein, den Charakter Gottes des Vaters in Wort und Tat zum Ausdruck zu bringen. Das tut er zur unerschöpflichen Freude Gottes und zum niemals versiegenden Segen für uns Menschen. Er ist, in seinen eigenen Worten, der wahre Weinstock. Nicht, dass Israel ein schlechter Weinstock gewesen war. Christus ist der wahre Weinstock in dem Sinne, dass er der ideale, der endgültige, der perfekte Weinstock ist, für den Israel bestenfalls ein unzureichender Prototyp war. Und Christus, der wahre Weinstock, war auch in anderer Hinsicht völlig neu. Erlöste Menschen, erneuert durch den Heiligen

Geist, konnten nun in ihn eingepfropft werden wie Zweige in einen Weinstock. Dadurch konnten sein Leben, seine Gnade, seine Güte und Macht durch sie strömen und die Frucht des Heiligen Geistes in ihnen hervorbringen – Liebe, Freude, Friede, Langmut, Freundlichkeit, Güte, Treue, Sanftmut, Enthaltsamkeit.

Das war neu – wundervoll und erhebend neu. So überragend groß die berühmten Heiligen des Alten Testaments auch waren, wird doch an keiner Stelle berichtet, dass irgendeiner von ihnen durch seine geistlichen Erfahrungen in den Messias eingepfropft wurde. Verständlicherweise nicht. Doch nichts Geringeres als das hat Gott uns zugedacht, die wir diesseits der Menschwerdung, des Sterbens, des Begräbnisses, der Auferstehung und Himmelfahrt des Herrn Jesus und des Kommens des Heiligen Geistes an Pfingsten leben.[35]

5. Februar

Ich habe die Schlüssel

Textlesung: Offenbarung 1,1-20

Ich ... habe die Schlüssel des Todes und des Hades. (V. 18)

Ich meine schier zu hören, wie Jesus mit den Schlüsseln an seiner Seite klimpert. Hören Sie es ebenfalls? Oh, ich mag den Klang dieser Schlüssel! „Ich habe die Schlüssel“, sagt er, „siehst du sie, Johannes, mein Kind? Ich habe die Schlüssel des Todes und des Hades“ (siehe V. 18). Der Tod ist wie eine Tür. Wenn wir zu dieser Tür gelangen, sehen wir sie auf unserer Seite als Tod. Wenn Sie jedoch hindurchgehen, befinden Sie sich auf der anderen Seite in der unsichtbaren Welt. „Ich habe die Schlüssel. Ich habe die Autorität“, sagt Christus, „Ich habe die Kontrolle über sie.“ Nicht der Teufel kontrolliert diese Dinge. Nein, nein. Hebräer 2 sagt uns, dass Satan, also der Teufel, einst die Macht über den Tod hatte. Unser Herr kam und starb, „um alle die zu befreien, die durch Todesfurcht das ganze Leben hindurch der Knechtschaft unterworfen waren“ (vgl. Hebr 2,14-15). Christus hat die Schlüssel.

Vielleicht fragen Sie: „Um uns hereinzulassen?“

Nein, um uns herauszulassen! Das trifft es, so denke ich, besser. Ja, wenn wir einst körperlich sterben, wird er derjenige sein, der es kontrolliert. Er wird unseren Übergang in die unsichtbare jenseitige Welt unter Kontrolle haben. Wir haben sein segensreiches Wort, das er dem sterbenden Räuber und vielen weiteren seitdem gegeben hat: „Heute wirst du mit mir im Paradies sein“ (Lk 23,43).

So reden die Gläubigen des Neuen Testaments. Sie sorgen sich nicht so sehr darum, ob nun ihre „Seele“ oder ihr „Geist“ von ihnen geht. Sie können ruhig so reden, wenn Sie wollen. Aber es heißt: „*Du* wirst mit mir im Paradies sein.“

„*Ich* will abscheiden“, sagt Paulus, „und bei Christus sein. Wenn *wir* abwesend vom Leib sind, so sind *wir* ganz beim Herrn“ (vgl. Phil 1,23; 2Kor 5,6-8).

„Ich habe die Schlüssel des Todes und des Hades“, sagt Christus. Wir müssen uns also nicht fürchten. Ja, wir sollten ehrfürchtig sein. Aber wir empfinden weder Angst noch Schrecken, wenn wir vor unserem herrlichen, geliebten Herrn Jesus Christus stehen, dem Herrn und Haupt der Gemeinde, in all seiner Macht und Herrlichkeit. Er hält uns mit seiner rechten Hand. Daher werden wir Mut finden, auf das zu hören, was er zu sagen hat, während er uns beurteilt und ermutigt, unsere Fehler aufdeckt und uns dazu auffordert, darüber Buße zu tun, um sie dann zu überwinden.[36]

6. Februar

Christus – die Quelle des Lebens

Textlesung: Johannes 5,1-30

Denn wie der Vater Leben in sich selbst hat, so hat er auch dem Sohn gegeben, Leben zu haben in sich selbst. (V. 26)

Sünde äußert sich in vielen verschiedenen Formen: Gottlosigkeit, Feindschaft zu Gott und so weiter. Eine ihrer Formen jedoch ist Schwäche: „Christus ist, als wir noch kraftlos waren ... für Gottlose gestorben“ (Röm 5,6). In ähnlicher Weise sagt Römer 8: „Das dem Gesetz Unmögliche, weil es durch das Fleisch kraftlos war“ (V. 3). Das ist genau das Wort, das hier für diese Menschen verwendet wird. Sie waren schwach: blind, lahm, verkümmert.

Der Galaterbrief sagt uns: Hätte das Gesetz (also das alttestamentliche mosaische Gesetz) Leben geben können, so wäre die Gerechtigkeit aus dem Gesetz gekommen (3,21). Aber das Gesetz kann Ihnen kein Leben geben. Es ist wahr: Gottes Gesetz ist heilsam, gut und geistlich. Wenn Sie seinen Prinzipien folgen, wird es Sie zu einer gesunden Lebensweise anleiten. Doch das Gesetz könnte Ihnen niemals Leben im Sinne von geistlichem, ewigem Leben geben. Warum nicht? Weil wir zu schwach sind: „Das dem Gesetz Unmögliche, weil es durch das Fleisch kraftlos war ..." Deshalb hätte es uns niemals retten können. Wir waren zu schwach!

Die Leute meinen, Christus sei gekommen, um ihnen zu helfen, in den „Teich" zu steigen und das Gesetz zu halten (Joh 5,7). Sie bilden sich ein, sie würden sich dadurch allmählich bessern. Sie bekennen zwar, dass sie im Moment noch nicht gut genug sind. Aber sie hoffen doch, dass das Leben lange genug währt, damit Christus ihnen dann irgendwann hilft, durch das Endgericht zu kommen.

Aber das ist ein grundlegendes Missverständnis, warum Christus gekommen ist! Um es mit den Worten dieses Ereignisses zu formulieren: Er ist nicht gekommen, um Sündern dabei zu helfen, in den Teich zu steigen – das Gesetz zu halten – und dadurch gerettet zu werden. Er ist selbst die Quelle des Lebens! Und als der Mann sagte: „Ich habe keinen Menschen, dass er mich, wenn das Wasser bewegt worden ist, in den Teich wirft", erwiderte unser Herr nicht: „Nun, ich werde das tun. Denn ich bin der mächtige Sohn Gottes und ich werde dir wirklich dabei helfen!" Tatsächlich sagte er: „Teich? Ich brauche keinen Teich! Steh auf!" Und der Mann stand auf und lief umher. Die Rettung trat sofort ein, weil Christus die Quelle des Lebens ist.[37]

7. Februar

Christus – der Weg zum Leben

Textlesung: Johannes 6,1-15

Damit das Wort erfüllt wurde, das er sprach:
Von denen, die du mir gegeben hast, habe ich keinen verloren. (Joh 18,9)

Überlegen Sie einmal, was für ein Brot das ist. Es ist nicht nur „das Brot des Lebens" (Joh 6,48). Es ist „das *lebendige* Brot" (6,51). Das Manna kam zwar vom Himmel herab, doch es war nicht selbst lebendig! Unser Herr ist das lebendige Brot. Dieses Brot ist lebendig. Als sich das Wunder der Speisung der Fünftausend ereignet, wird uns Folgendes gesagt: Nachdem die Menschenmenge gegessen hatte und satt geworden war, wies unser Herr die Apostel an, herumzugehen und die übrig gebliebenen Brotreste einzusammeln, „damit nichts umkommt" (6,12). Das ist eine interessante Bemerkung. Wir könnten sagen: „Wenn unser Herr doch die Macht hatte, Brotlaibe und Fische zu vermehren, um Fünftausend zu sättigen, was machte es da schon, wenn ein paar Brocken liegen blieben und verrotteten? Er hätte doch leicht mehr machen können, oder?" Er gab ihnen jedoch die Anweisung, die übrig gebliebenen Brotreste aufzusammeln, damit nichts davon verdarb.

Wie viel mehr gilt dies dann für die Menschen, die er gerettet hat. Sie sagen, dass Christus Sie gerettet hat und Ihr Brot des Lebens ist, oder? Nun, dann kann ich Ihnen jetzt schon sagen, dass dieses Brot *niemals* verderben wird. „Christus in euch" – das lebendige Brot. Das ist ein großartiger Gedanke. Doch die Realität ist sogar noch großartiger: Christus ist gekommen, um *in* uns zu leben!

Wir müssen uns auf das Leben in einer geistlichen Welt vorbereiten. Vom Auferstehungsleib unseres Herrn wird gesagt, dass er ein „geistlicher Leib" ist. Das bedeutet nicht, wie manche Menschen meine, dass unser Auferstehungsleib aus Geist besteht und nicht wirklich materiell ist – Sie würden ja auch nicht annehmen, dass ein Auto mit Benzinmotor aus Benzin besteht. Benzin ist das, was diesen Motor antreibt – im Unterschied zu einem Dieselmotor oder einem Elektromotor.

So verhält es sich auch mit dem Auferstehungsleib Christi. Er sagte: „Betastet mich und seht! Denn ein Geist hat nicht Fleisch und Bein, wie ihr seht, dass ich habe" (Lk 24,39). Es handelte sich um einen echten und in unserem Sinne physischen Körper, aber von einer anderen Art. Es ist ein *geistlicher Körper*. Wenn Sie zu Christus gehören, tragen Sie diese Kraft in sich, die Sie bei der Auferstehung auferwecken wird, wenn der Herr wiederkommt, oder die Sie verwandeln wird, wenn Sie dem Herrn in der Luft begegnen.[38]

Teil 4 – Der dienende König

8. Februar

Ein König, der dient

Textlesung: Lukas 18,31-43

Ich aber bin in eurer Mitte wie der Dienende. (Lk 22,27)

Wie wahr das war! Lukas berichtet (18,35-43), dass Christus einmal nach Jericho kam und ein blinder Bettler am Straßenrand den Lärm der sich nähernden Menschenmenge hörte. Als er dann feststellte, dass es Jesus war, der von Menschenmassen umgeben war, beschloss er, Christus zu bitten, etwas gegen seine Blindheit zu tun. Sehr respektvoll – oder verfügte er bei all seiner Blindheit über mehr Erkenntnis als die meisten? – begrüßte er Christus als den Sohn Davids (V. 38). Das bedeutet, er pries ihn als den großen und ruhmvollen König Israels. Und dann flehte er ihn um Erbarmen an.

Die Menschenmenge forderte ihn auf, den Mund zu halten. „Schau mal", so sagten sie ihm gewiss, „es bringt nichts, wenn du so schreist. Jesus ist eine sehr wichtige Person. Es ist sogar gut möglich, dass er tatsächlich der große König höchstpersönlich ist, wie du sagst. Und wenn er das nicht ist, so ist er gewiss ein großartiger Prediger und Prophet. Könige und Propheten können nicht ständig an jeder Ecke stehen bleiben, um sich um die Bedürfnisse verlotterter Bettler zu kümmern. Jesus hat Wichtigeres zu tun." Doch in dem Moment kam Christus an dem blinden Bettler vorbei. Er hielt an. „Helft diesem Mann auf und bringt ihn zu mir", sagte er zu einigen der Umstehenden. Und dann, als der Mann sich näherte, fragte er ihn: „Hast du nach mir gerufen? Wolltest du etwas?" „Ja", stammelte der Mann, „meine Augen ... wisst Ihr, ich bin blind. Könntet Ihr, ich meine, würdet Ihr mir das Augenlicht schenken?" „Selbstverständlich", sagte Christus da, „dafür bin ich schließlich gekommen – um Menschen zu dienen." Und sogleich schenkte er dem Mann das Augenlicht.

Das war beeindruckend. Zweifelsohne sollte es das sein – nicht, um eine Show abzuziehen und gute Kritiken in der Presse zu bekommen, sondern damit alle wissen, dass dies Christi Vorstellung davon ist, was es bedeutet, groß zu sein – ein König zu sein. Es bedeutet, auch den Geringsten zu dienen. Und wir dürfen gewiss sein: Nun, da Christus unsere niedere Welt verlassen hat und in Herrlichkeit thront, sind seine Gedanken darüber, was es bedeutet, groß zu sein, noch immer dieselben wie damals. Jeder von uns, der Not leidet, kann sich hinknien und beten. Und Christus wird noch immer auf uns zukommen und sagen: „Hast du gerufen? Wolltest du etwas?" Welch glückliche Untertanen, die einen solchen König haben![39]

9. Februar

Das Vorbild des leidenden Gottesknechtes

Textlesung: 1. Petrus 3,8-22

Darum werde ich ihm Anteil geben unter den Großen,
und mit Gewaltigen wird er die Beute teilen:
dafür, dass er seine Seele ausgeschüttet hat in den Tod. (Jes 53,12)

Wenn wir das Evangelium wirksam predigen wollen, das Evangelium vom leidenden Gottesknecht, dann müssen wir darauf vorbereitet sein, selbst dem Vorbild des leidenden Gottesknechtes zu folgen.

Christus hat uns ein Beispiel hinterlassen, sagt Petrus, damit wir in seine Fußstapfen treten; in die Fußstapfen dessen, „der keine Sünde getan hat, auch ist kein Trug in seinem Mund gefunden worden, der, geschmäht, nicht wieder schmähte, leidend, nicht drohte" (1Petr 2,22-23). Er war „wie das Lamm, das zur Schlachtung geführt wird" (Jes 53,7); und „mit seinem Körper hat er unsere Sünden auf das Holz hinaufgetragen, damit wir – für die Sünden gestorben – nun so leben, wie es vor Gott recht ist" (1Petr 2,24; NeÜ).

Der leidende Gottesknecht hat nicht nur die Sünde gesühnt; er hinterließ uns ein Beispiel, damit wir in seine Fußstapfen treten. So sagt Petrus zu den Sklaven: „Wisst ihr, wenn eure Herren unbarmherzig sind und euch auspeitschen, obwohl ihr es gar nicht verdient, und ihr sie am liebsten verfluchen würdet, dann versucht, euch an das Vorbild des leidenden Gottesknechtes zu erinnern. Wo wäret ihr, wenn Christus euch verflucht hätte, als er litt?" (vgl. 1Petr 2,18-20).

„Und ihr Frauen", sagt Petrus zu den verheirateten Frauen, die sich bekehrt hatten und deren Männer keine Christen waren, „wenn eure Ehemänner schwierig sind und euch nicht zuhören, dann versucht, euch in eurem Herzen an das Vorbild des leidenden Gottesknechtes zu erinnern. Indem ihr so lebt wie er, könnt ihr eure Ehemänner durch euer Verhalten gewinnen, selbst wenn ihr sie nicht durch eure Worte gewinnt" (vgl. 3,1-2).

Lassen Sie uns nach der zukünftigen Belohnung streben. Und seien wir nicht wie Jakobus und Johannes, die nur an die Throne der kommenden Zeit denken konnten. Sie mussten lernen, dass der Sohn des Menschen nicht gekommen war, um bedient zu werden, sondern um zu dienen und sein Leben als Lösegeld für viele zu geben (Mt 20,28). Wenn wir der Welt wirksam einen Retter predigen wollen, der seine Seele in den Tod hingegeben hat, dann sind wir am effektivesten, wenn wir ebenfalls bereit sind, unsere Seele, unseren Leib und alles, was wir haben, für unsere Mitmenschen hinzugeben.[40]

10. Februar

Die Kraft des Vorbildes Jesu

Textlesung: Johannes 13,1-17

Denn ich habe euch ein Beispiel gegeben, dass auch ihr tut, wie ich euch getan habe. (V. 15)

Ein fähiger Lehrer weiß: Die wirksamste Art zu lehren besteht darin, die Theorie mit einer praktischen Demonstration zu verbinden. Und so gab der perfekte Lehrer seinen Jüngern ein Beispiel für demütigen, liebevollen, praktischen Dienst, das so anschaulich war, dass sie seine Bedeutung sofort begreifen und für den Rest ihres Lebens nicht mehr vergessen würden. Aber es war noch viel mehr als das. Er war nicht einfach ein Lehrer. Eigentlich war er nicht einmal in erster Linie der perfekte Lehrer. In erster Linie war er ihr Herr, tatsächlich sogar der

Herr des Universums. Sie hatten weder Anspruch darauf, dass er ihnen diente, noch irgendein Recht, das zu erwarten. Im Gegenteil: Es war schon ein schwerwiegender Fehler ihrerseits, dass sie nicht selbst ihrer Pflicht ihm gegenüber als ihrem Herrn nachgekommen waren, seine Füße zu waschen. Dass er, ihr Herr und fleischgewordener Schöpfer, sich trotzdem seiner Kleider entledigte, sich wie ein demütiger Diener mit einem Handtuch umgürtete, um zu ihren Füßen niederzuknien, sie zu waschen und mit dem Handtuch abzutrocknen, das er mit seinem eigenen Körper gewärmt hatte, war kaum zu fassen. Wie hätten sie sich da noch über seinen Befehl ärgern können, anderen in ähnlicher Weise zu dienen, nachdem er dies für sie getan hatte? „Wahrlich, wahrlich, ich sage euch", sprach Christus, „ein Sklave ist nicht größer als sein Herr, auch ein Gesandter nicht größer als der, der ihn gesandt hat" (V. 16).

Es würde der Moment kommen, da er sie als seine Apostel mit apostolischer Autorität in die ganze Welt hinaussenden würde. Aber es bestand die Gefahr, dass ihr hohes Amt in der Gemeinde sie vergessen lassen würde, dass es ihre Pflicht war, ihren Mitgläubigen demütig zu dienen. Stattdessen könnten sie denken, ihre Mitchristen sollten sich vor ihnen verneigen und ihnen dienen. Deshalb sollten sie sich immer daran erinnern, dass der Christus, den sie repräsentierten, wie ein demütiger Diener die niedere Tätigkeit übernommen hatte, ihnen die Füße zu waschen. Wie hätten sie danach noch arrogant und stolz werden und so tun können, als wären sie größer und wichtiger als ihr Herr? Das Gefühl, als seine Hände ihre Füße berührt hatten, würde niemals in ihrer Erinnerung verblassen. Es war eine stille Zurechtweisung ihres Stolzes gewesen, eine unmissverständliche und eindeutige Aufforderung, sich sogar den geringsten aller Menschen gegenüber wie ein Diener zu verhalten.[41]

11. Februar

Der König speist in Jerusalem

Textlesung: Markus 14,12-26

Dies ist mein Blut des Bundes, das für viele vergossen wird. (V. 24)

Versetzen wir uns in die Situation in Jerusalem kurz vor dem Passahfest am Ende der Karwoche. Die religiösen Obrigkeiten mussten natürlich ihre Vorkehrungen für die Feier des nationalen Festes treffen. Noch dringlicher schien ihnen aber die Notwendigkeit, Jesus von der Menschenmenge zu isolieren, um ihn zu beseitigen. Judas bot ihnen die Gelegenheit, nach der sie suchten, und so setzten sie zum entscheidenden Schlag an.

Nun erleben wir die wohl spektakulärste Demonstration, wie Gott sein rebellisches Universum regiert. Die menschliche Rebellion, die einst im Garten Eden durch Satan ausgelöst wurde, ist zu diesem Zeitpunkt der Geschichte aufgrund von Satans andauernder Einwirkung (vgl. Lk 22,3) fest entschlossen, dass Jesus sterben muss. Um dieser Rebellion entgegenzutreten und Gottes Königreich hier auf der Erde inmitten ebendieser Rebellion zu errichten, ist Jesus seinerseits entschlossen zu sterben! Zu diesem Zweck trifft er noch einmal Vorkehrungen, um nach Jerusalem zu ziehen. Er schickt zwei Jünger voraus – dieses Mal nicht, um einen Esel zu borgen, auf dem er in einer feierlichen Prozession als Zions König einreiten kann. Stattdessen sollen sie für einen Raum sorgen, in dem sie das Passahmahl essen können. Das Passahmahl musste natürlich abends gegessen werden. Aus menschlicher Sicht war es jedoch gefährlich für Christus, sich nachts ohne den Schutz der Menschenmenge in der Stadt aufzuhalten. Aus diesem Grund hatte unser Herr in der vergangenen Woche an den Abenden die Stadt verlassen, sobald sich die Menschenmassen zerstreuten. Er war in den dunklen Schatten des Ölbergs verschwunden, um eine vorzeitige Verhaftung zu vermeiden (vgl. Lk 19,47-48; 21,37-38). Sein abendliches Betreten der Stadt und auch der Ort, an dem er das Passahmahl zu sich nehmen würde, mussten geheim gehalten werden. Daher wurden den beiden Jüngern gewisse vereinbarte Signale vorgegeben, die sie schließlich zu einem nicht namentlich erwähnten Mann führen würden, der Christus einen Raum in seinem Haus überlassen würde. Dort konnte Christus das Passah in Jerusalem feiern. Jerusalem war die Hauptstadt des Königs. Doch die Obrigkeiten hatten einen Preis auf seinen Kopf ausgesetzt. Und so war Jerusalem nun zum irdischen Hauptquartier der Rebellion gegen den König geworden.[42]

12. Februar

Christus bietet Judas Freundschaft an

Textlesung: Psalm 41

Der ist es, für den ich den Bissen eintauchen und ihm geben werde. (Joh 13,26)

Im Obersaal ging es nicht nur um andere Leute, denen Schaden zugefügt wurde, sondern dort traf Judas' Sünde Christus persönlich wie ein vergifteter Pfeil mitten ins Herz. Mit welchem Tonfall würde er den Verrat dieser Schlange gegen seine eigene Person aufdecken? Wie würde er reagieren? Als Antwort auf Johannes' Frage, wer der Verräter sei, sagte er: „Der ist es, für den ich den Bissen eintauchen und ihm geben werde." Dann tauchte er das Brotstück in die Schüssel und reichte es Judas Iskariot, dem Sohn des Simon.

Diese ausdrucksstarke Handlung war mehr als eine geschickte Art zu zeigen, wer der Verräter war. Wir erinnern uns, dass Judas bereits drei Jahre lang das Brot von Christus angenommen und vorgegeben hatte, sein Freund zu sein. Indem er nun Christus verriet, stand er im Begriff, ihm das Brot der Freundschaft, das Christus ihm angeboten hatte, ins Gesicht zurückzuschleudern. Wie würde Christus darauf reagieren? Indem er ihm noch einmal genau dasselbe Brot anbot! Keine wütende Empörung, keine giftigen Sprüche. Nur den angebotenen, eingetunkten Bissen, der mit stillschweigender Deutlichkeit sagte: „Judas, du hast das Brot meiner Freundschaft angenommen. Und dennoch hast du heimtückisch deine Ferse erhoben, um mich zu zertreten. Jetzt stehst du im Begriff, mich zu verraten. Ich weiß Bescheid. Aber dennoch biete ich dir, Judas, ein letztes Mal das Brot meiner Freundschaft an, bevor du es tust! Wirst du es annehmen?"

Die Geste war weder zynisch noch sarkastisch, noch war es eine Anbiederung, um sich bei Judas einzuschmeicheln. Sie war ein aufrichtiger Versuch, ihn in letzter

Minute vor seiner selbst gewählten Hölle zu retten. Gemäß den ungeschriebenen Gesetzen der Gastfreundschaft im antiken Nahen Osten galt: Wenn ein Gastgeber ein Stück Brot nahm, es in die Schüssel mit den Speisen tunkte und einem seiner Gäste persönlich reichte, bedeutete das nicht nur, dass er den Gast ehrte, indem er ihm einen besonders schmackhaften Bissen Essen vom Festmahl anbot. Es bedeutete zusätzlich, dass er sich diesem Gast gegenüber verpflichtete, ihm ein loyaler Freund zu sein. Und wir können uns sicher sein: Selbst in diesem dunklen und dramatischen Moment auf Judas' Weg in Richtung Hölle stellte der getunkte Bissen, den unser Herr ihm anbot, eine aufrichtige Geste dar. Sie sollte ihm – so spät es auch bereits war –, Jesu Freundschaft und Liebe und damit die Vergebung, Begnadigung und letztendliche Herrlichkeit, die sie beinhalteten, eindringlich nahelegen.[43]

13. Februar

Der Eifer des Dieners

Textlesung: Jesaja 49,1-21

Es ist zu wenig, dass du mein Knecht bist, um die Stämme Jakobs aufzurichten und die Bewahrten Israels zurückzubringen. So mache ich dich auch zum Licht der Nationen, dass meine Rettung reicht bis an die Enden der Erde. (V. 6)

Diese großartige Aufgabe, Israel zurückzubringen, war für jeden, außer für Gottes ewigen Sohn, viel zu groß. Doch nur Israel zurückzubringen, damit war er nicht zufrieden. Aber was sollte es dann sein? „So etwas Kleines kann ich ihm nicht geben", sagte Gott, „ich werde dich zum Licht für die Heiden machen" – die ganze Erde soll von seinem Ruhm erfahren.

Oh, was für eine herrliche Aufgabe ist da dem Sohn Gottes, Gottes heiligem Knecht, übertragen worden – *groß genug für seine göttlichen Fähigkeiten.* Während ich höre, wie er uns Heiden zusammenruft, damit wir erfahren, was er über seinen Dienst für den Herrn zu sagen hat, spüre ich Dankbarkeit in meinem Herzen. Denn ich habe ein persönliches Interesse daran. Sehr selbstsüchtig, ich weiß. Aber ich bin so froh, dass er sich nicht damit begnügte, nur Israel zu retten. Sie nicht auch? Vom Himmel zu kommen, von Mutterleib an dazu berufen, Israel und Jakob zurückzubringen – dafür wurde er gebildet. Wäre er in den Himmel zurückgekehrt, ohne etwas anderes zu tun – welches Recht hätten wir da gehabt, uns zu beklagen? Aber ich danke Gott dafür, dass er sich nicht mit etwas so Kleinem begnügt hat. Um ehrlich zu sein, sind wir im Vergleich zu den vielen Millionen, die er gerettet hat, nicht viel, aber er könnte ohne uns nicht zufrieden sein. Gott sei Dank für den Weitblick unseres geliebten Herrn Jesus.

Und eines Tages werden alle den Mann sehen, den die Menschen verschmähten und den das Volk verachtete, der nichts als ein Knecht der Herrscher zu sein schien – „Könige werden es sehen und aufstehen, auch Oberste, und sie werden sich niederwerfen um des HERRN willen, der treu ist, um des Heiligen Israels willen, der dich erwählt hat“ (V. 7). Er wird kommen, um inmitten der Zehntausend mal Zehntausend bewundert zu werden (Offb 9,16). Und dann werden Sie das eigentliche Ziel der Aufgabe sehen, die er so gerne annahm.

Das also ist unser Herr. Wäre es völlig falsch, wenn wir uns an seine Brust lehnten, um seine Gedanken und Empfindungen wahrzunehmen, und sie auf unserem unbedeutenden Niveau erwiderten? Sie werden tiefe Zufriedenheit darin finden, dem Herrn zu dienen. Achten Sie deshalb darauf, dass Ihnen der Herr ihre Augen öffnet für *eine Aufgabe, die groß genug für Ihre Fähigkeiten ist.* Begnügen Sie sich nicht mit etwas zu Kleinem.[44]

14. Februar

Gottes Gnade für Paulus und uns

Textlesung: Apostelgeschichte 9,1-19

Aber darum ist mir Barmherzigkeit zuteilgeworden,
damit Jesus Christus an mir als dem Ersten die ganze Langmut bewies,
zum Vorbild für die, welche an ihn glauben werden zum ewigen Leben.
(1Tim 1,16)

Was für ein König, der sich über Saulus von Tarsus erbarmt hatte. Hätten Sie Erbarmen mit ihm gehabt? Wenn eine unverschämte Mücke sich auf meiner Stirn niederlassen und versuchen würde, mich zu stechen, würde ich nicht zögern, sie zu erschlagen. Und Sie würden das ebenso wenig. Sagen Sie mir daher, wie der König der Zeitalter, der König der Könige und Herr aller Herren es fertigbrachte, Saulus von Tarsus zu ertragen, der denjenigen recht gab, die dem Mensch gewordenen Gott eine Dornenkrone auf den Kopf gerammt hatten.

Wie hat Gott ihn überwunden? Nun, er brach seinen Widerstand. Was für eine wundervolle Geschichte das ist! Christus übernahm die Aufgabe, Saulus von Tarsus Gott gegenüber zu vertreten. Das war umso erstaunlicher, weil Christus genau derjenige war, den Paulus angriff, lästerte und versuchte zu beseitigen. Gott übertrug seinem geliebten Sohn die Aufgabe, diesen Rebellen zu unterwerfen und ihn in seinen Dienst zu stellen.

Verzeihen Sie den Ausdruck, aber was für einen *Mut* bewies unser Herr Jesus da! Wenn ich Saulus begnadigt hätte, hätte ich vielleicht so etwas gesagt wie: „Alles klar, Saulus, du kommst gerade eben noch in den Himmel und sitzt auf einem der letzten Plätze." In diesem Moment hielt Christus ihn für vertrauenswürdig und stellte ihn in seinen Dienst.

Ich lehnte ihn „unwissend im Unglauben" ab, sagte Paulus (1Tim 1,13). „Nun, da er mein Herz verändert und mich für treu befunden hat, hat er mich dazu ernannt, seinem Volk in seiner Gemeinde zu dienen. Er hat mir nicht nur Vergebung geschenkt. Er hat mich mit Gnade und Liebe überschüttet, die ihren Ursprung in Christus haben. Das hat er getan, damit ich ein strahlendes Beispiel dafür bin, wie Gott diejenigen behandelt, die es wagen, umzukehren und seinem geliebten Sohn zu vertrauen" (vgl. V. 14-16).

So dürfen auch wir etwas mehr von der Gnade Gottes entdecken, die Jesus Christus uns vermittelt hat. Möge es uns völlig umkrempeln. Oh, möge Gott sich uns weiterhin offenbaren, sodass seine Offenbarung ihre Spuren bei uns hinterlässt, die von hier bis in die Ewigkeit reichen.[45]

15. Februar

Unsere Sicherheit

Textlesung: Hebräer 6,1-20

Ich schwöre bei mir selbst, spricht der HERR, deshalb, weil du das getan und deinen Sohn, deinen einzigen, mir nicht vorenthalten hast, darum werde ich dich reichlich segnen und deine Nachkommen überaus zahlreich machen wie die Sterne des Himmels. (1Mo 22,16-17)

Falls Sicherheit das ist, woran wir interessiert sind, so liefern die nächsten Verse (Hebr 6,13-20) ein paar der stärksten Aussagen in der gesamten Bibel in Bezug auf die völlig unverbrüchliche Sicherheit, an der sich jeder Gläubige ständig erfreuen darf. Zunächst nimmt der Abschnitt Bezug auf Abrahams Erfahrung. Gott gab ihm ein gewaltiges Versprechen: „Ja, gewiss, segnend werde ich dich segnen und mehrend dich mehren" (6,14; ZB), oder wie die Revidierte Elberfelder Übersetzung es weniger nachdrücklich formuliert: „Wahrlich, reichlich werde ich dich segnen, und sehr werde ich dich mehren." Nun kann Gott nicht lügen. Wenn Gott daher ein Versprechen gibt, so sollte sein bloßes Wort für jeden von uns reichen, um sich mit unerschütterlichem Vertrauen darauf zu stützen. Doch bei dieser Gelegenheit begnügte Gott sich nicht damit, einfach das Versprechen zu geben. Er legte sogar einen Eid ab: „Ich schwöre bei mir selbst ... darum werde ich dich reichlich segnen und deine Nachkommen überaus zahlreich machen" (1Mo 22,16-17). Das tat er, wie der Autor erläutert, nicht nur um Abrahams willen. Er tat es um all derer willen, die im Laufe der Jahrhunderte die Vorteile dieses Versprechens erben würden – das heißt, um all derer willen, die wirklich an Gott und an seinen Sohn, Abrahams Samen, Jesus Christus, unseren Herrn, glauben würden. Und er hat es getan, weil er wollte, dass wir so stark wie möglich ermutigt werden, und zwar durch das Wissen, dass seine Absicht, uns zu segnen, völlig unveränderlich ist. „Zwar ist es sowieso unmöglich, dass Gott lügen kann, doch hier wollte er sich in doppelter Weise festlegen – durch die Zusage und den Eid, die beide unumstößlich sind. Das ist für uns eine starke Ermutigung, denn wir haben ja unsere Zuflucht zu dieser Hoffnung genommen und wollen alles daran setzen, sie zu erreichen" (Hebr 6,18; NeÜ), oder „damit wir ... einen starken Trost haben" (ELB).

Was für eine Hoffnung haben wir als Christen! Denken Sie daran: Sie haben sich nicht in Ihren eigenen schwankenden Stimmungen oder Gefühlen, in den wechselnden Umständen oder in irgendetwas anderem in dieser sich stets verändernden Welt verankert. Christus selbst hat als Ihr Wegbereiter Ihren Anker direkt mit in den Himmel genommen und ihn dort verankert – im unerschütterlichen Fundament der Gegenwart, des Thrones und des Charakters Gottes (6,19-20).[46]

16. Februar

Der Mann über dem Fluss

Textlesung: Daniel 12,1-13; Markus 6,45-52

Und ich hörte den in Leinen gekleideten Mann,
der oben über dem Wasser des Stromes war,
und er erhob seine Rechte und seine Linke zum Himmel. (Dan 12,7)

Während Daniel das vorbeifließende Wasser beobachtete und sich an die Vergangenheit erinnerte, überlegte er, was dort am Horizont liegen mochte, dort, wo das Wasser hinströmte. Während er noch schaute, stand dort ein Mann über dem Wasser – weder im Wasser, wo die Strömung ihn mitgerissen hätte, noch am Ufer, von wo aus er den Fluss hätte beobachten können. Nein, er stand über dem Wasser (V. 6-7). Seine Erscheinung war prächtig und sein Weitblick überwältigend. Denn als er beginnt, mit Daniel zu reden, wird deutlich, dass er über den Horizont hinausblicken kann. Nicht nur über den geografischen, sondern auch über den Horizont der Zeit hinaus.

Während er mit Daniel spricht, beginnt er, von der großen Zeit der Bedrängnis zu reden, die kommen wird. Wie wir inzwischen wissen, lag diese Zeit in weiter Ferne, viele Tausende Jahre von Daniel entfernt. Der Mann blickte sogar bis in die Ewigkeit und sagte Daniel, dass sein „Los" für immer sicher sein würde, wenn das alles einmal vorbei wäre (V. 13).

Es muss zunächst einmal ein enormer Trost für Daniels Herz gewesen sein, diese Gestalt über dem Fluss stehen zu sehen. So war es auch für die zwölf Apostel, als sie sich in einer dunklen und stürmischen Nacht abmühten und inmitten des Windes und der Wellen einen Mann über das Wasser gehen sahen. Er trat in ihr Boot und demonstrierte damit, dass er Herr über das Wasser war.

Ebenso erging es Daniel. Und so ergeht es – darf ich das hinzufügen? – auch uns. Wir haben zwar nicht dieselben Lasten zu tragen wie der große Prophet Daniel, aber wir haben auch unsere Lasten, nicht wahr? Manchmal passieren Dinge. Schockierende Dinge. Mein Mitgefühl galt der Mutter, über die neulich in den Nachrichten berichtet wurde. Sie war mit ihren drei Kindern am Kanal spazieren, und zwei fielen hinein und ertranken. Als sie versuchte, sie zu retten, fiel das Baby auch noch hinein und ertrank ebenfalls. Und was könnte morgen alles geschehen? Das sind keine Märchen. Aber das, was Daniel und den Zwölfen im Boot passierte, trifft gewiss auch uns von Zeit zu Zeit. Durch die Tränen, den Sturm und den reißenden Strom sehen wir keinen Lichtschimmer, keine wunderbare Vision. Aber wir spüren, dass der Retter sich nähert. Und wenn wir ihn in unser Boot hineinbitten, folgt die Stille, die aus dem Wissen erwächst, dass sogar das Leid und die Wege der Menschen, die Politik der Welt und die scheinbaren Unfälle des Lebens unter seiner gnädigen Kontrolle stehen.[47]

17. Februar

Christus hat Macht über die geistliche Welt

Textlesung: Matthäus 8,28-34

Die Menschen aber wunderten sich und sagten: Was für einer ist dieser, dass auch die Winde und der See ihm gehorchen? (V. 27)

Wir gelangen nun zur anderen Seite des Sees. Wir haben die Anfangslektionen gelernt, als das Boot noch am Kai lag. Nun haben wir die

Lektionen gelernt, die man mitten im Strom lernt. Als sie auf der anderen Seite des Sees ausstiegen, mussten die Jünger als Nächstes die Macht unseres Herrn kennenlernen – nicht über die physischen Kräfte des Universums, sondern über die geistlichen. Denn obgleich die physischen Kräfte des Universums manchmal Furcht einflößend sein können, sind sie nichts im Vergleich zu dem geistlichen Widerstand, der sich gegen uns erheben kann.

Als sie aus dem Boot stiegen, begegneten ihnen zwei Menschen, die von Dämonen besessen waren. Matthäus berichtet uns etwas, was die anderen Evangelisten nicht tun: Sie waren „bösartig, sodass niemand auf jenem Weg vorbeigehen konnte" (V. 28). Jeder, der hier vorbeikam, fand diese Besessenen so gefährlich, dass er wieder umkehrte und zurückging.

Das ist eine häufige Erfahrung bei Menschen, die sich auf den Weg der Jüngerschaft begeben. Sie beginnen, großartige Fortschritte zu machen. Und dann sorgt der Teufel dafür, dass irgendein geistlicher Widerstand ihnen den Weg verbaut. Und dann versucht Satan, den frisch Bekehrten oder auch den ernsthaften Jünger davon abzuhalten, nach Hause zu gehen. Er wird versuchen, ihm das in den Kopf zu setzen: „Es hat keinen Zweck. Besser, du gibst auf. Weißt du, es war albern, überhaupt damit anzufangen. Also, pack ein. Ignoriere den Ruf Jesu. Tritt den Rückzug an!" Denn alle dunklen Mächte laufen gegen uns Sturm und versuchen, uns daran zu hindern, nach Hause in die Herrlichkeit zu kommen. Welche Hoffnung habe ich da überhaupt, es zu schaffen?

Welche Hoffnung? Nun, wenn es auf meine eigene Kraft ankäme, hätte ich gar keine Hoffnung. Aber Gott sei Dank, dass der Herr über Wind und Wellen, über die physischen Kräfte, auch über die geistlichen Mächte herrscht. Er hat den Widersacher vertrieben und einen Weg eröffnet, dass es weitergeht. Das ist der Weg der Jüngerschaft. Und dabei ist einer mit uns auf dem Weg, der allmächtig ist und uns durchbringen wird.[48]

18. Februar

Der Erste und der Letzte

Textlesung: Offenbarung 1,16-20; 2,8-11

Ich bin der Erste und bin der Letzte, und außer mir gibt es keinen Gott. (Jes 44,6)

„Und er legte seine Rechte auf mich und sprach: Fürchte dich nicht! Ich bin der Erste und der Letzte“ (Offb 1,17). Ja, das finde ich gut: „Ich bin der Erste und der Letzte.“ Nun, er ist in vielerlei Hinsicht der Erste und der Letzte. Er existierte vor dem Universum. Er wird noch lange existieren, nach dem es zerfallen ist – ganz gleich, wie es vergehen wird: ob durch einen Wärmetod oder einen Erfrierungstod oder was auch immer. Wenn das Universum längst vergangen ist, wird unser Herr noch immer da sein.

Das ist ein Kennzeichen seiner Göttlichkeit. Im Alten Testament sagt Jahwe: „Ich bin der Erste und bin der Letzte“ (Jes 44,6). Dasselbe sagt Christus hier. Aber auch ich persönlich finde Trost darin, dass er für mich ebenfalls der Erste und der Letzte ist. Auch für mich ist er das Alpha und das Omega: der erste und der letzte Buchstabe des Alphabets, aus denen sich meine Geschichte zusammensetzt.

Wenn jemand auf den Gedanken käme, meine Geschichte aufzuschreiben, müsste er irgendeine Art von Alphabet dafür verwenden. Wissen Sie, welcher der erste Buchstabe in meiner Geschichte sein wird? Das werde nicht ich sein, sondern Christus. Ich bin seine Idee. Er hat mich erdacht. Sie dürfen nicht meinen, ich hätte mich selbst geschaffen. Nun, wessen Idee wären Sie, wenn nicht Christi Idee? „Denn in ihm wurde alles erschaffen ... Alles ist durch ihn geschaffen“ (Kol 1,16; NeÜ). Und wie wird der letzte Buchstabe in der gesamten Geschichte meines Lebens lauten? Worin besteht ihr Ziel? In Christus, nicht wahr? In ihm, durch ihn und zu ihm hin wurden alle Dinge geschaffen. Wenn Ihr Leben zu Ende ist und die ganze Geschichte erzählt werden wird, worum es hier auf der Erde ging, dann wird Folgendes passieren: Falls Sie zu seinen Erlösten zählen, wird sich zeigen, wie Sie und Ihr Leben durch die erlösende Gnade Christi verwandelt wurden, um Christus in alle Ewigkeit zu verherrlichen! Ihr Leben wird Teil des ewigen Plans des Wortes Gottes sein, auch Teil seiner Verherrlichung. Er ist der Erste und der Letzte.[49]

19. Februar

Christus kommt zu uns

Textlesung: Johannes 6,16-24

Als sie nun etwa fünfundzwanzig oder dreißig Stadien gerudert waren, sehen sie Jesus auf dem See dahergehen und nahe an das Boot herankommen, und sie fürchteten sich. (V. 19)

In jener Nacht lehrte er sie, auf dem Wasser zu gehen. Er stärkte sie nicht nur, indem er für sie eintrat, sondern es wird uns berichtet, dass er um die vierte Nachtwache, als es hart auf hart kam, zu ihnen kam. Das war nichts, was die ganze Welt sah oder jemals erfuhr. Wie sollte man so etwas auch einem gewöhnlichen, weltlichen Zyniker erklären? Die Christen versuchten es erst gar nicht. Und Christus auch nicht. Es ist ein Geheimnis für diejenigen, die zu Gottes Familie gehören. Und welch ein wohltuendes Geheimnis es ist. Es erinnert mich an das, was unser Herr Jesus seinen Jüngern sagte, kurz bevor er sie verließ: „Ich werde euch nicht verwaist zurücklassen, ich komme zu euch." Beachten Sie genau, was er meinte. Nicht nur, dass er eines Tages wiederkommen würde beim Klang der Stimme des Erzengels und der Posaune Gottes, um die Seinen nach Hause zu holen. Das wird er tun. Aber im Laufe des Lebens und von Zeit zu Zeit hat er versprochen: „Ich werde euch nicht verwaist zurücklassen, ich komme zu euch. Noch eine kleine Weile, und die Welt sieht mich nicht mehr; ihr aber seht mich" (Joh 14,18-19).

Judas (nicht der Iskariot) verstand das nicht recht und fragte noch weiter: „Herr, wie kommt es, dass du dich uns offenbaren willst und nicht der Welt?" (V. 22).

Worauf Christus erwiderte: „Wenn jemand mich liebt, so wird er mein Wort halten, und mein Vater wird ihn lieben, und wir werden zu ihm kommen und Wohnung bei ihm machen" (V. 23).

Christus kommt zu den Seinen. Ich verspreche Ihnen damit nicht, dass er Ihnen Visionen oder spektakuläre Erlebnisse geben wird, obgleich ich auch nicht sagen kann, dass er das niemals tun wird. Doch auf dieser tieferen Ebene, die weit wichtiger ist als das Sehen – auf der Ebene unseres Geistes –, ist es wunderbar wahr, dass Christus von Zeit zu Zeit zu den Gläubigen kommt.

Ohne Aufregung, ohne Stimmen aus dem Himmel, und doch auf der tiefsten Ebene der Wirklichkeit werden Gläubige Ihnen immer wieder erzählen, wie in Zeiten der Not der Retter zu ihnen gekommen ist. Sie haben sozusagen das Rascheln der Gewänder des Hirten gehört und gesagt: „Es ist der Herr." Mein Freund, wissen Sie, was es heißt, so mit dem Heiland zu wandeln? Wenn der Heiland kommt, hat das Auswirkungen. Der Sturm mag weiter toben, und doch wird alles gut.[50]

20. *Februar*

Die Sicherheit des neuen Bundes

Textlesung: Jeremia 31,31-40

Denn ich werde ihre Schuld vergeben und an ihre Sünde nicht mehr denken. (V. 34)

Warum ist es nicht notwendig, dass Christus sich weiterhin immer wieder als Opfer darbringt? Warum muss er nicht mehr jedes Mal die rechtlichen Sanktionen gegen Sünde tragen, wenn ein Gläubiger sündigt? Diese Frage beantwortet der Heilige Geist persönlich (Hebr 10,17-18). Er weist auf den dritten Absatz im neuen Bund hin: „Ihrer Sünden und ihrer Gesetzlosigkeiten werde ich nicht mehr gedenken." Dann fordert er uns auf, eine einfache und offensichtliche Schlussfolgerung zu ziehen: Wenn alle Sünden vollständig vergeben sind, besteht keine Notwendigkeit mehr dafür, den Prozess des Opferns fortzusetzen – „Wo aber Vergebung dieser Sünden ist, gibt es kein Opfer für Sünde mehr."

Ein letzter Punkt in Bezug auf den dritten Absatz des neuen Bundes. Er beginnt mit dem kleinen Wörtchen „denn": „Denn ich werde gegenüber ihren Ungerechtigkeiten gnädig sein, und ihrer Sünden werde ich nie mehr gedenken" (Hebr 8,12). Das zeigt: Der dritte Absatz soll erklären, wie die Verheißungen des vorangegangenen Absatzes realisiert werden können. Dieser Absatz hatte verheißen, dass sich jeder Gläubige einer tiefen Kenntnis Gottes erfreuen würde, die auf einer direkten und persönlichen Beziehung zu ihm beruht. Doch wie könnte irgendjemand eine persönliche und direkte Beziehung zu Gott genießen, wenn er in ständiger Ungewissheit darüber leben müsste, ob Gott ihn letzten Endes annehmen oder verwerfen wird?

Wir alle wissen von dem bleibenden psychischen Schaden, den ein Kind erleiden kann, wenn es sich in seinen prägenden Jahren der Annahme durch seine Eltern unsicher ist und bewusst oder unbewusst in Angst lebt, sie könnten es eines Tages ablehnen. Und dennoch gibt es eine Vielzahl von sogar religiösen Menschen, deren Beziehung zu Gott von derselben Grundangst und Ungewissheit geprägt ist. Das geht sogar so weit, dass ihnen allein die Vorstellung, man könne sich seiner Errettung sicher sein, als bedenkliche Vermessenheit vorkommt. Es ist jedoch Gottes Wunsch, diese Angst zu vertreiben. Johannes formuliert das folgendermaßen: „Furcht ist nicht in der Liebe, sondern die vollkommene Liebe treibt die Furcht aus, denn die Furcht hat es mit Strafe zu tun. Wer sich aber fürchtet, ist nicht vollendet in der Liebe" (1Jo 4,18). Damit daher die Verheißung von Absatz zwei (Hebr 8,10-11) des Bundes realisiert wird und der Gläubige in den Genuss einer sicheren Beziehung zu Gott kommt, liefert Absatz drei (V. 12) die Garantie völliger Vergebung. Nicht nur deshalb, damit sich der Gläubige sicher fühlt und von der Knechtschaft der Angst befreit ist. Vollkommene Sicherheit in der Beziehung zu Gott ist auch die einzige angemessene Grundlage, auf der man die charakterliche Heiligkeit entwickeln kann, die der erste Abschnitt (V. 10) in ihm zu entwickeln garantiert.[51]

21. Februar

Christi Vollmacht zu vergeben

Textlesung: Lukas 5,17-26

Der Sohn des Menschen [hat] Vollmacht, auf der Erde Sünden zu vergeben. (V. 24)

Nun bestand die Lektion, die Christus sie lehrte, nicht darin, dass Gott als vergebender Gott Freude daran hat, einem Sünder zu vergeben, der Buße tut. Das wussten die jüdischen Theologen (und vermutlich sogar die jüdischen Schulkinder) bereits aus dem Alten Testament. Was Christus sie hier lehrte, war etwas verblüffend Neues: Er befreite persönlich einen Mann von der Schuld seiner Sünden (V. 20). Die Theologen bemerkten sofort, welche Implikationen diese Behauptung hatte. Das Alte Testament verlieh niemandem, keinem Priester, keinem Propheten oder irgendeinem Theologen, eine solche Autorität. Sie konnten in Gottes Namen aussprechen, dass Gott diese oder jene Sünde vergeben hatte oder vergeben würde. Niemand verfügte jedoch über die Autorität, Vergebung in seinem eigenen Namen auszusprechen, so wie Christus das gerade getan hatte. Daher warfen sie ihm vor, sich blasphemisch ein göttliches Privileg anzumaßen (vgl. V. 21). Als Antwort darauf erklärte ihnen Christus nicht, sie hätten ihn missverstanden. Im Gegenteil. Er fuhr fort und demonstrierte durch ein Wunder, dass er als Sohn des Menschen hier auf der Erde persönlich Autorität hatte, absolute und endgültige Vergebung im eigenen Namen auszusprechen, ohne auf irgendein abschließendes Gericht zu warten (vgl. V. 22-25).

So erstaunlich dies für die Theologen auch war, eine noch umfassendere Erklärung des wunderbar neuen Elements, das Christus in das Verständnis und den Genuss von Vergebung eingeführt hat, kam mit Christi Tod, Auferstehung und Himmelfahrt. Das Judentum – das versteht sich von selbst –, hatte die ganze Zeit über bereits göttliche Vergebung gekannt und genossen. Doch dabei handelte es sich um eine Art von Vergebung, die selbst bei dem Heiligsten unter ihnen ein „noch nicht vollkommenes" Gewissen zurückließ (Hebr 10,1-23). Sie vermittelte überhaupt nicht das Gefühl, dass die Sünde endgültig und vollständig weggetan war. Dadurch blieb die Notwendigkeit bestehen, ständig weitere Opfer zu bringen, um weitere Sünden loszuwerden. Bei den Juden blieb daher die Frage nach Vergebung zu jedem Zeitpunkt unvollständig beantwortet. Sie hatten nicht die Freiheit, ins Allerheiligste von Gottes Gegenwart hineinzugehen. Auch die Frage danach, ob sie endgültig von Gott angenommen werden würden, blieb ungewiss. Im Gegensatz dazu macht die Vergebung, die Christus gibt, das Gewissen „vollkommen" in dem Sinne, dass Gott einem Menschen, dem vergeben wurde, zusichert: „Ihrer [deiner] Sünden und ihrer [deiner] Gesetzlosigkeiten werde ich nicht mehr gedenken" (V. 17). Gott wird niemals wieder im Gerichtssaal des göttlichen Gerichts die Frage nach seiner Schuld und deren gesetzlicher Strafe aufwerfen. Das befreit den Menschen, dem vergeben wurde, daher von der Notwendigkeit, irgendwelche weiteren Opfer für seine Sünden zu bringen. Es gibt ihm völlige Freiheit, in Gottes Gegenwart einzutreten und dort willkommen zu sein – sowohl im Hier und Jetzt als auch in Zukunft.[52]

22. Februar

Christus ist mit uns im Sturm

Textlesung: Matthäus 8,23-27

Aber in diesem allen sind wir mehr als Überwinder durch den, der uns geliebt hat. (Röm 8,37)

Man kann leicht auf den Gedanken kommen, irgendetwas sei schiefgelaufen auf dem Weg der Jüngerschaft, wenn die Stürme kommen und die Naturgewalten uns angreifen und drohen, uns zu zerstören. Aber das ist nicht der Fall. Unser Herr war so zuversichtlich, dass er mitten im Sturm schlief. Es war nichts Ungewöhnliches für ihn. Denn wie er nun demonstrierte, hatte er diese Winde und Wellen vollkommen unter Kontrolle. Wäre es Gottes Wille gewesen, dass sie ihn ertränkt und bis auf den Boden des Sees gezogen hätten, nun, dann wäre das auch in Ordnung gewesen. Er hatte die Kontrolle über sie. Es war kein Zufall, dass sie die Reise durch diesen Sturm führte. So hatte er es geplant. Offensichtlich kostete es sogar diese abgehärteten Fischer eine Menge Mut und Nerven, in diesem schwankenden Boot zu stehen, während Wasser ins Boot lief und der Wind an den alten Segeln zerrte und sie fürchten ließ, es könnte jeden Augenblick untergehen. Es erforderte eine Menge Mut, darauf zu vertrauen, dass Jesus Christus alles im Griff hatte. Aber das hatte er.

Wenn wir auf unserem Weg der Jüngerschaft nach Hause in die Herrlichkeit gehen wollen, dann ist dies eine Lektion, die wir alle alsbald lernen müssten. Wie ist mein Verhältnis zu den großen Naturgewalten des Universums? Zunächst einmal habe ich die Zusicherung, dass weder Tod noch Leben, weder Gegenwärtiges noch Zukünftiges, weder Höhe noch Tiefe noch irgendein anderes Geschöpf mich wird scheiden können von der Liebe Gottes, die in Christus Jesus ist, unserem Herrn (vgl. Röm 8,38-39). In diesem Sinne bin ich sicher. Mir wird nicht gesagt, dass niemals ein Sturm kommen wird. Mir wird nicht gesagt, dass es keine

Tiefen geben wird. Mir wird nicht gesagt, dass es keine Krankheiten, keine Keime, keine Viren, keine Bedrohung geben wird. Was mir jedoch gesagt wird, ist: Keines dieser Dinge kann mich von der Liebe Gottes trennen, die in Christus Jesus ist. Zweitens wird mir gesagt, dass ich in all diesen Dingen mehr als ein *Überwinder* bin.

Denken Sie einmal für einen Moment darüber nach. Wie sieht Ihr Verhältnis als Gläubiger zu den großen Naturgewalten des Universums aus? Mein Bruder, meine Schwester, das ganze Universum wurde für Sie geschaffen! Es wurde für Sie als Weg geschaffen, durch den Sie nach Hause zu Gott kommen werden. Manchmal wird es Sie regelrecht zu Tode erschrecken. Aber Christus steht in Ihrem Boot und sagt Ihnen: „Fürchte dich nicht", denn er ist der Herr darüber. Und bis Sie 96 Jahre alt sind, werden Sie genug Mut brauchen, um das zu glauben.[53]

23. Februar

Die Gewissheit der Wiederherstellung des Petrus

Textlesung: Johannes 13,31–14,1

Wahrlich, wahrlich, ich sage dir, der Hahn wird nicht krähen, bis du mich dreimal verleugnet hast. (V. 38)

Christus war gewiss, dass Petrus irgendwann wiederhergestellt werden und siegreich sein würde. „Wohin ich gehe, dorthin kannst du mir jetzt nicht folgen", sagte er zu Petrus, „du wirst mir aber später folgen" (13,36). Und das tat Petrus auch. Sein Mut verließ ihn zwar. Er verleugnete Christus und ließ ihn im Stich, um dem Leiden im Hof des Hohen Priesters und am Kreuz zu entgehen. Doch anschließend wurde er rehabilitiert. Danach folgte er Christus nach und diente ihm viele Jahre lang auf beeindruckende Weise. Und schließlich ging er wie der Herr durch den Märtyrertod in die Herrlichkeit.

Wir sollten Folgendes dabei nicht übersehen: Als der von unserem Herrn vorausgesagte Moment des Scheiterns für ihn kam und Petrus dem Herrn nicht in seinem Leiden folgte, so wie er es hätte tun sollen, da muss es für Petrus eine enorme Quelle der Ermutigung und neuen Hoffnung gewesen sein, sich daran zu erinnern, was der Herr gesagt hatte, bevor all das geschah: „Wohin ich gehe, dorthin kannst du mir jetzt nicht folgen; *du wirst mir aber später folgen.*" Durch alle Höhen und Tiefen seines restlichen Lebens hindurch wird Petrus die Worte des Herrn ständig wiederholt und ihnen dadurch ihre volle Bedeutung verliehen haben. Noch war es ihm nicht vergönnt, persönlich und leibhaftig in die Herrlichkeit der Gegenwart des Vaters in den Himmel zu folgen. Aber es bestand kein Zweifel daran, dass er es eines Tages tun würde. Christus hatte es gesagt. Und sein Versprechen würde nicht gebrochen werden. Und dann würde der Eintritt in die Herrlichkeit der Gegenwart des himmlischen Vaters und der Anblick des geliebten Herrn Jesus sofort und für immer Petrus' Heiligung vollenden, ohne die Gefahr eines weiteren Versagens. Auch das ließ unser Herr den Petrus indirekt wissen, bevor dieser fiel. Die Gewissheit dieser Verheißung und der Mut, den ihm das gab, ermöglichten es ihm, sich seinem Versagen zu stellen, zurückzukommen und dem Herrn für den Rest seines Lebens hingegeben nachzufolgen. Da Christus niemanden bevorzugt, dürfen alle, die ihm vertrauen, dieselbe Verheißung für sich in Anspruch nehmen.[54]

24. Februar

Die Wirksamkeit des Gebets unseres Herrn

Textlesung: Johannes 17,1-19

Als ich bei ihnen war, bewahrte ich sie in deinem Namen,
den du mir gegeben hast; und ich habe sie behütet,
und keiner von ihnen ist verloren, als nur der Sohn des Verderbens,
damit die Schrift erfüllt werde. (V. 12)

Nicht einer verloren! Das war eine großartige Behauptung. Aber sie war weder übertrieben, noch handelte es sich dabei um eine seltene oder außergewöhnliche Aussage, die man aufgrund ihrer Außergewöhnlichkeit nicht zu wörtlich nehmen kann. Bereits zuvor hatte unser Herr dasselbe ebenso nachdrücklich gesagt:

> Dies aber ist der Wille dessen, der mich gesandt hat, dass ich von allem, was er mir gegeben hat, nichts verliere, sondern es auferwecke am letzten Tag. Denn dies ist der Wille meines Vaters, dass jeder, der den Sohn sieht und an ihn glaubt, ewiges Leben hat; und ich werde ihn auferwecken am letzten Tag. (Joh 6,39-40)

Dann waren die Jünger also sicher, solange Christus bei ihnen war. Sicher nicht aufgrund ihrer eigenen Kraft, aus der sie ihren eigenen Glauben aufrechterhielten, sondern weil er sie behütete und ihren Glauben bewahrte. Aber wie würde es in Zukunft sein, nun, da er sie verließ und nicht mehr in der Welt war? Wie würden sie dann bewahrt werden? Die Antwort lautet: Christus bittet nun den Vater, diese Aufgabe zu übernehmen: „Als ich bei ihnen war, bewahrte ich sie: Jetzt, Vater, bewahre du sie." Die einzige Frage, die sich jeder wahre Gläubige daher heute stellen muss, ist diese: „Wird der Vater weniger gewissenhaft, weniger wirksam darin sein, mich zu behüten und meinen Glauben zu bewahren, als der Herr Jesus es war, als er den Glauben seiner elf Apostel bewahrte?" Die Antwort liegt auf der Hand: „Natürlich nicht!" Doch um der doppelten Gewissheit willen wollen wir noch einmal hören, was unser Herr bei einer früheren Gelegenheit diesbezüglich sagte: „Mein Vater, der sie mir gegeben hat, ist größer als alle, und niemand kann sie aus der Hand meines Vaters rauben. Ich und der Vater sind eins" (10,29-30). Jeder wahre Gläubige wird bei dieser Aussage eine tiefe Freude empfinden, und das ist genau das, was unser Herr damit beabsichtigte. Er hatte seine Jünger um sich gesammelt, bevor er betete, damit sie genau hörten, was er für sie erbat. Sie sollten gewiss sein, dass sein Gebet erhört werden würde: „Dieses rede ich in der Welt", sagte er, „damit sie meine Freude völlig in sich haben" (17,13).[55]

25. Februar

Ewige Sicherheit

Textlesung: Johannes 6,21-51

Alles, was mir der Vater gibt, wird zu mir kommen, und wer zu mir kommt, den werde ich nicht hinausstoßen. (V. 37)

Wie können wir uns des ewigen Lebens gewiss sein? Die gewaltige Wahrheit wird uns in der folgenden Aussage unseres Herrn gegeben: „Ich bin vom Himmel herabgekommen."

Wozu?

„Um die Verlorenen zu retten", antworten Sie.

Nun, das stimmt vollkommen. Er kam, „zu suchen und zu retten, was verloren ist" (Lk 19,10). Doch in diesem Kontext sagt er:

> Denn ich bin vom Himmel herabgekommen, nicht dass ich meinen Willen tue, sondern den Willen dessen, der mich gesandt hat. Dies aber ist der Wille dessen, der mich gesandt hat, dass ich von allem, was er mir gegeben hat, nichts verliere, sondern es auferwecke am letzten Tag. Denn dies ist der Wille meines Vaters, dass jeder, der den Sohn sieht und an ihn glaubt, ewiges Leben hat; und ich werde ihn auferwecken am letzten Tag." (Joh 6,38-40)

Halleluja dafür! Denn meine ewige Gewissheit beruht darauf, dass Christus den Willen des Vaters tut. Es ist der Wille des Vaters, dass er „nichts verliere". Er wird nichts und niemanden von denen verlieren, die der Vater ihm gegeben hat. Ich denke gerne ganz kindlich (nicht „kindisch", so hoffe ich) darüber. Stellen Sie sich vor, wie die gesamte Versammlung des Himmels dem Vater vorgestellt und sozusagen namentlich gezählt wird. Und am Ende fragt der Vater: „Sind das alle?"

„Ja."

„Und was ist mit diesem Gooding? Ist der auch hier?"

Der Sohn sagt: „Ach, der war ein etwas komischer Kauz. Er ist vom Weg abgekommen und nicht hier."

Und der Vater sagt: „Aber ich dachte, du bist gegangen, um meinen Willen zu tun. Und mein Wille war es, dass du nichts verlierst!"

Wenn Christus also einen aufrichtigen Gläubigen verliert, dann ist er darin gescheitert, Gottes Willen zu tun. Aber das ist undenkbar! Er wird alle zum Vater nach Hause bringen, die ihm vertraut haben.[56]

26. Februar

Er gibt sein Leben für seine Schafe

Textlesung: Johannes 10,1-21

Darum liebt mich der Vater, weil ich mein Leben lasse, um es wiederzunehmen. (V. 17)

Ein Mensch muss kein Räuber oder Dieb sein. Er könnte einfach als Angestellter Schafe hüten, um sein Geld für die Woche zu verdienen. „Ich bin keiner von denen", sagt Christus, „Ich bin kein Angestellter. Eigentlich gehören mir die Schafe sogar. Es sind meine Schafe."

Nun wird der Angestellte so gut für die Schafe sorgen, wie er kann. Wenn er jedoch einen Wolf oder Löwen kommen sieht, muss er sich entscheiden: „Ist es den Versuch wert, die Schafe vor diesem Wolf zu retten?" Wenn er sein Leben dabei verliert, wäre es das nicht wert, oder? Was ist Ihr Wochenlohn schon wert, wenn Sie bei der Arbeit Ihr Leben verlieren? Also läuft er weg, weil die Schafe nicht ihm gehören. Er ist nur ein Angestellter. Wenn sie zugrunde gehen, nun, was interessiert ihn das schon? Er wird doch nicht sein Leben für sie riskieren! Er macht den Job ja nur für das Geld, das für ihn dabei herausspringt. Das war's!

Aber Christus ist kein Angestellter. Die Schafe gehören ihm. Er lässt sein Leben für die Schafe. Er tut das freiwillig, nicht weil er dazu gezwungen wurde.

> Ich bin der gute Hirte; und ich kenne die Meinen, und die Meinen kennen mich, wie der Vater mich kennt und ich den Vater kenne; und ich lasse mein Leben für die Schafe. ... Darum liebt mich der Vater, weil ich mein Leben lasse, um es wiederzunehmen. (V. 14-15.17)

Und indem er das sagt, weist er auf Folgendes hin: Es kommt zu einem auf Gegenseitigkeit beruhenden, innigen Erkennen – die Schafe kennen ihn und er kennt seine eigenen Schafe. Das stiftet diese Art von Beziehung zwischen seinen Schafen und ihm, die auf gegenseitigem Erkennen beruht – so wie die Beziehung zwischen ihm und dem Vater. Das ist erstaunlich! Es ist eine Beziehung zwischen ihm und uns nach dem Vorbild seiner Beziehung zum Vater: Er kennt den Vater, und der Vater kennt ihn.[57]

27. Februar

Qualifikationen des wahren Hirten

Textlesung: Johannes 10,22-42

Mein Vater, der sie mir gegeben hat, ist größer als alle,
und niemand kann sie aus der Hand meines Vaters rauben. (V. 29)

Es wird berichtet, dass zu jener Zeit das Fest der Tempelweihe gefeiert wurde. Dieses Fest erinnerte an die Zeit, als der große, grausame heidnische Herrscher Antiochus Epiphanes den Tempel in Jerusalem entweiht hatte. Er stellte ein heidnisches Standbild auf, opferte ein Schwein auf dem Altar, verbot die Beschneidung und beseitigte die heiligen Schriften, so gut er konnte. Die Hohen Priester in Israel zu jener Zeit schlossen sich ihm an und wurden Synkretisten.

Aber das erinnert uns daran, was im Alten Testament mit einem „Hirten" gemeint ist. Wenn unser Herr sagt: „Ich bin der gute Hirte", denken wir einfach an einen Hirten mit seinen Schafen. Im alttestamentlichen Israel wird mit dem Begriff Hirte jedoch darüber hinaus der König beschrieben. Der wahre König ist ein Hirte. Was ist mit dem falschen König, den falschen Führern und den Hohen Priestern? Und was ist mit dieser finsteren Figur Antiochus Epiphanes, der die Gräuel der Verwüstung ins Heiligtum in Jerusalem gestellt hatte? Und was ist mit diesem Jesus, der behauptet, Hirte und König zu sein? Wagen Sie es, ihm zu vertrauen? Welchen Anspruch wird er erheben? Der letzte Teil von Johannes 10 ist also ungemein frohmachend.

Ich weiß nicht, ob Sie sich je auf einen Job mit viel Leitungsverantwortung beworben haben. Falls ja, mussten Sie vielleicht vor ein Bewerbungskomitee treten, das Sie möglicherweise gefragt hat, wie Sie ein besonders schwieriges Problem lösen würden. Um unter Beweis zu stellen, dass Sie ein guter Kandidat sind, mussten Sie Werbung für Ihre Fähigkeiten machen.

Hier versammelt sich die Menschenmenge um Jesus. Die Leute sagen: „Schau mal, warum sagst du uns nicht klipp und klar, ob du nun der Christus bist oder nicht?"

Und Christus sagt: „Nun, ich habe es euch bereits gesagt, und ihr habt mir nicht geglaubt. Aber wenn ihr jetzt genauer wissen wollt, ob ich der Christus bin oder nicht, lasst mich ..." (darf ich den Begriff verwenden?) „... etwas Werbung für mich als den wahren Hirten machen. Hier sind meine Hirten-Qualitäten: Ich gebe meinen Schafen ewiges Leben, und sie gehen nicht verloren in Ewigkeit, und niemand wird sie aus meiner Hand rauben. Mein Vater, der sie mir gegeben hat, ist größer als alle, und niemand kann sie aus der Hand meines Vaters rauben. Ich und der Vater sind eins" (vgl. V. 24-30). Hier sind die großartigen Qualifikationen des Hirten und die ewige Sicherheit, die er allen seinen Schafen gibt.[58]

28. Februar

Christus rettet seinen Jünger vor dem Ertrinken

Textlesung: Matthäus 14,22-36

Sogleich aber streckte Jesus die Hand aus, ergriff ihn und spricht zu ihm: Kleingläubiger, warum zweifeltest du? (V. 31)

Sie wären nicht der Letzte, der sich Christus für seine Errettung anvertraut, ein Leben als Christ beginnt und dann merkt, dass es ihm alles zu viel wird, und zu sinken beginnt. Weil das Petrus' Fehler war, musste unser Herr ihn schließlich tadeln: „Kleingläubiger, warum zweifeltest du?" Beachten Sie jedoch den Ablauf der Ereignisse. Petrus hatte auf das Wort des Christus reagiert. Doch in seiner Schwäche und mit seinem brüchigen Glauben begann er allmählich zu sinken.

Würde der Retter ihn nun ertrinken lassen, würde er verloren gehen? Die Musik des Himmels würde verstummen und der Himmel selbst würde sich verfinstern, wenn der Retter irgendjemanden dazu ermutigen würde, sein Vertrauen auf ihn zu setzen, um ihn aufzugeben und zugrunde gehen zu lassen. Christus hat sein Wort gegeben: „Wer zu mir kommt, den werde ich nicht hinausstoßen"; „dies aber ist der Wille dessen, der mich gesandt hat, dass ich von allem, was er mir gegeben hat, nichts verliere" (Joh 6,37-39).

In jener Nacht, als der Sturm tobte und Petrus immer tiefer sank, zunächst bis zur Hüfte, dann bis an die Schultern und den Nacken, interessierte sich die Himmelswelt dafür, was der Retter tun würde. Würde er dem Mann treu sein? Was meinen Sie, was er wohl sagte? Machte er ihm Vorhaltungen? „Petrus, du dummer Kerl. Hast wohl deinen Glauben verloren? Ja, ich werde dich retten. Aber ich kann dich leider erst retten, wenn dein Glaube vollkommen ist. Versuch jetzt, ein bisschen besser zu glauben. Und wenn dein Glaube perfekt ist, dann kann ich dich retten." Doch bis dahin hätte das Wasser Petrus in die Tiefe gerissen.

Als Petrus sank, schrie er einfach: „Herr, rette mich!" Und die Schrift sagt: „Jeder, der den Namen des Herrn anrufen wird, wird gerettet werden" (Röm 10,13). Aus eigener Kraft werden Sie nicht durchhalten können, aber der Retter, der Sie zum Glauben gerufen hat, verspricht Ihnen heute, dass er Sie an dem Tag, an dem Sie fallen, retten wird, wenn Sie zu ihm rufen. Lieber Mitchrist, wenn Sie es nicht ertragen, nicht zu wissen, ob Sie durchhalten können, ob Sie Ihren Glauben bewahren, wenn Sie fürchten unterzugehen, dann schreien Sie: „Herr, rette mich!" Denn es gilt, dass jeder, der den Namen des Herrn anruft, gerettet werden wird – und zwar völlig (Hebr 7,25).[59]

1. März

Ein fester Ort in unserem Herzen für den Vater und den Sohn

Textlesung: Offenbarung 3,20; 2. Johannes

Jesus antwortete und sprach zu ihm:
Wenn jemand mich liebt, so wird er mein Wort halten,
und mein Vater wird ihn lieben, und wir werden zu ihm kommen
und Wohnung bei ihm machen." (Joh 14,23)

Weil Jesus das Leben ist und dieses göttliche Leben mit uns teilt, ist er für uns der Weg zum Vater. Doch er zeigt uns auch, wie und unter welchen Voraussetzungen der Vater und der Sohn bereit sind, zu kommen und in unserem Herzen zu wohnen. Wer sich zu der Hoffnung bekennt, bei der Wiederkunft Christi in das Haus des Vaters aufgenommen zu werden, wird natürlich bestrebt sein, den Vater und den Sohn hier und jetzt in seinem Herzen wohnen zu lassen – das leuchtet ein.

Wie sehen denn die Voraussetzungen dafür aus? „Wenn jemand mich liebt", sagt Christus „so wird er mein Wort halten, und mein Vater wird ihn lieben, und wir werden zu ihm kommen und Wohnung bei ihm machen. Wer mich nicht liebt, hält meine Worte nicht; und das Wort, das ihr hört, ist nicht mein, sondern des Vaters, der mich gesandt hat" (Joh 14,23-24). Würden wir einen rein menschlichen Gast in unserem Haus erwarten, würde es die reine Höflichkeit gebieten, nach den Wünschen unseres Gastes zu fragen und sie so weit wie möglich zu erfüllen.

Wenn wir also den Vater und den Sohn in unserem Herzen wohnen lassen wollen, gibt es folgende Voraussetzungen dafür: Zuerst einmal müssen wir sie lieben; und weil wir sie lieben, müssen wir ihr Wort studieren, um das zu entdecken, was sie lieben und was sie ablehnen; und dann müssen wir ihnen unsere Liebe dadurch zeigen, dass wir bereitwillig und demütig tun, was ihnen gefällt, und lassen, was ihnen missfällt. So werden wir immer tiefer ihre Liebe und Gemeinschaft erfahren. Natürlich gibt es eine Seite der Liebe Gottes, die völlig bedingungslos ist. Er hat uns schon geliebt, als wir noch Sünder und seine Feinde waren. Er wird seine Menschen auch weiter mit dieser Art bedingungsloser Liebe lieben. Aber hier denken wir daran, wie sich beide Seiten an der Liebe des anderen erfreuen können – in inniger Gemeinschaft mit dem Vater und seinem Sohn. Hingebungsvolle Beachtung und Gehorsam gegenüber ihren Geboten sind der einzige Weg hin zu dieser konkreten Freude an ihrer Liebe.[60]

2. *März*

Die Weinrebe: zur Freude verhelfen

Textlesung: Johannes 15,9-17; Richter 9,12-13

Dies ist mein Gebot, dass ihr einander liebt, wie ich euch geliebt habe. (Joh 15,12)

Christus kannte das Herz seiner Apostel – und er kennt unseres ebenso. Deshalb fügte er an dieser Stelle eine Erklärung ein: „Dies habe ich zu euch geredet, damit meine Freude in euch ist und eure Freude völlig wird" (V. 11). Mit anderen Worten: Er versicherte ihnen, dass seine Gebote nicht darauf abzielten, ihre Freude zu verringern, sondern sie zu steigern. Schließlich ist es der ganze Stolz und die Freude eines Weinstocks, Weintrauben hervorzubringen, die anderen durch ihre Frucht und ihren Wein Freude bringen. Wenn die stumme Natur sprechen könnte, so würde ein Weinstock sich niemals darüber beklagen, dass er seine reichhaltigen Nährstoffe immer an die Reben weitergeben muss, um Weintrauben hervorzubringen, die andere Leute dann essen. Wenn Weinstöcke Gefühle hätten, so würden sie ihre gottgegebene Funktion, Freude für andere hervorzubringen, ungeheuer genießen, wie Jotams Fabel schon vor langer Zeit feststellte (Ri 9,12-13).

Christus, der wahre Weinstock, genoss das definitiv – und tut es noch immer. Nachdem er eine lange, staubige und ermüdende Reise hinter sich gebracht hatte, nur um dann einer einsamen Frau zu geistlicher Freude zu verhelfen, erklärte er seinen Jüngern: Gottes Willen zu tun und sein Werk zu vollenden ist für ihn wie Essen und Trinken (Joh 4,31-34). Jesus jubelte im Heiligen Geist, so sagt Lukas (10,21), und dankte seinem Vater, dem Herrn des Himmels und der Erde, dafür, dass er ihn dazu gebraucht hatte, den Unmündigen seine Geheimnisse zu offenbaren. Und sogar als er den Obersaal verließ, um sich selbst auf Golgatha zu opfern, sang er ein Loblied (Mt 26,30).

Seine Anweisung an uns lautet: Der einzige Weg, seine Liebe dauerhaft praktisch zu genießen, besteht darin, seine Gebote zu halten. Diese Anweisung ist darauf angelegt, dass seine Freude als der sich selbst hingebende Weinstock ungehindert zu uns und durch uns zu anderen fließen kann. Wir unsererseits sollen dabei erleben, dass unsere eigene Freude dann am größte ist, wenn wir so unsere gottgegebene Funktion als Reben am Weinstock erfüllen. Das höchste Gebot zum Ende dieser kurzen Lehreinheit ist daher folgendes: Wir sollen einander lieben – und zwar nach dem Vorbild der Liebe, das er uns gegeben hat (Joh 15,12).[61]

3. März

Die verwandelnde Wirkung der Gnade

Textlesung: Lukas 19,1-10

Zachäus aber stand und sprach zu dem Herrn:
Siehe, Herr, die Hälfte meiner Güter gebe ich den Armen. (V. 8)

Zachäus war ein kleiner Mann. Deshalb saß er oben auf dem Baum, damit er über die Köpfe der Menschenmenge hinwegsehen konnte. Doch er war auch in anderer Hinsicht ein kleiner Mann. Sonst hätte er nicht solche Freude daran gehabt, Wuchersteuern von armen Menschen zu fordern, die Schwierigkeiten hatten, über die Runden zu kommen. Vielleicht hatte er auch aufgrund seiner Kleinwüchsigkeit bereits früh im Leben einen tief sitzenden Minderwertigkeitskomplex und ein Gefühl der Ablehnung entwickelt. Deswegen versuchte er immer wieder, seine „Überlegenheit“ zu beweisen. Er wandte sich dem Geldverdienen zu – vielleicht aus dem unbewussten Gedanken heraus, sich durch großen

Wohlstand den Respekt der Leute zu verdienen. Tatsächlich brachte es sie aber nur dazu, ihn noch mehr zu verachten und seine Gesellschaft zu meiden. Das wiederum steigerte nur weiter sein Gefühl, abgelehnt zu werden, und machte ihn noch entschlossener, sich zu rächen. Er demonstrierte seine Überlegenheit, indem er Menschen dadurch schadete, dass er immer mehr Steuern von ihnen forderte. Auch wollte er alle mit seinem Reichtum beeindrucken und ihren Neid wecken.

Es war ein endloser Teufelskreis. Wie sollte er je durchbrochen werden? Nicht durch ethische Lehren – Zachäus wusste bereits, dass sein Verhalten falsch war. Aber in einem sehr realen Sinn konnte er nicht anders. Er wurde von Zwängen dazu getrieben, die er selbst weder verstehen noch kontrollieren konnte. Die soziale Ächtung verstärkte diese Zwänge nur. In dem Verlangen danach, Jesus zu sehen, sah Christus die schwachen Anfänge von Buße – das Blöken eines Schafes, das sich im Dickicht verfangen hat und nicht weiß, wie es sich daraus befreien soll. Und so durchschnitt er all die Verstrickungen, indem er den Mann so annahm, wie er war. Öffentlich demonstrierte er dies, indem er ihn vom Baum herabrief und verkündete, dass er in seinem Haus als Gast einkehren würde.

Endlich hatte Zachäus durch Gottes unverdiente Gnade das gefunden, was er durch jahrelange, fehlgeleitete eigene Mühe nie erreicht hatte: das Gefühl, angenommen zu sein, nicht nur bei Menschen, sondern auf der höchsten Ebene beim Schöpfer selbst. Wie wirkte sich das auf Zachäus aus? Mehr Wucher und endloses Ausnutzen von Gottes Gnade? Nein. Er gab den Wucher sofort auf und kündigte ein großartiges, menschenfreundliches Programm an – nicht um Christus davon zu überzeugen, ihn anzunehmen, sondern weil Christus ihn bereits angenommen *hatte*. „Heute ist diesem Haus Heil widerfahren", sagt Christus, „weil auch er ein Sohn Abrahams ist" (19,9).[62]

4. März

Die Ermutigung des Herrn

Textlesung: 2. Thessalonicher 2,5-17

Es ist unser Herr Jesus Christus selbst, und Gott, unser Vater, der uns geliebt und in seiner Gnade immerwährenden Trost und eine verlässliche Hoffnung geschenkt hat. Er möge eure Herzen ermutigen. (V. 16-17; NeÜ)

Paulus bittet darum, dass der Herr *selbst* sich persönlich um seine Bitte kümmert. Ich weiß nicht, was Sie für diesen Tag heute brauchen, aber „unser Herr Jesus Christus selbst" – weder irgendein Erzengel, nicht einmal Michael oder Gabriel, noch irgendein großer und gelehrter Apostel wie Paulus – „möge eure Herzen ermutigen". Möge er Ihnen nahe sein und Ihnen die innere Stärke und Entschlossenheit geben, die Sie benötigen, um wirksam und beharrlich in dem Werk zu sein, zu dem Gott Sie berufen hat. Als er auf der Erde war, predigte er nicht nur zu den Menschenmassen. Er kam seinen Jüngern ganz nahe und tröstete jeden einzelnen persönlich. Das tut er noch immer. Er sieht unsere Not und tröstet und festigt unsere Herzen.

Also gilt einmal mehr: Gott der Vater hat uns ins Herz geschlossen, er ermutigt uns, schenkt uns ewige Hoffnung. Er wusste, dass wir oft ermutigt werden müssen, genauso wie der Engel des Herrn den Paulus in einer besonders verzweifelten Situation beistand, als das Schiff von den Wellen hin- und hergeworfen wurde (Apg 27,23).

Doch das tut Gott nicht nur von Zeit zu Zeit. Seine Ermutigung währt ewig. Wenn Sie erschöpft von der Arbeit heimkommen, entmutigt und bedrückten Herzens, dann ist seine Ermutigung für Sie da. Eines Tages werden alle Gläubigen wie Christus sein (1Jo 3,2). Das ist echte Ermutigung, oder? „So wird mein Wort sein, das aus meinem Mund hervorgeht. Es wird nicht leer zu mir zurückkehren" (Jes 55,11). Das ist sein Versprechen, und die Ermutigung ist darin bereits enthalten. Die Villa ist jetzt fast fertig (Joh 14,2)! Unser Herr ist gegangen, um einen Ort für uns vorzubereiten. Er wird wiederkommen. Und wenn wir ihn dann sehen, werden wir so sein wie er. Die Ermutigung ist schon im Rettungsplan eingebaut, den er uns gegeben hat. Lassen wir uns keinesfalls so von der Arbeit überwältigen, dass wir ausgerechnet die Freude unserer Errettung und die Hoffnung des Evangeliums verlieren. Wie es Thomas Chisholm in seinem Lied formuliert, gibt Gott uns „Kraft für heute und Hoffnung für morgen, alle seine Segnungen sind mein".[63]

5. März

Christus bringt uns Gott nahe

Textlesung: Epheser 2,11-22

Jetzt aber, in Christus Jesus, seid ihr, die ihr einst fern wart, durch das Blut des Christus nahe geworden. (V. 13)

Wir haben schon festgestellt, dass Gottes Umgang mit den Nationen zur Zeit Israels nicht seine abschließende Antwort auf die Not der Menschheit war. Und weil es eben nicht die abschließende Antwort, sondern nur eine erste Etappe war, hatte dies (wenn ich das so sagen darf) ein paar bedauerliche Folgen. Und das geschah so: Allein die Tatsache, dass Gott Abraham auserwählte und mit ihm ein ganzes neues Volk – im Unterschied zu den anderen heidnischen Nationen –, hob die Distanz zwischen den Heiden und Gott hervor. Das war nicht Gottes Schuld: Sie hatten sich ja bereits von ihm entfernt. Nicht Gott hatte Distanz geschaffen. Die Menschen hatten Gott einst gekannt, wollten ihn aber nicht länger kennen und waren dadurch in alle möglichen weltanschaulichen Vorstellungen verfallen. Verirrt in ihrem Götzendienst befanden sie sich bereits fern von Gott. Als Gott jedoch Abraham erwählte und sich Abraham und dem Volk der Juden offenbarte, hob das die gewaltige Distanz noch einmal hervor, die sich bereits zwischen Gott und den Heiden aufgetan hatte.

Das Erste, was uns diese Verse sagen, ist, dass Gott die Distanz überwunden hat. Das spricht Bände über Gottes Herz. Er ist ein Gott, der sich danach sehnt, bei den Menschen und in ihren Herzen zu wohnen. Der Anblick von Heiden, die sich in ihren Verirrungen abwandten, brach ihm das Herz. Doch vor allem war es die Distanz selbst. Er hatte es von Ewigkeit her im Sinn, nicht nur die

Menschen zu schaffen, sondern bei ihnen zu wohnen. Diese Ferne, die sich auftat, brach Gottes Herz. Und als der Apostel berichtet, wozu Christus überhaupt gekommen war, erwähnt er als Erstes, dass er die Distanz abgeschafft hat: „Jetzt aber, in Christus Jesus, seid ihr, die ihr einst fern wart, durch das Blut des Christus nahe geworden" (V. 13).

Beachten Sie: Hier geht es nicht so sehr um die Frage der Vergebung, obwohl das natürlich auch zutrifft. Vielmehr geht es um die Erlösung – achten Sie auf den Verweis auf das Blut Christi. Hier liegt der Fokus aber nicht so sehr auf der Erlösung, die für uns erkauft wurde; es geht hier vielmehr um die großartige und wundervolle Tatsache, dass wir Gott nahegekommen sind. Die schreckliche Distanz, die sein Gesetz deutlich zu machen hatte, ist durch die Erlösung, die in Christus Jesus ist, abgeschafft worden.[64]

6. März

Die Autorität des Königs

Textlesung: Hebräer 8,6-13

Siehe, Tage kommen, spricht der HERR, da schließe ich mit dem Haus Israel und mit dem Haus Juda einen neuen Bund. (Jer 31,31)

Manche Leute haben eine starke Abneigung gegen die Vorstellung, die Beziehung zwischen Christus und den Seinen sollte in Form eines Bundes beschrieben werden. Sie sagen, das klänge viel zu kalt und juristisch – wobei Gesetzlichkeit doch das Letzte ist, was sich in wirklich persönliche Beziehungen einschleichen sollte. Und wenn darüber hinaus Christus als König und seine Menschen als Untertanen beschrieben werden, geht ihre Abneigung in offenen Widerstand über.

Ihre Reaktion kann unterschiedliche Ursachen haben. Eine ist die moderne Denkart, der zufolge jede Inanspruchnahme von Autorität per Definition etwas Schlechtes und jede Form von Unterordnung gegenüber Autorität ein Zeichen von Knechtschaft darstellt. Menschen mit dieser Überzeugung wollen, dass alle gleich sind – niemand soll Autorität über irgendjemand anderen haben oder ausüben.

Sie ziehen normalerweise nicht für die Abschaffung der Schwerkraft zu Felde, weil die Sonne eine größere Anziehungskraft auf die Erde ausübt als die Erde auf die Sonne. Doch das physikalische Chaos, das sie verursachen würden, wenn sie die Schwerkraft abschalten könnten, wäre nicht größer als das moralische Chaos, welches entstünde, wenn sie jegliche Autorität in menschlichen Beziehungen abschaffen könnten – ganz zu schweigen von der Autorität in der Beziehung zwischen dem Menschen und Gott. Eine Mutter, die sich weigert, irgendeine Form von Autorität über ihr zweijähriges Kind auszuüben, würde aufhören, eine Mutter zu sein. Sie würde sich vermutlich wegen grober Vernachlässigung strafbar machen. Falls ihr Baby nach einer Flasche mit giftigem Inhalt greift, um daraus zu trinken, so muss sie schnell und entschieden ihre Autorität ausüben. Liebe und Instinkt verlangen dies.[65]

7. März

Der Herr richtet uns jetzt

Textlesung: 1. Petrus 4,12-19

Der Herr wird sein Volk richten. (Hebr 10,30)

Es gibt ein Gericht über Einzelpersonen sowie eins über die Gemeinde. Petrus sagt: „Denn die Zeit ist gekommen, dass das Gericht anfängt beim Haus Gottes; wenn aber zuerst bei uns, was wird das Ende derer sein, die dem Evangelium Gottes nicht gehorchen?" (1Petr 4,17). Das ist kein Akzent, den Evangelikale häufig anklingen lassen. Im Buch der Offenbarung haben wir ein sehr deutliches Beispiel für ein Gericht, das im Haus Gottes beginnt. Die Kapitel 4–20 dieses Buches erzählen von den ernsten Gerichten, die am Ende dieser Welt über die Erde hereinbrechen werden. Die Kapitel 1–3 hingegen stellen unseren Herrn in den Gewändern eines Richters dar, wie er zwischen den Leuchtern umhergeht, die seine Gemeinden symbolisieren, und diese richtet.

Das ist gewiss nichts, vor dem wir uns verschließen sollten. Sollten wir, während wir unserem Herrn dafür danken, dass er unser Retter ist, ihn nicht auch zugleich dafür loben, dass er unser Richter ist?

Er, der für uns starb, stellt sich uns im Leben zur Seite und weist uns behutsam, aber bestimmt und ernst auf unsere Fehler und unsere Eigenwilligkeit hin. Dann sagt er uns, wie wir davon befreit werden können.

Als der Apostel Johannes den auferstandenen Herrn in all seiner Herrlichkeit erblickte, gab es einen feierlichen Moment: Sein Gesicht leuchtete, so wie die Sonne in ihrer vollen Stärke strahlt; und in diesem Augenblick fiel Johannes ihm wie tot zu Füßen. Er war der Mann, der sich beim letzten Abendmahl an die Brust des Herrn Jesus gelehnt hatte. Als er ihn nun jedoch in seiner Auferstehungsherrlichkeit als Richter erblickte, war er überwältigt und wäre fast gestorben. Gott sei Dank für die segensreichen Dinge, die er in diesem Moment hörte und fühlte.

> Und er legte seine Rechte auf mich und sprach: Fürchte dich nicht! Ich bin der Erste und der Letzte und der Lebendige, und ich war tot, und siehe, ich bin lebendig von Ewigkeit zu Ewigkeit und habe die Schlüssel des Todes und des Hades. (Offb 1,17-18)

In diesen Momenten lernte Johannes das Geheimnis kennen, wie man als Gläubiger vor seinem Richter bestehen kann. Der verherrlichte Sohn Gottes hat nun in der Auferstehung die Schlüssel des Todes und des Hades – nicht, um dessen Tore aufzuschließen und uns hineinzulassen, sondern um uns herauszulassen! Aufgrund seines Todes, seiner Auferstehung und der Garantie seiner ewigen Auferstehung gibt er uns die Kraft, uns seinem Gericht zu stellen und seine Kritik zu hören und dort zu bestehen. In unserem Hinhören und Gehorchen liegt ein reicher Schatz der Belohnung.[66]

8. März

Die Heilung der blutflüssigen Frau

Textlesung: Lukas 8,40-56

Er aber sprach zu ihr: Tochter, dein Glaube hat dich geheilt. Geh hin in Frieden! (V. 48)

Im Fall dieser Frau lautete die entscheidende Frage nicht, ob Christus etwas an der Frau wahrnehmen würde, sondern an sich selbst. Er wusste, so sagte er, dass jemand ihn auf eine mehr als beiläufige oder flüchtige Art berührt hatte, denn er nahm wahr, dass Wirkung von ihm ausgegangen war (vgl. V. 46). Das zeigt uns folgende äußerst wichtige Tatsache: Die Kraft, die uns rettet, ist keine unpersönliche Kraft. Ja, die Kraft Christi wirkte auf die Frau, als sie nicht ihn, sondern nur den Saum seines Gewandes berührte. Sie wurde geheilt, weil ihr Glaube ein echter Glaube und nicht nur Aberglaube war. Doch sie fand auch heraus, was echter Glaube bedeuten muss: Wir können nicht durch die Kraft Christi gerettet werden, ohne etwas mit Christus als Person zu tun zu haben. Das ist unmöglich – aus dem einfachen Grund, dass wir nicht an Christus glauben und seine Kraft in Anspruch nehmen können, ohne dass er davon weiß. Diese Unmöglichkeit bewahrt uns vor mindestens zwei Gefahren. Sie bewahrt den Glauben davor, in Aberglauben zu entarten, wobei wir Christus (oder seine Kleidungsstücke) wie eine Reliquie betrachten, die irgendeine magische, unpersönliche Kraft besitzt. Sie verhindert außerdem, dass der Glaube lediglich eine Form von Selbstsucht ist und dass die Errettung als bloße Selbstverbesserung betrachtet wird. So mancher Mensch kommt zunächst nur zu Christus, weil er die Kraft haben möchte, um irgendeine Schwäche oder Ähnliches zu überwinden – wie Spielsucht oder eine Alkoholabhängigkeit, die seinen Körper ruiniert und seine Lebenskraft verschwendet hat. Christus ist bereit, auf jeden solcher Hilferufe zu antworten. Aber in seinem Erbarmen wird er nicht zulassen, dass eine solche Person ihre Errettung als bloßes Heilmittel behandelt. Er wird darauf beharren, dass ein solcher Mensch ihn als Person kennenlernt und ihn – wie die Frau – öffentlich als seinen Retter bekennt.[67]

9. März

Unsere Füße waschen

Textlesung: Lukas 9,51-56

Jesus antwortete ihm: Wenn ich dich nicht wasche, so hast du kein Teil mit mir. (Joh 13,8)

Bei einer Gelegenheit, als Jesus gerade durch Israel reiste und das Evangelium predigte, schickte er Boten voraus in ein nahe gelegenes Dorf. Sie sollten dort eine Unterkunft für ihn und seine Jünger für die Nacht suchen. Doch die Dorfleute waren alle Samaritaner, die die Juden aus ethnischen und religiösen Gründen hassten. Sie alle weigerten sich, Jesus und seine Jünger in dem Dorf übernachten zu lassen. Zwei der Jünger Jesu, Jakobus und Johannes, waren darüber so verärgert, dass sie Feuer vom Himmel auf diese Samaritaner herabfallen lassen wollten. Indem sie jedoch solchen Rachegelüsten Raum gaben, zeigten Johannes und Jakobus, dass sie ganz und gar keine Gemeinschaft mit Christus hatten. Er war nicht gekommen, um das Leben von Menschen zu zerstören, sondern um sie zu retten. Hätten sie eine solche Einstellung gegenüber Menschen anderer Kulturen und Religionen beibehalten, dann hätten sie keinen Anteil an Christus in seiner Evangelisation und seiner Liebe sogar zu seinen Feinden haben können. Und so rügte unser Herr sie (Lk 9,55). Oder um es anders auszudrücken – er „wusch ihnen die Füße".

Ähnliches gilt auch für uns: Wenn wir als Gläubige nicht zulassen, dass Christus ständig unsere ethnischen und nationalistischen Feindseligkeiten, unsere Wutausbrüche, unsere Selbstsucht, unsere Unaufrichtigkeit, unseren Neid, unseren Stolz und all die anderen moralischen und geistlichen Unreinheiten abwäscht, dann werden wir wenig echte Gemeinschaft mit Christus und wenig praktischen Anteil an ihm in seiner Liebesmission in der Welt genießen.

Es wird uns als wiedergeborenen Gläubigen versichert, dass wir im Endgericht nicht zusammen mit den Ungläubigen verurteilt werden. Das bedeutet jedoch nicht, dass wir die Freiheit haben, ein nachlässiges und sündiges Leben zu führen. Wir sollen uns ständig selbst prüfen. Und da, wo wir in uns falsche Einstellungen und Taten entdecken, sollen wir uns selbst beurteilen, diese Dinge dem Herrn bekennen und seine Vergebung suchen. Wenn wir das tun, wird alles gut. Wenn wir hingegen nachlässig werden, uns nicht selbst prüfen und „unsere Füße waschen", wird der Herr in seiner Liebe und Treue streng mit uns sein und uns erziehen, um uns zur Buße und zurück in eine enge und lebendige tägliche Gemeinschaft mit ihm zu führen (vgl. 1Kor 11,31-32).[68]

10. März

Die Speisung der Fünftausend

Textlesung: Johannes 6,25-59

Denn das Brot Gottes ist der, welcher aus dem Himmel herabkommt und der Welt das Leben gibt. (V. 33)

Es ist interessant, was Christus nun tat: Er sagte seinen Aposteln, sie sollten der Menschenmenge selbst zu Essen geben. Nun hatten die Apostel noch nie zuvor ein Wunder dieser Größenordnung gesehen. Sie hatten die Heilung von Einzelnen miterlebt. Tatsächlich war es ihnen in ihrer jüngsten Sendung sogar erlaubt gewesen, selbst übernatürliche Macht zu gebrauchen, um Dämonen auszutreiben und Krankheiten zu heilen. Aber dieser riesigen Menschenmasse, die um die 5000 Männer umfasste – ganz zu schweigen von Frauen und Kindern –, Essen zu geben war ein völlig anderes Unterfangen. Trotz alledem war ihre Antwort nicht besonders intelligent. Christus hatte ja weder die Angewohnheit, Unsinn zu reden, noch machte er sich über ihre Schwachheit lustig. Wenn er ihnen daher sagte, sie sollten der Menge zu Essen geben, hätte sie das zumindest auf den Gedanken bringen sollen, dass hinter dem Königreich Gottes und den Kräften Jesu mehr stecken könnte, als ihnen bisher bewusst gewesen war. Stattdessen fiel ihnen nur die Möglichkeit ein, zum nächstgelegenen Händler (einem Großhändler, versteht sich) zu gehen und die notwendige Menge Essen zu beschaffen. Andernfalls, so merkten sie an, hätten sie nur fünf Brote und zwei Fische.

Die armselige Unzulänglichkeit ihrer Mittel und die völlige Aussichtslosigkeit der Situation – zumindest solange sich ihre Überlegungen auf die gewöhnlichen, natürlichen Prozesse des Lebens in dieser Welt beschränkten –, lieferte den Kontrast, vor dessen Hintergrund Christus anschaulich demonstrieren konnte, was mit dem Kommen des Königreiches verbunden sein wird. Er blickte zum Himmel empor (vgl. Lk 9,16) und ließ wieder einmal die Kräfte des Himmels in diese Welt eindringen. So verwandelte er ihre mageren Mittel in mehr als genug, um die Menschenscharen mit Essen zu versorgen. Diese Lektion ist auch heute noch vonnöten. Mit Recht betonen wir die moralischen Gesetze von Gottes Königreich und versuchen, sie jetzt schon auf die sozialen und wirtschaftlichen Probleme der Welt anzuwenden. Doch wir sollten uns davor hüten, unsere Vorstellungen vom zukünftigen Königreich Gottes von den gegenwärtigen Möglichkeiten einschränken zu lassen. Das Königreich Gottes, wenn es vollständig gekommen ist, wird nicht einfach die effizientere Fortsetzung der gegenwärtigen Bemühungen um mehr Gerechtigkeit bedeuten. Es wird nicht weniger sein als der Einbruch der Kräfte der jenseitigen Welt in unsere Welt. Dieser Einbruch wird die Natur von ihrem Seufzen und ihrer Verzweiflung befreien. Sie wird die Schöpfung verwandeln – von einem System unvermeidbaren Verfalls in eine Welt voller Freiheit, Zufriedenheit und völliger Erfüllung. Der Tod wird vernichtet und das Leid verschwunden sein.[69]

11. März

Was dem Herrn zusteht und was seine Diener brauchen

Textlesung: Lukas 17,1-10

Wahrlich, ich sage euch: Er [der Herr] wird sich umgürten und sie sich zu Tisch legen lassen und wird hinzutreten und sie bedienen. (Lk 12,37)

Die Apostel baten Christus, er möge ihnen mehr Glauben schenken. Sie erhielten die ermutigende Antwort: Sogar ein Glaube, der so klein ist wie ein Senfkorn, würde einen Baum entwurzeln und ihn ins Meer versetzen. Für einen so starken Glauben würden sich nur wenige Dinge als schwierig erweisen. Doch so ein mächtiger Glaube wie dieser könnte in uns möglicherweise die falschen Einstellungen hervorbringen: Gerade der Erfolg, den er erzielt, könnte uns geistlich anmaßend und arrogant werden lassen. Und so lehrt Christus uns, welche Einstellung wir als Gottes Sklaven ihm gegenüber immer behalten müssen.

„Wer aber von euch", fragt Christus, „der einen Sklaven hat, der pflügt oder hütet, wird zu ihm, wenn er vom Feld hereinkommt, sagen: Komm und leg dich sogleich zu Tisch? Wird er nicht vielmehr zu ihm sagen: Richte zu, was ich zu Abend essen soll, und gürte dich und diene mir, bis ich gegessen und getrunken habe; und danach sollst du essen und trinken?" (vgl. 17,7-10).

Gott stellt die Errettung des Menschen immer über das Feiern seines eigenen Lobes. Daher müssen wir, die wir errettet worden sind, den Dienst für Gott immer über unsere eigenen Interessen stellen. Wir dürfen uns auf keinen Fall einbilden, wir hätten Gott so hervorragend gedient, dass wir nun das Recht hätten, unsere eigenen Bedürfnisse und unsere Zufriedenheit über seinen Anspruch zu stellen. Gott ist uns niemals etwas schuldig, wenn wir ihm dienen. Wenn wir ihm – wie wir meinen – gut gedient haben und er uns das nicht zu danken scheint (vgl. 12,9), haben wir das überhaupt von ihm zu erwarten? Wenn wir alles getan haben, was er von uns verlangt, so ist es nur das, wozu wir ohnehin verpflichtet waren. Und beim großen Festmahl wird der Herr selbst uns bedienen (vgl. 12,37). Ist das nicht ein Ansporn für uns, jede Gelegenheit beim Schopf zu ergreifen, ihm zuerst zu dienen?[70]

12. März

Christi Erbe ist unser Erbe

Textlesung: Galater 3,26–4,7

Denn nicht durchs Gesetz wurde Abraham oder seiner Nachkommenschaft die Verheißung zuteil, dass er der Welt Erbe sein sollte, sondern durch Glaubensgerechtigkeit. (Röm 4,13)

Er wird von einer Küste bis zur anderen herrschen! Er wird die Herrschaft über diesen Planeten beanspruchen und über alle anderen Sterne, die es gibt, sowieso. Christus wird das alles erben, weil er Abrahams Nachkomme ist. Aber schauen Sie sich nun das Ende von Galater 3 an:

> Denn ihr alle, die ihr auf Christus getauft worden seid, ihr habt Christus angezogen. Da ist nicht Jude noch Grieche, da ist nicht Sklave noch Freier, da ist nicht Mann und Frau; denn ihr alle seid einer in Christus Jesus. Wenn ihr aber des Christus seid, so seid ihr damit Abrahams Nachkommenschaft und nach der Verheißung Erben. (V. 27-29)

Falls Ihnen das zuvor noch nicht bewusst war, dürfen Sie sich jetzt reicher fühlen, als Sie sich das je vorgestellt haben. Sie sind ein Erbe der Verheißungen, die Abraham in Bezug auf dieses große Erbe vertraglich zugesichert wurden. Denn dieses Erbe wurde Abraham und seiner Nachkommenschaft verheißen, und durch Gottes Gnade sind Sie in Christi Leib eingegliedert worden, Sie haben Christus angezogen! Daher gehören Sie zu Abrahams Nachkommenschaft. Und damit sind Sie Erben gemäß den Bestimmungen dieses Bundes: „Dir und deiner Nachkommenschaft." Tun Sie es innerlich und stören Sie nicht die allgemeine Ruhe, aber rufen Sie jetzt ein stilles „Halleluja!", denn Sie sind reicher, als Sie sich jemals ausgemalt hätten!

Da das so ist, werden Sie – falls Sie über etwas gesunden Menschenverstand und praktische Veranlagung verfügen –, Folgendes wissen wollen: Ist mir dieses Erbe sicher? Auf welcher Grundlage wird es gewährt? Wurde es gewährt, nachdem das Gesetz gegeben wurde oder davor? Nun ja, historisch betrachtet besteht diesbezüglich kein Zweifel. Abraham wurde gerechtfertigt, bevor das Gesetz gegeben wurde. Abraham wurde dieser Bund gegeben, der ihm und seinen Nachkommen ein Erbe zusagte, bevor das Gesetz gegeben wurde. Und das Gesetz, das mehr als 400 Jahre später kam (Gal 3,17), kann diesen Bund nicht verändern und ihn unwirksam machen. Denn dieser war nicht abhängig vom Gesetz, sondern von Gottes gnädiger Verheißung, der Abraham glaubte. Den Grund dafür, dass das durch Glauben und Gnade geschah, sehen wir, wenn wir noch einmal zu Römer 4 zurückkehren: „Das Prinzip des Glaubens gilt deshalb, damit alles auf Gnade beruhe. Nur so bleibt die Zusage für alle Nachkommen gültig" (V. 16; NeÜ). Rufen Sie nun wirklich einmal „Halleluja!" Was sind das für großartige Dinge![71]

13. März

Auf die Belohnung schauen

Textlesung: Matthäus 10,29-42

Wer einen Propheten aufnimmt, weil er ein Prophet ist, wird den Lohn eines Propheten erhalten. (V. 41; NeÜ)

Es gibt einige Menschen, die uns sagen, dass wir dem Herrn dienen sollten, ohne nach einer Belohnung zu fragen. Was für wundervoll geistliche Menschen sind das doch, und es freut mich zu hören, dass sie mit unvermindertem Elan und Eifer durchhalten können ohne jegliche Aussicht auf Belohnung. Ihre Vorstellung ist jedoch ein wenig unrealistisch. Denn vor Ihnen steht einer, der möglicherweise schon vor langer Zeit aufgegeben hätte, wenn die Belohnung nicht gewesen wäre. In seinem Erbarmen ermutigt der Herr uns mit einer Belohnung. Und wenn er uns die Belohnung schon in Aussicht stellt, bin ich mir nicht ganz sicher, ob es wirklich geistlich wäre zu sagen: „Nein, das will ich nicht." Schließlich stellt er sie uns in Aussicht.

Was für ein wunderbares Gegenmittel ist das doch für das Gefühl, das uns alle von Zeit zu Zeit überkommt: „Ach, ich bin nicht besonders gut und was kann ich schon tun? Ich werde niemals eine große Belohnung bekommen." Seien Sie sich da mal nicht so sicher. Sie könnten den Lohn eines Propheten bekommen, wenn Sie wollten, oder etwa nicht? Und der könnte doch beträchtlich sein. Ich jedenfalls wäre glücklich mit dem Lohn eines Propheten. Ich halte es für unwahrscheinlich, einen zu bekommen, aber ich wäre glücklich darüber.

„Wie bekommt man einen solchen Lohn?"

Da gibt es zwei Möglichkeiten: Entweder, indem man selbst ein Prophet ist oder indem man von Zeit zu Zeit für einen Propheten sorgt. Wer einen Propheten in sein Haus aufnimmt, weil er ein Prophet ist, um an dessen Arbeit teilzuhaben, empfängt denselben Lohn, den der Prophet bekommt (vgl. V. 41). „Und wenn jemand einem dieser Geringen nur einen Becher kalten Wassers zu trinken gibt", so sagt unser Herr und gebraucht dafür ein sehr anschauliches Beispiel, „er wird seinen Lohn gewiss nicht verlieren" (V. 42). Leitungswasser gibt es zumindest zu den meisten Zeiten im Jahr in Hülle und Fülle. Wenn man schon für Leitungswasser eine Belohnung bekommen kann, dann denke ich, dass ich schon ein bisschen mehr als Leitungswasser geben könnte – wenn nicht für mich selbst, so für jemand anderen. Ich habe schon gesehen, wie Prediger Durst bekamen, und habe sie mit Wasser versorgt, so wie irgendeine gute Seele das auch schon für mich getan hat, wenn ich gepredigt habe (er wird dafür belohnt werden). Das ist doch zumindest etwas, das ich tun kann. Aber glaube ich das wirklich?[72]

14. März

Anlagezinsen

Textlesung: Maleachi 3,6-16

Eure Worte sind anmaßend gegen mich, spricht der HERR.
Ihr aber sagt: Was bereden wir gegen dich? (V. 13)

Gott sagt ihnen, dass die Worte der „Söhne Jakobs" hart und anmaßend gegen ihn gewesen sind. Was war geschehen? Sie hatten gefragt, was ihnen ihr Dienst für den Herrn bringen würde. Sie hatten die Bösen als glücklich gepriesen und gefragt, was für sie selbst dabei herausspringen würde (V. 14-15).

Wir haben noch nicht gesehen, was Gott tun wird, wenn er unsere Opfer für ihn vergilt. Wir können uns das auch kaum vorstellen. Doch wir werden uns für das schämen, was wir über ihn gesagt haben, wenn wir nicht aufpassen. Kein einziger Mensch wird vor Christus stehen, um seinen Lohn zu empfangen, und sagen, dass er ihn verdient hat. Wir werden uns alle auf ewig schämen (falls das dann überhaupt noch möglich ist), dass wir so wenig getan haben und er uns so viel dafür gegeben hat. Sind wir uns der üblichen Rate bewusst, mit der jedes Opfer vergolten wird, das wir für Christus bringen? Ganz gewiss ist es nicht nur der aktuelle Bausparzinssatz. Der gewöhnliche Pauschalsatz beträgt 10 000 Prozent!

> Jesus sprach: Wahrlich, ich sage euch: Da ist niemand, der Haus oder Brüder oder Schwestern oder Mutter oder Vater oder Kinder oder Äcker

> verlassen hat um meinetwillen und um des Evangeliums willen, der nicht hundertfach empfängt, jetzt in dieser Zeit Häuser und Brüder und Schwestern und Mütter und Kinder und Äcker unter Verfolgungen – und in dem kommenden Zeitalter ewiges Leben. Aber viele Erste werden Letzte und Letzte Erste sein. (Mk 10,29-31)

Das wären unter heutigen Geschäftsbedingungen etwa 10 000 Prozent! Und obendrein wird es den ewigen Genuss des ewigen Lebens geben. Es erfordert einiges an Vertrauen, um das zu glauben. Wir bekommen hier nicht den Himmel auf Erden. Aber wir werden ihn einmal erleben. Nun ist die Zeit des Dienstes, des Opferns und Leidens für Christus, bis der Herr kommt. Das Alte Testament endet mit der Verheißung, dass er kommen wird. Die Menschen damals mussten 400 Jahre darauf warten, aber er kam tatsächlich. Wir warten jetzt schon etwa 2000 Jahre auf seine Rückkehr. Aber er wird kommen. „Denn noch eine ganz kleine Weile, und der Kommende wird kommen und nicht säumen" (Hebr 10,37). „Wenn sie [die Vision] sich verzögert, warte darauf; denn kommen wird sie, sie wird nicht ausbleiben" (Hab 2,3).

Möge Gott es schenken, dass wir in der Zwischenzeit nicht verzagen und – egal, wie lange die Zeit der Wiederherstellung auf sich warten lassen mag –, weitermachen, damit wir nicht vor ihm beschämt werden, wenn er kommt (1Jo 2,28).[73]

15. März

Größe im Königreich

Textlesung: Lukas 22,24-30

Ihr aber nicht so! Sondern der Größte unter euch sei wie der Jüngste und der Führende wie der Dienende. (V. 26)

Alle drei synoptischen Evangelien machen deutlich: Nichts erzürnte unseren Herrn so sehr wie der Anblick von Menschen, die von religiösen Leitern unterdrückt wurden, die ihre Autorität missbrauchten. Er machte sich gar nicht erst die Mühe, seinen Ärger zu verbergen. Hören Sie, wie er in Jerusalem predigte (vgl. 20,45-47).

So kam es, dass beim letzten Abendmahl ein Streit unter den Aposteln ausbrach, und unser Herr nahm dies zum Anlass, sie zu lehren, was das wahre Wesen von Leitung, Stellung und Dienst in seinem Reich ausmacht. Bei dem Streit zu diesem feierlichen und äußerst heiligen Anlass war es darum gegangen, wer von ihnen der Größte sei. Dass ein Apostel als größer betrachtet werden wollte als ein anderer Apostel, käme uns sicherlich unglaublich vor, würden wir nicht unser eigenes Herz kennen und erkennen, dass die Apostel trotz ihres wichtigen Amtes auch nur Menschen wie wir selbst waren. Aber so war es nun einmal. Unser Herr musste sie darauf aufmerksam machen, wie wenig diese Sicht von Macht und Herrschaft zu ihrer Wiedergeburt passte. Das waren Vorstellungen, die sie ohne nachzudenken einfach übernommen hatten: „In der Welt herrschen die Könige über ihre Völker, und die Mächtigen lassen sich Wohltäter nennen" (22,25; NeÜ).

Auch heute noch verbinden wir Größe allzu oft nicht mit dem Dienst an anderen Menschen, sondern vielmehr mit der Steigerung des persönlichen Ansehens, das mit einem hohen Amt einhergeht. Sie besteht in dem Gefühl von Macht, die eine hohe Stellung mit sich bringt, und der damit verbundenen Möglichkeit, das Leben anderer Menschen zu kontrollieren. Durch eine merkwürdig verdrehte Logik werden nicht die Leute als „Wohltäter" bezeichnet, die die eigentliche Arbeit tun und dienen, sondern diejenigen, die oben sitzen und von anderen bedient werden. „Ihr aber nicht so!", sagte unser Herr zu seinen Aposteln. Sie mochten dafür vorherbestimmt sein, hohe Ämter in der Gemeinde zu bekleiden – so hoch, dass niemand höher sein konnte als Christus selbst. Aber sie sollten sich nicht in den Kopf setzen, ein Amt in der Gemeinde sei wie ein Amt in den großen heidnischen Reichen. „Ihr aber nicht so!", sagte Christus, „Sondern der Größte unter euch sei wie der Jüngste und der Führende wie der Dienende" (22,26).[74]

16. März

Leiden – der Weg zur Herrlichkeit

Textlesung: Johannes 12,20-26

Wir sehen aber den, der ein wenig unter die Engel erniedrigt war, Jesus, wegen des Todesleidens mit Herrlichkeit und Ehre gekrönt, damit er durch Gottes Gnade für jeden den Tod schmeckte. (Hebr 2,9)

Die erste Phase des Plans ist bereits abgeschlossen: Der Mensch, Christus Jesus, ist geboren. Doch die zweite Phase ist ebenfalls abgeschlossen. Denn schauen Sie ihn jetzt an: Er ist bereits mit Herrlichkeit und Ehre gekrönt.

Ich meine, die hebräischen Christen seufzen zu hören. „Ja, das ist wahr. Er hat am Kreuz gelitten. Er wurde abgelehnt und schändlich behandelt. Aber nun ist er trotz alledem doch noch mit Herrlichkeit und Ehre gekrönt worden."

„Kopf hoch!", sagt der Verfasser, „So ist das nicht. Er ist mit Herrlichkeit und Ehre gekrönt, *weil*, nicht *obwohl* er den Tod erlitt. Seht ihr das nicht? Weil der Mensch seine Herrschaft weggeworfen und seine Herrlichkeit aufgrund der Sünde verloren hat, besteht für ihn der einzig mögliche Weg, diese Herrlichkeit wiederzuerlangen, im Leiden. Das Kreuz war kein Fehler. Diese Leiden waren kein tragischer Zufall. Sie waren in Gottes Hand der Weg, um den Messias selbst zu seiner Krönung mit Herrlichkeit und Ehre zu bringen: *Wegen* des Todesleidens ist er mit Herrlichkeit und Ehre gekrönt. Kopf hoch! Seine Leiden sind etwas, worüber man jubeln sollte. In ihnen steckt der Beweis für eine göttliche Strategie."

Nicht nur er selbst ist aufgrund des Todesleidens mit Herrlichkeit und Ehre gekrönt. Durch Gottes Gnade war dies auch das Mittel, durch das er die Versöhnung für alles bewirkt hat. Als er in den Tod ging und seine Bitterkeit schmeckte, schmeckte er den Tod für alle Dinge. Und aufgrund dessen wird irgendwann der Tag kommen (von dem der Apostel Paulus in seinem Brief an die Kolosser in den Versen 1,20-21 spricht), an dem alle Dinge, sowohl im Himmel als auch auf der Erde, mit Gott versöhnt werden. Es wird einen Himmel und eine Erde geben, die von der Sünde befreit sind, in jedem Bestandteil gereinigt und versöhnt, für immer eine Ehre für Gott und ein Genuss für den Menschen. All das soll gerade durch das Leiden Christi geschehen. Denn der Mensch Jesus hat den Tod für alle geschmeckt.[75]

17. März

Die Belohnung des Dieners

Textlesung: Jesaja 53

Um der Mühsal seiner Seele willen wird er Licht sehen, er wird sich sättigen. (V. 11)

Gekreuzigt von seinem Volk, von Gott zerschlagen, verachtet und abgelehnt von den Menschen, betrachtet als einer, der unter Gottes Missbilligung stirbt (das dachte zumindest sein Volk). Und doch steht dort geschrieben: „... wird er Nachkommen sehen ... Um der Mühsal seiner Seele willen wird er Licht sehen, er wird sich sättigen" (Jes 53,10-11). Für mich sind das erstaunliche, ja, schier unglaubliche Worte. „Sich sättigen" – der ewige Sohn Gottes gesättigt?

In Kapitel 40 fragt derselbe Prophet, was Gott überhaupt zufriedenstellen könnte. Sogar der gesamte Rinderbestand der ganzen Welt als Brandopfer könnte ihn nicht einmal annähernd zufriedenstellen. Die Völker sind wie der Staub, der in der Waagschale übrig bleibt, nachdem die Kartoffeln gewogen worden sind (Jes 40,15). Das ist alles, was die Völker in Gottes Augen sind. Seine Hand ist groß genug, um das gesamte Weltall auszumessen. Wie könnten Sie ihn da zufriedenstellen? Hier ist nun die Rede vom Sohn Gottes selbst: „Um der Mühsal seiner Seele willen wird er Licht sehen, er wird sich sättigen" (53,11). Es grenzt an das Unglaubliche, dass ich Teil dieser Genugtuung sein soll. Aber da steht es.

Sie sagen: „Das sind nicht nur Sie, Gooding. Das werden die Millionen Erlösten sein." Aber selbst wenn Sie mich nehmen und mich mit drei Billionen multiplizieren, bekommen Sie nicht viel heraus, oder? Aber sehen Sie, ich betrachte das aus meinem Blickwinkel, und das sollte ich vielleicht nicht tun. Die Frage ist, was *er* aus mir machen wird. Und das ist eine ganz andere Geschichte. Das Herrliche ist: Wenn er uns endlich nach Hause bringt, vollkommen gemacht – nicht nur erlöst, sondern vollkommen gemacht, gereift und ihm gleich –, wird er nicht nur zufrieden mit dem Werk seiner Hände sein. Er wird auch für das Opfer und das Leiden entschädigt werden, das er dafür auf sich genommen hat. Denn es steht geschrieben: „Der um der vor ihm liegenden Freude willen die Schande nicht achtete und das Kreuz erduldete" (Hebr 12,2). Die Schande hielt er für nichts.

Mit dem Kreuz verhielt es sich anders – es wurde nicht verschmäht, es musste erduldet werden. Wer von uns kann sagen, ob er während jener dunklen Stunden, als er das Kreuz erduldete, nicht in Gedanken bei der Freude war, dass seine Erlösten vollkommen und für immer bei ihm sein würden?[76]

18. März

Die Weisheit des Kreuzes

Textlesung: Lukas 9,44-50

Der Menschensohn wird bald in der Gewalt von Menschen sein. (V. 44; NeÜ)

Während damals noch alle von den großen Machttaten fasziniert waren, die Christus wirkte (vgl. V. 43), schärfte Christus seinen Aposteln ein: Der, der gerade diese mächtigen Taten gewirkt hatte, würde schließlich „überliefert werden ... in die Hände der Menschen." Die Apostel verstanden nicht, was er sagte. Zunächst einmal war ihnen anscheinend nicht klar, worauf sich „überliefert werden ... in die Hände der Menschen" überhaupt bezog. Sie hatten Angst, danach zu fragen (lag das vielleicht daran, dass sie sich unbewusst vor der Antwort fürchteten?). Außerdem schien die Formulierung selbst auf Schwäche und Hilflosigkeit hinzuweisen. Es ergab für sie wahrscheinlich keinen Sinn, dass jemand, der wie Christus übernatürliche Macht ausüben konnte, in die Hände von Menschen überliefert werden würde – so, als wäre er völlig unfähig, sich selbst zu retten. Lukas macht deutlich, dass es nicht nur ihre Schuld war, dass sie diese Lektion nicht verstehen konnten: „Es war vor ihnen verborgen, dass sie es nicht begriffen“ (V. 45). Als Christus verhaftet, verurteilt und gekreuzigt wurde, sahen sie nur allzu deutlich, was seine Aussage bedeutete. Sie sahen es mit Entsetzen und Bestürzung. In einer Welt, die Macht anbetete, bedeutete eine Kreuzigung extreme Schande und schmachvolle Schwachheit. Ein gekreuzigter Messias erschien als ein absurder Widerspruch in sich. Später sahen und bewunderten sie die göttliche Weisheit in der Strategie des Kreuzes. Sie erkannten: Bloße Macht genügt nicht, um das Herz eines Menschen zu verändern und mit Gott zu versöhnen, um seine Rebellion in Glauben, Liebe und Gehorsam zu verwandeln. Sie reicht nicht aus, um das menschliche Problem zu lösen und Gottes Königreich herbeizuführen. Und dann sahen sie, dass das Kreuz in all seiner scheinbaren Schwäche und Schande das tun konnte, was Macht allein nicht zu tun vermochte: „Das Schwache Gottes ist stärker als die Menschen“ (1Kor 1,25). Sie sahen zudem, dass Christi Leiden am Kreuz kein bedauerliches Hindernis auf seinem Weg zur Herrlichkeit darstellte: Er war bewusst aus der Herrlichkeit herabgekommen, um das Kreuz zu erleiden. Das Kreuz war ein Ausdruck der Weisheit der „erhabenen Herrlichkeit“. Und dann wurden sie sich folgender Tatsache bewusst: Die Botschaft des Kreuzes ist die einzige Botschaft, die bei der Evangelisation der Welt irgendwie von Nutzen ist; das Prinzip des Kreuzes ist das einzig sichere Prinzip, dem man bei der Gründung und Leitung von Gemeinden folgen kann (vgl. 1Kor 1,18-4,13).[77]

19. März

Ein akzeptiertes Opfer

Textlesung: 3. Mose 9,9-24

Wie viel mehr wird das Blut des Christus, der sich selbst
durch den ewigen Geist als Opfer ohne Fehler Gott dargebracht hat,
euer Gewissen reinigen von toten Werken,
damit ihr dem lebendigen Gott dient! (Hebr 9,14)

Haben Sie den beschreibenden Abschnitt in der Textlesung bemerkt, wo direkt nach der Weihung der Opfer und der Einrichtung des Priestertums der öffentliche Anlass kam, bei dem der Priester und das Volk zusammenkamen und ihre Opfer darbrachten? Der Priester brachte seine eigenen Opfer dar, denn auch er war ein sündiger Mensch. Israel als Volk brachte die seinen. Dabei gingen die Israeliten so vor, wie ihnen gesagt worden war. Anschließend, als alle Opfer dargebracht worden waren, kamen schließlich das Brandopfer und das Fett auf den Altar. Die Priester erhoben die Hände, um das Volk zu segnen. Dann gingen Aaron und Mose hinein, um Gott zu begegnen, und kamen wieder heraus, um das Volk zu segnen. Und in diesem Augenblick, so steht es im dritten Buch Mose, erschien die Herrlichkeit des Herrn. Gottes eigenes Feuer verzehrte das Brandopfer und verbrannte es auf dem Altar zu Asche (3Mo 9,23-24).

Als die Leute es sahen, reagierten sie mit Erstaunen. Es war ein unbeschreibliches Ereignis – Gottes Herrlichkeit zu sehen und wie Gottes Feuer direkt vor ihren Augen ihr Opfer sozusagen akzeptierte. Das war eine große Sache, ein Opfer dargebracht zu haben und sich jetzt bewusst zu werden, dass der lebendige Gott da war und ihr Opfer tatsächlich angenommen hatte – wie großartig das war! Die Menschen schrien auf, als diese Realität ihre Herzen berührte. Und in diesem Bruchteil einer Sekunde fielen sie auf ihr Angesicht.

Diese Tage sind längst vergangen. Wir denken inzwischen nicht mehr an buchstäbliches Feuer, nicht einmal an übernatürliches Feuer, das vom Himmel herabfällt. Gottes Gemeinde ist es jedoch geschenkt, etwas weit Wundervolleres zu kennen. Im Geiste, in der Erinnerung, im Herzen vor dem großen Opfer Christi zu stehen, bis Gottes Heiliger Geist es uns so lebhaft wie nur möglich vor Augen malt. Gott, der lebendige Gott, hat dieses Opfer für uns angenommen. Welch ein Wunder es doch ist, wenn unser geliebter Herr uns durch sein Amt als Erlöser und durch sein Opfer in Verbindung mit dem lebendigen Gott bringt und wir seine Wirklichkeit erfahren und wissen, dass Christi Opfer für uns angenommen worden ist. Welch ein Jubelruf bricht in unseren Herzen auf, selbst wenn niemand sonst dies hört! Ohne Übertreibung und ohne uns etwas vorzumachen, beten wir ihn an.[78]

20. *März*

Das Kreuz entlarvt die Torheit menschlicher Weisheit

Textlesung: 1. Korinther 1,18-28

Wo ist ein Weiser? Wo ein Schriftgelehrter?
Wo ein Wortstreiter dieses Zeitalters?
Hat nicht Gott die Weisheit der Welt zur Torheit gemacht? (V. 20)

Sie werden sehen: Der erste Schritt, den Gott unternehmen musste, um uns Menschen wieder zum wahren Menschsein zurückzubringen, muss darin bestehen, dieses falsche Vertrauen auf den Menschen – auf uns selbst und auf andere – als die eigentliche Grundlage unserer Errettung zu zerschlagen. Wie würde Gott es zerschlagen? Durch das Kreuz Christi. Nun wählt Paulus seine Begriffe hier sehr sorgfältig und präzise. Er hätte seine ersten vier Kapitel dem Tod Christi widmen können. Wenn Christus für unsere Sünden gestorben ist, ist das nicht das Evangelium (vgl. 1Kor 15,3)? Natürlich. Warum reicht das dann nicht? Was macht es schon, ob man vom „*Kreuz* Christi" oder vom „*Tod* Christi" spricht? Nun, es macht einen riesigen Unterschied.

Der Tod des großen griechischen Philosophen Sokrates war ein sehr nobler Tod. In stiller Zuversicht nahm er den Giftbecher vom Gefängniswärter entgegen, trank ihn aus, legte sich in aller Würde hin und starb. Das würde niemanden in seinem Ehrgefühl vor den Kopf stoßen. Das Kreuz hingegen schon. Das Kreuz als Tötungsmethode galt als der skandalöseste, schmachvollste Tod, den ein Mensch sterben konnte. Gott erwählte das Kreuz als die Art, auf die Jesus sterben sollte. Und er tat das mit voller Absicht.

Wozu? Um bewusst die Torheit des Menschen zu entlarven. Jesus wurde durch die sogenannte Weisheit dieser Welt gekreuzigt, nicht wahr? Hochrangige politische und religiöse Weisheit: Kaiphas, der Hohe Priester, der mit Pilatus, dem römischen Statthalter, verhandelte und sich mit Herodes beriet. „Ihr habt keine Ahnung", sagte Kaiphas zu den anderen Mitgliedern des Rates, „Wenn es um einflussreiche Religion und Politik geht, könnt ihr es euch nicht leisten, naiv zu sein. Es ist zweckdienlich für Gottes Sache und für das Wohl des Gemeinwesens, dass dieser Jesus sterben muss und dass das Vertrauen, das das gemeine Volk in ihn hat, zerschlagen wird" (vgl. Joh 11,49-50). Und dabei dachten sie an das Kreuz.

Was für Narren sie waren. Denn drei Tage später erweckte Gott ihn von den Toten auf. Was für schiere Ignoranten diese Männer waren, die Christus kreuzigten: „Keiner von den Fürsten dieses Zeitalters hat (Gottes Weisheit) erkannt – denn wenn sie sie erkannt hätten, so würden sie wohl den Herrn der Herrlichkeit nicht gekreuzigt haben" (1Kor 2,8). Keiner von ihnen kannte diese verborgene Weisheit Gottes. Gott hielt die menschliche Weisheit zum Narren – und zwar mit Absicht.[79]

21. *März*

Durch das Blut seines Kreuzes versöhnt er alle Dinge

Textlesung: Kolosser 1,15-23

Und euch, die ihr einst entfremdet und Feinde wart nach der Gesinnung in den bösen Werken, hat er aber nun versöhnt in dem Leib seines Fleisches durch den Tod, um euch heilig und tadellos und unsträflich vor sich hinzustellen.
(V. 21-22)

Offenbarung Kapitel 5 hilft uns zu verstehen, was noch geschehen soll, wenn das Lamm Gottes das Buch von dem entgegennimmt, der auf dem Thron sitzt, und mit dem Gericht fortfährt, um die Welt und das Universum wieder zurück zum Gehorsam gegenüber Gott zu bringen. Es wird nicht nur gefragt: „Wer ist fähig?" oder „Wer hat die Macht?", sondern: „Wer hat das moralische Recht, das zu tun?" Wie soll Gott das Universum mit seinen zerstörerischen Strafgerichten heimsuchen und sein Gesicht wahren? Noch mit seinem letzten Atemzug würde Satan sagen, er hätte recht behalten – der Schöpfer wäre ein Tyrann. Und Gott selbst würde mit einer leeren Welt zurückbleiben.

Die Frage lautet: „Wer hat moralisch gesehen recht?" Wenn das Lamm das Buch nimmt, werden nicht nur diejenigen im Himmel und auf der Erde, sondern auch die unter der Erde bekennen, dass Jesus Christus würdig ist, es zu nehmen.

Warum ist er würdig? „Würdig ist das Lamm, das geschlachtet worden ist“ (Offb 5,12). Aus den Stätten der Verlorenen wird niemand etwas anderes sagen können. „Denn vor dem Namen Jesus wird einmal jedes Knie gebeugt; von allen, ob sie im Himmel sind, auf der Erde oder unter ihr. Und jeder Mund wird anerkennen: ‚Jesus Christus ist der Herr!‚ So wird Gott, der Vater, geehrt“ (Phil 2,10-11; NeÜ). Das ganze Universum wird befriedet und verherrlicht werden, und Gott wird die Ehre zuteil bis an die Enden der Erde.

„Und euch ...“ (V. 21). Gott ist es wichtig, was Sie von ihm denken. Es war ihm so wichtig, dass der göttliche Ratschluss lautete: Alle Fülle sollte im Herrn Jesus wohnen, und er würde Sie mit Gott versöhnen. Um Sie zu gewinnen, um Ihnen die Angst zu nehmen und Ihnen zu zeigen, wie der unendliche Gott wirklich ist, wurde er zu einem unschuldigen Baby im Bauch und in den Armen einer Jungfrau. Die Schuld unserer Sünden, die uns dazu brachte, Angst vor Gott zu haben, wurde weggenommen: „Doch nun hat Gott euch mit sich ausgesöhnt, und zwar durch den Tod, den Jesus in seinem Körper auf sich nahm“ (V. 22; NeÜ). Obwohl das Leben schwierig sein mag, hören Sie sich selbst sagen: „Wenn das da auf Golgatha Gott ist und er für mich da ist, was ist das für ein großartiger Gott!“ Und nicht nur das. Irgendwann werden Sie „heilig, unangreifbar und ohne jeden Makel vor ihm stehen“. Wir bewundern diese Vorgehensweise und, wie es in einem Lied heißt, „staunen überwältigt über die Liebe, die Jesus mir schenkt“.[80]

22. *März*

Sieg durch Niederlage

Textlesung: Josua 8,1-19

Denn das Törichte Gottes ist weiser als die Menschen,
und das Schwache Gottes ist stärker als die Menschen. (1Kor 1,25)

Als die Heere anrückten, um Gottes Zorn über Jericho auszuführen, ging ihnen der große Anführer mit ausgestrecktem Schwert voran. Doch was tat er, als Israel in Ai von dieser furchtbaren Sünde erlöst werden sollte? Das erste Mal, als Israel nach Ai zog, wurde das Heer geschlagen und lief davon. Josua sagt:

„Der Weg zum Sieg gegen Ai wird darin bestehen, die Niederlage nachzustellen, sie nachzuspielen." Also brachte er die Truppen nach Ai und sagte: „Wenn der Feind herauskommt, rennt ihr weg, als wärt ihr geschlagen." Ich glaube, ich wäre lieber Teil des Hinterhalts gewesen – des siegreichen Hinterhalts dort auf der anderen Seite der Stadt. Sie etwa nicht? Die Rolle würde mir gefallen. Dafür würde man einen Orden bekommen. Fürs Weglaufen bekommt man keine Medaille – dafür, sich geschlagen zu geben und sich an all die vergangenen Fehler zu erinnern.

„Nein, bitte Josua, schick mich zum anderen Trupp."

Josua fragt: „Wärst du nicht lieber da, wo ich bin?"

„Und bei welcher Brigade wirst du sein? Bei den Leuten, die den Sieg erringen?"

„Nein", sagt Josua, „ich werde die Geschlagenen anführen."

Oh, welch eine Gnade ist es, dass Josua, dieser wunderbare Prototyp Christi, mit seinem Speer in der Hand diese Schar besiegter, sündiger Israeliten anführte, die nun Buße taten, und sie dazu brachte, die Niederlage nachzustellen.

Oh ja, meine große Niederlage. Christus stellte sich auf meine Seite und schloss sich mit seiner scheinbaren Schwäche meiner Niederlage an – sogar bis hin zum Fluch von Golgathas Kreuz. Satan meinte, für immer gewonnen zu haben. Aber das war eine andere Geschichte. Denn genau wie Josua den Speer erst zog, als der Feind zu seiner Überraschung feststellte, dass das, was nach Niederlage ausgesehen hatte, die göttliche Strategie für den endgültigen Sieg gewesen war, so heißt es in einem Lied über unseren Herrn: „Durch Schwäche und Niederlag | Gewann er die herrliche Krone, | Zertrat all unsere Feinde mit seinen Füßen | Indem er sich zertreten ließ."

Wir loben ihn dafür in unseren Herzen, preisen die göttliche Gnade, die Erbarmen mit uns Heiden hatte. Sie hat uns Abrahams Verheißung zuteilwerden lassen, dass in Abraham und seiner Nachkommenschaft alle Völker der Erde gesegnet sein werden.[81]

23. März

Die Fürstentümer entwaffnen

Textlesung: Kolosser 2,6-23

Er hat die Gewalten und die Mächte völlig entwaffnet und sie öffentlich zur Schau gestellt. In ihm hat er den Triumph über sie gehalten. (V. 15)

Es war nicht nur so, dass das Gesetz und unsere Sünden gegen uns standen. Gott musste einen Weg finden, uns zu vergeben, der zugleich sein Gesetz bestätigte und seine Gerechtigkeit wahrte. Diesen Weg hat er in Christus gefunden. Die Gewalten und Mächte standen gegen ihn vor Gericht. Der größte unter ihnen war Satan. Uns wird berichtet, dass er „der Verkläger unserer Brüder" ist (Offb 12,10). Wie sollte Gott ihn zum Schweigen bringen? Vielleicht sagen Sie: „Zerquetsch ihn. Er ist doch sowieso nur ein Geschöpf. Hör nicht auf ihn."

Doch seine Anklage enthielt ein Körnchen Wahrheit. Satan sagte: „Gott, wirst du diesem gefallenen Menschengeschlecht vergeben? Was höre ich da: Du willst sie erhöhen und über die Engel stellen? Schau dir ihre Sünden an! Mich wirfst du wegen meiner Sünde aus dem Himmel, und sie lässt du hinein – was ist mit ihren Sünden? Wirf mich raus, wenn du willst, Gott. Aber was ist mit deinem Charakter? Ich fürchte, dein ganzes Experiment mit dem Menschengeschlecht ist gescheitert. Ich habe es derart zerstört, dass du es nicht reparieren kannst. Denn ich habe sie zur Sünde verführt. Sie haben gegen dein Gesetz verstoßen. Deine eigene Gerechtigkeit verbietet es dir, ihnen zu vergeben."

Sie scharten sich um das Kreuz Jesu Christi, unseres Herrn, in der Überzeugung, dies sei der letzte Schritt auf dem Weg zu ihrem Sieg gewesen. Dieser wunderbare Mensch starb dort gerade als vermeintlicher Sünder am Kreuz. Keiner der Fürsten dieser Welt hatte eine Ahnung, oder? Weder Kaiphas noch Herodes, Pilatus oder Satan selbst. „Keiner von den Fürsten dieses Zeitalters hat sie [Gottes Weisheit] erkannt – denn wenn sie erkannt hätten, so würden sie wohl den Herrn der Herrlichkeit nicht gekreuzigt haben" (1Kor 2,8). In ihrer Unwissenheit und Dummheit kamen sie und kreuzigten ihn. Aber Gott erweckte ihn von den Toten und uns mit ihm. Jede geistliche Opposition wurde auf ewig zum Schweigen gebracht – nicht, indem er sie vernichtete, sondern durch die großartige Antwort des Kreuzes Christi.

Welch herrliche Errettung das ist. Kein Engel hätte sie für Sie bewerkstelligen können. Er hing dort einsam, Ihr einziger Retter, und triumphierte, weil er Gottes Mensch gewordener Sohn ist. Beherzigen wir deshalb die Botschaft: „Wie ihr nun den Christus Jesus, den Herrn, empfangen habt, so wandelt in ihm" (Kol 2,6). Er ist Ihre einzige Hoffnung, Ihr einziger Retter – und in ihm finden Sie alles für Ihre Heiligung.[82]

24. März

Um den zu zerstören, der die Macht über den Tod hat

Textlesung: Josua 3,9-17

Weil nun die Kinder Blutes und Fleisches teilhaftig sind,
hat auch er in gleicher Weise daran Anteil gehabt,
um durch den Tod den zunichtezumachen,
der die Macht des Todes hat, das ist den Teufel. (Hebr 2,14)

Der Fürst dieser Welt hatte im Laufe der Geschichte eine einzige große Verteidigungslinie. Im Hebräerbrief wird sie als „die Macht des Todes" bezeichnet. Und, so sagt der Hebräerbrief, er hat diese Macht des Todes benutzt, um die Menschen zu versklaven – „die durch Todesfurcht das ganze Leben hindurch der Knechtschaft unterworfen waren" (V. 15). Dort, wo man ihm freie Hand gelassen hat, bedroht er jeden, der sich zum Gott des Himmels bekennt, mit dem Tod. Scharen von Männern und Frauen geben aus Angst vor dem Tod nach. Oh, ich bete zu Gott: Sollten jemals Umstände kommen, in denen ich für meine Treue zu Christus mit Scheiterhaufen, Psychiatrie oder Folter bedroht werde, möge Gott mir die Gnade schenken, dem Tod ins Auge zu sehen, sodass ich mir keine Angst von dem einjagen lasse, der die Macht des Todes hat.

Als der Sohn Gottes auf die Erde herabkam, unternahm Satan große Anstrengungen, um ihn aufzuhalten und sein Evangelium zu verhindern. Satan fiel nichts Besseres ein, als ihn zu töten. Man dachte, man wäre ihn damit los. Aber sehen Sie das Wunder, liebe Brüder und Schwestern, wie der transzendente Herr, der Schöpfer des Himmels und der Erde, Mensch geworden ist. Er war knapp 30 Jahre alt, als er zum Jordan ging und buchstäblich mit den Sündern im Schlamm dieses Flussbetts stand. Betrachten Sie es aus der Distanz, wenn Sie können, und sehen Sie das Wunder, als ein paar Jahre später diese heiligen Füße in den Fluss des Todes hinabstiegen.

Ich wünschte, ich könnte Ihnen erzählen, wie das Wasser zurückwich, als er dort stand. Aber es ist überliefert, dass es ihn überflutete. Denn er – selbst völlig sündlos – trug unsere Sünden an seinem Leib. Er kostete die dunklen, bitteren, abscheulichen Wasser des Todes. Für seine verlorenen Schafe stieg er hinab ins Grab. Doch preist seinen Sieg: Der Tod konnte seine Beute nicht halten. Jesus, mein Retter, der Herr des Himmels und der Erde, zerriss die Ketten des Todes. Am dritten Tag stand er wieder auf und setzte sich triumphierend zur Rechten Gottes. Er hat den besiegt, der die Macht des Todes hatte. Er nahm ihm seine Waffen weg. Und uns hat er den Weg zu unserem großen Erbe eröffnet.[83]

25. *März*

Eine gerechte Vergebung

Textlesung: Römer 3,21-31

Und heute beweist er seine Gerechtigkeit dadurch, dass er den für gerecht erklärt, der aus dem Glauben an Jesus lebt. (V. 26; NeÜ)

Als unser Herr das Abendmahl einsetzte, nahm er den Wein als ein Symbol für sein Blut. Er sagte: „Denn dies ist mein Blut des Bundes, das für viele vergossen wird zur Vergebung der Sünden“ (Mt 26,28). Beachten Sie diese Formulierung. Sie werden sofort bemerken: Es ist keine leichte und heitere Angelegenheit, zu Gott zurückzukommen und zu sagen: „Alles klar, fangen wir noch mal ganz von vorne an.“ Es gibt Rechnungen zu begleichen. Gottes moralischer Anspruch wird erst dann zur Ruhe kommen, wenn diese Rechnungen anerkannt und vollständig beglichen werden. Was meinte Christus, als er sagte, er würde sein Blut für Vergebung vergießen? Ich will Ihnen einen weiteren Ausspruch von ihm zitieren, der in etwa aus jener Zeit stammt: „Denn auch der Sohn des Menschen ist nicht gekommen, um bedient zu werden, sondern um zu dienen und sein Leben zu geben als Lösegeld für viele" (Mk 10,45).

Dabei spielte er auf die große Prophezeiung Jesajas an (Kap. 53). Dort wurde, bevor der Messias kam, seine erlösende Rolle bereits skizziert – wie dieser Messias für unsere Übertretungen durchbohrt und für unsere Missetaten zerschlagen werden würde. Wie die Strafe, die uns Frieden brachte, auf ihm liegen würde. Wie wir durch seine Wunden geheilt werden würden. Diese berühmte Prophezeiung enthält folgenden tiefgründigen Satz: „Doch dem HERRN gefiel es, ihn zu zerschlagen. Er hat ihn leiden lassen" (V. 10). Ich will nicht so tun, als könnte ich Sühne erklären. Wer kann schon diesen Vorhang tiefer Dunkelheit durchdringen, mit dem Gott das Kreuz unseres Herrn umgab? Oder angemessen beschreiben, was unser Herr meinte, als er schrie, Gott habe ihn verlassen? Aber eines ist offensichtlich: Als unser Herr am Kreuz hing, schlug Gott ihn. Er ließ ihn leiden. Gott nahm bei dieser Gelegenheit den Kampf gegen die menschliche Sünde mit ihm auf. In der Währung des Leidens bezahlte Christus das Lösegeld, das die Menschheit aus einer Sackgasse befreite, die sonst ewig gewesen wäre.

Oh ja, Gott wollte definitiv vergeben. Aber die Liebe Gottes, die Menschen vergeben will, ist keine lockere, unbekümmerte Liebe, die meint, Sünde sei nicht wichtig. Würde Gott tatsächlich diesen Standpunkt beziehen, wer weiß dann, ob der Himmel sich nicht als die Hölle herausstellen würde, als die sich diese Erde erwiesen hat? Gott kümmert sich. Und weil Sünde zählt, hat unser Herr angekündigt, dass er erhöht werden muss (Joh 3,14-15).[84]

26. *März*

Der König richtet sein Reich auf

Textlesung: Lukas 22,1-23

Mit Sehnsucht habe ich mich gesehnt,
dieses Passahmahl mit euch zu essen, ehe ich leide. (V. 15)

An diesem Abend beschloss Christus trotz all der Feindseligkeit, die sie umgab, dieses Mahl mit seinen Jüngern mitten in der Stadt einzunehmen.

Daher musste es im Geheimen geschehen, und aufwendige Vorkehrungen wurden getroffen.

Zwei Jünger wurden in die Stadt vorausgeschickt, um das Mahl vorzubereiten. Sie hatten Anweisungen, nach einem Mann Ausschau zu halten, der einen Wasserkrug trug. Das war offensichtlich ein verabredetes Zeichen. Ohne ihn anzusprechen, sollten sie ihm folgen, auf das Haus achten, in das er ging, und sogleich selbst das Haus betreten und nach dem Eigentümer fragen. Wenn dieser dann kam, sollten sie einfach sagen: „Der Lehrer sagt dir: Wo ist das Gastzimmer, wo ich mit meinen Jüngern das Passahmahl essen kann?“ (V. 11). Daraufhin würde der Mann ihnen einen großen Obersaal zeigen. Dort sollten sie das Mahl vorbereiten.

Als die Nacht hereingebrochen und alles bereit war, betrat Christus unauffällig die Stadt. Er sammelte seine Jünger in diesem gemieteten Obersaal um sich. Für ein paar kurze Stunden bot ihnen der Obersaal mit dem gedämpften Licht seiner Öllampen behaglichen Schutz vor der Feindseligkeit, die draußen in der Dunkelheit herrschte. Allerdings nicht vor aller Feindseligkeit, nicht einmal vor der schlimmsten. Denn Satan, der Christi Weg während seines gesamten irdischen Dienstes begleitet hatte, begann nun, in Stellung zu gehen für den letzten Angriff. Monatelang hatte er an der Geldliebe gearbeitet, die das Herz des Judas Iskariot versklavte, bis Judas keine Kraft und kein Verlangen mehr hatte, dem Bösen zu widerstehen. Nun, in diesem günstigen Moment, begann er, seinen Vorteil auszunutzen. Zuerst setzte er ihm in den Kopf, den Retter zu verraten. Noch bevor das Abendmahl beendet war, verlangte er, persönlich in Judas einzudringen, um ihn vollständig in Beschlag zu nehmen und zu beherrschen.

Denken Sie also über diese Situation nach. Ein paar Tage zuvor war Christus in die Stadt hineingeritten. Dadurch hatte er offiziell beansprucht, ihr König zu sein. Die Menschenmassen hatten ihn gefeiert. Doch die Stadt des großen Königs befand sich nun in den Händen von Rebellen. Sogar einer seiner Jünger hatte sich selbst an den Erzfeind verkauft. In jener Nacht im Angesicht von unversöhnlichem Hass und in den Fängen satanischen Widerstandes richtete der König sein Königreich auf. Er setzte einen Bund ein, der die Beziehungen zwischen ihm als Herrscher und seinen Untertanen regeln sollte.[85]

27. März

Gott zeigt seine Herrlichkeit

Textlesung: Johannes 13,18-30

Und nach dem Bissen fuhr dann der Satan in ihn. (V. 27)

Machen wir uns zu Anfang Folgendes klar: Weder die Tatsache, dass Jesus Judas als Apostel erwählt hatte, noch seine Vorhersage, dass Judas ihn verraten würde, brachten Judas dazu, ihn zu verraten. Nehmen wir einmal an, Sie würden aus einem Hubschrauber zwei Autos sehen, die in einer unübersichtlichen Kurve mit hoher Geschwindigkeit aufeinander zurasen. Dann könnten Sie voraussagen, dass diese unweigerlich zusammenstoßen werden. Doch nicht Ihre Vorhersage würde dazu führen, obwohl sie wahr ist. Der Unfall wäre die Schuld der Fahrer. So verhielt es sich auch mit Judas. Jesus wusste vorher, dass er ihn verraten würde, und sagte es voraus. Das brachte Judas jedoch nicht dazu, ihn zu verraten, und es entschuldigte ihn auch nicht für seine Tat. Judas tat, was er tat, aus freiem Willen, aus der Sündhaftigkeit seines eigenen Herzens heraus. Auch Satan hatte nicht im Geringsten die Absicht, die alttestamentlichen Prophezeiungen zu erfüllen, dass der Messias sterben musste, als er Judas auf die Idee brachte, Jesus zu verraten. Auch er handelte aus den finsteren Plänen seines eigenen Geistes heraus. In seiner gefallenen und teuflischen Art zu denken konnten der Verrat Jesu und sein Tod an einem Kreuz nur eine katastrophale Niederlage für Jesus bedeuten. Der Tod durch Kreuzigung war die schändlichste Strafe, die in der antiken Welt bekannt war. Die damit verbundene Schande würde die Sache Jesu für immer erledigen. Und so hielt er es für einen strategischen Geniestreich, als er einen von Jesus selbst erwählten Apostel dazu anstiftete, ihn dieser öffentlichen Demütigung preiszugeben.

Wie sehr Satan sich doch irrte! Der Sohn Gottes war in unsere Welt gekommen mit dem Ziel, den Kreuzestod zu sterben! In dem Wissen, dass Judas ihn diesem Tod preisgeben würde, hatte er ihn absichtlich als Apostel erwählt. Und als Judas schließlich den Obersaal verließ, um seine heimtückische Tat zu begehen, befahl Christus ihm: „Was du tust, tu schnell!“ (V. 7). Die Schande des Kreuzes war weit davon entfernt, den Ruf Christi zu zerstören. Das Kreuzesleiden würde im

Gegenteil die größte Demonstration der Herrlichkeit Gottes und seines Sohnes werden, die die Welt jemals gesehen hat und die das Universum jemals sehen wird. Aus diesem Grund erklärte Christus, als Judas hinausgegangen war und seine Kreuzigung nun unmittelbar bevorstand: „Jetzt ist der Sohn des Menschen verherrlicht, und Gott ist verherrlicht in ihm" (V. 31).[86]

28. *März*

Gottes Herrlichkeit in der Versöhnung

Textlesung: Lukas 20,9-19

Gott war in Christus, als er durch ihn die Menschen mit sich versöhnte.
(2Kor 5,19; NeÜ)

Seit Satan das Herz der Menschheit mit verleumderischen Falschdarstellungen von Gottes Charakter verseucht hatte, hatte Gott diesen Augenblick geplant und auf ihn hingearbeitet. Zu gegebener Zeit betrat Gottes eigener Sohn unseren rebellischen Planeten. Dann kam der Höhepunkt: Der Mensch gewordene Schöpfer stand im Obersaal Auge in Auge dem Geschöpf gegenüber, das im Begriff stand, ihn ans Kreuz auszuliefern. Nun würde die Welt sehen, wie Gott war! Nun würde Gottes Reaktion auf diesen Verräter genau zeigen, was in Gottes Herz vorging. Bewusst und in voller Kenntnis dessen, was Judas im Begriff war zu tun, bot er Judas den Bissen seiner Freundschaft an.

So großartig diese Geste auch war, sie bildete nur den Auftakt zu einer noch erhabeneren Demonstration von Gottes Herrlichkeit auf Golgatha. Denn genau wie der Bissen, den Christus Judas gab, den Verräter und seinen Verrat entlarvte, so entlarvte die Tatsache, dass Gott seinen Sohn in die Hände der Menschheit gab, den rebellischen Hass des Menschen auf Gott. „Dieser ist der Erbe", sagten sie, „lasst uns ihn töten, dass das Erbe unser wird" (Lk 20,14). Doch selbst als sie seine Hände und Füße ans Kreuz nagelten, bot Gott Christus der Welt als „Bissen" seiner Freundschaft an, als Pfand seiner Vergebung und ewigen Liebe für alle, die aufrichtig und wahrhaftig Buße tun und ihn annehmen würden. „Gott war in Christus, als er durch ihn die Menschen mit sich versöhnte. Er rechnete ihnen ihre Verfehlungen nicht an" (2Kor 5,19; NeÜ). Denn „Gott erweist seine Liebe zu uns darin, dass Christus, als wir noch Sünder waren, für uns gestorben ist. ... Denn wenn wir, als wir Feinde waren, mit Gott versöhnt wurden durch den Tod seines Sohnes, so werden wir viel mehr, da wir versöhnt sind, durch sein Leben gerettet werden" (Röm 5,8.10). Und bis in unser Jahrhundert hinein dringt Gottes Ruf durch die Apostel Christi: „So sind wir nun Gesandte an Christi statt, indem Gott gleichsam durch uns ermahnt; wir bitten für Christus: Lasst euch versöhnen mit Gott! Den, der Sünde nicht kannte, hat er für uns zur Sünde gemacht, damit wir Gottes Gerechtigkeit wurden in ihm" (2Kor 5,20-21).

Wenn die Menschen nach alledem nur die natürlichen Gaben des Schöpfers annehmen, aber den „Bissen" seiner Freundschaft ablehnen, so werden sie wie Judas in die Nacht der ewigen Finsternis hinausgehen, in die das Licht von Gottes Freundlichkeit nie hineindringt und in der das Bewusstsein seiner Heiligkeit wie ein unauslöschliches Feuer brennt. Doch das werden sie nur sich selbst zuzuschreiben haben.[87]

29. *März*

Der Herr betet in Gethsemane

Textlesung: Lukas 22,39-45

Und er sprach: Abba, Vater, alles ist dir möglich.
Nimm diesen Kelch von mir weg!
Doch nicht, was ich will, sondern was du willst! (Mk 14,36)

Als der König aus dem Obersaal trat, ging er „an den Ort" (Lk 22,40) auf dem Ölberg, an den er in der vergangenen Woche jeden Tag gegangen war, wenn er den Tempel bei Einbruch der Nacht verlassen hatte. Es war der Ort, den Judas gut kannte und den er bald mit der Truppe aufsuchen würde, die Jesus verhaften sollte. Jesus dachte nicht daran wegzulaufen. Wenn Gottes Königreich aufgerichtet werden sollte, musste der Kampf gegen die Mächte der Finsternis ausgefochten werden – und je früher er in den Kampf zog, desto besser. „Betet", sagte Christus zu seinen Jüngern, „dass ihr nicht in Versuchung kommt!" Die Hölle selbst würde nun all ihre Kräfte zusammenziehen und sich mit der menschlichen Bosheit zusammentun, um, wenn möglich, zu verhindern, dass Gottes Wille geschah. Die Strategie der Versuchung würde sein: sich dem Kampf zu entziehen, aufzugeben, wegzulaufen, den Willen Gottes nicht zu tun.

Als wollte er deutlich machen, wo in dieser entscheidenden, schicksalhaften Stunde in der Geschichte des Universums das Zentrum des Kampfes lag, zog er sich also etwa einen Steinwurf weit von seinen Jüngern zurück (vgl. V. 41). Die Schlacht und ihr Ausgang hingen von ihm allein ab. Falls er scheiterte, wäre alles für immer verloren. Würde er triumphieren, so würde er einen unwiderruflichen Sieg davontragen.

Und so kniete er nieder. Welch ein Anblick! Welch ein Sieg! Der König kniete auf dem Ölberg! Nur wenige Tage zuvor war er denselben Ölberg in einer königlichen Prozession herabgeritten, als rechtmäßiger König gefeiert (19,35-38). Aber er hatte Jerusalem, seine Hauptstadt, in den Händen von Rebellen vorgefunden. Der Tempel war von Räubern besetzt. Wie konnte ein solcher Widerstand überwunden werden? Wie konnten solche Rebellen vor Gottes Verurteilung und vor der Strafe ihrer Rebellion gerettet und zum Gehorsam und zur Anbetung Gottes zurückgeführt werden? Auf einem königlichen Ross durch die Straßen der Stadt zu reiten würde wohl kaum ausreichen. Prunk und Zeremonien haben noch nie einen Rebellen in einen Heiligen verwandelt. Wenn Jerusalem, Israel und die Welt jemals zum Gehorsam gegenüber Gott zurückgebracht werden sollten, so müsste alles hier beginnen: Der Messias musste den Willen Gottes auf der Erde durchsetzen, indem er ihn selbst befolgte.

Also kniete der König nieder. Er würde wie immer selbst gehorchen, aber darüber hinaus auch im Namen Israels und der ganzen Menschheit. „Denn wie durch des einen Menschen Ungehorsam die vielen in die Stellung von Sündern versetzt worden sind, so werden auch durch den Gehorsam des einen die vielen in die Stellung von Gerechten versetzt werden" (vgl. Röm 5,19).[88]

30. März

Die Verhaftung des Herrn

Textlesung: Lukas 22,47-71

Seid ihr ausgezogen wie gegen einen Räuber, mit Schwertern und Stöcken? (V. 52)

Der plötzliche Schock, als sie Judas' entsetzliche Täuschung durchschauten und begriffen, was passieren würde, provozierte bei den anderen Jüngern eine sofortige Reaktion: „Herr, sollen wir mit dem Schwert dreinschlagen?" Einer von ihnen wartete tatsächlich gar nicht erst auf eine Erlaubnis. Er zog sein Schwert. Zwar zielte er schlecht, aber mit wackerer Entschlossenheit hieb er einem der Sklaven des Hohen Priesters das rechte Ohr ab. Diese Reaktion war nur zu natürlich – eine natürliche Reaktion der rein menschlichen Natur, nicht im Gebet vorbereitet, nicht vom Willen und der Weisheit Gottes regiert und völlig unangemessen und unzureichend angesichts des Wesens dieses Konfliktes, der ihnen nun bevorstand. Was ihnen gegenüberstand, waren nicht nur Fleisch und Blut, sondern Fürstentümer und Mächte, die Weltherrscher dieser Finsternis (V. 53). Ihre Macht liegt darin, alles, was wirklich menschlich und wahr ist, in eine diabolische, trügerische Lüge zu verdrehen. Das ist keine Macht, von der ein Mensch durch physische Waffen befreit werden kann. Christus hielt seine Nachfolger zurück und heilte das Ohr des Mannes. Wenigstens ein Mann sollte ungeachtet all der Verwirrung, die in dieser Nacht in dem Garten herrschte, laut und deutlich hören, wofür genau Christus wirklich stand. Denn Christus deckte nun die Täuschung der Hohen Priester, der Hauptleute des Tempels und der Ältesten auf, die diese Operation leiteten. Da standen sie – angeblich Diener Gottes, Wächter des Tempels, Hüter seiner Heiligkeit und Wahrheit – und gaben vor, sie befänden sich auf einem Feldzug gegen irgendeinen politischen Aktivisten. Das Ganze war ein bewusster Vorwand. Heute können wir sehen, wie schön Petrus ihnen unbedacht in die Karten gespielt hätte, wenn er seinen bewaffneten Widerstand hätte fortsetzen dürfen. Dann hätten sie der Öffentlichkeit erzählen können, wie sie Jesus mitten in der Nacht an der Spitze einer bewaffneten Bande erwischt hätten, die in irgendeine staatsgefährdende Guerilla-Aktion involviert war. Sie hätten sagen können: Als er herausgefordert wurde, haben er und seine Nachfolger die Obrigkeit mit Waffen angegriffen. Wie hätte Satan gelacht, wenn er gesehen hätte, wie der Retter der Welt als Guerillakämpfer dargestellt wurde, der meinte, das Problem des Bösen durch politischen Umsturz und bewaffneten Konflikt lösen zu können.

Die Realität ist: Öffentlich, am helllichten Tag waren sie nicht in der Lage gewesen, irgendeine Grundlage für eine politische Anklage gegen ihn zu finden. Sie waren daher gezwungen gewesen, sich eine auszudenken und zu versuchen, sie ihm im Schutz der Dunkelheit anzuhängen. Schon ihre Taktik und der Zeitpunkt der Verhaftung verrieten den Ursprung ihrer Macht: „Dies ist eure Stunde", sagte Christus, „und die Macht der Finsternis" (V. 53).[89]

31. März

Christus vor Pilatus

Textlesung: Johannes 18,28-40

Du sagst es, dass ich ein König bin.
Ich bin dazu geboren und dazu in die Welt gekommen,
dass ich für die Wahrheit Zeugnis gebe.
Jeder, der aus der Wahrheit ist, hört meine Stimme. (V. 37)

Pilatus verlor allmählich die Geduld: „Es wäre besser für dich, wenn du anfängst, zu reden, junger Mann. Ist dir nicht klar, dass ich über die Macht verfüge, dich zu kreuzigen? Und die Macht, dich freizulassen? Es wäre wirklich besser für dich, wenn du langsam mal redest! Ich frage dich, woher du stammst." Und unser Herr erwiderte:

> Du hättest keinerlei Macht über mich, wenn sie dir nicht von oben gegeben wäre; darum hat der, welcher mich dir überliefert hat, größere Sünde. (19,11)

Was meinte unser Herr? Er meinte natürlich, dass ebendiese Situation von Gott arrangiert worden war. Gott hatte Pilatus die Autorität verliehen, diese

Entscheidung zu treffen; sie war ihm „von oben“ gegeben worden. Aus dem, was das Johannesevangelium sagt, wissen wir: Jesus Christus war der Mensch gewordene Gott. Was ist die Wahrheit über Golgatha?

„Ich bin ... gekommen, dass ich für die Wahrheit Zeugnis gebe“, sagte Christus.

„Was ist Wahrheit?“, sagte Pilatus (vgl. 18,37-38).

Nun, was ist also Wahrheit? Die Wahrheit ist letzten Endes eine Person. „Ich bin ... die Wahrheit“, sagte Christus (14,6). Die Wahrheit über diese Situation, als Jesus vor Pilatus stand, war: Gott hatte Pilatus die Autorität verliehen; und vor ihm stand der Mensch gewordene Gott!

Glauben Sie das? Kann es wahr sein, dass der Gott des Universums – der Mensch gewordene Gott – kam und vor einem Menschen stand, dass er einen Menschen darüber entscheiden ließ, was mit ihm zu tun sei, ob er ihn kreuzigen oder freilassen würde? Wissen Sie, Sie glauben da ein paar außerordentliche Dinge, wenn ich das mal so sagen darf!

Es bringt nichts zu sagen: „Beweis es ihnen, Christus! Zeig Pilatus, dass du der Mensch gewordene Gott bist!“ Nun, das hätte unser Herr durchaus tun können. Doch allein durch den Anblick wäre Pilatus zu Asche verkohlt. Es ist eine Tatsache: Wenn Sie predigen, wenn Sie Zeugnis geben, stellt sich der Mensch gewordene Gott vor die Menschen. Und die Menschen können entscheiden, was sie mit diesem Jesus machen, der der Christus genannt wird. Das ist die Wahrheit über Gott, wissen Sie. So ein Gott ist er! Das ist die erstaunliche Wahrheit.[90]

Teil 8 – Der Tod und die Auferstehung des Herrn

1. April

Der Herr vertraut seine Mutter Johannes an

Textlesung: Johannes 19,19-27

Als nun Jesus die Mutter sah und den Jünger, den er liebte, dabeistehen, spricht er zu seiner Mutter: Frau, siehe, dein Sohn! Dann spricht er zu dem Jünger: Siehe, deine Mutter! Und von jener Stunde an nahm der Jünger sie zu sich. (V. 26-27)

Maria steht daneben, als ihr Sohn stirbt. Das macht das *Kreuz* mit Beziehungen. Es ist nicht nur ein physischer Tod. Die Feindschaft der Welt nimmt dieser Mutter ihren Sohn. Dann wird jedoch auch der Ausgleich sichtbar, sie wird Mitglied einer neuen Familie. Der Herr sagte zu Maria: „Siehe, dein Sohn!" Und zu Johannes: „Siehe, deine Mutter!" Das ist eine neue Familienbeziehung.

Es könnte sein, dass Johannes wohlhabender war als einige der anderen Jünger. Ihnen wird aufgefallen sein: Als Christus ihn rief, ließ Johannes seinen Vater und die „Lohnarbeiter" im Boot zurück (Mk 1,19-20). Er und sein Vater waren Arbeitgeber – sie hatten Angestellte, die für sie arbeiteten. Sie fischten in größerem Umfang als Petrus, der auch sein eigenes Boot betrieb. Möglicherweise war Johannes deshalb eher in der Lage, sich um sie zu kümmern. Außerdem war Johannes ein junger Mann. Er konnte auf Dauer für sie sorgen. Der Überlieferung zufolge lebte sie bei ihm in Ephesus.

Es scheint mir auch kein Zufall zu sein, dass unser Herr das am Kreuz sagte. Denn erstens war Maria kurz vor seinem Sterben zum Kreuz gekommen. Er wollte sozusagen jemanden, der sich um sie kümmern würde, wenn er nicht mehr war. Johannes, der sich an seine Brust gelehnt hatte, der dem Herrn so nahegestanden hatte, den der Herr so lieb hatte – er war derjenige, dem er seine Mutter anvertraute, damit er sich um sie kümmerte.

Zweitens ist da die Bedeutung des „Kreuzes". Ich weiß nicht, ob die Formulierung heute noch verwendet wird, aber früher sagte man manchmal: „Ich habe schlimmes Rheuma, aber das ist ein Kreuz, das Gott mir gegeben hat." Nun, das ist eigentlich Unsinn. Das hat nichts zu tun mit dem Kreuz. Das Kreuz ist etwas, was die Welt dir gibt. Jesus trug sein eigenes Kreuz. Es wird Ihnen auffallen, dass nirgendwo steht, dass er es sich selbst auflud. Das Kreuz war das, was die Welt ihm auferlegte. Es ist keine Bürde von der Art, wie wir sie alle zu tragen haben – und manche von uns haben einige Bürden zu tragen. Das Kreuz dagegen ist die Feindschaft der Welt gegenüber Christus.

Das wurde unterm Kreuz gesagt. Die Feindschaft der Welt und das Kreuz beraubten Maria ihres Sohnes. Doch es war die Gemeinschaft des Kreuzes Christi, die Johannes passend machte, Maria bei sich aufzunehmen.[91]

2. *April*

Der „Dornbusch" auf Golgatha

Textlesung: 2. Mose 3,1-10

Und [Mose] sah hin, und siehe, der Dornbusch brannte im Feuer, und der Dornbusch wurde nicht verzehrt. (V. 2)

Haben Sie schon die Dornenbüsche Ihres Lebens entdeckt? Sie hatten Ihre Vorstellungen davon, wie das Leben laufen sollte. Vielleicht ist es die Uneinsichtigkeit Ihrer Kinder, die Gehässigkeit eines Menschen, den Sie einst von Herzen liebten, oder die Brutalität und Skrupellosigkeit in der Geschäftswelt. Was es auch ist, es hat Sie desillusioniert. Aber vielleicht ist das der Ort, an dem Gott Ihnen in Ihrer Desillusionierung begegnen wird. Vielleicht möchte er Sie auf einen Weg zu einer besseren Welt führen, zu einem großartigen Erbe, das unvergänglich ist.

Haben Sie seine Herrlichkeit nicht wahrgenommen? Treten Sie noch einmal mit mir vor Ihrem geistigen Auge in anbetender Haltung und mit ausgezogenen Schuhen an den ödesten Ort, den diese Welt je gekannt hat oder kennen wird – kommen Sie mit mir nach Golgatha. Sehen Sie dort einen Menschen, an ein Kreuz genagelt, von Dornen zerstochen und von Menschen übel zugerichtet. Neid, Ehrgeiz, Machtgier, Habgier, Bosheit und Sadismus der Menschen haben ihn so lange getroffen, bis diese menschliche Gestalt zerstört und er kaum noch als Mensch erkennbar war. Welche Not, welche Trostlosigkeit von Golgatha! Gibt es noch Hoffnung?

Sehen Sie es? Betrachten Sie die Dornenkrone, das Zeichen des Fluches. Doch warum wurde er nicht vernichtet? Die Antwort lautet: „Gott war in Christus, als er durch ihn die Menschen mit sich versöhnte. Er rechnete ihnen ihre Verfehlungen nicht an" (2Kor 5,19; NeÜ). Wie es ein Lied formuliert: „Hier sehen wir die Morgenröte des Himmels, während wir auf das Kreuz blicken." Hier finden wir Hoffnung, dass „selbst die Schöpfung von der Knechtschaft der Vergänglichkeit frei gemacht werden wird zur Freiheit der Herrlichkeit der Kinder Gottes" (Röm 8,21). Hierin finde ich Hoffnung – nicht bloß im Wirrwarr dieser Welt. Hierin finde ich auch Hoffnung für diesen Dornbusch, der für mein eigenes Leben steht. Meine verworrene, vernarbte, gebrochene Persönlichkeit, für die es keine Hoffnung gäbe, wenn da nicht ein Gott wäre, der dem treu bleibt, was er geschaffen hat. Hierin finde ich Hoffnung, dass auch ich eines Tages durch Christus, der meinen Fluch getragen hat, vollständig und endgültig erlöst und dem Bild von Gottes Sohn gleich gemacht werde. Dieser Dornbusch ist nicht das Ende der Reise. Er ist der Anfang, der das Ende garantiert.[92]

3. April

Der sterbende Räuber und das Wesen von Christi Königtum

Textlesung: Lukas 23,26-43

Und er sprach: Jesus, gedenke meiner, wenn du in dein Reich kommst! (V. 42)

Die Geschichte des sogenannten sterbenden Räubers ist sehr bekannt. Und das zurecht. Wie wenige andere Geschichten veranschaulicht sie das fast unglaubliche Ausmaß der Vergebung Gottes. Nach einem Leben voller Kriminalität tut ein Berufsverbrecher gewissermaßen in letzter Minute Buße und vertraut Christus. Und Christus vergibt ihm sofort uneingeschränkt.

Wie sollte dieser Mann noch mit Gott ins Reine kommen können? Seine Vergangenheit hielt keinerlei Verdienste bereit. Besserung für die Zukunft zu geloben war nutzlos: Er hatte nur noch wenige Stunden und war mit Händen und Füßen an ein Kreuz genagelt. Bald würde der Schmerz, der an jeder Faser seines Körpers zerrte und sein Gehirn zerstörte, sogar das Beten unmöglich machen. Er wusste auch gar nicht, wie er beten sollte. Beten war noch nie sein Ding gewesen. Es bestand kein Zweifel daran: Dieser Jesus war Gottes König, wie er es sagte. Eines Tages würde er in all seiner königlichen Macht wiederkommen. Das war so gewiss wie Gott selbst, so gewiss wie die Tatsache des kommenden Gerichts. Er selbst hatte nie viel von Autoritäten gehalten, nie Lust gehabt, irgendjemandem zu gehorchen. Aber ein König, der um Vergebung für ebendiese Männer bat, die ihm gerade die Hände und Füße an ein Kreuz nagelten ... so einen König konnte man respektieren. In so einem Königreich wäre er gerne, dort würde es ihm nichts ausmachen zu gehorchen. Doch welche Chance hatte einer wie er – ein selbsterklärter Anarchist –, überhaupt, Einlass in sein Königreich gewährt zu bekommen? Aber hatte er nicht gebetet: „Vater, vergib ihnen! Denn sie wissen nicht, was sie tun“? Wenn diesen Soldaten vergeben werden konnte, weil sie nicht genau begriffen hatten, was sie da taten ... Nun, er hatte vorher definitiv nicht begriffen, was für ein wunderbarer König Gott war. Er hatte nicht die Absicht gehabt, gegen einen solchen König zu rebellieren.

„Jesus“, sagte er, „würdest du mich jemals in dein Königreich hineinlassen? Würdest du mich dir folgen lassen? Herr, denke an mich, wenn du in dein Königreich kommst.“ Und sogleich erging klar und ohne Vorbehalte dieses königlichste Wort vom König der Könige selbst zu diesem armen, gebrochenen Rebellen, der sich selbst in den letzten paar Stunden seines geplagten Lebens gegen Menschen und Gott aufgelehnt hatte: „Wahrlich, ich sage dir: Heute wirst du mit mir im Paradies sein.“[93]

4. April

Die Auferstehung Christi vernichtet den Tod

Textlesung: Johannes 20,1-31

Ihn hat Gott auferweckt und aus den Wehen des Todes befreit, denn dass er in dessen Gewalt bleiben könnte, war ja unmöglich. (Apg 2,42; ZB)

Wenn Jesus tatsächlich Gottes Sohn war, warum griff Gott dann nicht mit irgendeinem weiteren spektakulären Wunder ein, um ihn zu retten und seine Beglaubigung dadurch über jeden Zweifel erhaben zu machen? Die Antwort ergibt sich aus der weiteren Geschichte. Gott hatte beschlossen, der gesamten Menschheit (nicht nur Israel) in Jesus eine grundlegende Tatsache in Bezug auf das Universum zu vermitteln: Der Tod ist keine dauerhafte, unumstößliche, irreversible Gesetzmäßigkeit der Natur. Der Tod ist also weder eine endgültige Katastrophe für die Guten noch eine unüberwindbare Schutzbarriere für die Bösen. Die Sadduzäer glaubten nicht an eine Auferstehung. Sie waren der Meinung, der Tod würde allem ein Ende setzen. Daher hat Gott den Sadduzäern bewusst gestattet, ihre letzte Waffe zu gebrauchen. Doch sie zerbrach in ihren eigenen Händen. Sie brachten Jesus um, aber Gott erweckte ihn von den Toten auf. Das war für diejenigen, die die Botschaft der früheren Machttaten abgelehnt hatten, die größte Machttat von allen. Und diese Botschaft war das Evangelium: „Jesus Christus", wie Paulus später sagen würde (2Tim 1,10), ist der, „der den Tod zunichtegemacht, aber Leben und Unvergänglichkeit ans Licht gebracht hat durch das Evangelium". Nicht Leben und dann ein Überleben nach dem Tod, sondern Leben und Unsterblichkeit (ZB). Gott hatte ihm Wege des Lebens gezeigt und ihn mit der Freude seiner Gegenwart erfüllt (Apg 2,28). Die Auferstehung Christi hat das Gesicht des Universums verändert. Der Tod ist nicht nur kein unumkehrbarer Prozess mehr; er ist noch nicht einmal eine dauerhafte Einrichtung. Obendrein gilt: Wenn er im Falle eines einzelnen Menschen, Jesus Christus, rückgängig gemacht, vernichtet und aufgehoben worden ist, so kann er unter gewissen Bedingungen auch für alle anderen ebenfalls umgekehrt, vernichtet und aufgehoben werden. „Denn da ja durch einen Menschen der Tod kam, so auch durch einen Menschen die Auferstehung der Toten. Denn wie in

Adam alle sterben, so werden auch in Christus alle lebendig gemacht werden" (1Kor 15,21-22).[94]

5. April

Christus wird als Sohn Gottes bestätigt

Textlesung: Apostelgeschichte 13,32-41

Deshalb heißt es auch an einer anderen Stelle:
„Du wirst deinen heiligen Diener nicht der Verwesung überlassen."
(V. 35; NeÜ)

Es gibt ein weiteres bedeutendes Indiz, das die Erfüllung folgender Verheißung betrifft: „Ich werde ihm Vater und er wird mir Sohn sein" (Hebr 1,5). Mit der Geburt Jesu in die königliche Davidslinie hinein kam jemand in unsere Welt, der in noch nie da gewesener Weise Gott als seinen Vater und sich selbst als Gottes Sohn sah. Als Junge im Alter von zwölf Jahren verblüffte er seine Zuhörer, als er den Tempel als „Haus meines Vaters" bezeichnete (Lk 2,49; NeÜ). In den 21 Kapiteln des Johannesevangeliums, die von seinem Leben und seiner Lehre berichten, bezeichnet Jesus Gott mehr als 100-mal als seinen Vater.

Wir haben uns so sehr daran gewöhnt, von Gott als Vater zu denken, dass wir, wenn wir nicht aufpassen, schnell übersehen, wie einzigartig Jesus in diesem Punkt war, und zwar in zweifacher Hinsicht. Erstens hatte kein Prophet, kein Priester, Dichter oder König im Alten Testament jemals in derselben Weise und in dem Ausmaß von Gott als seinem persönlichen Vater geredet wie Jesus. Überprüfen Sie diese Behauptung selbst. Zweitens lehrte Jesus seine Jünger zwar, dass Gott auch ihr Vater war; er behauptete jedoch ständig, dass Gott in einem einzigartigen Sinne sein Vater und er Gottes Sohn sei. Er lehrte seine Jünger: „Betet ihr nun so: Unser Vater ..." (Mt 6,9). Aber er schloss sich ihnen nie darin an, „unser Vater" zu sagen. Vielmehr formulierte er es so, wie er es Maria gegenüber im Garten tat: „Ich fahre auf zu meinem Vater und eurem Vater" (vgl. Joh 20,17). Oder wie in Matthäus: „Alles ist mir übergeben worden von meinem Vater; und niemand erkennt den Sohn als nur der Vater, noch erkennt jemand den Vater als nur der Sohn, und der, dem der Sohn ihn offenbaren will" (11,27). Eine solche Ausdrucksweise überraschte viele seiner Zeitgenossen und machte sie wütend, weil er „auch Gott seinen eigenen Vater nannte und sich so selbst Gott gleich machte" (Joh 5,18).

Die Auferstehung hat seine Lehre über sich selbst bestätigt. Es wird offensichtlich: Gottes Verheißung an David ist auf beeindruckende Weise erfüllt worden. Davids Linie wird niemals im Sande verlaufen. Gottes Verheißung, die Welt mit einem Retter-König zu beschenken, steht fest. Der Messias ist kein einfacher Mensch, nicht einmal ein Engel – beide könnten in göttliche Ungnade fallen. Nein, er ist der ewige Sohn des ewigen Vaters. Diese Beziehung ist unzerstörbar. Die Zukunft liegt in seiner Hand.[95]

6. April

Die Auferstehung war unvermeidbar

Textlesung: Lukas 20,27-47

Er ist aber nicht der Gott von Toten, sondern von Lebenden. (V. 38)

Christus zufolge (V. 34-40) basierte der Einwand der Sadduzäer auf zwei Fehlannahmen. Die erste war, dass die Bedingungen in der Welt, in die die Auferstehung einen Menschen versetzt, einfach eine Fortsetzung des diesseitigen Lebens sind, und dass daher die ehelichen Beziehungen, die die Menschen hier eingegangen sind, dort fortbestehen werden. Das ist selbstverständlich nicht der Fall. In der Auferstehung werden die Erlösten in zweierlei Hinsicht wie die Engel sein: Sie werden nicht sterben und nicht heiraten.

Die zweite Fehlannahme lag im anderen Extrem. Sie unterstellte, dass die Beziehung zwischen Mensch und Gott in diesem Leben nur vorübergehend ist. Das ist aber auch nicht der Fall. Gott ist ewig. Deshalb sind auch die Beziehungen ewig, die er eingeht. Jesus machte sie auf Folgendes aufmerksam: Jahrhunderte, nachdem Abraham, Isaak und Jakob gelebt hatten, gab sich Gott Mose als der Gott Abrahams und der Gott Isaaks und Jakobs zu erkennen (V. 37). Der Ewige kann nicht durch etwas charakterisiert werden, das nicht länger existiert. Die Auferstehung ist also kein Hirngespinst, das sich naive Theologen in ihrem

Wunschdenken ausgedacht haben. Die Auferstehung ist eine notwendige Folge des Charakters und Wesens Gottes.

Christus gab sich jedoch nicht damit zufrieden, es dabei bewenden zu lassen. Er ging zum Gegenangriff über und zitierte selbst eine Textpassage aus dem Alten Testament. In Psalm 110,1 nannte David den Messias seinen Herrn. Welchen Sinn könnte das überhaupt ergeben, wenn (1.) der Messias nicht bereits zu Davids Zeit existierte, und (2.) David längst vollständig zu existieren aufgehört hätte, als der Messias geboren wurde? Wie konnte David einen nicht existenten Messias als seinen Herrn bezeichnen? Wie konnte der Messias Herr eines nicht existenten David sein? Zudem hätte ein orientalischer Vater, ganz zu schweigen von einem orientalischen Monarchen, niemals einen seiner eigenen Söhne Herr genannt. Josefs Brüder nannten ihn schließlich Herr; Jakob tat das nie! Doch David nannte den Messias seinen Herrn: Wie konnte der Messias da einfach nur sein Sohn sein?

Der Rest des Neuen Testaments liefert die Antwort auf diese Fragen: Der Messias war nicht einfach nur der Sohn Davids. Er war und ist zugleich die Wurzel und das Geschlecht Davids (vgl. Offb 22,16). Er hätte in Bezug auf David dasselbe sagen können wie in Bezug auf Abraham: „Ehe Abraham war, bin ich" (Joh 8,58). Es war deshalb unmöglich für ihn, hingerichtet zu werden und danach aufzuhören, zu existieren. Er war im wahrsten Sinne des Wortes der geliebte Sohn des Besitzers (Lk 20,13). Auf seinen Tod folgte unvermeidbar seine Auferstehung.[96]

7. April

Die Implikationen der Auferstehung für das messianische Königreich

Textlesung: Apostelgeschichte 17,1-15

Indem er eröffnete und darlegte, dass der Christus leiden und aus den Toten auferstehen musste ... (V. 3)

Wir sollten uns kurz ein paar der Konsequenzen dieser körperlichen Auferstehung in Erinnerung rufen. Zunächst zeigt sie: Unser Herr hat die

Erde nicht aufgegeben und ist als körperloser Geist in irgendeinen rein geistlichen Himmel hineingegangen. Er hat noch immer einen Körper, der – obgleich er verherrlicht ist –, ein ebenso realer und physischer Körper ist wie damals, als er hier auf der Erde war. Die Auferstehung seines Leibes hat Konsequenzen für das gesamte physikalische Universum. Dadurch hat die Wiederherstellung aller Dinge bereits begonnen. Christen können unterschiedlicher Meinung im Hinblick darauf sein – und sind es auch –, wie viele Phasen diese Wiederherstellung beinhalten wird. Aber wir können mit Gewissheit sagen, dass Gottes Programm für die Aufrichtung der messianischen Herrschaft unseres Herrn die Erde miteinschließt. Die Schöpfung selbst, die jetzt noch seufzt, wird von ihrer Knechtschaft der Vergänglichkeit befreit werden. Dieses Seufzen wird aufhören, ihre Verdorbenheit und Knechtschaft werden ein Ende finden (Röm 8,20-22). Sogar im ewigen Zustand, so wird uns gesagt, wird es sowohl einen neuen Himmel als auch eine neue Erde geben. Gott wird immer einen materiellen Ausdruck für seine Ziele finden: Das wird durch die Tatsache garantiert, dass unser Herr sein vollständig menschliches Wesen einschließlich seines menschlichen Körpers in Ewigkeit behält. Wir tun gut daran, Folgendes zu bedenken: Beim letzten Blick auf die ewige Stadt sah Johannes nicht, wie diese Stadt von der Erde in irgendeinen immateriellen Himmel entschwand, sondern wie sie aus dem Himmel auf die Erde herabkam (Offb 21,2).

Zweitens erinnerte uns die Apostelgeschichte schon früh daran, dass auf die körperliche Auferstehung und Himmelfahrt Christi die körperliche Wiederkunft folgen wird. In der Tat wird im Neuen Testament überall die Tatsache betont, dass der Herr Jesus *wiederkommen* wird: Nicht nur, dass Menschen eines Tages gerufen werden, ihm in irgendeinem fernen Himmel zu begegnen, sondern dass er selbst zurückkehren wird. Wir rauben der Sprache des Neuen Testaments ihre eindeutige Bedeutung, wenn wir alle ihre Aussagen von seiner Wiederkunft darauf reduzieren, dass er bleibt, wo er jetzt ist, und wir zu ihm gehen. Die Erde, auf der er gekreuzigt wurde, ist ihn noch nicht los (Offb 1,7). Und drittens schreibt Paulus in seinem ersten Brief an die Thessalonicher (4,13ff.), dass der Tod und die leibliche Auferstehung unseres Herrn die Garantie dafür sind, dass die Gläubigen, die vor seiner Wiederkunft gestorben sind, ebenfalls an seiner zukünftigen messianischen Herrschaft teilhaben werden.[97]

8. April

Jericho und das Gericht über den Fürsten dieser Welt

Textlesung: Josua 5,13-6,21

Jetzt ist das Gericht dieser Welt;
jetzt wird der Fürst dieser Welt hinausgeworfen werden. (Joh 12,31)

Als die Israeliten in dieses Land kamen, das bis dahin von einem schockierenden Ausmaß an Weltlichkeit und Sündhaftigkeit erfüllt gewesen war, wie rettete Gott sie da vor dieser gegenwärtigen bösen Welt mit all ihrer Bosheit? Es gab zwei Schlachten: die Eroberung von Jericho und die von Ai. Auf der historischen und praktischen Ebene sind sie wie zwei Seiten derselben Medaille, was militärische Strategien betrifft. In Jericho ging es darum, die Mauern zu überwinden und dann den Feind zu besiegen. In Ai ging es darum, den Feind hinter seinen Mauern hervorzulocken und ihn dann zu ergreifen, ihn in die Zange zu nehmen und so zu vernichten.

Die Geschichte hatte zwei Seiten. Wenn das Gesetz je auf den Bergen Ebal und Garizim aufgerichtet werden sollte, so mussten sowohl Jericho als auch Ai zerstört werden. Wie geschah die Zerstörung Jerichos? Die Bundeslade des Herrn der Erde umzog die Stadt, geführt vom Obersten des Heeres des HERRN – nicht von Josua (5,13-15). Für den Augenblick tat Israel nichts weiter als zuzuschauen, wie die Bundeslade und Gottes Gegenwart kamen, um diese böse Stadt zu richten. Doch die Bundeslade war im Wasser des Jordan gewesen und wieder herausgestiegen. Was musste diese „Auferstehung" für Jericho bedeuten? Was muss es bedeuten, dass der Herr der Herrlichkeit, der hinab nach Golgatha und in den Tod stieg, nun auferstanden und aufgefahren ist? Der Heilige Geist sagt uns, dass es Folgendes bedeutet: „Jetzt ist das Gericht dieser Welt; jetzt wird der Fürst dieser Welt hinausgeworfen werden" (Joh 12,31).

Die Posaunen schmetterten, und die nun aufgerichtete Bundeslade zog um die Stadt. Am letzten Tag, beim siebten Mal, sagte Josua: „Schreit!", und die Mauern selbst stürzten ein, und Jerichos Bewohner wurden vernichtet. Wie könnten wir von der Welt und all ihrer Bosheit erlöst werden? Fragen Sie den Galaterbrief.

Durch Beschneidung, durch Gesetzlichkeit? Gewiss nicht. Nun, wie dann? Wir werden uns dafür ein Wort aus Josuas Ansprache an Achan borgen: „Gib doch ... Gott ... die Ehre“ (Jos 7,19). Hätten Sie das Geheimnis gefunden, wie man die Welt überwindet und von all ihrer Bosheit erlöst wird, so würden Sie Gott ebenfalls die Ehre geben, oder? „Mir aber sei es fern, mich zu rühmen als nur des Kreuzes unseres Herrn Jesus Christus, durch das mir die Welt gekreuzigt ist und ich der Welt“ (Gal 6,14).[98]

9. April

Die Auferstehung ruft zur Umkehr

Textlesung: Apostelgeschichte 17,16-34

Er [hat] einen Tag festgesetzt, an dem er den Erdkreis richten wird in Gerechtigkeit durch einen Mann. (V. 31)

Warum hat die Auferstehung Christi es gerade *in diesem Moment* notwendig gemacht, die Menschen aller Nationen überall zur Umkehr aufzurufen, wie es in den vorangegangenen Jahrhunderten bisher nicht geschehen war? Wir werden die Antwort finden, wenn wir uns die Bedeutung des Ausdrucks „den Erdkreis richten in Gerechtigkeit“ in Erinnerung rufen. Paulus denkt nicht einfach nur an das Gericht, dem man sich nach seinem Tod stellen muss. Ein solches Gericht wird es natürlich geben, und Christus wird derjenige sein, der das Richten übernimmt. „Und ich sah die Toten“, sagt Johannes in der Offenbarung, „die Großen und die Kleinen, vor dem Thron stehen ... Und die Toten wurden gerichtet nach dem, was in den Büchern geschrieben war, nach ihren Werken. Und das Meer ... und der Tod und der Hades gaben die Toten, die in ihnen waren, und sie wurden gerichtet, ein jeder nach seinen Werken“ (Offb 20,12-13).

Aber Christus wird mehr tun, als nur die Toten zu richten: Er wird auch die Lebenden richten, wie das Neue Testament wiederholt bestätigt: „Er [ist] der von Gott verordnete Richter der Lebenden und der Toten“ (Apg 10,42); er ist „bereit, Lebende und Tote zu richten“ (1Petr 4,5); „Christus Jesus [wird] kommen, Lebende und Tote zu richten, bei seinem Erscheinen und seiner Herrschaft“

(2Tim 4,1; ZB). Wann wird er das tun? Bei seiner Wiederkunft natürlich. Das Neue Testament spricht vom „kommenden Zorn" nicht nur in dem Sinne, dass er in der Zukunft liegt, sondern auch in dem Sinne, dass dieser kommen wird, wenn der Herr Jesus kommt. Rufen Sie sich in Erinnerung, was Paulus später den Gläubigen in Thessaloniki schrieb, nicht lange, nachdem er Athen verlassen hatte:

> [Das wird geschehen] bei der Offenbarung des Herrn Jesus vom Himmel her mit den Engeln seiner Macht, in flammendem Feuer. Dabei übt er Vergeltung an denen, die Gott nicht kennen, und an denen, die dem Evangelium unseres Herrn Jesus nicht gehorchen; sie werden Strafe leiden, ewiges Verderben vom Angesicht des Herrn und von der Herrlichkeit seiner Stärke, wenn er kommt. (2Thes 1,7-10)

Tatsächlich brachte Paulus' Predigt über das Kommen des Herrn Jesus und den Zorn, der sein Kommen begleiten würde, viele Thessalonicher dazu, dass sie „[sich] von den Götzen zu Gott bekehrt haben, dem lebendigen und wahren Gott zu dienen und seinen Sohn aus den Himmeln zu erwarten, den er aus den Toten auferweckt hat – Jesus, der uns rettet von dem kommenden Zorn" (1Thes 1,9-10).[99]

10. April

Die Auferstehung des Leibes

Textlesung: 1. Korinther 15,35-58

Es wird gesät ein natürlicher Leib, es wird auferweckt ein geistlicher Leib. (V. 44)

Man sät nur ein Korn, und das, was Sie ernten, ist auffällig anders als das, was in die Erde kam. Ein bräunliches, verschrumpeltes, bloßes Korn wird in die Erde gesät, und heraus kommt etwas wunderschön üppiges Grünes mit 40 Körnern. Es unterscheidet sich von dem, was in die Erde kam. Dennoch kann man nichts herausholen, ohne etwas hineingelegt zu haben. Es gibt zwischen beiden eine lebenswichtige Verbindung.

Dasselbe gilt auch für unseren Körper. Wir sind heute nicht mehr ganz dieselben wie vor einigen Jahren. Abgesehen von unseren Hirnzellen verändern sich unsere Zellen ständig. Wir sind nicht das, was wir einmal waren. Dennoch behalten wir unsere Identität. Es besteht eine Verbindung zwischen dem, was jetzt ist, und dem, was einmal war. Gott kann dies bewirken; geben wir uns daher damit zufrieden, diese Geheimnisse ihm zu überlassen.

Wenn wir jedoch verstehen wollen, was die Bibel mit *Auferstehung* meint, so müssen wir etwas weiter ausholen. Der griechische Philosoph Platon sprach vom Fortleben der „unsterblichen Seele". Er lehrte zudem, dass der Körper armselig sei und dass sich ein weiser Mensch so weit wie möglich vom Körper distanzieren würde. Aus diesen falschen und törichten Vorstellungen entstand jahrhundertelanges Elend für Generationen von Menschen. Sie setzten sich in den Kopf, der menschliche Körper sei böse, und wahre Geistlichkeit bestünde in Leibesfeindlichkeit. Daraus entstanden Ideen wie Eheverbote und harte Körperzucht. Aber Gott hat den Körper erschaffen. Und er will unbedingt, dass wir in der Ewigkeit Körper haben. Er hat dem menschlichen Körper das allergrößte Kompliment überhaupt gemacht: Gott selbst hat sich im Fleisch gezeigt.

Es ist etwas Wunderbares, über dieses Geheimnis nachzudenken. Im Zuge der Erlösung hat sich in der Gottheit etwas verändert – unser Herr wird seinen heiligen und verherrlichten Leib in Ewigkeit behalten. Der menschliche Körper ist etwas Herrliches. Wie wird es dann erst sein, wenn wir unser Erbe erlangen? Er wird unseren „vergänglichen Leib verwandeln, sodass er dann seinem verherrlichten Körper entsprechen wird" (Phil 3,21; NeÜ). Dichter und Künstler haben sogar von der Herrlichkeit unserer gegenwärtigen menschlichen Körper geschwärmt. Doch selbst im besten Fall bleibt er ein natürlicher Leib, „von der Erde" genommen; er stammt von Adam ab und ist eine lebendige Seele wie Adam. Der neue Körper wird etwas anderes sein. Der zweite Mensch, der Herr des Himmels, ist ein „lebendig machende[r] Geist" (1Kor 15,45). Wenn wir jetzt das Bild des Irdischen in uns tragen, so werden wir einmal das Bild des Himmlischen in uns tragen – allerdings noch immer in menschlicher Form.[100]

Teil 9 – Die Himmelfahrt und Erhöhung Christi

11. April

Die Himmelfahrt

Textlesung: Apostelgeschichte 1,1-11

Dieser Jesus, der von euch weg in den Himmel aufgenommen worden ist, wird so kommen, wie ihr ihn habt hingehen sehen in den Himmel. (V. 11)

Nach Lukas' Bericht war das Kommen und Gehen des Herrn während der 40 Tage oftmals sehr spontan. Bei dieser Gelegenheit verhielt es sich jedoch anders. Er fuhr zunächst sichtbar ein gewisses Stück in den Himmel auf, bevor die Wolke der Schechina, der Herrlichkeit Gottes, ihn umgab. Dort vollzog sich dann (durch Vorgänge, die für uns so unvorstellbar sind, wie sie für die Apostel unsichtbar waren) sein Übergang in die jenseitige Welt.

Dieser erste Teil der leiblichen Himmelfahrt diente mindestens drei Zwecken. Sie markierte das Ende der bisherigen Erscheinungen: Es würde nun keine weiteren mehr geben. Sie war außerdem ein einfaches, aber zugleich Ehrfurcht gebietendes und eindrucksvolles Ereignis, eine symbolträchtige Handlung, die eine unendlich höhere Realität zum Ausdruck brachte: Auf Aufforderung des Vaters wurde Jesus von Nazareth, der Sohn Gottes, nun über alle Himmel erhöht zu der Herrlichkeit, die er beim Vater gehabt hatte, bevor die Welt ihren Anfang nahm. Und schließlich diente sie als Modell für seine Wiederkunft. Die Engel nannten kein Datum für diese Wiederkunft, denn sie wissen darüber nicht mehr als alle anderen – außer dem Vater. Doch sie lenkten die Aufmerksamkeit auf die Art und Weise seines Weggehens. Sie versicherten den Aposteln, dass er auf dieselbe Weise zurückkehren würde: „Dieser Jesus ... wird so kommen, wie ihr ihn habt hingehen sehen in den Himmel" (1,11). Dieser Jesus, der das Mensch gewordene Wort Gottes war, in dem und durch den Gott in unseren Raum und unsere Zeit eintrat, war kein doketischer Christus, kein nur scheinbarer Mensch. Er war ebenso wahrer Mensch, wie er wahrer Gott war. Seine Menschlichkeit bildete auch keine vorübergehende Phase in Gottes Selbstoffenbarung, die irgendwann von irgendeiner „höheren" Offenbarung abgelöst werden wird. Die Art und Weise der Himmelfahrt sagt uns, dass er nun, da er in Gottes Welt zurückgekehrt ist, noch immer derselbe Jesus ist, der er in seinem irdischen Leben war. Er bleibt derselbe Jesus, der seine Jünger nach seiner Auferstehung einlud, ihn zu berühren, damit sie sahen, dass er es selbst war. Wenn Gott in ihm schon einmal in Raum und Zeit eintreten konnte, so sollten wir den Engeln glauben, dass er es wieder tun wird. Wir sollten ihnen glauben, dass er es ebenso physisch und sichtbar tun wird, wie man ihn damals gehen sah. Indem die zweite Person der Trinität für unsere Erlösung wirklich Mensch wurde, ist sie etwas geworden, was sie vorher nie war. Und das wird in Ewigkeit so bleiben.[101]

12. April

Die Erhöhung Christi, die sich in der Gabe des Heiligen Geistes zeigt

Textlesung: Apostelgeschichte 2,1-21

Und es wird geschehen in den letzten Tagen, spricht Gott, dass ich von meinem Geist ausgießen werde auf alles Fleisch ... (V. 17)

Das christliche Zeugnis besagt, dass Jesus von Nazareth nicht nur von den Toten auferweckt, sondern auch erhöht wurde. Erstens ist er physisch und leiblich von Gott zu seiner Rechten erhöht worden – in die unmittelbare Gegenwart Gottes. Zweitens ist er in dem Sinne erhöht, dass Gott ihn sowohl zum Herrn als auch zum Messias gemacht hat. Das heißt, dass Gott mit Jesu Erhöhung unter Beweis gestellt hat, dass er sowohl der Herr als auch der Messias ist, indem er ihm die Position im Universum gegeben hat, die dem entspricht. Denn seine Position und sein Status geben ihn als solchen zu erkennen. Das und nicht weniger ist die erstaunliche Tatsache, die zu bezeugen der Heilige Geist auf die Erde gekommen ist!

„Diese[r] Jesus, den ihr gekreuzigt habt", ist nicht nur der Messias. Er ist der Herr, und zwar im wahrsten Sinne des Wortes: Er ist der Mensch gewordene Jahwe (V. 36). Der Beweis für diese Erhöhung bestand nicht darin, dass er vor der Menge erschien – wie sollte das schließlich beweisen, dass er erhöht worden war? Der Beweis bestand hierin: Er war derjenige, der die Ausgießung des Heiligen Geistes bewirkt hatte, die sie um sich herum sehen und hören konnten. An dieser Stelle kehrte Petrus zu dem Thema zurück, mit dem er angefangen hatte. Zunächst benannte er das wunderhafte Phänomen, das sich vor ihren eigenen Augen abspielte: Es war die verheißene Ausgießung des Heiligen Geistes. Doch das warf zwangsläufig die Frage auf: „Warum jetzt? Warum wurde der verheißene Heilige Geist nach jahrhundertelanger Wartezeit ausgerechnet an diesem speziellen Pfingstfest ausgegossen?" Die Antwort lautet: „Wegen Jesus." Es ist nicht nur so, dass die Ausgießung auf den Tod, die Auferstehung und die Erhöhung Jesu folgte, um auf ihn aufmerksam zu machen. Es ist vielmehr so, dass er selbst die Ausgießung „ausgelöst" hat. Als der eine sündlose Mensch in der gesamten Menschheitsgeschichte hat er diese höchste Gabe vom Vater für die Menschheit errungen, zusammen mit der Vollmacht, diese jedem zu geben, dem er sie geben will. All das bestätigt sein sündloses Leben, aber es tut noch mehr als das. Der Heilige Geist ist keine geschaffene Kraft, die von irgendeinem anderen (höheren) Geschöpf beherrscht werden könnte. Der Heilige Geist ist eine unerschaffene, göttliche Person. Kein bloßer Mensch, nicht einmal ein sündloser, könnte ihn anderen verleihen. Wenn Jesus Christus den Heiligen Geist ausgegossen hat – und das hat er –, dann kann das ganze Haus Israel ohne jeden Zweifel wissen, dass Jesus von Nazareth nicht nur der Messias ist: Er muss Gott sein.[102]

13. April

Die Bedeutung der Himmelfahrt des Herrn für unsere Freude

Textlesung: Johannes 16,17-33

Und an jenem Tag werdet ihr mich nichts fragen. Wahrlich, wahrlich, ich sage euch: Was ihr den Vater bitten werdet in meinem Namen, wird er euch geben. (V. 23)

Diese Verheißung muss natürlich in ihrem Kontext gelesen werden. Die Jünger baten ihn um Informationen zu verschiedenen Dingen. Aber im Hinblick auf seine Auferstehung und Himmelfahrt brauchten sie ihn um keinerlei Erklärung mehr zu bitten. Das unmittelbare Erleben dieser Dinge würde genügen. In einem weiteren Sinne gilt das für alle Gläubigen, obwohl sie den auferstandenen Herrn nicht leiblich gesehen haben. Sie müssen keine quälenden Fragen in Bezug auf die Himmelfahrt stellen. Sie brauchen auch keine Erklärungen mehr dafür, wie der Herr Jesus noch immer einen menschlichen Körper haben und sich in Gottes Gegenwart aufhalten kann, aber zugleich bei jedem Einzelnen seiner Menschen hier auf der Erde gegenwärtig ist. Der Gläubige weiß ohne Zweifel, dass diese Dinge wahr sind, weil er Gott kennt wie ein Kind seinen Vater. Wissenschaftler stellen z. B. Fragen zu Vögeln: Wie bringen sie es fertig zu fliegen? Woher wissen Vögel, wie sie zur richtigen Zeit an den richtigen Ort fliegen, auch wenn sie noch nie da gewesen sind? Die Vögel selbst dagegen brauchen sich solche Fragen nicht zu stellen. Ihr „Wissen“ dieser Dinge ist ein fester Bestandteil ihres Lebens als Vögel. Genauso verhält es sich mit Gläubigen: Da sie am Leben des auferstandenen Retters teilhaben, wissen sie instinktiv, dass das Zeugnis der Apostel wahr ist, dass die Auferstehung und Himmelfahrt Christi Tatsachen sind.

Den auferstandenen Christus und seine Rückkehr zum Vater selbst zu erleben machte jedoch einen nachhaltigen Unterschied für das Beten der Jünger. Sie waren es gewohnt gewesen, zu Gott zu beten. Doch niemals zuvor hatten sie irgendetwas im Namen Jesu von Gott erbeten – sie hätten Gott ja auch nicht im Namen irgendeines inzwischen verstorbenen Heiligen wie Mose oder Jeremia um irgendetwas gebeten. Als sie aber den auferstandenen Christus auffahren sahen, begriffen sie unter der Leitung des Heiligen Geistes allmählich, was es für ihn, der vom Vater ausgegangen war, bedeutete, zum Vater zurückzukehren. Sie würden noch feststellen: Wenn sie den Vater nun um Dinge baten, die Jesus sie zu bitten gelehrt hatte und um die sie daher in seinem Namen bitten konnten, so würde der Vater ihre Bitten erfüllen. Die Folge davon: Ihre Freude würde vollkommen sein. Diese Erfahrung würde ihnen zeigen: Jesus, der hier auf der Erde mit ihnen gelebt hatte, mit ihnen umhergezogen war und mit ihnen geredet hatte, dieser Jesus saß jetzt nicht nur an der Spitze und auf dem Thron des Universums. Er befand sich mitten im Herzen der Gottheit.[103]

14. April

Christus, unser Vorläufer

Textlesung: 3. Mose 23,9-14; Psalm 24

Dieser [Christus] aber hat ein Schlachtopfer für Sünden dargebracht und sich für immer gesetzt zur Rechten Gottes. (Hebr 10,12)

Es gibt eine weitere Facette der Auferstehung unseres Herrn, die es zu betrachten gilt. Was seinen Körper betrifft, so ist er die Erstlingsfrucht – er wird kommen, um uns zu holen und zur Herrlichkeit zu bringen. Doch er ist auch in einem anderen Sinne die Erstlingsfrucht: Er ist unser Vorläufer (vgl. Hebr 6,18-20). *Erstlingsfrucht* bedeutet, dass eine Ernte kommen wird. *Vorläufer* bedeutet, dass eine große Truppe kommt.

An der Art und Weise, wie man den Vorläufer behandelt, können Sie ablesen, wie die Truppe behandelt werden wird, wenn sie schließlich ankommt. Wenn der Präsident der Vereinigten Staaten nach China reisen will, dann taucht er dort nicht an irgendeinem beliebigen Nachmittag in der Hoffnung auf, dass die Chinesen ihn willkommen heißen werden. Würden sie ihn nicht willkommen heißen, wäre das ein herber Schlag. Deshalb trifft er Vorsichtsmaßnahmen, schickt einen Diplomaten – einen Vorläufer –, um die Chinesen vorzubereiten. Wenn dieser Vorläufer akzeptiert wird, kann der Präsident beruhigt kommen.

Christus ist von den Toten auferstanden und als Vorläufer für alle diejenigen bestätigt, die nach ihm kommen. Er hat das von dem Augenblick an kundgetan, als er in die Herrlichkeit eintrat: dass er nicht nur allein eintrat, sondern stellvertretend für die ganze große Ernte, die nach ihm kommt. Wie wurde er aufgenommen? Er wurde mit offenen Armen empfangen: „Wir haben einen solchen Hohen Priester, der sich gesetzt hat zur Rechten des Thrones der Majestät in den Himmeln ... Dieser aber hat ein Schlachtopfer für Sünden dargebracht und sich für immer gesetzt zur Rechten Gottes“ (Hebr 8,1; 10,12). In den vergangenen 2000 Jahren hat man ihn nicht gebeten, sich auch nur einen Zentimeter von dort wegzubewegen. Es ist tröstlich zu wissen, dass Gott, als er unseren Herrn Jesus Christus empfing, wusste, dass dieser stellvertretend für uns kam. Welch eine Erstlingsgabe! Welch ein Vorläufer!

In der antiken Welt schwenkten die Juden die Garbe der Erstlingsfrüchte vor dem Herrn. Das ist wie bei einem Kind – wenn es will, dass Sie sich etwas ansehen, und Sie nicht sofort hinschauen, wird es mit dem Gegenstand vor Ihnen hin und her wedeln. Gott wusste bereits, dass die Ernte kommt. Doch die Priester schwenkten trotzdem die Garbe vor ihm. Wir stehen hier in der Fremde und „schwenken“ Jesus Christus, unseren Herrn, vor Gott. Damit sagen wir: „Sieh ihn an. Ich komme ihm nach. Du hast ihn angenommen und in ihm auch mich.“[104]

15. April

Die zukünftige Herrlichkeit Christi

Textlesung: Lukas 9,26-36

Denn er empfing von Gott, dem Vater, Ehre und Herrlichkeit,
als von der erhabenen Herrlichkeit eine solche Stimme an ihn erging:
„Dies ist mein geliebter Sohn, an dem ich Wohlgefallen gefunden habe.“
(2Petr 1,17)

Das Gespräch zwischen Christus, Mose und Elia handelte von dem Ende, das Christus in Jerusalem nehmen würde. Es ging um die Tatsache, dass er die

Herrlichkeit auf dem Berg der Verklärung würde verlassen müssen, um in die verwahrloste, sündige Welt dort unten hinabzusteigen – und weiter nach Jerusalem und in den Tod. Der Sohn des Menschen musste diesen Weg gehen, so wie es vorherbestimmt war. Mose und Elia waren im Begriff zu verschwinden, als Petrus vorschlug, dass sie vielleicht besser nicht gehen sollten, sondern alle dort auf dem Berg blieben. Er schlug tatsächlich vor, drei Zelte zu machen – je eines für Christus, Mose und Elia –, um ihnen den Aufenthalt angenehm zu machen. Wie die anderen beiden Apostel hatte er geschlafen, sagt Lukas. Ihm war nicht bewusst, was er da sagte. Trotzdem war es ein äußerst unglücklicher Vorschlag. Damit stellte er nicht nur Mose und Elia auf eine Ebene mit Christus. Er behinderte und verzögerte auch den Weg, der von Ewigkeit her geplant worden und für den die Zeit nun gekommen war. Zu diesem Zeitpunkt, als Mose und Elia im Begriff standen wegzugehen, nachdem sie seinen Ausgang besprochen hatten, und Christus sich gerade umwandte, um den Berg hinabzusteigen und sich zu seinem Ende aufzumachen, erschien die Wolke. Jesus empfing von der „Majestätischen Herrlichkeit" persönlich die ungeheure Auszeichnung voller Ehre und Herrlichkeit: „Dieser ist mein auserwählter Sohn, ihn hört!" Dieser Ausgang war vom Vater nicht nur geplant worden: Christi Bereitschaft, ihn auszuführen, erfüllte das Herz des Vaters mit Freude und veranlasste ihn, den Sohn in dieser Weise zu ehren.

Als Petrus später in seinem Leben über dieses großartige Ereignis nachdachte, überzeugte es ihn von zwei Dingen. Erstens war der Tod Christi kein tragischer Unfall gewesen: All das war vor Grundlegung der Welt bekannt, ja, vorherbestimmt gewesen (vgl. 1Petr 1,20). Zweitens stellte die Schande des Kreuzes kein Hindernis dafür dar, dass Christus sein Königreich aufrichtet. Seine Bereitschaft zu leiden war der Grund für die Freude des Vaters, der Grund dafür, dass er Jesus die höchste Ehre zukommen ließ. Er hatte ihn nicht nur bereits von den Toten auferweckt und ihm Herrlichkeit verliehen: Eines Tages wird er vor dem gesamten Universum das tun, was er bereits auf dem Berg der Verklärung getan hatte. Er wird seinen Sohn verherrlichen und bestätigen: Christus wird nicht nur in seiner persönlichen Herrlichkeit wiederkommen, sondern in der Herrlichkeit des Vaters selbst und der heiligen Engel. Keine Herrlichkeit ist dem Vater zu groß, um dem Gekreuzigten Ehre zu erweisen.[105]

16. April

Autorität über die Macht Satans

Textlesung: Lukas 10,1-18

Die Siebzig aber kehrten mit Freuden zurück und sprachen: Herr, auch die Dämonen sind uns untertan in deinem Namen. (V. 17)

Die Siebzig kehrten von ihrer Mission zurück. Begeistert freuten sie sich über ihre Entdeckung: „Herr", so sagten sie „auch die Dämonen sind uns untertan in deinem Namen." Ohne dass sie es wussten, war dies die erste Formulierung eines Themas, das sich nach Pfingsten und der Himmelfahrt zu einem mächtigen Crescendo der Freude und des Lobes steigern sollte, als die ersten Christen die Bedeutung der Aufnahme Christi in den Himmel erkannten. „Der ist ... in den Himmel gegangen", sagt Petrus, „und Engel und Mächte und Kräfte sind ihm unterworfen" (1Petr 3,22). Gott hat ihn „zu seiner Rechten in der Himmelswelt gesetzt ..., hoch über jede Gewalt und Macht und Kraft und Herrschaft und jeden Namen, der nicht nur in diesem Zeitalter, sondern auch in dem zukünftigen genannt werden wird. Und alles hat er seinen Füßen unterworfen", sagt Paulus (Eph 1,20-22). Tatsächlich betrachtete Christus das, was in seiner Sendung an Israel geschah, als frühe Erfolge in einem Krieg, der darin enden würde, Satan vollständig aus dem Himmel zu vertreiben. „Ich schaute den Satan wie einen Blitz vom Himmel fallen", sagte er (Lk 10,18). Seine Vision war prophetisch, und den Christen nach Pfingsten war bewusst, dass sie noch immer kämpfen mussten gegen „die geistigen Mächte der Bosheit in der Himmelswelt" (Eph 6,12). Doch sie hatten keinen Zweifel daran, wie dieser Kampf ausgehen würde (vgl. Röm 16,20). Was sie so begeisterte wie einst die Siebzig, war Folgendes: Hier auf Erden durften sie die triumphale Autorität des Namens Christi ausüben. „Siehe, ich habe euch die Macht gegeben", sagte Christus, „über die ganze Kraft des Feindes, und nichts soll euch schaden" (Lk 10,19).

Was die Siebzig noch lernen mussten: Diese Macht würde sie nicht vor Leid, nicht einmal vor dem Martyrium bewahren. Sie bedeutete jedoch, dass nichts ihnen in dem Sinne zu schaden vermochte, dass es sie von Gottes Liebe hätte trennen können. In allen Dingen würden sie „mehr als Überwinder" sein; und der zweite Tod würde ihnen ganz gewiss nichts anhaben können (vgl. Röm 8,37; Offb 2,11)[106]

17. April

Die Erhöhung Jesu und das Problem des Bösen

Textlesung: Psalm 110

Denn nicht David ist in die Himmel aufgefahren; er sagt aber selbst: „Der Herr sprach zu meinem Herrn: Setze dich zu meiner Rechten, bis ich deine Feinde lege zum Schemel deiner Füße!" (Apg 2,34-35)

Vielleicht gab es trotz alledem in der Menschenmenge einige, die noch immer einen großen Einwand hatten: Wenn Jesus wirklich der Messias-König war, wo waren dann die Beweise für sein Königreich? Wann würde er dem Problem des Bösen ein Ende setzen? Und wenn er das nicht tat, wie konnte er der Messias sein? Solche Fragen treffen uns heute mit noch größerer Wucht als damals die Menschenmenge in Jerusalem. Etwa 2000 Jahre sind seit der Erhöhung Jesu vergangen. Doch wo gab es jemals irgendwelche ernst zu nehmenden Hinweise darauf, dass er auch nur versucht hätte, das Problem des Bösen zu lösen? Tatsächlich hat sich das Böse vielleicht im 20. Jahrhundert noch stärker ausgebreitet als in den Jahrhunderten davor: im Holocaust, in Stalins Säuberungsaktionen, auf den Schlachtfeldern von Kambodscha und in 1000 anderen Gräueltaten. Jesus hat offensichtlich keinen Versuch unternommen, das Böse auszumerzen. Wie ist es da glaubhaft, dass er zugleich Herr und Messias ist?

Wieder einmal halten die Psalmen die Antwort bereit. Es war nie ein Bestandteil von Gottes Plan, dass der Messias sofort nach seiner Erhöhung zur Tat schreiten und das Böse ausmerzen sollte. Die Einladung lautete: „Setze dich zu meiner Rechten, *bis* ich deine Feinde lege zum Schemel deiner Füße!" Es würde einen Zeitraum zwischen seiner Erhöhung und der Unterwerfung seiner Feinde geben. In dieser Zwischenzeit würde er zur Rechten Gottes sitzen und die Zeit seiner Wiederkunft abwarten. Erst dann würden seine Feinde zum Schemel seiner

Füße gemacht werden. Welch ein Erbarmen war es doch, dass diese Zwischenzeit Teil des Planes ist – natürlich um unser aller willen, aber besonders auch für die Menschenmenge, die Petrus damals umringte und zuhörte. Sie hatten den Mensch gewordenen Gott gekreuzigt. Nun war er zur höchsten Machtposition im Universum aufgestiegen. Was, wenn es diese Zwischenzeit nicht gegeben und er sich sofort daran gemacht hätte, das Böse auszumerzen? Wir befinden uns bereits in den letzten Tagen des gegenwärtigen Zeitalters, darauf macht Petrus uns aufmerksam. Die kosmischen Erschütterungen werden noch früh genug kommen, gefolgt von dem großen und strahlenden Tag des Herrn und dem Anbrechen des zukünftigen messianischen Zeitalters. Aber wir wollen Gott dankbar sein für die gegenwärtige Zwischenzeit.[107]

18. April

Unsere Zukunft ist sicher

Textlesung: Psalm 102,19-29

Die Söhne deiner Knechte werden wohnen bleiben,
ihre Nachkommen werden vor dir Bestand haben. (V. 29)

Der Schöpfer ist ewig. Doch der geschaffene Himmel und die geschaffene Erde sind nur vorläufig. Sie müssen eines Tages vergehen, werden weggetan. Wir Menschen sind Geschöpfe. Wie können wir da Gewissheit haben, dass der Schöpfer niemals einen Menschen verwerfen wird, der durch Glauben eine persönliche Beziehung zu Gott eingegangen ist? Sehen Sie hier die ausdrückliche und absolute Gewissheit! Der Schöpfer selbst ist Mensch geworden. Er ist in unsere vergängliche Welt in Raum und Zeit eingetreten mit der Vollmacht, uns ewiges Leben zu geben. Er hat gebetet, vom Tod errettet zu werden, um in der Gegenwart des Vaters mit der Herrlichkeit gekrönt zu werden, die er vor dem Beginn der Welt bereits gehabt hatte (Joh 17,1-5). Sein Gebet wurde erhört! Gott hat ihn von den Toten auferweckt, und Jesus hat sein Menschsein direkt ins Innerste der Dreieinigkeit getragen. Der ewige Schöpfer, der immer derselbe ist (Ps 102,28), ist nun für immer Jesus, der Mensch, geworden, „derselbe gestern und heute und in Ewigkeit“ (Hebr 13,8). Gott der Vater hat ihm mit den Worten von Psalm 102,29 zugesichert: „Die Söhne deiner Knechte werden wohnen bleiben, ihre Nachkommen werden vor dir Bestand haben.“ Oder in den Worten des Neuen Testaments: „Er hat uns mitauferweckt und mitsitzen lassen in der Himmelswelt in Christus Jesus, damit er in den kommenden Zeitaltern den überragenden Reichtum seiner Gnade in Güte an uns erweist in Christus Jesus“ (Eph 2,6-7). Denn das war es, was Gott im Sinn hatte, als er uns vor der Erschaffung dieser vergänglichen Welt in Christus erwählte (Eph 1,4).

Überdies wird keiner von denen, die an ihn geglaubt und für sein kommendes Königreich gelebt und gearbeitet haben, dieses Königreich verpassen – ganz gleich, in welchem längst vergangenen Jahrhundert er gelebt hat und gestorben ist. Denn diejenigen, die Christus gehören, werden bei seiner Ankunft lebendig gemacht werden (1Kor 15,22-23). Wenn der Herr in seiner Herrlichkeit erscheint und sein Königreich aufrichtet, wird Gott auch sie mit sich bringen (1Thes 4,13-18).[108]

Teil 10 – Unser großer Hoher Priester

19. April

Gott schenkt einen Hohen Priester

Textlesung: Hebräer 7,23–8,6

Denn ein solcher Hoher Priester passte auch zu uns: heilig, sündlos, unbefleckt, abgesondert von den Sündern und höher als die Himmel geworden. (7,26)

Angesichts von Israels Eigensinn und Unreinheit, der Schwachheit und Unvollkommenheit seiner Anbetung, war es barmherzig von Gott, dass er ihnen einen Hohen Priester und Mittler gab. Dieser Hohe Priester konnte zwischen ihnen und Gott vermitteln und in ihrem Namen Opfergaben vor Gott darbringen. Ein dünnes Goldschild, das Aaron auf der Stirn tragen musste, hatte die Aufschrift „Heilig für Jahwe" (NeÜ). Die Bedeutung dieser Worte war folgende:

> So sei es auf der Stirn Aarons, damit Aaron die Schuld der heiligen Dinge trägt, die die Söhne Israel heiligen werden, bei allen Gaben ihrer heiligen Dinge. Und es soll beständig an seiner Stirn sein zum Gefallen für sie vor dem HERRN. (2Mo 28,38)

Das waren keine leeren Worte. Ganz zu Beginn von Aarons Dienst nahmen zwei seiner Söhne seine Räucherschale. Sie legten Feuer hinein und Weihrauch darauf und brachten eigenmächtig Räucherwerk vor dem Herrn dar, was er ihnen nicht befohlen hatte. Es ging Feuer vom Herrn aus und verzehrte sie. Sie starben vor dem Herrn.

> Und Mose sagte zu Aaron: Dies ist es, was der HERR geredet hat: Bei denen, die mir nahen, will ich geheiligt und vor dem ganzen Volk will ich verherrlicht werden. (3Mo 10,3)

Für unser modernes Empfinden mag das barbarisch klingen. Das liegt allerdings daran, dass unsere moderne westliche Welt das Bewusstsein für die unendliche Herrlichkeit und Heiligkeit Gottes verloren hat. Wenn ein ansonsten vernünftiger Mensch sich einbildet, er könne ein Gemälde von Rembrandt verbessern, indem er Farbe darauf kleckst, wäre die kunstliebende Welt empört. Der lebendige Gott ist „ein verzehrendes Feuer". Wir müssen lernen, ihm unseren Dienst mit Ehrerbietung und Ehrfurcht zu erweisen (Hebr 12,28-29). Wenn wir diese Ehrfurcht verlieren, geschieht dies auf eigene Gefahr. Aaron selbst scheiterte irgendwann. Am Sinai war er dem Volk gegenüber zu nachgiebig (2Mo 32,1-5.21). Später vertrat er Gott in falscher Weise und zahlte den Preis dafür (4Mo 20,12-13.23-29). Damit wurde nur noch deutlicher, dass ein anderer Priester gebraucht wurde – nicht nach der aaronitischen Ordnung, sondern nach der Ordnung Melchisedeks.[109]

20. *April*

Warum wir einen Hohen Priester brauchen

Textlesung: Hebräer 9,11-28

[Er ist] nicht mit Blut von Böcken und Kälbern, sondern mit seinem eigenen Blut ein für alle Mal in das Heiligtum hineingegangen und hat uns eine ewige Erlösung erworben. (V. 12)

Viele von uns haben eine zu geringe Vorstellung vom Priesterdienst unseres Herrn. Wir reden von ihm in dieser Funktion so, als hätte er ein Ehrenamt inne, als würden wir ohnehin gerettet werden, selbst wenn er keinen Dienst als Hoher Priester täte. Das ist jedoch nicht wahr. Wir wären alle verloren, wenn wir keinen Hohen Priester hätten, der ständig und ununterbrochen für uns eintritt. Wir begannen unseren geistlichen Weg, als wir begriffen, dass sein Opfer alle Schuld unserer Sünde ausgeräumt hat. Darauf blicken wir voller Freude zurück. Doch sein errettender Dienst umfasst mehr als nur das. Es genügt nicht, sich lediglich auf den Weg der geistlichen Reise zu begeben. Aller Anfang ist vergeblich, wenn wir dann nicht den ganzen Weg weitergehen, um am Ende unser himmlisches Erbe anzutreten. Wie sollen wir also unseren Weg gehen? Wie können wir sicher sein, dass wir am Ende ankommen?

Die Antwort lautet: Weil wir einen Hohen Priester haben! Trotz unseres Versagens in der Vergangenheit gibt es durch ihn Erbarmen für uns vor Gottes Thron: Wir müssen unser Glaubensbekenntnis nicht aufgeben. Trotz der Versuchungen, die vor uns liegen – denn er weiß, was Versuchung bedeutet. Durch ihn wird es weiter Gnade geben, die uns in Zeiten der Not hilft. Er vermag uns *völlig* zu retten (7,25). Obendrein ist unser Hoher Priester selbst durch die Himmel gegangen (4,14). Er hat sich zur Rechten der Majestät in den Himmeln gesetzt (8,1). Das heißt: Er ist in den Himmel hineingegangen, er ist bereits dort angekommen, worauf wir noch zustreben. Aber er ist uns nicht einfach nur vorausgegangen, weil er sich vor uns auf den Weg gemacht hat und deshalb als Erster dort angekommen ist. Er hat den Himmel in unserem Namen als unser offizieller Vorbote betreten, der allen ankündigt, dass wir nachkommen werden. Und durch seinen Dienst als unser Hoher Priester ist garantiert, dass wir schließlich sicher dort ankommen werden (6,20).[110]

21. April

Die göttliche Berufung Christi zum Hohen Priester

Textlesung: Hebräer 7,1-22

Du bist Priester in Ewigkeit nach der Ordnung Melchisedeks. (V. 17)

Erinnern Sie sich nur daran, worüber wir hier gerade sprechen. Wir reden über ein Amt, das zu dem Zweck erfunden wurde, für ein unwissendes und verirrtes Volk zu sorgen. Es wurde eingesetzt, damit die Menschen trotz all ihrer Schwächen und Irrwege sicher auf ihrer geistlichen Reise den Weg nach Hause zu Gott im Himmel finden. Welche Bedeutung kommt diesem Amt zu, das für solch unwissende und eigensinnige Schwächlinge sorgen soll? Zu unserer Verwunderung stellen wir fest, dass es ein Amt von unermesslicher Bedeutung ist, und zwar in zweifacher Hinsicht. Erstens aufgrund der überragenden Herrlichkeit dessen, der das Amt einsetzt, des allmächtigen Gottes. Zweitens aufgrund der einzigartigen Beziehung zwischen Gott und demjenigen, dem dieses Amt übertragen wird. Die Proklamation der Verleihung dieses Amtes bringt beide Punkte zusammen. Derselbe, so merkt unser Verfasser an, der zum Messias sagte: „Mein Sohn bist du, ich habe dich heute gezeugt" (5,5), sagt außerdem: „Du bist Priester in Ewigkeit nach der Ordnung Melchisedeks."

Denken Sie außerdem einmal über die Herrlichkeit der feierlichen Ernennung nach. Psalm 2 beschreibt anschaulich den Triumph der Auferstehung und Himmelfahrt unseres Herrn: Jesus verkündet als Gottes König, den Gott selbst auf dem heiligen Berg Zion eingesetzt hat, vor dem gesamten Universum den göttlichen Erlass: „[Der Herr] hat zu mir gesprochen: ‚Mein Sohn bist du, ich habe dich heute gezeugt.'" Nun lauschen wir, während der Dichter von Psalm 110 den Kommentar zu diesem eindrucksvollen Ereignis übernimmt. Zunächst hören wir, wie der Herr, Gott der Allmächtige, die Einladungsworte an den aufgefahrenen Herrn und Messias richtet: „Setze dich zu meiner Rechten, bis ich deine Feinde gemacht habe zum Schemel deiner Füße!" (Ps 110,1). Im weiteren Verlauf der Zeremonie hören wir den Allmächtigen die große Vereidigung aussprechen: „Geschworen hat der HERR, und es wird ihn nicht gereuen: ‚Du bist Priester in Ewigkeit nach der Weise Melchisedeks!'" (Ps 110,4). „Priester für wen?", fragen wir. Denn unser Instinkt sagt uns: Wenn die Amtseinführung von einer so erhabenen Zeremonie begleitet wird, muss das Amt selbst von kosmischer Bedeutung sein; dann müssen seine Ziele unendlich wichtig und seine Nutznießer jenseits aller Berechnungen gesegnet sein.

„Für wen ist er also Priester?", fragen wir erneut. Folgende Antwort kommt zurück: „Für diejenigen, die auf den Retter vertraut haben." „Im Hinblick worauf?", fragen wir. „Dass er sie von ihrer Unwissenheit und ihren Irrwegen zu retten vermag – völlig zu retten, um sie schließlich ‚vor seine Herrlichkeit tadellos mit Jubel hinzustellen'" (vgl. Jud 24).[111]

22. April

Ein Hoher Priester über Gottes Haus

Textlesung: 2. Mose 28,6-43

So sei es auf der Stirn Aarons, damit Aaron die Schuld der heiligen Dinge trägt, die die Söhne Israel heiligen werden, bei allen Gaben ihrer heiligen Dinge. (V. 38)

Wir haben einen großen Priester, der ein Hoher Priester über Gottes Haus ist. Wenn die jungen israelitischen Priester ihre komplizierten Pflichten in den ehrwürdigen Höfen des Tempels lernten, muss es ihnen ein Trost gewesen sein, einen Hohen Priester zu haben. Er war der Experte und konnte ihnen genau zeigen, wie sie sich in Gottes Gegenwart zu verhalten hatten.

Gott sei Dank haben wir – wenn wir an den Ehrfurcht gebietenden Wohnort Gottes kommen – ebenfalls einen Hohen Priester, der uns an die Hand nimmt, uns am Hofe vorstellt, uns zum Lob und Gebet auffordert und anleitet. Er sagt uns, wie wir uns vor Gottes Majestät zu verhalten haben. Israels Hoher Priester trug auf seiner Mitra ein Schild aus reinem Gold, auf dem die Worte „Heilig für Jahwe" (NeÜ) eingraviert waren. Er tat das, so erklärt uns die Heilige Schrift, damit er „die Schuld der heiligen Dinge trägt, die die Söhne Israel heiligen werden". Dies „soll beständig an seiner Stirn sein zum Gefallen für sie vor dem HERRN" (V. 36-38). Genauso hat Christus sich für die Unvollkommenheit unserer Gebete und Anbetung verantwortlich erklärt – nur in einem viel umfassenderen Sinn. Er hat nicht nur die Schuld der Sünden getragen, die wir als Sünder begangen haben. Er hat auch unsere Sünden und Unvollkommenheiten als Heilige und Anbeter getragen. Deshalb dürfen wir mutig durch den Vorhang direkt in Gottes Gegenwart treten – nicht, weil wir es verdient oder eine fortgeschrittene Stufe der Heiligung erreicht hätten, sondern ungeachtet all unserer Unvollkommenheiten – einzig und allein durch Jesus Christus, unseren Herrn, Retter und Hohen Priester.[112]

23. April

Die Dimension des ewigen Priesteramtes

Textlesung: Johannes 13,33–14,7

Im Hause meines Vaters sind viele Wohnungen.
Wenn es nicht so wäre, würde ich euch gesagt haben:
Ich gehe hin, euch eine Stätte zu bereiten? (14,2)

Im alttestamentlichen Tempel Gottes in Jerusalem wurde der Dienst vor Gott nicht von allen Menschen in Gottes Volk wahrgenommen. Er war beschränkt auf die Mitglieder eines besonderen Stammes, des Stammes Levi. Die Leviten waren dazu ausgesondert und geweiht, im Namen der Laien als Priester zu wirken. Aufgrund ihrer Weihe wurden sie als besonders heilig betrachtet. Sie genossen das Privileg, Bereiche des Tempels zu betreten, die für Laien verboten waren. Doch in Christus sind alle solche Beschränkungen, Unterschiede und Privilegien abgeschafft. Nun sind alle Menschen in Gottes Volk Priester. Sie sind es bereits hier und jetzt: „Lasst euch auch selbst als lebendige Steine aufbauen, als ein geistliches Haus, ein heiliges Priestertum, um geistliche Opfer darzubringen, Gott hochwillkommen durch Jesus Christus!“ (1Petr 2,5). Alle Erlösten singen zusammen mit dem Apostel Johannes ihr Lob für Christus: „Dem, der uns liebt und uns von unseren Sünden erlöst hat durch sein Blut und uns gemacht hat zu einem Königtum, zu Priestern seinem Gott und Vater: Ihm sei die Herrlichkeit und die Macht von Ewigkeit zu Ewigkeit!“ (Offb 1,5-6). Allen Erlösten im Himmel wird die Verheißung zuteil:

> Darum sind sie vor dem Thron Gottes und dienen ihm Tag und Nacht in seinem Tempel ... und seine Knechte werden ihm dienen, und sie werden sein Angesicht sehen; und sein Name wird an ihren Stirnen sein. (Offb 7,15; 22,3-4)

Worte vermögen nicht auszudrücken, wie erhaben und großartig es ist, einen Platz im Hause des Vaters in der Höhe zu erhalten, die Auswirkungen davon werden vollkommen und ewig sein. Außerdem ist es etwas, das wir nicht aus eigener

Kraft schaffen oder erarbeiten müssen. Es ist ganz und gar Christi Werk. Unser Herr sagt uns all dies schon hier auf der Erde zu – nicht damit wir nachlässig werden, sondern mit exakt dem entgegengesetzten Ziel: um unsere Entschlossenheit zu fördern, heilig zu leben. Während wir noch inmitten von Prüfungen und Versuchungen stehen, immer wieder einmal stolpern und hinfallen, sollen wir wissen: Unser letztes Ziel ist gewiss. Wir brauchen niemals aufzugeben, niemals den Mut zu verlieren. Eines Tages werden wir dem Herrn Jesus gleichgestaltet werden. Eines Tages werden wir vollkommen heilig sein. Wir werden für immer bei ihm sein. Es wird ein Tag kommen, an dem unsere Hingabe an Gott niemals wieder weniger als vollkommen sein wird.[113]

24. April

Die Fürsprache Christi

Textlesung: Sacharja 1,1-17

Daher kann er die auch völlig retten, die sich durch ihn Gott nahen, weil er immer lebt, um sich für sie zu verwenden. (Hebr 7,25)

Woher soll nun die Initiative für Erweckung und Erneuerung kommen? Wir erfahren die Antwort, als diese schreckliche Stille von den Fürbitten durchbrochen wird; allerdings nicht von Israel, von denen viele in ihren Betten schnarchten. Es sind die Fürbitten dessen, den der Prophet hier als den Engel des HERRN beschreibt – von niemand anderem als dem, den wir als die zweite Person der Trinität bezeichnen.

Wir werden hier in der Tat mit etwas sehr Wunderbarem und sehr Heiligem konfrontiert. Wir hören nicht nur seine Fürsprache – von ihm, den wir in späteren Zeitaltern so zu lieben gelernt haben. Wir hören sogar den konkreten Inhalt seiner Fürbitte, als er bei Gott für sein Volk eintrat. Unser Herz stockt und unser geistlicher Puls beschleunigt sich. Wie viele Nächte, mein Bruder und meine Schwester, sind Sie erschöpft, besorgt, müde und niedergeschlagen zu Bett gegangen. Und als Sie, vielleicht voller Kummer, in den Schlaf gesunken waren, war in den himmlischen Höfen die Stimme Ihres großen Fürsprechers zu hören, der den göttlichen Vater anrief und mit ihm dessen Züchtigung in Ihrem Fall besprach und für Sie eintrat. Für eine Zeit neuer Kraft, neuer Anfänge, neuer Initiative und neuer Errungenschaften.

Wir verdanken seinem Einsatz für uns – und nicht unserem eigenen Eifer – viel mehr, als wir uns vorstellen können. Wir verdanken viel, viel mehr, als wir ahnen, dem Einen, der täglich für uns eintritt und das immer wieder neu tun wird. Und wenn wir – menschlich betrachtet – sehen, wie erfolgreich seine Fürbitten waren, was sollten wir angesichts dessen jetzt empfinden? Wir leben in Zeiten, in denen die zweite Person der Trinität längst Mensch geworden ist und aus eigener Erfahrung weiß, was Versuchung und Widerstand bedeuten. Er hat durch die Dinge, die er erlitt, Gehorsam gelernt. Er ist den Wettlauf gelaufen und weiß, wie viel Kraft es erfordert, ihn bis zum Ende zu laufen. Er hat das Kreuz erduldet und sitzt nun zur Rechten Gottes. Gott hat ihn uns gegeben – ihn durch göttlichen Eid für immer zu unserem Priester ernannt, nach der Ordnung Melchisedeks. Da es also von seiner Fürbitte abhängt, werden Sie ganz gewiss am Ziel ankommen. Stellen Sie sich vor, wie er gerade mit Gott Ihre persönliche Sache bespricht, und hören Sie dabei etwas unendlich Berührendes, wie er nämlich zum Vater fleht: „Wann wirst du dich ... erbarmen?“ (Sach 1,12; NeÜ).[114]

25. April

Dem, der euch zu bewahren vermag

Textlesung: Johannes 17,6-19

Dem aber, der euch ohne Straucheln zu bewahren und vor seine Herrlichkeit tadellos mit Jubel hinzustellen vermag, dem alleinigen Gott, unserem Retter durch Jesus Christus, unseren Herrn, sei Herrlichkeit, Majestät, Gewalt und Macht vor aller Zeit und jetzt und in alle Ewigkeiten! Amen. (Jud 24-25)

Wenn Sie an den Herrn Jesus glauben, dürfen Sie Folgendes wissen: Sie sind nur deshalb zum Glauben gekommen, weil der transzendente Herr des Himmels und der Erde sich zu Ihnen herabgebeugt und persönlich dafür gesorgt hat, dass Sie seine Stimme hören – wie beim kleinen Samuel im Tempel. Er hat

Sie beim Namen gerufen. Sie sind Gott selbst bekannt, persönlich und individuell von Gott selbst gerufen. Er wird Sie auch bewahren: „Dem aber, der euch ohne Straucheln zu bewahren und vor seine Herrlichkeit tadellos mit Jubel hinzustellen vermag" (V. 24).

Ich liebe diese Worte, die unser Herr betete, bevor sich das Dunkel von Gethsemane um ihn legte. Als er sein Lebenswerk und die Handvoll Männer betrachtete, die ihn umgaben, sagte er zu seinem Vater: „Von allen, die du mir gegeben hast, ist keiner verloren, als nur der Sohn des Verderbens, damit die Schrift erfüllt werde. Aber von all denen, die wirkliche Gläubige waren, habe ich keinen verloren." Dann wendet er sich mit großer Eindringlichkeit an seinen Vater und sagt: „Aber ich bin jetzt nicht mehr in der Welt, und ich muss dir die Aufgabe übergeben, sie zu bewahren. Ich komme jetzt zu dir. Heiliger Vater! Bewahre sie – bewahre du sie selbst!" (nach Joh 17,11-12).

Denken wir mal einen Moment darüber nach. Wenn der Herr Jesus in seinem Dienst sagen konnte: „Ich habe über sie gewacht, dass nicht einer von ihnen verloren ging" (NeÜ), sollte dann der Vater weniger tun als der Sohn? Sollte der Vater sie nicht mit derselben Hingabe und derselben Wirksamkeit, demselben Erfolg bewahren, wie der Herr Jesus sie auf der Erde bewahrte? Ja, das wird er tatsächlich. Und er wird auch Sie mit großer Freude in die Gegenwart seiner Herrlichkeit bringen! Die Zeit rückt näher.[115]

Teil 11 – Die Wiederkunft des Herrn

26. April

Das Kommen des Herrn bedeutet Freude für die Unterdrückten

Textlesung: Lukas 18,1-8

Gott aber, sollte er das Recht seiner Auserwählten nicht ausführen, die Tag und Nacht zu ihm schreien, und sollte er es bei ihnen lange hinziehen? (V. 7)

Für die Gottlosen wird das Kommen des Menschensohnes eine schwere Katastrophe sein. Für die Auserwählten Gottes hingegen ist die Gewissheit dieses Kommens eine wirklich gute Nachricht. Denn dann wird all das Unrecht, das sie erlitten haben, wiedergutgemacht werden. Zu allen Zeiten haben Gottes Auserwählte von Zeit zu Zeit Ungerechtigkeit und Verfolgung erdulden müssen. Die Leiden, die sie am Ende der Zeit kurz vor dem Erscheinen Christi ertragen müssen, werden jedoch von noch nie da gewesener Härte sein (vgl. Mt 24,21-22). Da ist es nur natürlich, dass sie zu Gott schreien werden – nicht nach Rache an ihren Feinden, sondern danach, dass Gott eingreift und all dem Übel ein Ende setzt, das von skrupellosen Einzelpersonen und Regierungen gegen sie begangen wird. Interessiert sich Gott etwa nicht für Gerechtigkeit und dafür, dass Gerechtigkeit geschieht?

Das Problem besteht also nicht darin, dass Christen zu Gott um Rache schreien. Es besteht darin, dass er schweigt, wenn sie schreien. Dass er scheinbar nichts tut, bis die Auserwählten Gottes am Ende versucht sind zu meinen, es hätte keinen Zweck, an Gott zu appellieren. Entweder hört er sie nicht, oder es ist ihm eigentlich egal. Dennoch beharrt Christus darauf: Es ist zwingend erforderlich, dass die Auserwählten Gottes beharrlich am Gebet festhalten und nicht aufgeben (vgl. Lukas 18,1). Denn aufzuhören zu beten würde bedeuten, Gottes Charakter anzuzweifeln. Der Richter in dem Gleichnis war böse und skrupellos genug; er scherte sich weder um Gott noch um Menschen. Doch selbst er gab angesichts des beharrlichen Flehens der Witwe schließlich nach. Sollten wir es da aufgeben, Gott anzuflehen, und ihn als herzloser und ungerechter hinstellen als den ungerechten Richter? Das Gebet aufzugeben wäre verheerend: Es würde implizieren, dass Gott, falls es ihn gibt, so wenig Interesse an Gerechtigkeit hat, dass wir keine begründete Hoffnung auf eine kommende Herrschaft der Gerechtigkeit auf Erden haben – auch nicht auf irgendeinen Himmel droben, in den es zu kommen sich überhaupt lohnt.

Eines Tages wird Gott seinen Auserwählten Gerechtigkeit verschaffen. Christus setzt seine Glaubwürdigkeit darauf. Gott wird eingreifen: Der Sohn des Menschen wird kommen. Der Gerechtigkeit wird Genüge getan werden. Aber wie wird er uns vorfinden – werden wir noch an Gottes Gerechtigkeit glauben (V. 8)? Wenn wir aufgehört haben zu beten, wie sollen wir ihm zufriedenstellend erklären, warum wir an seinem Charakter gezweifelt haben?[116]

27. April

Die Auferstehung des Lazarus und das Kommen des Herrn

Textlesung: Johannes 11,1-44

Dann nun sagte ihnen Jesus geradeheraus:
Lazarus ist gestorben; und ich bin froh um euretwillen,
dass ich nicht dort war, damit ihr glaubt;
aber lasst uns zu ihm gehen. (V. 14-15)

Die Auferstehung des Gläubigen wird nicht in Abwesenheit unseres Herrn geschehen. Er wird nicht auf dem Himmelsthron sitzen und plötzlich den Befehl geben, woraufhin alle Toten auferstehen. Die Auferweckung von Lazarus ist also ein Zeichen für die großartige Tatsache der Auferstehung und der Wiedervereinigung der Lebenden und der Toten bei der Ankunft des Herrn. Daher lesen wir davon, dass Marta und Maria ihm einen Brief schickten: „Herr, siehe, der, den du lieb hast, ist krank!“ Es war eine Bitte um Lazarus’ Genesung, um Heilung von seiner Krankheit. Aber unser Herr blieb fern und ließ Lazarus sterben. Und dann, als er kam, erweckte er ihn auf!

Welch ein einfaches Gleichnis das ist. Natürlich ist es ein Wunder, aber ein Gleichnis ist es auch. Es steht hier, um die Gläubigen auf seinen Weggang vorzubereiten. Er wurde gekreuzigt, auferweckt und fuhr auf, zurück in den Himmel. Was passiert nun, wenn Menschen, die wir lieben, krank werden? Selbstverständlich senden wir dem Herrn eine Botschaft, nicht wahr? „Herr, unser lieber Bruder Soundso wurde mit einem Herzinfarkt ins Krankenhaus eingeliefert.“ Wenn es dem Herrn gefällt, wird er ihm Genesung schenken. Oftmals tut er das auch. Aber nicht in allerletzter Konsequenz, oder? Habe ich unrecht, wenn ich sage, dass die meisten Gläubigen gestorben sind, seit der Herr in den Himmel aufgefahren ist? Ich will damit nicht abstreiten, dass der Herr unser Gebet manchmal erhört und die Menschen, die wir lieben, heilt, wenn sie krank sind. Das tut er. Letztlich werden wir jedoch alle irgendwann sterben – bis der Herr kommt. Das ist kein Grund zur Besorgnis. Schauen Sie sich das Muster an. Die Toten werden auferweckt und mit den Lebenden vereint werden, wenn der Herr kommt.

Dieses Zeichen für Marta, Maria und Lazarus ist auch ein Gleichnis für uns. Wir sollen nicht beunruhigt sein, wenn unser Herr in seiner Abwesenheit zulässt, dass die Menschen, die wir lieben, sterben. Dies enthält die Verheißung seiner Wiederkunft – und er wird gewiss wiederkommen![117]

28. *April*

Die Wiederkunft des Herrn

Textlesung: Lukas 17,20-37

Vorher aber muss er vieles leiden und verworfen werden von diesem Geschlecht. (V. 25)

Im Hinblick auf dieses Kommen sprach unser Herr zwei Warnungen aus. Erstens würden seine Jünger sich irgendwann nach seinem Erscheinen sehnen. Doch genau diese Sehnsucht könnte sie dazu verleiten, sich zu wünschen, er sei bereits gekommen, obwohl er es noch nicht war. Deshalb wies er sie noch einmal auf die Dummheit derer hin, die sagen würden: „Siehe dort!“ oder „Siehe hier!“ (V. 23). Nur lag die Dummheit diesmal anders als vorher. In Vers 21 war es dumm zu sagen: „Siehe hier!“, denn das, worauf angeblich gezeigt wurde, war per Definition unsichtbar. Hier in Vers 23 besteht die Dummheit darin, auf etwas hinzuweisen, das man in Wirklichkeit unmöglich übersehen konnte. Daher sollten die Jünger misstrauisch gegenüber allen Behauptungen sein, der Messias sei tatsächlich irgendwo gesichtet worden, oder das Königreich sei bereits gekommen. Wenn der Sohn des Menschen erscheint, muss niemand mehr darauf hingewiesen werden.

Die zweite Warnung war folgende: Vor seinem Erscheinen in Herrlichkeit würde er zuerst von seiner eigenen Generation abgelehnt werden müssen (vgl. V. 25-30). Wenn seine Jünger ihn schließlich leiden sähen, würde diese Vorhersage ihren Glauben stärken (24,6-8). Im Kontext dieser Unterhaltung dient die Aussage allerdings noch einem weiteren Zweck. Sie erklärt, warum die Welt trotz Generationen christlicher Predigten von der Wiederkunft überrascht werden wird. Die Formulierung „verworfen werden von diesem Geschlecht“ verweist konkret auf die Tatsache, dass seine eigene Generation seine Behauptungen, der Messias zu sein, prüfen und zurückweisen würde. So lange also Israel oder die Nationen diese Ansicht vertraten, würden sie allein schon deshalb die Möglichkeit seiner Rückkehr abstreiten – und daher überrascht und unvorbereitet sein, wenn sie dann eintritt.

Die Lektion wird hier anhand von zwei Analogien verdeutlicht. In „den Tagen Noahs“ glaubten die Menschen seiner Predigt nicht (vgl. 2Petr 2,5). Der Tag der Flut überrumpelte und vernichtete sie. In „den Tagen Lots“ verspotteten die Menschen Sodoms sein Zeugnis. An dem Tag, als Lot ging, kam Gottes Gericht zu ihrer Bestürzung tatsächlich über sie und vernichtete sie. In gleicher Weise wird nach einer langen Zeit des Warnens, das von der Welt größtenteils ignoriert wird, ein Tag kommen, an dem der Sohn des Menschen plötzlich und unerwartet erscheinen wird (Lk 17,30; 1Thes 5,3). Es wird ein Tag des apokalyptischen Gerichts sein (vgl. 2Thes 1,7-9; 2,8-12).[118]

29. April

Endgültige Rettung bei der Rückkehr des Herrn

Textlesung: 1. Mose 5,18-24; Hebräer 11,5-6; Matthäus 24,36-51

Und Henoch wandelte mit Gott; und er war nicht mehr da, denn Gott nahm ihn hinweg. (1Mo 5,24)

Henochs Entrückung in den Himmel, ohne dass er vorher gestorben war, erinnert uns an die letzte Etappe unserer Errettung, wenn der Herr kommt. Millionen Gläubige von überall auf der Welt werden in ähnlicher Weise in den Himmel entrückt werden, ohne zu sterben. „Wir werden nicht alle entschlafen, wir werden aber alle verwandelt werden, in einem Nu, in einem Augenblick, bei der letzten Posaune; denn posaunen wird es, und die Toten werden auferweckt werden, unvergänglich sein, und wir werden verwandelt werden" (1Kor 15,51-52).

So können wir eine Lektion von Henoch lernen. „Durch Glauben wurde Henoch entrückt, sodass er den Tod nicht sah." Was bedeutet „durch Glauben"? Woher weiß unser Autor, dass es durch Glauben geschah? Weil, so merkt er an, vor seiner Entrückung von Henoch gesagt wurde, dass er Gott gefiel. Da es unmöglich ist, Gott ohne Glauben zu gefallen (so argumentiert der Autor) – man kann ja nicht einmal zu Gott kommen, ohne zu glauben –, muss Henoch ein wahrer Gläubiger gewesen sein. Und weil er ein wahrer Gläubiger war, wurde er in den Himmel entrückt, ohne zu sterben.

Die Lektion an dieser Stelle ist klar: Das Kommen des Herrn rückt immer näher. Sollten wir noch am Leben sein, wenn er kommt, müssen auch wir wahre Gläubige sein, wenn wir entrückt werden wollen, um ihm in der Luft zu begegnen (1Thes 4,17). Wie zeigt sich aber, dass wir Gläubige sind? Indem wir jeden Tag mit Gott leben, beständig so leben, dass wir ihm gefallen. Der Apostel Johannes schreibt dies ebenso. Wenn der Herr erscheint, so sagt er, werden wir „ihm gleich sein ..., denn wir werden ihn sehen, wie er ist" (1Jo 3,2). Eine herrliche Hoffnung, doch dann fügt er hinzu: „Und jeder, der diese Hoffnung auf ihn hat, reinigt sich selbst, wie auch jener rein ist" (V. 3). Beachten Sie, dass es sich hier um eine Feststellung handelt, keine Ermahnung. Es ist eine Tatsache, dass jeder, der diese Hoffnung hat, sich selbst reinigt. Jeder, der ständig die eigene Reinigung vernachlässigt, beweist dadurch, dass er diese Hoffnung gar nicht hat. Er ist kein wahrer Gläubiger.[119]

30. April

Warten auf den Messias

Textlesung: Daniel 1,17-21; 6,2-11; Matthäus 25,14-30

Denn es ist wie bei einem Menschen, der außer Landes reiste, seine eigenen Knechte rief und ihnen seine Habe übergab. (Mt 25,14)

Obwohl Daniel davon überzeugt war, dass das Kommen des Messias die einzige Hoffnung für die Welt sei, lief er nicht vor dem Leben davon. Wenn man die historischen Kapitel seiner Aufzeichnungen liest, springt einem das sofort ins Auge. Als er in Babylon die Möglichkeit zu einem Universitätsstudium erhielt, sagte er nicht: „Nein, warum sollte ich mich um Bildung scheren? Der Messias kommt ja!" Er wollte diese Gelegenheit nutzen, die sich ihm in einer heidnischen Gesellschaft bot. Um Gottes willen, um seiner selbst willen, um seines Volkes willen war es das wert. Er rackerte sich ab, Akkadisch (keine einfache Sprache) sowie Keilschrift und Verwaltungsangelegenheiten zu lernen. Weite Teile dieser Ausbildung basierten zwar auf merkwürdigen Mythologien. Trotzdem hielt er es für lohnenswert zu lernen, was diese Menschen glaubten. Als man ihm später eine Stelle im öffentlichen Dienst anbot, nahm er sie an. Er muss sehr fleißig gewesen sein, denn er gelangte zu hohem Ansehen. Er war Berater verschiedenster Könige Babylons. Als die Perser die Macht übernahmen, wurde er für kurze Zeit sogar der Leiter der persischen Verwaltung. Nein, er lief nicht vor dem Leben davon.

Ich könnte sofort hinzufügen: Der Glaube, dass die einzige Hoffnung für die Welt im Kommen Christi besteht, ist kein Vorwand dafür, vor dem Leben davonzulaufen. Nicht einmal jetzt! Warum lief er nicht vor dem Leben davon? Er selbst macht deutlich: Auch wenn der Messias noch jahrhundertelang nicht kommen sollte, so war das Leben doch trotzdem lebenswert. Wenn wir uns den täglichen Angelegenheiten des Lebens stellen, im Hier und Jetzt (im Geschäftlichen, in der Schule, in der Fabrik, in der Anwaltskanzlei oder überwiegend zu Hause), und dies unter der Herrschaft Gottes tun, stellen wir uns dem Hauptziel des Lebens. Dieses vorübergehende Leben ist uns als Zeit gegeben, in der wir uns auf das ewige Leben vorbereiten.

Daniel wurde gesagt, dass der Messias erst Jahrhunderte später kommen würde. Er sagte daraufhin nicht: „Dann lohnt es sich nicht zu leben." Er gab sich diesem Leben hin – in Gottesfurcht –, weil er wusste und glaubte, dass ihm dieses Leben gegeben war, um ihn auf die Begegnung mit Gott vorzubereiten. Auch wenn der Messias erst in Jahrhunderten kommen würde, wusste Daniel, dass er am Ende seines kurzen Lebens einmal vor Gott stehen würde.[120]

Die Reise eines Jüngers

Teil 1 – Wo wir beginnen: unsere Rechtfertigung und Erlösung

1. Mai

Erlösung als ein Geschenk

Textlesung: Psalm 50,1-9

Auch wird er nicht von Menschenhänden bedient,
als wenn er noch etwas nötig hätte,
da er selbst allen Leben und Odem und alles gibt. (Apg 17,25)

Schon in frühester Zeit, so deutet das Alte Testament an, brachte Gott den Menschen bei, Opfer für Sünden darzubringen. Diese Opfer waren nie als Zahlungen an Gott gedacht, um sich seine Vergebung zu erkaufen. Und sie waren definitiv nicht als Bestechungen gedacht, die ihn dazu bringen sollten zu vergeben. Es handelte sich vielmehr um göttlich eingesetzte Symbole, die die Menschheit lehrten, dass Sünde nicht vergeben werden kann, ohne dass die Strafe dafür bezahlt wird. Die Tieropfer selbst haben diese Strafe niemals bezahlt: Sie waren nur Symbole und Vorboten für den großen „Preis der Sünde", den Gott selbst eines Tages in der Person Christi am Kreuz bezahlen würde. In ähnlicher Weise verfügte Gott, dass die Menschen Tiere und andere Dinge als Opfergaben bringen konnten, um ihm gegenüber ihre Dankbarkeit für seine vielen Gaben zum Ausdruck zu bringen. Und wieder waren diese Opfergaben nur symbolisch; keine von ihnen stellte eine Bezahlung an Gott für die geschenkten Gaben dar.

Viel später setzte sich in Israel allmählich die subtile Vorstellung durch, dass man mit diesen Sündopfern Gott doch irgendwie für seine Vergebung bezahlen würde und damit Gottes Segen erkaufen könnte. Dagegen protestierte Gott: „Ich nehme keinen Stier aus deinem Haus, noch Böcke aus deinen Hürden. Denn mein ist alles Getier des Waldes ... Wenn mich hungerte, ich würde es dir nicht sagen; denn mein ist die Welt und ihre Fülle" (Ps 50,9-12). Sie können Gott nicht mit Münzen bezahlen, die ihm ohnehin gehören. Eine solche Vorstellung ist ganz offensichtlich falsch.

Raffiniertere Versionen dieses grundlegenden Denkfehlers haben auch das Christentum heimgesucht. Eine davon ist folgende: Wenn wir gut sind, sammeln wir Verdienste an, die wir dann benutzen können, um Gottes Vergebung oder einen Platz im Himmel zu bekommen. Eine weitere ist diese: Unsere Arbeit oder Hingabe im Dienst für Gott kann irgendwie ein Bestandteil von Christi Opfer für Sünde werden und so dazu beitragen, Vergebung für uns zu erwirken.

All das ist nichts weiter als eine raffinierte Formulierung der heidnischen Vorstellung, die Paulus in Athen entlarvte. Das Traurige daran ist, wie sie das Herz und den Charakter des wahren Gottes missversteht und falsch deutet. Gott ist kein Geschäftsmann. Er verkauft uns geistlich bankrotten Sündern weder seine Liebe noch seine Vergebung. Auch unsere Errettung können wir nicht erkaufen. In seiner Liebe schenkt er sie uns kostenlos. Mit der Metapher des Kaufens hebt er lediglich hervor, dass wir keinen Preis zu zahlen haben: „Auf, ihr Durstigen, alle, kommt ... Ja, kommt, kauft ohne Geld und ohne Kaufpreis Wein und Milch!" (Jes 55,1).[121]

2. *Mai*

Die Waschung der Wiedergeburt

Textlesung: Titus 3

Er rettete uns, nicht aus Werken, die, in Gerechtigkeit vollbracht, wir getan hätten, sondern nach seiner Barmherzigkeit durch die Waschung der Wiedergeburt und Erneuerung des Heiligen Geistes. (V. 5)

Allein die Beschreibung dieser anfänglichen Erfahrung des Heils führt zwei Gedanken ein. Zunächst handelt es sich dabei um eine Waschung, eine Reinigung von allem Bösen und Unreinen. Zweitens ist es eine Wiedergeburt, die Einpflanzung eines neuen Lebens, einer neuen Lebensordnung. Der Heilige Geist reinigt uns, indem er uns dazu bringt, das Falsche und Böse in unseren sündigen Einstellungen und Begierden zu sehen. Er lässt uns die Unreinheit spüren und führt uns so zur Buße und Abkehr davon. Darüber hinaus bringt er uns zur Einsicht, dass wir ungeachtet all unserer Bemühungen, uns selbst zu verbessern, diese bösen Kräfte in uns selbst nicht ausmerzen können: Wir brauchen einen Retter. Insgeheim schreien wir in unserem Herzen: „Ich unglückseliger Mensch! Gibt es denn niemand, der mich aus dieser tödlichen Verstrickung befreit? Ich tue nicht das Gute, das ich tun will, sondern das Böse, das ich nicht will" (vgl. Röm 7,15-25; NeÜ). Und der Heilige Geist bringt uns an den Punkt, dass wir bereit sind, all die Veränderungen in unserem Lebensstil zu akzeptieren, die sein müssen, wenn wir Christus von nun an als Retter und Herrn unseres Lebens annehmen wollen.

Aber Christus belässt es nicht dabei. Auch ermahnt er uns nicht einfach, von nun an gute Werke zu tun und ein christliches Leben zu führen. Seine Vorkehrungen für unsere Heiligung sind viel radikaler als das. Er pflanzt das Leben von Gottes Heiligem Geist in uns ein – ein völlig neues und makellos reines Leben, wie wir es nie zuvor besaßen. Es ist wirklich ein neues Leben – mit neuen Kräften, neuen Sehnsüchten und neuen Fähigkeiten, um so zu leben, dass es Gott gefällt. Denn es ist das Leben von Gottes Geist höchstpersönlich. Das bedeutet nicht, dass ein Mensch, sobald er dem Retter vertraut und das neue Leben von Gottes Geist empfängt, sogleich vollkommen sündlos wird. Es bedeutet jedoch, dass es nun in diesem Menschen ein Leben gibt, das die Macht hat, sich zu erheben und die falschen Sehnsüchte und Einstellungen seines sündigen Herzens zu überwinden. Es ist so, als würde man eine Eichel in eine Gruft pflanzen. Sie wird den Leichnam, der darin liegt und verwest, nicht verbessern. Doch aus dieser Eichel wird inmitten all dieser Zersetzung ein neues Leben wachsen, etwas, das dort zuvor nicht war – kräftig, stark, vollkommen rein und schön.[122]

3. Mai

Gottes Urteil über die Sünde zustimmen

Textlesung: Josua 5,13–6,21

Und wenn der HERR, dein Gott, sie vor dir dahingibt, und du sie schlägst, dann sollst du unbedingt an ihnen den Bann vollstrecken. Du sollst keinen Bund mit ihnen schließen noch ihnen gnädig sein. (5Mo 7,2)

Als Gott Israel ins Land Kanaan brachte, bestand er darauf, dass das Volk sich ihm in der Vollstreckung seines Urteils über diese bösen Städte anschloss. Warum tat er das Ihrer Meinung nach? Gott hätte es nicht auf diese Art tun müssen. Er hätte zu den Israeliten sagen können: „Bleibt ihr mal in einer der Oasen wie Kadesch-Barnea. Dort gibt es jede Menge Palmen und wunderschönes Wasser. Ihr könnt für ein paar Monate hierbleiben, während ich meinen seit langer Zeit angedrohten Zorn über die bösen Städte Kanaans bringe."

Er hätte dieselbe Methode wie in Sodom und Gomorra anwenden und sie vernichten können. Nach der Reinigung des ganzen Ortes hätte er dann sein Volk ins Verheißene Land bringen können. Doch das tat er nicht. Als Gott seinen Zorn über die Städte Kanaans mit all ihrer Bosheit ausführte, sagte er zu Israel: „Du wirst mit mir kommen und es selbst tun. Obendrein wirst du mir darin zustimmen, dass es richtig ist, es zu tun."

Ich mache die Erfahrung, dass es viele Leute gibt, die bekennende Christen sind, aber keine Heilsgewissheit in ihrem Herzen haben. Schon vor langer Zeit bin ich zu folgendem Schluss gelangt: Einer der Gründe dafür besteht darin, dass sie diesen anfänglichen Schritt in ihrer Bekehrung umgangen haben. Er steht jedoch direkt am Eingang – das ist unser Jericho. Es bedeutet, Gottes Urteil zuzustimmen, dass wir alle gesündigt haben, und zwar nicht nur in der Vergangenheit. Ganz gleich, wie lange wir leben, es wird weiterhin wahr bleiben, dass wir Gottes Herrlichkeit ermangeln. Gott wird sein Gesetz nicht beugen. Die in seinem Gesetz festgeschriebene Strafe muss ausgeführt werden. Wenn Gott daher sagt, niemand könne durch Einhaltung des Gesetzes gerettet werden, so diskreditiert er damit nicht sein Gesetz. Er erhält es vielmehr aufrecht. Kein „Gib dein Bestes, und wenn du am Ende hinter den Erwartungen zurückbleibst, wird Gott gnädig sein." Das ist Unsinn. Auf dem Prinzip, dass irgendetwas irgendwie dann doch noch hinhaut, kann man keinen Himmel bauen.[123]

4. Mai

Rahab und die wahre Buße

Textlesung: Josua 2

Wie ihr euch von den Götzen zu Gott bekehrt habt,
dem lebendigen und wahren Gott zu dienen und seinen Sohn
aus den Himmeln zu erwarten, den er aus den Toten auferweckt hat –
Jesus, der uns rettet von dem kommenden Zorn. (1Thes 1,9-10)

Gottes Gericht über Jericho war hart. Aber Rahab und ihre ganze Familie wurden gerettet, mitsamt allen ihren Freunden, die sich in ihrem Haus versammelten. Aus welchem Grund wurden sie gerettet, als der Rest von Jericho zugrunde ging? War Rahab besser als die anderen? Wohl kaum – sie war die Stadtprostituierte. Aus welchem Grund wurde sie gerettet? Wie entkam sie Gottes Gericht? Warum wurde sie in Gottes Volk eingegliedert und kam gemeinsam mit diesem für den Rest ihres Lebens in den Genuss des Erbes? Die Bibel gibt uns darauf folgende Antwort: „Durch Glauben kam Rahab, die Hure, nicht mit den Ungehorsamen um, da sie die Kundschafter in Frieden aufgenommen hatte" (Hebr 11,31).

Es geschah einfach durch Glauben. Sie hatte keine guten Werke, die sie hätte vorbringen können, nur eine befleckte Vergangenheit. Doch sie wandte sich von den Götzen zu Gott, um dem lebendigen und wahren Gott zu dienen und auf ihn zu hoffen. Während die Truppen Gottes vor den Mauern aufmarschierten, wusste sie, dass sie immer wieder kommen würden und dass Josua die Stadt zerstören würde. In ihrem Herzen wusste Rahab: Sie würde gerettet werden, weil sie Gottes Wort geglaubt hatte. Aber der Apostel Jakobus sagt, dass Rahab durch ihre Werke gerechtfertigt wurde: „Ist aber nicht ebenso auch Rahab, die Hure, aus Werken gerechtfertigt worden, da sie die Boten aufnahm und auf einem anderen Weg hinausließ?" (Jak 2,25).

Ich glaube ebenso das, was Jakobus hier sagt – wurde Rahab nicht etwa durch ihre Werke gerechtfertigt? Natürlich, aber durch welche Werke? Sie nahm die Spione in Frieden auf und zeigte dadurch, dass ihre Buße echt war. Sie verließ die Seite Jerichos, die Seite ihrer Mitbürger und des Königs. Sie lief über auf die Seite des Volkes Gottes. Sie nahm die Spione auf, glaubte Gottes Wort und erklärte ihre Loyalität zu Gottes Volk. Es war eine wirkliche Bekehrung. Um das deutlich zu machen, band sie die Schnur im Fenster ihres kleinen Hauses oben auf der Mauer fest.

Das ist Erlösung: Die Tatsache zu akzeptieren, dass das Gericht kommt, und sich einzugestehen, dass wir es verdienen. Dadurch bestätigen wir Gottes Gesetz. Es bedeutet, Buße zu tun, anzuerkennen, dass wir uns nicht selbst retten können, und unser Vertrauen auf den Retter zu setzen, indem wir die Verheißung annehmen, die garantiert, dass wir vor dem kommenden Zorn gerettet werden. Indem wir uns zu Gottes Volk stellen und sein Wort in unseren Herzen verankern, zeigen wir, dass unsere Buße echt ist.[124]

5. Mai

Erst empfangen, dann Werke

Textlesung: 1. Mose 17

Und Abram war 99 Jahre alt, da erschien der HERR dem Abram und sprach zu ihm: Ich bin Gott, der Allmächtige. Lebe vor meinem Angesicht, und sei untadelig! (V. 1)

Kürzlich saß ich mit einem meiner Kollegen beim Abendessen. Er erzählte von Vertretern der verschiedensten Religionen, die an seine Haustür geklopft und ihre Waren angeboten hatten. Als sich die Gelegenheit ergab, fragte ich: „Ist dir aufgefallen, dass es einen Unterschied gibt zwischen dem wahren christlichen Glauben und allen anderen Religionen?" Es war ihm nicht aufgefallen, daher musste ich es ihm sagen. Es gibt viele verschiedene Arten und Formen davon, aber es läuft immer auf dasselbe hinaus. Die Religion sagt: „Arbeitet an eurem Heil, diszipliniert euch, tut dies, tut jenes, tut dieses andere auch noch;

und dadurch werdet ihr vielleicht nach langer Zeit euer Ziel erreichen." Religion ist eine Frage des *Tuns*.

„Aber du wirst feststellen", sagte ich, „dass Christus dir, wenn du zu ihm kommst, das Heil als ein kostenloses Geschenk anbietet." Darin besteht der große Unterschied. „Denn der Lohn der Sünde ist der Tod, die Gnadengabe Gottes aber ewiges Leben in Christus Jesus, unserem Herrn" (Röm 6,23).

Es ist also ein Leichtes, den Unterschied zwischen wahrem Christentum und Religion auszumachen. Die Religion sagt: Tue, erarbeite, verdiene, erreiche. Christus sagt: *„Komm und erhalte ein Geschenk!"*

Sogleich erwiderte mein Kollege: „Das kann nicht sein! Wenn die Errettung ein Geschenk ist, dann kann man ja einfach hingehen und tun, was man will!" Es ist verständlich, dass unerlöste Menschen so reden. Aber es ist nicht wahr. Wenn wir tatsächlich Gott glauben und in eine persönliche Beziehung zu ihm eintreten, dann beginnt etwas Neues. Vom Gläubigen wird verlangt, dass er jetzt vor Gott lebt – ohne jegliche Auszeit! Von dieser heiligen Beschäftigung gibt es keinen Urlaub. Wir sind ständig auf dem Weg zu Gott und leben in Gemeinschaft mit ihm. Gott hält uns dieses Ziel vor Augen: „Lebe vor meinem Angesicht, und sei untadelig!"

Bitte beachten Sie jedoch, in welcher Reihenfolge diese Dinge stehen! Gott sagte nicht zu Abraham: „Ich möchte, dass du versuchst, perfekt vor meinem Angesicht zu leben. Und wenn du es schaffst, werde ich dich am Ende annehmen." Es war andersherum: „Ich habe dich bereits angenommen. Lebe daher vor meinem Angesicht und sei vollkommen." Es gibt diese beiden Teile. Aber sie stehen in der gerade beschriebenen Reihenfolge. Es ist wichtig, dass wir das von Anfang an sehen. Die Errettung als ein Geschenk zu empfangen bedeutet nicht, dass wir danach die Freiheit haben, so zu leben, wie es uns gefällt. Errettung zu empfangen heißt, in eine Beziehung mit Gott einzutreten, die von da an jeden Augenblick aktiv gelebt werden soll.[125]

6. Mai

Die Rechtsgrundlage unserer Heiligung

Textlesung: Römer 6

Da wir dies erkennen, dass unser alter Mensch mitgekreuzigt worden ist, damit der Leib der Sünde abgetan sein soll, dass wir der Sünde nicht mehr dienen. Denn wer gestorben ist, ist freigesprochen von der Sünde. (V. 6-7)

Dort steht nicht „geheiligt", sondern „freigesprochen". Beachten Sie bitte diesen Begriff und widerstehen Sie jeglicher Versuchung, eine andere Bedeutung in ihn hineinzulesen als die, die er dort hat. Was bedeutet: „Wer gestorben ist, ist *freigesprochen* von der Sünde"?

Nun, nehmen wir einmal an, Sie hätten einen Mord begangen und wären in den alten Zeiten verurteilt worden, als auf Mord noch die Todesstrafe stand. Dem Gesetz wäre erst Genüge getan, wenn Sie gehängt würden. Falls Sie irgendwie aus dem Gefängnis fliehen könnten, würde das Gesetz Sie um die ganze Welt verfolgen, bis es Sie schließlich einholen und darauf bestehen würde, dass die Strafe bezahlt wird. Wäre die Strafe dann bezahlt (und Sie hingerichtet), würde das Gesetz Sie nicht mehr verfolgen. Sie wären *freigesprochen*. Warum? Nun, weil die Strafe bezahlt wäre. Das ist Freispruch durch Bezahlung der Strafe.

„Denn wer gestorben ist, ist freigesprochen von der Sünde." Wenn es wahr ist, dass Christus den Schriften gemäß für unsere Sünden gestorben ist und die Strafe des Gesetzes bezahlt hat, hat das Gesetz nun nichts mehr gegen uns in der Hand. Wir sind freigesprochen. Ich will Ihnen mal etwas erzählen. Man sagt, dass es oben im Himmel ein Buch gibt, in dem alle Taten und Sünden jeder einzelnen Person aufgezeichnet sind, die jemals gelebt hat (vgl. Offb 20,12). Also steht dort auch mein Name auf der Liste. Würden Sie nicht gerne in den Himmel gehen und (wenn Sie könnten) den Erzengel und den das Protokoll führenden Engel bestechen, um nur einen Blick in dieses Buch zu werfen? „Schlag bitte unter dem Buchstaben G nach. Wir würden gerne die Wahrheit über diesen Typen erfahren, der hier sitzt und uns belehren will. Ich wage zu behaupten, da gibt es ein paar verborgene Dinge und rote Tinte überall." Nun, all das würden Sie sehen. Und was für eine traurige Liste das wäre! Wenn Sie dann jedoch das Gesetz fragen würden, was es dagegen zu tun plane, würde es Sie anschauen und sagen: „Ist alles durchgestrichen. Sehen Sie nicht? Er ist tot."

Sie würden sagen: „Das ist merkwürdig. Letzten Samstagmorgen habe ich ihn noch gesehen (und er hat mal wieder zu viel geredet). Was meinen Sie damit: ‚Er ist gestorben'?"

„Nun", sagt da das Gesetz, „soweit ich weiß, ist er gestorben, weil er Christus angenommen hat. Und was mich betrifft, ist er ebenfalls gestorben, als Christus starb." Was für eine ungeheure Erleichterung für meinesgleichen zu wissen: „Denn wer gestorben ist, ist freigesprochen von der Sünde." Und das bildet die Grundlage unserer praktischen Heiligung.[126]

7. Mai

Freimütigkeit zum Eintritt ins Heiligtum

Textlesung: 2. Mose 27,1-8; 30,17-21; Hebräer 10,19-25

So lasst uns hinzutreten mit wahrhaftigem Herzen in voller Gewissheit des Glaubens. (Hebr 10,22)

Mit voller und uneingeschränkter Freimütigkeit und mit einem aufrichtigen Herzen in der völligen Gewissheit des Glaubens sollen wir uns nähern und das Allerheiligste betreten. Wie es den Heiligen Geist erfreut, die Freimütigkeit hervorzuheben, mit der jeder wahre Gläubige das Allerheiligste betritt! Es versteht sich von selbst, dass solch eine Freimütigkeit keine Vermessenheit ist. Sie beruht auf Gottes eigener Gabe. Für die Priester im alten Israel gab es eine doppelte zeremonielle Reinigung, die Gott angeordnet hatte. Es gab die Reinigung durch tatsächliches Blut am Altar und die Reinigung durch tatsächliches Wasser am Waschbecken. Wir haben die doppelte Realität dessen, wofür die Reinigungen Israels nur symbolisch standen.

Erstens sind unsere Herzen mit dem Blut Jesu besprengt worden (nicht tatsächlich, natürlich, sondern nur metaphorisch) und so von einem schlechten Gewissen gereinigt worden. Das ist Rechtfertigung. Wir müssen unser schlechtes Gewissen nicht unterdrücken oder es in irgendeiner Weise in uns hineinfressen.

Wenn unser Gewissen sieht, dass Gottes Zorn gegen uns in gerechter Weise besänftigt und die Strafe für unsere Sünden vollständig bezahlt worden ist, so verliert es zu Recht alle Angst und kann sich Gott mit völliger Freimütigkeit und in Frieden nähern.

Zweitens ist unser Körper in reinem Wasser gebadet worden (wiederum nicht tatsächlich, sondern metaphorisch). Er wurde nicht mit Wasser *besprengt* (so wie unser Gewissen mit Blut besprengt wurde), auch nicht mit Wasser abgespült, sondern vollständig im Wasser gebadet. Das griechische Wort für „baden" ist dasselbe, das in Johannes 13,10 verwendet wird, wo unser Herr sagt: „Wer gebadet ist, hat nicht nötig, sich zu waschen, ausgenommen die Füße, sondern ist ganz rein." Wiederum handelt es sich hier freilich um bildhafte Sprache. Unser Herr redet von dieser anfänglichen, vollständigen und endgültigen Heiligung, die geschieht, wenn jemand in wahrer Buße und wahrem Glauben dem Retter vertraut. Er redet hier weder von der Taufe (eine große Taufe am Anfang und dann viele kleine Taufen danach!?) noch von tatsächlichem Wasser – egal, ob gewöhnlichem oder heiligem. Als unser Herr aufgrund dieses einmaligen Bades im Wasser hinzufügte: „Ihr seid rein, aber nicht jeder von euch", wusste er, wer ihn verraten würde, und deshalb sagte er, dass nicht jeder rein sei. Offensichtlich meinte er jedoch nicht: „Ihr seid alle getauft worden, außer Judas." Judas war zweifelsohne zusammen mit dem Rest getauft worden. Doch er war nicht „vollständig gebadet" worden; er war nicht geheiligt worden. Jeder wahre Gläubige hingegen schon. „Aber ihr seid abgewaschen", sagt Paulus, „aber ihr seid geheiligt, aber ihr seid gerechtfertigt worden durch den Namen des Herrn Jesus Christus und durch den Geist unseres Gottes" (1Kor 6,11).[127]

8. Mai

Die Errettung des Einzelnen

Textlesung: Apostelgeschichte 16

Und eine Frau mit Namen Lydia, eine Purpurkrämerin aus der Stadt Thyatira, die Gott anbetete, hörte zu; deren Herz öffnete der Herr, dass sie achtgab auf das, was von Paulus geredet wurde. (V. 14)

Als Paulus Philippi verließ, hatte sich zumindest schon der Kern einer Gemeinde gebildet. Lukas erwähnt nirgendwo, was er gewiss bereits wusste, als er später die Apostelgeschichte zusammenstellte – dass dieser Kern nämlich später zu einer kräftigen Gemeinde heranwuchs, die bedeutend zur Evangelisation Europas und Kleinasiens beitrug. Stattdessen konzentrieren sich 95 Prozent seiner Erzählung in diesem Abschnitt auf zwei Einzelpersonen – Lydia und den Kerkermeister. Die erste Hälfte der Episode gipfelt in der Bekehrung Lydias und der Einquartierung von Paulus und seinem Team in ihrem geräumigen Haus (16,6-15). All die aufregenden Einzelheiten der zweiten Hälfte gipfeln nicht darin, dass die Hauptleute genötigt waren zu kommen und Paulus und Silas persönlich aus dem Gefängnis zu führen und sie dann zu bitten, die Stadt zu verlassen. Welch ein armseliger Höhepunkt wäre das! Nein, die Höhepunkte der zweiten Hälfte sind die Bekehrung des Kerkermeisters und die ausgesprochen frohmachende Mitternachtsszene: „Und er führte sie hinauf in sein Haus, ließ ihnen den Tisch decken und jubelte mit seinem ganzen Haushalt" (16,34). Seit der Geschichte von Kornelius (Kap. 10) hat sich die Erzählung nicht mehr so eingehend mit der Bekehrung einzelner Personen beschäftigt.

Hierin finden wir also unsere erste Lektion: Anhand der Proportionen innerhalb von Lukas' Erzählung erfahren wir auch etwas über Gottes Maßstäbe. Gott liebt die ganze Welt. Er ist nicht uninteressiert an der Eroberung ganzer Kontinente und Länder durch das Evangelium. Dieser Abschnitt wird uns schließlich berichten, dass infolge von Paulus' Lehre in Ephesus alle Juden und Griechen in der Provinz Asien das Wort des Herrn hörten (19,10). Was jedoch die Errettung angeht, so denkt Gott nicht in Kontinenten und Menschenmassen: Er interessiert sich für den einzelnen Menschen. Er kennt sie alle persönlich – ihr Herz, ihre

Wünsche, ihre Sehnsüchte. Er kennt ihre Arbeit, ihre Unternehmen, ihre Familien und ihre Reisen. Er weiß ganz genau, wer sie sind. Tatsächlich hat er „die Grenzen ihrer Wohnung bestimmt ... dass sie Gott suchen, ob sie ihn vielleicht tastend fühlen und finden“ (17,26-27). Er kennt diejenigen, die ihn tatsächlich suchen. Und er belohnt ihr Suchen.[128]

9. Mai

Individuelle und kosmische Erlösung

Textlesung: Römer 8,18-30

Wie werden wir entfliehen, wenn wir eine so große Rettung missachten? (Hebr 2,3)

„Erlösung“ und „gerettet werden“ sind Konzepte, die oftmals sogar aufrichtig religiöse Menschen in Verlegenheit bringen. In ihrem Kopf assoziieren sie sie mit den Mysterienkulten der antiken Welt oder mit den vielfältigen Kulten der Moderne.

Der Verfasser des Hebräerbriefs will ihnen zeigen, dass es an der Erlösung oder an dem Retter, der sie ermöglicht hat, nichts gibt, wofür man sich schämen müsste. Erlösung, wie er sie beschreibt, betrifft definitiv den Einzelnen auf der persönlichen Ebene. Doch sie ist bei Weitem keine kleine, individuelle, private Angelegenheit. Wenn er von „einer so großen Rettung“ redet, so denkt er an Gottes Plan für „den zukünftigen Erdkreis“ (2,5). Dabei handelt es sich um einen Plan, der eines Tages die ganze Schöpfung von ihrer Knechtschaft unter die Vergänglichkeit befreien wird. Er wird sie wieder der vollkommenen Kontrolle erlöster Menschen unterstellen, die selbst mit ihrem Schöpfer versöhnt worden und durch den Glauben an Christus Jesus Kinder Gottes geworden sind. Sie sind zur moralischen und geistlichen Übereinstimmung mit dem Sohn Gottes erzogen worden und gereift (vgl. Röm 8,18-30). Der Autor des Hebräerbriefs spricht davon, Menschen von dem Gefühl der Bedeutungs- und Wertlosigkeit zu befreien, das so viele von ihnen beherrscht. Von der Angst und Sinnlosigkeit, die sie plagen und das Leben zu einer Art Knechtschaft machen. Von der Gewalt, dem Missbrauch und der Krankheit, die ihre Körper erniedrigen und demütigen. Er spricht davon, den Menschen die Vision und die Hoffnung für das noble Ziel zurückzugeben, für das Gott die Menschheit ursprünglich erschaffen hat – und dass sie dieses Ziel eines Tages auch tatsächlich erreichen.

Es ist vielleicht nicht das Schlimmste, was man über Menschen sagen kann, aber vielleicht das Traurigste, dass viele von ihnen keine echte Hoffnung haben. Ohne Hoffnung wird das Leben zur Sackgasse. Sie glauben nicht an Gott. Sie kennen kein befriedigendes Ziel und keinen Sinn für ihr Leben oder für die Welt, nach dem sie streben könnten. Sie kennen auch keine glaubwürdige Messiasfigur, die entweder sie oder die Welt an dieses Ziel bringen könnte. Sie sind, wie das Neue Testament es formuliert, „ohne Christus ... hatten keine Hoffnung und waren ohne Gott in der Welt" (Eph 2,12). Doch selbst wenn viele Menschen ihre Hoffnung verloren haben, so hat Gott doch die Hoffnung für die Menschheit nicht aufgegeben! In der kommenden Welt wird Gottes ursprüngliches Ziel vollständig erreicht werden. Tatsächlich ist dieses Ziel im Menschen Jesus bereits weit fortgeschritten in Richtung Erfüllung.[129]

10. Mai

Rettung vor den Naturgewalten

Textlesung: Lukas 8,22-25

Er aber sprach zu ihnen: Wo ist euer Glaube? (V. 25)

Zugegeben, die Angst der Jünger war natürlich und instinktiv. Aber wo blieb ihre Logik? Wenn Jesus wirklich der war, für den sie ihn sogar in dieser frühen Phase ihrer Erfahrung hielten, so hätte ihr Verstand ihnen sagen müssen, dass der göttliche Plan zur Erlösung der Menschheit nicht gefährdet war, nur weil ein plötzlicher Sturm den lange verheißenen Messias im Schlaf überrascht hatte und er so irrtümlicherweise umkommen würde. Angst funktioniert jedoch wie eine mächtige Abrissbirne für jegliche Logik. In jedem Fall waren sie noch immer Lernende: Sie glaubten sowohl Johannes als auch Jesus und akzeptierten seine

Wunder als Bestätigung seines Anspruchs, der Messias zu sein; dennoch waren sie überrascht, dass er auch Herr über die Naturgewalten war.

Für unsere eigenen logischen Fehlschlüsse und Glaubensfehltritte haben wir weniger Entschuldigung, wenn wir entweder im einen Extrem Jesus zwar als Mensch gewordenen Gott bekennen, dann aber die vorliegende Geschichte geringschätzig als bloßes „Naturwunder" abtun, oder im anderen Extrem Jesus als Herrn des Universums bekennen und dann befürchten, er hätte uns und unsere Umstände einfach vergessen.

Wir leben in einem Universum, das dem menschlichen Leben in tödlicher Feindschaft entgegensteht: Nur das Wunder der Schöpfung und der göttlichen Erhaltung bewahrt unseren Planeten und seine wunderbaren Anpassungen und Vorkehrungen zum Fortbestand menschlichen Lebens. Auf unserer Erde bedrohen und zerstören Wind, Wellen, Blitze, Stürme, Flut, Trockenheit, Lawinen, Erdbeben, Feuer, Hitze, Kälte, Keime, Viren und Epidemien von Zeit zu Zeit das Leben. Früher oder später wird eins davon möglicherweise uns selbst zerstören. Die Geschichte der Sturmstillung soll uns natürlich nicht sagen, dass Christus niemals zulassen wird, dass irgendein Gläubiger ertrinkt oder durch irgendeine andere Naturkatastrophe umkommt. Viele Gläubige sind auf diese Weise umgekommen. Diese Geschichte beweist jedoch, dass er der Herr über die physischen Kräfte im Universum ist, dass für ihn nichts zufällig passiert und dass keine Kraft in der gesamten Schöpfung seinen Plan für unsere ewige Errettung zunichtemachen kann – nichts kann uns von Gottes Liebe trennen, die in Christus Jesus, unserem Herrn, ist (vgl. Röm 8,38-39).[130]

11. Mai

Erlösung von einer gebrochenen Schöpfung

Textlesung: Offenbarung 7,13-17

Sie werden nicht mehr hungern, auch werden sie nicht mehr dürsten, noch wird die Sonne auf sie fallen noch irgendeine Glut. (V. 16)

Siegreich durch die große Bedrängnis kommend ruft diese große Menge mit lauter Stimme: „Die Rettung kommt von unserem Gott, von dem, der auf dem

Thron sitzt, und dem Lamm!" (V. 10; NeÜ). Worin besteht der Grund ihrer Errettung? Was wird ihre Errettung beinhalten? Die Verse 14-15 sagen uns: „Diese sind es, die aus der großen Bedrängnis kommen, und sie haben ihre Gewänder gewaschen und sie weiß gemacht im Blut des Lammes. Darum sind sie *vor dem Thron Gottes*". Das ist die Grundlage ihres *Status*. Nun sagen Sie: „Aber sie sind nicht im Himmel, oder? Das ist ein irdisches Volk." Ob sie nun im Himmel oder auf der Erde sind – achten Sie auf ihren theologischen Status. Sie sind „vor dem Thron". Hier geht es nicht nur um eine lokale Position, sondern darum, dass sie vor ihm sind und in seiner Gegenwart stehen. Sie sind von denen zu unterscheiden, die zu den Bergen rufen, sie mögen sie bedecken (6,16). Denn sie stehen vor dem Thron und sind *angenommen*.

Jetzt werden ein paar wunderbare Dinge gesagt, die für die Schöpfung von Bedeutung sind: Sie „dienen ihm Tag und Nacht in seinem Tempel [sie sind also in seinem Tempel]; und der auf dem Thron sitzt, wird über ihnen wohnen. Sie werden nicht mehr hungern, auch werden sie nicht mehr dürsten, noch wird die Sonne auf sie fallen noch irgendeine Glut" (V. 15-16). Welch eine wunderbare Verheißung!

Ihnen wird auffallen, dass sich die Beschreibung auf die geschaffenen Kräfte im Universum bezieht – weder Hunger noch Durst noch die Sonne oder irgendeine Glut soll sie treffen. Es bringt nichts, unsere Augen vor der Tatsache zu verschließen, dass die Schöpfung einer Menge Menschen geschadet hat – und das nicht nur in Form eines tatsächlichen Sonnenstichs. Dies ist eine gefallene Schöpfung. Menschen quält nicht nur körperlicher Durst, es gibt auch einen tieferen Durst. Die Natur schreit nach der Erfüllung ihrer eigenen Sehnsucht, aber wenn das Leben sie nicht erfüllt, erzeugt das einen fast unerträglichen Durst; Wind und Wellen und Sonne verursachen Tod, Behinderung und Krankheit. Die Schöpfung hat Menschen geschadet, denn wir leben in einer gebrochenen Welt. Die Erlösung wird uns nicht nur vor dem Zorn Gottes retten. Eines Tages wird der, der auf dem Thron sitzt, seine erlösten Gläubigen in seiner Gegenwart bergen. Die Sonne wird ihnen nicht mehr schaden. Auch werden sie keinen Durst mehr leiden. Derjenige, der das Universum gemacht hat, wird das Universum darauf ausrichten, ihnen wieder zum Segen zu sein. Keine der Kräfte im Universum wird ihnen mehr schaden.[131]

12. Mai

Wer erlöst wird, muss eine Reise antreten

Textlesung: 2. Mose 12

So aber sollt ihr es essen: eure Lenden gegürtet, eure Schuhe an euren Füßen und euren Stab in eurer Hand; und ihr sollt es essen in Hast. Ein Passah für den HERRN ist es. (V. 11)

Alle, die vor dem Zorn Gottes gerettet werden wollten, mussten das Passahlamm essen. Alle, die davon aßen, mussten losziehen und sich auf den Weg machen. Sie konnten das Mahl nicht einfach irgendwie essen. Sie mussten ihre Schuhe anziehen, ihren Gürtel anlegen, ihren Stab in die Hand nehmen und bereit zur Abreise sein. Denn noch an diesem Tag würden sie ihre Reise in Richtung des Erbes antreten.

Wir sollten uns klarmachen, dass diese beiden Teile des Plans untrennbar miteinander verknüpft waren. Es gibt kein Evangelium, das besagt: Hauptsache vom Zorn Gottes verschont bleiben. Versuchen Sie sich einmal vorzustellen, wie unwahrscheinlich (ja, wie unmöglich) es für Mose gewesen wäre, ein solches Evangelium zu predigen.

„Liebe Mitisraeliten, wie euch bekannt ist, ist es am wichtigsten, dass ihr euch vor Gottes Zorn in Sicherheit bringt. Dann, falls ihr möchtet und Interesse habt, gibt es noch einen weiteren Kurs für Fortgeschrittene! Wenn ihr erst einmal aus Ägypten raus seid, könntet ihr vielleicht darüber nachdenken, ihn zu belegen. Im zweiten Kurs geht es darum, dass ihr Ägypten hinter euch lasst und die Reise ins Gelobte Land antretet. Natürlich gilt: Wenn euch das nicht interessiert, dann ist das auch in Ordnung. Aber Hauptsache ist, dem Zorn Gottes in Ägypten zu entgehen."

Nein, definitiv nicht! Das predigte Mose nicht, aus dem guten Grund, weil es ein solches Evangelium nicht gibt. Das gab es nie und wird es auch nie geben. Das Evangelium ist, dass Gott herabgekommen ist, um sie zu befreien und in das Land zu bringen, in dem Milch und Honig fließen. Und zwischen diesen beiden liegt eine Reise. Wenn Sie den einen Teil wollen, nehmen Sie damit automatisch auch den anderen mit. Man kann nicht das eine ohne das andere haben. Im selben

Augenblick, wenn ich Christus als Opfer für meine Sünde annehme, erkläre ich damit, dass ich mein Ägypten verlasse und meine Reise antrete.

Und so sprach Petrus zu den Gläubigen seiner Zeit von diesem Tag, indem er sie ermahnte zu verstehen, was es bedeutet, „mit dem kostbaren Blut Christi" erlöst zu sein (1Petr 1,19). Er sagt: „Ich flehe euch an, liebe Brüder, bereitet euch innerlich auf die Reise vor" (vgl. V. 13). Ziehen Sie sich die Jacke aus! Denken Sie einmal gründlich nach und überlegen Sie logisch, was die Konsequenzen sind, wenn Sie auf Christus als Ihrem großen Passahlamm vertrauen! Denn vor Ihnen liegt eine Reise, und alle, die erlöst sind, müssen diese Reise antreten.[132]

13. Mai

Die Zusicherung, dass wir die Herrlichkeit der Heiligkeit erreichen werden

Textlesung: Römer 5,1-11

Durch ihn haben wir auch freien Zugang zu der Gnade bekommen, in der wir jetzt leben. Das geschah im Glauben. Und die Hoffnung, mit der wir nun der Herrlichkeit Gottes entgegengehen dürfen, erfüllt uns mit Freude und Stolz. (V. 2; NeÜ)

Beim Studium von Römer 5–6 entdecken wir: Bevor Gott uns erklärt, wie er uns nun heilig machen wird und welche praktischen Schritte er gehen will, um uns ihm ähnlich zu machen, nimmt sich Gott zunächst einen Moment Zeit, um uns etwas viel Grundlegenderes zuzusichern. Er versichert uns, dass jeder, der an den Herrn Jesus Christus glaubt, völlig sicher in der Liebe Gottes geborgen ist und dass diese Sicherheit nicht von seinen geistlichen Fortschritten abhängt. Gott hat uns um Christi willen angenommen. Er wird uns niemals hinauswerfen oder im Stich lassen.

Er versichert uns das durch dieses wunderbare Argument, das der Heilige Geist gegenüber allen verwendet, die zu Christus gehören (5,1-11). Der Heilige Geist gießt Gottes Liebe in ihr Herz hinein. Er argumentiert folgendermaßen: Wenn Gott Sie schon geliebt hat, als Sie noch ein Sünder waren – sogar so sehr, dass er seinen Sohn für Sie gab –, dann ist es noch viel gewisser, dass Gott Sie nun, da Sie sein Kind geworden sind, erst recht nicht im Stich lassen wird. Deshalb können wir uns zuversichtlich freuen: Wir werden „durch ihn vom Zorn gerettet werden“ (V. 9); wir werden „durch sein Leben gerettet werden“ (V. 10). Und, was sogar noch großartiger ist: Wir werden die „Herrlichkeit Gottes“ erlangen (V. 2).

Mir persönlich gefällt der Ausdruck „die Herrlichkeit Gottes". Hier spricht Gott davon, was wir eines Tages sein werden, wenn er uns vollkommen heilig gemacht hat. Manchmal verstehen wir jedoch unter Heiligkeit etwas Negatives: dieses oder jenes nicht mehr zu tun und hierhin oder dorthin nicht mehr zu gehen. Für uns scheint Heiligkeit so etwas wie ein Eisschrank zu sein – ein todesnaher Zustand –, in dem es so viele Dinge gibt, die wir nicht tun, sodass wir fast überhaupt nichts mehr tun. Das entspricht nicht der biblischen Vorstellung von Heiligkeit! Hier beschreibt Gott vollkommene Heiligkeit als die Herrlichkeit Gottes! Sie umfasst das Wunder und die Schönheit seines Lebens – die erhabene Herrlichkeit des pulsierenden, ewigen Lebens Gottes – etwas unglaublich Positives! *Das* ist der Zustand, in den Gott uns unbedingt versetzen will. Bevor wir in der Schule Christi den langen und herausfordernden Kurs in Heiligkeit belegen, ermutigt Gott uns durch die Gewissheit, dass wir sie eines Tages tatsächlich erreichen werden. Wir werden die Herrlichkeit Gottes erlangen. Und in der Zwischenzeit sollen wir wissen: Wenn wir wirklich Christus gehören, hängt unsere Annahme bei Gott nicht von unseren Fortschritten ab – nicht einmal von unseren Fortschritten in der Heiligkeit.[133]

14. Mai

Das Geheimnis der Heiligkeit

Textlesung: Römer 7

So seid auch ihr, meine Brüder, dem Gesetz getötet worden
durch den Leib des Christus, um eines anderen zu werden,
des aus den Toten Auferweckten, damit wir Gott Frucht bringen. (V. 4)

Obgleich es eine echte Rechtsgrundlage für christliche Heiligkeit gibt, liegt der Kern der Sache jedoch hier. Das Geheimnis eines heiligen Lebens besteht darin, es zu einer Herzenssache werden zu lassen. Ich meine damit eine Herzenssache zwischen Ihnen und dem, der Sie zutiefst liebt.

Sind Sie jemals einem frisch verheirateten oder frisch verliebten Pärchen begegnet? Sie hat seine Hosen gebügelt und sich intensiv damit beschäftigt, was er sich zum Geburtstag wünscht. Er hat eingehend die Blumensorten studiert, die ihr gefallen. Zuvor hätte er das niemals getan – er war ein brummiger, alter Junggeselle. Aber jetzt geht es um eine Herzensangelegenheit. Er will ihr gefallen und sie ihm. Die beiden würden die schrägsten Dinge tun (nun, das sollte ich nicht sagen!). Sie würden die *wunderbarsten* Dinge tun, nur um dem anderen zu gefallen!

So hat sich Gott ein heiliges Leben vorgestellt. Nicht so, dass ich versuche, irgendeine schwierige Regel zu halten, sondern als eine Herzensangelegenheit zwischen mir und Christus. Sie können das für sentimental halten, wenn Sie wollen. Aber es bedeutet z. B. zu sagen: „Lieber Herr, gibt es irgendetwas an mir, das du gerne verändert sehen möchtest? Und überhaupt war das heute ziemlich daneben von mir, oder? Es tut mir wirklich leid. Aber ich kann mich nicht selbst verändern. Würdest du mich bitte in deine starken Arme nehmen und dein Leben in mich hineinlegen, sodass ich deine Frucht für Gott hervorbringen kann?"

Es gibt einen Teil unserer Persönlichkeit, der niemals abgetreten werden sollte – an niemanden! Denn die menschliche Persönlichkeit ist in ihrem innersten Wesen etwas Wunderbares. Gott hat sie Ihnen gegeben. Seien Sie Sie selbst. Lassen Sie niemals irgendjemanden unbefugt in diesen inneren Bereich Ihrer Persönlichkeit eindringen! Nur einen. Ihr geliebter Herr, der Sie von Herzen liebt, lädt Sie ein, ihm Eintritt in dieses Heiligtum Ihrer Persönlichkeit zu gewähren. Paulus formuliert das folgendermaßen: „Ich bin es noch, doch nicht mehr ich. Es ist Christus in mir. Es ist eine Herzensangelegenheit, dadurch bin ich stark und voll von seinem Leben geworden, sodass ich Frucht für Gott hervorbringe" (vgl. Gal 2,20).[134]

15. Mai

Heiligkeit ist sowohl positiv als auch negativ

Textlesung: 3. Mose 10

Denn ihr sollt unterscheiden zwischen dem, was heilig, und dem, was nicht heilig ist, zwischen dem, was rein, und dem, was unrein ist. *(V. 10; NeÜ)*

Wenn wir das dritte Buch Mose fragen, was Heiligkeit ist, wird es uns als Antwort verschiedene Aspekte von Heiligkeit zeigen. Ein solcher Aspekt betrifft all die Regeln und Vorschriften, die körperliche, geistliche und moralische Unreinheit verbieten. Es gibt die Verbote „Du sollst nicht ... und wenn du es doch tust, musst du von der damit einhergehenden Unreinheit gereinigt werden." Das ist die negative Seite von Heiligkeit.

Heutzutage ruft diese negative Seite des christlichen Glaubens in den Menschen nicht gerade Freudenausbrüche hervor. Halb entschuldigt man sich dafür und versucht, die positive Seite des christlichen Glaubens hervorzuheben. In mancher Hinsicht ist das gut. Doch auch die negative Seite der Heiligkeit ist wichtig. Wir sollten froh darüber sein, dass sich Gott gegen alle Unreinheit wendet, so wie wir froh darüber sind, dass Ärzte eine sehr negative Haltung zu Keimen haben. Und wir hoffen, dass das immer so sein wird und dass in Krankenhäusern niemals freizügige Zeiten Einzug halten. Stellen Sie sich nur einmal einen Arzt vor, der im Begriff steht, einen Blinddarm zu operieren, und sagt, er sähe die Sache mit Keimen nicht ganz so eng wie seine Vorväter. Ich denke, wir ziehen es vor, dass Ärzte eine starke negative Haltung zu Keimen und unreinen Dingen haben. Wir dürfen niemals zulassen, dass die Haltung des gegenwärtigen Zeitalters sich bei uns persönlich oder in unsere Gemeinden einschleicht. Gottes Ruf lautet: „Seid heilig, denn ich bin heilig" (vgl. 1Petr 1,16). Er hat eine äußerst negative Haltung zu physischen oder geistlichen Keimen.

Doch Heiligkeit ist nicht nur negativ. „Du ... sollst deinen Nächsten lieben wie dich selbst" (3Mo 19,18). Dieses zweite der zwei großen alttestamentlichen Gebote sagt uns: Eines der Hauptmerkmale von Heiligkeit besteht darin, dass wir voll herzlicher Liebe sind und eine positive Haltung gegenüber unseren Nächsten haben.

„Er aber sprach zu ihm: ‚Du sollst den Herrn, deinen Gott, lieben mit deinem ganzen Herzen und mit deiner ganzen Seele und mit deinem ganzen Verstand.‘ Dies ist das große und erste Gebot. Das zweite aber ist ihm gleich: ‚Du sollst deinen Nächsten lieben wie dich selbst‘“ (Mt 22,37-39).

Seinen Nächsten wie sich selbst zu lieben bedeutet viele verschiedene Dinge. Z. B.: „Du sollst nicht als ein Verleumder unter deinen Volksgenossen umhergehen“ (3Mo 19,16). Das würde allem Klatsch und Tratsch ein Ende setzen. In allem, was wir tun, sollten wir denken: „Würde ich wollen, dass jemand das mit mir macht, dass er so eine Geschichte über mich erzählt, dass er so mit mir um den Preis feilscht?“ Wenn wir das bei uns nicht mögen, sollten wir es auch nicht mit unseren Nächsten tun. Wir sollen unseren Nächsten wie uns selbst lieben.[135]

16. Mai

Heiligkeit bedeutet Freiheit, dem Herrn zu dienen

Textlesung: 2. Mose 6

Ich bin der HERR, euer Gott, der ich euch aus dem Land Ägypten herausgeführt habe, damit ihr nicht ihre Sklaven sein musstet. Und ich habe die Stangen eures Joches zerbrochen und euch aufrecht gehen lassen. (3Mo 26,13)

Das ist nun eine weitere Seite der Heiligkeit. Was für ein schönes und anschauliches Bild: Gott sah sein Volk in Ägypten mit gebeugtem Rücken wegen der Sklaverei. Er befreite die Menschen, weil er sich wünschte, dass sie heilig sein sollten. Was bedeutete Heiligkeit hier für sie? Sie bedeutete, dass sie nun als freie Menschen durchs Leben gehen konnten, aufrecht und mit erhobenem Haupt. Sie waren nicht länger Sklaven. Durch Gottes Gnade waren sie endlich frei!

Gott will uns von der Knechtschaft der Schuld befreien. Aber er will uns auch in allen Angelegenheiten des alltäglichen Lebens frei machen. Frei von diesen Haltungen, die uns zu Sklaven unserer Häuser, unserer Pflichten oder unserer Geschäfte machen. Er will uns aufrecht gehen lassen, damit wir uns in seiner

Gnade und Kraft sicher fühlen. Nicht als Sklaven der Schuld unserer Vergangenheit oder der Aufgaben der Gegenwart, sondern als freie Männer und Frauen. Das bedeutet nicht, dass wir faul sein sollten. Gott ist auch nicht faul. Erinnern wir uns in aller Ehrfurcht daran, dass er nicht für seinen Lebensunterhalt arbeiten muss. Was er tut, das tut er aus reiner Freude daran. Er wird die ganze Ewigkeit mit seinen herrlichen Aktivitäten füllen. Aber er macht sich niemals selbst zum Sklaven einer Sache. Und er will, dass wir Folgendes lernen: Das Geheimnis eines wirklich heiligen Lebens besteht darin, nicht zum Sklaven zu werden.

Aus diesem Grund hatte Gott verfügt, dass für Israel sieben große Feiertage über das ganze Jahr verstreut waren. Sie bildeten sieben Anlässe, an denen die Israeliten ihre tägliche Arbeitsroutine hinter sich lassen und ausruhen sollten – nicht, indem sie mit ihren Kindern an den Strand gingen, sondern indem sie sich Zeit nahmen, um zur Ruhe zu kommen, über Gott nachzudenken und bei Gott zu sein. Es gibt einen wiederkehrenden Satz in all den Einzelheiten bezüglich dieser Feiertage: Sie durften „keinerlei Werktagsarbeit tun“ (z. B. in 3Mo 23,7-8; ZB). Und vor den Details zu den sieben Feiertagen wird ein kleiner Abschnitt eingeschoben, in dem Gott sie an den wöchentlichen Ruhetag, den Sabbat, erinnert. Er wollte ihnen etwas vermitteln, als er ihnen sagte, sie sollten den wöchentlichen Sabbat einhalten, und auch, als er ihnen sagte, sie sollten jedes Jahr sieben Feiertage einhalten, an denen sie keine Alltagsarbeit verrichten sollten.[136]

17. Mai

Wahre Heiligkeit

Textlesung: Apostelgeschichte 9,20-35

Darum „richtet auf die erschlafften Hände und die gelähmten Knie“, und „macht gerade Bahn für eure Füße!“, damit das Lahme nicht abirrt, sondern vielmehr geheilt wird. (Hebr 12,12-13)

Die Lähmung war echt und die Heilung ein physisches Wunder. Aber wir liegen nicht weit daneben, wenn wir annehmen, dass auch dieses Wunder physischer Heilung, das unser Herr bewirkte, eine tiefere Lektion vermittelt.

Die Heilung von Äneas war zunächst eine Demonstration übernatürlicher physischer Kraft, die die Wirklichkeit des auferstandenen Christus verkündigte. Aber natürlich war sie mehr. Sie beinhaltete nicht das stillschweigende Versprechen, dass jeder Gelähmte oder Tetraplegiker sofort geheilt wird, wenn er Christ wird. Die weitere Geschichte hat das gezeigt. Doch diese Heilung wies trotzdem auf Christi Fähigkeit hin, alle seine Nachfolger zu ermächtigen. In der bildhaften Sprache von Hebräer 12,12-13 ausgedrückt: Ihre erschlafften Hände und gelähmten Knie werden aufgerichtet, damit „das Lahme nicht abirrt, sondern vielmehr geheilt" wird.

Es geschieht allzu leicht, dass Christen den Menschen einen Eindruck von Heiligkeit vermitteln, der auf diese abstoßend wirkt. Es ist natürlich wahr, dass alle Gläubigen ihrer Berufung nach „Heilige" sind. Sie sind „geheiligt durch das ein für alle Mal geschehene Opfer des Leibes Jesu Christi" (Hebr 10,10). In diesem Sinne ist kein Gläubiger heiliger als ein anderer. Die Mitglieder der Gemeinde in Korinth werden als „Heilige" angesprochen, obwohl sie von Fehlern, Versagen, Unreinheiten und Spaltungen betroffen waren (1Kor 1,2). Gleiches gilt für die Gläubigen in Rom (Röm 1,7) und in Philippi (Phil 1,1) und überall sonst. Das ist jedoch nur eine Seite der Medaille. Wahre Heiligkeit wird sich früher oder später bemerkbar machen. Denn sie ist keine Form von Schwachheit, die Leute dazu ermutigt, in geistlich unreifer Abhängigkeit von anderen zu bleiben und die ganze Zeit wie besessen von „Schwierigkeiten" oder „Problemen" zu sein. Wahre Heiligkeit ist positiv, stark, aktiv und auf eine reife Weise selbstständig. Sie ist fähig, geistlich auf eigenen Beinen zu stehen. Unser Herr Jesus Christus hat die Macht, uns in diesem praktischen Sinne heilig zu machen. Uns von ungesunden Hemmungen und Schwächen zu befreien. Uns stark und aktiv für die Aufgabe zu machen, die er uns aufträgt. So macht er uns in der Welt zu einem Aushängeschild dafür, was wahre christliche Heiligkeit bedeutet.[137]

18. Mai

Das Ziel der Lebensreise

Textlesung: Philipper 3,1-14

Meister, es ist gut, dass wir hier sind; und lass uns drei Hütten machen, dir eine und Mose eine und Elia eine. (Lk 9,33)

Lukas fügt hinzu, dass Petrus nicht wusste, was er da gerade sagte. Offensichtlich nicht, denn das gesamte Gespräch hatte sich um Christi Weggang gedreht, das Ende, das er nehmen würde. Und Petrus schlug nun vor, sich nicht vom Fleck zu rühren.

Wir mögen Petrus belächeln. Doch oftmals scheinen wir durch die Art und Weise, wie wir leben, dasselbe zu sagen. Wir wissen zwar: Die Bibel sagt klar, dass das Leben entweder eine Reise zu einem ewigen Himmel oder aber einer ewigen Hölle ist. Wir haben das viele Male gehört. Trotzdem leben wir so, als würden wir für immer hierbleiben. So, als ob dieses Leben alles wäre und es kein ewiges Ziel gäbe. Natürlich war Petrus' Anmerkung sehr nachvollziehbar. Das Leben eines galiläischen Fischers war hart und eintönig. Als sich ihm daher eine seltene Gelegenheit des Glanzes und der Verzauberung bot, war es nur verständlich, dass er sie so lange festhalten wollte wie möglich. Auch ist seine oder unsere Sehnsucht, das Leben bis zum Äußersten zu genießen und so viel Interessantes und Aufregendes wie möglich hineinzupacken, nicht notwendigerweise falsch. Wenn das Leben ein ewiges Ziel hat, so ist jeder einzelne Schritt der Reise von ewiger Bedeutung. Und wenn man das Ziel genießen soll, dann besteht kein Grund, warum man die Reise nicht auch genießen darf. Die meisten von uns mögen beides: sowohl das Reisen als auch das Ankommen.

Auf der anderen Seite gilt: Wenn der Schiffskapitän auf einer Überfahrt von Amerika nach Irland kurzerhand vergäße, dass er sich auf einer Reise befindet, und das Schiff einfach in nie endenden Kreisen mitten auf dem Atlantik herumfahren lassen würde, statt das Ziel anzusteuern, würden die Schiffspassagiere irgendwann die Lust an der Reise verlieren. Die Gefahr besteht darin: In unserem Bestreben, dieses Leben bis zum Äußersten zu genießen, verlieren wir das Ziel aus den Augen. Doch dadurch verfehlen wir das Ziel, das wir eigentlich erreichen wollten. Wir berauben dieses Leben seiner ewigen – und damit seiner wichtigsten und schönsten – Dimension. Wir hören auf zu reisen und beginnen, durch das Leben zu irren. Und das auf die Gefahr hin, völlig unvorbereitet in der Ewigkeit anzukommen.

Vielleicht ist das der Grund dafür, dass die Bibel im Gegensatz zu vielen beliebten Predigten sehr selten die Formulierung „in den Himmel kommen" verwendet. Stattdessen drängt sie uns ständig, das ewige Leben jetzt zu empfangen. Denn ewiges Leben ist nichts, das wir erst empfangen, wenn wir im Himmel ankommen. Es ist eine zusätzliche, ewige Dimension für dieses Leben, in deren Genuss diejenigen kommen, die jetzt durch Jesus Christus in eine persönliche Beziehung zum ewigen Gott eintreten.[138]

19. Mai

Die Reise zum Himmel

Textlesung: Lukas 10,1-21

Doch darüber freut euch nicht, dass euch die Geister untertan sind; freut euch aber, dass eure Namen in den Himmeln angeschrieben sind! (V. 20)

Mal angenommen, wir nehmen Christus ernst und beschließen, uns auf die Reise zu begeben, die zu Gott in den Himmel führt. Das wirft natürlich zwei Fragen auf. Die erste lautet: Wo beginnt die Reise? Die Antwort ist einfach und kann mit Petrus' eigenen Worten gegeben werden. Zunächst beschreibt er das Ziel als „unvergängliches und unbeflecktes und unverwelkliches Erbteil, das in den Himmeln aufbewahrt ist für euch" (1Petr 1,4). Dann beschreibt er den Beginn der geistlichen Pilgerreise, die zu diesem Ziel führt: „Denn ihr seid wiedergeboren nicht aus vergänglichem Samen, sondern aus unvergänglichem, durch das lebendige und bleibende Wort Gottes" (V. 23). Mit anderen Worten, die Reise beginnt da, wo wir Gottes Wort zum ersten Mal annehmen, dem Retter persönlich unser Vertrauen schenken und als Neugeborene in Gottes Familie hinein wiedergeboren werden.

Die zweite Frage lautet: Können wir uns sicher sein, dass wir in Gottes Himmel ankommen werden, wenn wir die Reise erst einmal angetreten haben? Können wir uns überhaupt sicher sein, dass wir nicht vom Weg abkommen und anderswo verhängnisvoll enden? Die ehrliche und sichere Antwort auf diese Frage lautet: Ja! Wir können uns sicher sein! Lassen wir diesmal Lukas die Antwort geben. Bereits zu Beginn seiner Reiseerzählung berichtet Lukas von einer Begebenheit, bei der die Jünger angesichts ihres Erfolges bei einer Dämonenaustreibung in seinem Namen begeistert zu Christus zurückkehrten. Doch Jesus antwortet darauf: „Darüber freut euch nicht, dass euch die Geister untertan sind; freut euch aber, dass eure Namen in den Himmeln angeschrieben sind!" (Lk 10,20). Hier war also die Zusicherung, dass sie bereits als Bürger des Himmels registriert waren, während sie durchs Leben reisten – als Menschen, deren Vaterland der Himmel ist und die durch Gottes Gnade Bürgerrecht in der himmlischen Stadt genießen.[139]

20. *Mai*

Der aaronitische Segen

Textlesung: 2. Mose 33,12-23

Der HERR segne dich und behüte dich!
Der HERR lasse sein Angesicht über dir leuchten
und sei dir gnädig! (4Mo 6,24-25)

„Der HERR segne dich" (V. 24). Sollte es jemals geschehen, dass der Feind aller Seelen in Ihrem Herzen andeutet, Gott sei kein Gott der Liebe und schere sich wenig um sie, so könnte das die gesamte Reise zunichtemachen. Das Entscheidende bei den Prüfungen, die auf sie zukommen werden, ist, dass sie den Segen Gottes bewahren, der sie der Haltung Gottes ihnen gegenüber versichert. „Der HERR segne dich und behüte dich!" – das ist die wichtigste Voraussetzung in dieser gefährlichen Wildnis: durch Gottes Macht behütet zu sein. Denn ganz gleich, wie florierend das Leben sein mag – sollten wir das Bewusstsein für Gottes Gnade und Bewahrung verlieren, so wären wir wahrlich verloren.

„Der HERR segne dich und behüte dich! Der HERR lasse sein Angesicht über dir leuchten und sei dir gnädig!" (V. 24-25). Da ich selbst ein einfaches Gemüt habe, bewundere ich die Art und Weise, wie das Althebräische es wagt, in gewöhnlicher, alltäglicher Sprache von Gott zu sprechen, als hätte er ein Gesicht. „Der HERR segne dich und ... lasse sein Angesicht über dir leuchten." Was für eine wundervolle Vorstellung! Dabei muss ich an ein kleines Kind denken, das ich kannte. Es war der Geburtstag des Vaters. Mama hatte dem Mädchen das notwendige Kleingeld gegeben, damit es den Eindruck hatte, es würde Papa ein Geschenk kaufen – Rasierschaum oder irgendetwas von geringem Wert. Und da kommt die Kleine zu Papa und will ihm das Geschenk überreichen. Schauen Sie sich ihr strahlendes Gesicht an. Das hat mich dazu gebracht, mich zu fragen, wann ich das letzte Mal zu Gottes Gesicht aufgesehen und gespürt habe, wie Gottes Angesicht mich anstrahlt aufgrund der Gnade, aufgrund der 10 000 Gnadenerweise, die er mir erwiesen hat? „Der HERR lasse sein Angesicht über dir leuchten und sei dir gnädig", damit wir uns an dem unerschöpflichen Reichtum der Gnade Gottes freuen können.[140]

21. *Mai*

Heiligung und freier Wille

Textlesung: Römer 6,11-23

Stellt auch nicht eure Glieder der Sünde zur Verfügung
als Werkzeuge der Ungerechtigkeit,
sondern stellt euch selbst Gott zur Verfügung als Lebende aus den Toten
und eure Glieder Gott zu Werkzeugen der Gerechtigkeit! (V. 13)

Einen Menschen heilig zu machen ist eine sehr heikle Aufgabe. Gott könnte natürlich, wenn er das wollte, wie ein Panzer anrollen und sich über unseren freien Willen, unsere Entscheidungsfreiheit und Zustimmung hinwegsetzen und uns so davon abhalten, weiter zu sündigen. Doch wozu wäre das gut? Dabei würde zwar etwas herauskommen, das nicht mehr sündigt, aber es wäre kein Mensch mehr, oder? Gott hätte uns zu Maschinen degradiert. Doch das wird Gott niemals tun.

Es ist eine ernste, wenn auch majestätische Sache, dass Gott, nachdem er uns einen freien Willen, eine menschliche Persönlichkeit gegeben hat, diesen freien

Willen und diese Persönlichkeit niemals zerstören wird. Das geht sogar so weit, dass, wenn wir „Nein" zu Gott sagen und dabei bleiben und in die Ewigkeit gehen, Gott unseren freien Willen nicht zerstören wird, um uns zu retten. Gott respektiert die menschliche Persönlichkeit so sehr, dass er, wenn wir unsere menschliche Persönlichkeit und unseren freien Willen dazu nutzen, um „Nein" zu Gott zu sagen, das letztendlich in Ewigkeit dulden wird. Nicht einmal, um uns zu retten, würde er unseren freien Willen zerstören.

Das bedeutet auch: Obwohl Gott uns heiligen will, muss er uns doch die ganze Zeit dabei begleiten und helfen. Sie werden niemals automatisch heilig werden. Ich werde dann heilig werden, wenn ich mich meinen Sünden und meinen falschen Einstellungen stelle, sie erkenne, bekenne und sage: „Ja, ich war im Unrecht. Diese Dinge sind falsch", und Buße darüber tue.

Lassen Sie uns das gleich zu Beginn klären. Manchmal denken wir: Buße ist etwas, das die Unbekehrten tun müssen, bevor sie gerettet werden. Das ist auch vollkommen wahr. Buße ist jedoch auch etwas, das ein Kind Gottes fast jeden Tag der Woche tun muss – und das auf dem ganzen Weg nach Hause zur Herrlichkeit. Wir sollen Gottes Heiligem Geist erlauben, uns auf das hinzuweisen, was falsch ist, und Gott darin zustimmen, dass es falsch ist. Dann sollen wir Gottes Gnade suchen, damit wir es ablegen und überwinden können.[141]

22. *Mai*

Heiligkeit kommt nicht von selbst

Textlesung: 1. Petrus 1,3-9; Offenbarung 3,19-22

Denn wen der Herr liebt, den züchtigt er;
er schlägt aber jeden Sohn, den er aufnimmt. (Hebr 12,6)

Der Erziehungsprozess kann manchmal schmerzhaft sein. Machen wir uns da nichts vor. Wenn er jedoch abgeschlossen ist, werden wir feststellen, wie angenehm es ist. Nachdem die Züchtigung vorüber ist und die bitteren Lektionen gelernt sind, „gibt sie denen, die durch sie geübt sind, die friedvolle Frucht der Gerechtigkeit" (Hebr 12,11).

Aber sind wir nicht in vielerlei Hinsicht wie Kinder? Da ist z. B. Tommy. Es macht ihm so viel Spaß, auf der Tapete herumzukritzeln. Er hat gekritzelt und gekritzelt, und es ist so schön! Und er hat gar keinen Spaß daran, wenn man ihn darauf hinweist, dass er nicht auf der Tapete herumkritzeln soll. Natürlich wird er eines Tages erwachsen werden und sagen, dass es tatsächlich dumm war. Aber im Augenblick strampelt er wie verrückt, wenn man ihn zurückhält und ihm sagt, dass es falsch ist.

Sind wir nicht oft genauso? Gottes Heiliger Geist beginnt, uns auf die eine oder andere Weise darauf hinzuweisen, dass wir falschliegen. Anstatt das zu begrüßen, kommen dann die alten Abwehrmechanismen zum Vorschein, mit all den möglichen Gründen und Ausreden unter der Sonne, warum wir es trotzdem tun sollten. (Sie kennen ja die alte Leier.) Doch dann besteht Gott darauf, und wir werden sauer. Aus genau diesem Grund versichert uns Gott von Anfang an unserer ewigen Sicherheit in seiner Liebe (vgl. Röm 5,1-11). Er liebt uns. Er hat uns schon geliebt, als wir noch Sünder waren. Ist Ihnen bewusst, dass Gott niemals von Ihnen enttäuscht sein wird? Ist Ihnen das klar? Gott wird deshalb nie von Ihnen enttäuscht sein, weil er schon immer alles über Sie wusste. Er mag häufig betrübt über Sie sein, so wie er betrübt über mich ist. Aber er wird niemals enttäuscht sein. Er gibt sich keinen Illusionen hin. Er kennt uns besser, als wir uns selbst kennen. Er weiß, wie trügerisch unsere Herzen sind und wie schrecklich böse sie sein können. Das Wunderbare ist jedoch: Er hat uns schon geliebt, als wir noch Sünder waren! Ohne sich irgendwelchen Illusionen hinzugeben, und obwohl er das Schlimmste über uns weiß, liebt er uns trotzdem.

Deshalb will er, dass wir uns sicher wissen. Denn wenn sein Geist beginnt, uns vor uns selbst zu entlarven, und wir herausfinden, dass wir nicht unbedingt die charmanten Menschen sind, für die wir uns gehalten haben, wenn wir entdecken, dass wir nicht so wichtig sind, wie wir meinten, und wenn uns klar wird, dass Gott nicht die Absicht hat zuzulassen, dass wir verzogene Jungs und Mädchen bleiben, dann können wir gerade in solchen Momenten begreifen, dass Gott uns nicht ablehnt, sondern immer noch liebt.[142]

23. Mai

Gottes Taktik für unsere Heiligung

Textlesung: Josua 8,20-35

Den König von Ai hingegen ergriffen sie lebendig und brachten ihn zu Josua. (V. 23)

Die Taktik, mit der Ai besiegt wurde, war völlig anders als die Taktik beim Sieg über Jericho. Bei Jericho hatte Gott die Mauern einstürzen lassen, und die Israeliten gingen hinein und richteten die Menschen in der Stadt. Bei Ai war es das exakte Gegenteil. Sie legten einen Hinterhalt hinter der Stadt. Dann marschierte Josua mit den Truppen auf wie beim ersten Mal. Als der König von Ai herauskam, liefen sie davon, als seien sie besiegt. Nun wollte er ihnen den Rest geben, da kam der Hinterhalt von hinten heran, Josua nahm sie in die Zange und tötete alle. Den König von Ai hängte er an einen Baum. So machten sie es – es lagen Leute im Hinterhalt hinter der Stadt; und dann gab es den Teil des Heeres, der zu diesen Mauern hingehen musste, von denen sie zuvor bei ihrer Niederlage weggerannt waren. Sie mussten ihre Niederlage und Flucht noch einmal nachstellen, als wären sie wieder geschlagen worden.

Das haben Sie noch nie getan, oder? Haben Sie schon einmal gesagt: „Diesen Fehler werde ich nie wieder machen"? Ich habe das schon Tausende Male gesagt. Ich weiß nicht, wie es bei Ihnen aussieht, aber ich bin genauso anfällig für Niederlagen wie eh und je. Dieses Mal gab es jedoch einen Unterschied – dieses Mal ging Josua mit. Er lag nicht im Hinterhalt hinter der Stadt. Er war bei der Truppe, die sich geschlagen geben und fliehen musste. Was für eine wunderbar barmherzige Geste von Josua, mit den Leuten zu gehen, die die Niederlage nachstellten.

Ich will Sie nicht ermutigen, in Sünde zu leben. Was ich jedoch sagen möchte, ist Folgendes: Gott hat den Plan, Sie einmal seinem Sohn gleichzugestalten – Sie sollen einmal die gerechte Forderung des Gesetzes erfüllen! Geschieht dies, weil wir endlich stark genug geworden sind? Nein, das nun wirklich nicht. Wir sind genauso anfällig für Niederlagen wie eh und je. Aber mit uns ist der, der größer ist als Josua, der Wegbereiter unserer Errettung. Wenn Sie wieder einmal eine Niederlage erleiden und sich die Augen ausweinen könnten vor Scham, dann erinnern Sie sich daran, dass sich unser Herr Jesus zu Ihnen stellt. Er fordert nur Ihr altes Ich heraus – wie beim König von Ai, den er vorführte und bloßstellte –, damit Sie Buße tun, um schließlich den Sieg zu erlangen.[143]

24. Mai

Heiligkeit in der wirklichen Welt

Textlesung: Matthäus 10,11-25

Steht auf, lasst uns von hier fortgehen! (Joh 14,31)

Wir können nicht mit völliger Sicherheit sagen, ob sie sofort in diesem Moment aufstanden, den Obersaal verließen, die Steintreppe hinunterstiegen und sich hinaus auf die Straßen der Stadt begaben. Oder ob sie nach dem Befehl „Steht auf, lasst uns von hier fortgehen" noch dort verweilten, bis die übrigen Belehrungen abgeschlossen waren, und erst dann gingen. Mit großer Wahrscheinlichkeit gingen sie jedoch sofort nach dem Befehl. Eines können wir zumindest mit Sicherheit sagen: Der Befehl aufzustehen und loszugehen muss ihre Aufmerksamkeit weg von der Behaglichkeit des Obersaals und wieder auf die Tatsachen der Welt da draußen gelenkt haben, in die kühle Nachtluft, wo die Priester ihre mörderischen Absichten verfolgten. Irgendwo dort im Schatten lauerte der Verräter, getrieben von den satanischen Mächten der Hölle. Nun müssen sie lernen: Wahre Heiligkeit beinhaltet nicht nur Hingabe an die göttlichen Personen, sondern das Bekenntnis zum Vater und dem Sohn. Sie müssen die überaus wichtige Tatsache begreifen, dass dieses Bekenntnis nicht einfach in der warmen, sicheren Zurückgezogenheit des Obersaals abgelegt werden kann. Dort sind sich alle Herzen einmütig in ihrer Treue zum Erlöser einig. Nein, dieses Zeugnis muss in der Welt da draußen abgelegt werden, in den Straßen, wo man Gottes Sohn feindselig gesinnt ist.

Es ist eine einfache, aber auch aufschlussreiche Lektion für uns: Heiligkeit hat zwei Seiten. Beide sind unverzichtbar. Die eine ist ohne die andere schwach und unzureichend. Einem öffentlichen Zeugnis für den Herrn, das sich nicht auf vertraute, persönliche Hingabe an ihn gründet, fehlt die notwendige Grundlage.

Vertraute und persönliche Hingabe an den Herrn, die nicht anschließend im öffentlichen Zeugnis für den Herrn ihren Ausdruck findet, ist unvollständig und unausgewogen. Auch heute noch werden wir bei unserer persönlichen Andacht und in der Gemeinschaft der Gemeinde von Zeit zu Zeit den herausfordernden Ruf unseren Herrn hören: „Steht auf, lasst uns von hier fortgehen!"[144]

25. *Mai*

Was geschieht, wenn wir sündigen?

Textlesung: 3. Mose 4,1-13; 1. Johannes 2,1-2

Darum hat auch Jesus, um das Volk durch sein eigenes Blut zu heiligen, außerhalb des Tores gelitten. (Hebr 13,12)

Was passiert, wenn ich sündige? Nun, ich soll begreifen, dass meine Sünde ein Mörder ist. Sie tötete Christus. Doch weil sie ihn tötete und er bereitwillig für mich starb, habe ich Zugang zu Gott. Christus hat sein Leben *für* mich geben. Und nun ist Christus auferstanden. Er sitzt zur Rechten Gottes und tritt dort für mich ein, obwohl ich ein versagender Sünder bleibe. Sogar in diesem Augenblick tritt unser Herr im Himmel für mich ein.

In 3. Mose 4 lesen wir: Wenn der Priester getan hatte, was erforderlich war, kam er mit dem restlichen Blut heraus und goss es vollständig am Fuße des Altars aus. Selbst wenn es nur ein Opfer für eine einzige Sünde war, wurde das gesamte Blut ausgegossen. Die einzige Möglichkeit, mit meiner Sünde fertigzuwerden, bestand darin, dass Christus sein Blut für mich gab.

Damit war jedoch die Aufgabe für den Priester noch nicht beendet. Denn bei den Opfern, dessen Blut ins Heiligtum gebracht wurde, wurden die Tiere selbst nicht auf dem Altar verbrannt; sie mussten später aus dem Lager hinausgebracht und dort zu Asche verbrannt werden. Auch wenn ich hier auf festem Boden stehe, fürchte ich, dass Sie mich wilder Symbolik verdächtigen werden. Aber dieser Teil ist nicht abwegig. Der Hebräerbrief sagt: „Denn die Leiber der Tiere, deren Blut durch den Hohen Priester für die Sünde in das Heiligtum hineingetragen wird, werden außerhalb des Lagers verbrannt" (13,11). Erinnern Sie sich daran? Als

Christus starb, starb er nicht als edler Held, umgeben von den Heerscharen Israels, die seinen Triumph besangen. Das höchste Gericht im Land befand ihn einer verabscheuungswürdigen Sünde für schuldig. Er wurde aus dem Tor der Stadt hinaus nach Golgatha gezerrt. Er litt außerhalb des Tores.

Mein lieber Bruder, meine liebe Schwester, was löst dieses Drama in Ihnen aus? Denken Sie nun einmal an die Realität, nicht nur an das alttestamentliche Bild. Sehen Sie, wie Christus das Kreuz trug, das man ihm auf die Schultern gelegt hatte; wie er aus dem Tor nach Golgatha getrieben und von diesem wilden, gnadenlosen Haufen gekreuzigt wurde? Und Sie fragen sich: „Christus hat das für mich getan?" Wie ergreifend das ist! Wenn ich Ihr Herz richtig einschätze, werden Sie, wenn Ihnen der Heilige Geist das vor Augen gemalt hat, sagen: „Gott stehe mir bei. Ich will nie wieder sündigen. Ich werde zu Christus vor das Tor gehen und mich vor der Welt zu ihm stellen, weil er das alles für mich getan hat."

Dies ist im Wort Gottes im dritten Buch Mose die erste Stufe dessen, was es für uns bedeutet, so heilig zu werden, wie Gott heilig ist.[145]

Teil 3 – Glaube für die Reise

26. *Mai*

Abrahams Glaube und unserer

Textlesung: 1. Mose 15,6-21

Und er glaubte dem HERRN; und er rechnete es ihm als Gerechtigkeit an. (V. 6)

Vielen Menschen mangelt es an vollständigem Frieden mit Gott, weil sie missverstehen, was mit „Glauben" gemeint ist, was die Heilige Schrift meint, wenn sie sagt: „Da wir nun gerechtfertigt worden sind aus Glauben, so haben wir Frieden mit Gott" (Röm 5,1). Sie haben in anderen Zusammenhängen im Neuen Testament von Glauben gelesen, wo Menschen für ihre Kleingläubigkeit getadelt werden. Und sie verfallen dem Gedanken, sie hätten keinen Frieden mit Gott, weil ihr Glaube nicht stark genug sei. Dann stellen sie sich vor, Glaube sei eine Art Werk, das man einem gewissen Maßstab entsprechend vollbringen muss, damit man sich für Rechtfertigung und Frieden qualifiziert.

Das ist jedoch nicht das, was „Glaube" bedeutet, wenn er im Kontext von Rechtfertigung verwendet wird. Das zeigt die Analogie zwischen Abrahams Glauben und unserem ganz deutlich. Nicht Abrahams Glaube brachte das Wunder hervor: Lange Jahre des Glaubens und Hoffens hatten seinen Körper so gut wie tot zurückgelassen. Gott war derjenige, der das Wunder vollbrachte. In ähnlicher Weise werden wir gerechtfertigt, wenn wir unser Vertrauen auf Gott setzen, der den Herrn Jesus von den Toten auferweckt hat. Nicht unser Glaube – egal wie stark oder schwach – hat den Herrn Jesus von den Toten auferweckt: Gott war derjenige, der es tat.

Stellen Sie sich mal vor, wir stünden mit den Aposteln um Christi Grab herum, bevor sein Leib von den Toten auferweckt wurde. Stellen Sie sich obendrein vor, wir würden die Tatsache begreifen, dass Christi Leib in diesem Grab liegt, weil er für unsere Sünden starb. Wir würden verstehen, dass es keine Rechtfertigung für uns geben kann, wenn er nicht von den Toten auferweckt wird. Wir würden einfach so bleiben, wie wir sind – ohne Vergebung und Gottes Zorn ausgesetzt (1Kor 15,17). Im Bewusstsein des Ernstes der Lage sagen wir zueinander: „Wir wollen uns gemeinsam um das Grab herumstellen, uns an den Händen halten und so stark wie möglich glauben. Wenn wir nur einen ausreichend starken Glauben haben, wird dieser Glaube bewirken, dass der Leib des Herrn vom Grab aufersteht. Dann können wir uns sicher sein, dass wir gerechtfertigt sind und Frieden mit Gott haben." Würde unsere Glaubensstärke Jesus aus dem Grab zurückbringen? Natürlich nicht. Allein die Vorstellung ist grotesk.

Die Auferstehung Christi war etwas, das jenseits aller menschlichen Möglichkeiten lag. Gott allein konnte es tun. In der Tat: Hätte Gott es nicht getan, so hätte es niemals ein Evangelium gegeben, an das wir hätten glauben können (1Kor 15,14-17). Glaube bedeutet für uns also, etwas zu glauben, was Gott getan hat, etwas, das wir niemals hätten tun können, als er Christus von den Toten auferweckte. Es bedeutet, sich ganz auf diese Tatsache und ihre Bedeutung zu verlassen.[146]

27. *Mai*

Aktiver, lebendiger Glaube

Textlesung: 4. Mose 14,1-24

Ohne Glauben aber ist es unmöglich, ihm wohlzugefallen; denn wer Gott naht, muss glauben, dass er ist und denen, die ihn suchen, ein Belohner sein wird. (Hebr 11,6)

Was bedeutet es, aus Glauben zu *leben?* Der Glaube, von dem im Hebräerbrief ständig die Rede ist, ist ein Glaube, ohne den niemand Gott gefallen kann. Ohne diesen wären wir überhaupt nicht gläubig. Die Israeliten in der Wüste glaubten nicht ans Evangelium. Sie waren keine Gläubige im eigentlichen Sinn des Wortes. Möglicherweise glaubten sie „für eine Zeit", wie der Herr es formulierte (Lk 8,13). Aber dieser Glaube hatte keine Wurzeln. Diese Art Glauben bringt nichts. Als die Prüfung kam, wurde sichtbar, dass sie nie wirklich ans Evangelium geglaubt hatten. Nun sagt der Verfasser in Hebräer 11,6 noch einmal ausdrücklich, dass er mit „Glauben" diesen wahren und echten Glauben meint, durch den wir wirklich zu Gott kommen und ihm wirklich gefallen können. Ohne diesen Glauben ist es tatsächlich unmöglich, ihm zu gefallen. Ohne diesen sind wir überhaupt nicht gläubig.

Auf der anderen Seite zeigt uns dieses Kapitel im Hebräerbrief, dass man Glauben nicht einfach in hübsche, ordentliche, getrennte Schubladen und Kategorien unterteilen kann. Wir beginnen unser Leben mit Gott durch Glauben. Der Glaube, der uns danach durchträgt, ist keine andere Art von Glauben. Es ist noch immer derselbe Glaube. Und der Glaube vom Anfang, war er auch noch so klein, birgt in sich bereits all das Potenzial für Wachstum, Handeln und Ausdauer, das im elften Kapitel des Hebräerbriefes für uns veranschaulicht werden soll. Der Glaube, den wir praktizieren, sobald wir die Rettung annehmen, ist von solcher Art, dass er sich unweigerlich im Leben zeigen wird. Man kann ihn nicht völlig verbergen. Er kann unser Leben nicht völlig unbeeinflusst lassen. Wahrer Glaube ist etwas Lebendiges. Er wird zu einem veränderten Leben führen. Er wird uns mutig für Gott werden lassen, uns zum Handeln motivieren. Und er wird uns Ausharren und Beständigkeit schenken.

Manchmal bin ich ein bisschen beunruhigt, wenn ich Leute sagen höre, man müsse überhaupt nichts tun, um errettet zu werden. Ich weiß, was einige Prediger meinen, wenn sie das sagen. In dem Sinne, den sie meinen, ist das auch wahr. Natürlich kann man sich die Errettung nicht durch gute Werke verdienen. Natürlich ist Glaube ein Zur-Ruhe-Kommen, ein Ruhen in dem Werk Christi. Natürlich ist Glaube ein Empfangen, kein Geben. Doch wahrer Glaube ist immer auch von Anfang an aktiv.[147]

28. Mai

Unsere Glaubensreise

Textlesung: 1. Mose 12,1-9

Durch Glauben war Abraham, als er gerufen wurde, gehorsam, auszuziehen an den Ort, den er zum Erbteil empfangen sollte; und er zog aus, ohne zu wissen, wohin er komme. (Hebr 11,8)

Der erste Schritt auf Abrahams Glaubensreise war also ein blinder Gehorsamsschritt. Er hatte Gottes Verheißung, und das war genug. Als der Ruf an ihn erging, gehorchte er ihm. Er forderte nicht, zuerst alles erklärt zu bekommen, damit er sich überlegen könnte, ob er Gottes Ruf folgen würde oder nicht. Weil er wusste, dass es Gottes Ruf war, gehorchte er ihm, einfach weil es Gottes Ruf war. Das bedeutet es, Gott zu gehorchen. Wenn es nur der Ruf eines Menschen gewesen wäre, so wäre es weise gewesen, zunächst nach den Einzelheiten zu fragen, um sie zu prüfen, bevor er sich entschied, dem Ruf zu folgen. Gott hingegen konnte er so nicht behandeln. Wenn er tatsächlich der Gott der Herrlichkeit war, der eine, wahre und einzige Gott, und wenn Abraham das wirklich glaubte, so musste er bereit sein zu tun, was Gott sagte. Einfach weil es Gott war, der das sagte.

So verhält es sich auch mit uns und dem Herrn Jesus. Er wird nicht von uns fordern, blind zu glauben, dass er Gottes Sohn ist. Er wird uns jede Menge Beweise liefern, auf die wir unseren Glauben gründen können (Joh 20,30-31). Nehmen wir jedoch einmal an, wir kommen zu der Überzeugung, dass er Gottes Sohn ist: Es würde uns rein gar nichts bringen, wenn wir dann nicht auch seine Jünger würden. Und der allererste Schritt, den er von uns als seinen Jüngern verlangt, ist: Wir müssen seine Herrschaft akzeptieren – über alles und jeden, über uns selbst, unsere Gedanken, Entscheidungen und Besitztümer, bevor wir auch nur einen Schritt weitergehen. Diese Herrschaft müssen wir rückhaltlos akzeptieren (Lk 14,25-27.33). Wir können nicht seine Jünger sein, wenn wir denken, dass er uns zuerst in allen Einzelheiten erklärt, was und warum wir etwas tun sollen; dass er uns die Freiheit gibt, bei jeder Gelegenheit neu zu entscheiden, ob uns seine Forderungen gefallen oder nicht und ob wir ihnen zustimmen oder nicht. Dann würden wir Christus nicht als Herrn, sondern lediglich als einen professionellen Berater behandeln, so wie Geschäftsleute mit ihresgleichen umgehen. Wenn wir wirklich glauben, dass er der unangefochtene Herr ist, so werden wir immer tun, was er sagt – einfach weil er es sagt. Egal, ob wir es verstehen oder nicht. Egal, ob es uns gefällt oder nicht. Was ist unser Glaubensbekenntnis schon wert, wenn wir ihn „Herr, Herr“ nennen und dann nicht tun, was er sagt? (Lk 6,46).[148]

29. *Mai*

Im Glauben wachsen

Textlesung: Hebräer 5,11–6,12

Wir wünschen aber sehr, dass jeder von euch denselben Eifer um die volle Gewissheit der Hoffnung bis ans Ende beweist, damit ihr nicht träge werdet, sondern Nachahmer derer, die durch Glauben und Ausharren die Verheißungen erben. (6,11-12)

Nun stößt der Verfasser des Briefs auf ein Problem. Seine Leser waren seit längerer Zeit bekennende Christen – so lange schon, dass man zu Recht erwarten konnte, dass sie inzwischen in der Lage waren, andere zu unterweisen. Leider waren sie jedoch noch immer geistliche Kleinkinder. Sie waren weit davon entfernt, andere lehren zu können. Vielmehr benötigten sie selbst noch jemanden, der ihnen wieder neu die grundlegenden Wahrheiten aus Gottes Wort beibrachte. Wie Kleinkinder mussten sie mit Milch, nicht mit fester Nahrung gefüttert werden. Wie Kleinkinder hatten sie keine Erfahrung mit dem Wort der Gerechtigkeit. Sie hatten ihre geistliche Wahrnehmung nicht trainiert, um zu unterscheiden, was geistlich gut und was geistlich schlecht war.

Mittlerweile war die Situation kritisch. Sie wurden geprüft, auf die Probe gestellt und mussten dringend so viel wie möglich über ihren Hohen Priester nach der Ordnung Melchisedeks wissen. Aber der Verfasser befürchtete, dass sie damit überfordert wären, was aber schrecklich traurig wäre, denn dies waren eben die Dinge, die sie unbedingt wissen mussten, um sicher durch diese Krise zu kommen. So ist das immer. Wenn wir Kleinkinder bleiben und nachlässig mit unserem geistlichen Wachstum und unserer Bildung umgehen, so mag das eine Weile gut gehen. Zieht jedoch ein Sturm herauf und kommt eine Krise, so werden wir ausgerechnet die Dinge nicht wissen, die wir kennen müssten und an die wir uns klammern könnten, um bewahrt durch den Sturm zu kommen. So werden wir sie jedoch wohl nicht ergreifen können.

Wir erinnern uns daran, dass Petrus sich in einer ähnlichen Situation befand. Wie muss es ihn ermutigt haben – sogar als er wegen seines Versagens bitterlich weinte –, dass er sich immer wieder an die gnädige Verheißung des Herrn erinnern konnte: „Ich aber habe für dich gebetet, dass dein Glaube nicht aufhört" (Lk 22,32). Und Petrus kam wieder auf die Beine, mit allem, was das bedeutete. So konnte er nach seiner enttäuschenden Niederlage seinen Mitjüngern wieder in die Augen sehen, konnte dem Herrn wieder unter die Augen treten, sogar der Öffentlichkeit, die das alles mitbekommen hatte. Petrus kam nach seinem Fall wieder auf die Beine. Das verdankte er allein der Tatsache, dass er einen Hohen Priester hatte – und das war ihm bewusst. Stellen wir für uns selbst sicher, dass wir unser Denken und unser Herz mit Gottes heiligem Wort versorgen, besonders in den Zeiten, wenn die Sonne scheint, wenn uns die Dinge leicht von der Hand gehen und wir den ganzen Tag lang ein Lied auf den Lippen haben. Das wird uns helfen, in bösen Tagen zu bestehen – wenn wir alles getan haben, um bestehen zu können.[149]

30. Mai

Die Frucht des Glaubens

Textlesung: 2. Petrus 1,3-11

So erkenne denn, dass der HERR, dein Gott, der Gott ist, der treue Gott, der den Bund und die Güte bis auf tausend Generationen denen bewahrt, die ihn lieben und seine Gebote halten. (5Mo 7,9)

Abrahams Beharren darauf, als Fremder und Pilger auf der Erde zu leben, war gewiss kein negatives, unfruchtbares, unproduktives Davonlaufen vor dem Leben. Ganz im Gegenteil. Wahrscheinlich hat kein anderer, von dem die

Heilige Schrift berichtet – außer unserem Herrn natürlich und vielleicht auch Paulus (dem großen Ausleger von Abrahams Leben) –, einen so großen Einfluss auf seine Umwelt ausgeübt wie er. Sein und Saras Leben war erstaunlich fruchtbar – eigentlich sogar überragend fruchtbar.

Wir denken an das große und bedeutende Volk, das physisch von ihm abstammt und dessen Einfluss wiederum in keinem Verhältnis zu seiner Größe stand. Die Geburt dieser Nation war ein Wunder, das direkt auf Abrahams und Saras Glauben zurückzuführen war. Noch eindrucksvoller sind die vielen Millionen seiner geistlichen Nachkommen aus allen Nationen (vgl. Röm 4,16-17). Unzählige Scharen von denen, die die ewige Stadt bewohnen werden, werden dies der Ermutigung und dem Beispiel Abrahams verdanken, der ihnen den Weg zur Rechtfertigung aus Glauben und einem Leben aus Glauben gewiesen hat.

Wollen wir ein nachhaltiges und kein unfruchtbares Leben führen (2Petr 1,8) und andere für Gott gewinnen, müssen wir sein Geheimnis entdecken. Wie war es möglich, dass sein Glaube so stark war, dass er Leben regelrecht aus dem Tod hervorbrachte? „Weil er den für treu erachtete, der die Verheißung gegeben hatte" (Hebr 11,11). Sein Glaube war die Konsequenz einer überlegten, moralischen Einschätzung von Gottes Charakter. Gott, so befand Abraham, war treu. Er könnte niemals irgendetwas anderes als treu sein. Wenn er also ein Versprechen gab, würde er es halten. Deshalb glaubte Abraham der Verheißung. Er glaubte weiter daran, ungeachtet der großen Schwierigkeiten und der langen Verzögerung ihrer Erfüllung. Abraham konnte den Glauben an diese Verheißung nicht aufgeben. Denn damit hätte er Gott Untreue und moralische Mangelhaftigkeit unterstellt.

Das also ist Glaube. Er ist kein erhabenes Gefühl, keine Stimmung oder Emotion, die man durch psychologische oder religiöse Techniken entwickeln kann. Er ist das Ergebnis einer ruhigen, bewussten moralischen Einschätzung von Gottes Charakter. Der Apostel Johannes merkt an, dass Sie Gott als Lügner hinstellen, wenn Sie seinem Wort nicht glauben. In diesem Fall jedoch braucht wahrer Glaube nicht lange, um zu entscheiden, was zu tun ist.[150]

31. Mai

Glaube und Werke

Textlesung: 1. Mose 22,9-19

Strecke deine Hand nicht aus nach dem Jungen, und tu ihm nichts! Denn nun habe ich erkannt, dass du Gott fürchtest, da du deinen Sohn, deinen einzigen, mir nicht vorenthalten hast. (V. 12)

Abrahams Glaube war aufrichtig, doch zunächst war dieser echte Glaube mit einer gewissen Menge an Schlacke vermischt. So dachte er z. B., dass der Glaube an Gottes Verheißung, ihm einen Sohn zu schenken, eigentlich bedeute, dass diese Erfüllung von seinen und Saras Bemühungen und Strategien abhinge. Aber er musste lernen, dass das falsch war. Seine eigenen Versuche würden Gottes Verheißung nicht erfüllen. Was Gott verheißen hatte, war ein Geschenk, das ihm durch Gottes Gnade und durch seine Wundermacht gegeben werden würde.

Nach langer Zeit wurde dann Isaak, der verheißene Nachkomme, geboren. In einem sehr realen Sinne waren alle Verheißungen Gottes an Abraham, ja, seine gesamte Zukunft, in Isaak gebündelt. Doch nun bestand die Gefahr, dass Abrahams zukünftiger Glaube immer mehr auf Isaak selbst statt auf Gott beruhen würde. Doch das könnte niemals gut gehen. Um seiner selbst willen musste Abraham lernen, dass man völlige Gewissheit für die Zukunft nur dann haben kann, wenn der Glaube einzig und allein in Gott und auf Gott ruht.

Und so – wenn ich versuchen darf, die Situation ehrfurchtsvoll zu beschreiben –, kam Gott zu Abraham und sagte: „Abraham, als ich dir anfangs versprochen habe, dir einen Sohn und Nachkommen so zahlreich wie die Sterne zu geben, da hast du gesagt, dass du mir glaubst. Meintest du das wirklich ernst?" „Oh, ja", sagte Abraham, „natürlich habe ich das ernst gemeint." „Nun, worin gründet dein Glaube für die Zukunft denn jetzt?" „In dir natürlich", sagte Abraham. „Bist du sicher, dass er ausschließlich und völlig in mir begründet ist und nicht zum Teil in mir und zum Teil in Isaak?" „Oh, nein, nicht in Isaak", sagte Abraham, „in dir und dir allein." „Dann, Abraham", sagte Gott, „bitte ich dich zu beweisen, dass dein Glaube tatsächlich in mir und in nichts und niemandem sonst beruht. Bitte gib mir Isaak."

Und Abraham überließ Isaak Gott. Durch diese Tat bewies er, dass sein Glaube absolut, völlig und ausschließlich in Gott begründet war. Er rechtfertigte sein Glaubensbekenntnis und bewies, dass es echt war. So wurde er durch seine Werke gerechtfertigt. Gottes Antwort lautete: „Nun habe ich erkannt, dass du Gott fürchtest, da du deinen Sohn, deinen einzigen, mir nicht vorenthalten hast“ (V. 11-12). Damit fasste Gott alle seine bisherigen Verheißungen zusammen, erneuerte sie und bestätigte sie mit einem mächtigen Schwur, damit Abraham und alle anderen, deren Glaube allein auf Gott gerichtet war, sich des „starken Trostes“ absoluter, unveränderlicher und ewiger Sicherheit erfreuen konnten.[151]

1. Juni

Die Prüfung des Glaubens

Textlesung: 1. Mose 22,1-8

Denn Abraham ging davon aus, dass Gott Isaak wieder zum Leben erwecken konnte. Und in gewissem Sinn hat er seinen Sohn ja auch vom Tod zurückerhalten. (Hebr 11,19; NeÜ)

Wahrer Glaube muss und wird auf die Probe gestellt werden. Es reicht nicht aus zu sagen: „Ich glaube.“ Früher oder später werden wir dazu herausgefordert, unser Glaubensbekenntnis durch unsere Werke zu bestätigen. Das war bei Abraham der Fall. Wir haben bereits darüber nachgedacht, was dabei auf dem Spiel stand, was es zu beweisen galt und wem gegenüber es zu beweisen war, als Abraham aufgefordert wurde, Isaak Gott zu opfern.

Uns interessiert hier Folgendes: Wir wollen herausfinden, wie sein Glaube so stark wurde, dass er diese extreme Prüfung so siegreich bestehen konnte. Dies geschah durch Logik. Ich glaube nicht einen Augenblick, dass Abraham hallelujasingend den Berg hinaufrannte. Da war keine Begeisterung, die ihn bei dieser schweren Aufgabe aufrecht hielt. Es war Logik. Abraham hatte die Sache durchdacht. Gott hatte nicht nur verheißen, dass er viele Nachkommen haben würde. Gott hatte ausdrücklich gesagt, dass diese Nachkommen durch Isaak kommen würden. Isaak hatte jetzt noch keine Kinder. Er war nicht einmal verheiratet.

Wenn Gott ihn nun aufforderte, Isaak zu töten, so konnte das nicht bedeuten, dass Gott seine Verheißung zurücknahm. Es gab nur einen Ausweg: Gott würde ihn von den Toten auferwecken müssen. Er konnte und würde das tun. Daher sagte Abraham seinen Knechten, sie sollten sich nicht von der Stelle rühren. Er und Isaak würden auf den Berggipfel steigen, um anzubeten, und sie würden beide wieder zurückkommen (1Mo 22,5).

Die Logik war einfach, aber auch faszinierend. Und sie war bestechend. Gott bestätigte dies gerne, um Isaaks Freigabe vorm sicheren Tod zu einem Vorläufer des Todes und der Auferstehung unseres Herrn zu machen (Hebr 11,19).

Diese Logik des Glaubens sagt nicht: Wenn Gott uns liebt, so muss er uns vor Schwierigkeiten, Krankheiten, Opfern und Tod bewahren. Stattdessen argumentiert sie: „Denn ich bin überzeugt, dass weder Tod noch Leben uns wird scheiden können von der Liebe Gottes oder der Erfüllung seiner Verheißungen“ (vgl. Röm 8,38-39).[152]

2. Juni

Glaube unter Druck

Textlesung: 1. Mose 20

Weil ich mir sagte: Gewiss gibt es keine Gottesfurcht an diesem Ort, und sie werden mich erschlagen um meiner Frau willen. (V. 11)

Denken Sie daran, wie ernst es für Abraham und Sara zu diesem Zeitpunkt der Geschichte wurde. Gott war Abraham in seinem Zelt erschienen. Er hatte ihm gesagt, dass seine Frau einen Sohn bekommen würde. Und nun, ein paar Wochen, vielleicht Monate danach, nimmt Abraham seine Frau und lässt zu, dass sie von den Philistern verschleppt wird. War das nicht ein sehr großes Risiko für die bevorstehende Vaterschaft und seinen Sohn? Brachte er damit nicht Gottes gesamten Plan in Gefahr? Gottes Ziel bestand hier nicht darin, Abrahams Haut zu retten, sondern Abrahams Charakter dem Charakter Gottes gemäß zu formen.

Wenn ich nicht gleichzeitig Gottes Absicht erfüllen und dabei am Leben bleiben kann, so wäre ich besser tot. Das sage ich bewusst. Das physische Leben festzuhalten, indem man bei Gottes Willen Kompromisse eingeht, ist etwas Trauriges und Bedauerliches. Denn das bedeutet, den Zweck mit den Mitteln und die Mittel mit dem Zweck zu verwechseln.

Ich denke an einen anderen großen Heiligen Gottes, wie er sich mitten im Sturm an die Reling seines Schiffs klammert, das im Mittelmeer zu versinken droht. Vor verängstigter Mannschaft samt Passagieren sagt er:

> Denn ein Engel des Gottes, dem ich gehöre und dem ich diene, stand in dieser Nacht bei mir und sprach: Fürchte dich nicht, Paulus! Du musst vor den Kaiser gestellt werden ... (Apg 27,23-24)

„Dieses Meer hier kümmert mich nicht. Ich werde jetzt nicht ertrinken. Gott hat gesagt, dass ich das Evangelium in Rom predigen werde!"

Abraham hätte ähnlich argumentieren können. Gott hatte gesagt, dass er einen Sohn haben würde. Daher war es unmöglich, dass die Philister ihm die Kehle durchschneiden würden – zumindest, bis dieser Sohn geboren war. Doch es war ja noch früh in seiner Geschichte, und Abraham zitterten die Knie.

Wenn wir heute dem Herrn an seinem Tisch begegnen, kann unser Glaube stark sein wie bei den Glaubenshelden. Und es ist erstaunlich, zu welchem Glauben wir im Geheimen fähig sind, wenn wir vor Gott für die Errettung unserer Verwandten eintreten, so wie es Abraham bei der Rettung von Lot tat. Doch mitten in einer gottlosen, skrupellosen, sündigen Welt ist das eine ganz andere Geschichte. Dann ist es nicht so einfach, für wahre Moral einzutreten und den Problemen nicht durch alle möglichen fragwürdigen Dinge, Halbwahrheiten und Lügen auszuweichen. Und ich muss bekennen, genau an dieser Stelle schon gefallen zu sein. Aus Angst, aus Sicherheitsgründen.[153]

3. Juni

Der Beweis für den Glauben und seine Kosten

Textlesung: Matthäus 13,1-23; Apostelgeschichte 14,8-28

Und als sie jener Stadt das Evangelium verkündigt und viele zu Jüngern gemacht hatten, kehrten sie nach Lystra und Ikonion und Antiochia zurück. Sie stärkten die Seelen der Jünger und ermahnten sie, im Glauben zu verharren, und sagten, dass wir durch viele Bedrängnisse in das Reich Gottes hineingehen müssen. (Apg 14,21-22)

Die Geschehnisse in Lystra zeigen uns Folgendes: Die christliche Lehre der Errettung aus Gnade durch den Glauben hielt ebenso beharrlich am Moralgesetz Gottes fest wie die Juden – tatsächlich sogar noch beharrlicher als manche von ihnen. Hier begegnen wir einer weiteren Facette der christlichen Lehre: Vergebung, Rechtfertigung und Annahme bei Gott, ewiges Leben – dies sind alles wahrhaft kostenlose Geschenke. Diejenigen jedoch, die sie annehmen, werden möglicherweise feststellen, dass es einen hohen Preis hat, sie anzunehmen.

Während er sich noch von dem beinahe tödlichen Angriff in Lystra erholte, zog Paulus – was für ein unglaublicher Mann! – weiter nach Derbe. Dort predigte er das Evangelium und machte viele zu Jüngern (14,20-21). Das war für ihn der fernste Punkt, den er bisher erreicht hatte. Von dort aus traten er und Barnabas die Rückreise an. In umgekehrter Reihenfolge besuchten sie wieder Lystra, Ikonion und das pisidische Antiochien. Auf dem Weg von dort zurück ins (syrische) Antiochien, ihrer Heimatgemeinde, predigten sie in Perge. Was sie dort jedoch sagten und was das zur Folge hatte, das erzählt Lukas uns nicht.

Lukas konzentriert sich auf das, was sie in den jungen Gemeinden sagten und taten, die sie kürzlich in Lystra, Ikonion und im pisidischen Antiochien gegründet hatten. Sie stärkten die Seelen der Jünger, indem sie sie dazu ermutigten, dem Glauben treu zu bleiben (14,22; ZB). Wiederum beobachten wir, dass hier von „*dem* Glauben" die Rede ist (oder „im Glauben zu verharren"; ELB). Der Begriff bezieht sich auf die Gesamtheit der christlichen Lehre und hat diesen Abschnitt der Apostelgeschichte so geprägt. Schenken wir nun aber dem Begriff „verharren" Beachtung. Die Errettung ist aus Gnade – das Geschenk Gottes an jeden Gläubigen. Doch der Beweis dafür, dass jemand ein wahrer Gläubiger ist, besteht darin, dass dieser im Glauben verharrt. Das ist es, was unser Herr denjenigen sagte, die behaupteten, an ihn zu glauben: „Wenn ihr in meinem Wort bleibt, so seid ihr wahrhaft meine Jünger“ (Joh 8,31). Diejenigen, die nicht „in seinem Wort“ blieben, darauf machte er hier aufmerksam, waren keine Kinder Gottes und waren es auch nie gewesen. Diese Botschaft vermitteln alle neutestamentlichen Briefe gleichermaßen. „Im Glauben zu verharren“ ist nicht die Bedingung dafür, gerechtfertigt zu werden. Es ist jedoch die natürliche Folge davon und der notwendige Beweis dafür, dass man ein echter Gläubiger ist.[154]

4. Juni

Glaube und Risiko

Textlesung: Apostelgeschichte 27,9-20

Männer, ich sehe, dass die Fahrt mit Unheil und großem Schaden, nicht nur für die Ladung und das Schiff, sondern auch für unser Leben, vor sich gehen wird. (V. 10)

Der Glaube wächst, wenn wir Risiken für Gott eingehen. Doch es kommt ein Punkt, an dem das Risiko nicht mehr gerechtfertigt ist. Wenn wir dann trotzdem ein Risiko eingehen, wäre das kein Glaube, sondern Anmaßung. Paulus war bereit, um des Evangeliums willen zu sterben – aber nicht grundlos. Er war kein erfahrener Seefahrer, aber in der Welt der Schifffahrt war aus Erfahrung allgemein bekannt, dass die Saison für Segelschiffe für dieses Jahr bereits vorüber war. So spät im Jahr in See zu stechen, bedeutete ein riesiges und unsinniges Risiko (V. 9-11). Der Zweck des erneuten Auslaufens bestand darin, in einem besseren Hafen zu überwintern. Doch einen Schiffbruch zu riskieren – mit dem Verlust der Fracht und vor allem dem Verlust der 276 Menschen an Bord –, nur um einen etwas geeigneteren Hafen zu finden, war in Paulus' Denken sinnlos. Und so sagte er seine Meinung.

Der Kapitän und der Besitzer des Schiffs wollten jedoch das Risiko eingehen. Fachwissen und Berufsstolz können manchmal ein übersteigertes Selbstvertrauen hervorbringen. Der zuständige Zenturio hörte lieber auf ihren Rat als auf Paulus. Dennoch ist es aufschlussreich, auf Paulus' Einstellung zu achten. Sein Glaube war nicht von der Sorte, die argumentierte: „Ja, geht ruhig das Risiko ein, wenn ihr wollt. Ich bin Gottes Sonderbotschafter. Gott würde nicht zulassen, dass mich irgendeine Katastrophe trifft. Wenn es notwendig ist, wird er ein Wunder tun und das Meer beruhigen, bis wir den nächsten Hafen erreichen." Das lag nicht daran, dass er nicht an Wunder glaubte oder an Gottes Bereitschaft zweifelte, sie zu tun, wenn es wirklich notwendig war. Aber sie hatten keinen zwingenden Grund, zum nächsten Hafen weiterzufahren. Unnötige Risiken einzugehen und dann darauf zu zählen, dass Gott Wunder tut, um eine Katastrophe abzuwenden, ist kein Glaube, sondern Vermessenheit. Und so beschreibt Lukas in seinem Bericht Paulus in dieser Situation nicht als supergeistlichen Helden, sondern als einen Mann, dessen demütiger, aber echter Glaube seine Grenzen kannte.[155]

5. Juni

Die Macht des Glaubens über die Verzweiflung

Textlesung: Apostelgeschichte 27,21-42

Deshalb ermahne ich euch, Speise zu euch zu nehmen, denn dies gehört zu eurer Rettung; denn keinem von euch wird ein Haar des Hauptes verloren gehen. (V. 34)

Zwei Wochen lang hatten die Passagiere und die Mannschaft kaum etwas gegessen. Kein Wunder: Unter Deck war vermutlich alles durcheinander, wenn nicht gar unter Wasser. Und überhaupt: In ihrer Angst und ihrem Elend wäre den Menschen ohnehin nicht nach Essen zumute gewesen – nicht einmal denen, die noch nicht hoffnungslos seekrank waren. Doch wieder bekam Paulus' praktischer Glaube die Situation in den Griff. Er wandte sich an seine 275 Mitpassagiere und erinnerte sie an Gottes Versprechen: Sie würden alle sicher an Land gelangen. Dann drängte er sie, etwas zu essen. Keine wundersame Engelaktion würde sie ans Ufer tragen. Sie würden jede Kalorie Energie brauchen für ihren letzten Kampf gegen die hohen Wellen und den Sog. Daher ging er mit gutem Beispiel voran. Offen zeigte er das Geheimnis seiner Gelassenheit und Zuversicht, als er Brot nahm, Gott vor aller Augen dankte, aß und sie alle ermutigte, es ihm gleichzutun – und das, während der Sturm noch tobte (V. 35-36).

Beachten Sie die Rolle, die der Glaube in dieser ganzen Angelegenheit spielte. Paulus glaubte nicht nur, dass Gott ihn und alle anderen trotz des Sturms sicher durchbringen würde, weil Gott in Rom eine Aufgabe für ihn hatte. Sein Glaube war eine Reaktion auf Gottes Verheißung: Er würde überleben, bis seine Aufgabe, Christus in Rom zu bezeugen, abgeschlossen wäre. Dieser Glaube ermöglichte es ihm, psychisch die Kontrolle über die Situation zu behalten. Er befähigte ihn, dafür zu sorgen, dass alle notwendigen praktischen Schritte unternommen wurden, um das Schiff über Wasser zu halten und so gut wie möglich ans Ufer zu bringen.

Letztlich erfordert es einen Glauben und ein Ziel, das jenseits der Natur liegt, um die Kraft und den Mut zu bekommen, in den Stürmen der Natur und des Lebens zuversichtlich zu bleiben, auch wenn alle anderen die Hoffnung aufgeben. Warum sollte Gott selbst mit der Natur weitermachen, wenn er nicht herrliche und ewige Absichten jenseits all ihres Tobens hätte? Aus diesem Grund werden wir, selbst wenn wir unseren letzten Kampf gegen die Natur verlieren und sterben, mehr als Überwinder sein durch den, der uns geliebt hat (Röm 8,37).[156]

6. Juni

Glaube an Gottes Plan

Textlesung: 1. Mose 50,15-26

Und Josef ließ die Söhne Israels schwören und sprach:
Hat Gott euch dann heimgesucht,
dann führt meine Gebeine von hier hinauf! (V. 25)

Die größte Prüfung für den Glauben ist vielleicht nicht das Opfer, sondern der Erfolg – weltlicher Erfolg. Und wenn das so ist, dann war Josefs Glaube außerordentlich siegreich. Das Bemerkenswerte an Josef ist Folgendes: Trotz der hohen Stellung, in der er sich nun befand, bewahrte er sich noch immer seinen kindlichen Glauben daran, dass Gott einen prophetischen Plan für diese Welt hatte und dass das Zentrum und der Träger dieses Plans Israel und nicht Ägypten sein würde.

Ägypten war zu jener Zeit die dominierende Weltmacht. Israel war ein winziger Volksstamm – kaum mehr als eine Großfamilie. Dass ein Mitglied dieser Familie nach Ägypten auswanderte und dort schließlich Vizepräsident des Landes wurde, war gar nicht so bemerkenswert. Solche Dinge sind in der Geschichte von Supermächten oft passiert. Dass ein Vizepräsident allerdings noch während seiner Amtszeit glaubt und verkündet, dass die Hoffnung für die Zukunft der Welt nicht auf den Supermächten ruht, sondern auf dem winzigen Israel und seiner gottgegebenen prophetischen Rolle in der Geschichte – nun, das ist schon etwas anderes. Es erfordert viel Vertrauen, das heutzutage zu glauben. Zu Josefs Zeit muss es noch viel mehr Glauben erfordert haben.

Doch das war es, was Josef von Abraham, Isaak und Jakob gelernt hatte. Und so glaubte er es weiter. Er lebte zu einer Zeit, als es in Gottes Plan für Israel ein Intermezzo gab. Israel befand sich außerhalb des Gelobten Landes und lebte unter den Heiden. Während dieser Zwischenzeit diente Josef bereitwillig der ägyptischen Verwaltung. Er glaubte jedoch der Verheißung, die Abraham gegeben worden war (1Mo 15,13-16). Dieses Zwischenspiel würde eines Tages enden, und Israel würde in das Land zurückkehren. Gottes prophetischer Plan würde sich erfüllen. Wenn das geschah, wollte Josef damit identifiziert werden. Seine Gebeine sollten nicht in Ägypten bleiben und dort auf die allgemeine Auferstehung am letzten Tag warten. Selbst im Tode wollte er nicht, dass man sich an ihn als einen berühmten Premierminister Ägyptens erinnerte, sondern als ein Glied in der langen Kette von Erfüllungen von Gottes Plan durch Israel. Indem er das tat, so sagt die Heilige Schrift, handelte er im Glauben. Das heißt: Sein Handeln basierte auf dem klaren Wort Gottes, das im ersten Buch Mose aufgezeichnet ist; er nahm es wörtlich und glaubte es von ganzem Herzen.

Gott möge uns Josefs Glauben schenken, damit wir glauben, dass es noch eine Zeit nie da gewesenen Segens für unsere Welt geben wird, bevor dieser Planet sein Ende nimmt. Das gegenwärtige Zwischenspiel in Israels Geschichte, das von seinem Unglauben gegenüber dem Messias und seiner Zerstreuung unter die heidnischen Nationen gekennzeichnet ist, wird eines Tages enden. Sein Messias wird wiederkommen. Israel wird versöhnt und wiederhergestellt werden.[157]

7. Juni

Glaubenssiege und scheinbare Niederlagen

Textlesung: Hebräer 11,32–12,2

Deshalb lasst nun auch uns [...] laufen den vor uns liegenden Wettlauf, indem wir hinschauen auf Jesus, den Anfänger und Vollender des Glaubens, der um der vor ihm liegenden Freude willen die Schande nicht achtete und das Kreuz erduldete und sich gesetzt hat zur Rechten des Thrones Gottes. (12,1-2)

Hier fasst der Autor die beeindruckende und bewegende Liste der Heldentaten zahlreicher Männer und Frauen des Glaubens zusammen. Manche von ihnen waren sogar bereits zu Lebzeiten offensichtlich siegreich durch ihren Glauben. Andere – gleichermaßen Männer und Frauen des Glaubens – erlitten scheinbare Niederlagen. Sie starben, ohne die Erfüllung der Zusagen zu sehen. Der Glaube erweist sich in diesem Leben nicht immer als triumphierend. Und es erfordert einen größeren Glauben, die scheinbare Katastrophe zu tragen, ohne jegliche Bestätigung, und dennoch weiter zu glauben.

Nun sind alle, die wegen ihres Glaubens Unglück erleiden mussten, in der Liste namenlos – mit einer Ausnahme. Von ihm lesen wir in Kapitel 12. Denn wenn das riesige Heer von Zeugen vorbeigezogen ist, kommt zum Schluss einer, der unsere Aufmerksamkeit von allem anderen weglenkt und auf sich zieht. Wir blicken dann auf den Urheber und Vollender unseres Glaubens. Und was sehen wir dort? Großen Erfolg schon hier in diesem Leben, von Menschenmassen umgeben, die ihn begeistert feiern, weil sein Weg funktioniert hat und seine Richtigkeit bestätigt wurde? Nein. Wir folgen dem Mann des Glaubens auf Golgathas Hügel und sehen, wie er Gottes Leitung und Führung vertraut, bis sie ihn ans Kreuz bringen. Und wir sehen, wie die Nägel eingeschlagen werden, und sagen: „Gewiss wird Gott seinen Glauben nun bestätigen und ein Wunder tun, um ihn da herunterzuholen." Die Menschenmassen gehen vorüber und sagen: „Andere hat er gerettet, sich selbst kann er nicht retten. Der Christus, der König Israels, steige jetzt herab vom Kreuz!" (Mk 15,31-32).

Das tut er jedoch nicht. Stunden vergehen. Er stirbt. Und die Welt sagt: „Da habt ihr's. Er war ein Hochstapler."

Wie sollte man auch das Gegenteil beweisen? Nun, derjenige, der ans Kreuz ging, ist auferstanden und sitzt zur Rechten des Thrones Gottes. Der, der einst ein Opfer der Umstände zu sein schien, sitzt zur Rechten des Thrones, der über das Universum herrscht. Nur Mut! Wenn Sie es wagen, diesem Christus zu glauben und ihm nachzufolgen, komme, was wolle, werden auch Sie sich auf seinen Thron setzen, so wie auch er überwand und sich auf den Thron seines Vaters gesetzt hat. Das ist die ausdrückliche Verheißung Christi (Offb 3,21; 2Tim 2,12). Wagen wir es, daran zu glauben![158]

8. Juni

Dass Christus durch den Glauben in euren Herzen wohnt

Textlesung: Epheser 3,7-21

Dass der Christus durch den Glauben in euren Herzen wohnt und ihr in Liebe gewurzelt und gegründet seid. (V. 17)

Paulus sagt uns hier – und zwar ausdrücklich –, dass er für Leute betet, die bereits glauben. Sie haben bereits den Heiligen Geist. Aber er betet, dass Gott durch den Heiligen Geist an ihren Herzen wirkt, damit sie am inneren Menschen gestärkt werden. Weshalb? Damit „Christus durch den Glauben in euren Herzen wohnt“ (V. 16-17).

Sie sagen vielleicht: „Aber Christus wohnt doch schon in meinem Herzen.“

Nun, natürlich tut er das. Wenn Sie glauben, dann wohnt Christus bereits in Ihrem Herzen. Es ist Gottes Wunsch, in uns zu wohnen. Aber meinen Sie, dass Gott mit dem zufrieden ist, was er schon hat? Wenn er es wäre, wären Sie enttäuscht und hätten möglicherweise Ihre Zweifel im Hinblick auf den Himmel! Nein! Das Endergebnis wird sein, dass ich „erfüllt werde zur ganzen Fülle Gottes“ (V. 19). All die Herrlichkeit Gottes, sein ganzer Charakter wird ihren Ausdruck in mir finden, bis es nichts mehr von mir gibt, das er nicht ausfüllt.

Als damals die Stiftshütte gebaut wurde, präsentierte Mose sie Gott und übergab sie ihm. Dann kam Gott herab und erfüllte sie. Es blieb kein Platz für irgendjemanden sonst, und sogar die Priester mussten hinausgehen. Gott wird sich deshalb auch nicht zufriedengeben, bis er ganz in uns wohnt, bis er jeden Teil unseres Wesens ausfüllt und die Fülle Gottes in uns wohnt. Doch das ist noch nicht geschehen.

Sie sagen vielleicht: „Das wird geschehen, wenn der Herr wiederkommt."

Das wird es, liebe Brüder und Schwestern. Aber es sollte besser jetzt beginnen. Was meinen Sie denn, warum der Herr uns hier zurückgelassen und nicht gleich mit zu sich in den Himmel genommen hat? Wir sollten nicht einfach herumsitzen und unsere Zeit absitzen. Der Herr hat uns hier unten gelassen, damit wir etwas tun. Und das ist sehr real. Der Zweck dieser Zeit besteht darin, dass wir Fortschritte machen. Wir sollen die Jahre unseres Lebens als Bekehrte nicht mit Nichtstun vertrödeln. Es ist die Zeit, in der unsere Herzen durch Gottes Geist gestärkt werden sollen. Die Zeit, in der Christus immer vollständiger in unseren Herzen wohnen will. Aber das ist ein Prozess, der Vorbereitung erfordert. Es geht dabei um die Stärkung meines inneren Menschen durch Gottes Geist, und sie beinhaltet auch, dass ich mehr und mehr in der Liebe Gottes verwurzelt werde (V. 17).[159]

9. Juni

Arm, aber reich im Glauben

Textlesung: Jakobus 2,1-11

Hört, meine geliebten Brüder:
Hat nicht Gott die vor der Welt Armen auserwählt,
reich im Glauben und Erben des Reiches zu sein,
das er denen verheißen hat, die ihn lieben? (V. 5)

„Gott hat die Armen auserwählt." Jakobus bringt seine Ermahnung für uns auf den Punkt, indem er sagt: „Von euch hingegen hört man von Zeit zu Zeit, dass ihr die Armen verachtet." Seien Sie deshalb ganz vorsichtig!

Manchmal passiert es, dass sich ein junger Mann in eine junge Dame verliebt. Er macht ihr einen Heiratsantrag und heiratet sie. Doch einige seiner Freunde murmeln vor sich hin: „Ich verstehe nicht, was er an dieser Frau findet! Was um alles in der Welt hat ihn geritten, so eine Frau zu heiraten?“ Wenn Sie es schon sagen müssen, dann achten Sie darauf, dass es Ihr Freund nicht hört, der das Mädchen geheiratet hat! In seiner Gegenwart werden Sie wohl nicht sagen: „Ich verstehe nicht, was du an dieser Frau findest.“ Nicht, nachdem er sie schon auserwählt hat, oder? Sie werden so etwas nicht sagen, wenn Sie ihn nicht beleidigen wollen.

Dann sollten Sie aber besser auch aufpassen, was Sie über mich sagen. Denn wenn Gott mich auserwählt hat, sollten Sie vorsichtig sein, ihn für seinen Geschmack zu kritisieren. Er hat die Armen dazu auserwählt, reich im Glauben zu sein. Das bedeutet nicht, dass alle armen Menschen glauben. Doch im Großen und Ganzen ist der Glaube eines Armen höchstwahrscheinlich stärker als der von jemandem, der nicht arm ist. Woran liegt das? Nun, weil Ersterer gezwungen ist, Gott zu vertrauen.

Die Minenarbeiter im Nordosten Englands, unter denen ich einst lebte, erzählten mir immer wieder, wie es in den Tagen der schlimmen Weltwirtschaftskrise gewesen war. Sie hatten kein Arbeitslosengeld, und Ehemänner konnten zehn Jahre am Stück arbeitslos sein. Die Frauen erzählten mir, wie sie auf die Knie fielen und Gott um die nächste Mahlzeit baten.

Wenn Sie sich in einer schwierigen Situation befinden – sei es nun wirtschaftlicher oder körperlicher Art oder in irgendeinem anderen Sinne –, so wird es viel mehr Vertrauen erfordern zu glauben, dass Gott Sie liebt, als wenn Sie Reichtum im Überfluss haben. Und doch ist der Glaube das Wertvollste in Gottes gesamtem Universum. Glaube ist das, was das Universum zusammenhält. Glaube hält Gott und seine Menschen zusammen. Und wenn wir über Werte nachdenken, dann sollten wir uns die Sichtweise von Petrus zu eigen machen. Unser Glaube ist viel wertvoller als Gold (vgl. 1Petr 1,7). Abgesehen vom Blut Christi ist er das Wertvollste im ganzen Universum. Auch ein armer Bruder kann bemerkenswert reich an Glauben sein. Und der Glaube wird alle anderen Schätze überstrahlen.[160]

10. Juni

Im Licht wandeln

Textlesung: Johannes 8,1-12

Jesus redete nun wieder zu ihnen und sprach:
Ich bin das Licht der Welt;
wer mir nachfolgt, wird nicht in der Finsternis wandeln,
sondern wird das Licht des Lebens haben. (V. 12)

Als die Schriftgelehrten und Pharisäer die Frau vor ihn brachten, die beim Ehebruch ertappt worden war, bückte sich Christus und schrieb mit einem Finger in den Staub. Dann stand er auf und sagte: „Wer von euch ohne Sünde ist, werfe als Erster einen Stein auf sie." Danach bückte er sich und schrieb weiter. Als er sich erneut erhob, waren sie alle verschwunden – vom Ältesten bis zum Jüngsten. Ich will ihnen noch nachrufen: „Seid nicht dumm! Wenn ihr jetzt geht, gebt ihr zu, dass ihr Sünder seid, oder? Kommt zurück! Stellt euch ihm!" Doch sie wagten es nicht. Denn sie hatten vor dem gestanden, der das Licht der Welt ist. Sie hatten vor dem Mensch gewordenen Geber des Gesetzes gestanden. Sie wagten es nicht, sich ihm zu stellen, denn er hätte sie entlarvt.

Zu der Frau sagte er:

> Frau, wo sind sie? Hat niemand dich verurteilt? [Das heißt: dich zum Tod verurteilt.] Sie aber sprach: Niemand, Herr. Jesus aber sprach zu ihr: Auch ich verurteile dich nicht. Geh hin und sündige von jetzt an nicht mehr! (V. 10-11)

Er sagt damit nicht, dass Ehebruch in Ordnung ist. Er sagt: „Ich verurteile dich nicht zum Tod." Wie konnte er das sagen, wo er doch selbst der Mensch gewordene Geber dieses Gesetzes war? Wie konnte er Israel vergeben und die Gesetzestafeln neu schreiben? Nun, er konnte das sagen, weil er selbst in ein oder zwei Jahren „erhöht" werden würde, wie es in diesem Kapitel noch heißt (V. 28). Dann würde er selbst die Strafe für die Sünde dieser Frau zahlen.

Das ist der Punkt, an dem wir beginnen: wenn wir anfangen, dem Licht zu folgen und lange genug im Licht stehen bleiben, damit das Licht uns entlarven kann; wenn wir uns in Buße und Glauben auf Christi Erbarmen werfen. Er ist der Mensch gewordene Gott, der Mensch gewordene Gesetzgeber, ein Gott allen Erbarmens, der gestorben ist, damit uns vergeben werden kann. Dann beginnen wir die Reise, folgen dem Licht dieser Welt nach. Er gibt uns Licht für den Weg. Wir sind gewiss, dass es einen Himmel gibt, in den wir hineinkommen können, denn er sagt uns, woher er kommt und wohin er geht. Wir finden den Zugang von diesem Leben ins nächste, weil er der ICH BIN ist.[161]

11. Juni

Sühne und das Wandeln im Licht

Textlesung: 3. Mose 16,11-19

Denn bei dir ist der Quell des Lebens; in deinem Licht sehen wir das Licht. (Ps 36,10)

Sie sagen vielleicht: „Wenn ich in seinem Licht lebe, wird es meine Sünde entlarven, und ich werde mich so unwürdig fühlen." Johannes hingegen sagt:

> „Meine Kinder, ich schreibe euch dies, damit ihr nicht sündigt; und wenn jemand sündigt – wir haben einen Beistand bei dem Vater: Jesus Christus, den Gerechten. Und er ist die Sühnung für unsere Sünden." (1Jo 2,1-2)

Er ist die Sühnung für unsere Sünden. Es wird uns berichtet, dass damals in der Zeit des Alten Testaments, als Gott in der Stiftshütte mitten unter seinem Volk wohnte, am Versöhnungstag Sühne für die Stiftshütte gewirkt wurde, weil allein schon die Gegenwart der Israeliten in ihrer Sündhaftigkeit den Ort der Gegenwart

Gottes verunreinigte. Wie konnte Gott dann in gerechter Weise weiter Gemeinschaft mit ihnen pflegen? Und wie kam es, dass er sie nicht sofort verließ, als sie das erste Mal sündigten? Wie konnte er mit ihnen weitermachen, bei all ihrer Schwäche und Sünde? Die Antwort lautet: Es wurde Sühne getan „für das Zelt der Begegnung ..., das sich bei ihnen befindet mitten in ihren Unreinheiten“ (vgl. 3Mo 16,16).

Oh, was für eine Barmherzigkeit das ist! Denken Sie an diese arme Ehebrecherin, die bloßgestellt in der Gegenwart des Lichtes der Welt steht (Joh 8). Sie kann nicht weglaufen. Es gibt keinen Ort, an den sie fliehen könnte. Entlarvt, als Sünderin bloßgestellt. Muss Gott sie aufgeben? Gott sei Dank, nein! Der armen Frau kann vergeben werden. So verhält es sich auch mit uns: Wenn sein Licht uns entlarvt und wir unsere Sünden bekennen, so bricht unser ewiges Leben nicht weg. Es bleibt durch Jesu große Sühne bewahrt. Wenn wir im Licht wandeln, so haben wir Gemeinschaft, und das Blut Jesu Christi reinigt uns von aller Sünde.

Vielleicht erinnern Sie sich daran: Wenn der Priester in die Stiftshütte kam und im Licht des großen Leuchters zum Tisch ging, so stand dort eine dritte Schale – die Räucherschale zur Fürbitte –, an der der Hohe Priester betete. Was für eine schöne Darstellung der Gemeinschaft sie bilden! Sie erinnern uns an das, was Johannes sagt: „Wenn wir aber im Licht wandeln, wie er im Licht ist, haben wir Gemeinschaft miteinander, und das Blut Jesu, seines Sohnes, reinigt uns von jeder Sünde. ... Wenn wir unsere Sünden bekennen, ist er treu und gerecht, dass er uns die Sünden vergibt ... und wenn jemand sündigt – wir haben einen Beistand bei dem Vater“ (1Jo 1,7.9; 2,1).[162]

12. Juni

Christus auf dem Weg der Jüngerschaft nachfolgen

Textlesung: Matthäus 9,18-26

Und er spricht zu ihnen: Kommt, mir nach! Und ich werde euch zu Menschenfischern machen. (Mt 4,19)

Man kann nicht gerettet sein, ohne Jünger zu sein. In Matthäus 9 lädt Jaïrus den Herrn Jesus in sein Haus ein, damit er seiner Tochter die Hände auflegt, die dem Tod nahe ist. Und „Jesus stand auf und folgte ihm" (V. 19). Wissen Sie, dass es manchmal gefährlich sein kann, so etwas zu tun? Sie haben eine Not, irgendein bestimmtes Anliegen oder eine Sorge. Sie kommen damit zum Herrn Jesus und sagen: „Herr, komm und kümmere dich bitte um meine Not", und der Herr geht Ihnen nach. Aber Sie sollten vorsichtig sein, denn er wird Ihnen nicht lange folgen. Ja, er wird sich von Ihnen zu Ihrer Not führen lassen, aber bald werden Sie feststellen, dass er Ihnen gar nicht mehr folgt. Nun läuft er vor Ihnen und fordert Sie auf, ihm zu folgen. Er wird Sie über Ihre Not hinausführen, denn er ist nicht nur daran interessiert, uns in unserer Not zu helfen. Er hat Zukunftspläne für uns und Gedanken, die wir uns jetzt noch gar nicht vorstellen können. Und er wird sich nicht eher zufriedengeben, bis er uns nach seinem Bild gestaltet hat. So begann unser Herr, Jaïrus zu folgen.

Beachten Sie nun aber, was Matthäus uns später sagt: „Und als Jesus von dort weiterging, folgten ihm zwei Blinde" (V. 27). Wie schwierig war es für diese armen Kerle, sich die ganze Straße entlangzutasten. „Wo ist er jetzt hin?" Also versuchten sie, sich nach seiner Stimme zu orientieren, und eine Zeit lang wies sie ihnen die Richtung. Doch als seine Stimme verstummte, wussten sie nicht mehr, wo er war. Und dann stellten sie fest, dass er in ein Haus hineingegangen war.

Haben Sie je versucht, dem Herrn nachzufolgen, und dann wurde es ganz still, und Sie wussten nicht mehr, wo er war? Sie fühlten sich blind und tasteten sich irgendwie vorwärts. Dabei verpassten Sie alle Orientierungspunkte; es war, als würde der Herr mit Ihnen spielen. Ja, aber es gibt Lektionen zu lernen auf dem

Weg der Jüngerschaft. Nicht nur bei der Bekehrung, sondern auf dem ganzen Weg nach Hause zur Herrlichkeit.

Daher spricht Matthäus zu uns über Jüngerschaft und die beiden damit verbundenen Konzepte: die Autorität des Herrn Jesus auf der einen Seite und die Nachfolge des Jüngers auf der anderen Seite.[163]

13. Juni

Das Evangelium der Vollmacht und der Weg der Jüngerschaft

Textlesung: Matthäus 8,1-17

Kommt her zu mir, alle ihr Mühseligen und Beladenen! Und ich werde euch Ruhe geben. (Mt 11,28)

Manchmal, wenn wir über Jüngerschaft reden, tun wir so, als wäre Jüngerschaft etwas sehr Hartes, das in Kontrast mit dem Evangelium steht. Wir stellen das Evangelium als etwas Schönes, Erfreuliches, Tröstendes, Bereicherndes und Kostenloses dar. Das ist der Köder, mit dem wir die Unbekehrten anlocken. Und dann, wenn man den netten Teil geschluckt hat, kommt der unangenehme Teil.

Das ist so wie früher in der Schule. Ich kam in die Schule und stellte fest, dass ich reingelegt worden war. Oh, es war schrecklich. Es begann mit wunderschönen Geschichten und Spielzeugen und anderen Dingen. Das war großartig. Sie vermittelten einem damit die Vorstellung: So ist Schule. Aber als sie mich in ihren Bann gezogen hatten, sprachen sie von „Arithmetik" und anderen Abscheulichkeiten. So fand ich dann heraus, dass man neben den netten Dingen auch die schlimmen mitnehmen musste. Wie unangenehm!

Aber reden wir nicht manchmal über Jüngerschaft auch so? „Das Evangelium ist völlig kostenlos. Es ist großartig und schön. Aber dann kommt diese anstrengende Angelegenheit der Jüngerschaft." Matthäus macht diesen Fehler nicht, wie wir in Kapitel 8 sehen. Der erste Teil beschäftigt sich mit dem, was man recht gut als das Evangelium der Vollmacht beschreiben kann. Was meinen wir damit? Matthäus sagt: Als unser Herr Jesus vom Berg herabstieg, folgten ihm die

Menschenmassen. Er lehrte sie wie einer, der Vollmacht hat, nicht wie die Schriftgelehrten (vgl. 7,28–8,1). Worin besteht das Wesen von Christi Vollmacht?

Das ist ja das Evangelium, das sagt, dass ein Retter gekommen ist, der Vollmacht hat zu befreien. Und so zitiert Matthäus uns diese wunderbaren Worte aus Jesaja, als er diesen Abschnitt zusammenfasst, der sich mit dem Evangelium der Vollmacht unseres Herrn beschäftigt, und sagt uns, dass es genauso ist, wie Jesaja es formuliert: „Jedoch unsere Leiden – er hat sie getragen, und unsere Schmerzen – er hat sie auf sich geladen" (vgl 8,17; Jes 53,4). Das heißt, er trug sie. Das Wesen seiner Vollmacht ist dieses: Der König selbst, mit all seiner Vollmacht, beugte seine Schultern und nahm unsere Schwächen und unsere Lasten auf sich. Wie wunderbar ist das für jeden von uns, der in der einen oder anderen Weise gebrochen ist. Wir alle sind doch in irgendeiner Weise schwach und unrein. Wir alle brauchen jemanden mit Vollmacht über die Sünde, mit Vollmacht über Schwäche, mit Vollmacht über Not und Verzweiflung. Wir alle brauchen jemanden, der mit seiner starken Schulter kommt und sie unter unsere Schwäche und unter unsere Unfähigkeit schiebt und sie trägt.[164]

14. Juni

Die erste Lektion der Jüngerschaft

Textlesung: Matthäus 8,18-22; Lukas 9,57-62

Jesus aber antwortete ihnen:
Mein Vater wirkt bis jetzt, und ich wirke. (Joh 5,17)

Ich frage mich, was der Herr Jesus meinte (Mt 8,19). Richtete sich dieses Wort einfach an diesen Schriftgelehrten, der damals lebte – an ihn und nur ihn allein? Sagte er: „Der Sohn des Menschen hat nicht, wo er das Haupt hinlegt", um ihn zu warnen – dass wenn er zu ihm in das Boot einsteigt, es nicht unbedingt bequem werden würde? Möglicherweise würde er ohne jeden Komfort auskommen müssen, so wie Missionare an unterschiedliche schwierige Orte gehen? Oder meinte er: „Diese konkrete Reise jetzt über den See wird nicht besonders bequem"?

Wenn ein alter Fuchs nach all seinen täglichen Aktivitäten müde wird, hält die Natur ihm einen Ort bereit, an den er seinen Kopf legen kann – einen Ort hier auf dieser Erde. Wenn die Vögel des Himmels genug herumgeflogen sind, haben sie ein Nest. Wo jedoch gab es für den Herrn Jesus einen Ort, an den er seinen Kopf legen konnte, wenn er seine Arbeit beendet hatte? Nun, hier in dieser Welt gibt es keinen Ort für ihn, denn sein Werk hier war nie beendet.

Soweit ich weiß, wird im Neuen Testament nur einmal von einem Ort geredet, an den er seinen Kopf legte. Dem Johannesevangelium zufolge beugte er den Kopf und sagte: „Es ist vollbracht! Und er neigte das Haupt und übergab den Geist" (Joh 19,30). Erst auf Golgatha wurde sein Werk in dieser Welt vollendet. In diesem Sinne legte er den Kopf erst dann nieder und ruhte aus. Was war das für eine Sendung, als er in unsere Welt herabkam! Sie war erst dann abgeschlossen, als das große Werk vollbracht war.

Und wir sind dazu berufen, ihm auf dem Weg der Jüngerschaft nachzufolgen. Es mag sein, dass wir manchmal ein sehr gemütliches Zuhause haben werden. Und manchmal werden wir keins haben. Vielleicht werden wir manchmal ohne jeglichen Komfort auskommen müssen. Und auf der anderen Seite wird es manchmal sehr angenehm sein. Doch was unserer Jüngerschaft betrifft, was die Lektionen betrifft, die wir lernen sollen und lernen müssen auf dem Weg der Jüngerschaft, was das Training betrifft, das unser Herr uns auf dem Weg der Jüngerschaft geben will, so werden wir auf dieser Seite der Herrlichkeit *niemals* fertig sein. Wir werden niemals unseren Kopf hinlegen und sagen können: „Jetzt bin ich fertig."[165]

15. Juni

Sich von Gottes Wort ernähren

Textlesung: Psalm 119,97-104

Denn auch als wir bei euch waren, geboten wir euch dies:
Wenn jemand nicht arbeiten will, soll er auch nicht essen. (2Thes 3,10)

Als gute christliche Männer und Frauen danken wir natürlich für unser tägliches Brot, auch wenn wir selbst hart dafür gearbeitet haben. Wir erkennen damit an, dass Gott derjenige ist, der uns unser Brot und unsere Butter gegeben hat. Das bedeutet jedoch nicht, dass dies alles vom Himmel auf unseren Teller gefallen ist – fertig zubereitet, in Frischhaltefolie eingewickelt, sodass wir nur die Verpackung entfernen und essen müssen. Gott gibt es uns. Aber wir müssen dafür arbeiten. So verhält es sich auch mit unserem geistlichen Brot. Natürlich, Gott gibt es uns. Aber auch dafür müssen wir arbeiten.

Es gibt ja alle möglichen Arten von Mahlzeiten. Es gibt schnelle Snacks: Man geht in die Speisekammer, nimmt sich eine Dose Sardinen, öffnet den Deckel, und innerhalb einer halben Sekunde hat man eine fertige Mahlzeit vor sich; noch eine halbe Minute später ist sie auch schon aufgegessen. So kann man viel Zeit für wichtigere Dinge sparen.

Dann gibt es da noch diese anderen, viel großartigeren Mahlzeiten, bei uns in England z. B. selbst gemachter Plumpudding und Ähnliches. Es wäre ein Irrtum, anzunehmen, Sie könnten einen „kleinen Snack" Plumpudding haben. Natürlich geht das nicht. Sie müssen Monate zuvor anfangen – mit Orangenschale und Zucker und wer weiß, was sonst noch. Sie müssen rühren und mixen, ihn ziehen lassen und ihm gut zureden, ihn vielleicht sogar überreden, auf jeden Fall nett zu ihm sein, ihn aus dem Mixer holen und so weiter. Man kann sich stundenlang mit diesen Sachen beschäftigen, und er ist immer noch nicht verzehrfertig. Wäre irgendjemand so dumm, ihn zu probieren, so würde er unverzüglich an einer Magenverstimmung leiden und zu dem Schluss kommen, dass Plumpudding etwas Schreckliches ist. Nein, Sie müssen tagein, tagaus daran arbeiten; und erst ganz am Ende werden Sie etwas bekommen, das sowohl Ihren Hunger stillt als auch Ihren Gaumen erfreut.

Ebenso verhält es sich mit der Heiligen Schrift. Wir können uns dort unsere kleinen Snacks holen. Aber es gibt andere Arten von Mahlzeiten. Wenn wir die tieferen Dinge Gottes wertschätzen wollen, müssen wir bereit sein, hart zu arbeiten, und nicht fordern, dass sich die Ergebnisse sofort einstellen. Wir müssen im Glauben arbeiten, dass Gott am Ende unser Vertrauen belohnen und uns die großen Schätze seines Wortes zeigen wird, wenn wir ehrlich und intensiv an seinem Wort arbeiten. Wenn wir nicht auf dieser Ebene arbeiten wollen, so werden wir auch nicht in den Genuss des Essens kommen.[166]

16. Juni

Mit Zweifel umgehen

Textlesung: Matthäus 11,1-19

Bist du der Kommende,
oder sollen wir auf einen anderen warten? (V. 3)

Viele Gläubige werden ein wenig nervös bei dem Gedanken, dass Johannes der Täufer einmal daran zweifelte, ob Jesus wirklich der Messias war. Und es gibt viele Gläubige, die Zweifel als etwas sehr Schlechtes empfinden – als etwas, das man unbedingt verbergen sollte, sollte es jemals vorkommen. Ich weiß nicht, welche Erfahrungen Sie damit gemacht haben. Ich habe im Laufe der Jahre festgestellt, dass es viele Gläubige gibt, die sehr ernste Zweifel in ihrem Herzen haben. Doch das merken sie erst, wenn Sie ihnen wirklich nahekommen. Oftmals beziehen sich diese Zweifel auf Fragen der eigenen Errettung. Sie haben eine Heidenangst davor, dass irgendjemand davon erfährt, damit man sie nicht für schlimme Leute hält und sie sozusagen sogleich aus der Synagoge ausschließt. Oder sie fragen sich, ob die Zweifel an ihrer Errettung sie vielleicht sogar für diese disqualifizieren. Deshalb unterdrücken sie ihre Zweifel, was jede Menge Not zur Folge hat.

Lassen Sie uns daher die Sache klarstellen. Wenn wir Zweifel haben, seien wir diesbezüglich offen und ehrlich gegenüber dem Herrn. Ich hatte das außerordentliche Vorrecht, nach meiner Errettung – ich will Ihnen lieber nicht sagen, vor wie vielen Jahren – durch Gottes Gnade niemals daran zu zweifeln. Das hat nichts mit Klugheit zu tun. Ich habe viele Male gezweifelt, ob im christlichen Glauben überhaupt ein Fünkchen Wahrheit steckt. Ja, wenn der christliche Glaube wahr ist, so bin ich gerettet. Aber ist er auch tatsächlich wahr? Ist er objektiv wahr, oder habe ich mich einfach nur psychologisch ausgetrickst? Woher kann ich wissen, dass er wahr ist?

Sie werden beobachten, dass unser Herr Menschen, die zweifeln, nie zurückweist, sondern sie immer ermutigt. Er mag sie dafür tadeln, dass sie unnötige Zweifel hegen. Doch löst er diese Zweifel immer für sie auf, indem er ihnen die Art von Beweisen gibt, die notwendig ist, um den Zweifel auszuräumen.

Erlauben Sie einem grauen Kopf eine kleine Ermahnung: Wenn wir Zweifel haben, lassen Sie uns so damit umgehen, wie es Johannes der Täufer tat: Erzählen wir dem Herrn ehrlich davon.[167]

17. Juni

Mit Versagen umgehen

Textlesung: Psalm 51

Denn die Sünde wird nicht über euch herrschen,
denn ihr seid nicht unter Gesetz, sondern unter Gnade. (Röm 6,14)

Wissen Sie, es gibt viele Leute in den Straßen von Belfast, die gerne errettet werden würden. Nur sagen sie sich: „Ach, das bringt doch nichts. Ich habe sogar irgendwann einmal ein Glaubensbekenntnis abgelegt. Aber dann bin ich abgestürzt und, na ja, ich habe ziemlich viel kaputt gemacht. Und das war's dann."

Und was nun?

„Na ja", sagen sie, „wenn schon, denn schon, nicht wahr? Ich meine – es bringt doch nichts, sich dagegen zu sträuben. Inzwischen versuche ich es gar nicht mehr. Ich sündige einfach weiter."

Falls ich hier gerade zu einem Gläubigen spreche, der so denkt – wollen Sie nicht besser auf Gottes Wort hören? Wollen Sie nicht die Fakten kennenlernen? Die Sünde muss nicht über Sie herrschen! Es ist möglich für Sie, wieder aufzustehen und als Gläubiger einen Neuanfang zu machen. Warum? Weil die Strafe für die Sünde bereits bezahlt worden ist. Damit sage ich Ihnen nicht, Sünde sei egal. Sünde ist überhaupt nicht egal. Wenn wir uns als Christen vom Herrn abgewandt haben und in Sünde gefallen sind, so gibt es zwar keine Strafe für uns. Aber die Rückkehr kann trotzdem schwierig sein, nicht wahr? Und die Lektionen, denen wir uns stellen müssen, sind u. U. bitter. Doch nur Mut, lieber Bruder, liebe Schwester, Sie können es schaffen! Sie sind befreit, Sie können es schaffen! Sie sind nicht durch die Strafe des Gesetzes gebunden. Gott sei Dank sind Sie aufgrund von Christi Opfer frei! Sie sind befreit, um wieder aufzustehen, sich neu auf den Weg der Heiligkeit zu machen und sich in die Schule Christi zu begeben. Lassen Sie die Sünde nicht über

Sie herrschen! Lassen Sie sich von ihr nicht unterkriegen, denn das ist nicht nötig. So schlecht Sie bisher auch abgeschnitten haben mögen, egal, wie viele Fehler Sie als Christ gemacht haben – jetzt, in diesem Augenblick können Sie sagen: „Es tut mir leid, Herr. Ich komme zurück. Lass mich jetzt wieder von vorne anfangen." Und sogleich sind Sie frei, um wieder aufzustehen.

Wenn wir ehrlich sind, müssen manche von uns zugeben, dass wir das schon tausendmal tun mussten. Wir mussten von vorne anfangen, immer wieder. Der arme, alte Abraham: Auch er kam manchmal vom Weg ab, nicht wahr? Er irrte in Ägypten umher. Wie oft er im Kreis lief! Aber zum Glück lesen wir, dass er dorthin zurückkehrte, wo er begonnen hatte. Er fing von vorne an. Das ganze Leben als Christ ist die Geschichte davon, wie wir zehntausendmal von vorne anfangen. Ich weiß nicht, wie es mit Ihnen steht. Aber es gibt immer wieder Tage, da muss ich von vorne anfangen – ich weiß gar nicht, wie viele Male schon. Und ich bin frei, neu anzufangen, weil ich nicht unter dem Gesetz stehe.[168]

18. Juni

Lebensprinzipien einer neuen Welt

Textlesung: 1. Mose 8,20–9,17

Denn wer in seine Ruhe eingegangen ist,
der ist auch zur Ruhe gelangt von seinen Werken
wie Gott von seinen eigenen. (Hebr 4,10)

Als Gott den wohlgefälligen Geruch des Opfers roch (1Mo 8,21), sagte er da: „Nun, Noah, du warst in der Arche und hast die Flut überstanden. Ich bin sehr zufrieden mit dir und habe das Gefühl, dass ich nun ruhen kann"? Keineswegs! Gott würde erst zufrieden mit Noah sein, wenn er ihn nach Hause, in die Herrlichkeit, gebracht hätte. Ebenso wird er mit uns erst zufrieden sein, wenn er uns zu sich in die Herrlichkeit gebracht hat. Ich bin hier ganz sachlich. Gott liebt uns. Aber das ist etwas anderes, als mit uns zufrieden zu sein. In der Tat: Gerade weil er uns liebt, wird er ständig versuchen, uns zur Buße zu bewegen. Wir dürfen nicht meinen, er würde uns nicht lieben, weil er uns ständig auf Dinge hinweist, die falsch sind. Er wird sich nicht zufriedengeben, bis wir alle unsere Falten, Pickel und Makel los und wie Christus sind. Wir können dort Ruhe finden, wo Gott bereits Ruhe findet – in dem großen Opfer Christi. Unser Frieden mit Gott und der Ruheort unseres Herzens basieren nicht auf unseren Errungenschaften, sondern immer und ausschließlich auf Gottes Annahme durch das Opfer Christi.

Wenn Satan Sie nicht durch Ihre Weltlichkeit zu Fall bringen kann, wird er Ihnen ausgerechnet durch Ihre Gottesfurcht und Geistlichkeit ein Bein stellen. Ihm ist es egal, auf welche Weise er sein Ziel erreicht. Sie setzen sich selbst extrem hohe Maßstäbe (natürlich sollten Sie auch keine niedrigen Maßstäbe haben), und er wird Sie am Montagmorgen mit Stolz erfüllen. Sie haben sich noch nie als ein so guter Christ gefühlt. Sie haben alle Anforderungen erfüllt und nun das Gefühl, dass Sie sich wirklich als Christ bezeichnen können. Vorher waren Sie sich immer ein wenig unsicher. Sie waren nie ganz überzeugt, dass sie wirklich errettet waren. Doch nun haben Sie das Gefühl, dass Sie es wirklich sind. Am Dienstagnachmittag machen Sie eine Bauchlandung. Nun meinen Sie, Sie seien überhaupt kein Christ. Die Luft ist raus. Sie haben das Gefühl, dass Sie zu nichts taugen und dass eigentlich niemand zu irgendetwas taugt. Der Satan hat Sie erwischt, weil Ihr Zufriedenheitsgefühl auf Ihrer Leistung basierte. Es wird Ihnen jedes bisschen Kraft rauben oder Sie in einen verhärteten Pharisäer verwandeln.

Machen Sie sich klar, dass Sie durch Christi Opfer angenommen sind. Seien Sie zufrieden mit ihm und ständig unzufrieden mit sich selbst. Kommen Sie und feiern Sie das jeden Sonntagmorgen. Und haben Sie den Mut, sich all den Dingen zu stellen, bei denen Sie berechtigterweise unzufrieden mit sich selbst sind.[169]

19. Juni

Christliche Einstellungen

Textlesung: Lukas 6,27-36

Ihr nun sollt vollkommen sein,
wie euer himmlischer Vater vollkommen ist. (Mt 5,48)

Durch diese Ermahnungen ziehen sich zwei grundlegende Prinzipien. Das erste Prinzip lautet: Nachfolger Christi sind aufgefordert, sich weit besser zu verhalten als Sünder (Lk 6,32-34). Es ist eine Tatsache, dass viele der liebevollen und großzügigen Einstellungen und Taten, zu denen wir uns alle selbst beglückwünschen, eigentlich Einstellungen und Taten sind, die Mitglieder aller Gruppen gegenüber anderen in ihrer eigenen Gruppe zeigen. Wir alle lieben unsere Mitsozialisten oder Mitkapitalisten, unsere Volksgenossen oder Mitanhänger unserer eigenen Religion. Das ist jedoch nichts Besonderes. Sogar Sünder tun dasselbe. Christus ruft seine Nachfolger dahingegen dazu auf, ihre Feinde und ihre Unterdrücker zu lieben und ihnen Gutes zu tun – denjenigen, die sie ausrauben und ihnen Gewalt antun (V. 27-29).

Das zweite Prinzip lautet: Nachfolger Christi müssen denselben Charakter zeigen wie ihr Vater im Himmel (V. 35-36). Er ist gerecht. Aber er ist mehr als nur gerecht: Er ist barmherzig. So sollen auch seine Söhne sein. Dabei geht es nicht so sehr darum, Regeln zu befolgen, nicht einmal darum, nach Gerechtigkeit zu streben. Es geht darum, mit der Wiedergeburt das Wesen des Vaters zu erben und es zu verkörpern, indem wir uns als reife Kinder verhalten. Man könnte fast sagen, dass Sohnschaft der Schlüssel zu Christi Morallehre ist. Wir rufen uns in Erinnerung, was er in Lukas 5,34-35 erklärte: Das Verhalten der „Söhne des Brautgemachs" (so bezeichnet das Griechische die Gäste des Bräutigams) wird durch die An- oder Abwesenheit des Bräutigams bestimmt. Die Analogie verwandelte sich in eine Metapher: Jesus ist der Bräutigam, und seine Jünger sind die „Söhne des Brautgemachs". Hier nun sind seine Nachfolger Söhne des Vaters. Und wiederum schließen wir daraus: Für sie ist wahrhaft moralisches Verhalten nicht so sehr eine Frage der Einhaltung von Regeln. Vielmehr geht es darum, einen gottähnlichen Charakter zu entwickeln. Dieser Charakter ist die Folge eines Lebens in Gemeinschaft mit Christus.[170]

20. Juni

Abhängigkeit von Gott

Textlesung: Jakobus 4,13-17

Ihr wisst doch nicht einmal, was morgen sein wird.
Was ist denn euer Leben? Es ist nur ein Dampf,
der kurze Zeit sichtbar ist und dann verschwindet. (V. 14; NeÜ)

Von Vers 13 bis zum Ende des Kapitels verfolgt Jakobus folgendes Ziel: Selbst in unserem Geschäftsleben sollen wir nicht unabhängig vom Herrn werden. Wir lassen uns so schnell begeistern – und das auch mit Recht. Gott hat uns Ehrgeiz geschenkt, und wir sollten danach streben, dem Herrn zu gefallen. Wenn Gott uns Geld oder Kapital, eine Fabrik oder Firma zur Verwaltung gegeben hat, geht damit die große Verantwortung einher, diese Firma gut zu führen. Von ihrem reibungslosen und ordnungsgemäßen Betrieb hängt viel ab: das Wohlergehen vieler Arbeiter, ihrer Frauen und Familien. Deshalb sind wir dankbar für Männer, die wissen, wie man leitet. Ein Arbeiter geht häufig nach der Arbeit heim, genießt den Feierabend und hat bis zum nächsten Tag keine weitere Sorge im Kopf. Der Manager dagegen muss die Gelder für die Gehälter am Ende des Monats auftreiben und kann darüber so manche schlaflose Nacht verbringen.

Seien wir dankbar für die verschiedenen Gaben, die Gott geschenkt hat. Wenn er uns in die Wirtschaft gestellt hat, so kann es leicht geschehen, dass wir uns in der Hektik und Faszination dort verlieren. Wir haben Pläne hier und Pläne dort. Dies und das werden wir nächstes Jahr tun. Was ist daran schon falsch? Zunächst einmal wissen Sie gar nicht, was morgen geschehen wird (V. 14).

„Wollen Sie morgen am Leben sein?"

Sie sagen: „Ich hoffe doch!"

„Wissen Sie es denn nicht?"

Warum hat Gott das im Ungewissen gelassen? Eine Auswirkung davon ist, dass wir jeden einzelnen Tag als ein Geschenk von Gott nehmen müssen, auf das wir kein Anrecht haben. Wir können das nicht selbstverständlich nehmen. Wir sind jeden Tag vom Herrn abhängig. Deshalb bringt uns eine Gewohnheit, durch die wir uns ständig daran erinnern, zu einer realistischeren Auseinandersetzung mit dem Leben – indem wir sagen und uns bewusst machen: „Wenn der Herr will, werden wir sowohl leben als auch dieses oder jenes tun“ (V. 15). Das sollte kein pharisäisches Ritual sein. Doch es unterbindet diese aufkeimende Weltlichkeit, diese schleichende Tendenz, in unserem Leben vom Herrn unabhängig zu werden. Schließlich ist genau das im Grunde Weltlichkeit – sich vom Herrn und dem Bewusstsein der Abhängigkeit von ihm zu entfernen.[171]

21. Juni

Schämen Sie sich nicht für Ihre Weisheit

Textlesung: 5. Mose 4,1-14

Denn ich schäme mich des Evangeliums nicht,
ist es doch Gottes Kraft zum Heil jedem Gläubigen,
sowohl dem Juden zuerst als auch dem Griechen. (Röm 1,16)

Als die Israeliten kurz davor stehen, das Land zu betreten, appelliert Mose an sie, sich nicht zu schämen. Er sagt: „So bewahrt und tut sie [die Ordnungen]! Denn das ist eure Weisheit und eure Einsicht in den Augen der Völker, die all diese Ordnungen hören. Und sie werden sagen: Ein wahrhaft weises und verständiges Volk ist diese große Nation!“ (1Mo 4,6). *Schämt euch nicht für eure Weisheit!*

Als ich mein Studium an der *Queen's University* begann, gab es zwei christliche Studenten-Organisationen, die Christus bezeugen wollten. Eine von ihnen war das *Student Christian Movement* und die andere die *Christian Union* (SMD). In ihrer Anfangszeit war das *Student Christian Movement* mit guten und großartigen Absichten angetreten. Zum Zeitpunkt, als ich an die *Queen's University* kam, hatten sie allerdings die Lehren des Evangeliums, die Göttlichkeit Christi, seine Jungfrauengeburt und seine Auferstehung aus den Augen verloren. Der letzte Präsident des *Student Christian Movement* war sogar Atheist! Die Bewegung löste sich auf. Ein atheistischer Soziologe schrieb eine Doktorarbeit über das *Student Christian Movement* und die *Christian Union* an der *Queen's University* Belfast. Er wollte herausfinden, warum die eine Institution sich aufgelöst hatte und die andere mit großer Überzeugung weitermachte. Als Atheist war er unvoreingenommen. Er glaubte ja nichts davon. Und er zeigte der Welt, dass die eine Institution sich aufgelöst hatte, weil sie ihre Glaubensüberzeugungen verloren hatte – die Mitglieder hatten schlichtweg nichts mehr, an das sie glaubten.

Es gibt Menschen, die behaupten zu glauben und doch bereit sind, auf der ganzen Linie Kompromisse einzugehen. Man kann nicht weitermachen, wenn man den Glauben an die Fundamente seines Glaubens verloren hat. Dafür wird die Welt Sie nicht respektieren. Sie wird Sie zwar auch nicht unbedingt für weise halten, wenn Sie stattdessen an Ihren Glaubensüberzeugungen festhalten. Aber was die Welt betrifft, so kann ein christlicher Glaube, der die Jungfrauengeburt Christi, seinen Sühnetod, seine Auferstehung und seine Wiederkunft leugnet, genauso gut aufgeben und einpacken. Meine lieben Brüder und Schwestern und insbesondere die Jüngeren, die sich diesem Zeitalter stellen müssen, beherzigen Sie die historischen Tatsachen sowohl Israels als auch unseres Glaubens. Und treffen Sie unter Gottes Gnade die Entscheidung, sich nicht dafür zu schämen.[172]

22. *Juni*

Loyalität zu Christus als unserem Herrn

Textlesung: Daniel 3

So kann nun keiner von euch, der nicht allem entsagt, was er hat, mein Jünger sein. (Lk 14,33)

Welches Recht hat Christus, uns vor eine solche Wahl zu stellen? Nun, er ist Gott! Wie armselig sind unsere Vorstellungen von Gott doch heute! Doch Christus ist kein „Dienstleister". Wir behandeln ihn manchmal so wie unseren Automechaniker. Mit dem verbringen wir nicht viel Zeit. Aber wenn unser Auto mal nicht funktioniert, dann sind wir schnell bei ihm, weil wir glauben, dass er es wieder in Ordnung bringen kann. Und tatsächlich macht er das. Trotzdem bitten wir ihn nicht, ins Auto einzusteigen, mit uns nach Hause zu kommen und uns den Weg für unser Leben zu weisen. Sobald er das Auto repariert hat, verabschieden wir uns – bis wir ihn wieder brauchen.

Bei unserem Wunsch, Menschen zu überzeugen, stehen wir in der Versuchung, das Evangelium in dieser Art zu predigen. „Jesus Christus hat eine Menge Möglichkeiten. Sie sind niedergeschlagen? Nun, Christus kann Ihnen helfen!“

Ihnen geht es gerade gut? Nun, dann werden Sie vielleicht nicht das Gefühl haben, Christus zu brauchen. Aber das sind doch die Bedingungen der Errettung. Wenn Sie Errettung als kostenloses Geschenk wollen, so geht das nur durch Glauben an Christus. Sie werden sein Jünger, und er wird verlangen, dass Sie alles andere aufgeben und ihn als uneingeschränkten Herrn annehmen.

Sie sagen: „Warum versuchen Sie nur, diese uralte Lektion auf uns heute anzuwenden? Unsere Umstände sind viel einfacher. Es ist sehr unwahrscheinlich, dass wir in eine solche Krisensituation kommen wie die drei jungen Hebräer in Daniel 3.“

Vielleicht werden Sie es schaffen, das zu vermeiden und heim in die Herrlichkeit zu kommen, bevor Sie irgendeinem Diktator begegnen. Das ist aber nicht der Punkt! Hier geht es um eine Entscheidung, die jeder zu treffen hat. Wenn unser Herz Christus nicht völlig ergeben ist, wären wir selbst im Himmel nicht zufrieden. Wenn wir vor der Wahl zwischen ihm und allem anderen stehen, werden wir uns für Christus entscheiden?

Der Teufel hält uns manchmal die kleinen Dinge dieser vergänglichen Welt derart vor die Nase, dass wir danach greifen, weil wir Angst haben, sie zu verlieren, und der Retter gerät immer mehr aus dem Blick. Was aber würde dann geschehen, wenn wir erst einmal im Himmel sind mit seinen zehntausend Millionen Freuden, und unser Herz wäre nicht zuallererst im Retter selbst verwurzelt? Wenn er nicht über allem steht, würden wir uns vielleicht nur alle zwei Jahre einmal mit ihm treffen, weil wir so beschäftigt mit den Freuden des Himmels sind ...[173]

23. Juni

Ein Leben, das des Herrn würdig ist

Textlesung: Kolosser 1,1-12

Wandelt als Kinder des Lichts – denn die Frucht des Lichts besteht in lauter Güte und Gerechtigkeit und Wahrheit –, indem ihr prüft, was dem Herrn wohlgefällig ist. (Eph 5,8-10)

Ich erinnere mich daran, wie ich Dr. Laubach bei einem Missionsfrühstück hörte. Er war der große Pioniermissionar, der eine Methode entwickelt hatte, um einst völlig ungebildeten Stammesangehörigen das Lesen beizubringen. Er erzählte uns eine berührende Geschichte. Er hatte dem Stammeshäuptling ein paar Unterrichtsstunden gegeben, und nun konnte der Häuptling lesen. Er war Dr. Laubach so dankbar, dass er kam, sich neben ihn setzte und ihm den Arm um die Schultern legte. Er sagte: „Dr. Laubach, ich bin Ihnen so dankbar dafür, dass Sie mir das Lesen beigebracht haben. Ich würde Ihnen gerne einen Gefallen tun. Gibt es hier irgendjemanden, den ich für Sie umbringen könnte?" Er wollte dem guten Mann eine Freude machen. Aber er hatte noch nicht gelernt, was ihm gefallen würde!

Deshalb betet Paulus, dass sie mit der Erkenntnis seines Willens in aller Weisheit und allem geistlichen Verständnis erfüllt werden, damit sie auf eine Weise leben, die des Herrn würdig ist und ihm völlig gefällt.

„Das wird zwei Dinge beinhalten", sagt Paulus. Es geht um gute Werke und darüber hinaus um eine wachsende Erkenntnis Gottes – wie bei einem Schneeballeffekt. Es ist für den Allmächtigen kaum möglich, sich uns persönlich mitzuteilen, wenn wir einfach so weiterleben, wie es ihm missfällt. Nur denen, die ihm gefallen, kann er sich tiefer offenbaren. Wenn wir in jedem guten Werk Frucht bringen wollen, brauchen wir *Ausharren*. Doch das wirft die große Frage auf: Woher kommt die Stärke, die moralische und geistliche Kraft, damit wir weiter ausharren? Paulus gibt uns hier folgende Antwort: Wir werden „gekräftigt mit aller Kraft nach der Macht seiner Herrlichkeit" (Kol 1,11). Daher bekommen wir also die Kraft auszuharren.

Lehnen Sie sich für einen Augenblick zurück und denken Sie über diese Dinge nach. Vor uns liegt die große Zukunft, in der wir ohne Anklage vor den Thron der Herrlichkeit Gottes treten werden, „sofern ihr im Glauben gegründet und fest bleibt“ (1,23). Woher bekommen wir die Kraft, um weiterzumachen? Was, wenn unsere eigene kleine Kraft nicht ausreicht und sich erschöpft, bevor der Wettlauf des Lebens gewonnen ist? Wo sollen wir Kraft suchen? Die Antwort darauf ist diese: „Ihr werdet auch die herrliche Kraft Gottes an euch erfahren, damit ihr alles geduldig und standhaft ertragen könnt.“ (Kol 1,11; NeÜ)[174]

24. Juni

In unserer täglichen Arbeit nach Gottes Reich trachten

Textlesung: Matthäus 6,25-34

Trachtet aber zuerst nach dem Reich Gottes und nach seiner Gerechtigkeit! Und dies alles wird euch hinzugefügt werden. (V. 33)

Es ist eine wertvolle Erfahrung, wenn wir die Lebensregeln und -prinzipien des Herrn in unserer täglichen Arbeit umsetzen. Arbeit ist nicht nur ein Mittel, um für Nahrung und Kleidung zu sorgen. Der Herr weiß, dass Sie diese Dinge benötigen – natürlich weiß er das. Arbeit ist die normale Art, sie uns zu geben. Doch bei der täglichen Arbeit geht es um mehr als das. Es geht darum, einen christlichen Charakter zu entwickeln. Und das brauchen wir, mein lieber christlicher Freund. Denn wir werden dazu ausgebildet, einmal mit Christus zu herrschen und gemeinsam mit ihm die Regeln von Gottes Königreich in die Praxis umzusetzen. Wie sollen wir je in der Lage sein, sie durchzusetzen, wenn wir nicht zuerst gelernt haben, sie selbst zu halten?

Ich besuchte einmal einen lieben Christen, weit weg von meiner Heimatstadt, der inzwischen im Ruhestand ist. Er erzählte mir seine Geschichte. In seinem Berufsleben war er Gesellschaftssekretär gewesen (eine Mischung aus Buchhalter und Rechtsanwalt). Daher musste er bei Vorstandssitzungen mit den Direktoren anwesend sein. Bei einer Gelegenheit waren die Finanzbeamten alarmiert angesichts gewisser Praktiken, die der Vorstand angewandt hatte, um die Steuerprüfer zu täuschen. Der Prüfer verlangte ein Treffen mit den Direktoren, und mein guter Freund, der Gesellschaftssekretär, musste diesem Treffen ebenfalls beiwohnen. Irgendwann stellten die Steuerprüfer eine Frage, und der Vorstandsvorsitzende forderte meinen Freund auf, die Antwort zu geben. Mein

Freund sagte: „In diesem Augenblick wusste ich: Sage ich jetzt die Wahrheit, bin ich meinen Job los.“

Was hätten Sie getan? Er hatte eine Frau und Kinder, ein Haus und eine Hypothek zu bezahlen. Wäre die eigene Versorgung seine Hauptmotivation im Geschäftsleben gewesen, so hätte er gemeinsam mit den Direktoren gelogen und seinen Job behalten. Doch durch Gottes Gnade sah dieser noble Mann: Der Grund, warum Gott ihn in die Wirtschaft geschickt hatte, bestand darin, die Regeln von Gottes Königreich dort einzuüben und so einen zuverlässigen Charakter zu entwickeln. Er antwortete wahrheitsgemäß und verlor seinen Job. Hätte er gelogen, so hätte er die Sicherheit und den Job behalten. Doch er hätte die Hauptsache verloren, wofür ihn Gott überhaupt zur Arbeit geschickt hatte.[175]

25. *Juni*

Der Preis unserer Erlösung inspiriert uns dazu, hart zu arbeiten

Textlesung: 2. Thessalonicher 3,6-15

Denn ihr wisst, dass ihr nicht mit vergänglichen Dingen,
mit Silber oder Gold, erlöst worden seid von eurem eitlen,
von den Vätern überlieferten Wandel,
sondern mit dem kostbaren Blut Christi als eines Lammes
ohne Fehler und ohne Flecken. (1Petr 1,18-19)

Auch wir blicken zurück auf ein historisches Ereignis; auf dieses für die gesamte Menschheitsgeschichte zentrale Ereignis, als Christus, das Lamm Gottes, für unsere Sünde starb, um uns zu erlösen und uns zu befreien. In der Tat, wir haben eine unveräußerliche Freiheit, die mit dem Blut Christi erkauft wurde. Es ist Gottes Wille, dass wir uns ständig daran erinnern, dass das die Grundlage für alles ist. Hier beginnt alle geistliche Erfahrung, und hierhin muss jede geistliche Erfahrung ständig zurückkehren. Wenn wir uns also die Erlösung immer wieder in Erinnerung rufen, die Christus für uns erkauft hat, so werden auch wir das Geheimnis eines Lebens in völliger geistlicher Freiheit finden.

Dennoch sagt uns das Neue Testament, dass wir verpflichtet sind, ein Leben im Dienst für Gott zu führen. Haben wir jemals eine schwierige Lebensphase durchgemacht, in der uns die Gebote des Herrn schwer und lästig und wie eine Form von Sklaverei erschienen? Hat uns das immer wiederkehrende Abendmahl jemals eingeengt? Haben wir jemals gewünscht, dass die Prediger endlich aufhören würden, über unsere Verpflichtung zum Zeugnisgeben zu sprechen? Falls wir niemals so empfunden haben, wäre das in der Tat ungewöhnlich! Was kann unserem Leben und unserem Dienst für Christus das Gefühl von Sklaverei nehmen? Es ist die nüchterne Erinnerung daran, was es unseren Herrn Jesus Christus gekostet hat, uns zu erlösen. Wenn wir den Preis dieses kostbaren Blutes vergessen, so wird unser Herz sogleich anfangen zu protestieren, Gott erwarte zu viel von uns.

Wenn wir wie der Knecht in den Gleichnissen werden (Mt 25,14-30; Lk 19,11-27), so wird uns unsere Pflicht als Christen wie ein Sklavendienst erscheinen, der uns von einem strengen Herrn auferlegt wurde – dieser Knecht protestierte, sein Herr sei ein strenger Mann, der ernte, wo er nicht gesät habe, der einsammele, wo er nicht gearbeitet habe, und der immer etwas ohne Gegenleistung erwarte. Unsere Proteste werden aufhören, wenn unser Herz immer wieder neu davon beeindruckt ist, was es Christus gekostet hat, sein unendlich wertvolles Blut für uns zu vergießen. Und wir werden Paulus immer mehr darin zustimmen: Unseren Leib als ein lebendiges Opfer darzubringen ist unser angemessener Dienst (Röm 12,1).[176]

26. Juni

Geistliche und säkulare Arbeit

Textlesung: Lukas 5,1-11

Als aber Simon Petrus es sah, fiel er zu den Knien Jesu nieder und sprach: Geh von mir hinaus! Denn ich bin ein sündiger Mensch, Herr. (Lk 5,8)

Petrus' Bekenntnis seiner Sündhaftigkeit wurde jedoch nicht mit Worten wie „Fürchte dich nicht. Deine vielen Sünden wurden dir alle vergeben“

beantwortet. Petrus dachte nicht an spezifische und konkrete Sünden, die er begangen hatte, sondern an seine allgemeine Sündhaftigkeit und Unwürdigkeit als Person: „Ich bin ein sündiger Mensch." Christi Antwort lautete im Grunde: „Keine Sorge. Ich kann trotzdem etwas aus dir machen und dich gebrauchen: Von nun an wirst du Menschen fangen." Die Formulierung „Menschen fangen" (V. 10) ist aufschlussreich. Petrus' tägliche Arbeit bestand darin, Fische zu fangen. Das war ein anspruchsvolles Handwerk. Jetzt sollte er diese Fähigkeiten nicht einfach aufgegeben, sondern auf einer höheren Ebene anwenden. Petrus' tägliche Arbeit sollte auf eine höhere, geistliche Ebene gehoben werden, für die die niedrigere, materielle Ebene lediglich die notwendige praktische Grundlage bildete. Um zu leben, müssen wir essen, und Fisch taugt dazu ebenso gut wie irgendetwas anderes. Doch das Leben besteht aus mehr als nur aus Essen. Deshalb hat sogar das Fischen einen Zweck, der weit darüber hinausgeht, den Menschen einfach nur am Leben zu erhalten – wenn es aus den richtigen Motiven getan wird. Nachdem Jesus, der auch Herr der täglichen Arbeit ist, Petrus beigebracht hatte, diese Arbeit aus den richtigen Motiven zu tun („Aber auf dein Wort will ich die Netze hinablassen"), beruft er Petrus nun dazu, auf der Ebene des Endzwecks aller Arbeit zu dienen. „Von nun an", so sagt er, „wirst du Menschen fangen" – natürlich für Gott und für sein Königreich. Daraufhin verließ Petrus seine säkulare Arbeit, um sich geistlicher Arbeit zu widmen (vgl. 5,11). Man darf jedoch nicht vergessen: Die Erfahrung, die ihn in seine großartige geistliche Aufgabe einführte, war eine Erfahrung, die er mit Christus bei seiner säkularen Arbeit gemacht hatte. Für den Gläubigen bilden die säkulare und die geistliche Arbeit einfach unterschiedliche Aspekte eines unteilbaren Bereiches. Die säkulare Arbeit kann und muss letztlich dieselben Ziele im Blick haben wie die geistliche Arbeit. Seit der Messias gekommen ist, können wir uns auch bei unserer täglichen Arbeit nicht länger mit weniger zufriedengeben, als auch dort ihm und seiner Sache zu dienen.[177]

27. Juni

Unser Werk für den Herrn

Textlesung: Apostelgeschichte 9,36-43

So wird das Werk eines jeden offenbar werden, denn der Tag wird es klarmachen ... Und wie das Werk eines jeden beschaffen ist, das wird das Feuer erweisen. (1Kor 3,13)

Die Geschichte erzählt, dass Dorkas starb und sie von den Toten auferweckte. Das muss auf jeden Fall eine großartige, unvergessliche Erfahrung für sie gewesen sein, die sie für den Rest ihres Lebens nicht vergaß. Stellen Sie sich nur ihre Situation vor. Sie war gerade mit ihrem sozialen Unterstützungsprojekt beschäftigt gewesen, als der Tod dazwischenkam und all ihre Arbeit jäh beendete. Doch bald schlug sie die Augen wieder auf. Da stand kein anderer als der Apostel Petrus persönlich, der ihr aufhalf und sie ins Nachbarzimmer führte. Dort waren die Leute, für die sie so hart gearbeitet hatte, bevor sie starb. Sie begrüßten sie mit unbändiger Freude und Dankbarkeit. Und dort war auch die Arbeit, die sie getan hatte – die Kleider, die sie angefertigt hatte. Die Witwen hatten sie sogar dem großen Apostel gezeigt (9,39). Solch eine Dankbarkeit, solch eine Ehre, welch eine Anerkennung für ihre Mühen! Wenn jemals eine Frau einen Blick erhaschte von der bleibenden Wirkung und dem Wert ihrer Arbeit, so war es Dorkas, als sie von den Toten auferweckt wurde. Das gab ihr sicherlich neuen Antrieb, sich für den Rest ihres Lebens wieder mit aller Kraft an die Arbeit zu machen.

Unser Werk für Gott und für die Menschen ist schon an sich wertvoll aufgrund des Guten, das es in diesem Leben bewirkt. Doch seine Bedeutung und sein Wert enden nicht mit dem Grab. Die sichere Tatsache der Auferstehung Christi, die herrliche Aussicht auf unsere eigene Auferstehung oder Verwandlung bei seiner Wiederkunft – all das versichert uns, dass unsere Mühe im Herrn nicht vergeblich ist (1Kor 15,50-58). Auch wir werden die Bedeutung unserer Arbeit einmal sehen. Das ermutigt uns, beharrlich weiterzuarbeiten. Zugleich warnt es uns davor, schlampig zu werden. Wenn der Herr kommt, und die Toten auferweckt werden, und die Lebenden gemeinsam mit ihnen auffahren, um dem Herrn zu begegnen, müssen alle vor dem Richterstuhl Christi erscheinen, damit jeder empfängt, was ihm zusteht für das, was er in seinem Leben getan hat, sei es nun gut oder schlecht (vgl. 2Kor 5,10). Wenn unsere Werke Christi Prüfung überstehen, so wird uns eine vierfache Freude zuteilwerden. Zunächst die schiere Freude über das Wissen, dass wir den Herrn erfreut haben. Zweitens die Freude darüber, die ewige Dankbarkeit und Freundschaft derer zu erfahren, denen wir auf der Erde geholfen haben (Lk 16,9). Drittens die Freude darüber zu sehen, dass die Arbeit, die wir zu Lebzeiten getan haben, ewig Bestand hat. Und obendrein gibt es eine Belohnung vom Retter selbst (1Kor 3,12-14).[178]

28. Juni

Das Ziel unserer Mühe

Textlesung: Daniel 4,16-34

Tut nichts aus Streitsucht oder Ehrgeiz, sondern seid bescheiden und achtet andere höher als euch selbst! (Phil 2,3; NeÜ)

Nebukadnezar beging einen Fehler – nicht nur im Hinblick auf den Ursprung der Gaben, die er empfangen hatte, sondern auch in Bezug auf ihr Ziel. Er sagte: „Ist das nicht das große Babel, das ich durch die Stärke meiner Macht und *zur Ehre meiner Herrlichkeit* zum königlichen Wohnsitz erbaut habe?“ Anstatt Gott mit all seiner künstlerischen Begabung ein Loblied zu singen, feierte er sich selbst als Ziel seiner Gaben und manövrierte sich so in eine Sackgasse.

Denn dafür ist der Mensch zu klein. Wir sind nicht groß genug, um das Ziel unseres Lebens zu sein. Menschen, die ihre Gaben nur für ihre eigene Ehre und zu ihrer eigenen Befriedigung ausüben, werden bald feststellen: Das Ziel, das sie sich gesteckt haben, ist nicht groß genug. Alles, was wir tun, vom Kleinsten bis zum Größten, soll zu Gottes Ehre getan werden.

Ich erinnere mich an einen meiner Studenten. Ich sollte seine lateinische Prosa benoten. Er war insgesamt nicht der hellste Student, dem ich je begegnet war, doch er war fleißig. Sein Name lautete Mullan. Als er mir seine Arbeit einreichte, bemerkte ich vier Buchstaben – AMDG – oben über seinem Aufsatz. Ich meinte erst, das seien vielleicht seine Initiale und er hätte aus irgendeinem Grund meine eigenen noch hinzugefügt: A. Mullan, D. Gooding. Erst später entdeckte ich, was das bedeutete. Diese vier Buchstaben waren die Initialen von vier lateinischen Wörtern, *ad maiorem Dei gloriam* – zur größeren Ehre Gottes. Hier war ein Student, der seine lateinische Prosa im Studium zur größeren Ehre Gottes schrieb. Ich wünschte, ich könnte sagen, dass ich immer zur größeren Ehre Gottes benotet hätte – anstatt manchmal gegenüber einigen meiner Studenten die Beherrschung zu verlieren. Arbeiten Sie an Ihrem Computer zur größeren Ehre Gottes? Mauern, reparieren, nähen und kochen Sie *ad maiorem Dei gloriam* – zur größeren Ehre Gottes? Wir verfehlen unsere Berufung, wenn wir das nicht tun.[179]

29. Juni

Prioritäten im Dienst

Textlesung: Lukas 10,38-42

Maria aber hat das gute Teil erwählt,
das nicht von ihr genommen werden wird. (V. 42)

Aus Martas Sicht verhielt sich Maria selbstsüchtig, gewissenlos und unfair. Das Problem war: Es schien Marta so, als würde Christus Maria in ihrem Fehlverhalten unterstützen, indem er sie dort sitzen ließ und mit ihr sprach. Allein diese Tatsache, so hätte man meinen können, hätte Marta doch dazu veranlassen sollen zu ahnen, dass ihre eigenen Vorstellungen irgendwo nicht stimmten. Doch anstatt ihre eigenen Prioritäten zu hinterfragen, ging sie zu Christus und deutete an, dass es unverantwortlich von ihm sei, Maria in ihrem unfairen Verhalten zu ermutigen. Liebevoll, aber bestimmt musste Christus sie korrigieren. Es war nicht so, dass er die Bedeutung des Dienens im Allgemeinen oder ihres Dienstes im Besonderen gering schätzte. Als er jedoch Martas Haus besuchte, befand er sich auf der Durchreise. Die Zeit, die er mit den Schwestern verbringen konnte, war begrenzt. Nach seinem Abschied wäre er für lange Zeit fort. Daher war die Frage, ob sie beide die Arbeit auf ein Minimum reduzieren würden, um so dem

Herrn die maximale Zeit einzuräumen, um zu reden und die Gemeinschaft zu genießen – oder ob Marta darauf bestehen würde, ein aufwendiges Essen zu servieren, dessen Vorbereitung wenig Zeit für Gemeinschaft mit dem Herrn ließ. Unter diesen Umständen besteht kein Zweifel daran, was Christus vorgezogen hätte. Er hätte Martas Nähe ihrem Dienst vorgezogen. Es bestand auch kein Zweifel daran, was er für Marta als notwendiger erachtete. Doch Martas Vorstellung davon, was zu tun war, unterschied sich von Christi Vorstellungen. Und ihre Vorstellung war falsch, wie wir nun sehen können. Sie meinte es gut. Sie liebte den Herrn und wollte ihm dienen. Aber ihre Maßstäbe dafür, was dran war, nahm dem Herrn das, was er sich am meisten wünschte und was für sie am nötigsten war. Und all das war überhaupt erst geschehen, weil sie sich keine Zeit genommen hatte, um zu hören, was er für das Allerwichtigste hielt.

Auch wir befinden uns auf einer Reise. Das Leben ist bestenfalls kurz. Wir können nicht alles tun: Wir haben einfach nicht genug Zeit dazu. Wie Maria werden wir daher wählen müssen – und wir sollten wohlüberlegt wählen. Die Angelegenheiten des Lebens werden sich nicht von selbst in die richtige Reihenfolge sortieren. Wenn wir es nicht bewusst zu unserer obersten Priorität machen, zu den Füßen Jesu zu sitzen und seinem Wort zuzuhören, werden tausend andere Dinge und Verpflichtungen wichtiger sein. Sie werden unsere Zeit und unsere Energie fordern und uns das „gute Teil“ im Leben rauben.[180]

30. Juni

Größere Werke als diese

Textlesung: Apostelgeschichte 10,23-48

Wahrlich, wahrlich, ich sage euch:
Wer an mich glaubt, der wird auch die Werke tun, die ich tue,
und wird größere als diese tun, weil ich zum Vater gehe. (Joh 14,12)

Um zu verstehen, wie das möglich sein kann, müssen wir genau auf den Grund achten, den Christus nennt: „größere [...] *weil* ich zum Vater gehe.“ Als Christus hier auf der Erde war, konnte er immer nur an einem Ort gleichzeitig sein. Zwar konnte er auch aus der Ferne seine Macht ausüben und Menschen heilen (vgl. Joh 4,46-53; Lk 7,2-10). Dennoch wird nirgendwo berichtet, dass er jemals an zwei Orten zugleich war. Aber als er bei seiner Himmelfahrt zum Vater ging, gab es keine solchen Einschränkungen mehr. Denn nun können Tausende von Gläubigen überall auf der Erde gleichzeitig im Namen Christi zum Vater beten. Christus kann alle ihre Gebete beantworten, indem er gleichzeitig durch all diese Gläubige wirkt. Die Werke werden größer sein als diese, die Christus auf der Erde tat – zahlenmäßig größer.

Aber auch qualitativ werden sie größer sein. Es ist etwas Großartiges, wie Lazarus von den Toten auferweckt zu werden (Joh 11) und für eine Zeit lang (Lazarus starb ja irgendwann wieder) das vorübergehende Geschenk körperlichen Lebens zurückzubekommen. Es ist jedoch etwas viel Großartigeres, die unvergängliche Gabe des Heiligen Geistes zu empfangen und durch den Geist für immer in den Leib Christi eingepflanzt zu werden (1Kor 12,13).

Nun kann kein Mensch, kein christlicher Prediger, nicht einmal ein Apostel, irgendjemandem den Heiligen Geist verleihen. Doch seit Pfingsten redet der auferstandene Herr durch seine Diener. Infolgedessen glauben Menschen und empfangen daraufhin die Gabe des Heiligen Geistes. Hier berichtet Petrus beispielsweise, was passierte, als er geschickt wurde, um einem römischen Zenturio und seinen Freunden Worte zu predigen, „durch die du gerettet werden wirst" (Apg 11,14). „Während ich aber zu reden begann, fiel der Heilige Geist auf sie, so wie auch auf uns im Anfang. Ich erinnerte mich aber an das Wort des Herrn, wie er sagte: Johannes taufte zwar mit Wasser, ihr aber werdet mit Heiligem Geist getauft werden" (11,15-16). Nirgendwo wird berichtet, dass so etwas jemals geschah, als Jesus hier auf der Erde predigte. Diese sind die „größeren Werke", die der auferstandene und aufgefahrene Herr seit Pfingsten durch seine Leute tut.[181]

1. Juli

Der Herr ist an diesem Ort

Textlesung: 1. Mose 28,10-22

Da erwachte Jakob aus seinem Schlaf und sagte:
Fürwahr, der HERR ist an dieser Stätte, und ich habe es nicht erkannt! (V. 16)

Beachten Sie, dass die Leiter nicht vom Himmel herabgelassen wurde, sodass ihr unteres Ende die Erde nahezu berührte. Sie wurde auf der Erde aufgestellt, und ihr oberes Ende reichte bis zum Himmel. Die Engel Gottes stiegen zuerst hinauf und dann wieder herab, als ihre Aufgabe erfüllt war. Und wo war Gott? Manche Übersetzungen sagen, dass Gott sich „über" der Leiter befand (V. 13). Und wenn Sie sich für diese Übersetzung entscheiden, könnte niemand sagen, dass Sie damit falsch liegen. Die hebräische Präposition an dieser Stelle ist jedoch vage; sie kann auch „neben" bedeuten. Es ist dasselbe Verhältniswort, das in 18,2 verwendet wird, als Abraham bei der Hitze des Tages an seinem Zelteingang saß. „Und er erhob seine Augen und sah: Und siehe, drei Männer standen vor ihm." Sie kamen und stellten sich neben ihn.

Dieselbe Präposition wird hier verwendet: Gott stand neben der Leiter. Als Jakob aufwachte, bemerkte er: „Fürwahr, der HERR ist an dieser Stätte, und ich habe es nicht erkannt!" (28,16). Das ist das Besondere an dieser Offenbarung! Es wäre für Jakob nichts Neues gewesen, in einer Vision zu sehen, dass Gott sich im Himmel aufhielt. Das glaubte Jakob schon seit Langem. Manchmal war das auch sehr praktisch – beispielsweise, wenn man mit dem Mann neben sich hart verhandeln wollte. Es wäre schwieriger gewesen, wenn Gott ihm direkt über die Schulter geschaut hätte, während er sich verkleidete, um Isaak zu täuschen. Wie unangenehm wäre es gewesen, wenn Gott damals direkt neben ihm gestanden hätte. „Und er fürchtete sich und sagte: Wie furchtbar ist diese Stätte! Dies ist nichts anderes als das Haus Gottes und dies die Pforte des Himmels" (V. 17).

„Der HERR ist an dieser Stätte." Ich bin mir nicht sicher, ob mich dieser Text jubelnd zum Himmel zieht oder mich in Buße auf die Knie treibt. Wenn ich „Gott ist an dieser Stätte" an die Wand meines Arbeitszimmers, meines Hobbyraums oder Büros schreiben würde, wie viele Male müsste ich hinzufügen: „Und ich habe es nicht erkannt“? Unser Herr Jesus lehrte uns später, dass hier einer ist, der größer als der Tempel ist (Mt 12,6). Es wäre ein großer Segen, an jedem Ort des Lebens zu wissen: „Gott ist an dieser Stätte“ – und es nicht wieder zu vergessen.[182]

2. *Juli*

Gottesfurcht in der Familie

Textlesung: 1. Timotheus 5,1-16

Wenn aber eine Witwe Kinder oder Enkel hat, so mögen sie zuerst lernen, dem eigenen Haus gegenüber gottesfürchtig zu sein und Empfangenes den Eltern zu vergelten; denn dies ist angenehm vor Gott. (V. 4)

In der Luther-Übersetzung heißt es „fromm zu leben“. Das Interessante ist, dass dies unser Wort für Gottesfurcht ist, das Paulus im Timotheusbrief die ganze Zeit schon benutzt hat. Das griechische Wort lautet *eùsebeo* und bedeutet „gut ehrfürchtig behandeln“; das Substantiv, das davon abgeleitet wird, bedeutet „wahre Ehrfurcht“. Normalerweise wird es als Ehrfurcht gegenüber Gott verstanden. Doch nun fordert Paulus die Leser auf, zunächst einmal zu lernen, ihrer eigenen Familie Ehrfurcht zu erweisen. Wissen Sie, Gottesfurcht beginnt zu Hause! Sie müssen nicht in den Regenwald gehen und sich vergifteten Pfeilen und Kannibalen aussetzen, um Gottesfurcht zu lernen. Sie könnten diese auch in dem gefährlicheren Kontext des Familienlebens lernen. Und Frömmigkeit, die zu Hause keine Frömmigkeit ist, ist sehr fragwürdig.

Christus wird uns als seine Jünger auffordern, ihn an die erste Stelle über unsere liebsten und engsten Verwandten zu stellen. Viele unserer Mitchristen in anderen Ländern sind Tag für Tag dazu aufgefordert. Wie leicht war es für viele von uns, dem Retter zu glauben. Wie schwierig ist es für viele andere. Christus fordert, dass wir ihn an die erste Stelle setzen. Wenn wir das jedoch tun, so lautet eine der ersten Anweisungen, die er uns geben wird, uns um unsere eigene Familie zu kümmern.

„Wenn aber jemand für die Seinen und besonders für die Hausgenossen nicht sorgt, so hat er den Glauben verleugnet und ist schlechter als ein Ungläubiger“

(V. 8), denn Ungläubige übernehmen oftmals Verantwortung für ihre Eltern, insbesondere im hohen Alter.

Ich bin mir durchaus darüber im Klaren, was für eine Last das sein kann. Es gibt viele liebe Frauen, die dem Herrn liebend gern als Krankenschwester an fernen Orten oder als Missionarin gedient hätten und die viele Jahre lang frustriert mit einem älteren Elternteil mit beginnendem Alzheimer festsaßen. Welch eine Last das ist! Und die Brüder sollten nicht vergessen, dass es nicht immer gut ist, so beschäftigt damit zu sein, anderen Menschen zu predigen, dass sie der Heiligen Schrift gehorchen sollen, dass ihnen keine Zeit mehr bleibt, sich um ihre alten Eltern zu kümmern und einen Teil der Last davon zu tragen.[183]

3. Juli

Jakob wird betrogen

Textlesung: 1. Mose 29,14-30

Und es geschah am Morgen, siehe, da war es Lea. Da sagte er zu Laban: Was hast du mir da angetan? Habe ich nicht für Rahel bei dir gedient? Warum hast du mich betrogen? (V. 25)

Es lief gut für Jakob – „Hilf dir selbst, dann hilft dir Gott!" Er hatte das Erstgeburtsrecht und den Segen bekommen (vielleicht auf etwas unschöne Weise, aber immerhin). Der Herr hatte versprochen, mit ihm zu sein. Und nun war er dem schönsten Mädchen in der Gegend begegnet, und ihr Vater war bereit, sie ihm zur Frau zu geben. Alles lief wie am Schnürchen. Das tut es natürlich immer, wenn der Herr im Spiel ist – oder? Doch am nächsten Tag, als er erwachte, sah die Lage anders aus. Er bekam den Schock seines Lebens. Das war überhaupt nicht Rahel – es war Lea. Ich weiß natürlich nicht, was Jakob in dem Augenblick sagte, aber es werden keine besonders freundlichen Worte gewesen sein. Es war ja nicht Leas Schuld, und deshalb war es sinnlos, wütend auf sie zu sein. Aber was würden Sie über ihren Vater sagen? Wie konnte sein eigener Onkel so etwas tun? Er musste ihm die Meinung sagen.

Was hast du mir da angetan? Habe ich nicht für Rahel bei dir gedient? Warum hast du mich betrogen? Laban aber sagte: Das tut man an unserm Ort nicht, die Jüngere vor der Erstgeborenen zu geben. (1Mo 29,25-26)

„In diesem Land gibt es eine Kleinigkeit zu beachten im Hinblick auf die Erstgeborenen – wir betrügen die Erstgeborenen niemals um ihre Rechte. Ich würde in der Gemeinschaft mein Gesicht verlieren, wenn die Jüngere vor der Älteren verheiratet würde. Wir betrügen die Erstgeborenen hier nicht um ihre Rechte!"

„Aber du hast mich betrogen!", sagte Jakob.

Das sagte der Richtige! Ist es nicht erstaunlich, wie falsch es sich anfühlt, wenn man selbst von jemandem betrogen wird? Da konnte der Herr nicht im Spiel sein – nicht, wenn jemand anderes ihn betrog. „Gottes Mühlen mahlen langsam", aber sie mahlen. Gott wird Jakob zeigen, dass er niemals bei einem Gläubigen akzeptiert, was er in einem weltlichen Menschen verurteilt. Es ist großartig, dass wir Gott beim Wort nehmen können und glauben dürfen, dass er mit uns ist und unsere Wege führt. Das tut er natürlich. Das bedeutet allerdings nicht, dass Gott uns bevorzugt. Es heißt nicht: Wenn wir das eine oder andere zwielichtige Ding drehen, macht das nichts, es bleibt ja in der Familie. „Wir sind ja auf Gottes Seite, deshalb wird er kaum etwas an uns auszusetzen haben." Sind Sie sich da so sicher?[184]

4. Juli

Die Zunge zähmen

Textlesung: Jakobus 3,1-12

Denn jede Art, sowohl der wilden Tiere als auch der Vögel, sowohl der kriechenden als auch der Seetiere, wird gebändigt und ist gebändigt worden durch die menschliche Art; die Zunge aber kann keiner der Menschen bändigen; sie ist ein unstetes Übel, voll tödlichen Giftes. (V. 7-8)

Jedes Tier ist gezähmt worden, aber die menschliche Zunge nicht. Sie sagen: „Ich wusste gar nicht, dass die Zunge ein Tier ist." Sie werden jedoch feststellen, dass sie tatsächlich eins ist und dass Sie sie nicht aus den Augen lassen dürfen. Kein Mensch kann sie zähmen. Nur der Heilige Geist vermag das. Wenn sich dieses Tier losreißt, wird es Sie in Stücke reißen. Manchmal sind Menschen sogar stolz darauf. So manche christliche Gemeinde wird durch das alte Tier, die Zunge, verdorben. Unter dem Deckmantel der Geistlichkeit wird der Nachbarschaftstratsch herumgetragen, und jeder bekommt das mit.

Ich will gar nichts von Frau Schmidts Unzulänglichkeiten erfahren, es sei denn, dass ich vielleicht helfen könnte, denn ich habe genug Schwierigkeiten, mein eigenes Tier im Zaum zu halten. Hören wir also, was Christus und sein Heiliger Geist uns zu sagen haben: „Wenn ihr aber einander beißt und fresst, so seht zu, dass ihr nicht voneinander verzehrt werdet!“ (Gal 5,15).

Wir stehen in der Gefahr, zwei Dinge miteinander zu verwechseln. Durch Christi Tod sind wir von der Strafe der Sünde errettet worden, aber nicht von ihren Konsequenzen. Mit meiner Zunge verbreite ich billiges Geschwätz und fördere den Stolz in Menschen. Wenn ich dann Buße darüber tue, gibt es Vergebung, und die Strafe bleibt mir erspart. Aber es wird Konsequenzen haben. Was geschieht, wenn Sie Gerste säen, obwohl Gott Ihnen gesagt hat, dass Sie das nicht tun sollen? Dann sagen Sie: „Es tut mir sehr leid. Ich habe Gerste angebaut und weiß, du hast mir gesagt, dass ich das nicht tun soll. Ich war ein Dummkopf. Ich weiß nicht, was mich dazu gebracht hat, es zu tun. Jetzt stehen hier ganze Felder voller Gerste von dem bisschen Saatgut! Ich dachte nicht, dass es so viel hervorbringen würde. Oh Gott, es tut mir so leid. Bitte vergib mir, dass ich Gerste gesät habe.“

Gott wird Ihnen vergeben. Aber er wird nicht sagen: „Ich mache die Gerste jetzt zu Weizen!“ Es gibt keine Strafe. Wir wurden vor der Strafe bewahrt, aber nicht vor den Konsequenzen. „Passt auf“, sagt Paulus. Was wird passieren, wenn ihr „einander beißt und fresst“? Wird es sich am Ende alles fügen? Nein – ihr müsst zusehen, „dass ihr nicht voneinander verzehrt werdet“. Es ist eine Tatsache. Sie werden ernten, was Sie säen.[185]

5. Juli

Unsere Feinde lieben

Textlesung: 2. Samuel 1

Saul und Jonatan, geliebt und liebenswert. (V. 23; NeÜ)

Was hätten Sie als Nächstes getan, wenn Sie David gewesen wären? Da sind Sie in Ziklag – nicht gerade der Nabel der Welt. Sie haben ein Auge auf den Thron geworfen und hoffen, dass Gott eines Tages irgendwo einen für Sie bereithält. Was Sie brauchen, ist eine Propagandakampagne, die die Nation auf Sie aufmerksam macht. Das dachte David auch. Er verfasste ein Gedicht und brachte es den Leuten bei, sodass es überall gesungen wurde. Es war Davids Erkennungsmelodie, und sie erfuhren daraus eine Menge über David und verstanden seine politische Botschaft.

Wenn Sie Davids Propagandalied verfasst hätten, was hätten Sie geschrieben? „Seht, wie die vorherige Regierung uns in die Katastrophe hineingeführt hat"? „Seht, wie die Philister unser Land überrannt haben. Nur wegen der Unfähigkeit dieses törichten Sauls mit seiner unmöglichen Politik"? „Wechselt auf meine Seite"? Hätten Sie solch ein Gedicht verfasst, wäre es für Davids Ruf nicht gut gewesen. Sein Lied war völlig anders und klang folgendermaßen: „Saul und Jonatan, geliebt und liebenswert" (1,23). „Saul und Jonatan? David, das waren doch deine Feinde. Sauls Sohn Isch-Boschet lebt noch. Zehn, wenn nicht elf der Stämme sind ihm noch treu ergeben. Wenn du nun Saul und Jonatan so lobst, wird jeder sagen: ‚Warum sollten sie nicht weiter regieren? Du musst ihre Mängel aufzeigen, David. Du musst sie schlechtmachen. Schau dir doch die schrecklichen Dinge an, die sie getan haben. Deine Macht wächst, wenn du die Leute der Opposition niedermachst."

Doch David handelte nicht so. Ja, sie waren Feinde gewesen. Schrecklich finstere Taten hatten sie sich ausgedacht und versucht, David zu schädigen. Aber Jonatan war liebenswert, und Saul war der Gesalbte des Herrn.

„Es gibt auch eine andere Facette an ihrem Charakter, wisst ihr", sagte David, „sie haben der Nation eine ganze Menge Gutes getan." Und so lehrte er die Leute, seine Feinde zu lieben. Meine Brüder und Schwestern, macht Ihre Gemeinde es auch so? Oder erliegen Sie manchmal der Versuchung, dass Sie, wenn Ihnen jemand einen schmutzigen Streich gespielt hat, ihn schlechtmachen, weil Sie sich nicht vorstellen können, dass er irgendetwas Gutes tun könnte? Seien Sie vorsichtig. Der Mann, der in diesem Augenblick auf Gottes Thron sitzt und eines Tages auf seinem eigenen Thron sitzen und das Universum regieren wird, ist der Mann, der die Menschen nicht nur lehrte, ihre Feinde zu lieben. Er liebte sie selbst und starb für sie.[186]

6. Juli

Der Wert von Treue

Textlesung: 2. Samuel 2,1-7

Da sandte David Boten zu den Männern von Jabesch in Gilead und ließ ihnen sagen: Gesegnet sollt ihr sein von dem HERRN, dass ihr diese Güte an eurem Herrn, an Saul, erwiesen und ihn begraben habt! (V. 5)

Die Männer aus Juda erzählten David, dass die Männer aus Jabesch in Gilead Saul beerdigt hatten (V. 4-7). Was hätten Sie ihnen gesagt? Sie waren Sauls Knechte gewesen. Als Saul auf dem Schlachtfeld gefallen war, riskierten die Männer aus Jabesch in Gilead aus Treue zu ihm ihr Leben. Sie gingen hin und holten seinen Leichnam, um Saul ein anständiges Begräbnis zu geben. Was sagte David zu ihnen?

„Ich würde gern ein Wörtchen mit euch reden. Erklärt euer Handeln. Wisst ihr etwa nicht, dass Saul mein großer Feind war? Er hat versucht, mich umzubringen. Jetzt bin ich König in Hebron, und ihr sagt mir nun, dass ihr Saul geehrt habt, indem ihr ihm ein anständiges, öffentliches Begräbnis gegeben habt? Das ist nicht weniger als Hochverrat mir gegenüber, den ich als bewusste Feindseligkeit deuten muss. Dieses Begräbnis ist für mich wie ein Schlag ins Gesicht."

Er sagte jedoch nichts dergleichen. David war ein weiser Mann. Er nahm ihre Treue wahr. Treue ist eine Qualität, deren Wert man kaum überschätzen kann. Treue ist das, was das Universum zusammenhält und verhindert, dass es in Millionen Teile zerfällt. Es ist die Treue Gottes zu uns, seinen Geschöpfen: Auch wenn wir gegen ihn gesündigt haben, gab er seinen eigenen Sohn für uns hin, damit wir nicht verloren gehen. David hatte nicht vor, die Loyalität, die diese Männer in ihrem Herzen empfanden, zu zerstören, auch wenn sie seinem früheren Feind treu waren. Denn wenn er ihren Sinn für Treue zerstört hätte, wären sie auch ihm gegenüber niemals vollkommen treu, selbst wenn sie schließlich zu ihm überliefen.

Manchmal missverstehen wir die Menschen. Vielleicht sind sie mit den Menschen befreundet, die uns gerade gekränkt haben. Und weil sie ihre Freunde sind, setzen sie sich auch für sie ein. Was erwarten Sie denn von ihnen? Würden Sie sie als Feinde betrachten, nur weil sie Treue beweisen?

„Seht mal", sagte David, „Ich bin König. Ich möchte, dass ihr das wisst. Juda hat mich jetzt zu seinem König gemacht. Ihr habt eurem Herrscher gegenüber Treue bewiesen. Gut gemacht! Ihr habt von mir nichts als Lob dafür zu erwarten." Darin steckt mehr als nur eine leichte Andeutung, dass er eines Tages hocherfreut wäre, wenn sie auch ihm gegenüber treu wären. David schätzte den Sinn dieser Männer für Loyalität.[187]

7. Juli

Relative Werte

Textlesung: Lukas 12,22-34

Betrachtet die Raben, die nicht säen noch ernten,
die weder Vorratskammer noch Scheune haben, und Gott ernährt sie.
Wie viel seid ihr mehr als die Vögel! (V. 24)

Erstens sagt Christus hier nicht, dass sich Vögel nicht um ihre Nahrung bemühen müssen. Vögel müssen sehr hart darum kämpfen. Zweitens sagt Christus hier nicht: Weil Raben nicht säen oder ernten und auch keine Nahrungsvorräte für den Winter anlegen, sollten wir das auch nicht tun. Gott ernährt sie ungeachtet der Tatsache, dass er ihnen nicht die Fähigkeit gegeben hat, solche Dinge zu tun. Dem Eichhörnchen hat Gott den Instinkt gegeben, Essensvorräte anzulegen. Das ist Gottes Art, das Eichhörnchen zu ernähren. Wenn das Eichhörnchen diese Fähigkeit nicht nutzt, so wird es nicht auf wundersame Weise gefüttert werden. Wir verfügen über unvergleichlich größere gottgegebene Fähigkeiten als Raben oder Eichhörnchen. Das ist Gottes normale Art, uns zu ernähren. Drittens ist Christus nicht unrealistisch. Es ist ihm nicht entgangen, dass Vögel dem Alter, Krankheiten oder anderen Tieren zum Opfer fallen oder verhungern können. Auch behauptet er nicht, dass kein Gläubiger jemals verhungern oder erfrieren wird.

Was Christus hier sagt, ist Folgendes: Solange Gott es für notwendig hält, uns in dieser Welt zu lassen, so lange sorgt er auch dafür, dass wir die Nahrung und Kleidung bekommen, die für den Weg notwendig sind – damit wir die Prinzipien seines Königreichs lernen und einüben, für das Wachstum seines Reiches arbeiten und für sein Kommen beten. Wenn die Zeit abläuft, die Gott in seiner Weisheit für uns vorgesehen hat, können wir unserer Lebensspanne durch Sorgen ohnehin nicht das Geringste hinzufügen: Wenn sie vorbei ist, werden wir keine Nahrung und Kleidung mehr benötigen. Warum sich also um diese kleineren Dinge sorgen, wenn doch auch die Sorge im Hinblick auf das Größte von allem nichts bringt (vgl. 12,25)?

Nehmen wir ein praktisches Beispiel, um die Tragweite all dessen für das Alltagsleben zu zeigen. Bestechung und Korruption verstoßen offensichtlich gegen die Prinzipien des Königreichs. Ein christlicher Geschäftsmann, dem mit der Entlassung aus seiner Firma gedroht wird, wenn er nicht bereit ist, Bestechung zu praktizieren, wird die Entlassung akzeptieren und vielen Opfern ins Auge sehen müssen, um dem Königreich treu zu bleiben. Aber Gott garantiert ihm ausreichend Güter und Kleidung, um den Gehorsam gegenüber Gottes Herrschaft in dieser Welt praktisch zu ermöglichen. Nehmen wir auf der anderen Seite an, er hätte Angst, Gott zu vertrauen, und besticht jemanden, um seinen Job zu behalten und Nahrung und Kleidung für sich und seine Familie zu kaufen. Er wird – gemessen an Christi Maßstäben – den Zweck des Lebens verfehlt haben, für den Nahrung und Kleidung überhaupt erst notwendig waren.[188]

8. Juli

Angst, die Großzügigkeit erstickt

Textlesung: Lukas 18,18-30

Verkauft eure Habe und gebt Almosen;
macht euch Beutel, die nicht veralten,
einen unvergänglichen Schatz in den Himmeln,
wo kein Dieb sich naht und keine Motte zerstört! (Lk 12,33)

Lukas 12,22-31 hat sich mit der Frage beschäftigt, wie wir Nahrung und Kleidung bekommen. Nun gehen die Verse 32-34 der Frage nach, was wir mit den Gütern des Lebens tun sollen, wenn wir sie denn haben: „Verkauft eure Habe und gebt Almosen." Um den Befehl im richtigen Verhältnis zu sehen, müssen wir auf seinen Kontext achten. Christus besteht nicht darauf, dass kein Christ irgendetwas besitzen darf. Es war keine Sünde, dass Marta ein Haus besaß, in dem Christus gerne übernachtete (vgl. auch Apg 5,3-4). Auch sagt Christus hier nicht, dass es für Christen falsch ist, Reichtum zu besitzen. Ganz im Gegenteil. Ein Christ sollte danach streben, so viele bleibende Schätze zu besitzen, wie er kann. Das bedeutet jedoch, so viel wie möglich davon in den Himmel zu schaffen. Denn nur dort ist er sicher vor Verlust, Entwertung, Raub oder Zerstörung. Das wiederum bedeutet, so viel wie möglich den Armen (welcher Art auch immer) zu geben.

Hier stellt Angst das große Hindernis dafür dar, Christus zu gehorchen (vgl. Lk 12,32). Unsere kleine Habe erscheint uns so wichtig und wertvoll, dass wir den Verlust fürchten, wenn wir sie weggeben. Um dem entgegenzuwirken, rückt Christus unsere Besitztümer ins rechte Licht: „Fürchte dich nicht, du kleine Herde! Denn es hat eurem Vater wohlgefallen, euch das Reich zu geben." Beachten Sie die Vergangenheitsform. Es hat ihm wohlgefallen, er hat beschlossen, es zu tun. In der Tat, das Erbe ist nun bestätigt und durch einen unwiderruflichen Bund garantiert worden (vgl. Gal 3,15-29). Warum sollten wir als Erben eines ewigen Königreiches Angst davor haben, ein paar vergängliche Habseligkeiten wegzugeben? In der Tat: Warum haben wir nicht vielmehr Angst davor, zu viele von ihnen zu behalten und dadurch die Gelegenheit zu verpassen, sie in ewigen Reichtum zu verwandeln (vgl. Lk 12,33)? Bitten wir Gott darum, nicht demselben

Fehlschluss auf den Leim zu gehen wie die Pharisäer in Lk 11,39-41. Äußerlich und nach dem Ritus waren sie religiös, praktisch dagegen böse und habgierig.[189]

9. Juli

Die ewige Bedeutung unseres Familienlebens

Textlesung: 1. Mose 29,31–30,24

Und als der HERR sah, dass Lea zurückgesetzt war, da öffnete er ihren Mutterleib; Rahel aber war unfruchtbar. (29,31)

Als Laban Jakob betrog, sodass der Lea anstelle von Rahel heiratete, führte das dazu, dass Jakob am Ende vier Ehefrauen statt einer hatte. Das verkomplizierte die Lage definitiv! Von den Erfahrungen seiner Ehefrauen wird ausführlich berichtet und von ihren Herzensempfindungen während der Jahre, in denen sie um Jakobs Zuneigung wetteifern mussten (29,31–35,18). Halten Sie es für etwas Angenehmes, um Liebe wetteifern zu müssen? In der Wirtschaft ist Konkurrenz ja ganz in Ordnung. Aber es deutet viel darauf hin, dass Wetteifern um Liebe in der Familie keine glückliche Sache ist. Aus diesen Erfahrungen heraus (es gab natürlich auch glückliche) wurden Kinder geboren. Oft brachten die Namen, die diesen Kindern gegeben wurden, die Gefühle ihrer Mütter zum Ausdruck. Sie hatten die ganze Angelegenheit im Gebet vor Gott gebracht und hatten nun den Eindruck, dass er sie erhört hatte. So bewahrten die Namen ihrer Jungen ihre Erfahrungen. Wenn wir das letzte Buch der Bibel erreichen und die heilige Stadt vom Himmel herabkommt, ist das Wundervolle, dass die Namen dieser Jungen vorne auf den Toren geschrieben stehen. Die Erfahrungen dieser Frauen sind für alle Ewigkeit aufgezeichnet.

Ist das nicht wunderbar? Darf ich den Müttern unter Ihnen, die zu Hause einen Ehemann zufriedenzustellen haben (schwierig genug), Kinder großziehen und versuchen, die Familie zusammenzuhalten, etwas sagen? Es gibt einige, die stärker drängen, und andere, die sensibler sind, und so kommt es zu all den kleinen familiären Unruhen. Bringen Sie dies in der Stille im Gebet vor Gott. Manchmal empfinden Sie all das als eintönig. Aber diese Erfahrung mit Gott, die Sie zu

Hause in der Familie machen, ist Bestandteil der ewigen Stadt. Denn das macht die ewige Stadt ja aus: Sie besteht aus Männern und Frauen mit ihren Gotteserfahrungen in den guten und den schlechten Tagen, in den Erfolgen und den Niederlagen. Durch das Feuer der Prüfungen auf der Erde sind ihre Charaktere geläutert, ihre Persönlichkeiten geschliffen und in Juwelen verwandelt worden, die die ewige Stadt für immer zieren werden. Wenn Menschen dann an diesem kommenden Tag zu Gott kommen werden, werden sie Gott sehen, reflektiert durch Sie und durch Ihre besondere Persönlichkeit.[190]

10. Juli

Materieller Besitz und die Wiederkunft des Herrn

Textlesung: Lukas 12,35-48

Eure Lenden sollen umgürtet und die Lampen brennend sein!
Und ihr, seid Menschen gleich, die auf ihren Herrn warten,
wann er aufbrechen mag von der Hochzeit, damit,
wenn er kommt und anklopft, sie ihm sogleich öffnen. (V. 35-36)

Nun wendet sich Christus einer weiteren Überlegung zu, die materiellen Besitz für Jünger ins rechte Licht rücken wird: die Wiederkunft des Herrn. Die Lektion hat zwei Bestandteile. Erstens dürfen wir nicht zulassen, dass wir wegen unserer Haltung zu materiellen Gütern auf die Wiederkunft des Herrn nicht vorbereitet sind (V. 35-40). Zweitens werden ihm, wenn er kommt, alle seine Diener Rechenschaft geben müssen darüber, was sie mit den ihnen anvertrauten materiellen Gütern und all den anderen Gaben gemacht haben (V. 41-48).

Wir kennen zwar nicht den Zeitpunkt der Wiederkunft Christi. Doch wann auch immer sie stattfinden mag: Er erwartet, dass wir bereitstehen, ihm zu dienen. Seine Erwartung ist begründet. Um es in der Sprache seiner Gleichnisse und Bildreden auszudrücken: Wir erwarten schließlich auch, dass Gott bereit ist, uns zu antworten, wenn wir an seine Tür klopfen (vgl. 11,9). Da ist es nur angemessen, dass wir ebenfalls bereit und vorbereitet sein sind, für alles, was Christus dann von uns will, wenn er an unserer Tür anklopft (vgl. 12,36). Eine Gefahr im Zusammenhang mit materiellen Gütern ist, dass wir damit so beschäftigt sind, dass wir darüber den Herrn vergessen. Wir haben dann wenig Zeit, ihm zu dienen oder um geistliche Gemeinschaft mit ihm zu pflegen. Sind wir, wenn er plötzlich käme, auf die enge und persönliche Gemeinschaft mit ihm vorbereitet, die er seinen treuen Dienern verheißt (V. 37)? Außerdem ist das Alltagsleben mit den praktischen Dingen wie Arbeit, Nahrung und Kleidung als Übungsfeld gedacht, wie wir soeben gesehen haben. Hier sollen wir lernen, die Regeln von Gottes Königreich in die Praxis umzusetzen. Wenn wir das Leben nur dazu genutzt haben, um irdische Schätze anzusammeln, ganz so wie weltliche Menschen (V. 30); wenn wir uns wie die Pharisäer (11,48) nur wenig darum bemüht haben, Gottes Liebe und Gerechtigkeit im Alltagsleben in die Praxis umzusetzen – wie wollen wir dann plötzlich bereit sein, mit dem Herrn zusammen zu regieren, wenn er wiederkommt (vgl. 2Tim 2,12)? Wie wollen wir denn unvorbereitet als verantwortungsvolle Führungskräfte Liebe und Gerechtigkeit in seinem Königreich praktizieren und durchsetzen?[191]

11. Juli

Freundschaften für die Ewigkeit schließen

Textlesung: Lukas 16,1-15

Und ich sage euch: Macht euch Freunde mit dem ungerechten Mammon, damit, wenn er zu Ende geht, man euch aufnimmt in die ewigen Zelte! (V. 9)

Nichts von dem, was wir in diesem Leben haben, gehört uns. Wir haben nichts in diese Welt hineingebracht und werden auch nichts mitnehmen, wenn wir sie verlassen (vgl. 1Tim 6,7). Wir sind nur Verwalter. Eines Tages müssen wir gehen und alles zurücklassen. Solange wir über das verfügen, was unser Herr als „ungerechten Mammon" bezeichnet (so genannt, weil er in dieser zerrissenen Welt so unfair verteilt ist), sollen wir ihn einsetzen – allerdings nicht, um unsere Errettung zu erwerben, denn diese ist durch nichts zu kaufen: Sie ist ein Geschenk. Vielmehr sollen wir ihn gebrauchen, um Freunde zu gewinnen. Keine wankelmütigen Freunde von dem Schlag, wie sie der verlorene Sohn gehabt hat, sondern solche, denen wir in der ewigen Welt wiederbegegnen und die für immer unsere Freunde bleiben werden. „Macht euch Freunde mit dem ungerechten Mammon, damit, wenn er zu Ende geht, man euch aufnimmt in die ewigen Zelte!“ (16,9).

Wir müssen ein bisschen praktischen Realitätssinn in unsere Vorstellung vom Himmel bringen. In mancher Hinsicht wird er sich möglicherweise nicht unbedingt so sehr von unserem jetzigen Leben unterscheiden. Wir sollten bedenken: Obgleich alle Gläubigen im Himmel gleichermaßen willkommen sind und geliebt werden, werden nicht alle gleich viele Freunde haben. Wenn beim Preisgericht im Himmel bekannt wird, dass es Ihre aufopferungsvolle Spende war, durch die die Exemplare des Johannesevangeliums beschafft werden konnten, die einen ganzen Stamm aus dem Heidentum zum Glauben an Christus geführt haben, wird dann nicht dieser ganze Stamm Ihnen ewig Dankbarkeit entgegenbringen? Eine Dankbarkeit, die er mir nicht entgegenbringen wird, der ich mein überschüssiges Geld zu meinem eigenen Vergnügen für irgendwelche Luxusartikel ausgegeben habe.

Wenn es um unsere Beziehung zu Christus als Retter geht, so handelt es sich dabei natürlich um einen einseitigen Prozess, bei dem er die ganze Aufgabe der Rettung übernimmt. Wenn es jedoch um unsere Beziehung zu ihm als Freund geht, so handelt es sich um einen zweiseitigen Prozess: „Ihr seid meine Freunde, wenn ihr tut, was ich euch gebiete“ (Joh 15,14). Wenn wir in diese Freundschaft hier zu wenig investiert haben, sollte das dort etwa keinen Unterschied machen?[192]

12. Juli

Josef – ein treuer Verwalter

Textlesung: 1. Mose 39

Und der Oberste des Gefängnisses übergab alle Gefangenen,
die im Gefängnis waren, der Hand Josefs;
und alles, was man dort tat, das veranlasste er. (V. 22)

Wir werden in unserer Rolle als Verwalter geprüft werden. Wenn persönlicher Gewinn unser Motiv war, so wird uns das in alle möglichen

Versuchungen bringen. Vielleicht wird uns das sogar um unsere Chancen bringen, aktiv an der Herrschaft Christi im kommenden Zeitalter mitzuwirken.

Josef war nicht nur als Verwalter in Potifars Haus treu, sondern auch im Gefängnis. Er beschwerte sich nicht: „Ich habe ihnen alles gegeben, was ich hatte. Und jetzt beschuldigen sie mich für etwas, das ich nicht getan habe. Nun haben sie mich auch noch in diesen erbärmlichen Kerker voller Gauner gesteckt. Ich werde hier nur herumsitzen und Däumchen drehen. Welche Berufsaussichten habe ich schon? Warum sollte ich mir überhaupt bei irgendetwas hier Mühe geben?“ Wären Sie zu Unrecht inhaftiert worden, ohne jegliche Aussichten, ohne Karriere, Aufstiegschancen oder Anerkennung – was hätten Sie getan? Josef diente dort unten genauso, wie er es in Potifars Haus getan hatte und wie er es später tun würde, als er der zweite Befehlshaber in Ägypten wurde.

Das hat praktische Auswirkungen für uns, nicht wahr? Sollten wir etwa als Verwalter, die eines Tages mit Christus regieren wollen, miteinander konkurrieren?

„Ich sollte mich etwas beeilen, denn Frau Zebedäus hat große Pläne für ihre Söhne, wissen Sie. Sie will, dass ihre Söhne Chefs werden. Deshalb werde ich zusehen, dass ich ihrem Antrag zuvorkomme“ (vgl. Mt 20).

Ich würde ja dienen, wenn man mir eine große Gemeinde mit Tausenden von Menschen und viel öffentlicher Aufmerksamkeit anvertraute. Das wäre ein lohnenswerter Job. Aber wäre ich bereit, im Verborgenen, konfrontiert mit ungerechtfertigter Kritik, Verwalter zu sein, wenn der Job keine Zukunft zu haben scheint und ich Menschen diene, die viel weniger intelligent und ein Haufen alter Gauner sind? Für Josef führte der Weg zu Erhöhung und Ehre durch dieses Gefängnis, nicht wahr? In Gottes Vorsehung war dies der Lehrgang für Josef – auch wenn Sie nun denken, dass er als verwöhnter Junge das auch brauchte. Das war seine Ausbildung für eine ehrenvolle Stellung. Dasselbe gilt für uns. Wie wir uns jetzt verhalten – wie wir unsere Talente jetzt für unbedeutende und kleine Dinge einsetzen, wie wir auf Kritik reagieren –, all das ist entscheidend dafür, welche Position man uns im kommenden Königreich unseres Herrn übertragen kann.[193]

13. Juli

Wahren Segen empfangen

Textlesung: 1. Mose 32,23-33

Er [Jakob] aber sagte: Ich lasse dich nicht los,
es sei denn, du hast mich vorher gesegnet. (V. 27)

Bevor er den Fluss überquerte und Esau begegnete, rang Jakob in dieser Nacht dort mit einem Mann. Es war der Herr selbst. Jakob versuchte, mit Gott zu ringen und Gott in eine Position zu drängen.

„Lass mich los", sagte der Engel.

„Ich lasse dich nicht los, es sei denn, du hast mich vorher gesegnet", sagte Jakob. Er versuchte, Gott zu nötigen, ihn zu segnen.

Wissen Sie, meine Brüder und Schwestern, Sie müssen Gott nicht überreden, Sie zu segnen. Dazu ist er ohnehin entschlossen. Der Engel berührte Jakobs Hüfte und ließ den Muskel schwinden, sodass der für den Kampf nötige Muskel nun verkümmert war. Jakob konnte sich nur noch in völliger Abhängigkeit an Engel des Herrn klammern.

„Segne mich", sagte er.

Der Engel erwiderte: „Was ist dein Name?"

Jetzt brachte es nichts, sich mit Ziegenfellen zu verkleiden, falsches Wildbret anzubieten und vorzugeben, Esau zu sein. Gottes Arme hielten ihn fest, und er war ganz von Gott abhängig. Und so antwortete er auf die Frage des Engels „Wer bist du?" einfach mit „Jakob".

Welch ein Segen ist das, wenn Gott uns in die Arme nimmt, sodass wir uns nicht mehr rühren können, und uns dazu zwingt, uns selbst ins Gesicht zu blicken, unsere Unzulänglichkeiten und unseren Eigensinn zu sehen und die Lektion des Glaubens zu lernen. Diese Lektion besteht darin, von Gott abhängig zu sein. In dieser Nacht segnete Gott ihn – nicht mit großen Viehherden, sondern mit dem entscheidenden Segen: der Veränderung seines Charakters. „Nicht mehr Jakob soll dein Name heißen, sondern Israel" (V. 23-33). Nun vor Gott ein Fürst, befand er sich auf dem Weg, die Nation zu gründen, die den Messias hervorbringen würde. Auf dem Weg, den Sohn hervorzubringen, durch den alle Nationen der

Erde gesegnet werden würden: durch Josef in Ägypten und irgendwann endlich durch den Messias. Jakob beginnt nun, ein Herrscher für Gott zu sein. Das ist wahrer Segen.[194]

14. Juli

Sofortige Befriedigung oder zukünftige Herrlichkeit?

Textlesung: 1. Mose 25,19-34

Denn das schnell vorübergehende Leichte unserer Bedrängnis bewirkt uns ein über die Maßen überreiches, ewiges Gewicht von Herrlichkeit. (2Kor 4,17)

Bei jedem Sohn Abrahams oder Isaaks galt: Die Stellung des Erstgeborenen ging mit einem unermesslichen Privileg einher. Gott hatte verheißen, dass in Abraham und seiner Nachkommenschaft nicht nur alle Völker der Erde gesegnet sein würden. Er hatte auch zu Abraham gesagt: „Könige sollen aus deinen Lenden hervorkommen“ (35,11). Die Patriarchen glaubten, dass die großen Verheißungen Gottes – Macht, Herrschaft, Königtum – in die Zukunft reichten und sich nicht nur auf ein kleines Getreidefeld oder einen kleinen Brunnen am Wegesrand bezogen, über den die Philister sich zankten. Vor ihnen lag eine gewaltige, herrliche Zukunft. Und so würden dem Erstgeborenen die Hauptehre, die höchste Stellung und der größte Ruhm zuteilwerden. Es war immer der Erstgeborene. Und Sie sagen nun vielleicht: „Was für ein unermesslicher Segen!“

Ich will Ihnen sagen, was Esau davon hielt. Für eine Schüssel Eintopf und für die augenblickliche, unmittelbare Befriedigung verkaufte er diese Herrlichkeit und Zukunft. Auch wenn es sich nur um gewöhnliche, materielle Dinge handelt, ist Glauben nötig, um Zugang zu Gottes Segen zu finden. Er wird uns vor Entscheidungen stellen und unser Werteempfinden prüfen. Esau entschied sich für eine sofortige Befriedigung und noch dazu auf einem sehr niedrigen Level. Viele Menschen haben seither die gleiche Entscheidung getroffen.

Früher oder später werden wir alle vor der Wahl stehen, nicht wahr? „Passt auf!“, sagt der Verfasser des Hebräerbriefes denen, die sich zum Heil bekannt hatten.

> Und achtet darauf, dass nicht jemand an der Gnade Gottes Mangel leidet, dass nicht irgendeine Wurzel der Bitterkeit aufsprosst und euch zur Last wird und durch sie viele verunreinigt werden; dass nicht jemand ein Hurer oder ein Gottloser ist wie Esau, der für eine Speise sein Erstgeburtsrecht verkaufte! (Hebr 12,15-16)

Unser Heil können wir nicht verlieren. Jeder Gläubige wird bei Christus sein, wenn Christus kommt, um zu herrschen. Aber welche Stellung werde ich innehaben, und wie groß wird der Segen dann sein? Es ist möglich, das, was in dieser Herrlichkeit mein sein könnte, hier und jetzt zu verkaufen – eine herausgehobene Stellung in Christi Regierung beispielsweise. Das kann z. B. passieren, wenn ich nicht bereit bin, gelegentlich mit leerem Magen herumzulaufen und um Christi willen Opfer zu bringen, weil ich seinem Wort und seiner Verheißung glaube. Ich verlange meinen Segen jetzt schon. Aber wir können nicht immer alles haben. Wir müssen uns entscheiden.[195]

15. Juli

Das Prinzip der Barmherzigkeit

Textlesung: Jakobus 2,12-13; 5,7-12

Die Barmherzigkeit triumphiert über das Gericht. (2,13)

Meine Brüder und Schwestern, wie froh bin ich, dass dies so ist. Wenn ich vor dem Richterstuhl Christi stehe, wie wenig würde ich da bekommen, wenn ich einfach nur das bekäme, was strenge Gerechtigkeit mir geben würde! Würden Sie etwa sagen: Weil der Heilige Geist auch dem frisch Bekehrten zur Verfügung steht, muss er alle sündigen Neigungen über Nacht überwinden? Nein, der Herr ist barmherzig in seiner Beurteilung dessen, was diesem jungen Bekehrten möglich ist. Der Herr wird barmherzig sein. Das Problem ist, dass ich kein Neubekehrter mehr bin. Ich bin seit ungefähr 55 Jahren gläubig und habe weniger Entschuldigungen. Ich bete, dass der Herr barmherzig sein wird, wenn er meinen Lohn und meinen Platz in seinem Königreich festlegt.

Aber das legt mir eine dringende Überlegung nahe. Wenn ich will, dass er barmherzig mit mir umgeht, so sollte ich besser anfangen, jetzt schon selbst barmherzig zu sein. Vergessen Sie nicht den Kontext – Jakobus spricht darüber, wie wir einander behandeln. Da ist dieser einfache Bruder, ein guter Mann. Es ist nicht nur so, dass er einen billigen alten Anzug trägt, noch dazu schlecht geschnitten. Es ist nicht nur so, dass er seit langer Zeit das Hemd nicht mehr gewechselt hat und daher ein bisschen riecht. Er hat auch nicht die Vorteile von Kultur genossen, und Unterhaltungen mit ihm sind ein wenig ermüdend. Seine Ansichten sind ein wenig engstirnig und seine Manieren schwierig. Soll ich ihn links liegen lassen? Oder wird mich das zu Mitgefühl bewegen, sodass ich ihn vielleicht sogar noch mehr liebe? Oder werde ich unbarmherzig sein? Wenn ich ihm jetzt keine Barmherzigkeit erweise, werde ich einst vor dem Herrn stehen. Er wird prüfen, wie ich mich verhalten habe – wird sich meinen „Anzug und den Schnitt meines Hemdes" genau anschauen. Und wenn er dann meinen Lohn schätzt, so wird er auch kein Erbarmen mit mir haben. „Redet und verhaltet euch daher als Menschen, die einmal gerichtet werden" (vgl. V. 12).

Der Herr liebt es, in seinem Gericht barmherzig zu sein. Was unsere Beurteilung des Verhaltens unserer Mitchristen angeht, so bewahre uns Gott vor einem übertrieben kritischen und missbilligenden Geist. Erinnern Sie sich daran, wie empört der Herr die Pharisäer zurechtwies, als diese seine Jünger kritisierten und als Sünder verurteilen wollten, weil sie am Sabbat Ähren in den Händen zerrieben hatten.[196]

16. Juli

Ein wahrer Priester sein

Textlesung: 1. Samuel 1

Um diesen Jungen habe ich gebetet,
und der HERR hat mir meine Bitte erfüllt, die ich von ihm erbeten habe.
So habe auch ich ihn dem HERRN wiedergegeben.
All die Tage, die er lebt, soll er dem HERRN gehören. (V. 27-28)

Das erste Geheimnis der Erweckung lag bei einer Frau namens Hanna. Sie war ein wunderbarer Mensch. Ihr Mann Elkana war sehr religiös und zog zu jedem der Feste in der Stiftshütte hinauf, so wie er es tun sollte. Er hatte zwei Ehefrauen, Peninna und Hanna. Diesen Zustand empfehle ich keinesfalls! Tatsächlich war es eine ziemlich unerfreuliche Situation, insbesondere für Hanna. Denn Peninna hatte Kinder, und Hanna hatte keine. Können Sie sich die Konkurrenz vorstellen? Es ist ohnehin sehr schwer, wenn wir Sehnsüchte haben, die die Natur selbst in uns hineingelegt hat, und dann wird es unmöglich, sie zu erfüllen. Das allein ist schon eine schwere Last. Was Elkana betrifft, so war er ein törichter Ehemann! Als Hanna niedergeschlagen war, sagte er zu ihr: „Und warum ist dein Herz betrübt? Bin ich dir nicht mehr wert als zehn Söhne?"

Das brachte Hanna dazu nachzudenken, warum man überhaupt Kinder bekommt. Geht es nur darum, die natürlichen Triebe zu befriedigen, oder steckt mehr dahinter? Sie entschied, dass mehr dahinterstecken musste. Natürlich wollte sie noch immer ein Kind. Doch sie ging damit zum Herrn und sagte: „Herr, wenn du mir ein Kind geben würdest, so könnte ich es in deinen Dienst in der Stiftshütte stellen und dadurch anfangen, dem verrufenen Verhalten von Elis Söhnen entgegenzusteuern."

Darf ich Ihnen eine wichtige Frage stellen? Warum würden Sie heiraten wollen (falls Sie noch nicht verheiratet sind)? Nur, um verheiratet zu sein? Die Ehe ist ein wundervolles Geschenk. Aber würden Sie dem Herrn sagen: Wenn sie seinen Zwecken dienen könnte, würde das ihr unendlich mehr an Bedeutung verleihen? Warum würden Sie Architekt, Buchhalter oder Mechaniker sein wollen? Nur, um damit Geld zu verdienen? Oder ist es Teil Ihres Priestertums? Auch wenn Sie auf diese Weise Ihre Nahrung und Kleidung bekommen. Aber könnte es nicht auch die Art sein, wie Sie dem Herrn dienen und Ihren Beruf zu etwas machen, das seinen Interessen dient? Was bedeutet es im praktischen Leben, Priester zu sein?

Hanna entschied, dass sie noch immer ein Kind wollte. Doch nun sah sie die Möglichkeit, dass dieses Kind, falls der Herr ihr eins geben würde, von Bedeutung für Gott und sein Königreich werden könnte. Schließlich bekam sie das Kind, Samuel. Sie wartete, bis er entwöhnt war. Das war damals im Alter von etwa vier Jahren. Dann brachte sie ihn hinauf in die Stiftshütte und ließ ihn dort. Was für ein Opfer das war! Wie sehr es ihr das Herz zerriss! Doch sie handelte dabei wie eine wahre Priesterin.[197]

17. Juli

Der neue Weg in Gottes Gegenwart

Textlesung: Hebräer 10,15-25

Lasst uns nun mit Freimütigkeit hinzutreten zum Thron der Gnade, damit wir Barmherzigkeit empfangen und Gnade finden zur rechtzeitigen Hilfe! (4,16)

Der Vers sagt nicht einfach, dass wir mit Zuversicht zu Gott beten können. Gottes Menschen haben sich in allen Jahrhunderten frei gefühlt, zu ihm zu beten. Auch sagt er nicht, dass Christus die Pforten des Himmels geöffnet und es uns so ermöglicht hat, in Gottes Gegenwart einzutreten, wenn wir einmal sterben. Er sagt, dass Christus einen Weg für uns geschaffen hat, auf dem wir hier und jetzt in die unmittelbare Gegenwart Gottes eintreten können. Nun können wir an jedem Tag der Woche das tun, was Israels Hoher Priester nur einmal im Jahr tun durfte: ins Allerheiligste eintreten. Wir können nun das tun, was Israels Hoher Priester niemals tun konnte. Er konnte nur das Allerheiligste der irdischen Stiftshütte betreten. Wir dagegen können jeden Tag unseres Lebens in die unmittelbare Gegenwart Gottes im Himmel eintreten.

Auf den durchschnittlichen Juden muss diese Vorstellung zunächst befremdlich und unmöglich gewirkt haben. Für uns vielleicht auch. Für manche von uns besteht die Schwierigkeit möglicherweise darin zu verstehen, was es bedeutet, ins Allerheiligste im Himmel einzutreten, während wir noch hier auf der Erde sind. Wir sagen uns: „Gott ist im Himmel, und wir sind auf der Erde", und damit hat es sich. Er kann uns hören, wenn wir beten, weil er Gott ist. Doch wie sollen wir den Himmel betreten, um mit ihm zu reden? Wir sollten Folgendes bedenken: Wir denken nun in geistlichen Kategorien, nicht in räumlichen. Auf dieser Ebene wird Entfernung nicht in Kilometern oder Lichtjahren gemessen. Zwei Menschen können im selben Raum und sogar auf demselben Sofa sitzen und dennoch im Herzen sehr weit voneinander entfernt sein. Der Zolleinnehmer im Gleichnis unseres Herrn (Lk 18,10-14) ging hinauf in den Tempel, um zu beten. Doch er „stand weitab und wollte sogar die Augen nicht aufheben zum Himmel." Natürlich hörte Gott seinen Schrei nach Erbarmen, und er ging gerechtfertigt vor Gott nach Hause. Der Pharisäer hingegen, der auf seine eigenen guten Werke vertraute, wurde nicht gerechtfertigt. Der Punkt ist jedoch: Nun, da wir gerechtfertigt sind, brauchen wir nicht länger „weitab zu stehen". Im Geist können wir direkt in Gottes Gegenwart treten und vor seinem Thron stehen, weil wir wissen, dass wir bereits völlig von ihm angenommen sind und er uns niemals hinausstoßen wird. „Jetzt aber, in Christus Jesus, seid ihr, die ihr einst fern wart, durch das Blut des Christus nahe geworden ... Denn durch ihn haben wir beide durch einen Geist den Zugang zum Vater" (Eph 2,13.18).[198]

18. Juli

Was auch immer ihr bittet

Textlesung: Johannes 15,1-8

Wenn ihr in mir bleibt und meine Worte in euch bleiben,
so werdet ihr bitten, was ihr wollt, und es wird euch geschehen. (V. 7)

Die Einladung, das zu erbitten, was immer wir wollen, und die Verheißung, dass es uns geschehen wird, ist offensichtlich keine Aufforderung, unbegrenzt um alles Mögliche zu bitten, was wir gerade haben wollen – ein neues Auto, ein größeres Haus und so weiter. Die Einladung wird durch zwei Bedingungen begrenzt: Erstens, „wenn ihr in mir bleibt", wenn wir also in enger und vertrauter Beziehung und Gemeinschaft mit dem Herrn bleiben. Zweitens, „wenn ... meine Worte in euch bleiben." Beide Bedingungen müssen erfüllt sein. Wenn wir in unserer persönlichen stillen Zeit die enge Gemeinschaft mit dem Herrn genießen, werden wir uns seiner Liebe zu uns immer mehr bewusst werden. Und diese Liebe wird uns ganz gewiss ermutigen, unsere Bitten vor ihn zu bringen. Doch worum sollen wir bitten? Dabei werden wir Führung benötigen.

Um richtig zu bitten, müssen wir seine Worte in uns aufnehmen, damit sie unsere fehlgeleiteten Begierden korrigieren und uns offen für Gottes Absichten und Ziele für uns und andere machen. So können wir unsere Bitten entsprechend gestalten. Das Wunderbare ist dabei, dass wir dann eingeladen sind, mit dem Weingärtner bei der Umsetzung seiner Wünsche zusammenzuarbeiten. Immerhin sind wir zwar metaphorisch gesehen Weinreben, aber dennoch nicht tatsächliche, passive Stücke Rebholz. Wir sind erlöste Persönlichkeiten. Wenn wir in Christus bleiben und seine Worte unser Denken erneuern, werden wir uns zuallererst der eigenen Mängel in unserer Persönlichkeit bewusst werden – den Verknorrungen in der Weinrebe sozusagen –, die unsere Fruchtbarkeit einschränken und unser Wachstum behindern. Wenn das geschieht, so sind wir eingeladen, mit dem Weingärtner zusammenzuarbeiten. Wir sollen darum bitten, dass diese Dinge entfernt werden, damit mehr Frucht zu seiner Ehre entsteht. Es steht uns nicht zu, ihm vorzuschreiben, wie er das tun soll: Möglicherweise stellen wir fest, dass er unerwartete und manchmal schmerzhafte Methoden einsetzt. Weiter steht es uns nicht zu, ihm vorzuschreiben, wie lange er dafür brauchen darf. Wir sollen nicht annehmen, dass Gewohnheiten und Verhaltensweisen, die sich über viele Jahre tief eingeschliffen haben, notwendigerweise sofort entfernt werden. Allerdings dürfen wir immer wieder darum bitten in der gottgegebenen Gewissheit, dass unser Bitten nicht vergebens ist. Er wird für uns das tun, worum wir bitten. Wenn dann die daraus resultierende Frucht ihm Ehre einbringt, so können wir uns freuen, weil wir wissen, dass wir dabei mitgearbeitet haben, seine Ehre zu vermehren. Obendrein dürfen wir uns freuen über die Erkenntnis, dass unser Fruchtbringen uns als echte Jünger Christi ausweist.[199]

19. Juli

Gebet und das Kommen des Herrn

Textlesung: Psalm 102,1-18

Wenn er sich zum Gebet der Verlassenen gewendet und ihr Gebet nicht verachtet hat. (V. 18)

Der Psalmist sagt uns hier etwas Wunderbares: Wenn der Herr erscheint und Zion wiederaufbaut, wird das die Antwort auf die Gebete all der Not leidenden Gläubigen sein. „Dies sei [hier und jetzt] aufgeschrieben", sagt er im Prinzip (V. 19-23), „für die künftige Generation [die am Leben sein wird, wenn der Herr kommt], und ein neu geschaffenes Volk soll [dann] Jah loben." Denn aus dem Geschriebenen werden sie lernen, dass das Kommen des Herrn kein willkürliches, unerwartetes und unangekündigtes Eingreifen Gottes sein wird. Generationen von Gottes bedrängten und verfolgten Menschen haben daran geglaubt, dass es in der Heiligen Schrift verheißen ist. Sie haben es herbeigesehnt und dafür gebetet.

Das also will der Psalmist aufgezeichnet wissen. Als Antwort auf das Flehen seines Volkes geschah Folgendes: „Denn der HERR hat herniedergeblickt von der Höhe seines Heiligtums, er hat herabgeschaut vom Himmel auf die Erde, um zu hören das Seufzen des Gefangenen, um zu lösen die Kinder des Todes" (V. 20-21).

Wie anschaulich und bewegend diese Formulierungen sind! Er denkt nicht in räumlichen Kategorien über die Distanz zwischen Himmel und Erde, so, als wäre sie in Lichtjahren messbar. Er denkt darüber nach, wie unendlich hoch der transzendente Gott über den Angelegenheiten der Erde steht. Wie unendlich weit entfernt von seiner unversehrten Herrlichkeit das jämmerliche Elend der irdischen Gefängnisse ist, in denen Menschen leidend auf ihre Hinrichtung warten. Doch der transzendente Gott hat „herniedergeblickt". Er hat das Elend der Erde angeschaut, hat die Seufzer der Gefangenen gehört. Und eines Tages wird er als Antwort darauf erscheinen und Zion wiederaufbauen. Es ist – offensichtlich – nicht so, dass Gott fünf Minuten vor der Wiederkunft plötzlich seine Aufmerksamkeit auf die Erde richtet, sich des Seufzens der Gefangenen bewusst wird und sich zum Handeln entschließt. Gott hat immer schon hinabgeschaut. Er hat immer schon die Gebete seiner verzweifelten Gläubigen in allen Jahrhunderten gehört. Ihre Gebete sind nicht verloren gegangen (vgl. Offb 6,9-11; 8,3-5). Der Moment wird kommen, in dem Gott sich „zum Gebet der Verlassenen [wendet] und ihr Gebet nicht verachtet". Das Blut der Märtyrer, die Seufzer der unschuldigen Gefangenen, das Flehen des Verfassers von Psalm 102 und Millionen Gläubiger wie ihm, die bis jetzt nicht beantworteten Fürbitten Daniels (vgl. Kapitel 9 seiner Prophezeiung), die Schreie aus Auschwitz und Dachau, die in den Gaskammern zum Schweigen gebracht wurden – sie alle machen es zu einer moralischen Gewissheit, dass der Herr eines Tages erscheinen und Zion wiederaufbauen wird.[200]

20. Juli

Das Vaterunser

Textlesung: Lukas 11,1-4

Er sprach aber zu ihnen: Wenn ihr betet, so sprecht:
Vater, geheiligt werde dein Name; dein Reich komme. (V. 2)

In Lukas' Aufzeichnung des Gebets, das Christus die Zuhörer lehrte, finden sich fünf Bitten. Zuerst kommen zwei Bitten in Zusammenhang mit Gottes eigenen Interessen: sein Name und sein Königreich. Darauf folgen drei Bitten in Zusammenhang mit unseren eigenen Interessen: das tägliche Brot, Vergebung und Schutz vor Versuchung. Zuerst Gottes Interessen, dann unsere. Offensichtlich ist das beim Gebet die wahre Priorität für Geschöpfe. Was Gott ist, sein Charakter, seine Ehre – diese Dinge stehen an erster Stelle. Wir sollen beten, dass sein Name geheiligt werde. Das bedeutet, dass er sich von allen anderen Dingen grundsätzlich unterscheidet. Voll Ehrfurcht soll er als das Heiligste, Wertvollste und Herrlichste im gesamten Universum betrachtet werden. Wenn wir nicht sehen, dass Gottes Name nicht nur der höchste Wert von allen ist, sondern die Quelle aller wahren Werte, die irgendein Mensch oder ein Gegenstand besitzt, dann werden wir die Werte des Lebens niemals richtig bemessen oder in ihrem wahren Licht sehen. Wenn Gottes Namen entwertet und Gott selbst entehrt wird, so wird alles, was sich von ihm ableitet – und das bedeutet alles, was existiert –, entsprechend an Wert und Ehre verlieren. Leugnet man Gott komplett, wird sich letztlich alles als wertlos erweisen. Und dennoch wird in dieser armseligen Welt Gottes Name nicht so geheiligt, wie er sollte – nicht einmal von den größten Heiligen, auch nicht von uns gewöhnlichen Heiligen, ganz zu schweigen von den Weltlichen und Gottlosen. Wir haben den Sinn für Gottes Heiligkeit verloren. Wir leben in einer Welt, in der heilige Dinge zunehmend entweiht werden und das Leben immer wertloser wird.

Aber das wird nicht immer so sein. Gott hatte seine eigenen Ziele und Pläne. Sein Königreich wird errichtet werden, sodass sein Wille hier auf Erden genauso geschieht wie im Himmel. Dann wird sein Name so geheiligt werden, wie er sollte. Und alle Werte des Lebens werden mit dem Glanz und dem Leuchten der Juwelen des neuen Jerusalem erstrahlen. Das ist Gottes Ziel. Es wird geschehen. Aber wir sollen das Ganze nicht fatalistisch sehen. Wir sollen aktiv dafür beten, unseren Willen in Einklang mit Gottes Willen zu bringen und das Kommen seines Königreiches zu unserem größten Wunsch, Ziel und Streben zu machen.[201]

21. Juli

Ausharren im Bitten um den Heiligen Geist

Textlesung: Lukas 11,5-13

Wenn nun ihr, die ihr böse seid, euren Kindern gute Gaben zu geben wisst, wie viel mehr wird der Vater, der vom Himmel gibt, den Heiligen Geist geben denen, die ihn bitten! (V. 13)

Auf den ersten Blick mag Schamlosigkeit eine durch und durch schlechte Eigenschaft zu sein. Und bei vielen Gelegenheiten ist dies natürlich auch so. Doch fehlende Scham ist nicht immer oder notwendigerweise schlecht. Damit kann einfach jemand gemeint sein, der sich nicht schämt, der keine Gewissensbisse hat, wenn er etwas tut oder um etwas bittet. Wenn es Gründe dafür gibt, warum derjenige Gewissensbisse oder Scham empfinden sollte, so ist Schamlosigkeit natürlich etwas Schlechtes. Doch wenn das Anliegen eines Menschen gut ist, so ist Beharrlichkeit ohne Scheu nicht tadelnswert, sondern löblich. Um diesen Punkt zu verdeutlichen, zeichnet Christus das Bild eines Mannes, der mitten in der Nacht einen unerwarteten Gast bekommt und feststellt, dass er kein Essen im Haus hat, das er seinem Gast anbieten könnte (vgl. V. 5-8). Als Orientale mit dem typischen Empfinden für die Bedeutung von Gastfreundschaft verspürt er, obwohl es Mitternacht ist, keinerlei Gewissensbisse, als er zum Haus seines Freundes geht und ihn aus dem Bett holt, um das notwendige Essen zu bekommen, das er seinem Gast vorsetzen will. Sein Freund hat an dem fehlenden Schamgefühl des Mannes nichts auszusetzen. Da er dessen orientalische Vorstellungen in Bezug auf die Pflicht zur Gastfreundschaft teilt, betrachtet er seine Dreistigkeit als vollkommen berechtigt.

Eine Entsprechung in unserer Kultur wäre die Frage, ob man mitten in der Nacht einen Arzt rufen sollte, damit er zu einem Kranken kommt. Es wäre uns peinlich, wenn wir den Arzt für etwas hergerufen hätten, das sich nur als Kleinigkeit herausstellt. Wenn jedoch jemand in der Familie einen schweren Herzinfarkt erleidet, so würden wir keinerlei Gewissensbisse haben, einen Arzt herbeizurufen – egal, wie spät in der Nacht es ist.

Das also ist die Analogie. Sie sagt uns: Alle, die dringlich um die Erleuchtung und Stärkung ihres Herzens durch den Heiligen Geist bitten, werden ganz gewiss die Gaben empfangen, um die sie bitten. Ob wir immer wieder darum bitten oder nicht, hängt davon ab, für wie notwendig wir die Gabe erachten. Wenn wir beispielsweise heute um die Erleuchtung durch Gottes Geist und durch sein Wort bitten, damit wir ihn, seine Gnade und Pläne besser verstehen, und morgen vergessen, danach zu fragen oder in seinem Wort danach zu suchen, so ist offensichtlich, dass wir die Gabe, um die wir bitten, nicht für besonders wichtig oder notwendig halten. Dann ist es unwahrscheinlich, dass wir sie bekommen.[202]

22. Juli

Wie Gott auf einen Menschen hörte

Textlesung: Josua 10,1-15

Da stand die Sonne still, und der Mond blieb stehen,
bis das Volk sich an seinen Feinden gerächt hatte. […]
Und es war kein Tag wie dieser, weder vorher noch danach,
dass der HERR so auf die Stimme eines Menschen gehört hätte;
denn der HERR kämpfte für Israel. (V. 13-14)

Ein großartiges Wunder, nicht wahr? Und das nur, um die Gibeoniter zu retten, denn Gott war entschlossen, bis auf den letzten Mann jeden Feind zu vernichten, der jemals gegen sie gezogen war oder ziehen würde.

Aber haben Sie das größte Wunder nicht übersehen? Der Chronist selbst beschreibt es hier so: „Und es war kein Tag wie dieser, weder vorher noch danach, dass der HERR …" – Dass der Herr was? – „… so auf die Stimme eines Menschen gehört hätte" (V. 14).

Um sie zu beschützen, wagt es Josua – ein Mann, der mit beiden Beinen auf der Erde steht –, den Allmächtigen darum zu bitten, dass Sonne und Mond stehen bleiben, bis der letzte Feind vernichtet ist. Und der Herr hört auf ihn. Wissen Sie, dass es niemals zuvor oder danach einen solchen Tag gegeben hat? Ja, so steht es in der inspirierten Heiligen Schrift; aber das wurde vor Jahrhunderten geschrieben.

Diese Geschichte ist mittlerweile übertroffen worden, nicht wahr? Denn es kam ein anderer Tag, als ein anderer Mann auf der Erde stand. Er schaute die Menschen an, die ihm vertraut hatten. Er sah ihre Feinde. Und er betete dafür, dass sie vor dem Bösen bewahrt würden. Als er die Augen zum Himmel hob, sagte er: „Und nun verherrliche du, Vater, mich bei dir selbst mit der Herrlichkeit, die ich bei dir hatte, ehe die Welt war!" (Joh 17,5). Was war das für ein Tag, als Gott auf die Stimme dieses Mannes hörte und den Heiland so verherrlichte, dass er wie die Sonne am Firmament des Himmels für immer strahlte und uns alle schützte. Gegen Ende dieses Gebetes sagte er: „Vater, ich will, dass die, welche du mir gegeben hast, auch bei mir seien, wo ich bin, damit sie meine Herrlichkeit *schauen*" (17,24). Und in diesem Moment erschien der Mond am Himmel im vollen Angesicht der Sonne. Sie sitzen bereits jetzt schon geistlich mit Christus an himmlischen Orten, weit erhoben über alle Fürstentümer, Kräfte, Mächte und Herrschaftsgebiete. Und eines Tages werden Sie auch körperlich dort sein. Dann wird es so sein, wie es jetzt mit dem alten Mond steht. Er sieht die Sonne an, und die Sonne durchflutet ihn mit ihrer Herrlichkeit. Wenn man bedenkt, dass Sie einst in der Ferne waren, unter Androhung von Gottes Gericht, entfremdet von Gott und ohne jede Hoffnung in der Welt, und heute sind Sie in Ewigkeit sicher und sitzen mit Christus an himmlischen Orten – ist das nicht ein Grund, in Jubel auszubrechen?[203]

23. Juli

Um mehr bitten

Textlesung: Josua 14,6-15; Richter 1,11-15

Gib mir einen Segen! Denn ein dürres Südland hast du mir gegeben, so gib mir auch Wasserquellen! (Ri 1,15)

Kaleb folgte dem Herrn von ganzem Herzen und erwies sich als wahrer alttestamentlicher Gläubiger. Auf ihn folgten viele weitere. Als dann schließlich der Herr Jesus kam, zeigte er ihnen die volle Offenbarung Gottes. Dann waren da noch Achsa und Otniël (Jos 15,17). Sie erhoben nicht nur Anspruch auf das, was verheißen war, sondern baten sogar um noch mehr. Können Sie sich das vorstellen? Achsa sagte: „Papa, du weißt, dass ich dankbar für das Stückchen Land bin, dass du uns als mein Erbe gegeben hast. Aber es ist ein trockenes Fleckchen in der südlichen Negev – da kann man überhaupt nichts anbauen! Du musst uns auch noch etwas Wasser geben." Kaleb war bewegt und sagte: „Du hast recht, mein Lieber. Ich sag dir was. Ich gebe dir noch die oberen und unteren Quellen dazu" (vgl. V. 15). Nun konnten Otniël und Achsa damit etwas anfangen. Mit diesen oberen und unteren Quellen bauten sie die Früchte Zions an.

Sie baten um mehr. Sollten wir das nicht auch tun? Wir haben unser Erbe erlangt und den Heiligen Geist. Warum sollten wir da um mehr bitten? Nun, gerade *weil* wir den Heiligen Geist haben! Paulus betete für die Christen in Ephesus Folgendes:

> Dass der Gott unseres Herrn Jesus Christus, der Vater der Herrlichkeit, euch gebe den Geist der Weisheit und Offenbarung in der Erkenntnis seiner selbst. Er erleuchte die Augen eures Herzens, damit ihr wisst, was die Hoffnung seiner Berufung, was der Reichtum der Herrlichkeit seines Erbes in den Heiligen und was die überragende Größe seiner Kraft an uns, den Gläubigen, ist, nach der Wirksamkeit der Macht seiner Stärke. (Eph 1,17-19)

Mein Herz ist so klein und meine Vorstellungskraft so armselig. Ich bin errettet. Doch ich habe nicht einmal ansatzweise eine Vorstellung davon, was die große Hoffnung ist, die vor mir liegt. Ich brauche mehr. Soll ich nicht wie Otniëls Frau zum Herrn kommen und ihn um die stetig zunehmende Erleuchtung durch seinen Geist bitten, auf dass ich begreifen kann, was die Hoffnung seiner Berufung ist? Wie wird es sein, bei Christus zu sein, beim Herrn zu wohnen, Teil seiner Braut zu sein? Königin zu sein, wenn er König ist. Wie wird es sein, mit ihm zu regieren und zu herrschen und das große Universum zu verwalten, das noch kommen wird? Wer kann das Wunder beschreiben, dass uns kleinen Lehmklumpen nicht nur vergeben ist, sondern dass wir mit einer göttlichen Person, dem Sohn Gottes selbst, vereint werden – wer kann dieses Geheimnis erklären?[204]

24. Juli

Abrahams und unser Götzendienst

Textlesung: 1. Mose 14,18–15,5

Nach diesen Dingen geschah das Wort des HERRN zu Abram in einem Gesicht so: Fürchte dich nicht, Abram; ich bin dir ein Schild, dein Lohn ist sehr groß. (15,1)

In jenen frühen Tagen definierte Abraham das Leben einfach über seinen Besitz. Er lebte damals im Ur der Chaldäer in wunderschönen Häusern mit allen möglichen prächtigen Kunstwerken und Annehmlichkeiten. Es war ein zivilisiertes Dasein. Einige Jahre lang bildete das die Summe seines Lebens. Er hatte keinen Sinn für die lebendige Wirklichkeit des Glaubens an den lebendigen Gott. Überhaupt keinen!

Was durchbrach seinen Götzendienst? Wie immer ergriff Gott die Initiative. Früher oder später im Leben jedes Menschen nähert sich Gott ihm und macht ihm bewusst, dass es etwas Größeres als Nahrung und Kleidung gibt. Hinter dieser riesigen Welt steht ein persönlicher Gott. Er hat uns reich beschenkt mit allen möglichen Dingen, damit wir sie genießen und zu ihm finden und auf ihn vertrauen. Es bricht ihm das Herz, wenn Menschen seine herrlichen Geschenke zwar annehmen, sich durch diese aber von Gott wegziehen lassen statt zu ihm hin.

Und das ist nichts, das sich auf diese längst vergangenen Zeiten beschränkte. Es passiert immer wieder, so auch Jahrhunderte später dem Volk Israel. Durch die Propheten klagt Gott das an. Er hatte die Menschen aus ihrer Versklavung befreit, in das Land Kanaan geführt und dort in sicheren Häusern wohnen lassen, umgeben von wunderschönen Feldern und durch reiche Ernten gesegnet. Aber statt, dass dieser Segen sie zu ihm führte, zog er sie von ihm weg.

„Denn sie sagte: Ich will meinen Liebhabern nachlaufen, die mir mein Brot und mein Wasser geben, meine Wolle und meinen Flachs, mein Öl und mein Getränk“ (Hos 2,7). Israel nahm die Geschenke Gottes und lief anderen Göttern nach. Der Gott dieses Universums hat ein leidenschaftliches, aber zutiefst bekümmertes Herz.

Brennt Ihr Herz vor Liebe zu Gott? Sie sagen: „Ich habe mein Geschäft und mein Zuhause!“ Könnte es sein, dass Ihr Geschäft und das schöne Zuhause, das Gott Ihnen geschenkt hat, Sie so in Besitz nehmen, dass Ihnen keine Zeit für Gott oder den Glauben an ihn bleibt? Sie sind nicht boshaft, Sie sind nicht völlig unmoralisch. Aber purer Besitz hat Ihnen den Glauben an Gott geraubt. Sie haben aus dieser vergänglichen Welt einen Götzen gemacht. Sie sagen: „Ich habe noch viele Pläne. Ich kann doch nicht ständig an Gott denken.“ Ohne Gott gibt es jedoch keine Zukunft! Wenn Sie eine Zukunftsperspektive haben wollen, müssen Sie mit Abraham diese grundlegende Lektion lernen – geben Sie Ihre Götzen auf und setzen Sie Ihr Vertrauen auf den lebendigen Gott.[205]

25. Juli

Aus der Kraft des Fleisches leben

Textlesung: 1. Mose 16

Und Sarai, Abrams Frau, gebar ihm keine Kinder.
Sie hatte aber eine ägyptische Magd, deren Name war Hagar. (V. 1)

Sara sagte zu Abraham: „Gott hat uns verheißen, dass wir ein Kind haben werden und dass in unserem Samen die Nationen der Welt gesegnet sein werden. Wäre es da nicht eine gute Idee, wenn wir es irgendwie arrangierten, ein Kind zu bekommen?“ Dann sagte sie etwas sehr Merkwürdiges: „Siehe doch, der HERR hat mich verschlossen, dass ich nicht gebäre.“ Falls der Herr das wirklich getan hätte, hätte sie besser sagen sollen: „Wir werden wohl warten müssen, dass Gottes Zeit kommt, seine Verheißung zu erfüllen!“ Stattdessen fügte sie hinzu: „Geh doch zu meiner Magd ein! Vielleicht werde ich aus ihr erbaut werden.“ Ich denke, es war Sara nicht bewusst, dass das Unabhängigkeit von Gott bedeutete.

Aus den besten Motiven beschlossen sie, Gottes Verheißung auf ihre eigene Art zu erfüllen.

Ich frage mich, ob wir uns hier nicht viel deutlicher überführt fühlen als beim Gedanken an Lot. Wir sind durch Glauben gerechtfertigt worden. Wir haben Frieden mit Gott und sind entschlossen, nun ein gottesfürchtiges Leben zu führen und dafür zu sorgen, dass alle Absichten Gottes für uns erfüllt werden. Doch wie viele von uns sind über das einfache Mitwirken mit Gottes Handeln hinausgegangen und haben versucht, es durch ihr eigenes, religiöses Fleisch zu tun? Wir vergessen: Das Fleisch eines Gläubigen ist nicht annehmbarer vor Gott als in den Tagen vor seiner Wiedergeburt. Es kann nicht mehr für Gott bewirken als vor der Bekehrung. Ein Großteil der Frustration und Desillusionierung, die wir in unserem Leben als Christen erleben, ist darauf zurückzuführen, dass wir einfach in der Kraft des Fleisches handeln. Unsere Einschätzung des Bösen, der Schlechtigkeit, der Rebellion und Schwäche des Fleisches ist noch nicht radikal genug.

> Denn ich weiß, dass in mir, das ist in meinem Fleisch, nichts Gutes wohnt; denn das Wollen ist bei mir vorhanden, aber das Vollbringen des Guten nicht. (Röm 7,18)

Wie viele Gemeinden wurden durch Menschen durcheinandergebracht, die meinten, für Gottes Wahrheit einzustehen, dies aber mit ihrer eigenen, fleischlichen Kraft taten? Die daraus resultierenden Streitereien und pharisäischen Tendenzen sind ein für alle sichtbarer Beweis dafür, dass dies nicht das Werk von Gottes Heiligem Geist ist.[206]

26. Juli

Geistlicher Ehebruch

Textlesung: Jakobus 4,4-12

Oder meint ihr, dass die Schrift umsonst redet:
„Eifersüchtig sehnt er sich nach dem Geist, den er in uns wohnen ließ“? (V. 5)

Auch wenn wir von diesem lebendigen Brot gegessen und von diesem lebendigen Wasser getrunken haben, bedeutet das nicht, dass all unsere Begierden und Wünsche sofort in die richtige Spur gebracht werden. Wir merken schnell, wie leicht unsere Begierden und Wünsche nicht im Einklang mit dem Herrn und seinem Wort sind. Auch wir Gläubigen können zulassen, dass der Feind uns vom Herrn wegzieht – nicht unbedingt durch lasterhafte Verhaltensweisen, sondern durch gute und schöne Dinge.

Wenn das passiert, so ist das eine äußerst ernst zu nehmende Sache. Jakobus sagt, es ist geistlicher Ehebruch und Untreue im Herzen gegen den Herrn Jesus. Er bezeichnet Gläubige, die solchen Dingen nachgeben, als „Ehebrecher“ (4,4). Das ist kein besonders schönes Wort – vielmehr ein hässliches Wort, das etwas Hässliches beschreibt. Natürlich stimmt Paulus in allem mit Jakobus überein. Er sagt: „Ich habe euch einem Mann verlobt, um euch als eine keusche Jungfrau vor den Christus hinzustellen. Ich fürchte aber, dass, wie die Schlange Eva durch ihre List verführte, so vielleicht euer Sinn von der Einfalt und Lauterkeit Christus gegenüber abgewandt und verdorben wird“ (2Kor 11,2-3). Das ist genau das, was Satan zu tun versucht: einen Keil zwischen uns und unseren Herrn zu treiben, sodass wir ihm gegenüber nicht mehr loyal sind.

Ihr jungen Leute, Satan wird sein Bestes geben, damit ihr dem Herrn Jesus gegenüber intellektuell unaufrichtig und untreu werdet. Dazu wird er diese wunderbare Sache benutzen, die Gott euch gegeben hat – euren Intellekt, die Sehnsucht nach Wissen und Erkenntnis. Dann sagt er hinterhältig: „Schau mal, du bist doch intelligent. Wenn du deinen Wissensdurst und deinen fragenden Geist befriedigen willst, so kannst du dich nicht mit irgendeiner beliebigen Erklärung zufriedengeben. Du wirst tiefer graben müssen.“

Nach und nach wird er dieses intellektuelle Verlangen abschöpfen und es in alle möglichen Dinge verwickeln, die an sich gut sind. Das kann die Wissenschaft sein, Physik oder Chemie. Es ist etwas Wunderbares, Gottes Werke zu erforschen. Doch es ist etwas Tragisches zuzulassen, dass die Wissenschaft uns so beansprucht, dass wir nach und nach das Gebet, das Bibellesen und die Gemeinschaft mit dem Herrn Jesus vernachlässigen, bis von der Gemeinschaft in der Gemeinde nichts mehr übrig ist als eine rein formale Anwesenheit und ein Mann, der mit 55 ein brillanter Physiker, aber ein zwergenhafter Christ ist.[207]

27. Juli

Wie gehen wir damit um, wenn wir fallen?

Textlesung: Lukas 17,1-10

Er sprach aber zu seinen Jüngern:
Es ist unmöglich, dass keine Anstöße zur Sünde kommen.
Wehe aber dem, durch den sie kommen! (V. 1)

Wenn echter und aktiver Glaube so wichtig für die Ewigkeit ist, wie wir gerade gesehen haben, dann kann keine Sünde gegen einen Mitmenschen schwerwiegender sein, als durch Wort oder Tat etwas zu tun, das ihn in seinem Glauben zu Fall bringt – etwas, das seinen Glauben an Gott, an die Göttlichkeit Christi, die Autorität seines Wortes und den Wert seiner Erlösung oder die Tatsache seiner Errettung zerstört. Es ist unvermeidbar, dass in dieser unvollkommenen Welt solche Stolpersteine auftreten werden, sagt Christus. Doch die Konsequenzen für die Menschen, die dafür verantwortlich sind, werden schwerwiegend sein, denn er sagt, dass es besser für sie gewesen wäre, mit einem Mühlstein um den Hals ins Meer versenkt zu werden, wo sie keinen mehr beeinflussen können, als den Glauben eines anderen zu beschädigen.

In diesem Zusammenhang hat ein wahrer Jünger deshalb zwei besondere Verpflichtungen. Erstens muss er seinen Bruder zurechtweisen, wenn dieser sündigt (V. 3). Manche Leute scheinen das geradezu zu genießen. Wenn das so ist, tun sie es offensichtlich nicht auf die richtige Art und Weise. Die meisten von uns empfinden es eher als unangenehm und sind zu feige, es überhaupt zu tun. Doch wenn unser Schweigen einen Menschen dazu ermutigt zu denken, seine Sünde sei nicht so wichtig, wo soll das enden? Hier, wie in allen anderen Dingen, ist Christus unser Vorbild. Beispielsweise wies er „diese[n] Fuchs", Herodes, zurecht, obwohl er damit – aus menschlicher Perspektive – sein eigenes Leben in Gefahr brachte (vgl. 13,31-33). Zweitens muss ein wahrer Jünger seinem Bruder, der Buße tut, vergeben – selbst, wenn dies siebenmal am Tag nötig ist (17,4). Gott selbst verweigert bei echter Buße niemals die Vergebung. Welch eine Tragödie wäre es jedoch, wenn ein Mensch, der behauptet, Christus zu kennen, sich weigerte, seinem Mitmenschen zu vergeben, wenn der Buße tut, und dieser dann den Eindruck bekäme, Buße sei nutzlos, und daher aufhört, Buße über seine Sünden gegen Gott oder Menschen zu tun. Wenn also jemand meint, einem sündigenden Bruder siebenmal am Tag zu vergeben, wäre eine unmögliche Zahl, so soll er sich Christus in Erinnerung rufen. Er forderte Jerusalem auf, unter seinen Schutz zu kommen. Wie viele Male wurde er schroff zurückgewiesen. Und wie viele Male hat er ungeachtet dessen sein Gnadenangebot erneuert (vgl. 13,34).[208]

28. Juli

Probleme der Lebensmitte

Textlesung: 2. Samuel 11

Und es geschah bei der Wiederkehr des Jahres,
zur Zeit, wenn die Könige ins Feld ausziehen,
da sandte David Joab und seine Knechte mit ihm und ganz Israel aus.
Und sie verheerten das Land der Söhne Ammon und belagerten Rabba.
David aber blieb in Jerusalem. (V. 1)

Hier handelt es sich um die mittlere Phase seiner Regierungszeit. David ist in die Jahre gekommen. Er ist ein Gewinner. Er hat es geschafft. Er steht an der Spitze – nicht nur von zwei Stämmen, sondern auch von den anderen zehn – als Monarch des gesamten Landes. Sein Königreich dehnte sich aus, bis es größer war als alles, was er sich je erträumt hatte. Seine Schatzkammern waren ebenso voll wie sein Harem.

Doch er begann bereits, die Last des Alters zu spüren. Als Moab, Ammon und andere rebellierten, schickte David Joab und das Heer aus, um zu kämpfen. Er selbst dagegen blieb zu Hause. Hier nahmen die Schwierigkeiten ihren Anfang – und es waren echte Schwierigkeiten. In dieser Zeit beging David seine traurigen Fehler. Allein dieser Textabschnitt scheint uns eine äußerst praktische Lektion zu predigen.

Es ist gut, Treffen für junge Leute zu fördern. Wir müssen sie ermutigen, wenn sie jung sind. Man kann sich nicht zu viel für die jungen Leute einsetzen. Man muss ihnen entgegenkommen und so gut helfen, wie man kann. Das sind die Männer und Frauen der Zukunft. Welche großen Kämpfe stehen ihnen bevor! Aber die Kämpfe, denen sie sich stellen müssen, sind nicht halb so groß wie die Kämpfe, mit denen Leute in der Lebensmitte konfrontiert sind. Wer sind denn im Großen und Ganzen die Leute, die all die Unruhe in den Versammlungen stiften – sind das die 17-Jährigen? Wer sind denn die Menschen, die Versammlungen tief spalten, wenn sie sich zanken? Sind es etwa die 18-jährigen jungen Damen? Normalerweise nicht, oder? Es sind die Menschen mittleren Alters, die das tun.

Manchmal denke ich: Es ist höchste Zeit, dass wir mehr Treffen für die Leute in der Lebensmitte planen, bei denen wir offen über die Gefahren des mittleren Lebensalters reden. Für die Menschen, die einst voller Ideen waren und alles für den Herrn aufgegeben hätten, um für ihn zu arbeiten, sich aber irgendwie in der Monotonie des Alltagslebens verfangen haben. Die Dinge sind nicht so herausfordernd wie in der Jugend. Die Menschen sind ein Stück weit angekommen, und die Umstände sind leichter geworden. Aber geistlich haben sie ebenso Fett angesetzt wie körperlich. Sie tun kaum noch etwas für den Herrn. Sie bleiben zu Hause und lassen es andere tun.[209]

29. Juli

Auch im Alter weitermachen

Textlesung: 2. Samuel 24

Aber nachdem David das Volk gezählt hatte, schlug ihm das Herz. Und David sagte zum HERRN: Ich habe sehr gesündigt mit dem, was ich getan habe. Und nun, HERR, lass doch die Schuld deines Knechtes vorübergehen, denn ich habe sehr töricht gehandelt! (V. 10)

Wir befinden uns hier im zweiten Samuelbuch an Davids Lebensabend und werden sehen, wie David seine Harfe herausholt und seine Gedichte singt, um Gott zu loben, während er über Gottes Güte in all den Jahren seines langen Lebens nachsinnt. Während er über die erlebten Schwierigkeiten nachdenkt und über die Probleme, die sich ergeben, wenn man versucht, in Gottes Namen zu regieren, entsteht in ihm das Bewusstsein, dass man bei allem, was man hier auf der Erde tut, letztlich nicht perfekt sein kann. Und das lässt seine Sehnsucht nach dem Tag wachsen, an dem die Sonne der Gerechtigkeit aufgehen wird, an einem Morgen ohne Wolken (Mal 3,20; 2Sam 23,4), an dem der vollkommene König kommen wird, der den Wirrwarr der Erde auflösen und in vollkommener Weise für Gott regieren wird.

In seinen letzten Jahren, mit weißem Haar (falls er noch welches hatte), viel zu alt, um zum Kampf auszuziehen, überredeten sie ihn, zu Hause zu bleiben. Als weiser, alter Mann, der die Ältesten, Hauptmänner und Befehlshaber beriet, die noch in der mittleren Lebensphase unterwegs waren und die Last des Tages trugen, wurde David von allen geliebt und respektiert.

Sie sagen: „Na ja, jetzt ist er wohl sicher."

Wirklich? Meinen Sie, das hohe Alter wäre ein sicherer Hafen? Dann lassen Sie uns von David lernen. Die schrecklichste Sünde beging er nicht mit Batseba. Die schrecklichste Sünde, die fast Gottes Ziel mit Davids Leben als König von Israel ruinierte, beging er im hohen Alter, als er darauf beharrte, das Volk zu zählen (24,10).

Ich habe zuvor gesagt, dass wir vielleicht ein paar mehr Treffen für die Leute mittleren Alters bräuchten. Wissen Sie – nun, da ich dieser Lebensphase selbst nahe bin, denke ich, wir sollten auch ein paar besondere Treffen für Leute im hohen Alter anbieten. Wenn Sie solche Treffen organisieren, werde ich da sein. Es ist ein Fehler zu meinen, wenn wir nur geduldig warten, bis wir die 30 hinter uns haben, werden wir alle geistlichen Kämpfe hinter uns haben, die wir jemals ausfechten müssen. Ein paar der größten Kämpfe liegen gegen Ende des Lebens. Und diese Kämpfe werden nicht leichter, sondern härter. David steht vor uns – der große, freundliche Psalmist Israels, der seine Lieder vorträgt –, als Erinnerung daran, dass es möglich ist, sich auch im hohen Alter noch schwer zu versündigen.[210]

30. Juli

Widerstand ertragen

Textlesung: 1. Petrus 2,18-25
*Denn betrachtet den,
der so großen Widerspruch von den Sündern gegen sich erduldet hat,
damit ihr nicht ermüdet und in euren Seelen ermattet! (Hebr 12,3)*

Streitigkeiten, schmerzhafte Debatten, Anschuldigungen, Widerspruch, bittere Worte, verletzte Gefühle, zerbrochene Freundschaften – all das ist anstrengend und ermüdend. Kein Wunder, dass die Leser des Hebräerbriefes entmutigt waren und manchmal ganz aufgeben wollten. Seit ihrer Bekehrung hatte es gewiss viele solcher Streitigkeiten gegeben. Jahrelange Freundschaften waren praktisch zu Feindschaften geworden, Verwandte hatten sich entfremdet. Die Rabbis waren in ihrem Widerstand vehement gewesen. Obendrein hatte es auch noch tätliche Angriffe, Schaden und Verluste gegeben. Es wäre nicht überraschend, wenn sie geistlich und mental ausgelaugt waren.

Doch es gibt Linderung für Geist und Seele. „Denn betrachtet den", sagt der Autor, „der so großen Widerspruch von den Sündern gegen sich erduldet hat, damit ihr nicht ermüdet und in euren Seelen ermattet!" Manchmal findet der Geist Heilung und Ermutigung in seiner Verzweiflung, wenn er sich selbst vergisst und über die größere Verzweiflung eines anderen nachdenkt. Und es hat nie eine solche Verzweiflung gegeben wie jene, die der Herr ertrug.

Israel zweifelte an den Ansprüchen seines Messias, verspottete und kreuzigte ihn. Er ertrug es, ohne Vergeltung zu üben und ohne aufzugeben. „Er wurde beleidigt und schimpfte nicht zurück ..., sondern hat unsere Sünden auf das Holz hinaufgetragen, damit wir – für die Sünden gestorben – nun so leben, wie es vor Gott recht ist" (1Petr 2,23-24; NeÜ). Hätte er sich geweigert, es zu ertragen, so wären alle Sünder mit ihren Sünden umgekommen. Sollten wir nicht eine ähnliche Ausdauer beweisen? Auch wir stehen in einem Kampf gegen die Sünde: in unserem eigenen Leben, während wir uns bemühen, in der Heiligkeit Fortschritte zu machen; und im Leben anderer Menschen, wenn wir das Evangelium predigen, Gottes Wort lehren und Menschen in Schwierigkeiten seelsorgerlich begleiten. Der Kampf ist real und kostspielig. Wir müssen mit Widerstand rechnen. Wir müssen damit rechnen, Wunden davonzutragen. Aber Kopf hoch, sagt der Autor, ihr seid doch noch am Leben (Hebr 12,4)! So schlimm ist es nicht – noch nicht! Ihr habt im Kampf gegen die Sünde noch nicht bis aufs Blut widerstanden. Aber eines Tages müssen wir das möglicherweise, wer weiß? So ernst ist der Kampf. Jeder, der meint, der Kampf gegen die Sünde sei nur ein Zeitvertreib oder eine Freizeitbeschäftigung, ist vermutlich noch nie in den Krieg gezogen.[211]

31. Juli

Der Zweck von Prüfungen

Textlesung: Hebräer 12,1-13

Alle Züchtigung scheint uns zwar für die Gegenwart nicht Freude, sondern Traurigkeit zu sein; nachher aber gibt sie denen, die durch sie geübt sind, die friedvolle Frucht der Gerechtigkeit. (V. 11)

Schauen wir uns an, was Gott in unseren Prüfungen tut. Vielleicht lief zunächst alles wie am Schnürchen für uns. Wir genossen unser geistliches Leben. Und dann kamen schwierige Tage. Mit Sehnsucht blicken wir zurück auf die früheren Tage und wünschten, sie wären noch da. Wie haben wir damals das geistliche Leben genossen, doch jetzt ist alles anders. Es ist alles so schwierig. Warum können wir nicht einfach zurück? Doch so zu denken bedeutet, wie ein Kind im

Kindergarten zu denken. Bisher hat es das Leben genossen. Es gab Geschenke von den Eltern, endlose Zeit zum Spielen. Das hat dem Kind gefallen. Doch nun kommt der Tag, da die Eltern das Kind zur Schule bringen, und dem Kind gefällt dies nicht. Warum kann es nicht zurück in den Kindergarten und spielen wie früher, anstatt zum Unterricht gezwungen zu werden, der langweilig und uninteressant ist? Aber schauen Sie sich dieses Kind zehn Jahre später an. Es wird nicht in den Kindergarten zurückwollen. Jetzt ist es so weit gebildet, dass es die größeren Möglichkeiten im Leben sieht.

Gott gibt uns zwar Zeiten, in denen wir das geistliche Leben zutiefst genießen. Früher oder später jedoch lässt er zu, dass die Dinge schwierig werden, damit er uns fördern kann, sodass wir mehr vom geistlichen Leben profitieren. Und das bezieht sich nicht nur auf das Hier und Jetzt. Gott denkt nicht nur an die wenigen Jahre unserer Vorbereitung in diesem Leben. Er hat eine ganze Ewigkeit im Sinn. Deshalb müssen wir lernen, an seiner Heiligkeit Anteil zu haben, uns zu verhalten, wie er sich verhält. Das Verhalten der göttlichen Personen der Trinität ist das, was den Himmel zum Himmel macht. Wie kurz das Leben doch ist, um uns auf die Ewigkeit vorzubereiten! Sollten wir uns ihm da nicht lieber unterordnen? Sollten wir nicht seiner Weisheit vertrauen? Sollten wir nicht zustimmen, dass er viel mehr sieht und vorhersieht als wir? Und sollten wir nicht mit ihm zusammenarbeiten und in enger Gemeinschaft mit ihm leben? Aber natürlich! Durch seine Gnade werden wir es auch tun. Nun für den Moment erscheint die Züchtigung schmerzhaft und überhaupt nicht angenehm. Anschließend jedoch bringt sie eine Ernte der Gerechtigkeit und des Friedens für die hervor, die durch sie trainiert worden sind.[212]

1. August

Prüfungen fördern Ausharren

Textlesung: Jakobus 1,1-12

Ihr wisst ja, dass ihr durch solche Bewährungsproben für euren Glauben Standhaftigkeit erlangt. (V. 3; NeÜ)

Hören Sie Jakobus an: „Haltet es für lauter Freude ... indem ihr *erkennt.*“ Achten Sie auf das Verb. Er sagt nicht: „... indem ihr hofft“. Er sagt: „... indem ihr erkennt.“ Das ist das Geheimnis dahinter, wie man einer solchen Prüfung mit Freude ins Auge sieht. Wir können uns ihr stellen, weil wir von Gott wissen, dass die Versuchung, die Erprobung unseres Glaubens bewirkt und Ausdauer und Beständigkeit hervorbringt. Das bedeutet nicht einfach, dass sie uns in ausdauernde Männer und Frauen verwandelt. Das ist das Wort, das der Herr Jesus in diesem berühmten Gleichnis in Lukas 8 gebrauchte: „Das in der guten Erde aber sind die, welche in einem redlichen und guten Herzen das Wort, nachdem sie es gehört haben, bewahren und Frucht bringen mit *Ausharren*“ (V. 15). Mit *Ausdauer* – nicht mit *Geduld,* zumindest, wenn Sie das Wort „Geduld“ im modernen deutschen Sinne verstehen, nämlich Geduld im Unterschied zu *Ungeduld.* Manche von Gottes Heiligen sind schrecklich ungeduldig! Hier reden wir jedoch über Ausharren, Ausdauer; über den guten Samen, der beständig wächst und Frucht hervorbringt.

Es ist nur eine Art und Weise bekannt, wie eine Pflanze Frucht hervorbringt: wenn sie ausdauernd weiterwächst, trotz Sturm und Trockenheit, an verregneten und sonnigen Tagen. Durch die Kräfte der Natur (Sonne, Wind, Ruhe, Sturm, Kälte und Hitze) bringt sie am Ende Frucht hervor. Dieselben Kräfte, die eine Pflanze ohne Wurzeln zerstören würden, tragen zum Ausreifen und zum Fruchtertrag einer Pflanze bei, wenn sie Wurzeln hat.

Während wir uns den Prüfungen stellen, die testen werden, ob wir glauben oder nicht, sollen wir uns freuen, denn Gott selbst sagt uns, dass Prüfungen Ausdauer bewirken. Mit dieser Zuversicht können wir jeden Sturm überstehen. Paulus sagt dasselbe in Römer 5: Wir freuen uns – nicht nur voller Hoffnung – wir rühmen uns, wir jubeln voller Zuversicht im Angesicht von Leiden, *in dem Wissen*, dass Leiden Beharrlichkeit, also Ausdauer, Ausharren, bewirkt (vgl. V. 3-5).

Dies ermöglicht dem Gläubigen, sich dem Leben selbst und auch Prüfungen zu stellen. Und falls ich hier gerade zu Mitchristen spreche, deren Herz belastet ist, weil ihr Leben durch Prüfungen fast überwältigt wird – falls Sie gerade das Gefühl haben, es sei fast unmöglich, weiterzumachen –, nur Mut! Der Herr selbst sagt, dass Sie es für lauter Freude halten können. Vielleicht ist es eine herausfordernde Freude, aber halten Sie es trotzdem für Freude. Denn Sie wissen ja: Wenn am Anfang wahrer Glaube steht, bewirkt Leiden Ausharren.[213]

2. *August*

Glaube und Heilung

Textlesung: Hiob 2,1-10

Strecke jedoch nur einmal deine Hand aus und taste sein Gebein und sein Fleisch an, ob er dir nicht ins Angesicht flucht! (V. 5)

Was sollen wir tun, wenn jemand krank wird? Sie sagen: „Gott darum bitten, dass er ihn direkt heilt." Jakobus sagt uns, dass wir beten dürfen, wenn jemand krank wird; und wenn es zu seinem guten und weisen Plan passt, wird er uns erhören und den Bruder oder die Schwester heilen (5,14-15). Und das stimmt immer noch. Allerdings hätten Sie lange für Hiob beten können, und nichts hätte sich gebessert. Denn Hiobs Geschichte verrät uns, warum Gott manchmal zulässt, dass manche Krankheiten so lange dauern.

An einem Tag fanden sich die Söhne Gottes vor Gott ein. Gott sagte zu Satan: „Hast du achtgehabt auf meinen Knecht Hiob?"

„Ja, das habe ich", sagte Satan.

„Und, was hältst du von ihm?"

Woraufhin Satan sagte: „Du denkst, er ist einer deiner Vertrauten, voller Glauben. Du meinst, er liebt dich. Aber das liegt nur daran, dass du ihm das Leben leicht gemacht hast. Er erfreut sich bester Gesundheit, hat schöne Töchter und großartige Söhne. Es lohnt sich für ihn, weil du ihn auf Händen trägst. Lass mich seinen Wohlstand wegnehmen und seine Gesundheit anrühren. Dann wirst du schon sehen, ob er dir vertraut oder nicht. Er wird dir ins Angesicht fluchen!" Schenkt Gott solchen Worten Satans Beachtung? Ja, das tut er. Gott muss sich vor der Intelligenzija des Himmels rechtfertigen. Wenn er Sie rettet, weil er überzeugt ist, dass Sie ein echter Gläubiger sind, dann geht es auch um Gottes Charakter. Und wenn Satan Gott anklagt und sagt: „Das ist doch gar kein echter Glaube", ist Gott bereit, enorme Anstrengungen zu unternehmen, um vor den Fürstentümern und Mächten zu demonstrieren, dass der Glaube seiner Menschen echt ist.

Anfangs wusste Hiob nicht, was ihm geschah. Das führte zu großer innerer Not. „Warum lässt der Herr mich leiden?" Dabei diente er einer größeren Sache, als ihm bewusst war. Gerade sein Leiden bewies, dass Gott gerecht ist, und entlastete ihn vom Vorwurf der Begünstigung, denn Hiobs Glaube war echt.

Es ist etwas Großartiges, wenn Gott seine Leute heilt. Und er ist auch bereit dazu. Doch es kann ein noch größeres Wunder und einen noch größeren Triumph bedeuten, wenn Gott zulässt, dass seine Gläubigen leiden, unter Qualen durchhalten und dabei Gott preisen und sich weigern, irgendeinen Vorwurf gegen Gott oder seine Liebe zuzulassen. Gott wird durch ihren ungebrochenen Glauben rehabilitiert. Das ist ein Sieg, den die Ewigkeit selbst niemals vergessen wird.[214]

3. August

Ergänzen, was von den Bedrängnissen Christi noch aussteht

Textlesung: Kolosser 1,24-29

Jetzt freue ich mich in den Leiden für euch und ergänze in meinem Fleisch, was noch aussteht von den Bedrängnissen des Christus für seinen Leib, das ist die Gemeinde. (V. 24)

Hier geht es um die Bedrängnisse Christi – natürlich nicht sein sühnendes Leiden; das ist vollendet, und zwar seit Golgatha. Es sind die Bedrängnisse des Herrn um seines Leibes willen: Leiden und Bedrängnisse, die mit der Sorge um seine Gemeinde verbunden sind. In Epheser 5 findet sich eine schöne Formulierung. Während der Ermahnung der Ehemänner sagt Paulus, dass Ihre Ehefrau ein Teil von Ihnen ist – Sie sind „ein Fleisch“ (V. 31). „Denn niemand hat jemals sein eigenes Fleisch gehasst, sondern er nährt und pflegt es, wie auch der Christus die Gemeinde“ (V. 29). Hier geht es nicht um Christi Leiden auf Golgatha, sondern um seinen jetzigen Dienst, in dem er seine Gemeinde nährt und pflegt, „damit er die Gemeinde sich selbst verherrlicht darstellte, die nicht Flecken oder Runzel oder etwas dergleichen hat, sondern dass sie heilig und tadellos ist“ (V. 27). Und das bedeutet Leiden.

Paulus wusste sehr wohl, dass dieser Prozess des Vollkommen-gemacht-Werdens für die Gemeinde mit Leiden einhergehen würde. In seinen Tagen als Unbekehrter hatte Gott es zugelassen, dass er die Gemeinde verfolgte und heftig angriff. Er trieb die Gläubigen ins Gefängnis und folterte sie, um sie zu zwingen, den heiligen Namen des Herrn Jesus zu lästern. Warum ließ der Herr Jesus zu, dass Saulus von Tarsus seine Gemeinde so verfolgte? Wusste er nicht, was sie durchmachen musste? Doch, er wusste es. Hören Sie, was er sagte, als er Saulus von Tarsus erschien und diesen brutalen Verfolger in die Knie zwang: „Saul, Saul, was verfolgst du *mich?*“ (Apg 9,4).

Sie sagen: „Aber der Herr ist doch im Himmel, und dort oben empfindet man kein Leid mehr.“ Aber was machen Sie dann mit der Aussage in Jesaja 63,9? Dort ist die Rede von der Not, die sein Volk Israel durchmachen musste. In diesem Zusammenhang heißt es von Gott: „All ihre Not war auch seine Not“ (ZB). Was? Not Gottes oben im Himmel? Ich habe kein Recht, das zu bestreiten – das steht schließlich in der Heiligen Schrift! Meinen Sie denn, Gott säße im Himmel und empfände keinerlei Trauer, wenn seine Menschen auf Abwege geraten? Vielleicht sollten wir unsere Vorstellungen von himmlischer Freude noch einmal überdenken. Ganz gewiss fühlt der Herr mit seinen Nachfolgern: „Denn wir haben nicht einen Hohen Priester, der nicht Mitleid haben könnte mit unseren Schwachheiten“ (Hebr 4,15). Er nimmt Anteil an den Bedrängnissen seiner Gemeinde.[215]

4. August

Gott kann meine Schwachheit gebrauchen

Textlesung: 2. Mose 4,1-17

Und nun geh hin! Ich will mit deinem Mund sein und dich unterweisen, was du reden sollst. (V. 12)

Als Mose schließlich beschloss, zum Pharao zu gehen, und das, was er sagen sollte, vorbereiten wollte, fühlte er sich erneut zu schwach für diese Aufgabe. Mose sagte zu Gott: „Das ist ja alles schön und gut. Aber ich bin ein schlechter Redner. Ich wüsste gar nicht, was ich sagen sollte. Ich würde über meine eigenen Worte stolpern, weil ich nicht so gut reden kann. Du weißt doch, dass das ein Schwachpunkt von mir ist" (vgl. 2Mo 6,12.30).

Da sagte Gott zu Mose: „Ich bin auch der Gott deiner Schwächen. Wer hat schließlich den Mund des Menschen gemacht? Wer hat die Blinden und die Stummen geschaffen?"

Wir sollten nicht meinen, Gott mache Menschen direkt taub, stumm oder blind – denn zwischen der ursprünglichen Schöpfung und dem, was jedem Einzelnen passiert, der geboren wird, liegen viele Tausend Faktoren. Aber, wie Sie wissen, geschieht letztendlich nichts, was Gott nicht zulässt. Haben Sie irgendeine Einschränkung, die Ihnen zu schaffen macht, die Sie beeinträchtigt und frustriert? Haben Sie das Gefühl, es könne keinen Gott geben, der solch große Einschränkung in Ihrem Leben zulässt? Sie haben das Gefühl, dass dies Ihr potenzielles Lebenswerk zunichtemacht, und dass es alles so unfair ist. Können Sie nicht glauben, dass Gott selbst hinter dieser Einschränkung steht? Sie sagen: „Aber wie kann ich glauben, Gott würde zulassen, dass mir so etwas widerfährt?" Nun, mein Freund, ich weiß, das ist schwer. Aber es ist noch schwerer, es nicht zu glauben. Denn wenn nicht Gott dahintersteht, handelt es sich um eine Laune des Zufalls und ist damit sinnlos.

Wenn es hingegen einen Gott gibt, der Ihre Einschränkungen zugelassen hat, so wie er Moses Schwäche zuließ, so ist er ein Gott, der groß genug ist, um Sie mit all Ihren Einschränkungen zu gebrauchen, damit Sie ein bedeutungsvolles Leben führen können. Er kann sogar diese Schwachheiten als Mittel gebrauchen, um Sie auf die größere Herrlichkeit vorzubereiten.

„Das ist schwer zu glauben!“, sagen Sie. Ja, mein Freund, es ist enorm schwer. Es hängt davon ab, was Sie über Gott denken, nicht wahr? Wenn es wahr ist, dass er Sie genug liebte, um Christus für Sie sterben zu lassen, dann liebte er Sie genauso, als er zuließ, dass diese Einschränkung Sie traf. Zwar können Sie dies jetzt noch nicht verstehen. Wenn Sie jedoch seine Liebe kennen und es wagen, seiner Weisheit zu vertrauen, so seien Sie versichert, dass der Gott Ihrer Vergangenheit, der Gott Ihrer Zukunft, der Gott Ihrer Gegenwart – Gott, Ihr Schöpfer und Erlöser – letztlich der Gott ist, der hinter dieser Einschränkung steht. Er kann Ihnen all dies jetzt zum Segen werden lassen und künftig zu Ihrer größeren Herrlichkeit und Freude gebrauchen.[216]

5. August

Unsere Reaktion auf Züchtigung

Textlesung: Hebräer 10,32-39

Deshalb lasst nun auch uns, da wir eine so große Wolke von Zeugen um uns haben, jede Bürde und die uns so leicht umstrickende Sünde ablegen und mit Ausdauer laufen den vor uns liegenden Wettlauf. (Hebr 12,1)

Ich denke, dass Prüfungen uns alle zu einem gewissen Grad trainieren. Doch genauso wie es möglich ist, Geld für die Ausbildung mancher Leute zu verschwenden, so ist es auch möglich, dass wir Gottes Erziehung gering achten, sie nicht wertschätzen und dadurch viel von seiner Mühe vergeblich bleibt. Warum lassen wir nicht zu, dass seine Züchtigungen uns formen? Schauen Sie auf das Danach, erheben Sie die erschlafften Hände, stärken Sie die lahmen Knie. Auch wenn Sie sich zum Umfallen fühlen, Ihre Knie weich werden und Ihre Hände kraftlos sind, machen Sie weiter! Denn es gibt ein Danach.

Unser Vater weiß darum. Vielleicht denken wir, die Dinge würden doch so gut laufen. Aber unser Vater kann die verborgene Schwäche in uns sehen. Deshalb lässt er zu, dass eine Prüfung kommt, die genau diese Schwäche entlarvt, und das ist unangenehm. Wir bitten Gott, die Prüfung wegzunehmen, damit die Schwäche nicht so offensichtlich wird. Aber Gott geht ihr nur noch mehr auf den

Grund. Ebenso wie ein Arzt den Finger direkt in die Wunde legt. Natürlich tut das weh – lieber wäre es Ihnen, er würde den Finger irgendwo anders hinlegen als dort. Genauso lässt Gott sehr oft mit unbeirrbarer Präzision eine Prüfung kommen, die genau die Schwäche entblößt, die wir bis jetzt zu verbergen und zu vergessen versucht haben. Er ist nicht darauf aus, Fehler zu finden, hat keine Freude daran, uns zu kritisieren und zu demütigen. Er möchte unsere Schwächen heilen. Wenn wir das nur verstehen könnten, würden wir in der Zeit der Prüfung schneller Gnade finden und nicht so sehr dafür beten, dass die Prüfung aufhören möge. Stattdessen würden wir darum bitten, dass die Schwäche behoben wird und wir gestärkt daraus hervorgehen.

Was wissen wir schon von Prüfungen? Wenn wir uns die schwierige Situation der Empfänger dieses Briefes noch einmal in Erinnerung rufen, müssen wir uns eingestehen, wie wenig wir von Prüfungen wissen. Viele von ihnen standen vor einem zerbrochenen Zuhause. Alles war verloren, die Familienbande waren zerrissen. Ihre Knie gaben nach, ihre Hände waren kraftlos (siehe Jes 35,3). Ungeachtet dessen liefen viele von ihnen tapfer weiter bis zum Ende, den Blick auf das Ziel gerichtet, und erreichten irgendwie die Ziellinie. Der Herr helfe uns, in unseren leichteren Umständen mit Ausdauer zu laufen, alles abzulegen, was uns hindert, auch die Sünde, die uns so leicht verstrickt (Hebr 12,1-2). Er helfe uns, dass wir mit Ausdauer bis an die Ziellinie laufen und dann beim Herrn sind.[217]

6. August

Die Quelle der Versuchung

Textlesung: Jakobus 1,12-18

Niemand sage, wenn er versucht wird: Ich werde von Gott versucht.
Denn Gott kann nicht versucht werden vom Bösen,
er selbst aber versucht niemand. (V. 13)

Es gibt einige Bereiche, in denen wir besonders von Scheingeistlichkeit getäuscht werden könnten. Jakobus 1,13 steht im Kontext von Versuchung. Wir sollen uns nicht täuschen lassen: „Niemand sage, wenn er versucht wird: Ich werde von Gott versucht. Denn Gott kann nicht versucht werden vom Bösen, er selbst aber versucht niemand.“ *Es ist enorm wichtig, dass wir erkennen, was die Quelle der Versuchung ist, wenn wir versucht werden.*

Was würden Sie einem Mann sagen, dem herausgerutscht ist, dass er überlegt, sich den Freimaurern anzuschließen, mit all ihrem alten Götzendienst? Er sagt: „Ich war arbeitslos und brauchte dringend einen Job. Ich glaube, dass der Herr mir den Weg geebnet hat in diese Firma. Das war vom Herrn. Er hat mir diese Tür geöffnet. Die Firmenchefs haben gesagt, ich müsste mich den Freimaurern anschließen. Ich weiß, es ist nicht das Beste. Aber wenn der Herr doch die Tür geöffnet hat, muss es doch richtig sein.“ Was würden Sie ihm sagen? Wir müssten entschieden und liebevoll antworten: „Lass dich nicht täuschen, mein Bruder. Gott führt niemals jemanden in irgendeine Sünde.“

Josef glaubte von ganzem Herzen: Gott war derjenige gewesen, der bestimmt hatte, dass er in die Grube geworfen wurde und sich dann als Hauptverwalter in Potifars Haus wiederfand. Das war eine Führung des Herrn gewesen. Doch als Potifars Frau ihre Annäherungsversuche bei Josef startete, sagte er nicht: „Na ja, der Herr hat mich schließlich in diese Situation gebracht. Er muss davon wissen. Vielleicht ist es okay, weil der Herr mich geführt hat.“ *Lassen Sie sich nicht täuschen. Gott versucht uns nicht.*

Wir sollten die Schuld auch nicht zu sehr auf den Teufel schieben. Er ist ein typischer Sündenbock. Gewiss richtet er genug Schaden an. Aber manchmal sind wir geneigt, ihm die Schuld zu geben, wenn wir eigentlich uns selbst die Schuld geben sollten. „Das war ich nicht“, sagt jemand, „das war der Teufel.“ Jemand anderes sagt: „Das war nicht ich. Das war mein hässliches Temperament.“ Nun, wer ist denn Ihr hässliches Temperament? Ist es denn nicht Teil von Ihnen?

Ein Teil unseres Reifeprozesses besteht darin, *uns der Wahrheit über uns selbst zu stellen.* Meine Fehler nicht ständig auf andere Dinge oder andere Kräfte zu schieben, sondern mich der Tatsache zu stellen, dass ich es bin. Ich bin es, der sich des Stolzes und des Neides schuldig macht. Ich bin es, der Buße tun und Erlösung suchen muss. Ich muss lernen, mich dagegenzustemmen und die Begierden des Fleisches zu töten.[218]

7. August

Das Ausmaß von Gottes Züchtigung

Textlesung: 2. Mose 34,1-14

Aber der Engel des HERRN antwortete und sprach:
HERR der Heerscharen, wie lange willst du dich nicht über Jerusalem und die Städte Judas erbarmen, die du verwünscht hast diese siebzig Jahre? (Sach 1,12)

Unser Herr tritt für die Seinen und für das Ende der Züchtigung ein. Nun sollten Sie aber nicht denken, innerhalb der Trinität herrsche irgendein Konflikt. Sie dürfen nicht dem heidnischen Aberglauben verfallen, Gott der Vater sei hart und streng, und Gott der Sohn sei gütig und nachgiebig. Denn die zweite Person der Trinität sagt nur, was im Herzen des Vaters ist. Aber darin liegt für Gott das Problem: Gott liebt seine Menschen und will ihnen Leid ersparen. Allerdings liebt er sie zu sehr, als dass er zulassen könnte, dass sie ungehindert sündigen. Hierin besteht das Problem für Gott, der unsere Errettung initiiert hat – und zwar nicht nur im Sinne von Sündenvergebung, sondern auch unsere Errettung von unseren Schwächen hier im Leben; unsere Errettung im Sinne unserer endgültigen Verherrlichung, bei der wir dem Bild des Sohnes Gottes gleichgestaltet werden. Weil wir unsterbliche Seelen sind, beschließt Gott in seiner Liebe, dass er uns nicht aufgeben wird, bis er sein Ziel erreicht hat und wir endlich wie Christus sind. Deshalb kann es sich Gottes Liebe nicht immer leisten, nett zu sein – diese Sorte oberflächlicher Nettigkeit, mit der zu nachgiebige Eltern dem Kind Entschuldigungen für die Unterrichtsstunden schreiben, die das Kind schwierig findet. Aber wenn sie nachgeben und das Kind einfach gewähren lassen, setzen sie damit seine ganze Zukunft aufs Spiel. Nicht so Gott. Ganz gleich, wie hart die Schmerzen der geistlichen Erziehung auch sein mögen – Gott wird uns, seine Menschen, erziehen. Er wird uns korrigieren, wenn wir auf Abwege geraten. Er wird uns durch diszipliniertes Training erziehen, wie hart das auch scheinen mag, damit unser Glaube wächst und unsere Christusähnlichkeit zunimmt.

Sie werden mich für einen schrecklichen Mann halten, der solch einer Erneuerung bedarf. Und Sie hätten recht. Da ich beobachtet habe, wie Gott mit den Seinen umgeht, habe ich schon vor langer Zeit begriffen, dass Gott sehr streng sein muss. Sie werden mir verzeihen, und ich bin sicher, Gott wird es auch tun, wenn ich sage, dass ich meinen Hund nicht so behandeln und ihn nicht so leiden lassen würde, wie Gott seine Menschen manchmal leiden lässt. Andererseits, sehen Sie, hat mein Hund eine sehr begrenzte Zukunft. Sollte er krank werden, könnte es eine Gnade sein, ihn einzuschläfern. Sie hingegen sind ewige Wesen, von Gott selbst gezeugt, Kinder Gottes, die eine Ewigkeit voller Herrlichkeit vor sich haben. Daher wird Gott nicht aufgeben, bis er Sie ans Ziel gebracht hat. Wie groß der Schmerz auch sein mag – dennoch fleht der Herr Jesus als Engel des Herrn vor Gott und bittet jetzt gerade um ein Ende der Züchtigung und um glücklichere Tage. Gott tritt sozusagen aus dem Verborgenen heraus und verfügt, dass seine Antwort an den Fürsprecher öffentlich wird, damit alle davon erfahren.[219]

8. August

Die Welt lieben

Textlesung: 1. Johannes 2,12-17

Aber vom Baum der Erkenntnis des Guten und Bösen, davon darfst du nicht essen; denn an dem Tag, da du davon isst, musst du sterben! (1Mo 2,17)

Der Teufel kam daher und sagte: „Tja, das ist typisch Gott. Er stellt dir einen schönen Baum vor die Nase, sehr attraktiv und verlockend. Und dann sagt er, du darfst seine Früchte nicht essen. Immer quält er Leute mit all den schönen Dingen im Leben, die man nicht genießen darf."

Die Welt hat diese Lüge geschluckt. Sie hat keine Zeit für Gott. Sie hat Zeit für Musik, aber nicht für den Gott, der die Musik gemacht hat. Zeit für Essen, aber nicht für den Gott, der es gegeben hat. Zeit für Kunst, aber nicht für den Gott, der ihnen die Fähigkeit und die Augen geschenkt hat, um zu sehen. Die Welt ist wie ein Mädchen, das einen Verlobungsring angenommen hat, aber keinerlei Interesse an dem Mann hat, der ihn ihr gegeben hat.

Deshalb warnt der Apostel Johannes uns: „Liebt nicht die Welt noch was in der Welt ist! Wenn jemand die Welt liebt, ist die Liebe des Vaters nicht in ihm;

denn alles, was in der Welt ist, die Begierde des Fleisches und die Begierde der Augen und der Hochmut des Lebens, ist nicht vom Vater, sondern ist von der Welt" (1Jo 2,15-16).

Was ist falsch daran, die Welt zu lieben? Wenn man „Welt" als alle die schönen Dinge versteht, die an und für sich nicht falsch sind, aber Ihr Herz von Gott dem Vater wegziehen würden, dann werden genau diese Dinge verhängnisvoll gefährlich. Statt dass mich die Liebe zu ihnen näher zum Herrn führt, können sie mich von ihm wegführen. Und das wäre eine Katastrophe!

Stellen Sie sich einen wohlhabenden Vater vor, der seinen Sohn an dessen 18. Geburtstag auf den Rasen vor seinem herrschaftlichen Anwesen führt und sagt: „Du bist mein Sohn. Ich würde deine Volljährigkeit gerne mit einem schönen Geschenk feiern. Hier ist dein eigener Privatjet." Nun ist an Privatjets grundsätzlich nichts auszusetzen. Nehmen wir jedoch an, der Junge würde ins Cockpit steigen, die Maschine starten, seinem Vater zum Abschied winken und nie wieder zurückkommen. Er hätte keine Zeit mehr für seinen Vater. Denken Sie nicht, sein Vater würde den Tag verwünschen, da er dem Jungen das Flugzeug geschenkt hat?

Unsere Herzen sind so trügerisch. Wir erfreuen uns an dem, was Gott gibt. Aber viel mehr müssen wir den Vater lieben und uns von all seinen großzügigen Geschenken näher zu ihm ziehen lassen.[220]

9. August

Atheistischer Materialismus und Gottes Antwort

Textlesung: Apostelgeschichte 2,22-36

Ich bin nicht von mir selbst gekommen, sondern der mich gesandt hat, ist wahrhaftig, den ihr nicht kennt. Ich kenne ihn, weil ich von ihm bin und er mich gesandt hat. (Joh 7,28-29)

Der atheistische Materialismus leugnet, dass es jemals irgendeinen Sinn – egal, ob göttlich oder einen anderen – hinter dem Erscheinen der Menschheit auf der Erde gab, ganz zu schweigen von einem Sinn hinter der Geburt irgendeiner Einzelperson. Ebenso leugnet er, dass es für das Individuum irgendeine Zukunft über dieses Leben auf diesem Planeten hinaus gibt oder irgendeine göttlich geplante Zukunft für den Planeten selbst. Drittens leugnet er, dass das menschliche Leben zumindest während der kurzen Zeit, die jedes Individuum auf dem Planeten lebt, irgendeine echte nicht materielle, geistliche Dimension hat.

Mit dieser Ansicht macht der atheistische Materialismus unseren Planeten zu einem Gefängnis, und je intellektuell aufrichtiger ein Mensch ist, desto grausamer wird ihm das Gefängnis intellektuell erscheinen. Denn der Materialismus beharrt darauf, dass die menschliche Vernunft das ungeplante, nicht zielgerichtete Produkt blinder Kräfte ist, die irgendwann systematisch die Intelligenz, die Liebe, die Hoffnung und sogar die Existenz jedes Individuums auslöschen werden. Am Ende werden dieselben blinden Kräfte den Planeten Erde und jede Spur von Intelligenz darauf vernichten. Und – das ist die Ironie des Schicksals – wenn sie das getan haben, werden diese Kräfte nicht einmal wissen, dass sie es getan haben. Menschliche Intelligenz ist daher letztlich ein hilfloser Gefangener blinder Materie.

Die Tatsache, dass dieser philosophische Materialismus uns häufig als Gipfel intellektuellen Denkens aufgedrängt und unseren Kindern eingetrichtert wird, zeigt, worin sein letztendlicher antiintellektueller Ursprung liegt. Er kommt vom „Fürsten dieser Welt“, über den Christus im Johannesevangelium sagt: „Jener war ein Menschenmörder von Anfang an und stand nicht in der Wahrheit, weil keine Wahrheit in ihm ist. Wenn er die Lüge redet, so redet er aus seinem Eigenen, denn er ist ein Lügner und der Vater derselben“ (Joh 8,44).

Die Menschwerdung von Gottes Sohn, sein Tod, seine Auferstehung und Himmelfahrt sind Gottes Antworten auf Satans Versuch, Gott aus dieser Welt zu verbannen und die Menschheit davon zu überzeugen, diese Welt sei alles, was es gibt. Christus fasst seinen Auftrag mit diesen Worten an seine Jünger zusammen: „Ich bin von dem Vater ausgegangen und in die Welt gekommen; wieder verlasse ich die Welt und gehe zum Vater“ (Joh 16,28). Es gibt eine andere Welt. Diese Welt ist nicht alles, was existiert.[221]

10. August

Die Last der Welt überwinden

Textlesung: Johannes 15,18-25

Denn dies ist die Liebe zu Gott: dass wir seine Gebote halten; und seine Gebote sind nicht schwer. Denn alles, was aus Gott geboren ist, überwindet die Welt; und dies ist der Sieg, der die Welt überwunden hat: unser Glaube. (1Jo 5,3-4)

Wahre Liebe zu Gott, so sagt Johannes, bedeutet, seine Gebote zu halten. Aber es ist eine schlichte Tatsache, dass die Welt es einem Gläubigen oft schwer macht, Gottes Gebote zu halten. Das liegt nicht notwendigerweise daran, dass die Welt Gläubigen gegenüber feindselig gesinnt ist. Es liegt einfach daran, wie die Welt organisiert ist, und an den Grundsätzen, nach denen sie ihre Angelegenheiten regelt. Der Direktor einer Fabrik, der seine Gläubiger zu meiden versucht, kann seine Sekretärin anweisen, Anrufern zu sagen, dass er auf Geschäftsreise sei, obwohl er in Wirklichkeit in seinem Büro sitzt. Wenn die Sekretärin gläubig ist und sich aus Gewissensgründen weigert zu lügen, riskiert sie ihren Job.

Einer meiner Freunde, der im Ausland lebt, beschwerte sich bei seinem örtlichen Steuerprüfer über die überhöhten Steuern, die die Regierung von ihm verlangte. Der Prüfer erklärte ihm: Die meisten Leute, die er kannte, betrögen die Regierung, indem sie große Teile ihres Einkommens nicht angaben. Daher versuchte die Regierung, diesen Steuerverlust auszugleichen, indem sie den Steuersatz für die angegeben Beträge einfach erhöhte. Der Prüfer sagte zu meinem Freund: „Wenn Sie sich aufgrund Ihrer christlichen Prinzipien weigern zu betrügen und Ihr Einkommen ehrlich angeben, so können wir nichts für Sie tun: Wir werden Ihnen diesen riesigen Steuerbetrag in Rechnung stellen müssen."

Offensichtlich könnte man viele andere, unterschiedliche Situationen nennen, wo die Art und Weise, wie die Welt funktioniert, es einem Gläubigen erschwert, Gottes Gebote zu halten. Andererseits, so sagt Jesus, sind Gottes Gebote für einen Gläubigen nicht mühsam, „denn alles, was aus Gott geboren ist, überwindet die Welt" (V. 4).[222]

11. August

Die Macht der Weltlichkeit brechen

Textlesung: Jesaja 44,6-11

Kommt her, Gesegnete meines Vaters, erbt das Reich, das euch bereitet ist von Grundlegung der Welt an! (Mt 25,34)

Eines der Dinge, die garantiert den Klammergriff der Weltlichkeit um unser Herz brechen werden, ist die Erkenntnis, dass Gott der Gott unserer Vergangenheit ist. Lange bevor Sie als Baby in diese Welt hineingeboren wurden, hatte Gott schon an Sie gedacht, von Ihnen gesprochen und Pläne für Sie geschmiedet. Es war kein Zufall, dass Sie auf diesem Planeten geboren sind. Sie waren nicht einfach plötzlich da, sodass Gott sich verwundert gefragt hätte: „Hm, was mache ich nun mit ihm? Damit habe ich gar nicht gerechnet, und jetzt habe ich ihn am Hals!" Nein! Der göttliche Schöpfer, der alles vorhersieht und im Voraus weiß, hatte Ihr Kommen erwartet und Sie vor Grundlegung der Welt in Christus auserwählt. Diese vergängliche, kleine Welt war nicht der Anfangspunkt.

Und sie wird auch nicht der Endpunkt sein. Wir sind Durchreisende auf diesem vergehenden Planeten – *jedes seiner Merkmale ist vergänglich.* Aber wir haben Pläne für die Ewigkeit im Gepäck. Wenn wir den Namen unseres Gottes entdecken – des Gottes unserer Vergangenheit –, bekommt unser Leben bereits eine neue Dimension. Er ist der Gott, der in dieser Vergangenheit bereits verschiedene Bünde geschlossen und erklärt hat, dass er treu zu ihnen steht.

„Ich bin der Gott Abrahams", sagte er zu Mose (vgl. 2Mo 3,6).

„Was ist denn mit Abraham?"

„Nun ja, Mose, ich habe einen Bund mit ihm geschlossen: Durch ihn und in seinen Samen will ich die ganze Welt segnen. Ich habe mit Abraham und seiner Nachkommenschaft einen Bund geschlossen, dass ich ihnen diese riesigen Gebiete zum Eigentum geben werde."

Begeistert Sie das nicht? Ich höre schon, wie irgendein nüchterner Christ sagt: „Nun ja, natürlich wäre ich darüber begeistert, wenn ich Jude wäre. Aber was in aller Welt hat Abraham mit mir zu tun?" Meine lieben Brüder und Schwestern, lassen Sie mich den Reichtum, der darin verborgen ist, durchbuchstabieren. Wenn Sie Christus gehören, so sind Sie Abrahams Nachkommenschaft und gemäß dieser Verheißung auch Erben (Gal 3,29). All diese großartigen Verheißungen, die Abraham und seiner Nachkommenschaft vor langer Zeit gegeben wurden, wird Gott in Ehren halten und an Ihnen erfüllen. Der Gott, der auf diesen Planeten herabkam und Abraham vor seinem Zelteingang begegnete – dieser Gott hat Abraham nicht vergessen. Er hat mich nicht vergessen. Ich bin kein menschliches Treibgut im Fluss der Zeit. Ich bin durch Gott auf diesen Planeten gekommen, mit ewigen Plänen im Gepäck, „denn in Christus hat er uns schon vor Gründung der Welt erwählt" (Eph 1,4 NeÜ).[223]

12. August

Das Fleisch überwinden

Textlesung: 2. Könige 2,1-15

Und siehe, ich sende die Verheißung meines Vaters auf euch. Ihr aber, bleibt in der Stadt, bis ihr bekleidet werdet mit Kraft aus der Höhe! (Lk 24,49)

Während die beiden so nebeneinanderher liefen, wurde Elia durch einen Sturmwind in einem Streitwagen in den Himmel aufgenommen. Elisa sah ihn in den Himmel auffahren. Während er dort stand und das Ganze beobachtete, fiel Elias Mantel herab, und Elisa hob ihn auf. Darin lag sein Geheimnis: tatsächlich zuzusehen, wie ein Mann in den Himmel fuhr. Von da an war er mit dem Mantel eines Mannes bekleidet, der jetzt im Himmel war.

Worin besteht nun das Geheimnis bei der Überwindung des Fleisches? Das Neue Testament hat die Worte unseres Herrn während der letzten Stunden aufgezeichnet, bevor er seine Jünger verließ, um nach Golgatha zu gehen. „Noch eine kleine Weile, und die Welt sieht mich nicht mehr; ihr aber seht mich: Weil ich lebe, werdet auch ihr leben" (Joh 14,19). Dann, bevor er sie am Ende der 40 Tage verließ, sagte er: „Ihr aber, bleibt in der Stadt, bis ihr bekleidet werdet mit Kraft aus der Höhe!" (Lk 24,49). Vom aufgefahrenen Christus kam Gottes Heiliger Geist, um die Gläubigen mit der Kraft des auferstandenen Herrn zu erfüllen. Was für ein wunderbarer Tag war das, als die Apostel auf dem Ölberg standen und vom auferstandenen Herrn diesen Auftrag bekamen: Sie sollten seine Zeugen sein – in Jerusalem, in Judäa, in Samaria und bis an die äußersten Enden der Erde. Woher sollten einfache, sterbliche Männer mit den gleichen Leidenschaften wie wir die Kraft bekommen, Zeugen für Christus zu sein? Während sie dastanden und er sie beauftragte, wurde er von ihnen weg- und in den Himmel aufgenommen. Sie standen dort und sahen ihn mit eigenen Augen gehen.

Wir haben ihn nicht mit unseren tatsächlichen Augen vom Ölberg zum Himmel auffahren gesehen. Dennoch können wir ihn in gewissem Sinne sehen. Das erklärte der Herr dem Judas (nicht dem Iskariot), als dieser fragte: „Herr, wie kommt es, dass du dich uns offenbaren willst und nicht der Welt? Jesus antwortete und sprach zu ihm: Wenn jemand mich liebt, so wird er mein Wort halten, und mein Vater wird ihn lieben, und wir werden zu ihm kommen und Wohnung bei ihm machen“ (Joh 14,22-23). Das ist exakt das, was geschieht, wenn sich der Heilige Geist vor unserem inneren, geistlichen Auge offenbart: keine gespenstischen Visionen, sondern die herrliche Realität, dass es diesen Mann im Himmel gibt – Jesus Christus, unseren Herrn – und wir von seiner Macht durchdrungen sind. Haben Sie ihn in letzter Zeit wahrgenommen?[224]

13. August

Der Kampf um den Verstand

Textlesung: 1. Johannes 4,1-6

Dies nun sage und bezeuge ich im Herrn, dass ihr nicht mehr wandeln sollt, wie auch die Nationen wandeln, in Nichtigkeit ihres Sinnes. (Eph 4,17)

Zunächst machen wir uns in unseren eigenen christlichen Begriffen Gedanken über die Einstellung der Nationen zu Gottes Heil und zu seinen Absichten. Das Neue Testament warnt uns vor dem Wirken Satans durch nicht wiedergeborene und fleischliche Menschen. Epheser 4 beschäftigt sich mit dem Thema des auferstandenen Christus, der den Menschen Gaben gegeben hat – Apostel, Propheten, Hirten, Lehrer und Evangelisten –, damit „wir alle hingelangen zur Einheit des Glaubens und der Erkenntnis des Sohnes Gottes, zur vollen Mannesreife, zum Maß der vollen Reife der Fülle Christi“ (V. 13). Das heißt, die offenbarte Lehre, bis wir schließlich alle exakt dasselbe glauben.

Die Feinde sind hartnäckig. Paulus spricht von der „Betrügerei der Menschen, durch ihre Verschlagenheit zu listig ersonnenem Irrtum“ (V. 14). Johannes warnt uns vor derselben Sache: „So sind auch jetzt viele Antichristen aufgetreten“ (1Jo 2,18). Woran erkennt man einen Antichristen, wenn man ihm begegnet? An seiner Lehre! Wie soll man eine echte Gabe von einer falschen Gabe unterscheiden? Anhand ihres Lehrinhaltes und daran, ob der daran beteiligte Geist bekennen wird, dass Jesus Christus im Fleisch gekommen ist – dass „Jesus Christus Herr ist.“

Wir haben es jetzt mit einem Feind zu tun, dem es nicht nur um die Leiber der Menschen geht, sondern auch um ihre Gehirne; nicht nur um die Lust des Fleisches, sondern auch um das, was sie denken und glauben. Dies ist ein geistiges Universum. Was die Leute wirklich über Gott glauben, ist das wichtigste Bollwerk von allen. Satan mag seine Rotlichtviertel in unseren modernen Städten haben, um manch einen anzuziehen. Doch vielleicht ist er viel aktiver in Kreisen, in denen Menschen ihr Gehirn gebrauchen und nachdenken. Er kann ihren Verstand von der Wahrheit abwenden und Gläubige durch seine Betrügerei und Verschlagenheit in die Irre führen. „Sogar im Schoß der Gemeinde zu dieser Zeit", sagt Johannes, „gab es diese Irrlehrer. Sie waren Antichristen. Aber sie waren nicht von uns", sagt er weiter, „denn wenn sie von uns gewesen wären, wären sie wohl bei uns geblieben; aber sie blieben nicht, damit offenbar wurde, dass sie alle nicht von uns sind – sie sind Antichristen."

Der Kolosserbrief warnt uns in ähnlicher Weise: „Seht zu, dass niemand euch einfängt durch die Philosophie und leeren Betrug nach der Überlieferung der Menschen, nach den Elementen der Welt und nicht Christus gemäß!" (Kol 2,8). Der Kampf findet in den Köpfen der Menschen statt. Deshalb ruft Paulus uns auf, nicht so zu denken wie die Nationen – verfinstert am Verstand und entfremdet vom Leben Gottes (Eph 4,18).[225]

14. August

Weltlichkeit überwinden

Textlesung: Richter 3,7-11

Alles, was der Vater hat, ist mein; darum sagte ich,
dass er von dem Meinen nimmt und euch verkündigen wird. (Joh 16,15)

Es bringt nichts, einfach nur die Welt abzulehnen und zu hoffen, so der Weltlichkeit zu entfliehen. Den Sieg über die Weltlichkeit kann nur ein Herz erringen, das von Gottes ganzer Fülle durchdrungen ist. Motiviert durch solche Dinge zog Otniël in den Krieg und kämpfte. Seine Hand siegte. Das erinnert uns daran, dass wir in dieser Angelegenheit bis ans Ende unserer Tage in einen Krieg verwickelt sind.

Unser Feind ist heimtückisch und gerissen. Johannes sagt: „Ich habe euch, ihr jungen Männer, geschrieben, weil ... ihr den Bösen überwunden habt" (1Jo 2,14). Wäre Gottes Wort doch nur tiefer in Evas Herz verwurzelt gewesen, als dieser gewiefte Versucher ihr gegenübertrat! Doch er stellte es so dar, als würde Gottes Wort uns nur verdrießlich machen, uns nicht zum Zug kommen lassen und nur den Genuss verderben, wenn man zu sehr darauf hört. Daher bitte nur ein Minimum von Gottes Wort, dann kommen wir weiterhin auf unsere Kosten! Sehen wir stattdessen unseren Herrn in der Wüste, der – obwohl er die Macht besaß, Steine in Brot zu verwandeln –, dies ablehnte und zu Satan sagte: „Nicht von Brot allein soll der Mensch leben, sondern von jedem Wort, das durch den Mund Gottes ausgeht" (Mt 4,4). Gott sei Dank für seinen Sieg! „Es kommt der Fürst der Welt. Über mich hat er keine Macht." (Joh 14,30; ZB).

Wer kann das Ausmaß des Kampfes und die Hitze der Schlacht ermessen, als der Sohn Gottes und Erbe der ganzen Schöpfung herabkam und im Gehorsam gegenüber dem Willen seines Vaters nackt an einem Kreuz hing? Er wurde für seinen Glauben an Gott ausgelacht, als er dort verlassen auf Golgatha hing. Wissen Sie, was ihn in diesen schrecklichen Momenten in seinem Kampf gegen die Weltlichkeit aufrechterhielt, als der Fürst dieser Welt kam und ihn verspottete?

„Du Dummkopf", sagte Satan, „ich habe dir alle Königreiche der Welt angeboten, wenn du vor mir niedergefallen wärst und mich angebetet hättest. Du hast dich geweigert. Nun hängst du hier, nackt und am Ende. Deine Karriere ist vorbei. Und du gehst verhöhnt und als Hochstapler abgestempelt in den Tod."

In diesem heiligen Herzen erklang es immer wieder: „Alles, was der Vater hat, ist mein." Als er auf der Schwelle zu Gethsemane stand, sagte er es seinen Aposteln noch einmal: „Alles, was der Vater hat, ist mein" (Joh 16,15). Nachdem sie ein Loblied gesungen hatten, gingen sie hinaus in die Dunkelheit und nach Golgatha. „Aber seid guten Mutes, ich habe die Welt überwunden", sagte er (V. 33).[226]

15. August

Geistlicher Kampf

Textlesung: Daniel 10,7–11,1

Am härtesten wird es jene treffen, die aus purer Lust, sich zu beflecken, dem Fleisch hinterherlaufen und die Macht des Herrn verachten. Vermessene Kerle sind sie, die nicht davor zurückschrecken, die Mächte im Himmel zu lästern. (2Petr 2,10; ZB)

In dieser Geschichte spricht der Mann, der mit Daniel redete, von Mächten, die größer sind als Menschen: vom Fürsten Persiens, der genug Macht hat, um dem noch nicht Mensch gewordenen Sohn Gottes zu widerstehen; von Schlachten an himmlischen Orten; von dämonischen Kräften; von einem satanischen Angriff. In früheren Visionen im Buch Daniel haben wir menschliche Reiche in Gestalt wilder Tiere gesehen, die sich untereinander bekämpfen. Doch das Besondere an dieser Vision sind nicht die wilden Tiere, sondern mächtige geistliche Kräfte, die ihre Kämpfe austragen und ihren tödlichen und teuflischen Plänen nachgehen.

Will man die endlosen Katastrophen, die Qualen und Kriege erklären, die über die Menschheit hereingebrochen sind, so sollte man sie nach dieser Vision nicht völlig und uneingeschränkt auf die Verantwortung rein menschlicher Wesen zurückführen. Die Vision sagt: Hinter menschlichen Kriegen und Katastrophen stehen mehr als nur Menschen. Es gibt eine geistliche Welt. Es gibt dämonische Kräfte. Und die führen Schlachten.

Es ist leicht, über solche Dinge zu lachen, und das tun nicht nur moderne Menschen. Auch Petrus hatte Anlass, seine Mitchristen zu warnen, dass sich gewisse Irrlehrer in die Gemeinde eingeschlichen hatten. Unter anderem lehrten sie, es sei für Christen völlig akzeptabel, einen freizügigen Lebensstil zu führen, einschließlich vorehelicher Unkeuschheit und Untreue in der Ehe. Ein weiteres Element ihrer Irrlehre bestand jedoch darin, dass sie sich über die ganze Vorstellung von Geistern und Engeln und einem Teufel lustig machten. „Sie, die ich meine, sind wie vernunftlose Tiere, die von Natur aus dazu da sind, gefangen und vernichtet zu werden; sie lästern über Dinge, von denen sie nichts verstehen, und wie jene werden auch sie zugrunde gehen“ (2Petr 2,12; ZB).

Wenn wir nüchterne Männer und Frauen sein wollen, müssen wir begreifen, dass wir mitten in einem Spannungsfeld zwischen zwei Reichen stehen. Unter uns liegt das Tierreich. Gewisse Dinge haben wir mit den Tieren gemein. Auch wir haben einen Körper. Wir haben Mägen und Lungen und anderes. Doch auf der anderen Seite stehen wir in Kontakt mit der geistlichen Welt. Der Mensch ist nicht nur Körper, er ist mehr als nur ein physisches Wesen. Der Mensch hat eine spirituelle Dimension und steht daher in Kontakt mit der spirituellen Welt. Wenn wir uns weigern, uns dieser Tatsache zu stellen, dass die Menschheit und das Weltgeschehen eine geistliche Dimension haben, begeben wir uns, wie Petrus sagt, auf das Niveau bloßen tierischen Verhaltens herab.[227]

16. August

Dem Herrn im Kampf zur Hilfe eilen

Textlesung: Richter 5,1-23

Gilead blieb untätig jenseits des Jordan. Und Dan, warum diente er auf fremden Schiffen? Asser saß an der Küste der Meere, und an seinen Buchten blieb er untätig. (V. 17)

Wir reden über diese Dinge im Kontext der großen Schlacht, die in vergangenen Zeiten tobte, als die Kanaaniter das Volk Gottes unterdrückten – mit ihrer enormen Technologie, ihrer Intelligenz, ihrer Wirtschaft und ihrem Handel. Viel stand auf dem Spiel. Hören Sie nun auf Deboras Worte, als sie die Stämme Israels zum Berg Tabor zusammenruft. Es geht jetzt nicht darum, Güter wie Kleidung oder anderes zu bekommen. Bei dieser Schlacht steht die Wahrheit selbst auf dem Spiel. Ist Israel nun Träger von Gottes Offenbarung an die Heiden – oder wird dies alles ausgelöscht und zerschlagen werden? Mit prophetischer Stimme ruft sie Israel zum Kampf des Herrn. Und einige kamen – ruhmvolle Männer, die ihr Leben im dichtesten Kampfgetümmel aufs Spiel setzten. Doch als die Schlacht am erbittertsten tobte, eilten die Einwohner von Meros dem Herrn nicht zur Hilfe. „Verfluchet Meros!', sprach der Engel des HERRN" (Ri 5,23).

Überall auf dieser Welt tobt ein Kampf um die Köpfe der Menschen. Ob wir es wissen oder nicht, der Herr ist darin verwickelt. Er kämpft gegen die Mächtigen an. Und Sie und ich haben die Möglichkeit, in diesen Kampf einzutreten. Gott bewahre, dass wir uns derart in den Dingen des Lebens verlieren, dass wir zu erdrückt und beherrscht von unseren materiellen Bedürfnissen und Angelegenheiten werden und der Engel des Herrn daraufhin fragen muss: „Wo sind die Männer?" (Es gibt Frauen, die einsam und allein in Afrika Pionierarbeit leisten, aber wo sind die Männer?) „‚Verfluchet Meros!', sprach der Engel des HERRN. ... ‚Denn sie sind dem HERRN nicht zu Hilfe gekommen.'" Es wäre tragisch, wenn wir versuchen würden, zu viel Besitz anzusammeln, und nicht genug Zeit hätten, in diesen Kampf einzutreten.

„Und Dan, warum diente er auf fremden Schiffen?" (V. 17). Ich weiß nicht, ob man diese Frage beantworten kann: warum die Menschen auf den Schiffen blieben und sich auf ihnen herumtrieben, als so eine riesige Schlacht auf Messers Schneide stand. Junge Männer stellten sich auf dem Schlachtfeld dem Feind. Manche von ihnen wurden verwundet. Warum blieb Dan da bei den Schiffen? Ich weiß es nicht. Doch sie blieben auf den Schiffen und verloren für immer ihre Chance auf die Ehre, dem Herrn in der Schlacht gegen die Mächtigen zur Hilfe zu eilen.[228]

17. August

Der „Zeltpflock", der uns Sicherheit gibt

Textlesung: Richter 4,8-24

Und er sagte zu ihr: Stell dich an den Eingang des Zeltes!
Und es sei so: Wenn jemand kommt und dich fragt und sagt:
Ist jemand hier?, dann sage: Niemand! (V. 20)

Das war mehr, als sie zu tun wagte. Was, wenn ein Israelit den Weg heraufkommen und fragen würde: „Ist jemand hier?", und Jaël „Nein" antwortete? Das wäre Jaëls Ende gewesen. Mal ganz zu schweigen davon, was passiert wäre, wenn ihr Mann nach Hause gekommen wäre und die Leiche hinten im Zelt im

Frauenquartier gefunden hätte! Das Einzige, was sie hätte tun können, war, die Wahrheit zu sagen. Sisera wusste, was es für sie bedeuten würde, zu lügen. Und das entschied die Sache für sie.

Im alten Orient war es die Aufgabe der Frauen, die Zelte auf- und wieder abzubauen. Mit Heeren und Kampf hatten sie nicht viel zu tun. Aber sie hatten ihre eigenen Kämpfe. Es waren die Frauen, die die Zeltpflöcke in den Boden trieben, die Zelte aufbauten und ein sicheres Zuhause für ihre Ehemänner und Kinder schufen. Ein Zeltpflock mag ein sehr einfacher Gegenstand sein. Wenn man allerdings in Zelten wohnt, hat er eine sehr große Bedeutung. Für die Menschen dieser Zeit wurde er bald sprichwörtlich, „der Pflock, der so fest in der Wand sitzt" (Jes 22,25; NeÜ). Für den Propheten stand er für die Sicherheit im Leben.

Wie besorgt sind Mütter, wenn ihre Teenager zur Uni gehen, in die große, noch unerlöste Welt, in der die Schlachten toben. Welche Sicherheit wünschen Sie sich für sie? Nicht primär eine Altersvorsorge, oder? Welche Sicherheit gibt es im Himmel oder auf der Erde außer einem Glauben, der an diesen großen Zeltpflock, an einem festen Ort, verankert ist – an unseren geliebten Herrn? Was gibt Ihrem Leben Sicherheit?

Da lag Sisera, über der Milch eingeschlafen. Jaël holte den Zeltpflock und trieb ihn Sisera durch den Schädel.

Gott sei gepriesen für den Verstand, den er uns gegeben hat. Wir müssen ihn mit unserem ganzen Denken, unserem ganzen Herzen, unserer ganzen Seele und all unserer Kraft lieben. Aber in dieser gefallenen Welt werden wir allein mit unserem Verstand ohne fremde Hilfe keine Sicherheit und auch keine endgültigen Lösungen finden. Sicherheit, Gewissheit und Wahrheit werden Sie nur in Gott und in seiner Selbstoffenbarung in Christus finden. Wenn mein heidnischer, nicht erneuerter Verstand in Konflikt mit Jesus Christus und Gottes Offenbarung gerät, werde ich mich entscheiden müssen, worauf ich mein Leben setze. Was ist die Wahrheit als meine letzte Sicherheit in Zeit und Ewigkeit? Gott helfe uns zu Hause, im Geschäftsleben und in all unserem Predigen, denn die Sache ist mehr als reine Theorie. Wenn Jesus Christus die Wahrheit ist, wenn die Bibel die Offenbarung Gottes ist, werden wir unser ganzes Leben und alles, was wir haben, darauf gründen müssen.[229]

18. August

Die richtigen Kämpfe ausfechten

Textlesung: Richter 7,22–8,3

Die Männer von Ephraim aber sagten zu ihm: Was ist das für eine Sache, die du uns da angetan hast, dass du uns nicht gerufen hast, als du hingingst, um mit Midian zu kämpfen! Und sie machten ihm heftige Vorwürfe. (8,1)

So wurde Midian unterworfen. Könnten wir die Geschichte an dieser Stelle beenden, wäre es wahrlich eine Geschichte mit Happy End. Doch der Bericht geht weiter und erzählt uns ganz realistisch, dass dieser wunderbare Sieg teilweise brüchig war. Zunächst hätte man noch denken können: Nun, da es von den midianitischen Angreifern befreit war, würde sich das ganze Volk Gottes ausnahmslos um ihn scharen, den Herrn preisen und dem guten Gideon auf die Schulter klopfen. Nicht so jedoch die Ephraimiter. „Warum hast du uns nicht rufen lassen? Wir haben ein Recht darauf, gerufen zu werden", sagten sie (8,1). Und hier sind sie, werden zornig und stiften Zwietracht. Vielleicht sagen Sie: „Warum können sich diese kleinkarierten Ephraimiter nicht einfach über den Sieg freuen – egal, wer ihn errungen hat?" Auch wenn sie daran keinen Anteil hatten und nicht gefragt worden sind.

Ich kenne Gemeinden, die völlig ruiniert wurden, weil Frau Soundso nicht gebeten wurde, die Blumen zu arrangieren – unter dem Predigerpult muss doch schließlich ein hübscher Blumenstrauß stehen! Irgendjemand hat Frau Müller gefragt und nicht Frau Schmidt. Wehe, wenn die Verkündigung des Evangeliums nun unbedeutend wird und die Schlachten des Herrn in den Hintergrund treten. Der Frieden in einer Gemeinde kann wegen solcher dummen Kleinigkeiten zerstört werden.

Meine Brüder und Schwestern, wir kennen unsere eigenen Herzen. Wir wären gern der Prediger, unter dessen Botschaft Tausende zu Christus finden. Aber ich bin nicht der Prediger, jemand anderes ist es. Wie schnell entdecke ich in meinem Herzen eine plötzliche Anwandlung von Neid. Gott schenke uns die richtige Perspektive – da draußen geht die Welt zugrunde, und die Schlachten des Herrn sind in vollem Gange. Gott bewahre uns davor, solche Menschen zu sein, die in der

Gemeinde Schwierigkeiten machen und die Truppen des Herrn durcheinanderbringen – und das aus persönlichem Groll darüber, nicht gefragt worden zu sein.

Zum Glück hatte Gideon hatte genug Nachsicht, um diese Leute zu beschwichtigen, bevor ihre Empörung zu ernsthaften Schwierigkeiten führte.[230]

19. August

Die Begierden des Fleisches führen Krieg gegen unsere Seele

Textlesung: 4. Mose 11,1-25

Meine Geliebten, ich ermahne euch als Fremdlinge in fremdem Land: Haltet euch fern von den sinnlichen Begierden, die gegen die Seele zum Kampf rüsten! (1Petr 2,11; ZB)

Als Gott die Israeliten aus Ägypten befreite und sie in Richtung ihres Erbes zogen, wo Milch und Honig flossen, kam Amalek mit seiner ganzen Streitmacht, um gegen sie zu kämpfen. Amalek wollte sie daran hindern weiterzuziehen und bekämpfte sie deshalb. „Die Begierden des Fleisches", sagt Paulus, „führen Krieg gegen die Seele. Während ihr als Pilger und Fremdlinge auf dem Weg zur Herrlichkeit seid, werden diese fleischlichen Begierden einen Feldzug gegen euch führen, um euch am Fortschritt zu hindern. Passt deshalb auf eure Seele auf."

Wer genau waren diese Israeliten? Sie waren aus Ägypten gekommen und schleppten sich nun zu Fuß durch die Wüste, denn da draußen wartete ein großes Erbe auf sie – ein Land, in dem Milch und Honig floss. Doch mit der Zeit wurde es immer schwieriger. Tagsüber brannte die Sonne auf den Sand, das Wasser war knapp, und der Durst wurde immer größer. Sie begannen, an all die schönen Dinge zu denken, die sie in Ägypten gehabt hatten: die Zwiebeln, die Gurken und den Knoblauch. Und je mehr sie darüber nachdachten, umso größer wurden ihr Appetit und ihre Sehnsucht nach diesen Dingen. Also kamen sie zu Mose und steinigten ihn fast. Sie trauerten wegen der Gurken. „Wir erinnern uns an das, was wir in Ägypten hatten, und wir haben es dort kostenlos bekommen." Welch ein riesiger Unsinn war das! Kostenlos? Sie bekamen diese Dinge, weil sie Sklaven waren! „Wir wissen doch noch, wie gut die Gurken und die anderen Dinge waren. Jetzt gibt's hier nichts als dieses trockene, alte Manna." Und sie weinten alle. Was für ein erbärmlicher Anblick! Manchmal versuche ich, mir das vorzustellen – 600 000 gestandene Männer, die sich wegen Gurken die Augen ausweinten. Sie bekommen es nicht in ihren Kopf hinein, dass ein herrliches Erbe auf sie wartet. Vielleicht mag der Weg jetzt etwas schwer sein. Doch sie besitzen nicht den Verstand, das eine gegen das andere abzuwägen und deshalb bereit zu sein, die Härte jetzt zu ertragen, weil sie um die Herrlichkeit wissen, die dort später auf sie wartet.

Und wie steht es mit uns? Petrus sagt: „Ein makelloses Erbe hält er im Himmel für euch bereit, das nie vergehen wird und seinen Wert nie verliert. ... Deshalb jubelt ihr voller Freude, obwohl ihr jetzt für eine Weile den unterschiedlichsten Prüfungen ausgesetzt seid" (vgl. 1Petr 1,4.6). Sehen wir die Verhältnismäßigkeit der Dinge? Es lohnt sich, ein paar Unannehmlichkeiten auszuhalten, die unvermeidbar sind auf einer Reise, die uns zum unvergänglichen Erbe im Himmel bringt.[231]

20. August

Nicht allein im Kampf

Textlesung: 2. Mose 17,7-16

Denn Gott ist es, der in euch wirkt,
sowohl das Wollen als auch das Wirken zu seinem Wohlgefallen. (Phil 2,13)

Erstens war da Mose, oben auf dem Berg. Können Sie ihn sich dort vorstellen, eine edle Gestalt mit Bart und weißen Haaren? Gott sei gedankt für Mose! Als Amalek die Straße entlangkam, erhob Mose die Hände. Und wenn Mose vor einem steht, die Hände hebt und sagt: „So nicht!", sollte man seine Macht nicht unterschätzen. Ich hoffe, Sie haben ihn nicht abgeschrieben, denn Sie werden ihn noch brauchen. Wir stehen nicht unter dem Gesetz als einem System, in dem man sich das Heil verdient. Gott sei Dank! Trotzdem brauchen wir Mose noch. Wenn der Feind meine ahnungslose Seele bedrängt und mir Ablenkungen anbietet

– gerade in solchen Momenten, wenn ich nachgeben möchte, brauche ich Mose, der sagt: „So nicht!“

Zweitens waren Moses Hände schwach. Sowohl Mose als auch sein Gesetz waren wegen der Schwäche des Fleisches schwach. Ich werde mehr als Mose brauchen. Deshalb kamen diese beiden priesterlichen Männer, Aaron und Hur, und stützten Moses Hände. Gott sei Dank gibt es einen Hohen Priester. An diesen Tagen, wenn der Kampf hart ist und es schwierig ist, meinen Gefühlen zuwiderzuhandeln – wenn es immer schwieriger wird, mich nicht auf die Seite meines eigenen, rebellischen Herzens zu schlagen –, sei Gott gedankt für den stets wachsamen Hohen Priester, der für mich eintritt und mir den Beistand schickt, den ich brauche, um im Kampf zu bestehen.

Und dann war da drittens nicht nur der Priester oben auf dem Berg. Josua befand sich unten am Fuß des Berges. Und er trug diesen wunderbaren Retternamen, weil Gott ihn dazu gemacht hatte, ein Bild für den größeren Retter zu sein, der im Himmel für uns eintritt. Wenn der Kampf tobt, ist er hier unten und kämpft mit und durch uns unsere Kämpfe, damit wir den Sieg erringen.

Möge der Herr uns durch sein Wort ermutigen! Gott wird die Schlacht gewinnen! „Denn Gott ist es, der in euch wirkt, sowohl das Wollen als auch das Wirken zu seinem Wohlgefallen.“ Möge er uns die Gnade schenken, dass wir mit ihm seinen Kampf kämpfen und unser Heil erlangen.[232]

21. August

Der endgültige Sieg des wahren Glaubens

Textlesung: Johannes 21,15-23

So soll die Echtheit eures Glaubens, die wertvoller ist als Gold, das vergänglich ist, obwohl es im Feuer geprüft wurde, zutage treten und Lob, Preis und Ehre euch zukommen, wenn Jesus Christus sich offenbart. (1Petr 1,7; ZB)

Und so kam Petrus zurück. Jesu Gebet hatte Wirkung gezeigt. Nicht umsonst hatte Christus einen Bund in seinem eigenen Blut geschlossen, um seine Gesetze auf Petrus' Herz zu schreiben und ihn in einen aufrichtigen und treuen Mann Gottes zu verwandeln. Auch war das Zwischenspiel seines Versagens nicht ohne Auswirkungen in seinem Heiligungsprozess und dem unzähliger anderer Leute geblieben. „Ich aber habe für dich gebetet, dass dein Glaube nicht aufhört. Und wenn du einst zurückgekehrt bist, so stärke deine Brüder!", sagte Christus (Lk 22,32).

Petrus vergaß diese Verantwortung nicht. In seinem ersten Brief beabsichtigte er, genau dem nachzukommen. Unser Glaube, so zeigt er seinen Mitchristen, ist wie Gold – unvorstellbar kostbar. Aber wie Gold ist auch er zu Beginn mit Schlacke vermischt, mit oberflächlicher Begeisterung, Selbstsicherheit und Stolz oder Erfahrungen aus zweiter Hand oder gar naiven Gottesbildern. Also muss der Glaube gereinigt werden. Und so, wie ein Goldschmied sein Gold reinigt, indem er es in den Schmelztiegel legt und dort intensiver Hitze aussetzt, muss Gott von Zeit zu Zeit zulassen, dass Sie Leiden verschiedener Art durchmachen.

Wundern Sie sich nicht, wenn das geschieht, als wäre das etwas Merkwürdiges. Ihr Glaube wird irgendwann zu Lob und Herrlichkeit und Ehre in der Offenbarung Jesu Christi befunden werden (1Petr 1,6-9; 4,12). Woher nimmt

Petrus diese Zuversicht? Nun, zunächst aus dem Wort und der Fürbitte Christi und dann aus seiner eigenen Erfahrung. Natürlich weiß jeder: Der Goldschmied legt zwar sein Gold ins Feuer, bis es schmilzt, aber er wird niemals zulassen, dass irgendetwas von dem echten Gold zerstört wird. Er entfernt nur die Schlacke.[233]

22. *August*

Das Endziel des Glaubens

Textlesung: Hebräer 11,8-10.13-16

Da wir nicht das Sichtbare anschauen, sondern das Unsichtbare; denn das Sichtbare ist zeitlich, das Unsichtbare aber ewig. (2Kor 4,18)

Wenn es wichtig ist, dass wir unsere Pilgerreise sozusagen mit dem richtigen Fuß beginnen, so ist es ebenso wichtig, dass wir von Anfang an unser Endziel klar vor Augen haben. Abraham hatte das und die anderen Patriarchen ebenfalls. Sie kamen im Gelobten Land an und wurden von Gott in Kenntnis gesetzt, dass dies das Land war, das ihnen und ihren Nachfahren gehören sollte. Trotzdem machten sie keine Anstalten, dort eine Stadt zu gründen und sich niederzulassen. Sie lebten weiter in Zelten wie Fremde in einem fremden Land. Das lag nicht daran, dass sie undankbar gewesen wären oder die großen irdischen Besitztümer verachtet hätten, die Gott ihnen gab. Sie schmähten auch nicht die brillante Zukunft, die Gott für ihre Nachfahren in diesem Land im Sinn hatte. Das alles war gut. Sie würden es zu seiner Zeit genießen. Aber nichts auf dieser vergänglichen Erde konnte ihr letztes Ziel sein. Im Herzen hatten sie schon alles hinter sich gelassen. Nur die ewige Stadt konnte ihr letztes Ziel sein. Also lebte Abraham weiter als Pilger und Fremdling. Dazu braucht er ohne Zweifel eine Menge Glauben. Sein Geheimnis bestand darin, dass er den Blick auf die ewige Stadt gerichtet hielt. Das stärkte seinen Glauben daran, dass sie real war. Und dieser Glaube wiederum hielt ihn davon ab, irgendetwas in dieser Welt so zu behandeln, als sei es sein Hauptziel.

Wir können uns sein Geheimnis zu eigen machen. Wir sollen unseren gegenwärtigen und künftigen irdischen Segen und Beruf als Gottes Gaben genießen.

Doch wir dürfen nicht zulassen, dass all das so sehr ins Zentrum unseres Denkens rückt, dass es quasi das Hauptziel im Leben wird. Denn wenn wir das tun, besteht die Gefahr, dass wir uns in dieser Welt niederlassen, als wäre sie unser Zuhause. Dann hören wir auf, wie Pilger und Fremdlinge zu leben. Und wir verleugnen den Glauben, zu dem wir uns bekennen – den Glauben nämlich, dass wir auf die ewige Stadt warten. Dann werden sich unsere Ziele und unser Lebensstil in keiner Weise von denen der Menschen dieser Welt unterscheiden.[234]

23. August

Glaube ist sogar im Himmel notwendig

Textlesung: Lukas 19,11-26

Und keinerlei Fluch wird mehr sein;
und der Thron Gottes und des Lammes wird in ihr sein;
und seine Knechte werden ihm dienen, und sie werden sein Angesicht sehen;
und sein Name wird an ihren Stirnen sein. (Offb 22,3-4)

Man hört es immer wieder – und es wird sogar von der Heiligen Schrift gestützt –, dass „wir jetzt im Glauben wandeln". Und dann, so heißt es in einem Lied, wird der Glaube einst dem Sehen weichen: „Und Herr, bringe schnell den Tag, da mein Glaube ein Sehen wird." Natürlich wird unser Glaube zum Sehen werden! Noch können wir den Himmel nicht sehen. Wir haben seine Pracht, seine Freuden und Wunder noch nicht erblickt. Vieles davon können wir uns nicht einmal vorstellen. Doch eines Tages werden wir es sehen. Und – welch ein Wunder! – wir werden unseren geliebten Herrn selbst sehen. Wir haben ihn noch nicht gesehen und sehen ihn noch immer nicht. Dennoch lieben wir ihn. Eines Tages werden wir ihn sehen, und in diesem Sinne wird der Glaube dem Sehen weichen.

Aber sagen Sie mir: Wenn wir einmal nach Hause in den Himmel kommen, wird das dann bedeuten, dass wir dem Herrn nicht mehr vertrauen müssen? Sie antworten vielleicht: Dann werden wir frei sein – wir werden keinen Glauben mehr brauchen! Aber werden Sie da oben die Freiheit haben, dem Herrn nicht mehr zu vertrauen? Wenn er Ihnen sagt: „Mein geliebtes Kind, ich habe dir die Galaxie 2304 im Orionnebel zugewiesen. Ich will, dass du dorthin gehst und all die Helfer mitnimmst, die ich dir mitgeben werde. Ihr sollt sie für mich erschließen, und ich will, dass du das so und so machst", werden Sie dann sagen: „Das ist ein riesiger Job – ich weiß nicht, ob ich das schaffe!"? Wäre das die richtige Art, das Ganze anzugehen? Werden Sie dann nicht noch immer dem Herrn vertrauen müssen? Oder werden Sie etwa so unendlich und allwissend wie Gott selbst sein, wenn Sie in den Himmel kommen? Wenn er Sie bittet, etwas zu tun, und Ihnen sagt, wie Sie es tun sollen, werden Sie dann etwa sagen: „Ich bin so gut wie er. Ich brauche ihm nicht zu vertrauen – ich hätte es ihm genauso sagen können, wie es zu machen ist!" Oder wird Gott nicht immer größer als Sie bleiben? Werden seine Gedanken nicht immer unendlich viel größer sein als Ihre Gedanken, sodass Sie immer gute Gründe haben werden, ihm zu vertrauen, weil Sie in Bezug auf Gott niemals alles verstehen werden? Werden Sie allwissend sein, wenn Sie nach Hause kommen? Nein, definitiv nicht! Wir werden dem Herrn noch immer vertrauen müssen. Wenn an diesem herrlichen Ort ein Augenblick käme, in dem unser Gottvertrauen auch nur einen Zentimeter wankte, würden die Himmelslichter anfangen zu erlöschen.[235]

24. August

Das Ziel unserer Erlösung

Textlesung: 5. Mose 4,32-40

Gott selbst wird bei ihnen sein, ihr Gott. (Offb 21,3)

Was ist der Kernpunkt der Erlösung? Worin besteht ihr Ziel, ihr größter Nutzen? Lassen wir uns von diesem uralten Text sagen, worin nach Gottes Gedanken der größte Vorzug bestand, den er den Kindern Israels verleihen wollte, als sie ins Land Kanaan kamen. Dort würde es Gras und Kühe, Bienen und Honig und viele Blumen geben, Weinkeltern und Ölpressen sowie den einen oder anderen Bungalow. Doch was war all das schon verglichen mit dem höchsten Vorzug, dass dort in Kanaan der transzendente Herr der ganzen Schöpfung, der Herr von Raum und Zeit, sich dazu herabließ, unter ihnen zu wohnen? Welche Freude könnte man damit vergleichen? Wie würden Sie das Gras und den Honig im Vergleich dazu bewerten, den lebendigen Gott in Ihrer Mitte wohnen zu haben? Sie konnten zum Zelt der Begegnung kommen und wissen, dass Ihre Gebete direkt Gottes Herz erreichen. Er war nicht mehr weit, weit entfernt in seinem Himmel. Er war herabgekommen, um direkt in Ihrer Mitte zu wohnen.

Mein lieber Bruder, meine liebe Schwester, der eigentliche Sinn dahinter, später in den Himmel heimzugehen, besteht nicht in ein paar goldenen Straßen und Perlentoren oder ein bis zwei Engeln um Sie herum als Diener. Das eigentliche Ziel, wonach Sie sich im Tiefsten sehnen, ist folgendes: zu sehen, wie das große Zelt Gottes vom Himmel herabkommt. Als die Zeit nicht mehr war und die gegenwärtige Erde und der jetzige Himmel vergangen waren, wartete Johannes darauf zu sehen, wohin die ganze Geschichte geführt hatte, worin das Ziel aller Erlösungswege Gottes bestand. Und er sagt uns:

> Und ich sah einen neuen Himmel und eine neue Erde; denn der erste Himmel und die erste Erde waren vergangen, und das Meer ist nicht mehr. Und ich sah die heilige Stadt, das neue Jerusalem, aus dem Himmel von Gott herabkommen, bereitet wie eine für ihren Mann geschmückte Braut. Und ich hörte eine laute Stimme vom Thron her sagen: Siehe, das Zelt Gottes bei den Menschen! Und er wird bei ihnen wohnen. (Offb 21,1-3)

Wenn wir nur einen kurzen Augenblick darüber nachdenken, wird uns klar, dass es so sein muss. Die Jungfrauengeburt, die Krippe, all die Leiden von Gethsemane und Golgatha, das Kreuz und die Auferstehung geschahen nicht einfach, damit wir einmal auf goldenen Straßen wandeln können. All diese Heilsereignisse sind in Gottes Herzen entstanden, um uns die größte Freude und das größte Wunder zuteilwerden zu lassen, welches wir kleinen Geschöpfe erfahren können – dass der lebendige Gott in unserer Mitte wohnt. Ist das nicht auch der Grund für Sie, warum Sie in den Himmel möchten?[236]

Der Erlösungsplan des Vaters

25. August

Gott ist Licht

Textlesung: 2. Korinther 4,1-6

Und dies ist die Botschaft, die wir von ihm gehört haben und euch verkündigen: dass Gott Licht ist, und gar keine Finsternis in ihm ist. (1Jo 1,5)

Diese grundlegende Eigenschaft Gottes bestimmt die Bedingungen, unter denen wir zu ihm kommen und Gemeinschaft mit Gott haben können. Gott ist Licht, und in ihm ist keinerlei Dunkelheit. Was haben wir unter dem Ausdruck „Gott ist Licht" zu verstehen? Ich behaupte, dass es mindestens zwei Bereiche gibt, in denen wir von Gott als Licht sprechen können.

Gott ist in intellektueller Hinsicht Licht, ist sich selbst offenbarende Kraft. Es entspricht seinem tiefsten Wesen, sich zu erkennen zu geben. „Sich selbst offenbarende Kraft" bedeutet: Er ist die Quelle aller Wirklichkeit und Wahrheit. Die Wahrheit über ein Gänseblümchen ist letzten Endes in Gott begründet. Die Wahrheit über einen Sonnenuntergang geht auf Gott zurück. Wenn man diese ganze, gewaltige Schöpfung zu ihrem Ursprung zurückverfolgt – was ist die Wahrheit über sie? Die Wahrheit ist, dass sie von Gott kommt als Teil seiner Selbstoffenbarung. Deshalb ist er die Quelle der Bedeutung und des Zieles von allem. Er ist derjenige, der Verständnis und Wissen gibt. Und wenn Sie mir ein paar Fantastereien gestatten: Er ist derjenige, der Schönheit und Farbe offenbart. Wie wir heute wissen, liegt Farbe im Licht. Wenn eine bestimmte Lichtquelle ein bestimmtes Element nicht enthält, können Sie die Farbe im Kleid der Dame nicht sehen. Was Sie zunächst für rot hielten, wirkt nun merkwürdig blass, weil das Licht nicht ausreicht, um diese Farbe in dem Kleid zur Geltung zu bringen. Es ist das Licht, das die Farbe hervorbringt, und Gott ist die Quelle aller Schönheit. Aber Gott ist auch moralisch gesehen Licht. Als Licht deckt er alles auf, was nicht wahr ist. Er entlarvt das, was falsch, unwirklich und verdreht ist. Er ist rein und heilig und gerecht.

Gott ist nicht nur Licht. Wir lesen auch, dass Gott *im* Licht ist (1Jo 1,7). Das heißt: In der Person unseres Herrn ist Gott nun offenbar. Als König Salomo bei der Einweihung des Tempels betete, erinnerte er daran, dass Gott gesagt hatte, „dass er im Dunkel wohnen will" (1Kö 8,12). Doch heute, nachdem unser geliebter Herr gekommen ist, wohnt Gott nicht mehr im Dunkel: Gott ist im Licht. Er hat sich offenbart. In der Person Jesu Christi, unseres Herrn, kann er geschaut werden. Gott ist Licht, und in ihm ist keinerlei Dunkelheit – keine Verborgenheit, keine Kompromisse, kein Ort, an den ich mich flüchten kann, um meine Schwäche zu verstecken und Kompromisse mit ihr zu schließen. Denn Gott ist Licht, und in ihm ist keinerlei Finsternis.[237]

26. *August*

Der Thron Gottes

Textlesung: Offenbarung 4,1-6

Und aus dem Thron gehen hervor Blitze und Stimmen und Donner; und sieben Feuerfackeln brennen vor dem Thron, welche die sieben Geister Gottes sind. (V. 5)

Die Fackeln brennen und spenden Licht. Wissen Sie, welche Macht da auf diesem Thron sitzt? Nun, man weiß sofort, dass es gewiss nicht „die Macht der Finsternis" ist. Es ist genau das Gegenteil: die Macht des Lichtes. Das ist sehr wichtig. Wenn Gott sagt, dass er uns durch Christus „aus der Macht der Finsternis" befreit hat, beschreibt er das Herrschaftsgebiet des Teufels (vgl. Kol 1,13).

Als unser Herr vor Pilatus gebracht wurde, fingen die Menschen an, „ihn zu verklagen, und sagten: Diesen haben wir befunden als einen, der unsere Nation verführt und sie davon abbringt, dem Kaiser Steuer zu geben, indem er sagt, dass er selbst Christus, ein König, sei" (Lk 23,2). Und der arme, alte Petrus tappte fast in die Falle, nicht wahr? Der Teufel hatte beinahe Erfolg mit seinem Plan, als

Petrus sein Schwert zog, um einem Mann den Kopf abzuschlagen. Hätte Petrus Erfolg gehabt, hätte der Teufel gelacht. Genau das wollte er, dass Christus in eine Situation geriet, in der es politischen Aufruhr gab und einer seiner Anhänger beschuldigt werden konnte, einen Krieg angezettelt zu haben. Lügen und Täuschung: Das ist die Macht der Finsternis. Gottes Macht ist Licht. Er herrscht niemals, indem er Sie im Dunkeln lässt.

Ich kenne einige Leute, die Angst vor der Wissenschaft haben. Auch ich hatte Angst vor ihr, weil mir damals der Verstand dazu fehlte. Aber das ist eine andere Geschichte. Manche Leute sagen: „Meinen Sie wirklich, Sie müssen so tief forschen?" Nun, soweit ich weiß, können Sie durch Ihr mächtiges Mikroskop gucken, so viel Sie wollen, aber Sie werden dort niemals auf ein Warnschild treffen, auf dem steht: „Unbefugte werden ab diesem Punkt strafrechtlich verfolgt." Gott hat keine Angst vor dem Licht. Er regiert nicht, indem er uns im Dunkeln lässt. Er regiert, indem er uns mit Licht durchflutet und uns die Wahrheit sagt.

Das Christentum hat dieses Prinzip nicht immer begriffen. Jahrhundertelang verbot das vorreformatorische Christentum den Menschen, eine Bibel zu besitzen. Es herrschte, indem es die Menschen im Dunkeln ließ. Die Methoden unseres Herrn sind genau das Gegenteil: „Ich bin das Licht der Welt ... Wenn ihr in meinem Wort bleibt ... werdet [ihr] die Wahrheit erkennen, und die Wahrheit wird euch frei machen" (Joh 8,12.31-32). Das ist die Macht des Lichtes. Es ist ein gleißend helles Licht. Sie müssen gut aufpassen, wie Sie damit umgehen. Denn das Licht der Wahrheit Gottes wird alle Verdorbenheit verbrennen.[238]

27. August

Gott beweist seine Liebe zu uns

Textlesung: 1. Johannes 5,6-15

Gott aber erweist seine Liebe zu uns darin, dass Christus, als wir noch Sünder waren, für uns gestorben ist. (Röm 5,8)

Der Heilige Geist argumentiert folgendermaßen: Überlegen Sie zunächst, was das Größte ist, das Gott jemals für Sie tun wird. Ich möchte Sie nicht enttäuschen, aber was auch immer Sie von Gott erwarten, wenn Sie heimkommen in die Herrlichkeit – vielleicht ein paar Galaxien, um die Sie sich kümmern oder mit denen Sie sich beschäftigen können –, ich weiß nicht, womit Sie rechnen, aber Tatsache ist: Das Größte, das Gott jemals für irgendeinen von uns tun wird, hat er bereits getan. Er hat seinen Sohn für uns gegeben. Die Frage lautet daher: Wann hat er das getan? Hat er es getan, nachdem wir ein paar Fortschritte gemacht hatten oder unter der Bedingung, dass wir uns tatsächlich gebessert hätten? „Nein", sagt der Heilige Geist. Bitte nehmen Sie doch zur Kenntnis, dass Christus für uns starb, „als wir noch kraftlos waren", als wir noch „Gottlose", als wir noch „Sünder", als wir noch „Feinde" waren. So wurden wir durch den Tod seines Sohnes mit Gott versöhnt.

Wenn das so ist, ergibt sich folgende Logik: Gott schickte seinen Sohn für Sie in den Tod, als Sie noch ein Sünder waren. Meinen Sie wirklich, nun, da Sie durch seine Gnade gerechtfertigt worden sind, würde er Sie plötzlich aufgeben? Denn wenn er das täte, würde das einen Widerspruch in Gottes Charakter bedeuten. Er liebte Sie, als Sie noch ein Sünder waren, liebte Sie so sehr, dass er seinen Sohn für Sie hingab. Würde er Sie nun, da Sie gerechtfertigt worden sind, möglicherweise fallenlassen? Das würde logisch keinen Sinn ergeben, oder? Als wir noch Feinde waren, wurden wir mit Gott versöhnt durch den Tod seines Sohnes. Das ist eine außerordentliche Aussage.

Und ein starkes Argument. Es ist das Argument des Heiligen Geistes. Beachten Sie, dass es auf Logik und auf Gottes Charakter beruht. Gott ist nicht inkonsequent. „Gott aber erweist seine Liebe zu uns." Das ist ein eindringlicher Satz.

Was für eine großartige Vorstellung das ist: Der allmächtige Gott, der Schöpfer des Himmels und der Erde, kommt herab, um uns seine Liebe zu erweisen. Er muss sozusagen seinen Fuß in die Tür setzen, um überhaupt Gehör zu finden und für seine Liebe und seinen Charakter zu werben![239]

28. *August*

Gott gegenüber den Menschen richtig repräsentieren

Textlesung: 4. Mose 20,1-13

Da sprach der HERR zu Mose und zu Aaron: Weil ihr mir nicht geglaubt habt, mich vor den Augen der Söhne Israel zu heiligen, darum sollt ihr diese Versammlung nicht in das Land bringen, das ich ihnen gegeben habe. (V. 12)

Langsam hatte Mose wirklich genug. Doch hier war das Volk, und ihnen war das Wasser ausgegangen. Dieses Mal – hätte Mose es nur sehen können! – rebellierten sie nicht gegen Gott. Sie waren mit der Realität konfrontiert: Ihre kleinen Kinder hatten kein Wasser, ihr Vieh war am Verdursten. Mose brachte die Angelegenheit vor den Herrn. In seinem großen Mitgefühl verstand dieser ihr Leiden und warum sie um Wasser flehten. Er würde ihnen welches geben.

Er wies Mose und Aaron an, den Stab zu nehmen: Achten Sie darauf, den Stab richtig einzuordnen – um welchen Stab es sich handelte. Es war nicht der Stab von Gottes Gericht, den Mose über dem Nil ausgestreckt hatte, um diesen in Blut zu verwandeln. Es war der Stab, der vor den Herrn gestellt wurde, der geblüht und Mandeln hervorgebracht und Aarons Priesteramt bestätigt hatte (vgl. 4Mo 17). Was für eine Demonstration der Barmherzigkeit Gottes sollte das werden! Als Antwort auf das Schreien des Volkes standen Mose und Aaron mit dem Stab seines Priesteramtes da. Es sollte ein wunderbares Beispiel für die Barmherzigkeit Gottes werden, der ihnen einen Priester gegeben hatte, der für sie eintrat. Doch statt einfach mit dem Felsen zu sprechen, bezeichneten die beiden das Volk als Rebellen. Der Fels hätte gewissermaßen auf sie gehört, und Gott hätte ihnen

Wasser gegeben. Doch sie schlugen auf den Felsen ein. Gott gab dem Volk Wasser, denn er hatte Erbarmen mit den Menschen. Doch Aaron und Mose hatten Gott auf schwerwiegende Weise falsch repräsentiert.

Da ich als Lehrer rede, bin ich mir des Problems, Gott seinem Volk gegenüber richtig zu repräsentieren, durchaus bewusst. Was wäre, wenn ich übermäßig hart wäre, insbesondere mit Menschen, die es einfach schwer haben, weiter daran zu glauben, dass Gott für sie sorgt; was, wenn ich ihre Probleme einfach als Rebellion einstufen, sie zurechtweisen und als Rebellen bezeichnen würde? Es ist etwas sehr Ernstes, Gott zu repräsentieren – und etwas sehr Ernstes, wenn wir ihn falsch repräsentieren. Mose verlor nicht sein Heil. Wir werden ihm im Himmel begegnen. Doch die Begebenheit schränkte seine Tauglichkeit ein. Was für eine Sache doch diese Wanderung war![240]

29. *August*

Unsere Sicherheit als Gläubige

Textlesung: Römer 8,12-17

Seht, welch eine Liebe uns der Vater gegeben hat,
dass wir Kinder Gottes heißen sollen! Und wir sind es.
Deswegen erkennt uns die Welt nicht, weil sie ihn nicht erkannt hat. (1Jo 3,1)

Ich hatte einmal einen Freund, der mir die folgende kleine, alltägliche Geschichte erzählte. Eines Abends ging er nach oben und fand sein kleines Mädchen im Bett und zutiefst aufgewühlt. Es stellte sich heraus, dass sie sich wegen ihrer Klassenarbeiten Sorgen machte – darüber, was er sagen würde, wenn sie schlecht ausfielen. Würde er schrecklich sauer und gekränkt sein? Der Vater war betroffen, dass sie sich solche Gedanken machte. Wer hatte ihr dies in den Kopf gesetzt? Sie malte sich aus, die Liebe ihres Vaters hinge von den guten Noten der Klassenarbeit ab.

Was hätten Sie ihr gesagt? „Das ist richtig, meine Liebe! Mach dich ans Lernen! Sieh zu, dass du die Mathearbeit und die Aufsätze mit einer Eins bestehst. Ich werde dir vorher nicht zusagen, dass du zu unserer Familie gehörst. Ich werde es im Ungewissen lassen. Wenn du deine Prüfungen bestehst, dann bist du akzeptiert. Und wenn nicht, dann ist es gut möglich, dass du dir eine andere Bleibe suchen musst!"

Kein Vater würde so reden. Mein Freund auch nicht. Er tat das, was jeder normale Vater tun würde. Er sagte: „Mein liebes Mädchen. Ich würde mich sehr freuen, wenn du gute Noten nach Hause bringst. Aber ich werde dich noch immer lieben, auch wenn es anders läuft." Sie war zuallererst ein Kind des Vaters – mit Hausrecht, weil sie sein Kind war. Sie würde niemals aufhören, sein Kind zu sein. So erlebte sie die Stärke und die Sicherheit der Vaterliebe. Anschließend fasste sie Mut, um sich den Klassenarbeiten zu stellen.

Es ist seltsam: Es gibt Eltern, die ihre Kinder niemals so behandeln würden, sich aber von Gott vorstellen, er wolle so zu ihnen sein. Erst müssen wir alle unsere geistlichen Prüfungen bestehen. Schließlich kommen irgendwann die Abschlussprüfungen und das große Endgericht. Sie stellen sich vor, wie Gott zu ihnen sagt: „Ob ich dich in meiner Gegenwart akzeptieren werde oder nicht – alles hängt davon ab, ob du deine Abschlussprüfungen bestehst!"

Aber so ist das nicht. So ist Gott nicht. Er ist nicht grausam. Gottes Art entspricht es, uns das Heil um Christi willen zu schenken. Er liebt uns. Er wird uns empfangen und annehmen. Er wird unseren zaghaften Herzen versichern, dass wir angenommen worden sind. Wir sind Mitglieder seiner Familie. Wir werden als Kinder Gottes und als Erben seines Königreiches wiedergeboren. Und weil wir uns um Christi willen geborgen und geliebt wissen, gibt uns das die Kraft, uns unserem geistlichen Training innerhalb der Familie und der Schule Gotte zu stellen.[241]

30. August

Das pulsierende Leben Gottes

Textlesung: 1. Könige 6,19-38

Und inmitten des Thrones und rings um den Thron vier lebendige Wesen, voller Augen vorn und hinten. (Offb 4,6)

Es war wegen all der schönen Dinge herrlich, sich dort aufzuhalten. Man brauchte keine fünf Zentimeter in den Tempel zu gehen, um zu sehen, dass

„Leben" hier das Hauptmotiv war – Bäume und offene Blüten, und dann waren da überall diese Cherubim. Und wenn es einem erlaubt gewesen wäre, ins Allerheiligste hineinzugehen, befanden sich dort nicht nur ein paar Cherubim auf der Bundeslade. Im Tempel Salomos waren zwei gewaltige Cherubim aus Olivenholz, die einem entgegenblickten, wenn man hineinkam. Ihre Flügel waren ausgestreckt von einer Wand bis zur Raummitte und von der Raummitte zur anderen Wand.

Überall Cherubim. Und das nicht nur, damit der Tempel schön aussah. Wie uns andere Teile der Heiligen Schrift berichten, waren die Cherubim *lebendige* Wesen. In Offenbarung 4, wo uns Gottes Thron beschrieben wird, steht, dass er auf dem Rücken lebendiger Wesen ruht und dass diese Wesen Cherubim sind. Denn das muss man in Bezug auf Gott und seine Herrschaft wissen – und hier verwenden wir Bilder und die metaphorische Sprache der Heiligen Schrift –, sein Thron ruht auf lebendigen Dingen. Denn hierbei geht es nicht um Lehrsätze, hier handelt es sich um den lebendigen Gott. Was würden Sie als Dekoration in seinem Haus erwarten? Überall an den Wänden im Heiligtum und im Allerheiligsten drückt sich Leben aus. So regiert er letztendlich. So bringt Gott Äpfel dazu, an einem Baum zu wachsen: Er schenkt einem Apfelbaum Leben, und das Leben, das er ihm gibt, bringt die Äpfel hervor.

So regiert er auch seine Menschen. Er schenkt ihnen sein eigenes Leben – er zeugt sie neu durch seinen Heiligen Geist. Und durch ebendieses Leben Gottes in ihnen regiert er sie. Der lebendige Gott wird im Leben seiner Menschen sichtbar. Und man kann sich dieses riesige, dekorative Motiv im Haus Gottes nicht vorstellen, ohne an Paulus' Worte an Timotheus zu denken: „Dies schreibe ich dir in der Hoffnung, bald zu dir zu kommen; wenn ich aber zögere, damit du weißt, wie man sich verhalten muss im Hause Gottes, das die Gemeinde des lebendigen Gottes ist" (1Tim 3,14-15). Welch eine wunderbare Sache es wäre, wenn wir durch Gottes Gnade diese Wirklichkeit wieder lebendig werden lassen könnten! Eine Gemeinde ist nicht nur ein Ort, an den wir gehen – wie in einen Klub. Sie ist ein Ort, an dem wir die Gegenwart des lebendigen Gottes erfahren und sein pulsierendes Leben spüren können.[242]

31. August

Der Thron Gottes

Textlesung: 2. Timotheus 2,8-13; Matthäus 19,28-30

Und rings um den Thron sah ich vierundzwanzig Throne,
und auf den Thronen saßen vierundzwanzig Älteste,
bekleidet mit weißen Kleidern,
und auf ihren Häuptern goldene Siegeskränze. (Offb 4,4)

Dies ist der Thron des allmächtigen Gottes, des Alleinherrschers des Universums. Warum stehen dort noch andere Throne um seinen Thron herum? Wozu sind sie da? Dienen sie nur zu Dekorationszwecken, oder handelt es sich um echte Throne? „Sie sind besetzt", sagt Johannes, „mit Ältesten." Nun, so viel ist sicher, diese Ältesten müssen Geschöpfe sein, nicht wahr? Können Sie das glauben, dass Geschöpfe an Gottes Regierung teilhaben? Verfügen sie über echte Macht, oder sind sie nur Marionetten? Sie tragen goldene Kronen. Repräsentiert das irgendeine Realität? Was meinen Sie?

Ich schätze, wenn wir eine Thronszene malen wollten, würden wir es niemals wagen, dort noch weitere Throne zu zeichnen, die an Gottes Regierung teilhaben. Aber es ist eine Tatsache. So allmächtig er auch ist, der Herrscher des Universums hat beschlossen, in seiner ganzen Schöpfung auf verschiedenen Ebenen Macht zu delegieren. Hören Sie, wie die Heilige Schrift die großartigen Wesen beschreibt, die den Himmel in Gottes ursprünglicher Schöpfung bewohnten: Engel, Fürstentümer, Gewalten, Mächte, Herrschaftsgebiete – jeder dieser Begriffe signalisiert Herrschaft und Autorität.

Ich kann bei meinen Ausführungen sogar noch eins draufsetzen. Wenn ich Ihr Herz tief genug erforschen würde, würde ich feststellen, dass Sie hoffen, eines Tages an Gottes Regierung des Universums teilzuhaben. Wir wissen aus sicherer Quelle: „Wenn wir ausharren, werden wir auch mitherrschen" (2Tim 2,12). Denken Sie jedoch nicht nur an Ihre Herrlichkeit. Denken Sie auch an den Charakter des Gottes, der sie gestaltet hat. Wenn Sie der souveräne Herrscher des Universums wären, würden Sie irgendetwas von Ihrer Autorität an irgendeinen von uns delegieren?

Sie sagen: „Wer sind diese Ältesten?“ Das kann ich Ihnen nicht sagen. Aber ich weiß eins: Ohne Ausnahme haben alle, die einmal mit Christus herrschen werden, einst als Rebellen gegen Gottes Thron angefangen. Allein diese wunderbare Tatsache kann uns dazu bringen, den Gott des Universums anzubeten. Satan hat sein Schlimmstes gegeben, um Gottes Herrschaft als die eines allmächtigen Tyrannen darzustellen. Aber das ist sie nicht – rings um den Thron standen noch andere Throne.[243]

1. September

Die treue Liebe des Einen, der würdig ist

Textlesung: Offenbarung 5

Du bist würdig, das Buch zu nehmen und seine Siegel zu öffnen;
denn du bist geschlachtet worden und
hast durch dein Blut Menschen für Gott erkauft. (V. 9)

Warum kommen die in der Offenbarung beschriebenen Gerichte? Natürlich nehmen sie ihren Anfang beim Thron Gottes und Gottes Schöpferrechten. Das Universum kann erst dann wieder in guter Weise funktionieren, wenn es wieder in den Dienst desjenigen gestellt wird, der es gemacht hat. Wenn die Menschen nicht Buße tun, kann die Welt nur durch Gottes Eingreifen und Gericht wiederhergestellt werden. Das wirft jedoch ein großes moralisches Dilemma auf: Wer ist würdig, dieses Gericht auszuführen?

Aus diesem Grund erschallt in Offenbarung 5 der Ruf. Es war ein Buch in der Hand dessen, der auf dem Thron saß, das von vorne bis hinten beschrieben und mit vielen Siegeln verschlossen war. Wenn diese Siegel erst einmal geöffnet sind, werden die Gerichte beginnen. Doch wer ist würdig, es zu nehmen und zu öffnen?

Sie sagen: „Gott natürlich. Warum fängt er nicht an?“

Und da begegnen Sie der Größe Gottes. Er hat alle Macht und jedes Recht, das Gericht durchzuführen. Warum tut er es dann nicht? Weil die ultimative Frage im Universum nicht lautet: Wer hat die größte Macht?, sondern: Wer hat die größte

Liebe und Treue? Ein Gott, der, ohne jemanden zu fragen, ein Wesen erschafft und in die Welt setzt und diesem Geschöpf gegenüber dann nicht treu ist, wäre ein unmoralischer Gott.

Wenn Sie als Eltern ein Kind in die Welt setzen, so bitten Sie das Kind vorher auch nicht um Erlaubnis, oder? Sie setzen es einfach in die Welt. Löst das in Ihnen nicht ein moralisches Verantwortungsbewusstsein für dieses Kind aus? Werden Sie diesem Kind nicht bis zum Letzten treu sein? Ein Gott, der Menschen erschaffen, sie in die Welt setzen und ihnen dann nicht treu sein könnte, wäre moralisch mit ernsthaften Mängeln behaftet. Der Gott und Vater unseres Herrn Jesus Christus ist nicht einfach nur Macht. Der Gott und Vater unseres Herrn Jesus Christus ist Liebe. Bevor er seine Gerichte herbeiführt – sogar über eine abtrünnige Welt – wird er ihr treu sein.

Das Gericht ist einem Menschen anvertraut. Wieso ist dieser würdig, es zu übernehmen? Nun, eben weil er „das Lamm, das geschlachtet worden ist“ ist (5,12). Diese Welt könnte sich nicht beschweren, dass das unfair ist. Der, der die Welt mit Gericht heimsuchen wird, um sie zu Gott zurückzubringen, starb zuerst, damit niemand mehr zugrunde gehen muss und damit diese rebellische Welt zu Gott zurückkehren kann.[244]

2. *September*

Die Art und Weise, wie Gott Leitung einsetzt

Textlesung: 1. Samuel 15,34–16,13

Zu euch musste notwendig das Wort Gottes zuerst geredet werden; weil ihr es aber von euch stoßt und euch selber des ewigen Lebens nicht für würdig haltet, siehe, so wenden wir uns zu den Nationen. (Apg 13,46)

Fragen Sie einen beliebigen Gemeindeältesten, der versucht, gottgemäß zu leiten, nach den 1000 Problemen, die auftreten, wenn man versucht, Gottes Volk hüten. Es ist nicht leicht, hier zu einer richtigen Entscheidung zu kommen, da zu einer fairen. Zu wissen, was als Nächstes zu tun ist, wie man Meinungsverschiedenheiten beilegt und Zerbrochenes in Ordnung bringt, das hier auf Erden vielleicht nie wieder ganz heil wird. Jeder Älteste wird Ihnen sagen: In Gottes Auftrag zu leiten ist keine einfache Angelegenheit und kann auch keine sein.

Das erste und das zweite Samuelbuch beschäftigen sich mit ebendieser Frage, wie man *für Gott leitet und führt*. Während wir die Berichte in 2. Samuel lesen, sehen wir große Parallelen zwischen der Art und Weise, wie Gott David zum König berief, und wie er Jesus Christus, unseren Herrn, auf den Thron des Universums berief. Im ersten Buch Samuel geht es vor allem darum, wie Gott vorging. Er hätte den bösen und rebellischen Saul ab- und David an seiner Stelle einsetzen können. Das wäre ein Leichtes gewesen. Aber das tat Gott nicht. Gott hätte König Saul bis zum bitteren Ende gewähren lassen können, bis er schließlich von seinen Feinden vernichtet worden wäre, und erst dann David an seiner Stelle zum König über Israel salben können. Aber auch das tat Gott nicht. Gott tat etwas sehr Merkwürdiges. Er ließ König Saul noch jahrelang als König regieren. Trotzdem ließ er David schon während Sauls Herrschaft zum König salben. Er wurde noch Jahre nach seiner Salbung verfolgt, in die Wüste getrieben und von Israel abgelehnt. So hartnäckig lehnte Israel seinen gesalbten König offiziell ab, dass es ihn für lange Zeit an die Heiden verlor.

Man kann das nicht lesen, ohne an die Art und Weise zu denken, wie Gott Jesus Christus, unseren Herrn, zum König berief. Gewiss erfüllte Gott ihn mit dem Heiligen Geist und salbte ihn mit Macht. Bei seiner Taufe kam der Heiligen Geist auf ihn herab. Er wurde auch bereits auf den Thron zur Rechten Gottes erhöht. Aber Gott hat noch nicht in unsere Welt eingegriffen, um die rebellische menschliche Regierung abzusetzen. Er lässt sie weitermachen. Gott hat die rebellierenden Israeliten, die ihren Messias abgelehnt haben, nicht vernichtet. Daher befinden wir uns nun in der Situation, dass Israel seinen gesalbten Messias offiziell so hartnäckig abgelehnt hat, dass es ihn die vergangenen 2000 Jahre an die Heiden verloren hat. Die Parallele zwischen beiden Vorgehensweisen ist bemerkenswert und leicht erkennbar.[245]

3. September

Gott lässt uns die Bitterkeit unserer Entscheidungen schmecken

Textlesung: 2. Mose 32,1-30

Deine eigene Bosheit züchtigt dich, und deine Treulosigkeiten strafen dich. Erkenne doch und sieh, dass es schlimm und bitter ist, wenn du den HERRN, deinen Gott, verlässt. (Jer 2,19)

Als Israel sich in der Wüste abwandte, um Götzen anzubeten, ließ Mose sie den fein zermahlenen Götzen vermischt mit Wasser trinken, bis seine Bitterkeit ihnen Übelkeit verursachte (2Mo 32,20). Als sie sich später unter den Königen dem Götzendienst zuwandten und sich als unbelehrbar erwiesen, vertrieb sie Gott in seiner Weisheit schließlich aus dem Land und brachte sie nach Babylon. Und wieder einmal sagte Gott: „Wenn ihr Götzendienst wollt, so sollt ihr Götzendienst haben! Ihr wollt nicht mein Volk sein und mich anbeten? Ihr wollt wie die Nationen sein? Dann geht und lernt die Weise der Nationen kennen! Geht nach Babylon, wo an jeder Straßenecke ein Götzentempel ist. Geht, ihr bekommt euren Willen!“

Am Ende dieses Zeitalters werden Menschen, die den Glauben an den lebendigen Gott aufgegeben und ihr Vertrauen letztendlich auf ihren eigenen Intellekt, ihr Wissen und ihre Stärke gesetzt haben, feststellen, dass Gott dasselbe tun wird. „Wenn ihr mich, den lebendigen Gott, nicht wollt, dann sollt ihr eure Götzen haben!“ Dieses Zeitalter wird damit enden, dass Menschen sich vom lebendigen Gott abwenden und vor einem Bild niederwerfen. Es wird ein Bild sein, das der Herrscher des gegenwärtigen Zeitalters, der Mensch der Sünde persönlich, aufstellen wird. Er erhöht sich selbst über Gott und stellt den Menschen an die Stelle des lebendigen Gottes. Die Menschen werden einen Menschen anbeten und ihm vertrauen. Die moderne Welt hat einen großen Teil des Weges, der sie dorthin führen wird, bereits zurückgelegt. Es steht zu befürchten, dass es für die breite Masse nun kein Zurück mehr gibt. Bereits im frühesten Alter wird den Kindern schon beigebracht, dass das Universum keine weitere Erklärung als blinde, materialistische Evolution benötige. Auf den Menschen müsse man vertrauen. Zur Lösung aller Probleme müsse man auf den menschlichen Verstand setzen. Am Ende wird Gott die Menschen ihren Götzen überlassen. Er wird sie die furchtbare Bitterkeit der Tyrannei schmecken lassen, die über die Menschen kommen wird, wenn sie den lebendigen Gott verlassen, den Weg des Götzendienstes bis zu Ende gehen und sich vor ihren Mitmenschen niederwerfen.[246]

4. September

Die Schönheit von Gottes Zorn

Textlesung: Offenbarung 15

Und die sieben Engel, welche die sieben Plagen hatten,
kamen aus dem Tempel hervor, bekleidet mit reinem, glänzendem Leinen
und um die Brust gegürtet mit goldenen Gürteln. (V. 6)

Es ist nicht überraschend, dass in dieser Phase das Allerheiligste von Rauch erfüllt ist – es ist ein Ausdruck von Gottes Empfindungen, von seinem Charakter. Und wenn die Engel, die die Schalen mit den Plagen gefüllt haben, herauskommen, achten Sie einmal darauf, wie sie gekleidet sind.

Ist Ihnen das schon einmal aufgefallen? Diese Textpassage hat im Hinblick auf Kleidung eine Menge zu sagen. Was würden Sie erwarten, wie Engel gekleidet sind, die mit diesen entsetzlichen Gerichten kommen, um Schmerz, Schande und schließlich Vernichtung über die Menschen zu bringen?

Sie sagen: „Ich würde erwarten, dass sie schwarze Trauerbekleidung tragen, düster dreinblicken, vielleicht blutüberströmt, ja, fast hässlich aussehen."

Nein, das ist eine heidnische Vorstellung. Die Engel, die in diesem Moment heraustreten, um Gottes Zorn zu vollstrecken – ach, sehen Sie sich nur ihre Kleider an! Sie sind unglaublich schön. Weiß natürlich, aber nicht dieses langweilige Weiß, mit dem man die Wände eines Wohnzimmers streicht. Es ist ein strahlendes Weiß, wundervoll und anziehend – wahre Reinheit! Ja, sie sind schön. Ich sage Ihnen, meine Brüder und Schwestern, Gottes Zorn hat etwas außerordentlich Schönes.

Seien Sie vorsichtig, wenn Sie sich jemals dabei ertappen, dass Sie sich für Gottes Zorn entschuldigen, als müsste man sich dafür schämen. Als müssten wir sagen: „Nun, wissen Sie, Gott wird manchmal wütend. So ist er nun einmal. Aber das geht auch wieder vorbei, und insgesamt ist er eigentlich nett und gut. Manchmal verliert er einfach die Geduld ..."

Nein, das tut er nicht. Er verliert nicht die Geduld.

Gottes Zorn ist wie Gott selbst: Er ist etwas Wunderschönes, denn er ist Ausdruck von Gottes Charakter. Es geht nicht darum, dass er die Geduld verliert. Er steht für alles, was wahr ist. Deshalb erhebt sich sein ganzes Wesen gegen alles, was falsch und unecht und unaufrichtig ist. Er ist die Summe aller Heiligkeit. Wenn er Unheiligem begegnet, sträubt sich sein ganzer Charakter dagegen. In ihm sind alle wahren Werte. Es ist ein Bestandteil der Schönheit seines Charakters, dass er gegen die Entstellung von Schönheit vorgeht und diese beseitigen will.[247]

5. September

Erbarmen sogar im Gericht

Textlesung: Josua 6,22-27

Denn wir haben gehört, dass der HERR das Wasser des Schilfmeeres vor euch ausgetrocknet hat, als ihr aus Ägypten zogt. (Jos 2,10)

Falls Sie jemals über die scheinbare Härte des Gerichts beunruhigt waren, von der Sie im Buch Josua lesen, so halten Sie noch einmal inne, um über den historischen Kontext dieses Gerichts nachzudenken. 400 Jahre lang hatte Gott dieser alten, sündigen Nation Erbarmen und Langmut entgegengebracht, bevor er schließlich sein Gericht vollstreckte. Nun hatte die Zeit seiner Langmut ein Ende. Nur wenige Tage später sollte Jericho vernichtet werden. Und dennoch ist Gott reich an Erbarmen.

40 Jahre vor dem Gericht predigte er ihnen das Evangelium. Mit jedem Fußstapfen der Tausenden Israeliten, die durch diese Wüste marschierten, hatte Gott Kanaan das Evangelium gepredigt. Manche – Gott sei Dank – hörten die Botschaft. Wir lesen, wie die Prostituierte Rahab mit den Spionen redet, die sie aufgenommen

hat. Sie erzählt davon, wie sie von den Wundertaten des lebendigen Gottes gehört hat. „Wir haben gehört, was euer Gott in Ägypten getan hat, wie er euch mit erhobener Hand herausgeführt, das Schilfmeer geteilt und euch durchgebracht hat. Wir sehen klar, dass euer Gott der wahre Gott ist. Er ist der Herr oben im Himmel und unten auf der Erde." Diese Gerichte über den Pharao, diese „Schale des Grimmes", war nicht nur die Strafe für seine Sturheit gewesen. Gott hatte ihn zu einer Schale des Grimmes gemacht, damit der Pharao zu anderen Heiden sprechen und sie zur Buße führen möge. Gott wird Menschen retten, selbst wenn er dazu die Bestrafung der Gottlosen benutzen muss, um sie zur Buße zu bewegen.

Was für einem Gott wir dienen: Er ist entschlossen, Menschen zu retten. Er wird das auf jede erdenkliche Weise tun. Im armen, verfinsterten, völlig unbedarften Denken einer Prostituierten in Jericho war das Licht von Gottes Evangelium aufgeleuchtet. Sie sah den Unterschied zwischen den Götzen Kanaans und dem wahren und lebendigen Gott. Welch ein Schauspiel Sie in diesem Textabschnitt wieder erleben können! Am Vorabend des Gerichtes wird ein heidnisches Herz vom Evangelium berührt. Es wendet sich von den Götzen ab, um dem wahren und lebendigen Gott zu dienen. Wenn sie damals auch noch nicht wusste, dass sie auf seinen Sohn vom Himmel her warten sollte, so weiß sie es nun, denn sie ist nun zu Hause beim Herrn. Es gab 40 Jahre des Evangeliums. Manche hörten es, taten Buße und wurden gerettet. Denn auch in seinem Gericht vergisst Gott sein Erbarmen nicht.[248]

6. September

Gottes Langmut und Gericht

Textlesung: Josua 11,1-9

Sie werden ihm erliegen, weil sie es abgelehnt haben, die Wahrheit zu lieben, die sie gerettet hätte. Aus diesem Grund liefert Gott sie der Macht der Täuschung aus, dass sie der Lüge glauben. (2Thes 2,10-11; NeÜ)

Ein zweiter Staatenbund kam und griff Josua regelrecht an. Nun wird Ihnen aufgefallen sein, dass es bei Jericho und Ai anders war. Josua hatte sie angegriffen. Doch diese nördliche Allianz kam, griff Israel an und brachte die Katastrophe. Wie kam es dazu? Nun, das war vom Herrn. Er hatte ihre Herzen verhärtet. Genau wie Rahab hatten sie das Evangelium gehört. Wie Rahab hätten auch sie gerettet werden können. Sie hatten gehört, was Mose über das kommende Gericht gesagt hatte. Wie die Gibeoniter hätten auch sie gerettet werden können. Aber sie lehnten das Evangelium ab und beschlossen, Josua und Israel anzugreifen, um sie zu vernichten. So kam der Punkt, an dem Gott ihre Herzen verhärtete. Als sie dann schließlich gegen Josua ins Feld zogen, wurden sie vernichtet. Das kann jedem passieren, nicht wahr?

Historisch wird es sogar in großem Stil passieren. Die Apostelgeschichte erzählt uns, dass es eine riesige Allianz gegen unseren Josua, gegen Jesus, gab, als er zum ersten Mal kam (Josua ist die hebräische Form, und in der griechischen Übersetzung wird sein Name dann zu Jesus). Die Heiden tobten, und die Völker ersannen Nichtiges; sie erhoben sich gegen Gott und gegen seinen Gesalbten (Ps 2,1-2). Sie nagelten den Herrn Jesus ans Kreuz, aber Gott antwortete darauf, indem er ihn bis in den Himmel erhob (vgl. Apg 5,30f.).

Das Evangelium wurde verkündigt. Doch am Ende dieses Zeitalters, wenn die Menschen bewusst und sehenden Auges das Evangelium abgelehnt und sich geweigert haben, die Wahrheit zu lieben, durch die sie Rettung gefunden hätten, wird Gott ihnen eine starke Täuschung schicken. Sie werden der Lüge glauben. Das Tier wird seine Truppen gegen den kommenden Retter Jesus schicken. Welch eine alberne Dummheit zu meinen, er könnte mit seiner Weltraumtechnologie dem Kommen Jesu Christi in Herrlichkeit widerstehen. Es wird für ihn die sofortige Zerstörung bedeuten. „Bedenke doch die Güte und die Strenge Gottes“ (Röm 11,22; ZB).[249]

7. September

Gottes Zorn ist ein Bestandteil seiner Herrlichkeit

Textlesung: 2. Mose 1,8-22

Der HERR aber sprach: Gesehen habe ich das Elend meines Volkes in Ägypten, und sein Geschrei wegen seiner Antreiber habe ich gehört; ja, ich kenne seine Schmerzen. (2Mo 3,7)

Gottes Zorn ist ein wesentlicher Bestandteil seines Handelns. Er führt uns seinen heiligen Charakter vor Augen, und wir sollen ihn dafür verehren. Er zeigt uns, wie Gott selbst ist. Ein Gott, der voller Gleichmut und Toleranz auf Sünde blicken würde, ein Gott, der der Sünde ins Auge sehen und sagen könnte, sie sei nicht so wichtig, wäre ein Gott, der selbst der Sünde überführt wäre. Er wäre ein Gott, der sofort die Ehrfurcht und den Respekt jedes moralischen Wesens verlieren würde. Sünde ist von Bedeutung. Gott wird niemals sagen, dass sie keine Rolle spielt. In Gottes Zorn erkennen wir Gottes Werte. Und wir sehen Gottes Liebe.

Der Pharao hatte sein eigenes Wertesystem. Er besaß Schatzstädte und füllte sie mit allem möglichen Reichtum. Er hatte Werte völlig anderer Art: Wenn der Bau dieser Städte die harte Peitsche des Vorarbeiters auf dem Rücken seiner unglückseligen Sklaven erforderte – was machte es schon, wenn sie im Laufe ihrer Arbeit zum Krüppel wurden oder wenn ein Steinblock von seinen Rollen fiel, und ein halbes Dutzend Israeliten zu Tode kam? Was waren sie schon? Nichts als Sklaven. Ja, der Pharao hatte seine eigenen Werte.

Und würde Gott dabeistehen und sagen, das sei nicht von Bedeutung? Soll ich annehmen, Gott schere sich nicht um Menschen? Soll ich annehmen, ein knappes halbes Dutzend, das unter diesen Steinblöcken umkommt, sei nicht wirklich von Bedeutung? Natürlich nicht! Durch seinen Zorn über den Pharao zeigt uns der Gott des Himmels, der diese Menschen erschaffen hat, unmissverständlich den Wert, den er seinem Volk beimisst, den er jedem einzelnen Menschen beimisst. Alle Wirtschaftssysteme sollten sich merken: Gott schätzt den Wert eines einzigen Menschen höher als allen materiellen Reichtum der Welt.

Während ich so allgemein über Gottes Zorn spreche, fühle ich mich gedrängt, in aller Ehrfurcht zu sagen: Gottes Zorn ist nichts, wofür man sich entschuldigen sollte – ganz im Gegenteil. Die Tatsache, dass Gott zornig auf Menschen wird, ist das größte Kompliment, das ihnen jemals gemacht wurde. Ich denke an Gott in seiner Unendlichkeit, seiner Größe und Macht, seiner Pracht. Ich denke daran, wie winzig Menschen sind, und sage mir: Warum sollte sich Gott überhaupt mit ihnen abgeben? Dass Gott sie als bedeutend genug erachtet, um ernst zu nehmen, was sie tun, ist ein unbeschreibliches Kompliment, das der allmächtige Schöpfer seinen Geschöpfen macht.[250]

8. September

Das Ziel unserer Erlösung: dass wir vor ihm stehen

Textlesung: 3. Mose 23,15-21

So könnt ihr heilig und makellos vor ihn treten und niemand kann euch anklagen. (Kol 1,22 NeÜ)

Im kommenden Zeitalter hat Gott einen, der an der Spitze seiner Regierung stehen soll: Jesus Christus, unseren Herrn. Unter ihm werden seine erlösten Gläubigen sein – ausgebildet und bereit, sich mit Christus an all den Aufgaben zu beteiligen, die Gott vorhat. Vor dieser aktiven Seite von Gottes Absichten steht jedoch eine passive Seite, die zuerst kommt. Dieses passive Ziel ist, dass wir vor ihm stehen sollen. Was bedeutet das? Hat es irgendeinen Zweck, „vor ihm" zu stehen?

Fragen Sie einmal einen verheirateten Mann, warum er seine Frau geheiratet hat. Wollte er einfach jemanden, der für ihn kocht, ihm den Garten umgräbt oder das Haus putzt? Selbst wenn, waren das doch nicht seine Hauptgründe. Es gab einen höheren Grund: Sie sollte „vor ihm" sein. Am Anfang hätte nichts ihn mehr erfreut, als sie neben sich sitzen zu haben, sodass er sie einfach anschauen konnte! Männer sind nicht zufrieden damit, wenn ihre Ehefrau den ganzen Tag in der Küche steht. Sie wollen sie neben sich haben, mit ihr reden. Der allmächtige Gott, der nichts benötigt, weil er vollkommen ist, hat sich bewusst dafür entschieden, uns haben zu wollen. Wie wunderbar ist das doch: Er erschuf uns, damit wir vor ihm sind, um sein Herz zu beglücken und mit Freude zu erfüllen! Dass er uns gemacht und erlöst hat, damit wir vor ihm sind, ist das größte Kompliment, das er uns gemacht hat. Wir brauchen nicht erst auf die Erfüllung dieses großen Planes zu warten. Wir können schon jetzt in seiner Nähe sein. Natürlich mag unsere Konversation ziemlich begrenzt sein. „Gott, hilf mir mit meiner Arthritis. Gib mir einen guten Job. Hilf meinem kleinen Jungen dabei, seine Prüfung zu bestehen." Eines Tages werden wir bessere Gesellschaft für ihn sein. Trotzdem brauchen wir nicht darauf zu warten. Das Kommen des Heiligen Geistes am Pfingsttag hat dieses großartige Werk in uns bereits begonnen. Sogar in dieser unvollkommenen Welt, noch immer geplagt von der Sünde, können wir schon vor ihm sein und sein Herz erfreuen.

Die Brotlaibe, von denen in 3. Mose 23 die Rede ist, enthielten Sauerteig (V. 17). Mit wie viel Stolz erntete der Bauer in Israel sein Getreide, mahlte es fein und brachte es Gott dar. Und mit wie viel Stolz und Freude nimmt Gottes Heiliger Geist Männer und Frauen und bringt sie zu Christus, um sie von der Sünde zu reinigen. So gereinigt, vergeben und geheiligt stellt er sie vor Gott hin, damit sie vor ihm stehen.[251]

9. September

Vor dem Herrn leuchten

Textlesung: 3. Mose 24,1-3

Du nun gebiete den Söhnen Israel,
dass sie dir reines Öl aus zerstoßenen Oliven für den Leuchter bringen,
damit man beständig eine Lampe daraufsetzen kann! (2Mo 27,20)

Betrachten wir kurz einen weiteren Gegenstand, der vor dem Herrn war: der Leuchter, dessen Lichter permanent brannten. Die Israeliten hatten ein Problem damit. Sie fanden es merkwürdig, dass die Lampen sogar brennen mussten, wenn niemand dort war. Wozu brauchte Gott im Heiligtum Lampen? Wir benötigen Licht, um zu sehen. Aber Gott hat es doch nicht nötig, dass wir ihm Licht geben. Er ist schließlich die Quelle des Lichtes. Warum sollte er Menschen brauchen, die ihm Licht geben? Die Lichter brannten vor dem Herrn.

Und jetzt sehen wir auch die Eigenschaften des Leuchters, nicht wahr? Er war ein Symbol, ein Prototyp für das, was nun zur großartigen Realität geworden ist. Er, der das Licht Gottes ist, hat in diese Welt hineingestrahlt. Wenn Sie zu Christus kommen, stehen Sie in seinem Licht. Er deckt Ihre Sünde auf und zeigt Ihnen den Weg der Vergebung und des ewigen Lebens. Doch es gibt noch mehr. Das

Licht der Welt selbst ist nun durch seinen Geist in Ihnen. Warum und aus welchem Grund? *Damit Sie leuchten können.*

Sie sagen: „Damit ich das Evangelium zum Nachbarn von nebenan trage." Ja, das stimmt. Ich hoffe, das tun Sie auch. Aber es steht noch mehr dahinter.

„Damit ich Missionar sein kann?" Ich hoffe, das werden Sie. Aber es steht noch mehr dahinter. Das Licht der Welt selbst ist durch seinen Geist in Ihnen, damit Sie vor dem Herrn leuchten.

„Das begreife ich nicht", sagt da jemand, „wie könnte ich vor dem Herrn leuchten?"

Lassen Sie mich ein Beispiel verwenden. Ein Künstler versucht, die Ideen zum Ausdruck zu bringen, die ihm seit 20 Jahre im Kopf herumschwirren. Er malt ein riesiges, großartiges Ölgemälde. Als alles fertig ist, wird es aufgehängt, und die Menschen strömen herein. Manche finden es wunderbar. Andere eher sinnlos. Ein paar wollen es am liebsten mit einem Messer zerschneiden. Aber es gibt Nächte, da das Museum geschlossen hat und niemand sonst dort ist außer einer einzigen Person. Es ist der Künstler. Er sitzt da und schaut es sich an. Er hofft natürlich, dass die Menschen sich an dem Gemälde erfreuen. Doch so wichtig ist ihm das letztlich nicht. Denn es erfreut ihn selbst. Es war seine Idee. Er hat sich darin ausgedrückt. Und nun sitzt er einfach da und guckt es sich an.

Gott hat beschlossen, dass Menschen wie Sie und ich ihn erfreuen und vor ihm leuchten sollen, damit er uns auf ewig anschauen, uns zuhören und sich an uns freuen kann.[252]

10. September

Er selbst wird uns zur Herrlichkeit führen

Textlesung: Johannes 14,1-3; Philipper 1,20-26

Ihr habt gesehen, was ich den Ägyptern angetan und wie ich euch auf Adlerflügeln getragen und euch zu mir gebracht habe. (2Mo 19,4)

Ich habe mich manchmal gefragt, ob der Himmel angepasst werden muss, um dort Menschen aufzunehmen. Wurde der Himmel für Menschen gemacht?

Oder schuf Gott die Menschen so, dass sie irgendwann verändert werden könnten? Können Wesen, die für die trübe Atmosphäre dieses kleinen, vergänglichen Planeten gemacht sind, auf eine solche Weise verändert werden, dass sie weiterhin menschlich bleiben und dennoch in der Lage sind, Gottes Wohnstätte zu bewohnen? Ich weiß es nicht. Denn das liegt noch in der Zukunft. Jesus ist gegangen, um einen Ort für uns vorzubereiten. Er sagt: „So komme ich wieder und werde euch zu mir nehmen, damit auch ihr seid, wo ich bin" (Joh 14,3). Das wird herrlich sein – aber noch sind wir hier in dieser Welt, in der Wüste! Hören Sie gut zu, was der sich verabschiedende Herr weiter sagt: „Wenn jemand mich wirklich liebt, so wird mein Vater ihn lieben. Und wenn ihr mich liebt, so werdet ihr meine Gebote halten [natürlich werdet ihr das] und wir [die göttliche Dreieinheit] werden zu euch kommen und Wohnung bei euch machen" (vgl. V. 23).

Können Sie es sehen? Die Liebe in Gottes Herz ist ungeduldig, so wie es Liebe immer ist. Er kann es nicht abwarten, bis er uns nach Hause in den Himmel holt. Er muss jetzt schon eine Wohnung bei uns haben. Er will nicht einfach an den Pforten des Himmels warten und uns begrüßen, wenn wir endlich dort ankommen. Er muss herabkommen in diese Wüste und unter uns wohnen, während wir auf der Reise sind. Geduldig geht er jeden Schritt auf der ganzen Reise mit uns. Doch dazu braucht er eine Wohnung. Und er schlägt vor, dass diese Wohnung die Herzen derer sein sollen, die ihn lieben. „Das ist ja, als hätte der Himmel schon begonnen", sagen Sie. „Ist es das, was Erlösung bedeutet? Nicht nur der Himmel irgendwo da draußen, sondern das Anbrechen des Himmels hier und jetzt. Die Personen der Dreieinheit kommen uns auf dem Weg entgegen, um von Montag bis Sonntag mit uns zu leben und gemeinsam mit uns unterwegs zu sein, nach Hause zur Herrlichkeit."[253]

11. September

Um eine Braut werben

Textlesung: 1. Mose 24,1-50

Sondern du sollst in mein Land und zu meiner Verwandtschaft gehen und dort eine Frau für meinen Sohn, für Isaak, nehmen! (V. 4)

So sandte Abraham seinen Knecht. Und der predigte förmlich los, in schillernden Farben – es ist eine außerordentliche Geschichte. „Gott hat meinen Herrn mit allem gesegnet, was seine Hände fassen konnten und was sein Herz sich wünschen konnte. Er hat einen Sohn, dem er alles gegeben hat, was er besitzt. Der Vorschlag lautet: Rebekka, hättest du Interesse, die Frau des Sohnes meines Herrn zu werden?“ (vgl. V. 34-49).

Sie hörte die Geschichte und entschied sich, die Heiden zu verlassen, um die Braut eines Mannes zu werden, den sie noch nie gesehen hatte. Doch obwohl sie ihn noch nicht gesehen hatte, liebte sie ihn. Obgleich sie ihn immer noch nicht sah, freute sie sich bei jedem Schritt, den die Kamele vorwärtskamen, mit einer Freude, die schon eine Spur von der Herrlichkeit hatte, die noch kommen sollte. Sie hatte schon einen oder zwei Ohrringe bekommen, und die waren großartig. Auch einen oder zwei Mäntel hatte sie schon, und die waren prächtig. Wenn das nur *die Anzahlung* war, die Garantie des Erbes, wie würde dann erst das Erbe selbst sein? Wenn dies die Geschenke waren, wie würde dann erst der sein, der sie ihr gemacht hatte?

Sie ahnen schon, wie sich die Geschichte anwenden lässt, oder? Es ist eine Tatsache, dass wir einst ein Haufen alter Heiden waren. Der Gott der Herrlichkeit erschien Abraham, unserem Vater, und rief ihn heraus. Er lebte als Patriarch im Land der Verheißung, bis der Nachkomme geboren und als Opfer dargebracht worden war. Seine Nachfahren kamen schließlich wieder in das Land. Sie wurden unter das Gesetz gestellt, bis der Same geboren und der Sohn geopfert worden war.

Was geschah danach? Nun, es entstand eine weitere große Bewegung unter den Heiden, die bis jetzt anhält. Viele Millionen von Heiden, die dasselbe tun, was Abraham einst tat, weil der Gott der Herrlichkeit auch ihnen erschienen ist. Das nahm seinen Anfang an Pfingsten. Gott hat sie aus der Mitte der Heiden herausgerufen, damit sie eine Braut für Abrahams Samen, für Gottes Sohn, seien (vgl. Gal 3,14).

Wir sind jetzt in der Geschichte weit zurückgereist. Ob Sie dies als Typologie akzeptieren oder nicht – sie bleibt eine historische Tatsache. Abraham zog vor Tausenden von Jahren von den Heiden aus, und so wurde das jüdische Volk geboren. Seit Pfingsten und seit dem Tod und der Auferstehung Jesu haben viele Millionen Heiden wiederholt, was Abraham einst tat. Sie haben gelernt, einen Mann zu lieben, den sie nie gesehen haben. Indem sie an ihn geglaubt haben, sind sie aus den Heiden herausgetreten und befinden sich nun auf dem Weg zur Herrlichkeit, um dem zu begegnen, den ihr Herz liebt.[254]

12. September

Der Realitätssinn hinter Gottes Absichten mit uns

Textlesung: Sacharja 1,7-13

Eines aber tue ich: Ich vergesse, was dahinten, strecke mich aber aus nach dem, was vorn ist, und jage auf das Ziel zu, hin zu dem Kampfpreis der Berufung Gottes nach oben in Christus Jesus. (Phil 3,13-14)

In der ersten Vision, als der Mann zwischen den Myrten stand, herrschte beängstigende und erschreckende Stille – die ganze Erde ruhte; sogar die Israeliten hatten es sich in äußerster Selbstzufriedenheit bequem gemacht. Keine Regung für Gott. Kein Fortschritt. Keine wirkliche Beunruhigung angesichts der geistlichen Armut und Zerbrochenheit Israels. Doch durch die Fürbitten des Engels des Herrn wurde diese Selbstzufriedenheit durchbrochen. Geistliche Energie wurde frei, die Israel wieder in Bewegung setzte. Die Israeliten begannen, die Priesterschaft und den Tempel zu erneuern und die langwierige Arbeit anzugehen, Gottes Volk vom Bösen zu befreien.

Der Gott, der gegen eine solche Selbstzufriedenheit ist, ist der Gott der Realität. Er steckt sich realistische Ziele für seine Menschen. Hier zu Sacharjas Zeit ging es nicht um den endgültigen Triumph. Der würde tatsächlich noch Jahrhunderte brauchen. Doch es hatte sich etwas bewegt. Es hatte Fortschritt gegeben. Noch liegt eine lange Strecke vor uns, aber Gott kann verkünden, dass sein Geist in gewisser Hinsicht still ist und ruht. Das mag Ihnen nicht viel bedeuten. Mir hingegen bedeutet das eine ganze Menge. Sie brauchen mir nicht zu sagen, dass ich weit vom Himmel entfernt bin – und das meine ich nicht geografisch. Ich meine in meiner geistlichen Erfahrung, während ich den Tempel des Herrn mit baue. Ich meine in der Ausübung meines Priesteramtes und im Streben nach Heiligkeit. Sie brauchen mir nicht zu sagen, dass ich noch nicht im Himmel bin. Ich stelle mich zum Apostel – wenn auch meilenweit hinter ihn – und sage, dass ich das Ziel noch nicht erreicht habe (Phil 3,12).

Wie fern doch das Ziel an manchen Tagen zu sein scheint. Da kommt die Frage auf: „Werde ich jemals dort ankommen?“ Und dann denke ich an all das Erbarmen hinter dem, was Gott bereits getan hat, an all die Güte Gottes. Als weiser Lehrer und Vater lässt er uns realistische Schritte gehen und sagt: „Ja, da ist etwas Fortschritt zu sehen. Ich kann meine Zufriedenheit bekunden.“ Nur Mut, lieber Bruder und liebe Schwester – immer vorausgesetzt, dass in Ihnen ein Herz schlägt, das wirklich mit Gott leben will und sich nicht in Selbstzufriedenheit ausruht. Quälen Sie Ihre Seele nicht zu sehr, weil Sie noch nicht erreicht haben, was für den Augenblick unmögliche Ziele sind. Lernen Sie vielmehr, aus dem Folgenden Kraft, Trost und Mut zu schöpfen: Wenn Sie mit Gott leben und Ihr Bestes geben, wenn Sie für Ihre kleinen Siege kämpfen und sie erringen, kommt in dem Moment Gottes Herz zur Ruhe und Zufriedenheit über Sie, so, wie Sie sind.[255]

13. September

Vollkommen in Christus

Textlesung: 1. Korinther 3,1-15

Ihn verkündigen wir, indem wir jeden Menschen ermahnen und jeden Menschen in aller Weisheit lehren, um jeden Menschen vollkommen in Christus darzustellen. (Kol 1,28)

Wir alle sollen einmal heilig, tadellos und über jeden Vorwurf erhaben sein. Niemand wird in der Lage sein, irgendeine Anklage zu erheben gegen Gottes Auserwählte. Doch werden wir tatsächlich alle einmal reif, erwachsen und vollkommen sein? Was sagen Sie dazu? In meiner Einfachheit bin ich versucht zu sagen: „Natürlich nicht." Nehmen Sie den sterbenden Räuber: In einer Minute bekehrt und innerhalb weniger Stunden im Paradies. Wird er so vollkommen reif sein wie der Apostel Paulus? Wenn ich einen Moment lang Gottes Wort außer Acht lasse, so würde meine Antwort intuitiv lauten: „Wie kann das möglich sein, wenn das Leben keine Farce ist?"

Meinen wir wirklich, der mitgekreuzigte Schächer wäre genauso reif und geistlich fortgeschritten wie die gottesfürchtige Schwester? Wenn das so wäre, drängt sich die Vermutung auf, es bestünde keine wirkliche Notwendigkeit, „auf unsere vollkommene Heiligkeit hinzuwirken in der Furcht Gottes" (2Kor 7,1; ZB). Solange wir nur gläubig sind – egal, ob nachlässig oder sorgfältig, ob weltlich oder gottesfürchtig –, enden wir schließlich alle gleich ...

„Halt", sagt da irgendwer, „bevor Sie fortfahren, möchte ich Sie wissen lassen, dass die Heilige Schrift uns sagt: Wenn wir den Herrn Jesus einmal sehen werden, werden wir von gleicher Art sein wie er, denn wir werden ihn so sehen, wie er wirklich ist" (siehe 1Jo 3,2; NeÜ).

Gott sei Dank ist das wahr – wir werden sein wie er. Doch nur das von uns, was da ist, möchte ich hinzufügen. Ein Baby ist seinem Vater ähnlich. Das gilt auch noch, wenn es ein ausgewachsener Mann im Alter von 50 Jahren ist. Gewiss besteht zwischen den beiden trotzdem ein Unterschied: Der Mann ist herangewachsen, und es gibt mehr von ihm als damals, als er noch ein Baby war.

Doch ich muss mich nicht auf meine eigenen Mutmaßungen stützen, um meine Frage zu beantworten. In seinem zweiten Brief behandelt Petrus genau diese konkrete Frage, und zwar detaillierter, als Paulus das hier tut. „In seiner göttlichen Macht hat er uns alles geschenkt, was wir zu einem Leben in liebevoller Ehrfurcht vor Gott brauchen" (2Petr 1,3; NeÜ). Gleichzeitig gilt aber für uns: Ihr müsst „nun auch allen Fleiß daransetzen, eurem Glauben ein vorbildliches Leben beizufügen und diesem Leben die Erkenntnis. Der Erkenntnis muss die Selbstbeherrschung folgen, der Selbstbeherrschung die Geduld und der Geduld die liebevolle Ehrfurcht vor Gott. Diese Ehrfurcht wiederum führt zur geschwisterlichen Liebe und aus der Liebe zu den Gläubigen folgt schließlich die Liebe zu allen Menschen" (V. 5-7). Wir sollen diese Eigenschaften fleißig und mit Bedacht in unser Leben, unseren Charakter und unsere Persönlichkeit integrieren.[256]

14. September

Verwandelt durch den Anblick der Herrlichkeit Christi

Textlesung: 2. Mose 34,29-35

Wir alle aber schauen mit aufgedecktem Angesicht die Herrlichkeit des Herrn an und werden so verwandelt in dasselbe Bild von Herrlichkeit zu Herrlichkeit, wie es vom Herrn, dem Geist, geschieht. (2Kor 3,18)

Herr, zeige mir deine Art; zeige mir deine Herrlichkeit! Wie soll ich denn auf Kurs bleiben, um irgendwann zu Hause anzukommen und dem Retter ähnlich zu sein? Wie soll ich von den Ablenkungen bewahrt bleiben, die mir Satan vor die Füße legt, von dem Glanz des goldenen Kalbes und all dem Götzendienst, wenn Gott mir nicht von Zeit zu Zeit nahekommt und mir seine Herrlichkeit offenbart? Wenn die Herrlichkeit Gottes selbst alles andere überstrahlt und alle anderen Reize auslöscht, wird mein Herz überwältigt, und ich bewege mich, ohne groß zu überlegen, bereitwillig und beständig dahin, wo seine Herrlichkeit aufleuchtet – die Herrlichkeit Gottes im Angesicht Jesu Christi.

Ich glaube, Sie haben ihn schon gesehen, mein Bruder, meine Schwester! Woher ich das weiß? Auch wenn Sie alles Versagen und alle Schwächen der Gläubigen einkalkulieren, bleibt doch wahr, dass seine Herrlichkeit in Ihr Herz geschrieben wird und schon jetzt in Ihrer Persönlichkeit aufzuleuchten beginnt. „Ihr Lieben, schon jetzt sind wir Kinder Gottes, und was das in Zukunft bedeuten wird, können wir uns jetzt noch nicht einmal vorstellen" (1Jo 3,2; NeÜ). Doch die Familienähnlichkeit bildet sich schon heraus. Ich glaube, ich habe es eben erst in der Art und Weise gesehen, wie Sie einer Schwester vergeben haben. Ich meinte, es in der Art und Weise zu sehen, wie Ihr Herz für die Predigt von Gottes Evangelium brannte. Ich dachte, ich hätte es gesehen, als Sie sich nicht aus dem Staub gemacht haben, sondern sich hingekniet und den Boden einer einsamen Witwe geschrubbt haben, weil sie auch zu Christus gehört. Ich meinte, Gottes Herrlichkeit im Angesicht Jesu Christi in Ihrem Gesicht aufleuchten zu sehen – Sie müssen ihn selbst angeschaut haben!

Es liegt noch jede Menge Weg vor Ihnen. Aber blicken Sie weiter auf ihn. Und während Sie den verherrlichten Herrn Jesus Christus ansehen, erfüllt Gottes Herrlichkeit Ihre Seele. Das wird Sie aufrechterhalten wie nichts sonst auf dieser Erde. Es wird Sie motivieren, die Reise fortzusetzen, und Sie am Ende dorthin bringen, wo Sie – vollständig verwandelt und dem Abbild des Sohnes Gottes gleichförmig – ihn endlich sehen werden.[257]

Teil 3 – Die Umsetzung des Plans: Schöpfung und Sündenfall

15. September

Gottes Plan erforderte ein Universum

Textlesung: Jesaja 45,18-25

Denn in Christus hat er uns schon vor Gründung der Welt erwählt, einmal heilig und tadellos vor ihm zu stehen. (Eph 1,4; NeÜ)

Eines der ersten Dinge, die uns in Epheser 1,1-14 über Gottes Absichten gesagt werden, ist, dass diese vor Grundlegung der Welt beschlossen wurden. Wir wurden „schon vor Gründung der Welt erwählt". Wir müssen innehalten, um zu fragen, warum Gott uns dies sagt, dass seine Wahl schon vor Grundlegung der Welt getroffen wurde.

Wenn wir nicht gründlich nachdenken, sondern diese Dinge einfach oberflächlich lesen, nehmen wir leicht an, Gott würde einfach die Tatsache kommunizieren, dass er uns schon vor ziemlich langer Zeit erwählt hat – eben vor Erschaffung der Welt! Und danach, nachdem er uns erwählt hatte, tat er noch andere interessante Dinge. So schuf er z. B. ein paar Galaxien und machte unseren Planeten.

Wir könnten leicht den Fehler begehen anzunehmen, diese beiden Dinge hingen nicht miteinander zusammen. Aber es gibt einen Zusammenhang. Es wird uns gesagt, dass Gott uns vor Grundlegung der Welt erwählt hat, weil eben diese Tatsache uns erklärt, warum die Welt überhaupt geschaffen wurde; warum die Galaxien geschaffen wurden; warum der Mond, die Sterne und unser Planet geschaffen wurden. Bevor Gott sie schuf, hatte er einen Plan: Und dieser Plan war derart, dass Gott zwangsläufig unsere Welt und das Universum als Zwischenstufe schaffen musste, sonst hätte er seine ursprüngliche Absicht nicht verwirklichen können.

Um die Frage zu beantworten, warum das Universum überhaupt da ist, müssen Sie zurückgehen bis vor die Grundlegung der Welt und sich von Gott in das Geheimnis seiner Pläne und Absichten einweihen lassen. Warum tat er das Ganze? Er tat es aufgrund seiner zuvor gefassten Absicht: „Aus Liebe hat er uns schon damals dazu bestimmt, durch Jesus Christus seine Kinder zu werden. Das war sein eigener gnädiger Wille" (Eph 1,5; NeÜ). Das war der Plan. Weil Gott einen so erhabenen Plan ins Auge gefasst hatte, erforderte das als Folge, dass Gott dieses riesige Universum so schuf, wie wir es um uns herum sehen. Es sollte das Mittel werden, mit dem er seinen Plan umsetzen würde. So war die Abfolge der Ereignisse.[258]

16. September

Das Ziel der Schöpfung

Textlesung: Hebräer 1,1-4

Denn in ihm ist alles in den Himmeln und auf der Erde geschaffen worden,
das Sichtbare und das Unsichtbare,
es seien Throne oder Herrschaften oder Gewalten oder Mächte:
Alles ist durch ihn und zu ihm hin geschaffen. (Kol 1,16)

Stellen Sie sich einmal vor, Sie besuchten eine ganz neue, riesige Fabrik mit all den komplizierten Maschinen und all der Technik und den 5000 oder 6000 Menschen, die dort arbeiten. Ich sage zum Geschäftsführer: „Womit hat das alles angefangen?" Würden Sie erwarten, dass er antwortet: „Als man die ersten Grundsteine gelegt hat" oder „Als der Sand und der Zement hergestellt wurden"? In diesen Kategorien denke ich überhaupt nicht, und das weiß er auch. Er wird sagen: „Diese große Fabrik, die Sie hier sehen, ist das Ergebnis einer Idee, die mir in den Kopf kam. Damit hat das Ganze angefangen!"

Wenn Sie wissen wollen, womit dieses Universum angefangen hat, bringt es nichts, die Chemie oder die Physik zu analysieren, die dahintersteht. Das wird Ihnen zwar Aufschluss über das eine oder andere geben, doch nicht darüber, wo alles seinen Anfang nahm. „In ihm", so sagt Vers 16. Er ist der Anfang: „Im Anfang schuf Gott ..." (1Mo 1,1). Das heißt, er war der große Anfang, in dem die ganze Sache erdacht wurde. Was für einen Verstand hat dieser große Vertreter der Gottheit! Und wissen Sie: Sie sind auch Christi Idee! Auch Sie haben dort Ihren Anfang genommen.

Alles wurde nicht nur *in ihm*, sondern auch *durch ihn* gemacht: „Alles wurde durch dasselbe", das heißt durch ihn (Joh 1,3). Ganz gleich, welche Prozesse bei der Entstehung und Entwicklung des Universums abliefen – sie liefen ab, weil er sie konstruiert und aufrechterhalten hat und sie noch immer aufrechterhält.

Wozu dient das alles? Ich frage mich: Haben Sie jemals nachts dagestanden und die Sterne betrachtet, vielleicht belastet durch geschäftliche Sorgen oder Familienprobleme? Haben Sie das Leben schon einmal als äußerst kompliziert und verwirrend empfunden? Sie fragen sich: „Was soll das Ganze überhaupt, und wo führt das hin?" Wir kreisen im Weltraum, folgen der Sonne. Doch wo führt das alles hin? Wo gehen Sie hin? Sind Sie für irgendein bestimmtes Ziel gemacht? Die Antwort stammt aus der tiefen Vergangenheit. Als alles geschaffen wurde, wurde es *für ihn* geschaffen. Falls es irgendwelche echten Fortschritte in der Geschichte unseres Planeten gegeben hat, so wird er letzten Endes der Erbe aller Dinge sein, und alles gehört ihm. Wurde auch ich für ihn geschaffen? Es ist offensichtlich, dass ich nicht immer für ihn gelebt habe. Das ist Teil des großen Durcheinanders. Der Mensch wurde für ihn geschaffen, aber „wir alle irrten umher wie Schafe, wir wandten uns jeder auf seinen eigenen Weg" (Jes 53,6). Darin besteht in der Logik der Schöpfung die Hauptsünde Nr. 1.[259]

17. September

Gottes Absicht hinter der Erschaffung des Menschen

Textlesung: 1. Mose 2,4-17

Er hat uns mitauferweckt und mitsitzen lassen
in der Himmelswelt in Christus Jesus. (Eph 2,6)

Es ist wichtig, die Sprache der folgenden Kapitel zu beachten, wenn über die Schöpfung berichtet wird. Es handelt sich um die Geschichte des „Menschen", dieses seltsamen, neuen Geschöpfes. So etwas hatte es vorher noch nicht gegeben. Es gab nur ein unendliches Gewimmel von Lebensformen. Die Engel klatschten vor lauter Freude über den Einfallsreichtum und die Fantasie des Schöpfers in die Hände. Und jetzt das! „Was um Himmels willen ist das?“ Und Gott informierte sie darüber, dass dies ein *Mensch* war. „Ist er ein Tier?“

„Na ja, nur bedingt. Er hat vieles gemein mit Tieren.“

„Er ist nicht nur ein Tier?“

„Nein, er ist auch Geist.“

Ich frage mich, ob Michael gesagt hat: „Wir sind auch Geister. Du wirst ihn doch wohl nicht über uns stellen, oder?“

„Nein. Ich habe ihn ein wenig niedriger gemacht als euch“, sagt Gott.

„Dann ist das in Ordnung“, sagt Michael und seufzt erleichtert.

Wie aufregend es gewesen sein muss, in jenen Tagen dieses neue Geschöpf, den Menschen, zu sehen! Was für eine Geschichte das mit dem Menschen war! Denn als Christen dürfen wir den Tag nicht vergessen, da dicht gedrängte Reihen von Engeln zusahen, wie der Sohn des Vaters sich erniedrigte, wie er für eine kleine Weile niedriger gemacht wurde als die Engel und Mensch wurde. Ich frage mich, was Michael damals zu Gabriel sagte. „Wie bitte? Der Sohn des Vaters – niedriger als wir?“

Und was sagte er erst, als er sah, wie der Sohn Gottes, der Sohn des Menschen, an ein Kreuz genagelt wurde und Gott diesen Planeten nicht sofort auslöschte? Dass Gottes Sohn für einfache Menschen sterben sollte: Die Engel sind sicher bis heute nicht darüber hinweg.* Und was sagten Michael oder die anderen, als sie sahen, wie der Mensch Jesus in die Herrlichkeit gerufen wurde und nun zur Rechten Gottes sitzt, weit über allen Gewalten, Mächten, Kräften und Herrschaftsgebieten (vgl. Eph 1,21)? Dass der Sohn Gottes dort sitzt, ist nur vernünftig. Aber, dass der *Mensch* Jesus über die Engel erhöht wurde?

Es geht das Gerücht um (und ich jedenfalls halte es für wahr), dass Sie, die Sie einst Sünder waren, einfache Menschen, einmal mit Christus an himmlischen Orten weit über allen Gewalten, Mächten, Kräften und Herrschaftsgebieten sitzen werden. Eines Tages werden Sie buchstäblich und physisch mit Christus dort sitzen, wo Sie jetzt bereits im Geist sitzen. Das ist Gottes Ziel für die erlöste

---

* A. d. V.: Vgl. z. B. 1Petr 1,12

Menschheit, möglich geworden durch den Menschen Jesus Christus, den Sohn Gottes, unseren Herrn. Was ist das für eine fantastische Geschichte![260]

18. September

Verschiedene Arten von Leben

Textlesung: 1. Mose 1,11-27; 2,9

Und warum seid ihr um Kleidung besorgt? Betrachtet die Lilien des Feldes, wie sie wachsen; sie mühen sich nicht, auch spinnen sie nicht. Ich sage euch aber, dass selbst nicht Salomo in all seiner Herrlichkeit bekleidet war wie eine von diesen. (Mt 6,28-29)

Zunächst schuf Gott Bäume, die schön anzusehen waren. Dann machte er Bäume, die gut für Nahrung waren. Für das physische Leben des Menschen muss gesorgt sein. Es ist interessant, dass Gott jedoch zuerst Bäume schuf, die schön anzusehen sind, und erst dann Bäume, die gut zur Nahrung sind. So sieht bei Gott die Reihenfolge der Prioritäten aus. Ist es nicht merkwürdig, wie der Puritanismus manchmal die Reihenfolge umgekehrt und die Bedeutung des Magens weit über die Bedeutung des Gehirns erhoben hat? Viele Christen halten Essen für etwas sehr Gutes. Doch in Bezug auf Kunst sind sie sich nicht so sicher. Gott hingegen ist sich diesbezüglich sehr sicher. Er hat sie schließlich erfunden. Er machte Bäume in diesem Garten, die schön anzuschauen waren. Ich liebe Gott dafür! Gott ist kein Nützlichkeitsgott. Er hätte uns eine farblose Welt aus Beton schaffen können – so wie die Menschen das heutzutage tun. Aber das entspricht Gott nicht. Ich schätze, wir könnten ohne Farben und ohne schöne Dinge zum Angucken leben. Aber ich könnte mir vorstellen, dass es dann meistens schwierig wäre, mit uns auszukommen.

Gott will also, dass wir wirklich leben. Er hat für unser ästhetisches Leben und unsere mentale Gesundheit gesorgt, indem er uns Tulpen und Narzissen und Vergissmeinnicht gegeben hat. Wenn wir genervt von der Arbeit nach Hause kommen, können wir in den Garten gehen und einen Blick auf die Tulpen und all die schönen Dinge werfen und so zur Ruhe kommen. Wenn ein Ehemann seine

Frau erfreuen will, schenkt er ihr einen hübschen Blumenstrauß. So mancher Kranker hat neuen Lebenswillen gefunden – nicht durch Spritzen (so wichtig sie auch sind), sondern durch die bunten Farben eines Blumenstraußes, den ihm jemand neben das Bett gestellt hatte.

Ist das nicht ein wundervoller Gott? Er hat Bäume gemacht, die schön anzuschauen sind, um unserem Sinn für Ästhetik gerecht zu werden. Dem muss ich jedoch noch eine kleine Einschränkung hinzufügen. Als Christen müssen wir durchaus darauf achten, wie viel wir in diese Dinge investieren. Gott hat uns von allem reichlich gegeben, damit wir es genießen. Er will, dass wir es guten Gewissens genießen. Aber wir müssen uns daran erinnern, dass wir in einer gefallenen Welt leben, und unsere Prioritäten richtig setzen. Es gibt Menschen, die auf Erlösung warten. Das bedeutet, dass wir nicht immer die Zeit haben werden, die schönen Dinge so ausgiebig zu genießen, wie wir es gerne tun würden.[261]

19. September

Die Welt, die Gott geschaffen hat

Textlesung: 1. Mose 1,26- 2,15

Und Gott sprach: Lasst uns Menschen machen als unser Bild, uns ähnlich! Sie sollen herrschen über die Fische des Meeres und über die Vögel des Himmels und über das Vieh und über die ganze Erde und über alle kriechenden Tiere, die auf der Erde kriechen! (V. 26)

Der Höhepunkt und das Ziel der Schöpfung ist der Mensch. Er wurde geschaffen, um zu herrschen. Denken wir daher nur für einen Augenblick über diesen Begriff nach. Das hebräische Wort bedeutet nicht so sehr, „*Herrschaft* zu haben“ im politischen Sinne eines Königs. Es bedeutet, dass man derjenige ist, der den Ort organisiert, verwaltet, leitet und entwickelt. Ich bewundere die Genialität von Gottes Erfindungen. All die Vergnügen, die er sich ausgedacht hat, als er ein Universum erfand und dann einen Menschen nach seinem Bild schuf, mit dem er reden konnte; einen Menschen, der auf Gott reagieren und wie Gott fühlen und denken und mit Gott daran teilhaben konnte, die Dinge zu gestalten.

> So wurden der Himmel und die Erde vollendet und all ihr Heer. Und Gott vollendete am siebten Tag sein Werk, das er gemacht hatte; und er ruhte von all seinem Werk, das er gemacht hatte. (2,1-2)

Gott schuf die Welt nicht in ihrer endgültigen Form. Es gab noch jede Menge zu tun. Die Welt sollte weiterentwickelt werden. Anschließend pflanzte Gott einen Garten: „Und der HERR, Gott, nahm den Menschen und setzte ihn in den Garten Eden, ihn zu bebauen und ihn zu bewahren“ (V. 15). Ich finde das wundervoll! Gott setzte den Menschen nicht in eine Welt, wo alles bis zum i-Tüpfelchen fertig war. Nein, er ließ dem Menschen etwas übrig, was er selbst tun und gestalten konnte.

Ich weiß nicht, wie Ihr Vater so war, wenn er Ihnen Geschenke machte – ein Fahrrad vielleicht oder eine Modelleisenbahn. Ich kann mich noch gut daran erinnern, dass es normalerweise Ältere waren, die einem so eine Eisenbahn schenkten. Und die wollten dann vorführen, wie alles funktionierte. Also kuppelten sie die Lokomotive an. Sie wollten einem sogar zeigen, wie die Signale funktionierten. Im Laufe des ganzen Abends durfte man überhaupt nichts selbst machen. Die Erwachsenen waren vollauf damit beschäftigt!

Ich bin froh, dass Gott nicht so ist. Er erfand eine große Welt für den Menschen, setzte ihn hinein und sagte: „Adam, jetzt gestalte du sie weiter!“ Gott hat seine Welt mit allen möglichen Überraschungen ausgestattet, um das Interesse des Menschen zu wecken und ihn zu beschäftigen. Auf dieser natürlichen Ebene kann der Mensch, indem er Dinge mit Gott tut, heranwachsen und Gott kennenlernen – so wie ein Kind heranwächst und seinen Vater kennenlernt. Und dann kann er in die tieferen geistlichen Bereiche vordringen und Gott intensiver kennenlernen.[262]

→ Eph. 2:10

20. September

Der Platz des Menschen in der Schöpfung

Textlesung: Psalm 8

Wenn ich anschaue deinen Himmel, deiner Finger Werk,
den Mond und die Sterne, die du bereitet hast:
Was ist der Mensch, dass du seiner gedenkst,
und des Menschen Sohn, dass du dich um ihn kümmerst? (V. 4-5)

1. Mose 1 erzählt uns von einem laufenden Prozess, der von Anfang an dazu gedacht war, zu einem herrlichen Ziel hinzuführen – dem eigentlichen Höhepunkt der Werke Gottes. Es ist faszinierend, in 1. Mose 1 zu lesen, worin dieser besteht und welches Ziel Gott im Sinn hatte, als er mit der Schöpfung begann und sie immer komplexer und farbenfroher wurde. Das Ziel, das er dabei im Sinn hatte, war der *Mensch*. Wir, die wir Gottes heiligem Wort vertrauen, sollten unser Haupt erheben, wenn uns bewusst wird, welch ein würdevolles und herrliches Konzept die Bibel vom Menschen hat. *Wir wurden nach dem Bilde Gottes geschaffen, um über die Schöpfung zu herrschen.*

Seit Jahrhunderten haben Menschen in unsäglicher Sklaverei und Furcht gelebt, weil sie diese herrliche Wahrheit aufgegeben haben. Sie glauben nicht mehr, dass der Mensch seine Stellung in der Welt einem allmächtigen Schöpfer verdankt. Der Mensch war der Höhepunkt von Gottes Schöpfung. Gott hatte ihn zum Vizekönig der Welt gemacht; er sollte sie verwalten und über sie herrschen. Generationen sind in Götzendienst und Aberglauben abgerutscht: Indem sie das Wissen über Gott aus ihrem Verstand verbannten, meinten sie, eine Lanze für die Freiheit zu brechen. Doch stattdessen rutschten sie in ein Sklavendasein ab.

Wenn Sie die Welt betrachten, so werden Sie keine fünf Minuten brauchen, um gewaltige, fast nicht messbare Ur- und Naturgewalten zu beobachten – Gewalten, die wir mit unserer eigenen Kraft nicht einmal annähernd beherrschen. Früher oder später müssen wir uns die Frage stellen, in welchem Verhältnis wir zu diesen großen Kräften stehen. Wenn es keinen Gott gibt und unsere Welt nur ein Produkt des Zufalls ist – der ohne Absicht oder Plan auf blinde Materie einwirkt –, sind wir wahrlich Sklaven. Wir sind intelligente Wesen, die denken und reflektieren können. Und wir sind im Universum umgeben von riesigen Kräften, die wir nicht beherrschen können.

Die Sünde hat ihr zerstörerisches Werk vollbracht. Die Menschheit hat gegen Gott rebelliert und nach falscher Unabhängigkeit gestrebt, und Gott hat uns gezeigt, wohin Unabhängigkeit von ihm führt. Aber Gott hat seine Absicht und das herrliche Abenteuer, ein Wesen namens Mensch zu haben, noch nicht aufgegeben. Dieses Geschöpf im Bilde Gottes kann Gemeinschaft mit Gott haben und in kleinem Maßstab Dinge tun, die Gott tut. Es kann Gottes Universum für ihn regieren. Gott hält noch immer an dem Programm fest. Das herrliche Abenteuer wird weitergehen, bis es eines Tages endlich vollständig realisiert wird.[263]

21. September

Leben, Sprache und menschliche Beziehungen

Textlesung: 1. Mose 2,18-25

Und der Mensch gab Namen allem Vieh und den Vögeln des Himmels und allen Tieren des Feldes. Aber für Adam fand er keine Hilfe, ihm entsprechend. (V. 20)

Gott brachte alle Tiere herbei, und Adam gab ihnen Namen. Doch unter ihnen fand sich „keine Hilfe, ihm entsprechend". Ist das nicht interessant? Der erste Mensch war kein besseres Tier. Ein Tier, das nur ein bisschen besser war, wäre möglicherweise hocherfreut gewesen, eine Löwin zur Frau zu bekommen – oder vielleicht einen Affen. Aber das erste Buch Mose verkündet unmissverständlich: In der gesamten Tierwelt bestand bei keinem der Tiere eine Verwandtschaft mit dem ersten Menschen. Nehmen Sie das bewusst wahr, denn es wird erwartet, dass wir das glauben.

Adam gab den Tieren Namen. Ich kann Ihnen nicht sagen, welche Sprache er dabei verwendete. Wenn Gott ihm keine bereits erfundene und vollständig entwickelte Sprache gab, finden wir hier Hinweise auf eine enorme geistige Leistungsfähigkeit. Die Entwicklung der Sprache war eine der brillantesten Dinge, die der Mensch je geleistet hat. Tiere kommunizieren über Gesten und Laute. Soweit wir wissen, hat keines von ihnen ein Sprachsystem entwickelt, das dem des Menschen gleicht. Es war ein Geniestreich, ein System zu erfinden, das mit einer bestimmten Lautfolge einen Gegenstand oder eine Person bezeichnet.

Dieses Thema Sprache wird zum ersten Mal erwähnt, als Adam seine Frau Eva vorgestellt bekommt. Wenn jemals Worte – wunderschöne Worte – und wahrhaft menschliches Verhalten irgendwo angebracht waren, dann in zwischenmenschlichen Beziehungen. Wenn der Löwe seine Löwin schön findet, hat er Möglichkeiten, das zum Ausdruck zu bringen – er knabbert ihr am Ohr und klopft ihr auf den Rücken. Aber er kann nicht wirklich viel sagen, um ihr Herz zu erfreuen. Wie wundervoll Worte doch sind! Christen sollten niemals sagen: „Dieses heilige Buch! Das sind doch nur Worte." Was wollen Sie denn damit sagen – das sind *nur* Worte? Das ist die höchste Ausdrucksform von Gemeinschaft und Leben. Adam fand seine Sprache und eine Frau, mit der er reden konnte. Der zweite Adam kam, um eine Braut zu gewinnen – man nennt ihn auch „das Wort" (Joh 1,1).

Leben Sie auf allen Ebenen? Er*leben* und genießen Sie die Schönheit und Ästhetik der Schöpfung? Er*leben* und genießen Sie die Faszination und Erforschung der Schöpfung und die Herausforderungen, vor die sie uns stellt, mit all dem Interessanten in ihr? Er*leben* Sie gute Beziehungen zu Ihren Mitmenschen? Er*leben* Sie die Heilige Schrift, diese inspirierten Worte? Sind Sie in höchstem Maße lebendig für Gott, der sich nicht nur in der Schöpfung, sondern auch im Wort – in Jesus Christus, unserem Herrn – ausgedrückt hat? Erfreuen Sie sich in allen Lebenserfahrungen wirklich an Gott? Möge der Herr uns helfen, das zu unserem höchsten Lebensziel zu machen.[264]

22. September

Die moralische Beziehung des Menschen zu Gott

Textlesung: Josua 24,1-21

Aber von den Früchten des Baumes, der in der Mitte des Gartens steht, hat Gott gesagt: Ihr sollt nicht davon essen und sollt sie nicht berühren, damit ihr nicht sterbt! (1Mo 3,3)

Der Mensch steht in einer moralischen Beziehung zu Gott. Was bedeutet das? Das bedeutet eine Beziehung, in der Gott sich selbst zum Schöpfer und Herrn erklärt und ein Gebot festlegt, auf das der Mensch mit liebendem Gehorsam und Vertrauen antworten soll. Dabei handelt es sich um eine Beziehung auf der Ebene der eigenen Moral und des Verhaltens, der Entscheidung und des moralischen Urteilens. Gott sagt: „Ihr sollt nicht davon essen." Und wenn der Mensch fragt: „Warum?", sagt Gott: „Weil ich es sage." Der Mensch muss sich entscheiden, wie er mit diesem Verbot und folglich mit seiner Beziehung zu Gott umgeht.

Sehen Sie doch hierin etwas Wunderbares! Es ist etwas schwer zu erklären. Falls Sie daher meinen, ich würde gerade eine Irrlehre vortragen – nein, das tue ich nicht. Damit die Menschen diese Beziehung zu Gott haben konnten, musste Gott ihnen die Fähigkeit geben zu sündigen. Ich wiederhole diese letzte Formulierung: Gott gab ihnen die *Fähigkeit* zu sündigen. Und ich beeile mich hinzuzufügen, dass Gott ihnen nicht die *Erlaubnis* erteilte zu sündigen. Tatsächlich verbot Gott ihnen das sogar strikt.

Als Adam mit diesem Verbot konfrontiert wurde, war er in der Lage, sich ihm zu widersetzen. Das tat er auch. Gott hat ihn nicht wie eine Raupe geschaffen. Er hätte uns – wie so viele seiner Geschöpfe – so schaffen können, dass wir einfach nur unseren Instinkten folgen. Diese Tiere haben keine Wahl in Bezug auf das, was sie tun. Sie tun es einfach aufgrund des inneren Mechanismus, der sie auf Trab hält. Sie wissen nicht einmal, dass sie es tun. Sie haben in dieser Sache keine Wahl. Eine Hummel, die sich auf Ihrem Arm niederlässt, denkt nicht darüber nach, ob es christlich wäre, Sie zu stechen. Sie stellt sich nicht die Frage, ob ihr Schöpfer will, dass sie Sie sticht. Sie reagiert einfach blind. Gott hätte uns wie

Hummeln erschaffen können, ohne Wahl. Wir hätten uns alle hervorragend benommen, aber es hätte nichts bedeutet.

Es hätte die Liebe in ihrem höchsten und wahrsten Sinne ausgeschlossen – das, was die Bibel damit meint, Gott zu lieben. Es hätte eine tiefe Beziehung zu Gott auf einer moralischen Ebene unmöglich gemacht. Es gibt keine Liebe in diesem Sinn, wenn Menschen keine Wahl haben.[265]

23. September

Freiheit und Liebe

Textlesung: Rut 3,1-10

Geh und rufe in die Ohren Jerusalems: So spricht der HERR: Ich erinnere mich – dir zugute – an die Treue deiner Jugendzeit, an die Liebe deiner Brautzeit, wie du hinter mir hergingst in der Wüste, im unbesäten Land. (Jer 2,2)

Gott gab seinem Geschöpf die Fähigkeit, Nein zu ihm zu sagen. Ich weiß nicht, ob diese Bemerkung angemessen ist, aber ich möchte eigentlich sagen: Was für einen riesigen Mut bewies Gott damit! Er tat das, um uns die höchste Form von Gemeinschaft und Liebe zu ermöglichen. Er verbot Adam und Eva sehr wohl strikt, von diesem Baum zu essen, und warnte sie vor den Konsequenzen des Ungehorsams ihm gegenüber.

Ich sehe keinen Grund, daran zu zweifeln, dass es sich um einen echten Baum handelte. Es brauchte gar kein spezieller oder besonderer Baum zu sein. Um diese Beziehung aufzubauen, musste es lediglich ein Verbot geben. Sie sagen: „Das sieht Gott ähnlich. Er verdirbt alles. Wenn man meint, er hätte einem ein hübsches Geschenk gemacht, fügt er irgendein schäbiges Verbot hinzu und macht einem das Leben schwer.“ Nein! Gott stellte das Verbot auf, damit der Mensch Freiheit kennenlernt und sie ausübt. Man weiß erst, was Freiheit ist, wenn man auf ein Verbot stößt.

Ich komme in Ihr Haus, und Sie sagen: „Sie sind hier herzlich willkommen. Sie dürfen tun, was Sie wollen. Fühlen Sie sich wie zu Hause.“ Sie wissen nicht, was ich zu Hause so mache. Trotzdem sagen Sie: „Fühlen Sie sich wie zu Hause!“

Ich erwidere: „Wirklich?“

„Ja, es gibt nichts, was Sie nicht tun dürfen!“

Wie schade, denn nun habe ich keine Wahl mehr. Ich kann gar nichts falsch machen, selbst wenn ich es wollte. Ich kann meine Persönlichkeit nicht unter Beweis stellen. Es gibt ja nichts, was ich nicht tun darf. Aber Gott war größer. Er sagte: Es gibt eine Sache, die du nicht tun darfst. Dadurch ließ er den Menschen seine Entscheidungsfreiheit spüren. Die traurigen Folgen kennen wir nur allzu gut. Doch bevor wir ans Ende des ersten Buches Mose gelangen, wird uns berichtet, welche herrlichen Dinge sich aus diesem wundervollen Lebenskonzept entwickelt haben, das Gott für die Menschen entworfen hat. In Kapitel 24 lesen wir die Geschichte eines Dieners, der zu einem Mädchen kam und sagte: „Mein Herr ist äußerst reich und hat einen Sohn, dem er alles gegeben hat, was er besitzt. Möchtest du seine Braut werden?“ Das war eine freie Wahl. Sie musste nicht mitgehen. Das Hochzeitsmahl des Lammes wird die ganze Ewigkeit andauern. Und dies wird den Himmel mit vollendeter Freude erfüllen: Menschen, die aus freien Stücken Ja zu Gottes Sohn sagen – nicht weil sie es müssen, sondern weil sie es wollen.[266]

24. September

Wir sind für Christus geschaffen – nicht umgekehrt

Textlesung: Römer 11,33–12,2

Du bist würdig, unser Herr und Gott, die Herrlichkeit und die Ehre und die Macht zu nehmen, denn du hast alle Dinge erschaffen, und deines Willens wegen waren sie und sind sie erschaffen worden. (Offb 4,11)

Auch nachdem wir bereits errettet sind, ist uns manchmal noch nicht klar, wie ungeheuer sündig unsere Sünde eigentlich ist. Und wenn wir nicht aufpassen, verstehen wir die Errettung gleichermaßen leicht falsch. So bilden wir uns vielleicht ein, die Errettung sei auf uns als Zentrum ausgerichtet, und Jesus Christus sei nur dazu da, uns in schweren Zeiten beizustehen.

Letztes Jahr schickte mich mein Arzt zu einem Chirurgen, weil er sich Sorgen um meinen großen Zeh machte. Der Chirurg erklärte mir, was für ein guter Chirurg er sei und was für eine wundervolle Operation er durchführen könne. Um mich zu ermutigen, erzählte er mir von einem seiner Kollegen: „Einer meiner Kollegen ließ mich letzten Monat die Operation machen, weil sein linker Zeh sehr steif geworden war, so wie Ihrer. Das störte seinen Golfschlag. Ich operierte ihn, und nun freut er sich, weil er seinen Golfschläger wieder richtig schwingen kann!" Ich dachte kurz über die Vorstellung nach, unser Gesundheitssystem sei darauf ausgerichtet, dass der Chirurg den Zeh seines Kollegen in Ordnung bringt, damit dieser wieder Golf spielen kann.

Manchmal haben wir dieselbe Vorstellung in Bezug auf Christus, oder? Wenn unsere Ehe auseinanderbricht, ist Christus da, um sie zu reparieren. Wenn wir niedergeschlagen sind, ist er da, um uns zu ermutigen. Wenn wir in Sünde fallen, ist er da, um uns zu vergeben. Er und sein Heil sind für uns da. Wenn wir nicht aufpassen, machen wir einfach mit derselben alten, egoistischen Lebenseinstellung weiter – hedonistisch und vergnügungssüchtig. Wir bekommen das Gefühl, Christus sei nur dazu da, um alles wieder in Ordnung zu bringen, wenn wir in Schwierigkeiten geraten.

Stehen wir in der Gefahr, Menschen heute ein Evangelium zu predigen, das ihnen suggeriert, Christus sei so? Er ist der universale Problemlöser für Menschen, wenn sie in Schwierigkeiten geraten. Er ist nur für sie da, und das ist die Quintessenz der Sache. Doch ein so verzerrtes Evangelium wäre das, was Chuck Colson als „hedonistische Gotteslästerung" bezeichnet. Christus existiert nicht in diesem Sinne für uns. Wir wurden für ihn geschaffen. Doch die schlimme Tatsache ist, dass wir uns aus freiem Willen gegen ihn auflehnten und unseren eigenen Weg gingen. Wir dürfen das Heil nicht als bloße Reparaturarbeit interpretieren, die Christus für uns übernimmt, damit wir wieder auf die Beine kommen.[267]

25. September

Eine uralte Sünde

Textlesung: 1. Mose 3,1-7

Trotz allem, was sie von Gott wussten,
ehrten sie ihn aber nicht als Gott und brachten ihm auch keinerlei Dank.
Stattdessen verloren sich ihre Gedanken ins Nichts,
und in ihrem uneinsichtigen Herzen wurde es finster. (Röm 1,21; NeÜ)

Diese falsche, unheilige Herzenseinstellung ist die Sünde, zu der Satan Adam und Eva zu Beginn verführte. 1. Mose 3 beschreibt, wie er auf den Baum der Erkenntnis des Guten und des Bösen zeigte und Eva darauf aufmerksam machte, dass er gute Nahrung bot: zur körperlichen Befriedigung, aber auch zur ästhetischen Befriedigung, denn er war schön anzusehen. Und obendrein war er begehrenswert, weil er einen weise machte; er diente also der intellektuellen Befriedigung. Der Teufel suggerierte Eva die Lüge, dass es möglich sei, diese herrlichen Dinge zu genießen – das Leben in vollen Zügen zu genießen –, unabhängig von Gott und ohne Rücksicht auf ihn oder sein Wort.

Adam und Eva glaubten der Lüge. Unweigerlich hat das die Einstellung des Menschen zum Leben selbst, aber auch zu seinen eigenen Möglichkeiten und Beziehungen verändert. Die Gaben Gottes wurden nicht länger als Geschenke aus der gnädigen Hand Gottes betrachtet, die man in Gemeinschaft mit Gott genießen konnte und die in eine immer tiefere Freundschaft mit Gott führten. Eine Freundschaft, die ewig bis in Gottes Himmel fortbestehen würde, wenn das Leben auf der Erde einmal endete und die vorübergehenden Gaben des Lebens verschwunden waren. Nun waren die Gaben Gottes zum Selbstzweck geworden, etwas, das ihr Herz von Gott wegzog statt zu ihm hin. Zudem flößte ihre Entfremdung von Gott ihnen Furcht vor Gott ein. Er war nun jemand, vor dem man sich verstecken musste – nicht länger die Quelle ihrer Lebensfreude, sondern eine Bedrohung für ebendiese Freude. Das Gift dieser falschen Haltung Gott gegenüber ist tief in jeden Menschen eingedrungen.

Das ist die typische Sünde der Welt – sogar so sehr, dass die Bibel das Wort „Welt“ häufig in einem negativen Wortsinn gebraucht, um die menschliche

Gemeinschaft zu beschreiben, die von dieser falschen Herzenshaltung Gott gegenüber bestimmt ist und auch so lebt.[268]

26. September

Hoffnung trotz Sündenfall

Textlesung: 1. Mose 3,8-15

Und ich werde Feindschaft setzen zwischen dir und der Frau, zwischen deinem Nachwuchs und ihrem Nachwuchs; er wird dir den Kopf zermalmen, und du, du wirst ihm die Ferse zermalmen. (V. 15)

Die tragische Geschichte des Sündenfalls ist trotzdem gleichzeitig voll von wunderbarer Hoffnung. Sie erzählt nicht nur von einem Geschöpf Gottes, das ihm mutwillig nicht gehorchte und deshalb fiel. Sie erzählt auch von einem Schöpfer, dessen Herz voller Liebe zu ebendiesem Geschöpf war und der von Mitleid ergriffen war angesichts des erbärmlichen Zustands, in den die Sünde es gestürzt hatte. Als Gott herabkam in den Garten, den er gemacht hatte, war eines der ersten Worte, das er an Adam richtete, ein Wort der Hoffnung. Er sagte ihm, dass eines Tages alles wieder in Ordnung gebracht werden würde. Ich bin stolz auf diese Geschichte und auf den Gott, der sie erzählt. Als Adam und Eva dort standen, fröstelnd in ihren Feigenblättern und von Gewissensbissen geplagt, wurde ihnen bereits bewusst, was für eine schreckliche Sache sie da getan hatten. Doch Gott sagte ihnen, dass er das Unternehmen fortsetzen würde. Er würde in Ordnung bringen, was sie verdorben hatten. Es ist eine wunderbare Geschichte.

Doch sie wird sogar noch wunderbarer! Gott sagte nicht nur, dass sie törichte Geschöpfe waren, die alles verdorben hatten, und dass er kommen würde, um das wieder in Ordnung zu bringen. Er sagte, dass einer aus der Menschheit das tun wird. Ein Mensch wird geboren werden, der Same der Frau, und es wieder richten. Ein Mensch hat es zerstört. Ein Mensch wird es wieder in Ordnung bringen! Dieser wunderbare neue Mensch, größer und unendlich viel besser als Adam es noch vor seinem Sündenfall gewesen war, wird der Schlange „den Kopf zermalmen". Gott wird die Menschheit nicht als ein gescheitertes Experiment abschreiben.

Der Mensch wird durch den zweiten Menschen, Jesus Christus, unseren Herrn, irgendwann doch noch Gottes großartiges und wunderbares Meisterwerk sein.

Also ist die Geschichte des Sündenfalls voller Hoffnung. Der Mensch hat alles verdorben, aber Gott wird es in Ordnung bringen. Die Geschichte ist außerdem gütig, fair und gerecht. Wir sind kein Opfer des Zufalls. Hören Sie sich den Kommentar der Heiligen Schrift diesbezüglich an: „Denn wie durch des einen Menschen Ungehorsam die vielen in die Stellung von Sündern versetzt worden sind, so werden auch durch den Gehorsam des einen die vielen in die Stellung von Gerechten versetzt werden" (Röm 5,19).[269]

27. September

Gott ruft

Textlesung: Offenbarung 22,1-6

Und ich, wenn ich von der Erde erhöht bin, werde alle zu mir ziehen. (Joh 12,32)

Im ersten Buch Mose lesen wir, dass Gott Adam im Garten Eden zurief: „Wo bist du?" (3,9). Adam versuchte gerade, sich hinter den Wundern der Schöpfung vor dem Herrn der Schöpfung zu verstecken. Der barmherzige Schöpfer drängte Adam dazu, sich ihm zu stellen und zuzulassen, dass seine Sünde aufgedeckt würde. Dass er aufhörte wegzulaufen und seinen Weg zurück zu Gott suchte.

In 2. Mose 3 ruft Gott erneut. Dieses Mal sieht die Szene ganz anders aus. Nicht länger sind die üppigen Bäume im Garten Eden mit ihrem Grün und ihren Früchten zu sehen. Die Sünde hatte bereits ein paar Jahrhunderte Zeit, um sich zu entfalten. Nun ruft Gott mitten aus einem brennenden Dornbusch heraus. Was die Sünde alles anrichten kann: Sie hat unsere Welt von einem Garten in eine vertrocknete, fluchbeladene Wüste voller Dornbüsche verwandelt. Mose war aus den komplizierten politischen Verstrickungen in Ägypten geflohen, wo sich sowohl die Unterdrückten als auch der Unterdrücker als uneinsichtig erwiesen hatten. Vor alledem war er in die Wüste geflohen, einsam und ganz auf sich gestellt. Dort hörte er Gott aus dem Dornbusch rufen. Hier ist ein Gott, der sein Volk nicht verlassen hatte, ein Gott, der herabgekommen war, um ihm beizustehen. Hier ist Gott mitten im Dornbusch, was erklärt, warum dieser brannte, aber nicht vom Feuer verzehrt wurde.

Geben Sie der Menschheitsgeschichte noch ein paar Jahrhunderte mehr, um noch größeres Unheil anzurichten. Dann werden Sie eine Gestalt an einem Kreuz entdecken, gekrönt mit geflochtenen Dornen. Das ist es, was Sünde anrichtet. Und dennoch ruft Gott in dieser mit Dornen gekrönten Gestalt die Menschen, deren Leben den Fluch verdient hat. Er erzählt ihnen von jemandem, der für sie zum Fluch gemacht worden ist. Die verschlungenen Dornen können entwirrt und zu einer wahren Krone der Herrlichkeit geflochten werden.[270]

28. September

In Sünde geboren

Textlesung: Römer 5,12-21

Denn wie durch des einen Menschen Ungehorsam
die vielen in die Stellung von Sündern versetzt worden sind,
so werden auch durch den Gehorsam des einen
die vielen in die Stellung von Gerechten versetzt werden. (V. 19)

Es ist nicht unsere Schuld, dass wir als Sünder geboren wurden. Durch den Ungehorsam des einen Menschen wurden die vielen zu Sündern. So lautet die christliche Lehre vom Sündenfall. Adam wurde nicht in Sünde geboren. Aber er gehorchte Gott nicht. Da er der Begründer und der erste Vertreter der Menschheit war, von dem alle anderen abstammen, wurde die Menschheit in diesem Sinne durch Adam korrumpiert. Alle, die seither geboren wurden, wurden als Sünder geboren. Durch seine Tat des Ungehorsams wurden alle zu Sündern. Daran sind wir also nicht schuld. In gewisser Hinsicht ist die Lehre vom Sündenfall daher eine sehr erfreuliche (ich möchte fast sagen: „glückliche") Lehre. Menschen, die sagen: „Ich sehe nicht ein, warum ich verurteilt werden sollte für das, was Adam tat", kann man mit Gewissheit antworten, dass niemand jemals für das verurteilt wird, was Adam tat. Die Menschen werden für das verurteilt, was sie selbst getan haben, nicht jedoch für das, was Adam tat. Wir werden nicht verurteilt, weil wir als Sünder geboren wurden – das war nicht unsere Schuld. Doch wir werden dafür verurteilt werden, wenn wir das Heil abgelehnt haben. Das Heil wird uns zu folgenden Bedingungen angeboten: „Denn wie durch des einen Menschen Ungehorsam die vielen in die Stellung von Sündern versetzt worden [zu Sündern gemacht worden] sind, so werden auch durch den Gehorsam des einen die vielen in die Stellung von Gerechten versetzt werden." Wenn wir aufgrund dessen, was jemand anderes getan hat, als Sünder geboren wurden, können wir auch aufgrund dessen, was jemand anderes getan hat, gerecht gemacht werden. Sind Gottes Wege nicht fair?

Das ist eine sehr barmherzige Lehre. Wir alle sind schuldig, und in diesem Maße ist es unsere Verantwortung. Aber haben Sie Mitleid mit den Menschen. Sie wurden als Sünder geboren. Das war nicht ihre Schuld. Sie haben nicht darum gebeten, geboren zu werden bzw. in eine gefallene Rasse hineingeboren zu werden. In diesem Sinne ist es also nicht ihr Fehler, dass sie als Sünder geboren wurden. Da Gottes Wege gerecht (und mehr als gerecht) sind, gilt: Wenn sie aufgrund dessen, was jemand anderes – namentlich Adam – getan hat, als Sünder geboren wurden, können sie auch aufgrund dessen errettet werden, was jemand anderes getan hat: „Durch den Gehorsam des einen werden die vielen in die Stellung von Gerechten versetzt."

Wir müssen Vorsicht walten lassen bei der Anwendung dieser Dinge. In der Diagnose von Sünde, die wir in diesem Brief in der Erklärung des Evangeliums finden, besteht der erste Punkt darin, dass wir vor Gott verantwortlich sind (1,1–5,11). Wir verdienen seinen Zorn. Wir sind schuldige Sünder.[271]

Teil 4 – Die Umsetzung des Plans: Gottes Erlösungsstrategie

29. September

Gottes Plan war kein Plan B

Textlesung: Jesaja 46,8-13

Ich habe meine Gerechtigkeit nahe gebracht, sie ist nicht fern, und mein Heil zögert nicht. Und ich gebe in Zion Heil, für Israel meine Herrlichkeit. (V. 13)

Manchmal sind wir geneigt, von der Welt zu denken und zu reden, als wäre sie eine Art glorifizierter Sonntagsschulausflug, der schiefgegangen ist – so wie das immer wieder einmal passiert. Sie planen, nach Bangor* zu fahren, und rechnen mit Sonnenschein und damit, dass alles gut laufen wird. Doch dann kommt der Tag des Ausflugs, und in Bangor passiert, was so häufig dort passiert: Es regnet in Strömen. Sie halten so lange wie möglich durch – bis nachmittags um halb fünf.

Nachdem Sie Woolworths und alle anderen Läden abgeklappert haben, die Sie in Bangor finden konnten, sagen Sie schließlich: „So ein Pech! Wir werden uns etwas anderes überlegen müssen. So kann das nicht weitergehen. Der ganze Plan ist geplatzt. Was sollen wir jetzt nur machen? Sollen wir mit den Kindern nach Hause fahren und einen Film gucken oder so?“ Und Sie versuchen, sich irgendeinen Plan B zu überlegen, um die Zeit herumzubekommen, weil der erste Plan gescheitert ist.

Gottes Plan ist nicht gescheitert. Manchmal reden Leute von Gottes Erlösungsabsichten so, als sei sein ursprünglicher Plan gescheitert. Erst schuf er die Welt und den Menschen darin. Dann ging der ganze Plan leider schief, und Gott, der Allmächtige, beklagte das und fragte sich: „Was soll ich nun tun? Die ganze

* A. d. V.: kleine, alte Stadt in Wales

Sache ist aus dem Ruder gelaufen und völlig schiefgegangen. Was soll ich nun mit dieser Welt voller Sünder machen? Ich hab's: Ich sollte vielleicht einen Himmel erfinden."

Nein, nein! Nicht nur vor dem Sündenfall, sondern auch bevor es überhaupt eine Welt gab, war es Gottes Ziel, dass wir irgendwann einmal bei ihm sein und als Söhne vor ihm stehen sollten. Zu diesem Zweck schuf Gott das Universum und stellte den Menschen hinein. Trotz des Sündenfalls hat Gott dieses Ziel immer weiter verfolgt. Und es wird auch erreicht werden.[272]

30. September

Das Evangelium nach 1. Mose

Textlesung: Psalm 40

Der Gerechte aber wird durch seinen Glauben leben. (Hab 2,4)

Das erste Buch Mose berichtet uns, wie die Erde in ihr gegenwärtiges Chaos stürzte. Der Mensch war als ein von Gott abhängiges Wesen geschaffen worden. Er wurde in eine Welt hineingestellt, die so organisiert war, dass sie diese Abhängigkeit hervorheben würde. Doch er entschied sich, nach Unabhängigkeit von Gott zu streben, bis zu dem Punkt, an dem er nicht länger Gottes Urteile und Entscheidungen akzeptierte. Er beharrte darauf, Gut und Böse selbst erkennen zu wollen, damit er unabhängig von Gott seine eigenen Entscheidungen treffen konnte. Jedoch in dem Augenblick, als er nach dieser Unabhängigkeit griff, verlor er folgerichtig einen großen Teil seiner Herrschaft. Das galt nicht nur in Bezug auf die äußere Welt. Er verlor auch einen großen Teil Kontrolle über seine innere Welt. Sehr oft ist er nicht einmal in der Lage, seine eigenen Leidenschaften zu beherrschen.

Greifen wir noch ein wenig weiter vor. Das erste Buch Mose erzählt uns nicht nur von der Torheit des Menschen, nach Unabhängigkeit zu greifen, und von dem Sündenfall, der daraus folgte. Das erste Buch Mose predigt uns das Evangelium. Wenn Sie sich fragen, worin die Evangeliumsbotschaft des ersten Buches Mose speziell besteht: Es handelt es sich nicht so sehr um die Botschaft der Erlösung durch Blut und Opfer. Diese wird hier zwar angedeutet, doch es wird Büchern wie 2. und 3. Mose überlassen, die Botschaft der Errettung in allen Einzelheiten durchzubuchstabieren. Die großartige Rettungsbotschaft im ersten Buch Mose ist die *Rechtfertigung durch Glauben.*

Würden wir einen Augenblick darüber nachsinnen, würden wir sehen, dass diese Rettungsmethode in bewundernswerter Weise exakt auf die Not des Menschen zugeschnitten ist, wie sie im ersten Buch Mose enthüllt wird. Er war ins Verderben gestürzt, weil er nach Unabhängigkeit gestrebt hatte, und seine Rettung wird dadurch kommen, dass er lernt, in aufrichtiger Buße zu Gott umzukehren und völlig abhängig von ihm zu sein. Das Neue Testament zitiert 1. Mose 15,6: „Abraham aber glaubte Gott, und es wurde ihm zur Gerechtigkeit gerechnet" (Röm 4,3; Gal 3,6). Hier wird erklärt, was es bedeutet, Gott zu glauben. Am Beispiel Abrahams wird darauf hingewiesen, dass Gott wartete, bis Abraham körperlich zeugungsunfähig war. Er und Sara wussten genau, dass ihre Körper so gut wie tot waren. Sollten sie jemals einen Sohn bekommen, wäre Gott derjenige, der das alles möglich gemacht hatte. Vom allerersten Kapitel des ersten Buches Mose an sehen wir also schon die Gedankenlinien, die uns nicht nur zeigen, was ursprünglich beabsichtigt war und wie es zum Sündenfall kam. Sie zeigen uns auch, dass sich die Menschheit im Prozess der Erlösung befindet. Und eines Tages werden wir in Christus auch das Ziel erreichen, das Gott ursprünglich geplant hatte.[273]

1. Oktober

Wie Gott Satan bezwingt

Textlesung: Philipper 2,5-11

Du bist würdig, das Buch zu nehmen und seine Siegel zu öffnen; denn du bist geschlachtet worden und hast durch dein Blut Menschen für Gott erkauft aus jedem Stamm und jeder Sprache und jedem Volk und jeder Nation. (Offb 5,9)

Wie soll Gott Satan überwinden, wenn dieser den Menschen dazu überredet, sich zu überheben und wie Gott sein zu wollen? „Sieh her", sagt Gott, „ich werde darauf antworten, indem ich selbst Mensch werde."

Welch göttliche Raffinesse und Weisheit steckt in der Geschichte, die berichtet, wie Gott gegen seinen Erzfeind vorgeht. Wenn der Mensch in seiner Rebellion versucht, wie Gott zu sein, sagt Gott: „Ich will Mensch werden." Dies ist eine wunderbare Geschichte: Gott zeigte sich im Fleisch, hineingeboren in die menschliche Rasse, damit Satan eines Tages auf einen Menschen traf, den Gottmenschen, zu dem er mit all seine Versuchungen nicht durchdringen konnte und der schließlich triumphierte. Wie würde das passieren? Triumphierte er, indem er sich selbst pries und verherrlichte, sich selbst an die Spitze stellte und forderte, dass die Menschen ihn voller Furcht anbeten? Oh, nein, nein, nein! Wie wird er die Menschen dazu bringen, sich vor ihm zu beugen? Hier ist die Geschichte:

> Er war genauso wie Gott, hielt es aber nicht gewaltsam fest, Gott gleich zu sein, sondern legte alles ab und wurde einem Sklaven gleich. ... Er erniedrigte sich selbst und gehorchte Gott bis zum Tod – zum Verbrechertod am Kreuz. Darum hat Gott ihn über alles erhöht. (Vgl. Phil 2,6-9; NeÜ.)

Warum beugen Sie sich vor Christus? Was hat Ihre Rebellion als Sünder, als Feind Gottes bezwungen? Warum schenken Sie ihm die Loyalität Ihres Herzens? Liegt es daran, dass er als himmlischer Tyrann erhöht ist und Sie dazu gezwungen hat? Sie sagen: „Nein, nein! Gott, der Allmächtige, hat mich und mein Herz erobert, indem er Mensch wurde und für mich an einem Ort namens Golgatha starb. Ich bin der Rebell, und ausgerechnet der Gott, dem ich vors Schienbein getreten habe, ist für mich gestorben."

Oh, welch ein Geheimnis! Welch ein Evangelium! Welch göttliche Weisheit! Das stammt offensichtlich von Gott. Und es funktioniert! Millionen Menschen sind schon vom Königreich der Finsternis in das Königreich von Gottes geliebtem Sohn versetzt worden, und zwar durch eine Kraft, die Satan nie beherrscht hat. Jesus gab sich selbst hin am Kreuz, und Gott hat ihn hoch erhöht – sein Sieg geht weit über Satans Möglichkeiten hinaus. Satans Reich ist dem Untergang geweiht.[274]

2. Oktober

Gottes Liebe überwand die Hindernisse

Textlesung: 3. Mose 16,20-28; Hebräer 13,10-13

Hierin ist die Liebe: Nicht dass wir Gott geliebt haben, sondern dass er uns geliebt und seinen Sohn gesandt hat als eine Sühnung für unsere Sünden. (1Jo 4,10)

Wie konnte der heilige Gott des Himmels überhaupt irgendeine Beziehung zu uns haben? Wenn er einfach käme und Gemeinschaft mit sündigen Menschen hätte, würde das gesamte Universum wissen wollen, was er da täte. Würde das nicht seine Heiligkeit kompromittieren? Tut es das nicht immer noch? Schließlich sind wir weit davon entfernt, perfekt zu sein.

Denken Sie daher an die Hindernisse, die den Weg verstellten, als Gott seine Liebe zu uns beweisen wollte. Denken Sie auch über den göttlichen Einfallsreichtum und seine große Liebe nach, die all diese Hindernisse überwanden. Es musste eine Sühnung für unsere Sünden geben – ein Opfer, das dem gesamten Universum beweist, dass Gott seine Heiligkeit nicht durch seine Freundschaft mit uns kompromittiert. Um uns zu lieben und seine Liebe zu beweisen, sandte Gott seinen Sohn als Sühnung für unsere Sünden. Es ist eine unglaubliche Geschichte.

Als die Israeliten in der Wüste lebten, die Stiftshütte Gottes in ihrer Nähe, wurden sie sich dadurch ihrer eigenen Sündhaftigkeit und der Schwierigkeiten bewusst, die Gott in ihrer Nähe hatte. Denn ihre Sünden beschmutzten die Stiftshütte, in der er gegenwärtig war. Deshalb wurden sie angewiesen, ein Sühneopfer darzubringen. Dafür nahmen sie zwei Ziegenböcke. Sie bekannten ihre Sünden über dem Kopf des zweiten Ziegenbockes und führten ihn in die Wüste. 1. Johannes 4,10 nennt uns den Preis von Gottes Liebe zu uns. Jesus, der das ewige Wort Gottes war, der beim Vater war, dessen Gegenwart genügte, um die unendliche Tiefe des göttlichen Wollens zufriedenzustellen, wurde ins öde und wüste Land hinausgeführt, damit Gott sich an der Gemeinschaft mit uns erfreuen kann. Darin besteht die Liebe: in dem, was sie tun wird, um die Hindernisse zu überwinden, die im Weg sind. Es ist großartig, über diesen Gott nachzudenken, der uns wiedergeboren hat und der – wie Johannes uns im weiteren Verlauf sagt –, in uns lebt. „Geliebte", sagt Johannes, „wenn Gott uns so geliebt hat, sind auch wir schuldig, einander zu lieben" (V. 11).[275]

3. Oktober

Gott erwählte uns

Textlesung: 1. Thessalonicher 1

Wir kennen, von Gott geliebte Brüder, eure Auserwählung;
denn unser Evangelium erging an euch nicht im Wort allein,
sondern auch in Kraft und im Heiligen Geist und in großer Gewissheit;
ihr wisst ja, als was für Leute wir um euretwillen unter euch auftraten. (V. 4-5)

Ist Ihnen bewusst, dass Sie nicht zufällig gläubig sind? Sie mussten Gott nicht anbetteln, Sie anzunehmen, und er tat das auch nicht mit Bedauern oder widerwillig. Nein, Gott hat Sie ausdrücklich erwählt. Epheser 1,4 sagt uns, dass er uns „in ihm [Christus] auserwählt hat vor Grundlegung der Welt". Deshalb wird seine Entscheidung auch nicht von den Höhen und Tiefen und den sich ändernden Lebensumständen beeinflusst. Seine Entscheidung hängt nicht davon ab, denn er hat uns vor Grundlegung der Welt erwählt. Und was für unsere Errettung gilt, gilt auch für uns als Diener des Herrn.

Paulus sagt zu Timotheus: Gott „hat uns gerettet und berufen mit heiligem Ruf, nicht nach unseren Werken, sondern nach seinem eigenen Vorsatz und der Gnade, die uns in Christus Jesus vor ewigen Zeiten gegeben" (2Tim 1,9). „Deshalb bemüh dich, Timotheus", sagt Paulus, „fache die Gnadengabe an, die in dir ist" (vgl. V. 6). Gott hat Sie von Anfang an – vor ewigen Zeiten schon – auserwählt, und das nicht nur für das Heil, sondern auch für die Aufgabe, die Sie tun sollen.

Ist es nicht großartig, in die nächste Sonntagsschulgruppe oder dergleichen zu gehen in dem Wissen, dass Gott Sie vor Ewigkeiten für diese Aufgabe auserwählt hat? Lassen Sie sich als Älteste nicht entmutigen, wenn Sie sich treffen, um über den Zustand und das Wohlergehen der Geschwister nachzudenken. Hinter Ihrer Arbeit stehen ewige Ratschlüsse Gottes.

In manchen Handschriften heißt es: „Er hat euch auserwählt als Erstlingsfrüchte.“ Das ist vermutlich das, was Paulus ursprünglich schrieb. Es bedeutet einfach: Als Gott damals die Thessalonicher rettete, hatte er nicht nur sie im Sinn. Er beabsichtigte, auch andere Menschen zu retten. Daher waren sie wie Erstlingsfrüchte einer noch ausstehenden größeren Ernte. Das ist ein schöner Gedanke, oder? Als Gott Abraham erwählte, erwählte er nicht ihn allein. Als Gott die Israeliten erwählte, erwählte er nicht sie allein. Er erwählte sie, damit in ihnen alle Nationen der Erde gesegnet würden (vgl. 1Mo 18,18). Meine Brüder und Schwestern, als Gott beschloss, Sie zu retten, tat er das nicht nur um Ihretwillen. Natürlich auch, aber er erwählte Sie außerdem, damit durch Sie andere in einem sich stetig ausdehnenden und größer werdenden Kreis erreicht werden sollen. Er erwählte Sie als Erstlingsfrüchte einer bevorstehenden Ernte.[276]

4. Oktober

Wie Gott seine Diener erwählt

Textlesung: Römer 9,6-29

Es kommt also nicht auf das Wollen und Bemühen eines Menschen an, sondern allein auf Gott und sein Erbarmen. (V. 16; NeÜ)

Aus welchem Grund erwählte Gott Jakob? Nun, offensichtlich nicht aufgrund seines Verdienstes! „Tatsächlich“, sagt Paulus, „erwählte Gott Jakob sogar, bevor der Junge geboren wurde, damit es für alle offensichtlich wäre, dass Gottes Wahl in dieser Angelegenheit weder vom Verdienst eines Menschen noch von seiner Leistung abhängt. Es geschieht nicht aus Werken. Es hängt also nicht vom Wollen und Bemühen eines Menschen ab, und das war auch schon immer so.“

Lieber Bruder, liebe Schwester, die Sie dem Herrn in Ihrem Bereich dienen, darf ich Sie fragen, aus welchem Grund Gott Sie zu dieser heiligen Aufgabe berufen hat, ein Zeuge für Christus zu sein? Liegt es an Ihrer besonderen Gottesfurcht und daran, dass Sie besser sind als Ihre Nachbarin? Gott bewahre! Es war nicht so, dass Gott einen Rettungsplan ausgearbeitet hatte und es dann

Freiwilligen überließ vorzutreten, um unter ihnen die Besten auszuwählen, die er bekommen konnte. Wir, die wir heute hier sitzen, können dafür dankbar sein.

Stellen Sie sich nur einmal vor, beim Endgericht würde Folgendes passieren (was nicht geschehen wird!): Ein Mann erscheint im ehrwürdigen Gerichtssaal, und Gott muss ihn zu ewiger Verdammnis verurteilen. Doch der Mann sagt: „Aber warum? Warum, Herr?"

„Weil du dem Evangelium nicht geglaubt hast."

„Welchem Evangelium? Ich habe nie von irgendeinem Evangelium gehört."

„Das weiß ich", sagt Gott da. „Ich hatte zwar ein paar Diener, aber sie waren nicht wirklich erfolgreich. Sie waren ein armseliger Haufen und haben es tatsächlich nicht geschafft, dir das Evangelium weiterzusagen. Aber das ist nicht meine Schuld, sondern ihre! Sie waren einfach nicht gut genug."

Geht der Mann verloren, weil die ganze Geschichte von der Fähigkeit, der Treue und Gottesfurcht der Zeugen abhängt? Wie kann das sein? Wie sollten Sie jemals die Last Ihres evangelistischen Dienstes tragen, wenn Sie glaubten, irgendjemand könnte für immer verloren gehen, weil Sie irgendwann einmal gestrauchelt und gefallen sind? Wie dankbar können wir sein, dass wir einem Gott dienen, der größer ist als das! Er wählt seine Zeugen aus – nicht aufgrund ihrer Leistung: „Es kommt also nicht auf das Wollen und Bemühen eines Menschen an, sondern allein auf Gott und sein Erbarmen."[277]

5. Oktober

Israels Anstoß und der Segen der Heiden

Textlesung: Römer 9,30–10,4

Das Volk Israel aber, das durch das Gesetz gerecht werden wollte, hat das Ziel des Gesetzes nicht erreicht. Und warum nicht? Weil sie meinten, es durch ihre eigenen Leistungen zu erreichen und nicht durch den Glauben. Sie haben sich am „Stein des Anstoßes" gestoßen. (9,31-32; NeÜ)

Machen wir uns klar, was wir darunter verstehen, dass Israel Anstoß nahm und das Evangelium so zu den Heiden kam. Als die Apostel hingingen, um das Evangelium zu verkündigen, wurden sie von den Juden abgelehnt, manchmal sogar gesteinigt (wie in der Apostelgeschichte berichtet wird). Doch es war nicht so, dass die Apostel daraufhin sagten: „Nun gut, wenn ihr das Evangelium nicht haben wollt, gehen wir eben zu den Heiden." Das ist zwar auch wahr, aber es geht hier um einen viel tieferen Punkt.

„Israel stieß sich", sagt Paulus. Leider! Israel stieß sich am Stein des Anstoßes, an Jesus Christus, unserem Herrn (1Kor 1,23). Die Israeliten wollten den Messias willkommen heißen, der sie zum Haupt aller Völker machen sollte. Doch dann kam der Messias. Und er sprach mit ihnen über ihre Sünde, darüber, dass sie den Maßstäben nicht gerecht geworden waren. Bei all ihrem Pharisäertum hatten sie doch Gottes Maßstäbe verfehlt. Sie waren armselige Sünder. Das gefiel Israel gar nicht. Die Menschen protestierten ... und stießen sich am „Stein des Anstoßes"! Weder wollten sie seine Botschaft hören, die sie zur Buße rief, noch wollten sie Vergebung aus seiner Hand annehmen. Obwohl sie so religiös waren, ergriffen sie ihn und nagelten ihn an ein Kreuz. Oh, was für ein Anstoß er für sie war! Wie soll man eine von Gott auserwählte Nation beschreiben, die so religiös und so voller Eifer war, dass sie Gottes eigenen Sohn, ihren Retter, nahm und an ein Kreuz nagelte?

Was für ein Anstoß! Und zugleich doch etwas so Wundervolles für uns Heiden. Von diesem Augenblick an ging von den Juden eine Evangelisationsbewegung aus, wie sie das Judentum in all den Jahrhunderten zuvor nicht gesehen hatte! Sie nahm ihren Anfang in Jerusalem – zunächst wie ein kleines Rinnsal – und wurde dann zu einem gewaltigen Strom. Inzwischen ist sie zu einem riesigen Meer des Evangeliums angewachsen. Warum? Weil das Judentum mit einem gekreuzigten Messias jetzt endlich ein Evangelium zu predigen hatte. Vor diesem Tag predigte Israel das Gesetz. Es war nützlich. Doch es machte sie nicht zu besonders guten Evangelisten.

Das war es, was hinter der großen Evangelisationswelle steckte, die am Tag des Pfingstfestes in Jerusalem ausbrach. So wurde ausgerechnet die Ermordung Jesu Christi in Gottes Hand zu einem Opfer der Versöhnung.[278]

6. Oktober

Wie Gott uns versöhnt

Textlesung: 1. Timotheus 1,12-20

Und durch ihn [Christus] alles mit sich zu versöhnen –
indem er Frieden gemacht hat durch das Blut seines Kreuzes –
durch ihn, sei es, was auf der Erde oder was in den Himmeln ist. (Kol 1,20)

Eines Tages wird der Herr Jesus uns mit großer Freude vor den Thron der Herrlichkeit Gottes stellen – vollkommenen versöhnt mit Gott durch den Tod seines Sohnes. Gott selbst wird keinen Makel an uns finden können. Denken Sie für einen Moment nicht nur über das Wunder dieser Tatsache nach, sondern auch über das Wunder der Vorgehensweise, die Gott gewählt hat, um das zu erreichen. Er wird „alles mit sich ... versöhnen – indem er Frieden gemacht hat durch das Blut seines Kreuzes".

Die Verleumdung Gottes durch den Teufel und seine Heerscharen bestand darin, Gott habe bei der Erschaffung unserer Welt solche Lebensbedingungen und strengen Gesetze festgelegt, dass er ein unerträglicher Tyrann sein müsse. Die Verleumdung, Gott sei ein Tyrann, hat die Herzen und das Denken von Scharen unserer Mitmenschen erobert. Wie will Gott die Welt mit sich selbst versöhnen, wenn sie das im Herzen tragen? Uns ging es doch genauso, nicht wahr? Sollte er es durch irgendeine Machtdemonstration tun? Nein, natürlich nicht. Im Universum hat nie irgendein Zweifel daran bestanden, wer die höchste Macht hat.

Die Frage war immer: Wer hat den größten Anspruch auf die Loyalität des Menschen? Wer liebt wirklich? Als wir zum ersten Mal sündigten, hätte Gott uns auslöschen können. Was hätte das jedoch bewiesen? Es hätte doch nur gezeigt, dass Gott zwar alle Macht hatte, um zu erschaffen und zu vernichten, aber in seiner Liebe nicht allmächtig war. Ein Gott, der die Loyalität und Liebe seiner Geschöpfe nicht bewahren kann, ist ein Gott, der in dieser Hinsicht versagt hat.

Gott hat sich entschieden, alle Dinge mit sich zu versöhnen, damit alle schließlich erfahren und anerkennen, dass er kein Tyrann ist. Er ist der Gott unermesslicher Macht und Liebe. Daher diese Vorgehensweise. Um uns Rebellen zu Gott zurückzubringen, hat er bestimmt, dass die ganze Fülle in Christus wohnen und

Christus für uns sterben sollte. Wir sind für ihn geschaffen worden. In unserer Sünde hatten wir gegen ihn rebelliert. Doch Gottes Beschluss lautete, dass er sterben sollte – nicht wir. Der, für den wir gemacht wurden, sollte für die sterben, die sich gegen ihn aufgelehnt hatten.

So ist Gott nun einmal. Es ist überwältigend: Wenn Gott das für mich tun will, will ich durch seine Gnade für immer sein Sklave sein.[279]

7. Oktober

Durch Versöhnung einen neuen Menschen schaffen

Textlesung: 1. Korinther 12,7-13

Um die zwei – Frieden stiftend – in sich selbst zu einem neuen Menschen zu schaffen. (Eph 2,15)

Wie ein guter Baumeister beginnt er, die neuen Dinge aufzubauen, nachdem er die alten Dinge abgerissen hat. Nachdem er das Alte abgerissen hatte, begann Gott, das Neue zu schaffen. Das war der besonders spannende Teil. Die Leute hatten vorher schon von Vergebung gehört. Hiervon jedoch noch nie: Er nahm den Juden und den Heiden und formte aus beiden „einen neuen Menschen" (V. 15). Das war völlig revolutionär. Beachten Sie, dass er nicht den Juden nahm und dann sagte: „Wir werden jetzt jede Menge Heiden dazubringen." Hätte er das getan, hätten die Juden gesagt: „Ja, wir sind das Original. Lass sie ruhig dazukommen, aber wir waren zuerst hier!"

Gott sorgte dafür, dass nichts dergleichen passierte, denn sie waren nicht zuerst da gewesen. Ich weiß: In der Geschichte kamen sie zuerst, doch nicht im Leib Christi. Der Leib Christi besteht nicht aus dem alten Judentum mit ein paar zusätzlichen Heiden, er ist etwas völlig Neues. Gott erschuf einen neuen Menschen, indem er in einem Geist sowohl den Juden als auch den Heiden in einen Leib hineintaufte (1Kor 12,13).

Dann wurden beide vor Gott gestellt und beide durch das Kreuz mit Gott versöhnt (Eph 2,16). Verstehen Sie den Gedankengang? Wir denken gerade über

Gottes Absicht nach: Gott wollte einen Wohnort in Zeit und Raum. Er hatte diese alte Wohnstätte in Israel mit der Stiftshütte, dem Gesetz darin und einer Mauer drumherum, die die Heiden fernhielt. Das konnte niemals die abschließende Antwort sein: Gott in einer kleinen Stiftshütte in irgendeinem Winkel der Wüste – und eine riesige Welt, die für ihn verloren ist. Er wollte nicht nur die alte Mauer einreißen und Juden und Heiden in einem neuen Menschen vereinen, sondern seine Absicht dahinter war: Sie sollten mit Gott versöhnt werden. Aber auf welcher Grundlage konnte er die Versöhnung bewerkstelligen? Es gab keine Privilegien, keine Überlegenheit. Sie wurden beide in einem Leib mit Gott versöhnt. Er führte sie auf derselben Grundlage zu Gott und versöhnte sie „durch das Kreuz, durch das er die Feindschaft getötet hat".

Dann kommt die Krönung. Beide haben in ein und demselben Geist Zugang zum Vater (Eph 2,18). Wenn Gott unter den Menschen wohnen will, so lautet die andere Seite der Medaille, dass die Menschen einen Zugang zu Gott brauchen. Nachdem die Distanz dann endlich überbrückt war, machte der Plan nun wirkliche Fortschritte. Gott wollte eine Wohnstätte, einen Tempel, unter den Menschen haben. Das Fundament ist gelegt und wir werden nun aufgebaut und wachsen heran zu einem heiligen Tempel im Herrn (V. 21).[280]

8. Oktober

Fortschritt in der Geschichte

Textlesung: 1. Korinther 2,1-10

Siehe, ich wirke Neues! Jetzt sprosst es auf.
Erkennt ihr es nicht? Ja, ich lege durch die Wüste einen Weg,
Ströme durch die Einöde. (Jes 43,19)

Als Jesus kam, lehnten die Juden ihn ab. Bis zum heutigen Tag lehnen sie als Nation Jesus, den Messias, öffentlich ab – obwohl er Millionen von Menschen zweifelsfrei bewiesen hat, dass er der Retter der Welt ist. Dabei haben sie sich das nicht selbst ausgedacht. Die Jahrhunderte, die Gott damit verbrachte, dieses Volk zu erziehen, indem er ihm sein Gesetz und eine Hoffnung gab, wiesen eindeutig darauf hin, wo man den wahren Gott in der Menschheitsgeschichte findet.

Doch das ist noch nicht das Ende der Geschichte. Als es so schien, als wäre auch das völlig schiefgegangen, griff Gott noch einmal in die Geschichte ein und brachte eine neue Entwicklung in Gang. So ist Gott nämlich. Als sich die Welt mit ihrer Gewalt und Sünde nahezu selbst zerstört hatte, musste Gott sie durch die Sintflut zerstören. Doch er zeigte, dass er etwas Neues vorbereitet hatte: Er erfand eine Arche und begann von vorne. Als die Nationen im Götzendienst versanken, tat Gott wieder etwas Neues: Er schuf das hebräische Volk Israel und begann von vorne. Dann, als Israel fast nicht mehr zu retten war, griff Gott ein weiteres Mal ein. Er begann von vorne und ging noch einen Schritt weiter.

Wenn wir anfangen, diese Idee zu verstehen, werden Erwartungen in unserem Herzen wach. Uns wird klar: „Ich verstehe, was diesen neuen Schritt ausmacht und wie wunderbar er ist im Vergleich zum vorigen. Der war zwar auch gut, aber ich verstehe nun, wie viel wunderbarer dieser neue Schritt ist."

Wenn Sie einmal in dieser Weise denken, werden Sie sich bei folgender Überlegung ertappen: „Und wenn diese gegenwärtige Stufe so großartig ist, wie wird dann erst die nächste sein, wenn der Herr wiederkommt und Gottes großer Plan verwirklicht ist?"

Wenn diese Gedanken in Ihren Herzen Gestalt gewinnen, werden Sie feststellen, dass dies eine praktische Konsequenz nach sich zieht. Denn wenn Gott die Dinge vorantreibt, wenn die Sache sogar jetzt gerade Fortschritte macht, welche Fortschritte mache ich? Welche Fortschritte habe ich seit meiner Bekehrung gemacht? Sind sie erkennbar? Wie viel wird dieses Wachstum in meinem Leben zum endgültigen Erreichen von Gottes Ziel beitragen?

Möge der Herr unsere Herzen ermutigen, uns eine Vorstellung von seinen Absichten schenken und uns Perspektiven für die Zukunft eröffnen, damit wir uns jetzt ernsthaft der Aufgabe widmen, Fortschritte im Einklang mit seinen Absichten zu machen.[281]

9. Oktober

Wie Gott den Erlösungsprozess vorantrieb

Textlesung: 2. Mose 24,9-18

Gott, der auf dem Weg vor euch herzog, um euch einen Ort auszusuchen, damit ihr euch lagern konntet: bei Nacht im Feuer, damit ihr auf dem Weg sehen konntet, auf dem ihr zoget, und bei Tag in der Wolke. (5Mo 1,33)

Als Gott beschloss, uns zu retten, indem er seinen Sohn sandte, sandte er ihn nicht urplötzlich an einem Dienstagnachmittag ohne jede Vorwarnung, nicht wahr? Was hätte das schon genützt? Was hätte es genützt, wenn Gott seinen Sohn gesandt hätte, damit dieser die Menschen dazu aufrief, sich mit Gott versöhnen zu lassen, wenn die Menschen so tief im Götzendienst steckten, dass sie nicht einmal wussten, wer Gott war? Was hätte es genützt, dass Gott seinen Sohn sandte, damit er für uns starb, wenn wir nicht durch alle möglichen Veranschaulichungen, Beispiele und Erfahrungen darauf vorbereitet gewesen wären, die Notwendigkeit des Todes Christi zu erkennen und zu sehen, welche Bedeutung dieser Tod haben würde?

Also hatte Gott in seiner Weisheit schon längst die ersten Schritte zur Erlösung der Menschheit eingeleitet. Aus der Masse der Heiden rief er einen Mann namens Abraham heraus und gründete mit ihm ein ganz neues Volk, das vorher nicht existiert hatte. Damit sagte Gott nicht, dass es niemand anderes auf der ganzen Welt außer Abraham gab, der errettet werden könnte. Doch als ein Großteil der Nationen im Götzendienst zu versinken drohte, fing Gott von Neuem an. Er rief Abraham heraus und gab ihm einen besonderen Status vor Gott. Auch allen seinen Nachkommen gab er diesen Sonderstatus. Wie Paulus anmerkt, ist das Erste, was man über Israel begreifen muss, dass Gott ihnen „das Vorrecht geschenkt [hat], seine Kinder zu sein“ (Röm 9,4; NeÜ), dass sie also als Söhne eingesetzt wurden. Das meint nicht unbedingt „Sohn“ in dem Sinne, wie wir Evangelikalen den Begriff gewöhnlich verwenden. Aber hören Sie einmal, wie Gott zum Pharao spricht: „Pharao", so sagt er, „lass Israel gehen. Israel ist mein erstgeborener Sohn" (vgl. 2Mo 4,22). So gab Gott Abraham und seiner Nachkommenschaft diesen Sonderstatus. Sie sollten Söhne Gottes sein.

Dann tat Gott etwas Wundervolles. Es ist fast zu wunderbar, um es zu glauben. Der transzendente Herr kam herab in Raum und Zeit, stellte sich auf den Berg Sinai und offenbarte sich Israel in all der Pracht seiner Herrlichkeit! Indem er das tat, hinterließ er seine Spuren in unserer Welt. Er bewies damit: Diese Welt ist kein geschlossener Raum wie das geschlossene System des Materialismus.

Während dieser kleine Stamm durch die Wüste zog, leuchtete die Herrlichkeit des unsichtbaren Gottes selbst in ihrer Mitte auf. Hierin lag der Beginn der Erlösung. Gott gab den Israeliten sein Wort, dass durch sie, durch Abraham und seine Nachkommenschaft, alle Nationen der Erde gesegnet werden würden.[282]

10. Oktober

Gottes Absicht bei der Gründung Israels

Textlesung: Psalm 53

In den kommenden Tagen wird Jakob Wurzeln schlagen,
Israel blühen und knospen; und sie werden mit Früchten füllen
die Fläche des Erdkreises. (Jes 27,6)

Gott tat etwas Einzigartiges, als er Abraham herausrief. Aber er ließ den Rest der Welt nicht verloren und dem Untergang geweiht zurück. Zu jener Zeit war die heidnische – und damit die gesamte – Welt in den Götzendienst geschlittert. Die Menschen gerieten rasch in Knechtschaft und Unmoral, weil das mit einer solchen abgöttischen Interpretation des Universums einhergeht. Als Gott in seinem Erbarmen Einspruch erhob und Abraham aus der heidnischen Welt herausführte, schenkte er ihm eine Sicht von der Herrlichkeit des wahren Gottes. Er berief ihn und seine Nachfahren als Zeugen. So gab es wenigstens einen Ort auf der Erde, an dem die Heiden die Wahrheit über den wahren Gott sehen und von ihrer Knechtschaft und ihrem Aberglauben erlöst werden konnten.

Diese Botschaft brauchen wir noch immer. Menschen in der westlichen Welt verneigen sich im Allgemeinen nicht vor Götzen. Doch unsere moderne Welt ist durchdrungen von Agnostizismus, wenn nicht gar Atheismus, der – wie jedes Schulkind weiß – wieder eine abgöttische Interpretation des Universums ins Denken der Menschen bringt. Es ist nicht so wichtig, ob Sie nun sagen, die Sonne sei nur ein bisschen Materie oder ein Gott. Es ist nicht so wichtig, ob Sie die grundlegenden Kräfte des Universums als schwache oder als starke Wechselwirkung bezeichnen, als Gravitation oder Elektromagnetismus. Nennen Sie sie, wie Sie wollen. Wenn Sie die Auffassung vertreten, es gäbe keinen persönlichen Schöpfer, treibt Sie das in die gleiche abgöttische Perspektive auf das Universum, die die antiken heidnischen Nationen hatten. Sie bezeichneten diese Kräfte, soweit sie sie verstanden, als Götter. Das tun wir zwar nicht, doch der Atheist vertritt das, was schon die alten, götzendienerischen Heiden glaubten. Dies sind die ultimativen Kräfte, die den Menschen beherrschen: seine Geburt, sein Leben, sein Tod und letztendlich sein Aussterben. Diese Kräfte lassen unsere moderne Welt in demselben Zustand zurück wie die antike Welt damals – in der Finsternis ultimativer Hoffnungslosigkeit. Die Menschen sind Sklaven der großen Naturgewalten des Universums, die der Mensch letztlich nicht beherrschen kann, sondern die ihn eines Tages vernichten werden.

Es war eine herrliche Evangeliumsbotschaft, die Gott der Menschheit damals predigte, als er Abraham aus diesem heidnischen Morast herausführte. Er schenkte ihm einen Blick auf seine eigene, wahre Herrlichkeit als lebendiger Schöpfergott. Und er baute eine Beziehung zwischen sich und Abraham auf, die ein Modell für alle Menschen überall werden sollte. Er lehrte Abraham nicht nur die Wahrheit über Gott. Er brachte ihm auch bei, wie man mit Gott ins Reine kommt. Dadurch befreite er ihn aus der Sklaverei der Religion. Er lehrte Abraham und Millionen andere nach ihm, dass der Mensch aus Glauben und ohne Werke gerechtfertigt wird (vgl. Röm 4).[283]

11. Oktober

Israels geschichtliche Rolle und Gottes Absichten

Textlesung: 5. Mose 4,15-20; Römer 9,1-4

Denn wo gibt es eine große Nation, die Götter hätte, die ihr so nahe wären wie der HERR, unser Gott, in allem, worin wir zu ihm rufen? Und wo gibt es eine große Nation, die so gerechte Ordnungen und Rechtsbestimmungen hätte wie dieses ganze Gesetz, das ich euch heute vorlege? (5Mo 4,7-8)

Unser christlicher Glaube ist mit diesen historischen Dingen verbunden. Er ist keine Philosophie – nahezu jeder kann eine Philosophie erfinden. Davon gibt es jede Menge – Sie könnten sich einfach eine weitere ausdenken, wenn Sie Lust dazu hätten. Der christliche Glaube hingegen ist keine Philosophie, die sich irgendjemand ausgedacht hat. Er ist die Vollendung einer großen historischen Bewegung. Gott rief Abraham und dann seine Nachfahren, Israel, heraus, damit sie ein Volk würden, dem Gott sich offenbaren und durch das schließlich Christus kommen würde. Matthäus sagt uns, dass das Evangelium von Jesus Christus handelt, „dem Sohn Davids, der ein Nachkomme Abrahams war" (1,1; NeÜ). Paulus ruft uns in Erinnerung, dass das Evangelium von Jesus Christus berichtet, „der als Mensch ein Nachkomme Davids ist" (Röm 1,3; NeÜ). Warum ist das von Bedeutung? Weil kein gewöhnlicher Mensch entscheiden kann, wo und von wem er geboren wird. Die Tatsache, dass Jesus Christus aus der Nachkommenschaft Davids stammt, ist in sich bereits ein Hinweis auf Gottes Autorität hinter dem christlichen Evangelium. All dies wurde im Alten Testament angekündigt und im Neuen erfüllt – nicht nur seine Geburt und sein Geburtsort, sondern der Grund, warum er kam, und die Tatsache, dass er als Opfer für die Sünden der Welt sterben sollte.

Also ist der christliche Glaube in der Geschichte verwurzelt, und Gottes Selbstoffenbarung an Israel ist ein Bestandteil unseres christlichen Zeugnisses. Paulus hat mit dem Römerbrief eine umfassende Auslegung des christlichen Evangeliums geschrieben. Sie gliedert sich in vier Teile, wobei der dritte Teil die Rolle Israels bei Gottes Selbstoffenbarung in der Welt behandelt. „Sie sind ja Israeliten;

ihnen hat Gott das Vorrecht geschenkt, seine Kinder zu sein. Ihnen hat er seine Herrlichkeit gezeigt; mit ihnen hat er seine Bündnisse geschlossen; ihnen hat er das Gesetz und die Ordnungen des Gottesdienstes gegeben; ihnen gelten seine Zusagen“ (9,4; NeÜ). Alles bei ihnen unterschied sich so völlig vom heidnischen Gottesdienst – es gab keinerlei Bild von irgendeinem Gott im Tempel. „Sie sind die Nachkommen der von Gott erwählten Väter, und aus ihrer Mitte ist auch der Messias seiner menschlichen Herkunft nach hervorgegangen. Er ist Gott, der über allem steht und für immer und ewig zu preisen ist“ (V. 5; NeÜ). Wir danken Gott für Israel und dessen Zeugnis für die Einzigartigkeit Gottes, das den Unterschied zwischen Jahwe und allen Götzen zeigt.[284]

12. Oktober

Israel in Gottes Heilsplan

Textlesung: Römer 10

So erkenne denn, dass nicht wegen deiner Gerechtigkeit der HERR, dein Gott, dir dieses gute Land gibt, es in Besitz zu nehmen! Denn ein halsstarriges Volk bist du. (5Mo 9,6)

Im zweiten Teil des ersten Buches Mose sehen wir, wie Gott die ersten Schritte in dem großen Programm einleitet, das schließlich in unserem Herrn und Messias seinen Höhepunkt finden sollte. Gott hatte bereits seine souveräne Entscheidung für das Volk Israel als dem Träger seines Segens getroffen. All die späteren Jahrhunderte sind ein bemerkenswerter Beweis dafür.

Dieses Volk hat durch die Jahrhunderte hindurch überlebt, ein Beweis, dass es unter den Menschenvölkern tatsächlich ohnegleichen ist. Mit seiner einzigartigen Geschichte hat uns dieses Volk das Alte Testament geschenkt. Und es war dieses Volk, in das Jesus Christus, unser Herr, hineingeboren wurde.

Wenn die Bibel von Gottes souveräner Erwählung der Juden als sein auserwähltes, besonderes Volk spricht, stoßen viele Leser auf eine Reihe von Schwierigkeiten. Zunächst finden sie es sehr unfair, dass Gott jemanden auserwählt, ihm seinen besonderen Segen gibt und weitere Privilegien schenkt.

Dasselbe gilt jedoch für jeden Mann und jede Frau. Vielleicht sind Sie ein brillanter Pianist. Wenn Sie sich hinsetzen und zu spielen beginnen, verstummen alle Gespräche und jeder hört zu. Woher haben Sie diese Gabe? Nicht durch Ihre Verdienste. Sie wurden damit geboren. Jeder einzelne Mensch hat durch Gottes souveräne Vorsehung bestimmte Gaben erhalten.

Israel wurde eine besondere Aufgabe mit einem hohen Privileg übertragen, als es auserwählt wurde. Es sollte die Nation sein, durch die Gott uns das Alte Testament und seinen Messias, unseren Retter, geben würde. Durch Israel wird Gott irgendwann diese Welt regieren. Es ist keine Ausnahme von der Regel, dass Gottes Gaben durch seine souveräne Entscheidung vergeben werden; es ist nicht unfair. Wenn Gott Sie dazu auserwählt hat, ein Gänseblümchen und keine Eiche zu sein, danken Sie ihm dafür, dass Sie ein Gänseblümchen sind. Seien Sie ein gutes Gänseblümchen und versuchen Sie nicht, eine Eiche zu sein!

Denken wir allerdings noch einmal einen Augenblick nach. Gottes souveräne Erwählung bedeutet nicht, dass diese Männer oder Frauen automatisch gut sind. Sie können zugleich ein anständiger Mensch und auch ein guter Pianist sein. Doch es gibt auch zahlreiche brillante Pianisten, die moralisch betrachtet vielleicht sehr erbärmliche Menschen sind. Wir müssen lernen, zwischen den Gaben eines Menschen und seinem moralischen Charakter zu unterscheiden. Rufen wir uns alle noch einmal in Erinnerung, dass der Besitz vieler ausgezeichneter Gaben nicht automatisch bedeutet, dass man errettet ist. Er bedeutet noch nicht einmal, dass man moralisch besonders gut ist. Und selbstverständlich ist es unendlich viel wichtiger, *gut* zu sein als *begabt* zu sein.[285]

13. Oktober

Der Aufstieg Israels als Grundlage der Hoffnung

Textlesung: 2. Samuel 7,1-16

David selbst hat im Heiligen Geist gesagt:
„Der Herr sprach zu meinem Herrn: Setze dich zu meiner Rechten, bis ich deine Feinde unter deine Füße lege!“ (Mk 12,36)

Wenn Sie auf die ersten zehn Kapitel des ersten Chronikbuches zurückschauen, werden Sie feststellen, dass diese Kapitel hauptsächlich Namenslisten enthalten – jede Menge Genealogien. Von Adam ausgehend wird die Entwicklung der Menschheit entfaltet. Bald schon stößt der Historiker auf das, was für ihn das Bedeutsamste in diesen Kapiteln ist: zunächst der Aufstieg Israels unter den Nationen und dann der Aufstieg von Israels berühmtestem König, König David.

Darauf würde ich meine Hoffnung beim Betrachten der Menschheitsgeschichte setzen, wenn ich mich fragen würde, ob es irgendeinen Anlass zur Hoffnung gäbe, dass die Menschheit eines Tages ein Zeitalter des Glücks, der Freude und des Überflusses erleben wird. Ich würde meine Hoffnung nicht auf die Vereinten Nationen setzen. Möge Gott ihnen in dieser immer schwieriger werdenden Phase der Menschheitsgeschichte beistehen, wenn sie mit den Problemen einer immer kleiner und damit explosiver werdenden Welt ringen. Sie versuchen, Probleme zu lösen, die man nun auf globaler Ebene lösen muss, da unser kleiner Planet zu einem globalen Dorf geworden ist. Dennoch würde ich meine größte Hoffnung nicht auf sie setzen, denn die Fakten sind ambivalent. Politik war immer Segen und Fluch gleichermaßen.

Ich würde meine Hoffnung auf dieses außergewöhnliche Phänomen unter den Nationen setzen – auf den Aufstieg Israels. Es war ja nur ein winzig kleines Volk. Dennoch wurde es in diesen fernen Tagen mit einem Auftrag für die Welt errichtet. Dem Auftrag, für die Realität des großen Schöpfers einzustehen und jeder abgöttischen Interpretation des Universums entgegenzutreten. Dafür einzustehen, dass der Mensch von einem persönlichen Gott im Bilde seines Schöpfers geschaffen wurde. Und wann immer Israel sich nicht selbst kompromittiert hat (leider ist das viele Male geschehen), war dies Israels Botschaft an die Nationen.

Noch bedeutsamer ist in Israel daher nicht nur der Aufstieg Davids, sondern der seines bedeutenderen Sohnes. Israel ist eine einzigartige Nation, die Gott dazu berufen hat, sein Sprachrohr zu sein. Seine Propheten wiesen dem großen Retter der Welt den Weg. Durch Israel kam er in die Welt. Und er bleibt der einzige zuverlässige Name in der gesamten Menschheitsgeschichte, der sich als Retter der Welt anbietet.[286]

14. Oktober

Der verheißene Nachkomme

Textlesung: 1. Mose 16,7-16

Hagar steht für den Berg Sinai in Arabien,
entspricht aber gleichzeitig dem jetzigen Jerusalem,
weil das mit seinen Kindern in Sklaverei lebt. (Gal 4,25; NeÜ)

Gott brachte Hagar und Ismael zurück zu Abrahams Wohnort. Welch schwierige und herausfordernde Zeit für Abraham, als Ismael geboren wurde! Er erwies sich wahrlich als ein Mensch, der wie ein Wildesel war; er lag im Streit mit allen und wurde von allen bekämpft (vgl. 1Mo 16,12). Wie schwer war es, den jungen Ausgestoßenen zu kontrollieren – all die langen Jahre, als kein verheißener Nachkomme in Sicht war und Abraham nichts als diesen Wildesel von Jungen hatte, den Sohn einer Sklavin, der Zelt und Heim mit ihm teilte. Sie können sich die Erleichterung vorstellen, als zu guter Letzt der verheißene Nachkomme geboren wurde (1Mo 21,2). Dann berichtet uns gleich der nächste Absatz, wie Gott durch Saras Worte zum Zeitpunkt der Entwöhnung folgenden Befehl gab: „Vertreibe diese Magd und ihren Sohn, denn der Sohn dieser Magd soll nicht mit dem Freigeborenen Erbe werden, mit Isaak!“ (vgl. V. 10). Kurz darauf wurde der verheißene Nachkomme auf den Berg Morija gebracht, um dort auf einem Altar geopfert zu werden (Kap. 22).

Ja, so ist es geschehen, und ich bin nicht von der ernsten, gewichtigen, schlichten und alltäglichen Geschichte abgewichen. Doch während ich mit der Analyse fortfahre, hören Sie auf das, was Paulus über ebendieses Stück Geschichte zu sagen hat (Gal 3–4).

Abraham wurde die Verheißung eines Nachkommen gegeben. Doch es vergingen viele Jahrhunderte, bevor dieser schließlich kam. Und wer war dieser Nachkomme? Es war nicht Isaak, sondern Isaaks viel größerer Sohn, unser Herr und Retter Jesus Christus (3,16). „In jenen dazwischenliegenden Jahrhunderten", so sagt Paulus, „setzte Gott Mose und das Gesetz in Israels Mitte, bis der verheißene Nachkomme käme – so wie er Hagar und Ismael in Abrahams Zelt setzte, bis der verheißene Nachkomme Isaak kam." Dann sagt er mit einem Seufzer der Erleichterung: „Der verheißene Nachkomme ist gekommen, und ihr steht nicht länger unter dem Gesetz. Ihr steht jetzt unter Christus. Es ist allgemein bekannt: Als der verheißene Nachkomme geboren wurde, hatte das Gesetz seine Funktion als Weg zum Leben und zur Rechtfertigung erfüllt. Als der verheißene Nachkomme das Mannesalter erreicht hatte, wurde er wie Isaak geopfert – jedoch in einem viel weitergehenden Sinn –, und zwar auf dem Berg Golgatha."[287]

15. Oktober

Der Bräutigam unserer Herzen

Textlesung: Jeremia 2,1-8

So sollst du zum Haus Jakob sagen und den Söhnen Israel mitteilen: Ihr habt gesehen, was ich den Ägyptern angetan und wie ich euch auf Adlerflügeln getragen und euch zu mir gebracht habe. (2Mo 19,3-4)

Sehen wir uns an, was Gott dem Volk Israel unterbreitete, als es aus Ägypten kam. Das Hauptziel von Israels Erlösung war nicht das Gelobte Land – das war nur sein Reiseziel. Hier gibt Gott genau das Ziel an, das er im Sinn hatte, als er die Israeliten aus Ägypten befreite: „Ihr habt gesehen, was ich den Ägyptern angetan und wie ich euch auf Adlerflügeln getragen und euch zu *mir* gebracht habe." Hier spricht die Menschenliebe unseres Retter-Gottes. Israel wurde durch Gottes gnädiges Eingreifen aus Ägypten befreit. Er zog die Israeliten zu sich selbst, warb um die Zuneigung ihrer Herzen, damit sie seinen Bund annähmen und sein Eigen würden. „Und nun, wenn ihr willig auf meine Stimme hören und meinen Bund halten werdet, dann sollt ihr aus allen Völkern mein Eigentum sein; denn mir gehört die ganze Erde. Und ihr sollt mir ein Königreich von Priestern und eine heilige Nation sein. Das sind die Worte, die du zu den Söhnen Israel reden sollst" (V. 5-6).

Gott wirbt um sie, macht einen Antrag: „... wenn ihr meinen Bund halten werdet." Er redet nun von dem Bund wie von einem Ehevertrag. Wenn sie seinen Bund tatsächlich halten, sollen sie (wie die Schlachter-Übersetzung es formuliert) Gottes „besonderes Eigentum" sein. Das meint nicht unser modernes Verständnis von *besonders* (so seltsam manche von uns auch sind!). Gemeint ist das Wort im Sinne seines privaten, persönlichen Eigentums – seines persönlichen Schatzes. Es ist so, als würde Gott zu ihnen sagen: „Mein lieber Schatz! Wenn du meinen Bund hältst, wirst du mein Eigen sein, mein persönliches Glück, meine persönliche Freude und mein persönlicher Schatz. Alle Nationen sind mein. Doch ihr sollt etwas Besonderes sein. Ihr sollt meine große Liebe sein."

Können Sie sich das vorstellen? Der Gott des Universums, der Gott all der Milliarden Galaxien und unzählbarer Scharen von Engeln, die sich an Stärke übertreffen – dieser Gott kommt zu einem Haufen ehemaliger Sklaven und sagt: Wenn sie seinen Bund halten, sollen sie der Schatz seines Herzens sein. Und dasselbe sagt er auch uns! Durch die Gnade und die Erlösung, die in Christus Jesus sind, hat er uns zu seinem besonderen Schatz gemacht. Nun wartet Gott darauf, wie wir reagieren (1Petr 2,9-10). Es würde ihn zutiefst erfreuen, wenn wir ihm folgten, so wie Israel Gott in der Wüste folgte.[288]

16. Oktober

Israels Rolle in der Geschichte – und unsere Rolle

Textlesung: 5. Mose 11,22-28; 28,63-64

So sollst du nun den HERRN, deinen Gott, lieben
und sollst alle Tage seine Vorschriften halten
und seine Ordnungen, seine Rechtsbestimmungen und seine Gebote. (11,1)

Bitte beachten Sie: Mose gibt dem Volk die Warnungen vor diesen Flüchen im Vorhinein. Als das Volk sie hört, sagt es „Amen" – so sei es (27,15). Wir stellen außerdem fest: Die Israeliten wurden gewarnt und mussten daher nicht mehr zwingend sündigen: Die Flüche mussten nicht über sie kommen. Mose erinnerte sie daran, dass sie die Wahl hatten. Das war eine harte Lektion. Bei der Ankündigung der Flüche wird regelmäßig auf Ausdrucksweisen wie die folgende zurückgegriffen: „Ich habe euch aus dem Land Ägypten herausgeführt, euch erlöst und euch dieses Land gegeben. Wenn ihr mich ablehnt, nun da ihr im Land seid, dürft ihr nicht erwarten, dass ihr das Land behalten könnt. Wenn ihr mich ablehnt, werde ich euch zurück nach Ägypten bringen." Das ist nachvollziehbar, oder?

Wenn man nur den Mut hätte, zum modernen Israel zu sagen: „Ihr könnt nicht euren Messias ablehnen und trotzdem Anspruch auf das Land erheben." Doch es kommt der Tag, an dem der Messias zurückkehren und Israel gerettet werden wird. Gott sei Dank – „sie werden auf mich blicken, den sie durchbohrt haben", und mit Bestürzung und Reue sagen: „Wir aber, wir hielten ihn für bestraft, von Gott geschlagen und niedergebeugt. Doch er war durchbohrt um unserer Vergehen willen, zerschlagen um unserer Sünden willen" (Sach 12,10; Jes 53,4-5).

Dabei sollten wir uns selbst zumindest eine kleine Mahnung gefallen lassen. Der Ruf des Christentums ist mit schrecklichen Sünden befleckt worden. Als die Kirche meinte, sie sollte die herrschende politische Macht sein, begann sie, die Juden zu verfolgen. Wir denken an die Inquisition und daran, wie König Johann von England die Juden verfolgte, an die russischen Pogrome und an Hitlers Gaskammern – obwohl Hitlers Deutschland behauptete, christlich zu sein. Die

Kirche beging einen ernsthaften Fehler, als sie sich in den Kopf setzte, für Israel gäbe es keine Zukunft mehr und die Kirche habe Israel ersetzt – wo Gottes eigenes Wort doch sagt: „Denn die Gnadengaben und die Berufung Gottes sind unbereubar" (Röm 11,29). Israel – das zum Ölbaum des Zeugnisses für Gott in der Welt aufgerichtet wurde – scheiterte. Manche Zweige wurden abgebrochen. Die Verantwortung, für Christus Zeugnis abzulegen, ist der Gemeinde übertragen worden. „Nehmt euch jedoch in Acht", sagt Paulus den Heiden, „wenn ihr hingeht und vom Glauben abfallt, werdet auch ihr abgeschnitten werden" (vgl. V. 21). Wir leben in einem fortgeschrittenen Zeitalter, in dem sogenannte christliche Theologen sogar die Grundlage des christlichen Glaubens leugnen – die Göttlichkeit unseres Herrn, seine Menschwerdung, Auferstehung, Himmelfahrt und Wiederkunft. Sie alle sollen gewarnt seien: Wenn sie sich vom Glauben abwenden, wird die Christenheit ebenfalls abgeschnitten werden.[289]

17. Oktober

Satans Krieg gegen Israel

Textlesung: Daniel 8,9-26

Und ein Widersacher stellte sich gegen Israel und reizte David, Israel zu zählen. (1Chr 21,1)

Es begann mit Abraham und damit, wie Gott ihn herausrief, um ein einzigartiges Volk zu gründen. Israel, der Spätzünder unter den Nationen, unterschied sich in der Hinsicht, dass es (zumindest offiziell) keine Götzen anbetete. Es bezeugte den einzigen wahren Gott und die Tatsache, dass der Gott des Himmels auf der Erde ein Ziel verfolgte. Israel sollte das privilegierte Volk sein. Eines Tages würde es den kommenden Messias und Erlöser hervorbringen. Aufgrund dieser Tatsache war Satan schon während der gesamten Menschheitsgeschichte darauf aus, dieses Volk, wenn möglich, zu zerstören und sein Bekenntnis zum kommenden Messias auszulöschen.

Das tat er auch in Ägypten, als er einen völkermordenden Pharao aufstehen ließ, der versuchte, das Volk Israel auszulöschen, indem er jedes männliche neugeborene Baby in den Nil werfen ließ (2Mo 1). Das war natürlich der reine Wahnsinn. Satan tat es wieder zur Zeit Ataljas, als diese Tochter Ahabs aufstieg und die gesamte königliche Familie Judas abschlachten ließ (2Kö 11). Ohne Gottes Vorsehung hätte sie die Linie des Messias vernichtet. Doch Gott in seinem Erbarmen rettete den kleinen Joasch im Babyalter. Ähnliches geschah unter dem niederträchtigen Antiochus Epiphanes. Als schließlich unser Herr kam, griff Satan ihn dreist an. Er versuchte nicht, ihn durch Einschüchterung zu besiegen, sondern durch Bestechung. „Und er führte ihn auf einen hohen Berg und zeigte ihm in einem Augenblick alle Reiche des Erdkreises. Und der Teufel sprach zu ihm: Dir will ich alle diese Macht und ihre Herrlichkeit geben; denn mir ist sie übergeben, und wem immer ich will, gebe ich sie. Wenn du nun vor mir anbeten willst, soll das alles dein sein" (Lk 4,5-7).

Wenn wir einige Jahrhunderte überspringen, können wir es in dem Irrsinn von Hitlers Gaskammern wieder beobachten. Können Sie mir das rational erklären? Wie konnte ein Mensch auf die Idee kommen, ein ganzes Volk vernichten zu wollen? Und das war keine heidnische, unzivilisierte Nation, die das tat, sondern eine, die durch ihren intellektuellen Fortschritt weltweit führend war. Schieben Sie die Schuld nicht allein auf gewöhnliche Sterbliche. Es gibt einen Teufel. Die Machtgelüste und Kriegsspiele, die die kleinen Köpfe der Menschen erfüllen, gebraucht der Teufel zu seinem größeren Zweck: Gottes Volk zu diskreditieren und zu vernichten; und die Nation Israel zu zerstören, um die Erfüllung von Gottes Plan zu verhindern.[290]

18. Oktober

Die Gefangenschaft gefangen führen

Textlesung: Richter 4,4-16

Mache dich auf, Barak, und führe gefangen deine Gefangenen, Sohn Abinoams! (5,12)

Nachdem der Feind das Volk Israel jahrelang unterdrückt und zerstreut hatte, bis nur noch eine Splittergruppe übrig war, stand Barak dort auf dem Berg. „Steh auf", sagte Debora, „dreh den Spieß um – kämpf gegen eure Feinde und die Leute, die euch durch ihren Intellekt, ihre Technologie und Wissenschaft beherrscht haben. Lass sie nicht über alles triumphieren, für das Israel jemals gestanden hat. Führe deine Gefangenen gefangen!" Und genau das tat Barak dann auch.

Israels Dichter vergaßen das nie. Als der Psalmist seinen historischen Bericht verfasst, gebraucht er interessante Formulierungen: „Du bist hinaufgestiegen zur Höhe, du hast Gefangene gefangen weggeführt, hast Gaben empfangen bei den Menschen" (Ps 68,19). Diese Formulierung hat eine lange Geschichte und erscheint einmal mehr in dem wichtigen Absatz in Epheser 4 aus der Feder des Paulus. Er denkt dort an den Kampf und an das große Ziel, die Heiligen zur Einheit des Glaubens zu führen. Und an die Feinde, die überall sind, an den Kampf, mit dem er als Evangelist, Hirte und Lehrer konfrontiert ist. Dabei stellt er fest: „Jedem Einzelnen von uns aber ist die Gnade nach dem Maß der Gabe Christi gegeben worden. Darum heißt es: ‚Hinaufgestiegen in die Höhe, hat er Gefangene gefangen geführt und den Menschen Gaben gegeben'" (Eph 4,7-8).

Wer ist in der Lage, das zu erfüllen, außer dem Messias? „Wenn es heißt, dass er hinaufgestiegen ist", sagt Paulus, „was besagt es anderes, als dass er vorher auch hinabgestiegen ist in die Tiefen unseres Planeten?" (V. 9). Das ist er in der Tat! In seiner Menschwerdung stieg unser Herr hinab. Und bei seiner Rückkehr ist er „auch hinaufgestiegen über alle Himmel, damit er alles erfüllte" (V. 10). Und die Beute, die er dem Eroberer abgenommen hat, hat er verteilt.

Auf der Gegenseite standen ein paar ziemlich hartgesottene Feldherren. Ich denke z. B. an Saulus von Tarsus, aus dessen Feder diese Worte stammen. Was für ein Gegner wäre er in jeder Diskussion gewesen, was für ein Aktivist gegen die Wahrheit, die in Jesus Christus, unserem Herrn, offenbar ist. Wie erbarmungslos hat er die frühen Gläubigen bedrängt. Der in den Himmel aufgefahrene Christus begegnete ihm und besiegte ihn. Er behielt ihn als Beute und machte ihn der Gemeinde zum Geschenk, als Apostel zur Auferbauung der Gemeinde. Was für ein gewaltiger Sieg das war auf der Straße nach Damaskus, als der in den Himmel aufgefahrene Christus seinen Erzfeind Paulus bezwang.[291]

19. Oktober

Die Zerstörung und Erlösung Jerusalems

Textlesung: Lukas 21,5-31

So erkennt auch ihr, wenn ihr dies geschehen seht, dass das Reich Gottes nahe ist. (V. 31)

Natürlich würde der Tempel irgendwann zerstört werden. Sein jahrhundertelanges Zeugnis für Gott würde ausgelöscht werden (vgl. V. 5-6). Doch als die Hohen Priester den geliebten Sohn des Vaters umbrachten, war Gott nicht länger bereit, ihren Tempel auf unbestimmte Zeit als stellvertretendes Zeugnis für den wahren Gott fortbestehen zu lassen. Eine Religion, die offiziell leugnet, dass Jesus Gottes Sohn ist, „hat auch den Vater nicht", sagt Johannes (1Jo 2,23).

Hier sollten wir den offensichtlichen, vielleicht banalen Punkt klarstellen, dass Gott nicht die Christen mit der Zerstörung Jerusalems beauftrage: Diese Aufgabe übertrug er ungläubigen Heiden, so wie Jahrhunderte zuvor den Assyrern (vgl. Jes 10,5-15). Der Antisemitismus der sogenannten christlichen Länder des Mittelalters und der Moderne ist schlicht und ergreifend teuflisch und satanischen Ursprungs.

Doch wir sollten auch Folgendes beachten: Das göttliche Erbarmen hatte den göttlichen Zorn über Jerusalem von vornherein begrenzt, bevor dieser überhaupt begann: Jerusalem, so sagte Christus, würde von den Heiden niedergetreten werden – aber nur „bis die Zeiten der Nationen erfüllt sein werden" (Lk 21,24). Kennzeichen der Zeiten der Nationen war, dass die Heiden nun jahrhundertelang die

Gelegenheit haben würden, von dem Retter und dem Evangelium zu hören, den das Judentum offiziell abgelehnt hatte. Wie wir heute wissen, haben Millionen von Menschen darauf reagiert. Doch die heidnischen Nationen würden sich als kein Stück besser oder weniger sündhaft erweisen als Israel. Ihre Gelegenheit, das Evangelium anzunehmen, würde ebenfalls nicht von Dauer sein – ebenso wenig wie ihre Vormachtstellung über Jerusalem. Zudem würde, wie Paulus später seinen heidnischen Mitchristen in Erinnerung rufen musste, der Abfall vom Glauben das Christentum schließlich seiner Rolle als Kronzeuge für Gott auf der Erde ebenso berauben, wie das Christentum das Judentum dieser Rolle beraubt hat. Israel hingegen würde zu guter Letzt bekehrt und wieder in seine Stellung als Zeuge für Gott eingesetzt werden (vgl. Röm 11,13-32). Eines Tages wird Jerusalems Trostlosigkeit also vorbei sein. Der Sohn des Menschen wird in Macht und großer Herrlichkeit inmitten warnender kosmischer Erschütterungen kommen. Die Erlösung wird vollendet werden. Das Königreich Gottes wird kommen (vgl. Lk 21,26-28.31). Das lange Warten wird vorbei sein.[292]

20. Oktober

Der heilige Gott kommt nahe

Textlesung: Psalm 27

*Und das Leben ist offenbart worden,
und wir haben gesehen und bezeugen und verkündigen euch das ewige Leben,
das bei dem Vater war und uns offenbart worden ist. (1Jo 1,2)*

All die weiten Universen im Weltraum sind nicht groß genug, um den allmächtigen Herrn zu fassen. Dennoch hat er sich freiwillig bereit erklärt, in der Stiftshütte gegenwärtig zu sein, sodass sein Volk sich Gott nähern, ihn kennenlernen und aus nächster Nähe entdecken konnte, wie er war. Die Menschen konnten die Ehrfurcht gebietende Seite seiner Heiligkeit sehen. Und trotzdem konnten sie sich ohne Furcht nähern, um auch die Schönheit seiner Heiligkeit anschauen.

Wie erstaunlich und wunderbar Gott ist! Er hat dasselbe für uns getan, wissen Sie. Er hat nicht gewartet, bis wir endlich heimkommen in den Himmel, obgleich es bereits eine Erniedrigung Gottes ist, uns überhaupt im Himmel haben zu wollen. Nein, er ist in der Person Jesu Christi, unseres Herrn, herabgekommen und hat Menschengestalt angenommen, sodass Menschen ihre Ehrfurcht vor ihm behalten und ihm doch zugleich ohne Angst nahen können, um seine Herrlichkeit zu sehen. Ich weiß, dass sie damals noch nicht die gleichen Vorstellungen hatten wie wir heute. „Glückselig aber eure Augen, denn viele Propheten und Könige haben begehrt zu sehen, was ihr anschaut, und haben es nicht gesehen" (vgl. Mt 13,16-17). Aber selbst in jenen fernen Tagen drang etwas von der Herrlichkeit Gottes zu ihnen durch. Haben Sie diese schönen Worte aus Psalm 27 wiedererkannt? Sie wurden von einem Mann geschrieben, der die Härten des Lebens kannte. Er hatte überall Feinde in Hülle und Fülle, die ihm nach dem Leben trachteten. Lesen Sie, wie er sich tröstete: „Eins habe ich vom HERRN erbeten, danach trachte ich: zu wohnen im Haus des HERRN alle Tage meines Lebens, um anzuschauen die Freundlichkeit des HERRN" (V. 4).

Manche von Ihnen würden ihr ganzes Urlaubsgeld ausgeben, um nach Neapel oder Florenz zu reisen und die wunderschönen Meisterwerke zu sehen, die die Menschen dieser Welt geschaffen haben. Und warum auch nicht? Mein lieber Freund, der Gott, der die Schönheit erschaffen hat, der selbst die Herrlichkeit ist, hat uns nicht nur erlöst. Er lädt uns auch ein, näherzutreten und die Schönheit seiner Heiligkeit anzuschauen. Wenn Sie seine Einladung annehmen, wird Ihnen das manchen trostlosen Tag und schwierigen Lebensabschnitt erleichtern. Im Geschäftsleben, in der Politik, sogar zu Hause, wenn Schwierigkeiten kommen und das Leben kompliziert und verwirrend erscheint, gibt es einen Ausweg. Nicht aus der Realität selbst, sondern – Gott sei Dank – *in* die Realität *hinein*. In diese Realität hinein, die in letzter Konsequenz der Grund dafür ist, dass wir überhaupt geschaffen wurden. Kleine, menschliche Lehmklumpen, denen Gott ewiges Leben gegeben hat, damit wir in der Lage sind, zu Gott zu kommen, um seine Herrlichkeit zu sehen und uns an unserem Schöpfer zu erfreuen, der unser Vater und Erlöser geworden ist. Das ist die Realität, um die es im Leben eigentlich geht.[293]

21. Oktober

Wie Gott bei seinem Volk wohnen kann

Textlesung: 2. Mose 40,17-38

Und sie werden erkennen, dass ich, der HERR, ihr Gott bin,
der ich sie aus dem Land Ägypten herausgeführt habe,
um mitten unter ihnen zu wohnen, ich, der HERR, ihr Gott. (2Mo 29,46)

Beginnen wir ganz am Anfang bei der eigentlichen Generation in der Wüste. Gott wollte die Israeliten durch die Wüste zu dem ihnen verheißenen Erbe bringen. Aber auf welche Weise?

Gott war auf den Sinai herabgestiegen, um ihnen zu sagen: „Ihr habt erlebt, dass ich euch wie auf Adlerflügeln getragen und bis hierher zu mir gebracht habe"

(2Mo 19,4; NeÜ). Das war keine vage Typologie, die sie nicht betraf, sondern nur für die christliche Gemeinde zutreffen würde. Dies wurde diesen Leuten in der Wüste zugesprochen, und Gott meinte es ernst. Er selbst wollte ihr Ziel sein, und zwar schon in diesem Moment. Zu den Bedingungen dieses Bundes bot er ihnen eine persönliche Beziehung an. Aus seiner Güte heraus schenkte er ihnen die Stiftshütte, damit er bei ihnen wohnen konnte. Er wollte wirklich Gemeinschaft mit ihnen haben, weil er sie liebte. Das waren damals echte Menschen, nicht nur typologische Bilder, wie in einem Fotoalbum zum späteren Nutzen und zur Unterweisung von Christen. Es ging um echte Erfahrungen von wirklichen Menschen. Gott wollte mit ihnen Gemeinschaft haben. Nicht erst irgendwann, wenn sie ins Land Kanaan kämen und Salomo einen prächtigen Tempel bauen würde. Nein, Gott wollte ihnen jetzt im Wüstensand begegnen und eine tiefe Beziehung zu ihnen aufbauen. Und soweit es ihnen möglich war, würden sie ihn dabei ebenfalls kennenlernen.

Sie sagen: „Aber wie ist das möglich? Wie konnten diese armseligen, gebrochenen, schwachen und irrenden Menschen in dieser Wüste eine echte und bedeutsame Beziehung zum lebendigen Gott aufbauen?" Ich will Ihnen sagen wie. Der erste Bund hatte eine Stiftshütte und Gefäße für den Gottesdienst (vgl. Hebr 9,1). Der göttliche Einfallsreichtum war nicht verlegen um Wege und Mittel, mit deren Hilfe sich diese pilgernden Ex-Sklaven seiner Gemeinschaft erfreuen konnten, während sie auf dem Weg heim nach Kanaan waren. Beim Lesen werden uns zwei Dinge auffallen: Die ungeheure Gnade Gottes gegenüber diesem alten Volk und seine Gnade uns gegenüber, die sich in der überragenden Herrlichkeit der Güte zeigt, die uns in Christus geschenkt wurde.[294]

22. Oktober

Das Fundament der Einheit

Textlesung: 2. Mose 26,15-29; 38,25-28

Die 100 Talente Silber waren zum Gießen der Fußgestelle des Heiligtums und der Fußgestelle des Vorhangs: 100 Fußgestelle auf 100 Talente, ein Talent auf ein Fußgestell. (38,27)

Von dieser gottgegebenen Veranschaulichung können wir die eine oder andere Lektion lernen. Einer der Gründe für die Stabilität des Holzgestells der *Mischkan,* wie die Stiftshütte auch genannt wurde, war, dass jedes einzelne Brett *in Fußgestellen aus Silber steckte.* Jedes Brett hatte zwei Zapfen, die nach unten gingen wie bei einer Leiter, und es gab zwei Fußgestelle – eines unter jedem Zapfen. Dabei handelte es sich nicht einfach um gewöhnliches Silber. Das Silber für diese Fußgestelle stammte aus dem *Lösegeld.* Als die Volkszählung in Israel abgehalten wurde, musste jeder ein Lösegeld (einen Sühnepreis) zahlen, um als eingeschriebenes Mitglied Israels unter dem Schutz Jahwes weiterleben zu können (30,12). Dieses Lösegeld, das aus Silber bestand, wurde eingeschmolzen, diente dann als Fußgestell für die Bretter, und gab ihnen somit Stabilität. So wurde der Schwerpunkt nach unten verlagert. Durch das schwere Gewicht unten war es weniger wahrscheinlich, dass das Holzgestell umkippte. Dieses Silber stammte aus dem Lösegeld.

Es ist eine grundlegende Bestimmung und Voraussetzung für die wahre Gemeinde Gottes, dass jeder Gläubige auf dem Lösegeld steht, das Christus für unsere Seelen bezahlt hat. Wir sind erlöst – „nicht mit vergänglichen Dingen, mit Silber oder Gold ... sondern mit dem kostbaren Blut Christi“ (1Petr 1,18-19). Hierin besteht das Fundament aller christlichen Einheit. Um ein wahres Kind Gottes zu sein, muss jeder von uns auf dem kostbaren Blut Christi als unserem Lösegeld „stehen“, denn Christus gab sich selbst als Lösegeld für alle (1Tim 2,6). Nur die, die in echter Buße und wahrem Glauben Christus annehmen und sich auf sein erlösendes Blut stellen, werden freigekauft. Es ist eine Quelle ernsthafter Schwäche, wenn die Gemeinde nicht mehr verkündigt, dass jeder Einzelne dieses Lösegeld annehmen und sich auf das erlösende Blut Christi stellen muss, wenn er zu Gottes Gemeinde gehören will.

Es ist ein erschreckender Missstand, wenn ein Evangelikaler in einer Zeitung schreiben kann: „Wenn die Sühnetheorie richtig wäre – dass Gott unser aller Missetaten auf Christus gelegt und der Gottes Zorn für unsere Sünde erlitten hätte –, müsste man Gott für Kindesmissbrauch anzeigen." Das wurde von einem bekennenden Evangelikalen geschrieben und veröffentlicht. Ich zitiere es einfach, um zu zeigen, wie wichtig es ist, dass wir unser Fundament richtig legen. Jedes Brett stand auf dem Lösegeld. Und jeder Gläubige in der Familie Gottes muss durch das kostbare Blut Christi erlöst werden.[295]

23. Oktober

Die Stiftshütte – ein Abbild himmlischer Dinge

Textlesung: Hebräer 8,1-6

Sie dienen allerdings nur einer Nachbildung, einem Schatten der himmlischen Wirklichkeit. Denn als Mose daranging, das heilige Zelt zu errichten, erhielt er die göttliche Weisung: „Pass auf, dass alles nach dem Muster gefertigt wird, das dir auf dem Berg gezeigt worden ist." (V. 5; NeÜ)

Begreifen wir den ursprünglichen praktischen Zweck der Stiftshütte: Er bestand darin, dass Gott mit seinem Volk unterwegs sein konnte. Doch warum sollten wir die Stiftshütte studieren? Nun, Gott hielt es für wichtig. Hebräer 8,5 sagt, dass Gott Mose damit beauftragte, die Stiftshütte zu bauen. Er befahl ihm, exakt das Modell nachzubilden, das ihm auf dem Berg gezeigt worden war.

„Sinnt auf das, was droben ist, nicht auf das, was auf der Erde ist!" (Kol 3,2). Und wie macht man das? „Richtet eure Gedanken darauf", sagt das Griechische an der Stelle tatsächlich. Wie ist es im Himmel? Sie werden sich an die Geschichte im ersten Buch Mose erinnern, als Gott den Mann und die Frau erschuf. Er stellte sie in den Garten, sie brachen Gottes Gebot und sündigten. Daraufhin wurden sie vom Baum des Lebens vertrieben. Als Israel befreit wurde, kam Gott herab und wohnte in der Stiftshütte. Die Priester durften zumindest in den ersten Teil der Stiftshütte hinein. Ich frage mich, wie sie sich fühlten. Stellen Sie sich einmal einen jungen Priester vor. Er hat sich gründlich gereinigt und die richtige Kleidung angezogen. Und nun soll er zum allerersten Mal das Heiligtum betreten. Als er hereinkommt, sieht er überall die Cherubim: auf dem Dach, auf dem Seitenvorhang, auf dem Vorhang. Wenn er das Alte Testament kannte, wird er sich daran erinnert haben, wie Adam und Eva aus dem Garten vertrieben wurden und wie Gott Cherubim sandte, die den Weg zum Baum des Lebens bewachen sollten, damit der schuldige Mensch nicht dorthin zurückkehren konnte. Wenn er ins Heiligtum hineinkommt, findet er hier jede Menge Cherubim vor – doch sie hindern ihn nicht daran einzutreten. „Oh, das hier sieht doch stark nach einem Baum aus." Nun, das war es auch, bzw. eigentlich war es der Leuchter. Doch er war so geformt, dass er wie ein Baum aussah, mit Blüten, Knospen und Früchten – als wäre er lebendig. Er war ein Symbol für den Baum des Lebens. Einen solchen Baum gibt es, nicht wahr? Wir wissen nicht wirklich, wie er botanisch zu beschreiben ist. Doch im letzten Buch der Bibel wird uns wieder vom Baum des Lebens erzählt, der in Gottes Paradies steht (Offb 22,2).

Ich benötige etwas Hilfe, wenn ich über so etwas nachdenke, etwas, das sowohl meine Fantasie als auch mein logisches Denken beflügelt. Deshalb bin ich Gott sehr dankbar. Denn er hat sich auf meine Ebene herabgebeugt und mir Symbole für die großartigen ewigen Wahrheiten geschenkt – ein Genuss für mein Denken.[296]

24. Oktober

Vollständige Vergebung

Textlesung: Psalm 130

Mit seinem Körper hat er unsere Sünden auf das Holz hinaufgetragen, damit wir – für die Sünden gestorben – nun so leben, wie es vor Gott recht ist. Durch seine Striemen seid ihr heil geworden. (1Petr 2,24; NeÜ)

Das Evangelium ist so wunderbar, dass es mit menschlichen Worten kaum zu beschreiben ist. Gott hat versprochen, dass er unsere Sünden und Verfehlungen nie wieder zur Sprache bringen, sie uns nicht vorhalten und uns dafür nicht bestrafen wird. Warum nicht? Weil die Strafe bereits von Christus getragen wurde! Weil das so ist, gilt: Wo man eine solche Vergebung hat, „wird auch kein Opfer mehr für Sünden gebraucht“ (Hebr 10,18; NeÜ).

Lassen Sie mich eine kleine Analogie verwenden. Da ist ein junges Pärchen – zumindest waren sie noch jung, als alles begann. Herr und Frau Schmidt sind frisch verheiratet. Sie haben ein Haus gekauft. Sie konnten es nicht bar bezahlen, daher haben sie eine Hypothek aufgenommen. Sie dachten, sie könnten es sich leisten. Die Tage vergingen, und die Zahlungsfrist für die erste monatliche Rückzahlung erwies sich als ziemliche Belastung. Als sie sie endlich bezahlt hatten, fühlten sie sich wunderbar erleichtert. Doch dann kam der nächste Monat. Und noch einer. Und sie mussten die Hypothek immer weiter abbezahlen. So bezahlten sie 35 Jahre lang immer weiter ab. Welch eine Belastung, ständig zahlen zu müssen! Aber es kam der Zeitpunkt, als die Restzahlung der Hypothek überwiesen und alles abbezahlt war. Wundervoll! Als sich der nächste Monat dem Ende neigt, sagt Frau Schmidt zu ihrem Mann: „Meinst du nicht, wir sollten noch eine weitere Rate bezahlen – nur um sicher zu sein?“ Ich glaube nicht, dass Frau Schmidt so etwas Albernes sagen würde, oder? Es ist abbezahlt – da ist nichts mehr, was noch zu bezahlen wäre.

So sieht die herrliche Wirklichkeit für alle aus, die auf Christus vertrauen. Sie müssen nichts mehr vorweisen, um im Gegenzug Vergebung zu erhalten. Falls Sie jemals jemandem über den Weg laufen, der es für notwendig hält, Gott etwas anzubieten, um Vergebung zu bekommen, dürfen Sie sicher sein: Er ist „im Gewissen noch nicht vollkommen gemacht“, um die Formulierung der Bibel zu gebrauchen (Hebr 9,9). Wenn wir erst sehen, dass Christi Tod unsere Strafe vollständig bezahlt hat und für uns kein Restbetrag mehr zu zahlen bleibt, können wir Gottes Zusicherung haben: „Ihrer Sünden und ihrer Gesetzlosigkeiten werde ich nicht mehr gedenken“ (10,17).

Wundervoll, oder? Ich bin sicher, dass wir alle schon einmal unter dem Kreuz Christi, an diesem „Altar“, gestanden und die Erfahrung gemacht haben, dass Gott uns vergeben und uns angenommen hat. Dass unser Weg zu ihm und in seinen Himmel frei ist und weit offensteht.[297]

25. Oktober

Die Notwendigkeit regelmäßiger Reinigung

Textlesung: 2. Mose 29,1-4; 30,17-21

Jesus spricht zu ihm:
Wer gebadet ist, hat nicht nötig, sich zu waschen, ausgenommen die Füße, sondern ist ganz rein; und ihr seid rein, aber nicht alle. (Joh 13,10)

Eines Tages wird der Retter in seiner ganzen rechtmäßigen Herrlichkeit (und ich möchte fast sagen: voller Stolz) seinem Vater mit überströmender Freude die Erlösten präsentieren. Sie alle gehören zu der Braut, die Christus dem Vater ohne Flecken oder Runzeln oder Ähnlichem vorstellen wird.

Aber warum ist das ständige Waschen der Füße noch wichtig? Nun ja, wie unser Herr zu Petrus sagte: „Wenn ich dich nicht wasche, so hast du kein Teil mit mir“ (Joh 13,8). Achten Sie genau darauf, welche Präposition er verwendet. Er sagt nicht: „So hast du kein Teil *an* mir.“ Er sagt: „So hast du kein Teil *mit* mir.“ Mit ihm woran? An seinem Werk, den Verlorenen das Evangelium zu bringen; an seinem Werk, sich um die Erlösten zu kümmern.

Sie wissen, wie kleine Jungs sind – sie spielen mitten auf der Straße Fußball. Sie stellen sich direkt vor meine Lorbeerhecke, die ich über die Jahre mit großer Sorgfalt gepflegt habe. Und wenn derjenige, der im Tor steht, den Ball nicht hält, geht er geradewegs durch meine Hecke, macht das ganze Ding kaputt, und ich koche innerlich! Nehmen wir an, in diesem Moment sehe ich die Eltern der Jungs kommen und sage zu ihnen: „Gucken Sie mal hier! Ich bin es leid, dass Ihre Kinder ständig meine Hecke zerstören!“ So schimpfe ich noch ein bisschen weiter, und gerade, als sie sich entnervt abwenden, sage ich: „Ach ja, wir haben übrigens besondere Evangeliumsvorträge in unserer Gemeinde. Hätten Sie Lust, mal mit dorthin zu kommen?“ Was meinen Sie, wie würden die Eltern reagieren? Oder wenn ich als Geschäftsmann gerade jemanden über den Tisch gezogen habe – wie kann ich ihn da aufrichtig einladen, das Evangelium zu hören? Würde er überhaupt kommen?

Christus sagt: „Wenn du nicht zulässt, dass ich anfange, an diesen Missständen bei dir zu arbeiten, wirst du keinen Teil mit mir an meinem Werk haben, die

Verlorenen zu suchen und für die Erlösten zu sorgen (oder dein Anteil wird sehr begrenzt sein)." Das steht auf dem Spiel.[298]

26. Oktober

Christus – das Leben, das das Licht bringt

Textlesung: 2. Mose 25,31-40

In ihm war Leben, und das Leben war das Licht der Menschen. (Joh 1,4)

Wir haben Grund zu der Annahme, dass der Leuchter – ebenso wie der Rest der Stiftshütte – „ein Schatten der künftigen Dinge" war (Kol 2,17), ein Hinweis auf Christus. Und worauf wies er konkret hin? Der Leuchter war wie ein Baum; er sah aus, als sei er lebendig – mit Knospen, Zweigen, Blüten, Früchten –, und dennoch trug er das Licht. Sieben Lampen, eine in der Mitte und sechs an den Zweigen. Das erinnert mich an das, was das Johannesevangelium sagt:

> Im Anfang war das Wort, und das Wort war bei Gott, und das Wort war Gott. Dieses war im Anfang bei Gott. Alles wurde durch dasselbe, und ohne dasselbe wurde auch nicht eines, das geworden ist. In ihm war Leben, und *das Leben war das Licht* der Menschen. (1,1-4)

Der Leuchter war wie ein Baum und sagte damit symbolisch: In ihm war Leben, waren alle Lebensphasen, und dennoch trug er das Licht. Welch eine hervorragende prophetische Darstellung des Kommens unseres Herrn, denn „in ihm war Leben, und das Leben war das Licht der Menschen".

Um zu verstehen, was Johannes da sagt, müssen wir diesen Vers natürlich in seinem Kontext lesen. Von welchem Leben redet Johannes? „Alles wurde durch dasselbe, und ohne dasselbe wurde auch nicht eines, das geworden ist" (V. 3). Dieser Vers spricht von der Erschaffung unseres riesigen Universums und sagt einfach, aber nachdrücklich, dass alles durch ihn und von ihm gemacht wurde. Es gibt in diesem riesigen Universum nichts, das nicht durch ihn gemacht wurde.

Woher nahm er das Leben? Denn neben den Sternen, Galaxien, Felsen, Bergen und Ozeanen ist dieser Planet auch mit Leben erfüllt. Bis heute bleibt er – soweit wir wissen – der Einzige, auf dem es Leben gibt. Woher nahm Jesus das Leben, um diesen Planeten zu schaffen? Er nahm es von nirgendwo her! „In ihm war Leben“ – *er ist die Quelle alles erschaffenen Lebens.* „Alles wurde durch dasselbe, und ohne dasselbe wurde auch nicht eines, das geworden ist. In ihm war Leben, und das Leben war das Licht der Menschen.“ Die Existenz von Leben in diesem Universum bleibt bis heute ein Licht für die Menschen, die bereit sind, auf ihn zu hören.[299]

27. Oktober

Gottes Vorkehrung, um sein Volk zu bewahren

Textlesung: 2. Mose 25,23-30

Sabbattag für Sabbattag soll er [Aaron] es regelmäßig vor dem HERRN zurichten: ein ewiger Bund bei den Söhnen Israel. (3Mo 24,8)

Wie der Leuchter war der Tisch, der gegenüber dem Leuchter auf der anderen Seite des Heiligtums stand, ein Schaugegenstand. Seine Funktion bestand darin, ständig zwölf Brotlaibe und eine bestimmte Menge Weihrauch zu tragen und sie vor der Gegenwart des Herrn zu präsentieren (2Mo 25,30; 40,23; 3Mo 24,6-8).

Die zwölf Brotlaibe repräsentierten die zwölf Stämme Israels; der Tisch, auf dem sie vor dem Herrn lagen, tat das jedoch nicht. Schauen Sie sich nur seine Pracht an! Er war aus Akazienholz gefertigt und dann mit Gold überzogen. Doch nicht einfach mit irgendeinem Gold: Es musste reines Gold sein, das heißt, Gold von höchster Reinheit. Um die Tischplatte herum verlief eine goldene Zierleiste. Diese bestand anscheinend aus Massivgold, also nicht aus Holz, das lediglich mit Gold überzogen war. Rings um den Tisch (ob vertikal oder horizontal ist nicht klar) verlief eine handbreite, ebenfalls mit Massivgold verzierte Leiste. Wenn die Stiftshütte unterwegs war, musste der Tisch getragen werden. Zu diesem Zweck waren vier Ringe angebracht – jeweils einer an der Außenseite jedes Tischbeins.

So konnten entlang des Tisches zwei Tragestangen durch die Ringe geführt werden. Sogar diese Ringe mussten aus Gold sein. Und die hölzernen Tragestangen mussten mit Gold überzogen sein. Dann musste der Tisch mit verschiedenen Utensilien ausgestattet werden, die während des Dienstes am Tisch gebraucht wurden. Es gab Schüsseln und Schalen, Kannen und Opferschalen: Und auch sie mussten aus nichts Geringerem als reinem Gold hergestellt werden. Kein Wunder, dass der Tisch auch der „reine Tisch" genannt wurde (3Mo 24,6), ebenso wie man den Leuchter als den „reinen Lampenständer" bezeichnete (V. 4).

Hier handelte es sich also nicht um einen gewöhnlichen Tisch mit rein funktionalem Design. Er war bis ins kleinste Detail aufwendig und prächtig gestaltet. Tatsächlich war das Gottes Maßnahme, um sein Volk beständig vor seiner Gegenwart zu präsentieren, zu seiner Zufriedenheit und Freude. Dass Brotlaibe, die zwar aus feinem, jedoch gewöhnlichem Mehl hergestellt wurden, auf so einen majestätischen Tisch gelegt wurden, ist allein aufgrund des daraus entstehenden Kontrasts auffällig genug. Aber dass diese Brote gemäß Gottes eigener Entscheidung symbolisch für die zwölf Stämme seines erlösten, aber oftmals irrenden Volkes stehen sollten, zeugt von einem Reichtum an göttlicher Gnade, der ins Unermessliche geht.[300]

28. Oktober

Der Wohlgeruch unserer Anbetung

Textlesung: 2. Mose 30,1-10.34-38

Denn wir sind ein Wohlgeruch Christi für Gott unter denen, die gerettet werden, und unter denen, die verloren gehen. (2Kor 2,15)

Zweimal am Tag musste Aaron mit Weihrauch räuchern: am Morgen, wenn er die Lampen bestückte, und wiederum am Abend, wenn er sie anzündete. Nun wurde das Öl für die Lampen aus gepressten Oliven gewonnen. Anschließend musste das Öl gefiltert werden, um alle Rückstände der Schale oder des Fruchtfleisches zu entfernen (3Mo 24,2). Trotzdem wird das Nachschneiden der abgebrannten Dochte eine übel riechende Angelegenheit gewesen sein. Und ein neuer Docht kann nach dem Anzünden zunächst mehr Rauch als Licht produzieren. Das war eine naturbedingte Schwäche, die der Gebrauch von Öllampen im zeremoniellen Gottesdienst mit sich brachte. Es wird daher vermutet, die zweimalige Verbrennung von Weihrauch sei ursprünglich dazu gedacht gewesen, den unangenehmen Geruch der Lampen zu überdecken, der in Gottes Gegenwart inakzeptabel und vielleicht anstößig für ihn gewesen wäre.

Die Heilige Schrift erläutert nicht, warum das Verbrennen des Weihrauchs gleichzeitig mit dem Nachschneiden und Anzünden der Lampen stattfinden musste. In einem Punkt können wir uns jedoch sicher sein: Gott war erfreut über den Duft des Weihrauchs. Denn er hatte die Zutaten dafür ausdrücklich angegeben und befohlen, dass der Weihrauch nur zu seinem eigenen Wohlgefallen und für niemanden sonst hergestellt werden sollte (2Mo 30,34-38). Es ist denkbar, dass der Duft des Weihrauchs in den Jahren von Israels geistlicher Kindheit (siehe Gal 4,1-3) eine metaphorische, wenn nicht sogar symbolische Bedeutung hatte. Wir wissen aus Gottes klaren Aussagen an anderen Stellen, dass ihm üble Gerüche sowohl im moralischen als auch im zeremoniellen Bereich missfallen. Er scheut sich auch nicht davor, seiner Abscheu in Form von metaphorischer Sprache Ausdruck zu verleihen. Er warnte Israel: Sollten dessen wohlriechenden Opfer von einem unmoralischen Lebenswandel und religiöser Untreue begleitet sein, würde er „eure Heiligtümer öde machen, und ich werde euren wohlgefälligen Geruch nicht riechen" (3Mo 26,31). Als Israel heidnische Rituale mit deren Pseudo-Rezepten zur Heiligung übernahm, äußerte Gott seine Abscheu unverblümt: „Diese Leute sind wie Rauch in meiner Nase, wie ein Feuer, das den ganzen Tag brennt" (Jes 65,5; NeÜ).

Das hat uns auch heute noch etwas zu sagen. Nicht alle Anbetungsformen sind für Gott akzeptabel. Auf der anderen Seite bezeichnet Paulus großzügiges Spenden im Namen Christi als „einen duftenden Wohlgeruch, ein angenehmes Opfer, Gott wohlgefällig" (Phil 4,18). Gott mag noch immer angenehme Gerüche![301]

Teil 7 – Gottes Anschauungsunterricht: *heilige Tage, Feste und Opfer*

29. Oktober

Kein Geist der Sklaverei!

Textlesung: Galater 5,1-15

Ich bin der HERR, dein Gott, der ich dich aus dem Land Ägypten, aus dem Sklavenhaus, herausgeführt habe. (2Mo 20,2)

Israels Jahresablauf wurde immer wieder von bestimmten Feiertagen unterbrochen, die Gott persönlich zum Wohl seines Volkes eingesetzt hatte. Gott hat überhaupt nichts gegen Arbeit einzuwenden, nicht einmal gegen harte Arbeit. Er befürwortet Arbeit. Es ist gesund und heilsam, eine Aufgabe zu haben, die die Muskeln und den Kopf beschäftigt. Gott hat diese Feiertage eingeführt, weil er gegen Sklaverei ist. In dieser gefallenen Welt geschieht es so furchtbar schnell, dass Arbeit verschiedenster Art zu Sklaverei verkommt. Gott war gegen Sklaverei in Israel in Bezug auf die tägliche Arbeit. Er ist immer noch gegen Sklaverei, wenn es um die Frage des Heils und der Lebensgestaltung als Christen geht.

Paulus sagt uns: „Denn ihr habt nicht einen Geist der Knechtschaft empfangen, wieder zur Furcht, sondern einen Geist der Sohnschaft habt ihr empfangen, in dem wir rufen: Abba, Vater!" (Röm 8,15). Es ist sehr gütig und liebevoll von Gott, uns das Wirken des Heiligen Geistes in unserem Leben zunächst in der Verneinung zu erklären. Wir werden innerlich und äußerlich von allen möglichen Dringlichkeiten und Anforderungen bestimmt. Dabei müssen wir unterscheiden, welche davon von Gottes Heiligem Geist stammen und welche ein falsches Drängen sind, das uns in die Sklaverei führen würde. Wenn jüngere Christen Sehnsüchte in sich selbst wahrnehmen, die ihnen Angst einjagen, oder wenn sie in ihrem christlichen Dienst auf eine Art Knechtschaft zusteuern und den Eindruck haben, nicht aufzuhören zu dürfen, ansonsten würden sie Gott irgendwie missfallen, dann sollten sie an diese Aussagen denken. Gottes Geist wird unser Leben niemals zu einer Form von Sklaverei herabwürdigen. Wir haben nicht einen Geist der Knechtschaft empfangen, wieder zur Furcht. Gott will harte Arbeit, auch Opfer von uns, aber ganz gewiss keine Sklaverei.

Junge Menschen starten manchmal mit gutem und bewundernswertem Eifer für den Herrn. Sie fangen an, ihm zu dienen, zu beten, Zeugnis zu geben, und setzen sich voll für ihn ein, bis sie, ehe sie sich versehen, so eingebunden sind, dass ihre Nerven blank liegen, sie unter psychischem Druck leiden und irgendwann zusammenbrechen. Manchmal stellen sie fest, dass sie gar nicht mehr damit aufhören können. Denn die Stimme, die sie antreibt, imitiert den Heiligen Geist. Sie haben das Gefühl, es wäre eine Sünde aufzuhören. Es ist eine barmherzige Vorkehrung unseres Vaters – die übrigens absolut charakteristisch für sein Herz ist –, dass er uns daran erinnert: Der Geist, durch den er uns leitet, ist kein Geist der Sklaverei.[302]

30. Oktober

Der Sabbat

Textlesung: Jesaja 46,1-7

Und Gott segnete den siebten Tag und heiligte ihn;
denn an ihm ruhte er von all seinem Werk,
das Gott geschaffen hatte, indem er es machte. (1Mo 2,3)

Gott schuf den Himmel und die Erde in sechs Tagen und ruhte am siebten Tag. Er heiligte den siebten Tag, sodass die Israeliten an sechs Tagen in der Woche arbeiten und am siebten Tag ruhen sollten. Warum? Um sie daran zu erinnern, dass Gott die Welt geschaffen hatte – sie hatten sie nicht selbst gemacht! Wenn wir manchmal mit trauriger Miene herumlaufen, seufzen und stöhnen, könnte man meinen, auf unseren Schultern läge die Verantwortung, das ganze Universum am Laufen zu halten. Aber das ist nicht der Fall. Gott hat es geschaffen, und er hat auch uns geschaffen. Aber er hat uns nicht dazu gemacht, dass das Leben unser Glück und unsere Freude verdrängt und zur unerträglichen Sklaverei wird. Er hat uns zur Freiheit geschaffen. Die Sünde will uns zu Sklaven machen. Doch er hat uns erlöst, damit wir immer mehr erkennen, was es heißt, ein frei geborenes Kind Gottes zu sein – des Gottes, der alles geschaffen hat.

Wenn wir weise sind, werden wir versuchen, den Sinn dahinter zu verstehen. Wir sind nicht durch Gesetzesvorschriften verpflichtet, einen von sieben Tagen als Sabbat zu halten. Aber wir nehmen uns Zeit, um von unserer täglichen Arbeit – ja, auch von unseren geistlichen Aufgaben – Abstand zu nehmen, uns zurückzulehnen und bei Gott zur Ruhe zu finden. Wir sollen über die Tatsache nachdenken, dass er derjenige ist, der uns geschaffen und gesagt hat: „Ich habe es getan, und ich werde heben, und ich werde tragen und werde retten" (Jes 46,4).

Es gibt viele Menschen, die Lasten tragen, die sie völlig erdrücken. Kritisieren Sie sie nicht. Sagen Sie ihnen nicht, sie sollten dabei lächeln, weil sie sonst ein schlechtes Zeugnis für Christus seien. Das wäre sehr verletzend. Sie leiden vielleicht unter persönlichen Schmerzen, unter Verlust oder haben Kummer in ihrer Familie. Von solchen Menschen sollte man vernünftigerweise nicht erwarten, dass sie lachen und fröhlich sind. Das Leben bringt schwere Lasten mit sich. Aber selbst unter den Lasten lädt Gott uns ein, innezuhalten und uns daran zu erinnern, dass er derjenige war, der die ganze Welt – und auch uns – ins Leben gerufen hat. Er möchte uns tragen. Wir werden wahre Ruhe im Herzen finden, wenn wir lernen, unsere Lasten bei Gott abzugeben.[303]

31. Oktober

Die Sabbatruhe

Textlesung: Hebräer 4,1-11

Kommt her zu mir, alle ihr Mühseligen und Beladenen!
Und ich werde euch Ruhe geben. (Mt 11,28)

Israel wurde eindringlich gemahnt, den Sabbat als Tag der Ruhe einzuhalten, als Erinnerung, dass sie einst Sklaven in Ägypten gewesen waren und Gott sie aus der Knechtschaft befreit hatte. Darum sollten auch sie nun ihren Knechten einen Ruhetag gönnen. Wir sind von Gott erlöst worden. Durch ihn haben wir

Ruhe gefunden. Darum tragen wir eine Verantwortung: Wenn wir Arbeitgeber sind, müssen wir dafür sorgen, dass wir unseren Angestellten das Leben nicht verleiden. Infolge dieser Verordnung hält das Volk Israel den Sabbat bis auf den heutigen Tag – zumindest äußerlich. Bis zur Zeit des Neuen Testaments stellen wir jedoch zwei Hauptfehler fest, die die Israeliten gemacht haben.

Sie dachten, sie könnten Gott nicht völlig vertrauen. Daher waren sie versucht, am Sabbat trotzdem zu arbeiten. Wenn z. B. ein Jude sah, dass sein Konkurrent ein Stück die Straße hinauf seinen Laden am Sabbat öffnete, hatte er vielleicht den Eindruck, er könne es sich nicht leisten, sein Geschäft geschlossen zu lassen. Und so brach er das Sabbatgesetz. Dieses Misstrauen gegen Gott raubte ihm jedoch seine Ruhe und machte das Leben erneut zur Sklaverei.

Im anderen Extrem gab es ein paar religiöse Leute, die versuchten, den Sabbat mit vielen strengen Bestimmungen zu regeln, die unbedingt einzuhalten waren. Sie fügten alle möglichen Regeln und Vorschriften hinzu, die Gott nie gegeben hatte. So verwandelten sie den Sabbat der Ruhe in eine elende Knechtschaft.

Vor diesem Hintergrund präsentierte sich unser Herr als Mensch gewordener Schöpfer, als der, der Himmel und Erde erhält, der Erbe aller Dinge. Und er steht noch immer vor uns und sagt: „Kommt her zu mir, alle ihr Mühseligen und Beladenen! Und ich werde euch Ruhe geben. Nehmt auf euch mein Joch, und lernt von mir! Denn ich bin sanftmütig und von Herzen demütig, und ‚ihr werdet Ruhe finden für eure Seelen'; denn mein Joch ist sanft, und meine Last ist leicht" (Mt 11,28-30).

Wir leben in einem nervösen Zeitalter. Alle möglichen Formen von Unruhe zerren an unserem Geist und unseren Nerven – und daher auch an unserem Körper. Wir brauchen jedoch die Ruhe des Herzens, von der Christus spricht. Deshalb müssen wir unsere geistlichen Feiertage bewusst begehen – um Abstand von unserer alltäglichen Arbeit und sogar von unserer geistlichen Arbeit zu gewinnen und zuzulassen, dass der Herr unsere Seele erfrischt und uns Ruhe – seine Ruhe – gibt. Dann können wir wieder hinausgehen und arbeiten: gestärkt, weil wir durch seinen Frieden geborgener, aber auch effektiver sind.[304]

1. November

Das Passahfest – der Beginn des neuen Jahres

Textlesung: 4. Mose 9

Denn auch unser Passahlamm, Christus, ist geschlachtet. (1Kor 5,7)

Ohne das Passahfest hätte es kein Volk gegeben, das irgendein neues Jahr hätte feiern können. Das erste Passah wurde zu diesem gewaltigen Anlass gefeiert, als Gott die Israeliten in Ägypten aufsuchte, erlöste und befreite, damit sie mit ihm zusammenarbeiteten und ihm dienten. Das erinnert uns sofort an Folgendes: Es kann keinen wahren Dienst für Gott geben, ohne dass wir die Gnade und das Wunder der persönlichen Erlösung durch Christus erfahren haben. Gottes ursprüngliches Passahfest bedeutete die konkrete Befreiung aus dem Haus der Knechtschaft. Zuvor waren sie Sklaven gewesen. Gott kam zu ihnen mit dem ausdrücklichen Ziel, die Sklaverei zu beenden. Sie sollten frei sein, ihn anzubeten und ihm zu dienen – als seine frei geborenen Söhne. Er setzte dieses jährliche Erinnerungsfest ein, damit sie auch später noch jedes Jahr an Gottes gewaltiges Eingreifen erinnert würden, durch das er sie aus der Sklaverei befreit hatte. Seine Absicht war folgende: Das jährliche Gedenken an diese Befreiung sollte dazu dienen, dass sie frei blieben. Es sollte sie davor bewahren, wieder in alle möglichen Formen von Sklaverei zurückzufallen.

Unter anderem würde ihr Gedenken zwei prägnante Elemente haben. Erstens: wie Gott sie in Ägypten aufgesucht und durch das Blut des Passahlammes erlöst hatte. Mit feierlicher Dankbarkeit und Demut erinnerten sie sich an den Preis dieser Befreiung vom Zorn Gottes. Damit einher ging eine gottgefällige Sorge darum, dass ihr Leben frei bleiben sollte, damit sie Gott dienen konnten. Zweitens erinnerten sie sich daran, wie Gott sie nicht nur durch das Blut des Passahlammes, sondern auch mit seinem starken Arm und seiner gewaltigen Macht befreit hatte. Dies hatte sich am Schilfmeer gezeigt. Wenn sie von Zeit zu Zeit anfingen, sich zu fragen, woher sie die Kraft nehmen sollten, all die Pflichten zu erfüllen, die Gott ihnen auferlegt hatte, würden sie an die Quelle dieser Kraft und an die Macht erinnert werden, mit der Gott sie befreit hatte. So würde jede neue Generation dazu motiviert werden, selbst dieselbe Macht Gottes zu erfahren. Das scheint auch die Lektion für uns heute zu sein.

> Denn ihr wisst, dass ihr nicht mit vergänglichen Dingen, mit Silber oder Gold, erlöst worden seid von eurem eitlen, von den Vätern überlieferten Wandel, sondern mit dem kostbaren Blut Christi als eines Lammes ohne Fehler und ohne Flecken. Er ist zwar im Voraus vor Grundlegung der Welt erkannt, aber am Ende der Zeiten offenbart worden um euretwillen. (1Petr 1,18-20)[305]

2. *November*

Weltlichkeit und das letzte Passahfest Christi

Textlesung: Johannes 11,45-57

Jetzt aber habt ihr Gott erkannt – vielmehr seid ihr von Gott erkannt worden. Wie wendet ihr euch wieder zu den schwachen und armseligen Elementen zurück, denen ihr wieder von Neuem dienen wollt? (Gal 4,9)

Dann kam das letzte Passahfest, an dem unser Herr teilnahm (Joh 18,28). Die Juden versammelten sich und weigerten sich, in Pilatus' Prätorium hineinzugehen, um Christus anzuklagen und seine Hinrichtung voranzutreiben. Sie wollten sich nicht dadurch verunreinigen, denn sie wollten das Passahfest feiern. Das taten sie auch, aber nun war es völlig leer und bedeutungslos geworden. Als ihre Vorväter einst in Ägypten von einem grausamen Pharao beherrscht worden waren, hatte Gott ihre Ketten zerbrochen und sie befreit. Nun, in diesem Augenblick, legten sich diese leitenden Verantwortungsträger die Ketten wieder selbst um.

Im letzten Teil seines Evangeliums berichtet Johannes von Gesprächen unseres Herrn, als das Kreuz näher rückte. Dreimal wiederholte er den Ausdruck „der Fürst dieser Welt" (12,31; 14,30; 16,11). Dieser Fürst war der grausame Herr so vieler Menschen, die damals das Passahfest hielten. Denken Sie nur an Kaiphas, der so in seine gesellschaftliche Position als Hoher Priester und in seine bequeme Stellung unter den Römern vernarrt war, dass er seine Karriere und Stellung in dieser Welt dem Christus Gottes vorzog. Denken Sie an Judas, den der Fürst dieser Welt als Sklaven beansprucht hatte – für nur 30 Silberstücke. Sie waren in seinen Augen so verlockend, dass sie Gottes Sohn und alles, was mit ihm verbunden war, überlagerten. Und was halten Sie von jenen Jüngern, die dabeisaßen, als Judas sich über das Geld beschwerte, das für Christus gegeben wurde? Hatte sich der Fürst dieser Welt vielleicht ein wenig an ihre Herzen herangemacht? Er treibt immer sein Unwesen. Es sind nicht immer die großen Dinge wie Reichtum oder eine herausgehobene Stellung, durch die er uns in den Griff bekommt. Oftmals sind es die kleinen Dinge hier und da. Er wird uns dazu bewegen, die Welt nur zu „nutzen" – bis wir sie schließlich lieben. Ganz gleich, was wir mit unseren Lippen bekennen – wenn wir vor die Wahl gestellt werden, werden wir bestimmte Dinge Christus vorziehen. Aber das ist *Weltlichkeit*. Dabei können wir in Bezug auf sehr ehrbare Dinge weltlich sein. Satan kann uns dazu bringen, eine Herzenshaltung Dingen gegenüber einzunehmen, die an sich gut, schön, legitim oder sogar gottgegeben sind, bis wir sie irgendwann einfach nur gebrauchen, ohne dass sie uns näher zu Gott zu führen. Unser einziger Schutz besteht darin, ständig die Nähe unseres Herrn zu suchen und im Geist nah bei seinem Kreuz zu bleiben. Regeln und Vorschriften werden uns niemals von Weltlichkeit befreien. Welch einen traurigen Fehler begingen da manche, als sie in gutem Willen versuchten, sich selbst und ihre Mitchristen zu schützen, indem sie sich alle möglichen Regeln ausdachten.[306]

3. November

Das Fest der ungesäuerten Brote

Textlesung: 5. Mose 16,1-8

Darum lasst uns das Fest feiern, nicht mit altem Sauerteig,
auch nicht mit Sauerteig der Bosheit und Schlechtigkeit,
sondern mit Ungesäuertem der Lauterkeit und Wahrheit! (1Kor 5,8)

Unmittelbar auf das Passahfest folgte das Fest der ungesäuerten Brote, nicht einmal ein ganzer Tag lag zwischen ihnen. Sie folgten so dicht aufeinander, dass in der späteren Geschichte des Judentums das Fest der ungesäuerten Brote sozusagen vorverlängert wurde, um das Passahfest mit einzuschließen. In Israel konnte das eine nicht ohne das andere gefeiert werden; beide mussten zusammen begangen werden. Das Fest der ungesäuerten Brote folgte so unvermeidbar auf das Passahfest, wie die Nacht auf den Tag folgt.

Die historische Begründung dafür wird uns in 2. Mose 12,39 geliefert. Die Israeliten verließen Ägypten in Eile. Es blieb ihnen keine Zeit, den Teig für gesäuertes Brot vorzubereiten. Im Laufe der Jahre erkannten die jüdischen Rabbis im Fest der ungesäuerten Brote nicht nur eine Erinnerung an eine historische Tatsache, die sie niemals vergaßen, sondern eine zusätzliche Bedeutung. Für sie stellte der Sauerteig ein Symbol der Verderbnis dar. Sie fegten für die Zeit dieses Festes allen Sauerteig gründlich aus ihren Häusern. Dies symbolisierte die Reinigung von dem Unreinen, das sich von Zeit zu Zeit im Leben eines jeden Menschen breitmacht. Also suchten sie überall nach Sauerteig und verbannten ihn ganz aus ihren Häusern. Sie empfanden das als Symbol für den jährlichen Frühjahrsputz, bei dem alles Schmutzige, Verdorbene und Verderbende aus ihrem Leben verbannt wurde.

So ein regelmäßiger jährlicher Frühjahrsputz ist keine schlechte Idee. Manche unter uns sollten so etwas vielleicht sogar noch öfter durchführen. Doch auch eine jährliche Bestandsaufnahme wäre schon eine gute Sache. Was haben wir im vergangenen Jahr, vielleicht unbewusst, in unser Leben hineingelassen? Hat sich unser Heiligkeitsstandard verschlechtert? Der Apostel Paulus lernte diese Gedanken als junger Jude kennen. Er nutzte sie zur praktischen Ermahnung für uns Christen:

> Denn auch unser Passahlamm, Christus, ist geschlachtet. Darum lasst uns das Fest feiern, nicht mit altem Sauerteig, auch nicht mit Sauerteig der Bosheit und Schlechtigkeit, sondern mit Ungesäuertem der Lauterkeit und Wahrheit! (1Kor 5,7-8)

Genau wie auf das Passahfest das Fest der ungesäuerten Brote folgte, folgt auf die persönliche Erlösung ein heiliges Leben, aus dem der „Sauerteig“ verbannt worden ist.[307]

4. November

Ein heiliges Leben ohne Sauerteig

Textlesung: Jakobus 3,13–4,3

Erforsche mich, Gott, und erkenne mein Herz.
Prüfe mich und erkenne meine Gedanken! Und sieh, ob ein Weg der Mühsal bei mir ist, und leite mich auf dem ewigen Weg! (Ps 139,23-24)

Als die Jünger mit unserem Herrn dort im Obersaal saßen und er ihnen dreimal sagte, dass er keinen Wein mehr trinken werde, bis alles erfüllt sei – glaubten sie ihm da ernsthaft? Wein war etwas, das man in Palästina zwei- bis dreimal am Tag zu den Mahlzeiten trank. Konnte das Kreuz so nahe sein, dass er nicht noch einen weiteren Becher Wein mit ihnen trinken würde? Sie wollten ihm sicher aufrichtig glauben, doch die Jünger hätten sich nicht träumen lassen, dass das alles so nahe bevorstand. Eben noch hatten sie gestritten, wer von ihnen der Erste sein würde (Mt 20,20-28). Dann sagte unser Herr: „Einer von euch wird mich überliefern" (Mt 26,21). Sie konnten das nicht begreifen. Gewiss konnten ihre Herzen nicht so böse sein, oder?

Das Böse ist näher, als wir denken! Aus ihrer Erfahrung müssen auch wir lernen, uns nicht auf unser eigenes Urteil zu verlassen. Es ist schlimm genug, böswilliges Gerede bei Tisch zu dulden, aber es ist eine furchtbare Sache, beim Abendmahl zu sitzen, nachdem man etwas Böses über einen Mitchristen verbreitet hat oder im Begriff ist, dies zu tun. Wir sind schlechter, als wir denken. Möge Gott uns zu Realisten und aufrichtigen Menschen machen. Wir können dem Herrn nur sagen, dass wir ihm dienen wollen, so gut wir es vermögen. Er wird uns erforschen, unser Herz prüfen und sehen, ob wir uns auf irgendeinem bösen Weg befinden. Seine Liebe, Gnade und Macht genügen, um uns zurechtzubringen.

Meinte unser Herr es ernst? Hören wir, was er sagte, kurz bevor er ans Kreuz ging, um unsere Erlösung zu bewirken. „Und er sprach: Abba, Vater, alles ist dir möglich. Nimm diesen Kelch von mir weg! Doch nicht, was ich will, sondern was du willst!" (Mk 14,36). Es war keine oberflächliche Begeisterung, die unseren Herrn ans Kreuz trieb. Mit aller Aufrichtigkeit seines Herzens betete er, dass der

Kelch an ihm vorübergehen möge. Aber so wie für uns Gefühle nicht die höchsten Ratgeber sind, waren sie es auch nicht für ihn. Nachdem er alles bis ins Letzte bedacht hatte, sagte er: „Doch nicht mein Wille, sondern der deine geschehe!" (Lk 22,42).

Wir wurden errettet, weil in ihm und in seinem Leben keinerlei Sauerteig war, nichts außer absoluter Aufrichtigkeit und völliger Wahrhaftigkeit. Möge Gott uns ihm gleichgestalten. Möge er sein Wort gebrauchen, um unsere Herzen zu reinigen, und uns dahin bringen, dass wir seine Gnade, Liebe und Macht noch mehr entdecken und als seine befreiten Kinder entschlossen den Weg nach Hause gehen.[308]

5. November

Das Fest der Erstlinge

Textlesung: 1. Korinther 15,12-34

Wenn aber dieses Vergängliche Unvergänglichkeit anziehen und dieses Sterbliche Unsterblichkeit anziehen wird, dann wird das Wort erfüllt werden, das geschrieben steht: „Verschlungen ist der Tod in Sieg." (V. 54)

Beim Fest der Erstlingsfrüchte war der Ackerbauer in Israel wirklich dankbar für das Getreide, das in die Erde gelegt worden, gestorben und wieder aufgegangen war und seinen Ertrag hervorgebracht hatte. Wenn es nicht aufgegangen wäre, hätte er kein Einkommen gehabt und wäre mitsamt seiner Familie verhungert. Dann begann er nachzudenken: „Was wird geschehen, wenn ich sterbe? Werde ich wiederauferstehen?" Die Israeliten hatten sich darauf gefreut, ins Gelobte Land hineinzukommen und die Ernte einzubringen. Doch als dann die Weintrauben gegessen waren und alles aufgebraucht war – war das alles gewesen?

Gott hielt die Antwort schon für sie bereit: „Nein, das war noch nicht alles!" Seine Worte sind unbeschreiblich schön:

> Und der HERR der Heerscharen wird auf diesem Berg allen Völkern ein Mahl von fetten Speisen bereiten, ein Mahl von alten Weinen, von

> markigen fetten Speisen, geläuterten alten Weinen. Dann wird er auf diesem Berg die Hülle verschlingen, die das Gesicht aller Völker verhüllt, und die Decke, die über alle Nationen gedeckt ist. Den Tod verschlingt er auf ewig, und der Herr, HERR, wird die Tränen abwischen von jedem Gesicht, und die Schmach seines Volkes wird er von der ganzen Erde hinwegtun. Denn der HERR hat geredet. An jenem Tag wird man sagen: Siehe da, unser Gott, auf den wir hofften, dass er uns rettet! Da ist der HERR, auf den wir hofften! Wir wollen jauchzen und uns freuen in seiner Rettung! (Jes 25,6-9)

So herrlich die Ernte auch war, sie war doch immer nur ein schwacher, physischer Vorgeschmack auf eine weit herrlichere Zukunft, die Gott für sie bereithielt. Gott sagte: „Eines Tages werde ich meinen Jahrgangswein mitbringen, einen Wein, wie ihr ihn bisher noch nie gekostet habt. Bisher habt ihr nicht gewusst, was Freude ist. Eines Tages werde ich ein Fest bereiten. Dann werde ich alle Tränen abwischen. Der Tod wird vollkommen besiegt sein. Und dann werdet ihr voll von unbeschreiblicher Freude sein!“

Und sie sagen: „Ja, wir haben doch immer schon gedacht, dass es mehr als das hier geben muss!“

Wenn der Tod vollkommen besiegt ist, wie groß wird die Freude der Menschen sein! Und die Trauer wird dann für immer verschwunden sein.[309]

6. November

Das Laubhüttenfest

Textlesung: 3. Mose 23,33-44

Und er wird jede Träne von ihren Augen abwischen, und der Tod wird nicht mehr sein, noch Trauer noch Geschrei noch Schmerz wird mehr sein; denn das Erste ist vergangen. (Offb 21,4)

Es gab noch eine zweite Phase der Ernte. Sie mündete in das Laubhüttenfest, bei dem die Menschen all ihr Leid, ihre Sorgen und ihre Schwierigkeiten vergaßen, ihre besten Kleider anzogen und aus purer Freude mit Gott zelten gingen. So hatte es Gott angeordnet: eine ganze Woche der Freiheit und des Loslassens, etwas, das sie während des restlichen Jahres nicht genießen konnten. So lebten sie in Zelten und nahmen sich Zeit, um sich daran zu erinnern, wie ihre Vorfahren aus Ägypten gekommen waren. Damals hatte sie Gott ebenfalls in Zelten leben lassen, während sie die Sinaihalbinsel in Richtung ihres Erbes überquerten. Es war gefährlich. Aus der Tatsache, dass die Reise durch die Wüste so lange dauerte, hatten manche von ihnen damals geschlossen, es gäbe gar kein Erbe, auf das sie zusteuerten. Manche ließen sich entmutigen. Doch andere hielten durch und erreichten ihr Ziel.

So ist es auch mit uns. Im Rückblick auf unsere Lebensreise und unsere Pilgerschaft werden wir einmal über die Probleme und den Kummer lächeln, die uns jetzt so unüberwindbar erscheinen. Wir werden dann verstehen, warum Gott uns auf diesen Weg geführt hat.

Den Israeliten gefiel es so gut in ihren Zelten, dass Gott ihnen die Erlaubnis gab, noch einen achten Tag anzuhängen. Sieben Tage und dann noch ein achter! Natürlich endete es trotzdem immer irgendwann, und alle kehrten heim. Doch es kommt die Zeit, da es kein Ende mehr nehmen wird. Es kommt ein Jahrtausend und anschließend ein herrlicher „achter Tag", der niemals enden wird. Der Plan sieht folgendermaßen aus: Der Herr wird kommen, um uns zu holen. Er wird die verstorbenen Heiligen auferwecken und die lebenden verwandeln, und wir werden alle emporgehoben werden, um ihm in der Luft zu begegnen. Der Tod wird besiegt sein.

Das ist jetzt noch nicht der Fall. Der Tod bedeutet immer noch eine Niederlage. Aber wenn Kinder müde werden, weil sie sich völlig verausgabt haben, ist Schlaf keine Katastrophe. Wenn wir unsere älteren Lieben zur Ruhe betten, trösten wir unsere Herzen damit, dass Gott die Entschlafenen mitbringen wird, wenn der Herr kommt (1Thes 4,14). Doch wenn der Tod einen Menschen in der Blüte seines Lebens trifft, ist das eine schlimme Sache, ein schwerer Schlag. Und wir sollten die Trauer zulassen, wenn wir den Tod eines geliebten Menschen beklagen müssen. *Doch der Tod soll kein Sieg sein.* Obwohl diese Schlacht verloren ist, wird der Krieg nicht verloren sein. Wenn der Herr wiederkommt, wird er die Toten auferwecken und die Lebenden verwandeln.[310]

7. November

Der Zweck der alttestamentlichen Opfer

Textlesung: Hebräer 10,1-14

Doch in jenen Opfern ist alljährlich ein Erinnern an die Sünden; denn unmöglich kann Blut von Stieren und Böcken Sünden wegnehmen. (V. 3-4)

Ich hatte fünf Brüder und Schwestern, und als wir noch Kinder waren, schenkten uns unsere Eltern einen Spielzeug-Süßwarenladen. Vielleicht hatten sie gehofft, er würde uns an verregneten Samstagnachmittagen ruhigstellen. Natürlich waren die Mädchen im Laden federführend und verteilten die Süßigkeiten. Dann wurde uns Spielzeuggeld ausgehändigt – kein echtes Geld. Also mussten wir zu den Mädchen gehen, die Süßigkeiten kaufen und mit dem Spielzeuggeld bezahlen. Sogar als Kleinkind wusste ich schon, dass die Süßigkeiten nicht echt waren. Sie schmeckten furchtbar, wenn man sie zu essen versuchte. Und auch das Geld war nicht echt, das wusste ich. Aber wissen Sie, meine Eltern waren ein bisschen gerissen, nicht wahr? Sie brachten uns Kleinkindern schon in frühester Kindheit bei, dass sogar Süßigkeiten Geld kosten. Das kam uns zugute, als wir ein bisschen älter wurden und lernen mussten, mit echten Süßigkeiten und echtem Geld umzugehen.

In seinem Erbarmen lehrte Gott das Volk Israel in dessen geistlicher Kindheit den Preis der Sünde. Das Vergießen von Tierblut war wie das Spielzeuggeld. Es war unmöglich, mit dem Blut von Stieren und Böcken die Sünde zu tilgen. Tiere kennen kein schlechtes Gewissen. Wir Menschen sind diejenigen, die manchmal mit einem schlechten Gewissen ins Bett gehen. Darin besteht zugleich die Herrlichkeit und die Last des Menschseins. Also lehrte Gott sein Volk in den Tagen seiner geistlichen Kindheit den Preis der Sünde. Und in einem Gleichnis zeigte er ihnen, wie dieser Preis bezahlt werden könnte.

Schließlich wurde das im Kommen unseres Herrn Jesus Christus erfüllt. Im Kreis seiner Jünger bestimmte er, dass man sich für immer in Form von Brot und Wein daran erinnern sollte. Und über den Wein sagte er: „Dies ist mein Blut des Bundes, das für viele vergossen wird" (Mk 14,24). So erinnern wir uns an unseren Herrn hauptsächlich als denjenigen, der seinen Leib und sein Blut zur Vergebung unserer Sünden gab.[311]

8. November

Fett verbrennen?

Textlesung: 3. Mose 6,1-6

Der Priester soll ... das Brandopfer auf ihm zurichten und die Fettstücke der Heilsopfer auf ihm in Rauch aufgehen lassen. (V. 5)

Warum sollten sie das Fett verbrennen? Nun ja, an dieser Stelle müssen Sie für einen Moment alle geistlichen Interpretationen vergessen. Man legte die Fettstücke darauf, weil so das Feuer besser brannte. In meiner Jugendzeit versuchten wir manchmal, ein Feuer anzuzünden, aber es klappte nicht besonders gut. Dann stocherten wir darin herum, aber es wollte einfach nicht brennen. Es war ziemlich gefährlich, aber irgendwann holte jemand eine Petroleumflasche und goss etwas davon ins Feuer. Derjenige musste sehr vorsichtig sein, damit es ihm nicht die Augenbrauen versengte oder in seinem Gesicht explodierte, aber das Petroleum half, das Feuer anzuheizen. Genauso verhielt es sich mit dem Fett. Keinem der Israeliten war es erlaubt, etwas von den Fettstücken irgendeines Opfers zu nehmen. Sie gehörten dem Herrn. Doch es diente unter anderem dazu, das Feuer am Brennen zu halten. Fett wurde im alten Israel als das Beste vom Besten betrachtet. Man sprach beispielsweise vom Fett seines Weizens und meinte damit den besten Teil seines Weizens. Der köstlichste Teil, der besonders gute Weizen, war das Fett des Weizens. Das Fett steht zudem für die Gesundheit des Ochsen. Meine Brüder, meine Schwestern, wie können wir das Feuer am Brennen halten? Wir sollen das Beste, was wir haben, das Beste, was wir tun können, bringen und bereit sein, es zu opfern. Ist das zu viel verlangt?

„Der Priester soll ... die Fettstücke der Heilsopfer auf ihm in Rauch aufgehen lassen“ (V. 5). Hinter den Heilsopfern stand ein ausgeklügeltes System. Sie galten als Ausdruck der Dankbarkeit gegenüber Gott für all seine Wohltaten. Man konnte sie als Grundlage einer Mahlzeit verwenden, zu der man seine Freunde einlud, um Gottes erlebte Güte zu feiern. Und man konnte daraus ein Festmahl für andere zubereiten. Das Beste, was wir haben, übergeben wir Christus, um das Feuer am Brennen zu halten. Unser Eifer für den Herrn, unser Einsatz für die Verlorenen, unsere Treue in der Sonntagsschulunterweisung oder was auch immer es ist, was wir für den Herrn tun, unsere Ausdauer, wenn wir uns um ältere Gläubige kümmern – es wird das Beste erfordern, das wir haben. „Ein beständiges Feuer soll auf dem Altar in Brand gehalten werden, es soll nicht erlöschen“ (V. 6).[312]

9. November

Annehmbare Gaben

Textlesung: 3. Mose 22,17-33

Deshalb lasst uns, da wir ein unerschütterliches Reich empfangen, dankbar sein, wodurch wir Gott wohlgefällig dienen mit Scheu und Furcht! Denn auch unser Gott „ist ein verzehrendes Feuer“. (Hebr 12,28-29)

Wenn sich die Menschen Gott näherten, durften sie ihre Gaben mitbringen. Das war ein unglaubliches Privileg. Doch welche Gaben sollten das sein? In seinem Erbarmen gab Gott ihnen einen Hohen Priester, der ihnen sagen konnte, was der Herr annehmbar finden würde. Ich garantiere Ihnen: Wenn Sie eines schönen Tages der Queen ein Geschenk machen wollten, würden Sie sich höchstwahrscheinlich den Kopf darüber zerbrechen. Was könnten Sie überhaupt besorgen, das die Queen annehmbar fände? Gäbe es das bei Woolworths oder Karstadt? Sie ist etwas schwierig zufriedenzustellen, heißt es – aus dem einfachen Grund, dass sie schon alles hat.

Wenn es einem gestattet wird, dem allmächtigen Gott, der bereits alles hat, Geschenke zu bringen – nun, was schenkt man ihm da? Es waren bescheidene Geschenke, die Gott seinem Volk zu bringen gestattete. Doch sogar dabei benötigten sie noch die Hilfe eines Priesters. Stellen Sie sich nur den alten Zedekia aus Galiläa vor, wie er mit einem Ferkel unterm Arm ankommt! Er meint es gut. Ein entsetzter Priester erwischt ihn jedoch gerade noch in dem Augenblick, als er in die Stiftshütte eintreten will.

„Moment mal, du kannst damit nicht hier hereinkommen.“

„Was ist daran nicht in Ordnung? Das ist wirklich ein schönes Schwein.“

„Das mag ja sein, und deine Absicht war sehr gut. Aber ich fürchte, Gott mag keine Schweine. Zumindest nicht als Geschenk.“

„Oh, aber meine heidnischen Nachbarn …“

„Ich weiß, Athener und alle anderen opfern Schweine. Aber Gott mag keine Schweine.“

Haben Sie jemals diese Schwierigkeit gespürt, wenn Sie den Herrn anbeten und ihm Ihre Geschenke bringen wollten? Was sollen Sie nur sagen oder tun? Wo fangen Sie an, und wo hören Sie auf? Gott sei Dank, dass er uns einen Hohen Priester geschenkt hat. Wenn Sie Anbetung schwierig finden und nicht wissen, was Sie sagen sollen, kommen Sie zu Ihrem Hohen Priester, mein lieber Bruder, meine liebe Schwester. Sagen Sie ihm einfach, dass Ihnen das eine zu große Sache ist, und fragen Sie ihn, ob er Ihnen nicht helfen kann. Dazu ist er schließlich da.[313]

10. November

Was das Gesetz nicht tun konnte

Textlesung: Galater 3,5-25

Und er sprach zu ihnen: 120 Jahre bin ich heute alt, ich kann nicht mehr aus- und eingehen; und der HERR hat zu mir gesagt: Du sollst nicht über diesen Jordan gehen. (5Mo 31,2)

Mose hatte die Israeliten aus Ägypten befreit. Doch er konnte sie nicht in ihr Erbe hineinbringen. Das musste warten, bis Josua kam. Was Mose nicht tun konnte, das tat Josua dann.

Das ist für uns höchst interessant. Denn wenn wir darüber nachdenken, werden wir die Parallele zwischen dieser Geschichte und unserer eigenen sehen. In Galater 3 argumentiert Paulus, wie das Erbe gesichert werden soll. Durch die Einhaltung des Gesetzes? „Definitiv nicht", sagt Paulus. Der Bund wurde mit Abraham geschlossen, lange bevor das Gesetz gegeben wurde (vgl. V. 17). Im Bund wurde die Einhaltung des Gesetzes nicht erwähnt. Es handelte sich um einen Bund, der auf Gottes absoluter Gnade basierte. Er wurde Abraham und seinen Nachkommen als Geschenk gegeben. Daher ist er absolut unwiderruflich. Das Gesetz, das inzwischen gekommen ist, kann daran nichts ändern. Wie soll dieser Bund dann verwirklicht werden? Wie können all seine Segnungen erlangt werden?

Gewiss nicht durch Mose oder durch die Einhaltung des Gesetzes, sondern durch Jesus Christus, unseren Herrn. Das Erbe ist „in den Himmeln aufbewahrt für euch" (1Petr 1,4). Der Heilige Geist ist die Anzahlung für dieses Erbe. Eines Tages wird sogar unser eigener Leib so verherrlicht sein, wie der Körper unseres Herrn Jesus jetzt ist. Uns erwartet eine unfassbare Ewigkeit voll von Gottes Einfallsreichtum, zu unserer Freude und unserem Genuss – weit über das hinaus, was wir uns ausmalen können. Wenn wir meinen, all dieser Segen hinge von unserer Fähigkeit ab, das Gesetz des Mose einzuhalten, würde ausnahmslos jeder von uns jede Hoffnung aufgeben müssen. Wir würden niemals auch nur einen Grashalm oder einen Topf Honig erben. „Denn das Gesetz führt durch seine ständige Übertretung nur zu Gottes Zorn" (Röm 4,15; NeÜ) – das Gesetz bewirkt Verurteilung. Wäre das Erbe aus dem Gesetz, hätte keiner von uns irgendeine Hoffnung. Aber es ist alles aus Gnade. „Es muss deshalb aus Glauben sein, damit alles aus der Gnade kommt. Nur so bleibt die Zusage für alle Nachkommen gültig" (V. 16).

In den Tagen, als Gottes Verheißung an den Vorläufern erfüllt wurde, war es daher nicht Mose, der die Israeliten ins Land Kanaan brachte. Es war ihm nicht gestattet, und er konnte es auch gar nicht. Doch was Mose nicht tun konnte, das tat Josua. Im erweiterten Sinne gilt für uns dasselbe: Das Gesetz konnte uns niemals zu Erben Gottes und Miterben Christi machen. Aber unser Josua, der Wegbereiter unserer Errettung – Jesus Christus, unser Herr –, der hat es getan.[314]

11. November

Die Jordanüberquerung

Textlesung: Josua 4,10-18

In seiner großen Barmherzigkeit hat er uns wiedergeboren und uns durch die Auferstehung von Jesus Christus aus den Toten eine lebendige Hoffnung geschenkt. Ein makelloses Erbe hält er im Himmel für euch bereit, das nie vergehen wird und seinen Wert nie verliert. (1Petr 1,3-4 NeÜ)

Das Volk Israel musste den Jordan nicht allein durchqueren. Ein großes Wunder geschah. Dieses Wunder war darauf angelegt, Josua groß zu machen und Israel zum Staunen über seinen Gott zu bringen. Gott selbst durchquerte den Fluss. Die Priester wurden angewiesen, die Bundeslade zu tragen, und das Volk sollte in einiger Entfernung folgen. Alle Augen sollten auf die Priester und insbesondere auf diese Bundeslade gerichtet sein, während sie sich dem Fluss näherten.

Wenn wir die Bedeutung davon verstehen wollen, müssen wir zunächst selbst das glauben, was Israel glaubte. In dieser Phase unseres Bibelstudiums habe ich noch nicht mit typologischer Bibelauslegung begonnen. Ich spreche nun von einem Ereignis, das 1300 Jahre v. Chr. in dem tatsächlichen Land Palästina an dem echten Fluss namens Jordan geschah. Der Jordan hatte Hochwasser, und Israel wartete darauf, ihn überqueren zu können. Die Israeliten schauten zu, als die Bundeslade von den Priestern angehoben und in Richtung Fluss getragen wurde. Israel glaubte, dass diese Bundeslade der Thron des Herrn der ganzen Welt war. Die Israeliten glaubten, dass Jahwe Gott war, der Schöpfer und Eigentümer des Himmels und der Erde. Sie glaubten, dass der transzendente Herr in seinem großen Erbarmen herabgekommen und in dieser Bundeslade persönlich gegenwärtig war.

Die Natur hatte ihnen jedoch ein großes Hindernis in den Weg gestellt – den Jordan in seiner tödlichen Bedrohung. Wie sollte Israel da durchkommen? Beobachten Sie das große Wunder, als der Herr des Himmels und der Erde kam, gegenwärtig auf seinem Thron auf der Bundeslade. Die Füße der Priester erreichten den Rand des Wassers. Und die Natur erkannte ihren großen Schöpfer, und der Schöpfer schritt mitten hindurch. Ich weiß nicht, ob der König von Jericho dachte, das Hochwasser des Jordans sei seine erste Verteidigungslinie, die Israel daran hindern würde, ins Land zu kommen. Folgendes weiß ich jedoch: Wenn Gott entschlossen ist, sein Volk in sein Erbe zu führen, gibt es nichts – keine Kraft und kein Hindernis in der gesamten Natur, weder auf der Erde noch im Himmel oder unter der Erde –, das sich ihm in den Weg stellen kann. Der Jordan mit seiner Todesdrohung beugte sich und ließ den Schöpfer passieren.[315]

12. November

Unser Erbe ist nicht nur der Himmel

Textlesung: Psalm 105

So mache dich nun auf und gehe über diesen Jordan, du und dieses ganze Volk, in das Land, das ich ihnen, den Söhnen Israel, gebe! Jeden Ort, auf den eure Fußsohle treten wird – euch habe ich ihn gegeben, wie ich zu Mose geredet habe. (Jos 1,2-3)

Selbstverständlich ist mir bewusst, dass ich mit Christus das Himmelreich erben werde. Aber ich bin noch nicht völlig überzeugt, ob ich nicht auch Palästina erben sollte. Sie etwa? Sagen Sie mir: Wird der Herr Jesus Palästina erben oder nicht? Sie sagen: „Natürlich wird er Palästina erben: Er wird die ganze Erde erben." Vielleicht denken Sie, unser Herr solle gar nicht so sehr an der Erde interessiert sein, sondern mehr an himmlischen Dingen. Aber hören Sie Folgendes: „Fordere von mir", sagt Gott zum Messias, „und ich will dir die Nationen zum Erbteil geben und zu deinem Besitz die Enden der Erde" (vgl. Ps 2,8). Ich sage Ihnen, es gibt nicht einen Quadratzentimeter im Himmel oder auf der Erde, den unser Herr nicht erben wird. Und ich habe irgendwo in der Bibel gelesen, dass wir Erben Gottes und Miterben unseres Herrn Jesus Christus sind, nicht wahr (vgl. Röm 8,17)? Auf welcher Grundlage nehmen Sie an, dass Sie dieses Erbe empfangen werden?

Ich bin Gott so dankbar dafür, dass wir nicht abhängig von ein paar Versen und Analogien aus dem Alten Testament sind, um diese Dinge zu entscheiden. Der Galaterbrief ist diesbezüglich überdeutlich, ebenso wie Römer 4. Jene Verheißung, die Abraham gegeben wurde, und all diese Segnungen, das ganze Erbe und der Bund – all das empfangen wir unter folgender Bedingung: dass Christus für uns zum Fluch gemacht wurde. Wir hatten Gottes Gesetz gebrochen und standen unter dem Fluch des Gesetzes. Wir hatten in jeder Prüfung versagt, die Mose vorlegte. Deshalb hätten wir die Vernichtung genauso verdient wie jeder x-beliebige Kanaaniter. Aber die herrliche Nachricht lautet: In unserem großen Josua, in Jesus Christus, dürfen wir das Erbe trotzdem antreten.

Die Verheißung an Abraham und seine Nachkommen, dass er der Erbe – nicht nur Kanaans, sondern der Welt – sein sollte, wurde ihm nicht gegeben, als er bereits beschnitten war, sondern vorher. Sie wurde ihm durch dieselbe Verheißung gegeben, durch die er in 1. Mose 15 aus Glauben gerechtfertigt wurde. Im selben Atemzug wurde ihm ein Bund gegeben, der ihm das Erbe garantierte. Wie wunderbar ist das, gemeinsam über unseren großen Josua nachzudenken, der uns – sogar uns erbärmliche Sünder – in das große Erbe hineinführt.[316]

13. November

Die Anzahlung auf unser Erbe

Textlesung: Epheser 1,13-23

In ihm seid auch ihr, als ihr das Wort der Wahrheit,
das Evangelium eures Heils, gehört habt und gläubig geworden seid,
versiegelt worden mit dem Heiligen Geist der Verheißung.
Der ist die Anzahlung auf unser Erbe, auf die Erlösung seines Eigentums hin
zum Preis seiner Herrlichkeit. (V. 13-14)

Wenn wir mehr darüber wissen wollen, was für uns als Christen unser Erbe bedeutet, können wir damit beginnen, über die *Anzahlung* auf unser Erbe nachzudenken. Das Neue Testament verwendet diesen Begriff mehr als einmal. Wir haben nicht nur ein „unvergängliches und unbeflecktes und unverwelkliches Erbteil, das in den Himmeln für uns aufbewahrt ist" (1Petr 1,4). Gott hat uns obendrein bereits eine Teilzahlung, eine Anzahlung gegeben (Eph 1,14). Schon jetzt kommen wir in den Genuss von einigen Vorzügen, die wir eines Tages in Fülle erleben werden. Die große Anzahlung auf unser Erbe ist der Heilige Geist Gottes selbst (2Kor 5,5). Wir haben die Anzahlung des Geistes in unserem Herzen. Ich brauche Sie weder an all das zu erinnern, was das bedeutet, noch daran, was der Heilige Geist in uns getan hat – er hat uns erneuert, uns jetzt bereits Gottes Leben geschenkt, uns den Frieden mit Gott ermöglicht. Wir haben durch den Geist „den Zugang zum Vater" (Eph 2,18). Der Geist gibt uns tiefe Zuversicht, während er Gottes Liebe in unser Herz gießt und uns dazu führt, voller Überzeugung zu rufen: „Abba, Vater." Wir empfinden und wissen jetzt schon, dass Gott unser Vater ist; wir sind seine Kinder. Und wenn wir Kinder Gottes sind,

sind wir auch Erben Gottes und Miterben Jesu Christi, unseres Herrn (vgl. Röm 8,14-17). Die hier verwendeten Begriffe basieren auf den frühen Teilen des Alten Testaments und insbesondere auf dem Buch Josua.

Unser Erbe betrifft nicht nur geistliche Segnungen. Paulus erinnert uns daran, dass unser Leib, in dem wir leben, nur ein vergängliches Zelt ist, das im Sturm hin und her getrieben wird, schäbig und zerbrechlich. Er ist nur eine vorübergehende Unterkunft. „Denn wir wissen, dass, wenn unser irdisches Zelthaus zerstört wird, wir einen Bau von Gott haben, ein nicht mit Händen gemachtes, ewiges Haus in den Himmeln" (2Kor 5,1).

Wir sehnen uns deshalb danach, „‚ausheimisch' vom Leib und ‚einheimisch' beim Herrn" zu sein (V. 8). Das ist keine Realitätsflucht. Das sind nicht die Worte und die Haltung von jemandem, den das Leben überfordert und der froh ist zu entkommen. „Die Sache, die den Himmel für uns so real macht", sagte Paulus, „und die uns die Gewissheit gegeben hat, dass wir ein ewiges Haus haben werden – einen Körper, der zu unserer verherrlichten Persönlichkeit passt –, ist die Tatsache, dass Gott uns bereits die Anzahlung dafür gegeben hat: den Heiligen Geist in unseren Herzen" (vgl. 2Kor 1,22).[317]

14. November

Unser persönliches Erbe

Textlesung: Psalm 16,1-6

Der HERR ist der Anteil meines Erbes und mein Becher;
du bist es, der mein Los festlegt.
Die Messschnüre sind mir gefallen auf fruchtbares Land;
ja, mein Erbteil gefällt mir. (V. 5-6)

Als die Israeliten ins Land kamen, schwärmten die Landvermesser aus und vermaßen das Farmland. Das Land wurde aufgeteilt und allen Israeliten zum Grundbesitz gegeben.

Jahrhunderte vergingen, und die Israeliten dachten über den riesigen Segen nach, den Gott ihnen mit ihrem Erbe geschenkt hatte. Dabei dachten sie über das buchstäbliche Land Kanaan hinaus – weit über das Gras und die Kühe, die Milch und den Honig hinaus.

Was meint David, wenn er sagt: „Die Messschnüre sind mir gefallen“? Er denkt an die alte Geschichte – als Israel ins Land kam, die Israeliten das Land sichteten und alles in einem Buch aufzeichneten. Lose wurden geworfen, und jeder Bewohner erhielt sein Stück Land. Manche fanden das wundervoll, weil sie fruchtbares Land bekommen hatten. Andere waren nicht so begeistert, da sie Landstücke abbekommen hatten, die schwierig zu bewirtschaften waren. Manche waren sehr zufrieden, andere eher weniger. Im Laufe der Jahrhunderte dachten die großen Propheten und Psalmisten nicht nur über das irdische Erbe nach, das Gott ihnen geschenkt hatte. Sie begannen auch, über das große geistliche Erbe nachzudenken, in dessen Genuss sie schon damals kamen. Der Psalmist sagt: „Der Herr hat mir diese 1,5 Hektar Land und eine Kuh zugeteilt! Er selbst steckt hinter dem Erbe, hinter meinem Anteil. Ich kann ehrlich und aufrichtig sagen: Dieses Stück Land, das mein Erbteil ist, gefällt mir. Die Messschnüre sind für mich auf fruchtbares Land gefallen.“

Selbst wenn wir hier stehen blieben, hat uns dies bewegt, über etwas Wunderbares nachzudenken. Der unendliche Gott hat uns nicht nur in ein Erbteil geführt und uns das Recht gegeben, es zu genießen. Er hat obendrein jedem Einzelnen von uns seinen eigenen Anteil an diesem Erbe gegeben. Sie machen Erfahrungen mit dem Herrn, die Sie mit mir gemein haben, und dann wieder machen Sie Ihre ganz persönlichen Erfahrungen mit dem Herrn, die Ihnen völlig eigen sind. Ich frage mich: Wenn Sie an das herrliche Erbe denken, das Gott Ihnen in Christus geschenkt hat, können Sie da ehrlich sagen: „Gott sei Dank, die Messschnüre sind mir gefallen auf fruchtbares Land; mein Erbteil gefällt mir“?[318]

15. November

Unsere Segnungen für Gott einsetzen

Textlesung: Josua 20,1–21,3

Denn wehe mir, wenn ich das Evangelium nicht verkündigte! (1Kor 9,16)

Als die sieben Stämme schließlich ihren eigenen Erbteil erhielten, werden zwei Dinge ausdrücklich erwähnt. Erstens mussten sie eine Reihe von Städten abtreten, damit diese zu Zufluchtsstädten wurden. Falls jemand unabsichtlich einen Mitmenschen getötet hatte, konnte er dorthin fliehen und sich vor der Hand des Bluträchers in Sicherheit bringen. Die Israeliten mussten also einen Teil ihres Erbes für die Rettung von Menschen abgeben, die sich in Lebensgefahr befanden. Dann mussten sie noch viele weitere Städte abtreten, damit die Leviten dort wohnen konnten. Es war wundervoll, dass Gott in der Stiftshütte unter ihnen wohnte. Doch das machte den Dienst am Heiligtum notwendig. Daher mussten sie einen Teil ihres Erbes zurückgeben, um die Leviten zu unterstützen, die im Namen des Volkes in der Stiftshütte den Dienst vor Gott verrichteten.

Wir haben ein riesiges geistliches Erbe bekommen. Es wurde uns völlig kostenlos gegeben. Aber hat Gott nicht trotzdem Anspruch auf uns und auf das, was er uns gegeben hat? Eine unserer reichsten Segnungen ist die Frucht der Vergebung, die David in seinem Psalm beschreibt: „Glücklich, wem Übertretung vergeben, wem Sünde zugedeckt ist!" (Ps 32,1). Wie schön es ist, diese herrlichen Früchte aus unserem gottgegebenen Erbe zu genießen! Aber hat uns Gott dieses wunderbare Geschenk der Vergebung nur zu unserem eigenen, persönlichen Nutzen geschenkt? Oder gibt es um uns herum nicht vielleicht auch Menschen, die in Todesgefahr schweben? Der Bluträcher ist ihnen auf den Fersen, und sie brauchen Rettung. Gott hat Anspruch auf uns. Er erwartet von uns, dass wir etwas von dem Segen, den er uns geschenkt hat – von der geistlichen Freiheit, der Freude und der Erkenntnis des Heils –, nehmen, um Zufluchtsstädte für Menschen zu bauen, die in der tödlichen Gefahr schweben, in Ewigkeit zugrunde zu gehen. Manchmal schleicht sich bei mir das Gefühl ein: Weil ich gerettet und sicher bin und die wunderbare Vergebung des Herrn kenne, habe ich jetzt alles, was ich brauche. Nein, mein christlicher Freund, keinesfalls! Der Herr, der uns diese großartigen Geschenke gegeben hat, fordert, dass wir im Gegenzug mitmachen bei der Evangelisation der Welt.[319]

16. November

Die ewige Stadt bauen

Textlesung: 1. Chronik 29

Und außerdem, weil ich Gefallen habe an dem Haus meines Gottes, habe ich, was ich als Eigentum an Gold und Silber selbst besitze, für das Haus meines Gottes gegeben, über all das hinaus, was ich für das Haus des Heiligtums bereitgestellt habe. (V. 3)

Als David älter wurde, dankte er freiwillig ab und machte Salomo zu seinem Nachfolger. Warum tat er das? Um sich an die Aufgabe zu machen, die ihm mehr auf dem Herzen lag als irgendetwas anderes auf der Welt. Das waren nicht seine großen Siege, nicht seine großen Paläste, nicht einmal Macht bedeutete ihm irgendetwas im Vergleich zu dem Anliegen, dem er seine letzten Tage widmete. Und das war die Bereitstellung des Tempelschatzes für den Bau des Hauses des Herrn und die Organisation des Volkes. Dann wären alle bereit, wenn der Tag anbrach, der Tempel gebaut war und die Gegenwart Gottes herabkam und ihn erfüllte. Alle sollten an ihrem Platz sein, damit die Herrlichkeit Gottes sie erfüllen und sich durch sie ausdrücken könnte. Ihre vielen unterschiedlichen Gaben würden sich entfalten und in einem nie versiegenden Strom der Herrlichkeit zu Gott zurückfließen.

Dem widmete David seine letzten Tage. Als er dort vor den gesammelten Schätzen stand und sich das Volk um ihn versammelte voll Erwartung des Tages, an dem der Tempel schließlich errichtet werden würde, sprach er ein bewegendes Gebet:

> Und nun, unser Gott, wir preisen dich, und wir loben deinen herrlichen Namen. Denn wer bin ich, und was ist mein Volk, dass wir imstande waren, auf solche Weise freigebig zu sein? Denn von dir kommt alles, und

> aus deiner Hand haben wir dir gegeben. Denn wir sind Fremde vor dir und Beisassen wie alle unsere Väter; wie ein Schatten sind unsere Tage auf Erden, und es gibt keine Hoffnung. (V. 13-15)

Was bedeuten diese Worte für uns? Wie würden wir leben, wenn uns heute tief in unserem Herzen bewusst würde, dass unser Leben tatsächlich wie ein Schatten ist und bald vorbei sein wird? Gott lädt uns ein, uns König David und seinen Leuten anzuschließen in der Vorbereitung der Dinge, die Gottes ewige Stadt zieren werden. Er gibt uns dazu die nötige Gnade, die Kraft, die Zeit, das Heil, die Kenntnis seines Wortes und die Frucht seines Geistes, damit wir diese Dinge durch unsere Predigten, Gebete, Seelsorge, Liebe, Güte und Fürsorge zusammentragen, verfeinern, bearbeiten und formen. Wir sind Gottes Mitarbeiter. Achten wir jedoch darauf, wie wir bauen.[320]

17. November

Der Kampf um unser Erbe

Textlesung: 2. Timotheus 3

Eine größere Freude habe ich nicht als dies, dass ich höre, dass meine Kinder in der Wahrheit wandeln. (3Jo 4)

Wir müssen uns jetzt der zweiten Phase der christlichen Aneignung unseres Erbes zuwenden. Unser Herr ist auferstanden und triumphierend in die Herrlichkeit aufgefahren. Aber der Feind ist noch immer am Werk. Ein großes strategisches Ziel besteht darin, dass alle Gotteskinder zur „Einheit des Glaubens“ gelangen (vgl. Eph 4,4-6). Glauben Sie, dass das jemals möglich sein wird? Wird jemals der Zeitpunkt kommen, da wir alle dasselbe glauben? Wäre es nicht selbst im Himmel besser, uns darauf zu einigen, dass wir unterschiedlicher Meinung sind? Wie auch immer wir das hier unten auf der Erde sehen, wir sind von unserem souveränen Herrn auf dieses Ziel verpflichtet worden. Eine realistische Einschätzung sagt uns, dass wir noch nicht dort angelangt sind.

Aber wir sollen weiter danach streben,

> mit dem Ziel, dass wir alle die Einheit im Glauben und in der Erkenntnis des Sohnes Gottes erreichen; dass wir zu mündigen Christen heranreifen und in die ganze Fülle hineinwachsen, die Christus in sich trägt. Dann sind wir keine unmündigen Kinder mehr, die sich vom Wind aller möglichen Lehren umtreiben lassen und wie Wellen hin- und hergeworfen werden. Dann fallen wir nicht mehr auf das falsche Spiel von Menschen herein, die andere hinterlistig in die Irre führen. (Eph 4,13-14; NeÜ)

Wir können es uns nicht erlauben, zynisch zu werden. Es gibt einen Kampf. Paulus erinnert uns an die Verschlagenheit von Menschen, die nur darauf warten, andere zu täuschen. Wir haben uns schon an die Vorstellung gewöhnt, dass ein Evangelist, wenn er das Evangelium predigt, in einem gewissen Sinne mit Gewalten und Mächten ringt. Doch manchmal vergessen wir, dass dasselbe auch für den christlichen Lehrer und Hirten gilt, der darum ringt, das Volk des Herrn zur Mündigkeit und zur Einheit des Glaubens zu führen – nicht nur emotional, sondern auch in ihren tiefen Überzeugungen. Der christliche Glaube ist umkämpft, zersplittert in alle Richtungen. Dahinter verbirgt sich ein satanischer Geist, der viel größeres Interesse daran hat, Sie in Ihrem Glaubenswachstum zu behindern, als Sie zu irgendeinem schlimmen Laster zu verführen. Weil Gott Wahrheit ist, kämpft Satan mit unzähligen Tricks und Handlangern darum, Uneinigkeit unter den Christen zu stiften – insbesondere im Hinblick auf das, was sie glauben.[321]

18. November

Christus musste weggehen

Textlesung: Johannes 8,19-30

Doch ich sage euch die Wahrheit: Es ist euch nützlich, dass ich weggehe, denn wenn ich nicht weggehe, wird der Beistand nicht zu euch kommen; wenn ich aber hingehe, werde ich ihn zu euch senden. (Joh 16,7)

Die Kapitel 7 und 8 des Johannesevangeliums antworten auf die Frage danach, warum Gott seinen Sohn als unseren Retter in die Welt sandte. Und in beiden Kapiteln geht es um das „Weggehen", nicht nur um das, was Jesus sagte und lehrte, so wichtig das auch ist. Von Anfang stand die Ankündigung im Raum, dass und zu welchem Zweck er weggehen würde: Sein Weggehen würde das Kommen des Heiligen Geistes ermöglichen. Denn an späterer Stelle sagte der Herr Jesus: „Wenn ich nicht weggehe, wird der Heilige Geist nicht kommen" (16,7). Das „Weggehen" war also kein Zufall. Es ging nicht darum, das Beste daraus zu machen, nun, da die Juden ihn gekreuzigt hatten. Er hatte immer geplant wegzugehen! Erst das würde das Kommen des Geistes ermöglichen. Christus ist Gottes letztes *Wort*. Er ist nicht sein letztes *Zeugnis*. Das letzte und abschließende Zeugnis ist der Heilige Geist, der diejenigen, die an den Herrn Jesus glauben, erfüllen wird.

Dann gibt es da noch das „Hingehen" in Kapitel 8. Wenn wir dem Licht dieser Welt auf unserem Weg folgen, haben wir die Gewissheit, dass es für diejenigen, die in Christus Jesus sind, „jetzt keine Verdammnis" mehr gibt (Röm 8,1). Wir sind dem „Ich bin" im brennenden Busch von Golgatha begegnet und haben seine Vergebung erfahren. Er hat das Gesetz zweimal aufgeschrieben: zunächst auf Steintafeln und dann, indem er den neuen Bund auf die Tafeln unseres Herzens und unseres Sinnes geschrieben hat (Hebr 10,16). Er führt uns heim in die

Herrlichkeit. Er verleiht uns den Status von Söhnen und Töchtern und lehrt uns durch sein Wort, wie wir uns als wahre, lebendige Kinder Gottes verhalten. Und eines Tages kommt er wieder, um uns ins Haus des Vaters zu holen.[322]

19. November

Die Gabe des Heiligen Geistes

Textlesung: Apostelgeschichte 2,22-41

Und danach wird es geschehen,
dass ich meinen Geist ausgießen werde über alles Fleisch. (Joe 3,1)

Dieses erste herrliche Ereignis fand direkt vor ihren Augen in den Straßen Jerusalems statt. Petrus teilte der verblüfften Menge mit, dass sie Gottes Sohn und Erben umgebracht hatten. Doch sein Tod hatte die Verheißung des Geistes nicht aufgehoben, sondern vielmehr ihre Erfüllung ermöglicht. Die Verheißung galt ihnen und ihren Kindern und in der Tat so vielen, wie der Herr auf der ganzen Welt rufen würde (Apg 2,39). Und sie galt auch weiterhin. Ein paar hatten das gnädige Geschenk bereits empfangen. Auch die Menge konnte es empfangen, wenn sie nur wollte. Denn das Geschenk war völlig frei. Das Geschenk war nichts Geringeres als der Heilige Geist. Nicht einfach eine von den Gaben des Heiligen Geistes, mit denen er Gottes Volk dazu ausrüstet, ihm zu dienen, sondern der Heilige Geist selbst. „Tut Buße, und jeder von euch lasse sich taufen auf den Namen Jesu Christi zur Vergebung eurer Sünden! Und ihr werdet die Gabe des Heiligen Geistes empfangen" (V. 38). Sie hatten Gottes Sohn ermordet. Und er bot ihnen nun seinen Geist an. Sie hatten die zweite Person der Trinität gekreuzigt. Er bot ihnen nun die dritte an. Sie hatten Gottes Sohn aus dem Weinberg geworfen in der Hoffnung, selbst den Weinberg zu besitzen. Nun lud er sie ein, Gottes Geist nicht nur in ihren Weinberg aufzunehmen, sondern in ihre Herzen, damit sie ewiges Leben haben: die Anzahlung und Garantie eines unendlichen und unvergänglichen Erbes. Und diese Gabe wurde universell angeboten: „Ich werde meinen Geist ausgießen über alles Fleisch." Zu alttestamentlichen Zeiten war der Heilige Geist auf Menschen gekommen, um sie zu Machttaten oder

Fähigkeiten oder Worten mit prophetischer Autorität zu inspirieren. Aber das waren nie mehr als ein paar wenige Auserwählte gewesen. Nun wurde der Heilige Geist unterschiedslos allen Menschen angeboten: Männern und Frauen, Jungen und Alten. Zudem brauchte niemand von ihnen mehr das Kommen des großen und herrlichen Tages des Herrn zu fürchten, mit all seinen furchteinflößenden Zeichen und Gerichten. Der Weg zum Heil war noch immer derselbe, den Gott durch Joel angekündigt hatte. Und er war noch immer genauso universell gültig: „Jeder, der den Namen des Herrn anrufen wird, wird gerettet werden" (Apg 2,21). Nur dass jetzt der Herr, dessen Namen sie anrufen mussten, eben dieser Jesus war, den sie gekreuzigt hatten. Er war auferstanden und erhöht. Gott hatte ihn sowohl zum Herrn als auch zum Christus gemacht (V. 36). Der Hauptzweck hinter dem Kommen des Geistes bestand darin, ihnen zu beweisen, dass Jesus tatsächlich der Christus war.[323]

20. *November*

Die Taufe im Heiligen Geist

Textlesung: Johannes 1,24-34

Denn in einem Geist sind wir alle zu einem Leib getauft worden,
es seien Juden oder Griechen, es seien Sklaven oder Freie,
und sind alle mit einem Geist getränkt worden. (1Kor 12,13)

Wir tun gut daran, an dieser Stelle innezuhalten, um die Bedeutung dessen zu begreifen, was da gesagt wird. Bei der Taufe im Heiligen Geist handelt es sich nicht um irgendeine kleine Nebensächlichkeit unter anderen, die einem passiert, wenn man sein Vertrauen auf den Retter setzt. Die Taufe im Heiligen Geist ist der Dienst des Herrn Jesus, der ihn so einzigartig macht unter allen Propheten, die es jemals gab – ob nun Mose oder Elia oder Jesaja selbst, ganz zu schweigen von Hesekiel, Jeremia, Daniel und Obadja. Große Männer Gottes, so inspiriert sie auch sein mögen, verblassen neben Jesus Christus, dem Sohn Gottes. Was ist so anders an ihm? Nun, zunächst einmal die Tatsache, dass er Menschen im Geist taufen kann. Der Heilige Geist ist nicht einfach nur eine Sache, nicht einfach nur eine Kraft, so wie Elektrizität eine Kraft ist. Der Heilige Geist ist Gott. Denken Sie nur, wer Jesus sein muss, wenn er Ihnen den Heiligen Geist geben kann. Das ist eine der Facetten seiner einzigartigen Herrlichkeit.

Um zu verstehen, was der Herr Jesus tut, können wir eine Analogie aus dem ziehen, was Johannes tat. Johannes taufte mit Wasser. Sie kommen also zu Johannes, und er tauft Sie mit Wasser. Johannes führt die Taufe durch, was bedeutet, dass er Sie unter Wasser taucht und Sie so getauft werden. Dann sagt Johannes: „Ich taufe mit Wasser; mitten unter euch steht einer, der euch mit Heiligem Geist taufen wird." Sehen Sie die Parallele? Wenn Sie zu Christus kommen, übernimmt Christus das Taufen. Christus tauft Sie mit dem Geist: Er gibt Ihnen den Geist. Das ist ein wundervoller Bestandteil unserer Errettung. Es ist nicht wie der Zuckerguss, mit dem Sie Ihren christlichen Geburtstagskuchen verzieren. Es ist die eigentliche Grundlage des Evangeliums. Das lässt uns staunen und macht uns demütig. Weil Sie Christus begegnet sind und ihm vertraut haben, hat der Mensch gewordene Sohn Gottes nicht nur Ihre Sünden und Übertretungen vergeben, sondern hat Ihnen auch den Heiligen Geist gegeben. Gewöhnen Sie sich niemals an diese Tatsache! Lassen Sie es niemals zu, dass sie auf eine nebensächliche, ekstatische Erfahrung reduziert wird![324]

21. November

Berufen nach Gottes Vorsatz und geführt durch den Heiligen Geist

Textlesung: 1. Mose 24,56-67; Römer 8,26-28

Der aber die Herzen erforscht [Gott], weiß, was der Sinn des Geistes ist, denn er verwendet sich für Heilige Gott gemäß. (Röm 8,27)

Gott hat uns „nach seinem Vorsatz" berufen. Nun hat er ein Ziel, zu dem er uns berufen hat, etwas, was er mit uns tun will. Letztlich will er uns dem Bild seines Sohnes gleichförmig machen. Und Gott sei Dank hat er es nicht uns überlassen, die Kontrolle über die Erfüllung des Programms zu übernehmen. Vielmehr bezeugt der Heilige Geist, dass wir Kinder Gottes sind (vgl. V. 15-17). Er tritt für uns ein, Gottes Sinn gemäß (vgl. V. 26-27). Er weiß, worin der notwendige nächste Schritt besteht. Ob das nun Frieden und Wohlstand sind, irgendein Leiden oder was auch immer notwendig ist für den nächsten Schritt in seinem Plan – der Heilige Geist tritt in Gottes Sinn für uns ein.

Das ist gut, oder? Die alte Geschichte ist noch immer wahr und als Analogie sehr hilfreich (1Mo 24). Als Abraham seinen Knecht losschickte, damit der eine Frau für Isaak suchte, und das Mädchen schließlich vor der Entscheidung stand, sagte die Familie: „Nun ja, frag sie besser mal selbst." Und der Knecht legte ihr die Schmuckstücke an – was ein bisschen Diplomatie und Werbung war –, und erzählte ihr alles über seinen Herrn. Nun stellte ihr die Familie die Frage: „Willst du mit diesem Mann gehen?" Das heißt, würde sie mit Abrahams Knecht gehen?

Als sie „Ja" sagte, antwortete der Knecht nicht: „Hey, ich bin hocherfreut über deine Antwort, meine Liebe. Ich bin sicher, du wirst nicht enttäuscht sein, wenn du durch die Wüste zum Sohn meines Herrn gereist bist. Alle freuen sich darauf, dich zu sehen. Hier ist meine Visitenkarte. Wenn du zu uns kommst, wirst du sehen, wie wunderbar alles ist."

Nein, das tat er nicht. Als sie ihre Entscheidung traf, trug Abrahams Knecht die Verantwortung dafür, die gute Frau zu begleiten, sie Schritt für Schritt zu führen und schließlich zum Sohn seines Herrn zu bringen.

Ebenso wird uns auch der Heilige Geist gegeben. Er tritt für uns ein, Gott gemäß, um dafür zu sorgen, dass Gottes Gedanken für uns in die Tat umgesetzt werden. Dabei fordert er uns natürlich zur Mitarbeit auf, da wir nicht länger Sklaven, sondern Söhne Gottes sind.[325]

22. *November*

Im Geist wandeln in der Neuheit des Lebens

Textlesung: Römer 8,1-8

Mit ihm seid ihr begraben worden in der Taufe,
und mit ihm seid ihr auch mitauferweckt worden durch den Glauben
an die Kraft Gottes, der ihn von den Toten auferweckt hat. (Kol 2,12; ZB)

Als Jesus von Nazareth kommt, um sich taufen zu lassen, sagt Johannes: „Ich habe nötig, von dir getauft zu werden. Und du kommst zu mir?“ (Mt 3,14). Johannes wusste um die Bedeutung seiner Taufe. Sie war ein Bußbekenntnis. Und dieser Mann hatte keine Sünde, für die er Buße tun musste. Warum wollte er sich dann taufen lassen? Wenn wir ihn dort im Schlamm des Jordan neben den Sündern, den Armen, den Schwachen, den Korrupten und den Boshaften stehen sehen, können wir uns gut fragen, was der heilige Sohn Gottes da gerade tut. Das ist Gottes Wunder der Gnade. Wenn Sie sich Gottes Gericht stellen und sich selbst dort hinbegeben, wo Sie zu stehen verdienen – unten im Schlamm, wo Sie nicht tiefer sinken können und Ihnen das Wasser bis zum Hals steht –, werden Sie seinen Arm spüren, der sich um Sie legt. Es ist Gottes heiliger, sündloser Sohn, der an Ihrer Stelle dort steht. Das war das, was er auf Golgatha tat: Kein Mensch sank je so tief herab, dass Christus nicht an seiner Seite gestanden hätte.

Und als er wieder aus dem Jordan aufgetaucht war, geschah Folgendes: „Als Jesus nach seiner Taufe aus dem Wasser stieg, öffnete sich der Himmel über ihm und er sah den Geist Gottes wie eine Taube auf sich herabkommen. Auf einmal sprach eine Stimme aus dem Himmel heraus: ‚Das ist mein über alles geliebter Sohn. An ihm habe ich Freude!‘“ (V. 16-17; NeÜ).

Und was geschah als Nächstes? „Dann wurde Jesus von dem Geist in die Wüste hinaufgeführt, um von dem Teufel versucht zu werden“ (4,1). Dort wurde er durch drei große Versuchungen auf die Probe gestellt. Wir sind durch das Gericht hindurch gerettet worden, heraus auf die andere Seite, um ein anderes, ein neues Leben zu führen. Aber wie nur können wir dieses aufrührerische Fleisch beherrschen? Ein gottgefälliger Charakter entsteht, wenn wir uns ständig vom Geist leiten lassen. Das bedeutet nicht unbedingt, Stimmen aus dem Himmel zu hören.

Der Heilige Geist ist eine Person, und diese Person ist Gott. Er ist keine Sache. Ich soll ihn nicht wie eine Sache benutzen und ihn anschalten wie elektrischen Strom. Er soll mich benutzen. Das Herrliche an Gottes Heiligem Geist ist, dass er meine Persönlichkeit nicht unterdrücken wird; er wird sie entfalten. Er wird in mir und mit mir beten. Er wird mir helfen, mich bestmöglich auszudrücken. Wenn ich seinen Willen oft nur stockend und manchmal falsch zum Ausdruck bringe, wird Gott das so verstehen, wie der Heilige Geist es ursprünglich beabsichtigt hat. Doch er wird gegen das Fleisch ankämpfen, denn ich bin dazu berufen, dem Geist gemäß zu leben.[326]

23. November

Das Wirken des Geistes offenbart den Vater

Textlesung: Johannes 14,15-24

Ein natürlicher Mensch aber nimmt nicht an, was des Geistes Gottes ist, denn es ist ihm eine Torheit, und er kann es nicht erkennen, weil es geistlich beurteilt wird. (1Kor 2,14)

Wenn wir dem Vater zunehmend näherkommen wollen, werden wir – und das sagen wir voller Ehrfurcht – mehr als eine vollständige Offenbarung Gottes in Christus brauchen. In dieser Offenbarung steckt selbstverständlich nichts Unzureichendes. Das sei fern! Aber unsere Fähigkeit, diese Offenbarung zu verstehen, ist zutiefst unzureichend.

Sie sehen das, wenn Sie sich noch einmal die elf Männer vor Augen malen, die mit unserem Herrn im Obersaal zusammen waren. Als Philippus und die anderen Jesus sahen, sahen sie den Vater. Doch sie erfassten gar nicht richtig all das, was sie da sahen, konnten es nicht vollumfänglich verstehen und genießen. Und warum nicht? Weil ihre Köpfe voll von ihren eigenen Ideen, Vorannahmen, falschen Erwartungen und schierer Unkenntnis waren.

Wenn diese Elf jemals umfänglich zum Vater kommen wollten, würden sie nicht nur die volle Offenbarung des Vaters in Christus benötigen, sondern auch etwas, das mit ihren inneren intellektuellen und emotionalen Blockaden fertigwird. Etwas, das die dunklen Wolken ihrer Ängste, Zweifel und die Missverständnisse vertreibt, damit das Licht der Offenbarung Gottes in Christus durchscheinen kann.

Sie würden mehr brauchen. Der menschliche Geist allein, so scharfsinnig er auch sein mag, kann die Dinge Gottes nicht erfassen, sagt die Heilige Schrift. Nur der Geist Gottes kann göttliche Dinge verstehen. Wenn die Jünger daher jemals den Vater kennenlernen wollten, würden sie Gottes Geist benötigen. Und das ist genau das, was der Herr Jesus seinen Jüngern nun ankündigt: „Und ich werde den Vater bitten, und er wird euch einen anderen Beistand geben, dass er bei euch ist in Ewigkeit, den Geist der Wahrheit" (Joh 14,16-17).

Wir bemerken hier sofort den Titel, der dem Geist gegeben wird. Er wird hier weder als Gottes Geist noch als der Geist der Gnade oder der Heiligkeit bezeichnet – obwohl er natürlich all das ist und an anderer Stelle in der Heiligen Schrift auch so genannt wird. Unser Herr bezeichnet ihn hier als den Geist der Wahrheit. Das steht im Einklang mit dem, was er zuvor sagte: „Ich bin ... die Wahrheit ... niemand kommt zum Vater als nur durch mich" (V. 6). Daher verspricht er nun, den Vater zu bitten, den Geist der Wahrheit zu senden. Dieser Geist wird nicht nur *bei* seinen Menschen sein, sondern auch *in* ihnen. Und indem er ihnen hilft, die Wahrheit über den Vater zu erkennen, wird er sie immer näher zum Vater bringen.[327]

24. November

Der Heilige Geist offenbart die Tiefen Gottes

Textlesung: 1. Korinther 2,10-16

Uns aber hat Gott es offenbart durch den Geist,
denn der Geist erforscht alles, auch die Tiefen Gottes. (V. 10)

Was ist mit den Tiefen Gottes? Sie sagen: „Das ist uns zu viel – wie könnten wir sie je verstehen?" Gott hat Ihre Schwierigkeiten bedacht und uns seinen Geist gegeben. Haben Sie jemals darüber nachgedacht, warum es neben Gott, dem Sohn, und Gott, dem Vater, noch einen Heiligen Geist geben muss? Gott gibt sich durch den Herrn Jesus zu erkennen. Wozu benötige ich dann den Heiligen

Geist? Nun, genau aus diesem Grund. Gott gibt sich im Herrn Jesus perfekt zu erkennen. Aber wie sollte ich jemals alles begreifen, was in Jesus Christus ist? Gott schenkt mir seinen Heiligen Geist, damit dieser meinem Geist zu Hilfe eilt und ich die Dinge Gottes begreife. Das bleibt nicht mir überlassen.

Ich hege eine geheime Leidenschaft für Physik und Kosmologie und machte im letzten Jahr eine schöne Erfahrung. Ich war in einem christlichen Camp im fernen Japan. Und dort traf ich einen echten Physiker! Er war ein guter Lehrer, der die Schrift sehr gut auslegte. Die Gelegenheit konnte ich mir nicht entgehen lassen. Als der offizielle Teil des Treffens vorbei war, ging ich mit meinen ganzen Fragen zu Kosmologie, Urknall, schwarzen Löchern und all dem anderen auf ihn zu. Er sah mich wohlwollend an, lächelte und sagte dann: „Da haben Sie aber keine besonders hilfreichen Fragen gestellt."

Da stand ich nun in meiner Unwissenheit. Ich wusste so wenig. Ich wusste nicht einmal, die richtige Art von Fragen zu stellen. Anscheinend hatte ich ziemlich dumme Fragen gestellt! Das passiert, wenn man kein Experte ist. Wie sollte ich jemals wissen, welche Fragen ich überhaupt in Bezug auf die Tiefen Gottes stellen sollte? Der Physiker in Japan hatte selbst geforscht. Deshalb wusste er, welche Fragen er stellen musste, und er konnte mich anleiten, ein paar dieser Tiefen zu begreifen. Ist das nicht ein Wunder, lieber Bruder, liebe Schwester, dass Gott Ihnen seinen Heiligen Geist geschenkt hat, der die Tiefen Gottes begreift und sie Ihnen durch seine Genialität zu vermitteln weiß? Welch eine wunderbare Person er doch ist, und welch einen wundervollen Dienst er tut![328]

25. *November*

Der Dienst des Geistes der Wahrheit

Textlesung: 2. Korinther 3

Denn durch ihn haben wir beide durch einen Geist den Zugang zum Vater.
(Eph 2,18)

Der Heilige Geist, der in uns bleibt, ist in der Lage, all unsere fehlgeleiteten Vorstellungen zu überwinden und Gottes Liebe in unser Herz zu gießen, wie Paulus es in Römer 5,5 formuliert. Das meint nicht unsere Liebe zu Gott (indem er uns hilft, Gott so zu lieben, wie wir es sollten – obwohl der Heilige Geist das zweifelsohne ebenfalls für uns tut), sondern Gottes Liebe zu uns, wie der Kontext von Römer 5 zeigt. Der Heilige Geist lässt Gottes Liebe zu uns in unser Herz strömen, so wie man Wasser auf den Boden ausgießt und es in alle Ecken und Winkel fließt. Wenn wir Gottes vom Heiligen Geist inspiriertes Wort lesen, das uns von Gottes Liebe zu uns erzählt, bestätigt der Heilige Geist, der in uns wohnt, dieses Wort. Er macht es für uns glaubwürdig und greifbar. Und so überwindet er Stück für Stück unsere fehlgeleiteten Gottesvorstellungen, löst die verworrenen Knoten unseres Zweifels und unserer Ängste. Und so kommen wir dem Vater immer näher.

Nun beginnen wir zu sehen, was „zum Vater kommen“ bedeutet. Selbst wenn es möglich wäre, in irgendeinem physischen Sinne zum Vater zu kommen, wäre das nicht genug. Denn man kann ja auch einem anderen Menschen sehr nahekommen, sodass unsere Körper sich berühren, und dennoch im Herzen Lichtjahre voneinander entfernt sein. Nur wenn es zu einer Begegnung der Herzen kommt, zu einer Berührung von Geist zu Geist, erreichen wir eine andere Person wirklich. Ebenso verhält es sich mit uns und Gott. Und das Großartige daran ist: In diesem Sinne zum Vater zu kommen erfordert keine physische Anwesenheit. Deshalb müssen wir nicht warten, bis wir nach unserem Tod oder bei der Wiederkunft Christi in den Himmel heimgeholt werden. Im Geist können wir schon jetzt zum Vater kommen. Paulus formuliert es später in Epheser 2,18 folgendermaßen: „Denn durch ihn [Christus] haben wir beide [Jude und Heide] durch einen Geist den Zugang zum Vater.“ So wird unsere Persönlichkeit Stück für Stück verwandelt. Auf diese Weise wachsen wir, werden allmählich heiliger, vertrauensvoller und dem Herrn hingegebener, bis wir wie Paulus ehrlich sagen können: Obwohl wir uns manchmal wie Schafe fühlen, die täglich zur Schlachtung geführt werden, sind wir doch völlig überzeugt, „dass weder Tod noch Leben, weder Engel noch Gewalten, weder Gegenwärtiges noch Zukünftiges, noch Mächte, weder Höhe noch Tiefe, noch irgendein anderes Geschöpf uns wird scheiden können von der Liebe Gottes, die in Christus Jesus ist, unserem Herrn“ (Röm 8,38-39).[329]

26. November

Das Zeugnis des Heiligen Geistes für Christus

Textlesung: Offenbarung 7,9-12

Wenn der Fürsprecher kommt, den ich euch vom Vater aus senden werde, der Geist der Wahrheit, der vom Vater ausgeht, wird er Zeugnis ablegen über mich. Und auch ihr legt Zeugnis ab, weil ihr von Anfang an bei mir gewesen seid. (Joh 15,26-27; ZB)

Er sagt hier nicht: „Die Welt ist gottfeindlich, deshalb sollt ihr aus ihr herausgehen und aus der Distanz versuchen, mich und meinen Vater zu bezeugen." Zunächst kündigt er die große Vorkehrung an, die er getroffen hat, um sich selbst dieser Welt zu bezeugen. Diese Vorkehrung ist nichts Geringeres als das Kommen des Heiligen Geistes. „Wenn der Beistand gekommen ist", sagt Christus, „wird er Zeugnis ablegen über mich." Jeder Gläubige trägt natürlich die Verantwortung, den Herrn entsprechend seiner Begabung zu bezeugen, genau wie die Apostel es taten: „Aber auch ihr werdet Zeugen sein." Wir würden die Dinge jedoch völlig verzerren, wenn wir meinten, die Hauptverantwortung für dieses Zeugnis läge bei uns. Die Hauptverantwortung dafür, Christus in der Welt zu bezeugen, liegt weder bei uns als Einzelpersonen noch bei der Gemeinde als Ganzem, sondern beim Heiligen Geist. Er ist es, der das schwere Ende der Ladung trägt. Er trägt die Hauptlast. Selbst die Apostel waren nur kleine Diener, und wie viel kleiner sind wir? Wenn wir diese herrliche Tatsache begreifen, werden wir von unangemessenem Stress und Druck im Zusammenhang mit dem Dienst für den Herrn befreit. Zudem erleben wir, wie unsere Kraft erneuert wird, während wir lernen, uns auf den allmächtigen Geist Gottes zu verlassen. In der Tat ist es ermutigend und stärkend, von Zeit zu Zeit zurückzublicken und zu sehen, wie wirksam der Heilige Geist in seinem Zeugnis gegenüber der Welt gewesen ist. Ungeachtet gewaltiger Widerstände, die sich durch alle Jahrhunderte ziehen, wird das Evangelium heute überall auf der Welt stärker verkündigt als in den 20 Jahrhunderten zuvor. Tatsächlich hören zurzeit mehr Menschen das Evangelium, als man sich das selbst vor einem Jahrhundert noch erträumt hätte. Wie viele Mauern sind eingestürzt, die feindlich gesinnte Regierungen errichtet haben, um den christlichen

Glauben in ihrem Land auszurotten und zu verhindern, dass das Evangelium ihre Leute erreicht? Wir können also volles Vertrauen in die Kraft und Weisheit, die Strategie und die Wirksamkeit des Heiligen Geistes haben. Er ist der führende Kopf der Kampagne des Zeugnisses Christi in dieser Welt. Und in diesem Vertrauen können wir selbst Zeuge für unseren Herrn sein.[330]

27. *November*

Der Heilige Geist verherrlicht Christus

Textlesung: Jesaja 40

Er wird mich verherrlichen,
denn von dem Meinen wird er nehmen und euch verkündigen. (Joh 16,14)

Als der Heilige Geist kam, widmete er sich tatsächlich genau dieser Aufgabe: den Aposteln und durch sie auch Generationen von Gläubigen die wunderbare Herrlichkeit Jesu Christi zu vermitteln. Man denke z. B. an Textpassagen wie Hebräer 1 oder Kolosser 1. Wer kann das schon begreifen? Denn es wird uns dort gesagt, dass dieses riesige Universum, das dem Vater gehört, auch Christus gehört. Es wurde in ihm und durch ihn und zu ihm hin geschaffen. Alles, was der Vater hat, ist sein. Schluss mit der Armut – welch ein Reichtum ist hier! Und doch finde ich das manchmal ziemlich schwierig. Ich gehe gerne nachts nach draußen und betrachte die Sterne – mein Hobby. Und dort sehe ich 250 Milliarden Sonnen, die die Andromeda-Galaxie bilden und sage mir: „Ist es möglich, ist es in irgendeiner Weise glaubhaft, dass der Schöpfer und Eigentümer dieses Universums, der das Ziel all dieser Dinge ist, kam und für dich starb, Gooding? Ist es wahr, dass wir alles, was dem Vater gehört, einmal erben werden, als Miterben Jesu Christi, unseres Herrn, so wie es geschrieben steht?" Der Heilige Geist ist gekommen, um den Herrn Jesus vor unseren eigenen Augen zu verherrlichen!

Wenn Sie Ihre geistlichen Gaben effektiv einsetzen wollen, halten Sie sich dieses herrliche Ziel vor Augen – das Ziel, das der Heilige Geist verfolgt, wenn er Sie dazu befähigt, den Herrn Jesus zu verherrlichen. Wie großartig ist es, vom Heiligen Geist dazu gebraucht zu werden, etwas von dem unvorstellbaren Reichtum des Herrn ins Leben Ihrer Glaubensgeschwister hineinzutragen. Manche der Menschen, die mich am besten kennen, haben schrecklich oft den Eindruck, sie müssten ihre geistlichen Gaben einsetzen, um mich sanft zurechtzuweisen, mich zu tadeln, zu ermahnen und zu korrigieren. Sie sind sehr weise. Ich bin sicher, dass der Herr ihnen diese Gaben genau zu diesem Zweck gegeben hat, und sie sollten an diesem Dienst festhalten. Ich schätze sie tatsächlich. Ich sollte sie sogar noch mehr schätzen. In Wahrheit fühle ich mich aber viel mehr zu den Menschen hingezogen, deren Gabe der Heilige Geist dazu gebraucht, ein wenig vom Reichtum Gottes und vom auferstandenen Herrn in mein eintöniges Leben zu tragen. Das Leben steckt voller Schmerzen, Probleme und Schwierigkeiten. Und manchmal lassen wir zu, dass unser Christsein zu einer rein praktischen Ratgeberreligion degeneriert, die nur noch Probleme löst.[331]

28. *November*

Der Heilige Geist überführt die Welt von Gerechtigkeit

Textlesung: Jesaja 50,4-9

Und wenn er gekommen ist, wird er die Welt überführen von Sünde und von Gerechtigkeit und von Gericht. (Joh 16,8)

Allein die Gegenwart des Geistes hier und jetzt ist ein Hinweis darauf, dass Christus in der Herrlichkeit ist. Und das wiederum ist ein Beweis für die Gerechtigkeit. Der Heilige Geist wird die Welt von Gerechtigkeit überführen, „weil ich zum Vater gehe“ (Joh 16,10). Also hatte der Herr doch recht, und die Gegenwart des Heiligen Geistes hier auf der Erde ist der Beweis dafür, dass die Welt falschlag. Sie werden sich an die prophetischen Worte erinnern, die in Jesaja über den Messias ausgesprochen wurden: „Ich bot meinen Rücken den Schlagenden und meine Wangen den Raufenden, mein Angesicht verbarg ich nicht vor Schmähungen und Speichel“ (Jes 50,6).

Welch ausdrucksstarke Beschreibung der Anmaßungen und Misshandlungen, die unser Herr ertragen musste! Wer kann seine Widerstandskraft und Geduld ermessen? Der Mensch gewordene Gott stand vor gewöhnlichen Menschen, und die wagten es, seinen Anspruch anzufechten, seine Person zu lästern und seinen Leib zu misshandeln. Wie hielt er das nur aus? Unser Herr war kein Stoiker, der vorgab, keinen körperlichen Schmerz zu empfinden, und der versuchte, die viel tieferen Kränkungen durch ihre moralische und geistige Feindseligkeit sowie ihre falschen Anschuldigungen und ihre Denunzierung seiner Person zu übersehen. Im prophetischen Wort sagt uns der Messias: „Nahe ist, der mir Recht schafft" (V. 8). Das bedeutet, dass Gott an seiner Seite war.

Der Heilige Geist ist nun herabgesandt worden, um uns das Urteil des obersten Gerichtshofes des Himmels zu verkünden – damit wir den Fall hier auf Erden zugunsten Jesu Christi, unseres Herrn, vertreten. Es ist Gottes Gnade, dass der Heilige Geist, der als Chefanwalt den Fall von Gottes auferstandenem Sohn vor der Welt vertritt, uns allen erlaubt, Junioranwälte seiner Verteidigung zu sein. Wir sollen uns der Verteidigung des Herrn Jesus anschließen, damit sein Name rehabilitiert wird. Man stelle sich einmal vor: Gott gestattet mir das unbeschreibliche Privileg, ein Junioranwalt des Heiligen Geistes zu sein. Und während der Heilige Geist den Herrn Jesus verteidigt, lässt er sich herab und gebraucht mein kleines Leben, meine stammelnden Worte und meine schwachen Taten als Teil dieser großen Verteidigung des Herrn Jesus. Wenn wir über Dinge solchen Ausmaßes nachdenken, stellt das die Frage nach geistlichen Gaben in ihren wahren und richtigen Kontext. Und wenn es Gottes Absicht wäre, mir 10 000 solcher Gaben zu schenken, es wären doch zu wenig, um seinen geliebten Sohn zu verteidigen.[332]

29. November

Der Heilige Geist ist unsere erste Ressource gegen Irrlehre

Textlesung: 1. Johannes 2,18-29

Und ihr habt die Salbung von dem Heiligen und habt alle das Wissen. (V. 20)

Die erste Ressource gegen Irrlehre und Irrlehrer ist die Salbung des Heiligen Geistes. Jeder Gläubige hat diese Salbung (V. 20). „Ich habe euch nicht geschrieben, weil ihr die Wahrheit nicht kennt", sagte Johannes, „sondern weil ihr sie kennt." Und anschließend sagt er: „Und ... habt nicht nötig, dass euch jemand belehrt" (V. 21 & 27). Nun meint Johannes das nicht in einem absoluten Sinne – dass kein Gläubiger irgendjemanden braucht, der ihn belehrt –, denn unser auferstandener Herr hat Lehrer in seiner Gemeinde eingesetzt. Er meint es jedoch in etwas anderer Weise.

Im Hinblick auf die grundlegenden Fragen unseres christlichen Glaubens, des Evangeliums und unseres Heils tragen alle wahren Gläubigen bereits das Zeugnis von Gottes Heiligem Geist in sich. Sie werden Irrlehre in Bezug auf die Person Christi instinktiv als solche erkennen – und dafür gibt es einen ganz einfachen Grund. Wenn Sie gläubig sind und sich über die Vergebung Ihrer Sünden freuen und ich zu Ihnen komme und behaupte, der Tod Christi sei keine historische Tatsache, werden Sie nicht darauf hören. Wenn dies nämlich keine historische Tatsache wäre, wären Ihre Sünden nicht vergeben. Aber tief in Ihrem Herzen wissen Sie, dass dieses Ereignis Ihnen Frieden mit Gott gebracht und Sie in eine lebendige Gemeinschaft mit ihm geführt hat. Das Zeugnis des Heiligen Geistes für diese Tatsache in Ihrem Herzen macht Ihnen sofort klar, dass es sich um eine Irrlehre handelt.

Es ist die Hauptverantwortung des Heiligen Geistes, den Herrn Jesus zu bezeugen. Er gibt den Herzen von Gläubigen Zeugnis, sodass sie es intuitiv wissen. Und ihr „wisst, dass keine Lüge aus der Wahrheit ist", sagt Johannes und fügt seiner Anklage damit eine neue Wendung hinzu (vgl. V. 21). Es kann dabei keinen Kompromiss geben. Es bringt nichts, mit gelehrter Stimme zu sagen, dass jemand ein kühner Denker sei, der gerade mit der Irrlehre um die Ecke gekommen ist, dass die Jungfrauengeburt und die leibliche Auferstehung Christi nicht wahr seien. Und dass dies eine legitime Art sei, an den christlichen Glauben heranzugehen, und wir tolerant genug sein müssten, um sie zu integrieren. „Nein", sagt Johannes, „der Heilige Geist wird in euch bezeugen, dass keine Lüge aus der Wahrheit ist." Es gibt keinen alternativen Weg, um zur Wahrheit zu gelangen.[333]

30. November

Die Kraft geistlicher Gaben

Textlesung: 1. Korinther 12,1-11

Jedem aber wird die Offenbarung des Geistes zum Nutzen gegeben. (V. 7)

Um die Weihnachtszeit blieb mein Auto, eine ehrwürdige alte Rostlaube, liegen. Es war nur ein kleiner Mangel, Arthritis irgendwo im Getriebe. Als die Weihnachtszeit vorbei war, rief ich meinen Kfz-Mechaniker an. Er ist ein gescheiter junger Mann, der in einem tollen Auto vorfuhr, um den Schaden zu begutachten. Das ließ meine Rostlaube schamvoll erröten! Ich warf einen neidischen Blick darauf und sagte: „Ein schönes Auto haben Sie da", worauf er erwiderte: „Ja, ich habe es gebraucht gekauft." Ich fragte vorsichtig nach, wie viel so ein Auto kosten würde, denn ich hatte da eine Idee. Er nannte mir den Preis. Dann sah er mir jedoch direkt in die Augen und sprach eine Warnung aus: „Das Auto ist nicht für jedermann: Die Karre ist so stark, dass, wenn Sie nicht aufpassen und Vollgas geben, Sie das Heck von vorne begrüßt." Das wäre niemals etwas für mich. Ich wüsste gar nicht, was ich tun sollte, wenn das Heck nach vorne käme. Also sagte ich: „Ah, ich verstehe", und wir machten uns wieder an die Arbeit.

Sie verstehen den Punkt. Das Auto war sehr stark, aber man konnte es keinem inkompetenten Fahrer wie mir anvertrauen: Ich hätte nicht gewusst, wie man damit richtig fährt. Das wäre dann nicht die Schuld des Autos, sondern meine. Und ich könnte mir selbst und anderen eine Menge Schaden zufügen, wenn ich nicht erst mit viel Geduld lernen würde, wie man solch ein starkes Auto beherrscht.

Ich bestreite nicht, dass Gottes geistliche Gaben außerordentlich kraftvoll sein können. Doch je mächtiger Ihre geistliche Gabe ist, desto mehr werden Sie die Anleitung des Heiligen Geistes suchen müssen, damit er Ihnen zeigt, wie Sie diese Gabe richtig einsetzen können. Nur so können Sie sie zu Ihrem eigenen Nutzen und zum Nutzen der Gemeinde gebrauchen, ohne anderen oder sich selbst zu schaden, indem Sie nach geistlichen Gaben streben, die außerhalb Ihrer Kompetenz liegen und die der Heilige Geist nie für Sie vorgesehen hat.[334]

1. Dezember

Gott gab uns Gaben, wie es ihm gefiel

Textlesung: 1. Korinther 12,12-31
Nun aber hat Gott die Glieder bestimmt,
jedes einzelne von ihnen am Leib, wie er wollte. (V. 18)

Mein Bruder, meine Schwester, haben Sie jemals einen gewissen Frust verspürt – weil Sie sich wünschten, Sie wären jemand anderes? Vielleicht wünschten Sie, Sie hätten die Gabe der Evangelisation. Sie wären gerne ein großer Evangelist und würden gerne auf 56 Gemeinden verweisen, die Sie gegründet haben, oder auf so und so viele Seelen, die Sie zum Herrn führen konnten. Wie wunderbar! Hatten Sie jemals so ein Gefühl: „Ich wünschte, ich wäre einer von ihnen. Ich wünschte, meine Persönlichkeit wäre anders. Ich fühle mich so gehemmt und habe nicht die großen Gaben, die die anderen haben." Ja, manchmal wären wir gerne jemand anderes.

Einmal lief ein Programm im BBC. Ich habe vergessen, wie sie hieß. Aber dort wurde Leuten die berühmte Frage gestellt: „Wenn Sie nicht Sie wären, wer wären Sie dann gerne?" Nicht, dass ich irgendeine Chance hätte, beim BBC zu landen, aber ich grübelte eine Weile darüber nach. „Nun, Gooding", sagte ich mir, „wenn du nicht du wärst, wer wärst du dann gern?" Nachdem ich ein bisschen nachgedacht hatte, sagte ich: „Ich wäre gern ich selbst." Ja, es gibt Momente, da wäre ich gern Sie. Doch bei nüchterner Betrachtung entschied ich, dass ich doch gern ich selbst bin! Ich will Ihnen sagen, warum. In 1. Korinther 12,18 steht: „Nun aber hat Gott die Glieder bestimmt, jedes einzelne von ihnen am Leib, wie er wollte." Das ist die Sache: Warum sollte ich überhaupt eine Gabe haben wollen? Wofür will ich sie? Weil ich mich besser fühlen würde, wenn ich eine große Gabe hätte? Dabei ist doch Folgendes viel besser: Ich bin in den Leib eingefügt, „wie Gott es wollte".

Sehen Sie das kleine Veilchen, das dort im Gras blüht und kaum zu sehen ist? Wie wurde es zu einem Veilchen? Warum wurde es keine Eiche oder ein Mandelbaum voller Blüten? Warum ist es noch immer ein einfaches Veilchen? Die Antwort lautet: weil es dem allmächtigen Gott so gefiel. Wie wunderbar ist das, meine liebe Schwester, mein lieber Bruder! Genau jetzt, in diesem Augenblick, erheben Sie im tiefsten Grunde Ihres Herzens Ihren Geist zum Vater selbst. Was Ihre Gabe angeht, sind Sie genau so, wie es Gott gefiel. Sie brauchen kein John Wesley zu sein, um Gott zu gefallen. Nehmen Sie die allerersten Apostel, fügen Sie noch weitere Größen der Kirchengeschichte hinzu, schnüren Sie alles zu einem Paket zusammen – was haben diese Leute am Ende des Tages anderes getan, als Gott zu gefallen? Darin sind Sie ihnen gleich: Gott gab Ihnen Ihre Gabe, wie es ihm gefiel.[335]

2. *Dezember*

Gabe oder Gottesfurcht?

Textlesung: Richter 16

Und Simson sagte: Meine Seele sterbe mit den Philistern!
Und er beugte sich mit aller Kraft. Da fiel das Haus auf die Fürsten und auf alles Volk, das darin war. So waren die Toten, die er mit seinem Tod tötete, zahlreicher als die, die er in seinem Leben getötet hatte. (V. 30)

Simson war ein außerordentlich begabter Mann. Dass die Kraft des Heiligen Geistes auf ihm war, wird in diesen Kapiteln mindestens viermal ausdrücklich erwähnt. Es ist offensichtlich: Die Kraft, die er besaß, überstieg rein menschliche Kräfte. Er verfügte also über eine übernatürliche Begabung und Kraft. Trotzdem sollten wir uns davon nicht blenden lassen, wie es schließlich bei ihm der Fall war. Der Besitz geistlicher Gaben ist keine Garantie für gottesfürchtiges Verhalten.

Wir alle müssen uns daran erinnern, dass eine Gabe nicht notwendigerweise dasselbe ist wie Gnade. Mancher Mann und manche Frau, die vielleicht nicht so begabt sind wie wir, sind womöglich viel gottesfürchtiger – viel mehr von Gottes Gnade erfüllt, viel selbstbeherrschter und Christus ähnlicher als manch ein Knecht des Herrn mit spektakuläreren Begabungen. Begabung ist keine Garantie dafür, nicht zu Fall zu kommen. Der Bericht über Simsons Leben erinnert uns daran: Nur weil ein Mensch begabt ist, sollten wir nicht annehmen, dass alles, was er tut, gut ist, und all seine Methoden zwangsläufig richtig sind.

In 1. Korinther 12–14 behandelt Paulus die Gaben des Heiligen Geistes. Vielleicht mehr als in jedem anderen Kontext appelliert er an uns, kritisch mit uns selbst zu sein: „Brüder, seid nicht Kinder am Verstand, sondern an der Bosheit seid Unmündige, am Verstand aber seid Erwachsene! ... Von den Propheten aber sollen zwei oder drei reden, und die anderen sollen urteilen“ (14,20.29). Selbstverständlich nicht mit harter und feindseliger Kritik, sondern mit freundlichem und scharfsichtigem Urteilsvermögen. Es wäre gefährlich zu meinen, nur weil ein begabter Mann dieses sagt oder jenes tut, müsse er automatisch recht haben. Wir müssen lernen, in Demut zu urteilen.

Simson war enorm begabt und von Gott dazu berufen, ein Nasiräer zu sein. Doch Simson versagte darin, seine Gabe mit solchem Urteilsvermögen zu kontrollieren. Und das führte dazu, dass er fast jede bestehende Regel brach und im Desaster endete. Gott ließ ihn als Befreier aufstehen. Doch als er starb, wurde Israel noch genauso von den Philistern geknechtet wie eh und je. Er hatte alle möglichen spektakulären geistlichen Feuerwerke abgefackelt. Fragt man jedoch danach, was dies am Ende gebracht hat, kann man zu dem Schluss kommen, dass es erschreckend wenig war.[336]

3. Dezember

Der Leib Christi ist etwas Neues

Textlesung: Epheser 3,1-13
Die Nationen sollen nämlich Miterben und Mitglieder am gleichen Leib sein und Mitteilhaber der Verheißung in Christus Jesus durch das Evangelium. (V. 6)

Erst seit der Herr gekommen, gestorben, wiederauferstanden, zum Vater zurückgekehrt ist und den Geist gesandt hat, ist es sinnvoll, vom Leib Christi zu sprechen.

Deshalb ist das, was Paulus hier verkündigt, nicht nur irgendein Nachsatz zum Evangelium. Es bildet eine der nächsten Stufen in der fortschreitenden Offenbarung Gottes gegenüber den Menschen. Paulus sagt: „Ich will, dass ihr das begreift – ganz besonders ihr Heiden. Denn euch ist kaum bewusst, wie wichtig ich für euch bin. Ich bin für euch im Gefängnis. Ihr könntet leicht auf den Gedanken kommen, ich sei ein komischer Kauz (vor allem, wenn ihr auf die Juden und ein paar eher merkwürdige Brüder hört). Selbst Jakobus ist sich noch nicht so ganz sicher. Doch für eure Verherrlichung leide ich gerade. Denn das, was Gott mir offenbart hat, hat er mir als Auftrag übertragen. Mir hat er diesen besonderen Platz in der Geschichte zugewiesen, diese herrliche, neue Sache als Gottes Offenbarung bekannt zu machen, obwohl ich doch der Geringste unter den Heiligen bin" (vgl. Eph 3,8).

Es war etwas so Neues, dass sogar die Mächte und Gewalten im Himmel mit Erstaunen darauf reagierten. Es war etwas, das der Erzengel Michael nicht gewusst hatte. Und es freut mich zutiefst, dass es etwas gibt, das auch der Teufel nicht wusste. Die Bibel sagt mir, dass es mindestens zwei Dinge gibt, von denen keiner der Fürsten dieser Welt wusste: zum einen die verborgene Weisheit

Gottes – „denn wenn sie sie erkannt hätten, so würden sie wohl den Herrn der Herrlichkeit nicht gekreuzigt haben“ (1Kor 2,8). Und zum anderen wussten sie nicht um diese große neue Sache, die Gott da mitten in der Schöpfung tat – er schuf eine neue Art Mensch, dieses Neue, das man den Leib Christi nennt. Die Engel sehen es voller Staunen und Erwartung, als der Mensch Jesus über sie erhöht wird – noch immer ein Mensch. Und als sie auf die Menschen auf der Erde herabblicken, wird ihnen gesagt, dass diese mit dem Sohn des Menschen vereint worden sind. In Gottes Plan sind sie auch dazu bestimmt, über den Engeln, den Mächten und Gewalten zu stehen. Dieses Neue veranlasst die Engel dazu, sich ehrfurchtsvoll zu verneigen, um die mannigfaltige Weisheit Gottes zu betrachten und zu preisen (Eph 3,10).[337]

4. Dezember

Die Realität des Leibes Christi

Textlesung: Epheser 4,6.26-32

Ein Leib und ein Geist, wie ihr auch berufen worden seid in einer Hoffnung eurer Berufung! (Eph 4,4)

Der Leib Christi besteht aus einzelnen Persönlichkeiten, die wie Glieder eines Körpers sind. Sie werden durch die unendliche Kraft von Gott, dem Heiligen Geist, zusammengehalten. Das ist eine Tatsache, und es ist dringend nötig, dass wir unsere Augen und unsere Herzen öffnen, damit wir täglich in dem Bewusstsein leben, dass dies Realität ist.

Es gibt Leute, die sich sehr über sich selbst ärgern. Aber sie würden nicht so weit gehen, sich das Tranchiermesser zu holen, um sich Ohren, Zehen oder Arme abzuschneiden – oder sich das Messer gar ins Herz zu rammen. So etwas machen nur Wahnsinnige. Warum tun Menschen so etwas normalerweise nicht? Weil es Glieder ihres Körpers sind und ihr Körper real ist.

Ich wünschte, ich könnte dasselbe über den Leib Christi behaupten. Aber man kann nicht in dieser Welt leben, ohne festzustellen, dass wiedergeborene Christen durchaus bereit sind, ihre messerscharfen Zungen herauszuholen, um einander damit abzustechen – egal, wohin man schaut, ob nach Nordirland oder England oder sonst wo auf dieser Welt. Es bricht einem das Herz, wenn Gottes Werk an einem Ort aufblüht und es dann plötzlich in einer Ortsgemeinde eine große Krise gibt, weil triviale Eifersüchteleien hochkochen, bis Christen schließlich sogar riskieren, Gottes Werk kaputt zu machen.

Woran liegt das? Sie glauben nicht an den Leib Christi. Oder, wenn doch, nur in der Theorie. Sie haben noch nicht begriffen, dass es sich um eine Realität handelt und dass sie sich genauso gut die eigenen Arme abschneiden könnten (woran sie niemals auch nur im Traum denken würden), wenn sie so mit ihren Mitgläubigen umgehen. Dieses Verhalten ist für uns so natürlich, dass wir immer wieder so handeln würden, wenn Gott nicht unser Herz durch die Erleuchtung seines Geistes öffnen würde. Wir meinen sogar, unser Verhalten sei gerechtfertigt, ohne dabei zu merken, welchen Schaden wir der großartigen Realität, die der Leib Christi ist, zufügen und wie sehr wir den Heiligen Geist betrüben, durch dessen Leben dieser Leib lebt.[338]

5. Dezember

Die Zusammenführung von Gottes Volk

Textlesung: 1. Chronik 11,1-9

Und ganz Israel versammelte sich bei David in Hebron.
Und sie sagten: Siehe, wir sind dein Gebein und dein Fleisch. (V. 1)

Die zweite große Phase in Israels Geschichte war ein Geniestreich Davids, den er umsetzte, als er König wurde. Er einte die Nation. Sie eroberten eine alte kanaanitische Stadt namens Jebus, machten sie zur Hauptstadt für sein Volk und nannten sie Jerusalem. So gab David durch diesen Geniestreich seiner Nation eine Hauptstadt und ein Zentrum – eine Stadt, in der sich jeder, ganz gleich aus welchem Stamm er kam, zu Hause fühlte. Das war ihre Stadt! Sie einte die Nation, die bis dato zersplittert gewesen war, eine Nation, die kurz darauf erneut zersplittern würde. Doch für diesen kurzen Abschnitt in der Geschichte war die Nation in ihrer prächtigen Hauptstadt und um David herum vereint. Sie nannten sie „die Stadt des großen Königs". Egal, wie viel sie untereinander stritten – Israel liebte David.

Die beiden Stämme und die zehn Stämme gaben ihre Streitigkeiten untereinander auf und vereinten sich unter David in dieser wundervollen Stadt, die David selbst gegründet hatte. Was für eine Geschichte hat sie im Laufe der Jahrhunderte geschrieben, und was für eine Geschichte steht ihr noch bevor. Diese Stadt wird noch ein Stein des Anstoßes für alle Völker sein. Eines Tages werden alle Nationen der Welt gegen sie ziehen – der letzte Versuch des Antichristen, Gott und Christus zu trotzen. Und dann wird der Herr kommen.

Doch für den Moment richten sich unsere Gedanken auf ein noch großartigeres Jerusalem – „Das Jerusalem droben aber ist frei, und das ist unsere Mutter" (Gal 4,26). Können Sie sich vorstellen, dass es einen Himmel voller Glückseligkeit geben wird? Sie verstehen: Das Erste, was geschehen muss, ist, dass alle miteinander vereint werden. Wird sich das als schwierig erweisen? Es ist schwierig, die Welt zu einen, aber wie sieht es mit den Gläubigen aus? Können wir, die wir die Realität des Lebens in Gottes Gemeinde kennen, es wagen zu glauben, dass es eines Tages ein Paradies der Glückseligkeit geben wird? Oder ist das alles frommer Humbug? Nein! Schürfen Sie bei jedem beliebigen wahren Gläubigen etwas tiefer – egal, wie stachelig die Oberfläche ist –, und darunter werden Sie ein Herz finden, das den Retter liebt. Wie genial von Christus, seine Menschen zusammenzubringen. Wir können in einem viel tieferen Sinne zu ihm sagen: „Wir sind Gebein von deinem Gebein und Fleisch von deinem Fleisch." Er hat uns nicht nur vergeben. Wir werden auch auf ewig mit ihm verbunden sein. Das neue Jerusalem ist kein Mythos. Es nimmt schon jetzt Gestalt an.[339]

6. Dezember

Die Heiden werden Gottes Volk

Textlesung: Apostelgeschichte 18,1-17

Denn ich bin mit dir, und niemand soll dich angreifen, dir Böses zu tun; denn ich habe ein großes Volk in dieser Stadt. (V. 10)

Eines Nachts sprach der Herr in einer Vision zu Paulus. Er ermutigte ihn, nicht aufzuhören zu predigen. Es war nicht nur das, was der Herr sagte, sondern auch die Begriffe, die er dabei verwendete, die sich für Paulus als fruchtbar erwiesen für sein Verständnis der Situation, in der er sich gerade befand. Wir müssen sorgfältig aufpassen, dass wir nicht die Untertöne der biblischen Sprache überhören, wenn wir die Worte lesen, die diese Vision begleiteten. „Fürchte dich nicht", sagte der Herr, „sondern rede, und schweige nicht! Denn ich bin mit dir, und niemand soll dich angreifen, dir Böses zu tun; denn ich habe ein großes Volk in dieser Stadt" (V. 9-10). Wenn wir nicht aufpassen, lesen wir den Ausdruck „ein großes Volk" so, als bedeutete das einfach „viele Menschen" – als würde der Herr schlicht sagen: „Es werden sich viele Einzelne in dieser Stadt bekehren." Das wäre natürlich auch wahr. Doch der Fokus auf Einzelpersonen setzt hier den falschen Schwerpunkt. Das griechische Wort, um das es hier geht – *laos* –, bezieht sich auf Menschen als Gruppe, eine Menge oder eine Nation. Sein Plural bedeutet nicht einfach „Menschen" oder „Einzelpersonen", sondern „Völker". Diese Bedeutung vermittelt die Übersetzung der Revidierten Elberfelder Bibel hier sehr gut: „Ich habe ein großes Volk." Dennoch müssen wir, um den vollen Inhalt des Begriffs in diesem Kontext zu verstehen, uns zusätzlich an Folgendes erinnern: *Laos* ist die Übersetzung des hebräischen Wortes, das im gesamten Alten Testament das Volk Israel beschreibt: „Mein Volk" nennt Gott die Israeliten dort. Durch Mose erklärte er (5Mo 7,7-8), dass er die Israeliten nicht auserwählt hatte, weil sie zahlreich waren. Tatsächlich waren sie zahlenmäßig kleiner im Vergleich zu anderen Völkern. Doch er liebte und erwählte sie, und so wurden sie sein Volk. Und jetzt sagt der Herr zu Paulus, dass er in Korinth „ein großes Volk" hat, das nun „sein Volk" werden soll in demselben Sinn, in dem Israel seit vielen Jahrhunderten bereits sein Volk ist. Der Unterschied besteht darin: Zu alttestamentlichen Zeiten waren die Israeliten „das Volk des Herrn", die

Heiden aber nicht. Nun hatte sich etwas verändert: Das Volk des Herrn sollte sowohl aus Heiden als auch aus Juden bestehen.[340]

7. Dezember

Der wahre Leib Christi

Textlesung: Apostelgeschichte 11,1-18; 12,20-25

Ich erinnerte mich aber an das Wort des Herrn, wie er sagte:
Johannes taufte zwar mit Wasser,
ihr aber werdet mit Heiligem Geist getauft werden. (11,16)

Im Zuge bestimmter politischer Verhandlungen arrangierte Herodes Agrippa ein großes Schauspiel, um die Leute zu beeindrucken. Er trug seine königlichen Gewänder, setzte sich auf seinen Thron und hielt eine öffentliche Ansprache (12,21). Die Menge reagierte, indem sie ihm göttliche Ehren zuteilwerden ließ: „So spricht ein Gott", riefen sie, „und nicht ein Mensch!" (V. 22; NeÜ). Er akzeptierte ihre götzendienerische und absurde Schmeichelei, und sogleich raffte ihn ein Engel des Herrn nieder, weil Herodes nicht Gott die Ehre gab. „Er wurde von Würmern zerfressen und starb" (V. 23; ZB).

In Apostelgeschichte 11,1-18 geht es um die Taufe im Heiligen Geist sowohl für Juden als auch für Heiden. Diese Taufe führte unmittelbar zu einer neuen, so noch nie da gewesenen Einheit zwischen jüdischen und heidnischen Gläubigen. Trotzdem ist es unwahrscheinlich, dass sie damals bereits die erstaunlichen Konsequenzen dieser Tatsache erkannten. Später jedoch wurden sie Paulus offenbart. Lukas wird sie von ihm erfahren haben, bevor er die Apostelgeschichte verfasste. Wie Paulus den Korinthern erklärte: „Denn in einem Geist sind wir alle zu einem Leib getauft worden, es seien Juden oder Griechen" (1Kor 12,13). Der Leib, auf den er sich dabei bezog, war nichts weniger als „der Christus" (V. 12), dieses neue und einzigartige Etwas in Gottes Universum, das an Pfingsten ins Leben gerufen worden war: der Leib Christi, dieser wunderbare Organismus, der dadurch entstand, dass Menschen in Gottes Geist versetzt wurden und ihn in sich aufnahmen. Sie sind daher in Gottes Geist, und Gottes Geist ist in ihnen (Röm 8,9).

Das Ergebnis ist die Entstehung eines Leibes, dessen Haupt der Mensch Jesus ist und in dem alle Glieder an demselben Leben Anteil haben, ohne dabei ihre persönliche Verantwortung zu verlieren. Sie sind nicht länger nur Einzelpersonen, sondern gemeinsam mit dem Herrn Jesus und jedem anderen Gläubigen sind sie Glieder in diesem größeren Organismus, dem Leib Christi. Der Mensch wurde in Gott aufgenommen. Was Apostelgeschichte 12,20-23 zeigt, ist eine traurige und absurde Fälschung: Ein Mensch versucht, Gottes Platz einzunehmen, indem er Gott nachahmt und damit dem Ehrgeiz nachgibt, den der große Versucher schon zu Beginn der Menschheitsgeschichte in das menschliche Herz hineingesät hatte: Ihr „werdet sein wie Gott" (1Mo 3,5; NeÜ).[341]

8. Dezember

Unser Potenzial entfalten, reif werden

Textlesung: Epheser 4,7-16

Mit dem Ziel, dass wir alle die Einheit im Glauben
und in der Erkenntnis des Sohnes Gottes erreichen;
dass wir zu mündigen Christen heranreifen
und in die ganze Fülle hineinwachsen, die Christus in sich trägt. (V. 13 NeÜ)

Wenn der Leib Christi sich entwickeln und wachsen soll, überlässt unser Herr das nicht dem Zufall. Als sein Haupt ist er in den Himmel aufgefahren, dass er „alles Geschaffene mit seiner Gegenwart erfüllt" (V. 10). Obgleich er im Kampf ein fantastischer Krieger ist, hat er dafür jetzt seine Männer – Apostel, Propheten, Evangelisten, Pastoren, Lehrer –, die er eingesetzt hat. Er gebraucht sie, damit Menschen sich bekehren, anschließend zur Vollkommenheit hinwachsen und dann wiederum anfangen, ihre eigene Aufgabe zu übernehmen. All das dient dem Ziel, die Heiligen vollkommen zu machen in ihrem Werk des Dienstes (V. 12). Dazu wurden die Gaben gegeben.

Sie wurden nicht gegeben, damit der Rest von uns die Füße hochlegen und sagen kann: „Danke, Herr! Ich habe hier jede Menge Diener, die sich um mich kümmern – Paulus, Petrus, Matthäus, die Ältesten meiner Gemeinde, die

Evangelisten. So kann ich es mir leisten, hier zu sitzen, meine Füße hochzulegen und sie die ganze Arbeit machen zu lassen." Nein! Diese Diener sind uns gegeben, damit wir selbst reifen und anfangen, unsere Aufgabe anzugehen; und dadurch wächst der Leib, „durch jedes der Unterstützung dienende Gelenk" (V. 16).

Dabei müssen wir aber realistisch und praktisch bleiben. Nicht jedes Gelenk im Leib ist ein Apostel. Wir alle müssen wachsen, und manche von uns haben mehr Potenzial als andere. Es bringt nichts, wenn sich irgendjemand von uns in den Kopf setzt, dass er einmal so groß sein wird wie Paulus. Das liegt nicht im Rahmen unserer Möglichkeiten. Unsere Schwierigkeit besteht darin, das Potenzial zu entfalten, das wir tatsächlich haben. Die Versuchung ist groß, einen Teil unseres Potenzials verkümmern zu lassen.

Doch es gibt in der Gemeinde weit mehr Potenzial, als man denkt. Manche meinen, nur weil sie keine Prediger sind, hätten sie keinerlei Möglichkeiten. Das ist ein Zeichen für Fantasielosigkeit. Es gibt ein riesiges Potenzial, das verschiedenste Formen annehmen kann. Das Werk des Herrn verkümmert in vielen Ländern, weil Evangelisten und Missionare nicht nur ihre eigene Arbeit tun müssen, sondern noch dazu eine Menge anderer Dinge, für die sie eigentlich nicht begabt sind. Andere Geschwister haben dieses Potenzial durchaus. Aber es ist ihnen nie in den Sinn gekommen, dass sie Teil des Missionsteams sein könnten. Ihre beruflichen Qualifikationen könnten Teil des Werkes sein, den Leib Christi aufzubauen.[342]

9. Dezember

Leben im Licht der Wirklichkeit des Leibes Christi

Textlesung: Epheser 4,17-25

Deshalb legt die Lüge ab und redet Wahrheit, ein jeder mit seinem Nächsten! Denn wir sind untereinander Glieder. (V. 25)

In den letzten Kapiteln des Epheserbriefes hören wir, wie Paulus uns nicht einmal, sondern viele Male auffordert, im Licht der Wahrheit zu wandeln. Es meint nicht nur Wahrheit im Sinn von Lehre, sondern im Sinn von Realität. Paulus sagt uns, dass wir uns gar nicht anders verhalten können. Warum nicht? Weil es eine Missachtung der Realität wäre.

Wenn wir in einer finsteren, nebligen Nacht, ohne aufzupassen, auf die Straße laufen, rennen wir leicht gegen einen Laternenpfahl. Ein Laternenpfahl ist ein sehr realer Gegenstand! Wir sollten besser wissen, dass da einer steht, eine Taschenlampe in die Hand nehmen und genau hinschauen. Wenn wir in der Dunkelheit nach Hause kommen wollen, ohne uns blaue Flecken zu holen, sollten wir besser die Realität untersuchen und etwas Licht in die Lebensrealitäten bringen. Das ist das erste Prinzip.

Warum müssen wir mit unseren Nächsten die Wahrheit reden? Weil es sich dabei nicht nur eine Theorie handelt – es ist eine Realität. Das, was uns als Brüder und Schwestern vereint, ist unsichtbar – es ist der Heilige Geist selbst. Wir sind in Christus, und der Heilige Geist lebt in uns. Einem christlichen Bruder zu schaden heißt, dem Leib Christi und dem Heiligen Geist zu schaden. Ziehen wir daher nicht über unsere Brüder und Schwestern her. Wir müssen aufpassen, was wir sagen, weil der Heilige Geist in ihnen ist. Das bedeutet, wir könnten den Heiligen Geist betrüben, „mit dem ihr versiegelt worden seid auf den Tag der Erlösung hin“ (V. 30). Es wäre außerordentlich dumm, das zu tun. Und doch tun wir es oft. Wenn wir uns also richtig verhalten wollen, müssen wir uns der Wahrheit stellen: Was glaube ich wirklich?

Gewisse Leute behaupten heutzutage, Jesus Christus sei so liebevoll, dass es ihm nichts ausmache, was junge Leute so miteinander treiben. Die Sitten in der Welt haben sich geändert, und wenn sie sexuell und in anderer Hinsicht freizügiger leben, wird ihm das schon nichts ausmachen. Wirklich nicht? Wie kommen diese Leute auf solche Gedanken? Sie werden sagen: Sogar die Kirchen sind heutzutage freizügiger. Sind sie das wirklich? Paulus fordert uns auf, unsere Augen für die Wirklichkeit zu öffnen: „Ihr aber habt den Christus nicht so kennengelernt“ (V. 20). Sehen Sie die Realität in Jesus. Was er in Bezug auf diese Dinge tatsächlich lehrt, unterscheidet sich häufig sehr von dem, was unsere freizügige Gesellschaft und freizügigen Gemeindeleiter lehren. Möge Gott uns die Gnade schenken, Christus so auf uns wirken zu lassen, dass wir sein Licht widerspiegeln und als „Licht im Herrn“ (5,8) etwas von dieser Realität in diese dunkle Welt um uns herum ausstrahlen.[343]

10. Dezember

Einander lieben als Beweis des Lebens

Textlesung: 1. Johannes 3,15-24

Denn dies ist die Botschaft, die ihr von Anfang an gehört habt, dass wir einander lieben sollen. (V. 11)

Liebe unter Geschwistern ist ein Kennzeichen der Wiedergeburt (V. 14). Lassen Sie mich hier jedoch eine Beobachtung einwerfen, damit wir uns nicht in Sentimentalität verlieren. Was bedeutet es, „die Brüder zu lieben"? Sie werden merken, dass der Text hier nicht davon handelt, dass wir Menschen im Allgemeinen lieben sollen, sondern unsere Brüder und Schwestern in Christus im Speziellen. Es besteht also eine besondere Schwierigkeit darin, die Geschwister zu lieben. Je besser Sie sie kennenlernen – verzeihen Sie mir, dass ich das sage –, desto schwieriger werden Sie es finden, sie zu lieben. Denn Gott hat nicht die Weisen, die Mächtigen und die Schönen erwählt. Damit meine ich jetzt nicht notwendigerweise Sie persönlich – Sie machen durchaus einen sehr weisen Eindruck auf mich! Aber Gott hat nicht unbedingt alle erwählt, sondern die Zerbrochenen und Demütigen.

Sehen Sie sich nun also die Verse 16-18 an. Sie sind eigentlich nicht so schwierig zu verstehen, oder? Vielleicht sind sie schwieriger umzusetzen. Das Kennzeichen wahrer Liebe ist, dass Christus sein Leben für uns hingab. Und zwar buchstäblich körperlich und geistlich, und das legt nun uns die Pflicht auf, unser Leben für die Geschwister hinzugeben. Dadurch können wir keine Sühnung für sie bewirken. In seinem sühnenden Leiden steht unser Herr allein und einzigartig da. Doch er fordert uns dazu auf, ihm nachzufolgen und in Liebe und Dienstbereitschaft bereit zu sein, unser Leben für unsere Brüder und Schwestern hinzugeben. Er könnte uns auch aufs Missionsfeld und zu wer weiß was für Krankheiten und frühen Todesfällen berufen – was vielleicht schwieriger wäre.

Unser Herr gab sein Leben für uns hin. Nehmen wir jetzt einmal die Mittel in den Blick, die wir zum Leben brauchen. In Vers 17 sagt Johannes: „Wer aber irdischen Besitz hat ..." Dieses Wort im Griechischen, das mit „Besitz" übersetzt wird, bedeutet wortwörtlich „Mittel zum Leben". Nehmen wir eine Situation, in der ein Gläubiger mit der Not eines Bruders konfrontiert wird. Zunächst verspürt er einen gewissen Wunsch, ihm zu helfen. Doch dann zieht er sich zurück, weil es zu viel kosten würde. Wie wohnt da die Liebe Gottes in ihm? Wenn ich nicht bereit bin, meine Mittel zum Leben zu geben, wie kann ich dann glaubwürdig behaupten, dass ich mein physisches Leben hingeben würde? „Lasst uns nicht lieben mit Worten noch mit der Zunge, sondern in Tat und Wahrheit!" (V. 18).[344]

11. Dezember

Liebe ist aus Gott

Textlesung: 1. Johannes 4,7-21

Geliebte, lasst uns einander lieben! Denn die Liebe ist aus Gott; und jeder, der liebt, ist aus Gott geboren und erkennt Gott. (V. 7)

Warum sollte ich lieben? Wie kann ich lieben? Wenn man bedenkt, dass man selbst von Gott geliebt wird, wie kann man da anderen Menschen nicht dieselbe Liebe erweisen? Das erste Geheimnis hinter unserem Lieben ist die Tatsache, dass wir selbst geliebt worden sind. Die Verse 7-8 verweisen auf unsere Ressourcen, denn sie zeigen die Quelle unserer Liebe auf: „Die Liebe ist aus Gott." Das soll heißen: Gott verlangt von uns nicht, dass wir Ziegelsteine ohne Stroh herstellen, wie der Pharao es von den Israeliten forderte (2Mo 5,7). Wenn er uns sagt, dass wir lieben sollen, ermahnt er uns nicht, aus der Tiefe unserer bankrotten Emotionen die Fähigkeit auszugraben, jemanden zu lieben. Er weist uns auf eine riesige Ressource hin: Wahre Liebe stammt von Gott. Jeder, der in diesem Sinne liebt, liebt, weil er aus Gott geboren ist – allein aus diesem Grund und durch diese Möglichkeit.

Daher sagt Johannes: „Ihr habt die Fähigkeit zu lieben. Ihr seid aus Gott geboren, mit Gottes Leben und seinem Wesen in euch. Daher steht diese große, unendliche Ressource der Liebe Gottes hinter euch." Das bedeutet oft, dass wir in einer schwierigen Situation, in der wir aufgefordert sind, andere Menschen zu lieben, gut daran tun, dem Herrn unseren eigenen Bankrott zu gestehen. „Herr, ich kann diese Leute nicht lieben, aber du kannst es. Du hast deinen Sohn für sie gegeben. Wenn es so ist, dass ich aus dir gezeugt bin und du in mir wohnst, dann kannst du diese Menschen durch mich lieben." Wir reden hier nicht von einer natürlichen Gutmütigkeit. Manche Menschen sind gut darin, charmant und gütig zu sein. Wahrscheinlich wurden sie emotional reich geboren, und es fällt ihnen einfach leicht, liebenswürdig zu sein. Andere unter uns wurden eher wie alte Kröten geboren – scheußlich und vernarbt und mit jeder Menge Warzen auf unseren emotionalen Persönlichkeiten. Wir finden es sehr schwierig zu lieben. Aber wir reden hier nicht von natürlicher Liebe. Wir werden ermahnt zu lieben, weil wir aus Gott geboren sind und Gott Liebe ist. Ich kann in das Meer der Liebe Gottes eintauchen und dadurch lernen, ein wenig von diesem riesigen Meer durch mich hindurchfließen zu lassen.[345]

12. Dezember

Wem sollen wir unsere Liebe weitergeben?

Textlesung: 1. Petrus 1,13-25

Denn ihr seid wiedergeboren nicht aus vergänglichem Samen,
sondern aus unvergänglichem,
durch das lebendige und bleibende Wort Gottes. (V. 23)

„Was werdet ihr mit dieser Liebe machen? Ihr müsst sie weitergeben. Aber an wen werdet ihr eure Liebe weitergeben?", fragt Petrus. „Ihr habt der Wahrheit gehorcht und euch dadurch gereinigt, sodass ihr jetzt zu aufrichtiger geschwisterlicher Liebe fähig seid. Bleibt nun auch dabei, euch gegenseitig mit reinem Herzen zu lieben" (V. 22; NeÜ). Mit anderen Worten, unsere Mitgläubigen haben einen vorrangigen Anspruch auf unsere Liebe: Liebt einander, da ihr eure Herzen gereinigt habt.

Fast meine ich, ein paar dieser frühen Christen vor sich hinmurmeln zu hören: „Aber Petrus, kennst du zufällig meine Brüder und Schwestern? Sie sind ja ganz in Ordnung, aber sie sind bei Weitem nicht so interessant wie manche meiner Gefährten aus der Welt: Diese Leute sind einfach geistreicher, angenehmer und fortschrittlicher. Ich will nicht lieblos sein, aber ein paar meiner Mitchristen sind nicht so toll."

Was würde Petrus Ihrer Meinung nach sagen? „Wenn ihr die Welt unbedingt lieben wollt, dann beachtet bitte Folgendes: ‚Alles Fleisch ist wie Gras und alle seine Herrlichkeit wie des Grases Blume. Das Gras ist verdorrt, und die Blume ist abgefallen'“ (V. 24).

Wenn Sie diese Welt im Sinne des Wortes „Welt“ lieben und sich dort investieren wollen, wird Ihre Liebe keinen Bestand haben. Denn die Welt vergeht und wird eines Tages völlig vergangen sein. Warum sollten wir unsere Brüder und Schwestern lieben? Petrus sagt: Sie sind „wiedergeboren nicht aus vergänglichem Samen, sondern aus unvergänglichem, durch das lebendige und bleibende Wort Gottes“ (V. 23). „Schenkt auf jeden Fall ihnen eure Liebe. Denn eure Brüder und Schwestern werden ewig Bestand haben. Jedes bisschen Liebe, das ihr ihnen geschenkt habt – indem ihr ihnen gedient habt, sie ermutigt habt, oder was auch immer – wird in Ewigkeit bleiben.“

Sie werden also sehen, dass sich Ihre Liebesinvestition in Ihre Mitgläubigen auszahlt. Ist das nicht ist eine wichtige Lektion?[346]

13. Dezember

Unsere christliche Glaubensgemeinschaft

Textlesung: Hebräer 13,1-2.18-25

Grüßt alle eure Führer und alle Heiligen!
Es grüßen euch die von Italien. (V. 24)

Der Hebräerbrief ist beendet. Doch als der Verfasser seine persönlichen Grüße anhängt, erhaschen wir einen flüchtigen Blick durch seine Augen auf die Gemeinschaft, an die er da geschrieben hat. „Ihr sollt wissen, dass unser Bruder Timotheus freigelassen worden ist. Wenn er rechtzeitig hier eintrifft, werden wir euch gemeinsam besuchen“ (V. 23; NeÜ). Wir denken an den fähigen und sensiblen jungen Mann aus Lystra, der Paulus auf seinen Missionsreisen begleitete. Im Laufe der Jahre half er dabei, Gemeinden in verschiedenen Städten und Ländern zu gründen. Er übernahm zudem die beschwerliche Aufgabe, die große, multiethnische Gemeinde in Ephesus zu leiten. Anscheinend war er inhaftiert und erst kürzlich wieder entlassen worden, und der Autor will, dass seine Leser diese Neuigkeit erfahren. Er war sowohl ihnen als auch dem Autor wie ein Bruder geworden – „unser Bruder Timotheus“. Zweifellos hatten sie sich für seine Arbeit interessiert und während seiner Inhaftierung für ihn gebetet. Seine Freilassung bedeutete einen Sieg für ihre Gebete und stärkte ihren Glauben. Ein Besuch von Timotheus wäre Anlass zu großer Freude.

Halten Sie kurz inne, um darüber nachzudenken, wie wahrer Glaube an Christus unseren Horizont erweitert! Er hebt uns aus unseren engstirnigen, persönlichen und selbstsüchtigen oder sogar nationalen Interessen heraus und gibt uns ein gemeinsames, über die Landesgrenzen hinausgehendes Interesse an Christi Werk und an seinen Arbeitern auf der ganzen Welt. Es ist ein Glaube, der dafür sorgt, dass wir uns als integralen Bestandteil seines großen Werkes fühlen. „Grüßt alle eure Führer und alle Heiligen! Es grüßen euch die von Italien. – Die Gnade sei mit euch allen!“ (V. 24-25). Lassen Sie uns darüber nachdenken. Welch wundervolle Realität die Familie Gottes ist, in die der Glaube an Christus uns gebracht hat! Wie echt ist trotz all unserer Familienstreitereien die Zuneigung, die aus Gottes Geist geboren ist und die uns in Christus auf der ganzen Welt und durch die Jahrhunderte hindurch eint.

Wunderbare Menschen, diese antiken hebräischen Christen! Wir haben viel über sie gelesen und nachgedacht. Wir sind durch ihren Mut angespornt worden. Wir haben von ihren Fehlern profitiert. Wir haben gelernt, sie im Herrn zu lieben. Sie waren echte Menschen – und selbst jetzt sind sie mit Christus lebendig. Eines Tages werden wir ihnen begegnen und ihnen erzählen können, wie sehr wir es genossen haben, den Brief zu lesen, der ursprünglich an sie adressiert war.[347]

14. Dezember

Der angemessene Ort für soziales Handeln

Textlesung: Apostelgeschichte 6,1-7

Wir aber werden im Gebet und im Dienst des Wortes verharren. (V. 4)

Die frühen Christen kümmerten sich intensiv und aktiv um die sozialen Nöte ihrer Mitchristen. So gab es eine tägliche Essensausgabe für die Witwen. Als sich herausstellte, dass einige der Witwen vernachlässigt, wenn nicht sogar regelrecht benachteiligt wurden, rieten die Apostel der Gemeinde, tüchtige und geistliche Männer zu ernennen, damit diese die gemeinsamen Mittel gerecht und systematisch verteilten. Aber die Apostel waren nicht bereit, dies selbst zu tun. Der Grund, den sie dafür nannten, zeigt ihren ausgeprägten Sinn für die wahren Prioritäten: „Es ist nicht gut, dass wir das Wort Gottes vernachlässigen und die Tische bedienen. So seht euch nun um, Brüder, nach sieben Männern unter euch, von gutem Zeugnis, voll Geist und Weisheit, die wir über diese Aufgabe setzen wollen! Wir aber werden im Gebet und im Dienst des Wortes verharren" (vgl. V. 2-4).

Um der Lektion besonderen Nachdruck zu verleihen, formuliert Lukas seinen Schluss mit besonderer Sorgfalt: „Und das Wort Gottes wuchs, und die Zahl der Jünger in Jerusalem mehrte sich sehr; und eine große Menge der Priester wurde dem Glauben gehorsam" (V. 7). Der Zusammenhang zwischen dem Wachstum der Gemeinde und der Doppelstrategie – Gebet und Weitergabe des Wortes – war natürlich kein Zufall. Wir müssen uns und unsere heutige Praxis von diesem Bericht über die Anfänge des christlichen Glaubens hinterfragen lassen. Im Hinblick darauf, wie wir uns der Welt präsentieren, scheinen viele Gemeinden ihr Vertrauen in das Evangelium verloren zu haben, das Sünder bekehrt und zu Jüngern Jesu macht. Deshalb stellen sie allein gute Werke in den Fokus und bieten der Welt ihre soziale Hilfe an. Und die Welt ist sich nicht bewusst, dass der christliche Glaube viel mehr zu bieten hat. Sie nimmt die Hilfe zwar gerne an, sieht jedoch keinen Bedarf, zu Christus umzukehren, um sich retten zu lassen. Es finden kaum noch wahre Bekehrungen statt, und die Gemeinden schrumpfen. In ähnlicher Weise kann es auch innerhalb von Gemeinden sehr schnell passieren, dass soziale Aktivitäten praktisch die Predigt des Wortes und das Gebet verdrängen. Manche werden protestieren: Heutzutage könne man von Gemeinden nicht mehr erwarten, Predigten über sich ergehen zu lassen, die das Wort Gottes ernsthaft und systematisch auslegen. Das mag wahr sein. Doch falls das so ist, deutet das nicht darauf hin, dass sie gar keine Jünger im apostolischen Sinne des Wortes sind? Wenn selbst die Kirchen Gottes Wort als unerträglich langweilig empfinden, wie können sie da erwarten, dass die Welt zuhört, wenn sie es predigen? Und wenn Gottes Wort nicht gepredigt wird und sich nicht verbreitet, wie soll da die Zahl der Jünger steigen?[348]

15. Dezember

Der Preis der Gemeinde

Textlesung: Apostelgeschichte 20,13-38

Habt acht auf euch selbst und auf die ganze Herde,
in welcher der Heilige Geist euch als Aufseher eingesetzt hat,
die Gemeinde Gottes zu hüten, die er sich erworben hat
durch das Blut seines eigenen Sohnes! (V. 28)

Unablässige Wachsamkeit ist die wesentliche Anforderung an Hirten. Und zuallererst Achtsamkeit auf sich selbst. Ein Hirte, der nachlässig in Bezug auf sein eigenes geistliches Leben, sein Moralverhalten, sein Bibelstudium und den Fortschritt seiner Gotteserkenntnis wird, macht sich dadurch ungeeignet als Hirte für andere.

„Hütet die Gemeinde Gottes, die er sich erworben hat durch das Blut seines eigenen Sohnes." Damit berühren wir die Triebfeder hinter allem wahren Verteidigen und Hüten der Gemeinde: der Preis, für den Gott sie erkauft hat. Dieser Preis war sein eigenes Blut, das heißt, das Blut seines eigenen, geliebten Sohnes. Die Geschichte hat noch immer die Macht, die Vorstellungskraft zu beflügeln. Denn es ist kein Bild eines Gottes, der vom Himmel gefallen ist, sondern eines Gottes, der bewusst herabgestiegen ist. Vater und Sohn bezahlen in heiliger Eintracht den Preis, den nur Gott ermessen konnte, um die Buße, den Glauben und die Liebe von Menschen wie uns zu ermöglichen. Wie billig war im Vergleich dazu das Silber von Demetrius' Heiligtümern! „Denn ihr wisst, dass ihr nicht mit vergänglichen Dingen, mit Silber oder Gold, erlöst worden seid ... sondern mit dem kostbaren Blut Christi“ (1Petr 1,18-19). Dies war nicht Artemis, die die Kinder vor Mensch und Tier beschützt und den Raubbau an der Natur mit ihren tödlichen Pfeilen rächt. Dies war nicht die Natur, die tut, was natürlich ist, und den Feind in Stücke zerreißt, um ihr eigenes Leben zu retten. Hier war der Schöpfer der Natur, der wohlwissend, bewusst und aus freien Stücken sein eigenes Leben für uns hingibt – für uns, seine sündigen Geschöpfe (Joh 10,15-17). Dies war nicht die Natur, herrlich, aber gefallen. Dies war dreimal heilige, göttliche Gnade.

Der Urhirte hat ein Vorbild für die Verteidigung seiner Schafe gegeben (Joh 10,7-13). Jede wahre Verteidigung des Evangeliums und der Gemeinde muss seinem Vorbild folgen. Nichts ist zerstörerischer für die Gemeinde oder verwirrender für die Schafe, als wenn Menschen, die Hirten zu sein behaupten, die Schafe lehren, der Oberhirte sei nicht der Mensch gewordene Gott, nicht von einer Jungfrau geboren, sondern habe sogar in manchen seiner Lehren geirrt (insbesondere im Hinblick auf seine Wiederkunft), sei nicht als Sühneopfer für Sünden gestorben und nicht leiblich von den Toten auferstanden. Solche Männer sind keine echten Hirten. Sie sind nicht einmal wahre Schafe. Sie sind Wölfe von außerhalb, vor denen der Hirte selbst uns gewarnt hat.[349]

16. Dezember

Der Leib Christi wird das Universum regieren

Textlesung: Offenbarung 2,24-29

Wenn wir ausharren, werden wir auch mitherrschen. (2Tim 2,12)

Gott hat großartige Pläne für die Leitung des Universums, für seine Haushalterschaft. Und der Plan ist im Wesentlichen, dass sein geliebter Sohn, unser Herr, alles unter sich haben wird.

Meine lieben Brüder und Schwestern, im Neuen Testament gibt es mehr als nur das Gerücht, dass wir, wenn wir entsprechend leben, einen konkreten Anteil an der Leitung des gesamten Universums erhalten werden. Ist das nicht wundervoll? Was meinen Sie, warum verwendet Christus so viel Zeit und Geduld darauf, seinen Leib durch die Taufe im Heiligen Geist zu formen und uns anschließend in diesen geringen Aufgaben zu trainieren, die wir hier auf der Erde tun müssen? Warum sollte er so viel Zeit darauf verwenden? Weil der Leib Christi nicht einfach ein kleines organisatorisches Detail ist, das nur für die Erde relevant ist. Gott stellt in seinen Plänen Christus und seinen Leib über alle Gewalten, Mächte, Kräfte und Herrschaftsgebiete. Es ist dieser Leib, den er verwenden wird, um in den Zeitaltern uneingeschränkter Glückseligkeit das gesamte Universum zu leiten. Wenn mich das doch nur dazu motivieren würde, mein geistliches Training hier ein wenig ernsthafter zu verfolgen.

Ich kann Ihnen das eine oder andere über Königin Elisabeth II erzählen. Sie besitzt jede Menge Häuser, weit mehr als ich. Ich trage zum Unterhalt dieser Häuser bei, aber nur ein wenig. Sie selbst muss diese Häuser leiten. Sie ist natürlich die Chefin und hat alles unter sich. Aber all die praktischen Dinge, die zu tun sind, macht sie nicht selbst. Sie stellt sich beispielsweise nicht im Supermarkt in die Schlange, um den Wocheneinkauf für den Windsor-Palast zu erledigen. Dafür hat sie Verwalter und Angestellte. Manche von ihnen sind sogar sehr wichtig.

Gott wird alles in Christus vereinen. Doch das Erstaunliche ist, dass Gott die Dinge in der kommenden Ewigkeit durch Christus und die Seinen regeln wird. Hier und da erhalten wir in unseren Gemeinden echte, praktische Trainingsmöglichkeiten, um zu lernen, Gottes verantwortungsvolle Diener zu sein und die Dinge für ihn so zu regeln, wie er sie geregelt haben will. Schließlich kann man Dinge richtig und falsch angehen.[350]

Teil 11 – Gott versorgt uns auf der Reise: unsere Loyalität bewahren

17. Dezember

Rettung durch das Gericht hindurch

Textlesung: 1. Mose 6

So sind wir nun mit ihm begraben worden durch die Taufe in den Tod, damit, wie Christus aus den Toten auferweckt worden ist durch die Herrlichkeit des Vaters, so auch wir in Neuheit des Lebens wandeln. (Röm 6,4)

Der Taufakt kann Sie unmöglich retten. Warum dann so ein ausgefeiltes Symbol? Warum ein Symbol für ein Begräbnis? Warum ist es notwendig, durch dieses Wasser zu gehen? Warum nicht nur eine Reinigung? Eine Reinigung würde nichts bringen. Nehmen Sie diese gefallenen Menschen zur Zeit Noahs, fleischliche Menschen, die den Geist nicht hatten: Ein paar Tropfen Wasser hätten nicht gereicht, um sie zu reinigen. „Nein", sagt Gott, „ich bin nicht bereit, mit ihnen weiterzumachen." Die einzige Antwort ist ihre Vernichtung. Also ließ Gott sie alle ertrinken und begrub sie in den Wassermassen. Die Schwelle zum christlichen Glauben ist die Taufe. Sie verkündigt dasselbe. Infolge des Sündenfalls und unserer eigenen, persönlichen Sünde befinden wir uns weit jenseits des Punktes, an dem eine einfache Reinigung reichen würde. Ein bisschen Schmutz abzuwaschen würde uns nicht in Ordnung bringen. Es erfordert nichts Geringeres, als Gottes Gericht zu akzeptieren – und das bedeutet Tod und Begräbnis.

Die Gnade macht die Natur nicht einfach wieder vollkommen. Wenn ich gerettet werden will, muss ich zu dieser grundlegenden, radikalen Buße gelangen, die zugibt, dass ich nicht nur Falsches tue, sondern dass ich selbst falsch bin. Ich bin ein gefallenes Geschöpf und verdiene Gottes Gericht. Ich verdiene es zu ertrinken, vernichtet zu werden.

Das ist der Grund, warum Christus starb. Er kam nicht nur mit ein paar guten Ratschlägen. Er kam, um den Zorn Gottes zu erleiden, Gottes Urteil über den Menschen. Die Arche zur Zeit Noahs versetzte Menschen in die Lage, durch die Flut zu gelangen und am Ende wieder lebendig herauszukommen, so wie Noah es niemals allein hätte tun können. In derselben Weise war unser Herr in der Lage, durch seine Auferstehung durch den Zorn Gottes hindurchzugehen und auf der anderen Seite wieder herauszukommen. Darin liegt unser Heil. Habe ich die Schwere meiner Situation als ein Mensch in Adam erkannt, steht mir der Weg offen. Ich kann die „Arche" betreten – zu Christus kommen. Wenn ich Christus als Retter annehme, wird er mich bitten, meinen Glauben zu bekennen, indem ich mich taufen lasse – indem ich mich begraben lasse. Ich sage damit öffentlich, dass ich Gott zustimme: Ich verdiene Gottes Gericht und Urteil, aber ich habe sein Auferstehungsleben als völlig unverdientes Geschenk angenommen. Noah stieg aus der Arche heraus und kam in eine neue Welt. Diejenigen, die auf Christus vertrauen, werden vor Gottes Zorn gerettet und treten in ein neues Leben ein.[351]

18. Dezember

Ein Zeichen, damit wir nicht vergessen

Textlesung: Josua 4,1-9; 19-24

Ihr sollt zu ihnen sagen: Das Wasser des Jordan staute sich vor der Lade des Bundes des HERRN, als sie durch den Jordan zog. (V. 7; ZB)

Wie leicht passiert es einem Gläubigen, dass er sein Erbe genießt, nur noch zu seiner eigenen Befriedigung lebt und dabei den Herrn und die Grundlage seines Erbes vergisst. „Bring sie Generation für Generation hierher zurück", sagt Gott zu Josua, „und zeige ihnen diese Steine, um sie daran zu erinnern: Als eure Väter in das Land kamen, stieg die Bundeslade des Herrn der ganzen Erde hinunter ins Wasser und kam wieder herauf."

In seiner Weisheit hat unser Herr uns ein Zeichen, ein Symbol, gegeben. Er hat uns geboten, uns um Brot und Wein zu versammeln, um seiner zu gedenken. Sie wollen doch nicht sagen, das sei nicht notwendig, oder? Es gab nie etwas Praktischeres im Leben eines Christen als das Abendmahl. Wie soll mein untreues, eigenwilliges Herz Gott treu bleiben? Sogar die Vorzüge des Evangeliums werden mich vom Herrn wegziehen, wenn ich nicht aufpasse. Ich fange an, die Lobpreislieder ausschließlich zu meinem eigenen Genuss zu singen. Ich sollte besser umkehren und mich an Brot und Wein halten, so wie Israel bei den Steinen am anderen Ufer stand und sagte: „Ist es wahr, dass die Lade des Herrn der ganzen Erde einst dort unten in diesen tosenden Wassern war?" Wie sollte Israel das jemals vergessen? Es war die Grundlage dafür, dass die Israeliten in ihr Erbe gelangt waren.

Worin besteht die Grundlage dafür, dass wir in den Genuss unseres Erbes kommen?

„Oh", sagen Sie da, „ich danke dem Vater jeden Tag. Er hat uns fähig gemacht zum Anteil am Erbe der Heiligen im Licht" (Kol 1,12).

Wir sind erlöst, sagen Sie mir. Ich bin erfreut, das zu hören, mein Freund, aber durch wessen Blut? Wissen Sie noch, wessen Blut das ist? Es ist das Blut des Einen, der der Anfang ist: „Alles ist durch ihn und zu ihm hin geschaffen; und er ist vor allem, und alles besteht durch ihn" (V. 16-17). Das ist der Herr des Himmels und der Erde. Wir haben die Erlösung durch sein Blut. Der transzendente, lebendige Herr befand sich einst in den Wassern des Todes. Wir dürfen das niemals vergessen, nicht bis an die fernsten Grenzen der Ewigkeit. Vielleicht werden zwölf Steine im Himmel stehen, damit wir uns daran erinnern, wie wir dorthin gelangt sind![352]

19. Dezember

Worin hast du uns geliebt?

Textlesung: 5. Mose 6,1-12

Ich habe euch geliebt, spricht der HERR.
Aber ihr sagt: Worin hast du uns geliebt? (Mal 1,2)

Sie hatten es viele Male gehört. Jetzt drehten sie sich um und sagten, sie könnten nicht wirklich sehen, wo Gott sie denn geliebt hätte.

Ist es möglich, dass ein Christ heute dasselbe tut? In der Tat! Das ist genau der Punkt, in dem die erste Gemeinde im Buch der Offenbarung ins Straucheln geriet: „Aber ich habe gegen dich, dass du deine erste Liebe verlassen hast" (Offb 2,4). Worin bestand ihre und unsere erste Liebe zu Christus? Nun ja, möglicherweise in dem Moment, als wir erkannten, wie sehr Christus uns liebt. Warum verlieren manche von uns ihre Liebe zu Christus? Es liegt daran, dass wir das Bewusstsein für seine Liebe zu uns verlieren.

Bei Israel war das so. Gott hatte die Israeliten geliebt, und zwar auf spektakuläre Weise. Doch sie betrachteten es irgendwann als selbstverständlich, und so wurde Gottes Liebe gewöhnlich. Bis zu dem Punkt, an dem sie überhaupt nicht mehr sehen konnten, dass Gott sie überhaupt liebte. Sie verloren das Bewusstsein dafür, dass er sie tatsächlich liebte. Wenn sie sich nur daran erinnert hätten, wie Gott über Esau Gericht gehalten und sich Israels erbarmt hatte, obwohl Israel es nicht verdiente. Gott verschonte sie mit seinem Gericht, weil er sie liebte. All das war aus dem Blick geraten.

Wir alle können aus dem einen oder anderen Grund Gottes Liebe aus dem Blick verlieren. So leicht nehmen wir sie für selbstverständlich, und dann vergessen wir sie. Aus diesem Grund setzte der Herr das Abendmahl ein, damit wir uns wenigstens einmal in der Woche daran erinnern. Es ist leicht, seine Liebe für selbstverständlich zu nehmen und zu vergessen. Es hat außerdem auch schon Leute gegeben, die so eifrig im Werk des Herrn waren, die hinausgingen, um ganze Gebiete zu bekehren, und ihre ganze Energie in dieses Projekt steckten, indem sie beteten und arbeiteten – und dann bekehren sich nur ein paar wenige. Das frustrierte sie so sehr, dass das Werk des Herrn in ihren Händen keine Fortschritte machte. Und so entschieden sie, dass das alles keinen Sinn hätte. Heute sind sie wieder ganz in der Welt.

Wie konnte das passieren? Sie haben das Empfinden dafür verloren, dass Gott sie liebt. Doch wenn der Himmel noch eine Million Jahre auf sich warten lässt und Gottes Werk in unseren Händen ins Leere läuft, wird trotzdem wahr bleiben: Gott liebt uns! Nichts, was jemals geschieht, wird größer sein als das: Der „Sohn Gottes" hat „mich geliebt und sich selbst für mich hingegeben" (Gal 2,20). Sobald das Erstaunen darüber aufhört, unsere Herzen zu berühren, sind wir mit unserer Arbeit auf dem besten Wege in die Katastrophe.[353]

20. Dezember

Uns selbst im Licht des neuen Bundes prüfen

Textlesung: 1. Korinther 11,23-34

*Und er nahm einen Kelch und dankte und gab ihnen den und sprach:
Trinkt alle daraus! Denn dies ist mein Blut des Bundes,
das für viele vergossen wird zur Vergebung der Sünden.* (Mt 26,27-28)

Manchmal kommt mir ein schlimmer Gedanke in den Sinn (verzeihen Sie mir das bitte!). Sie haben viele Male am Abendmahl teilgenommen. Darf ich Sie offen bitten, die Bedingungen des Bundes auswendig aufzusagen? Ich gehe davon aus, dass Sie das können! Es gab Zeiten, da hätte ich es nicht gekonnt. Die Bedingungen des Bundes werden im Neuen Testament wiederholt: „*Meine Gesetze gebe ich in ihren Sinn und werde sie auch auf ihre Herzen schreiben*" (Hebr 8,10; 10,16). Während er uns den Kelch reicht und sagt: „Dies ist mein Blut des Bundes", erinnert uns unser Herr Jesus an Folgendes: „Meine Gesetze gebe ich in ihren Sinn und werde sie auch auf ihre Herzen schreiben." Wenn der Herr mir den Kelch mit seiner Verheißung reicht, sollte meine Antwort lauten: „Herr, bitte schreibe deine Gesetze tiefer auf mein Herz und deutlicher in meinen Sinn, damit ich im Sinne deines Willens und deiner Gebote denke und mein Herz sich immer mehr danach sehnt zu tun, was du sagst."

Aus diesem Grund gibt Paulus uns in diesem Kontext seinen apostolischen Rat. Er sagt: „Der Mensch aber prüfe sich selbst, und so esse er von dem Brot und trinke von dem Kelch" (1Kor 11,28). Was bedeutet das? Nun, ich kann Ihnen sagen, was es für mich bedeutet. Ich weiß: So, wie ich hier stehe – und meine Freunde wissen es besser als ich –, bin ich noch nicht so, wie ich sein sollte. Ich hoffe, dass sie ein paar christliche Tugenden in mir finden. Manchmal reden sie so wohlwollend, dass es klingt, als sei es tatsächlich so. Im stillen Kämmerlein jedoch sagen sie: „Du kennst ihn ja. Sein Verhalten ist manchmal schon ein wenig merkwürdig!" Sie meinen das natürlich gut und haben recht! Aber ich soll mich selbst prüfen. Nicht, um auf ungesunde Weise nach innen gerichtet zu sein, sondern um zum Herrn zu sagen: „Herr, wenn ich mich selbst prüfe und so zum Abendmahl gehe, gibt es da Dinge, die ich diese Woche getan habe, die nicht so sind, wie ich es mir wünschen würde oder wie du es forderst." Das heißt nicht, dass ich perfekt sein muss, um zum Mahl zu kommen. Es ist jedoch erforderlich, dass ich mich selbst prüfe. Und dann darf ich kommen, um wieder diese kostbaren Worte zu hören: „Dies ist mein Blut des Bundes, das für viele vergossen wird zur Vergebung der Sünden."[354]

21. Dezember

Predige das Wort

Textlesung: 2. Timotheus 3,10-17

Predige das Wort, stehe bereit zu gelegener und ungelegener Zeit; überführe, weise zurecht, ermahne mit aller Langmut und Lehre! (2Tim 4,2)

Als ich in den Nachkriegsjahren an die Uni kam, gab es in England einen deutlichen Trend, von dem ich sagen muss, dass er leider nicht zu guten Ergebnissen geführt hat. Man lud mich ein, an einem Samstagabend zu predigen, vielleicht 100 Meilen entfernt. Ich reiste also all diese Meilen; das Ganze begann gegen 19:30 Uhr. Es gab guten Gesang – das war nett. Und dann folgten alle möglichen Arten von Unterhaltungsangeboten – Anspiele, Fragerunden und wer weiß, was noch alles. Dieser Teil ging von 19:30 Uhr bis etwa 20:30 Uhr. Und dann sagte der Leiter etwas wie: „Wir haben heute Abend *Soundso* hier. Wir haben ihn eingeladen, zu kommen und zu euch zu sprechen. Wir geben ihm zehn Minuten. Und für den Fall, dass er zu lange redet, sitze ich hier direkt hinter ihm und ziehe ihn am Mantel, um ihn von der Bühne zu holen." Er sagte zwar nicht wortwörtlich: „Und dann kann der Spaß weitergehen", aber das hätte er genauso gut tun können.

Wenn ich in einer solchen Umgebung aufgewachsen wäre, hätten Sie mich ganz verloren. Wenn der christliche Glaube für junge Menschen eine so bittere Pille ist, dass man sie mit großzügigem Zuckerguss zweitklassiger Unterhaltung verabreichen muss, hätte ich ihn gar nicht erst haben wollen. Anderswo hätte ich mir selbst bessere Unterhaltung suchen können. Ich hätte gesagt: „Einen solchen christlichen Glauben will ich nicht, wenn Gott auch so ist." Ich glaube an einen

Gott, der so unglaublich wundervoll und dessen Wort so wunderbar herrlich ist, dass es eine Beleidigung wäre, beides als bittere Pille zu präsentieren, die großzügig mit der Unterhaltung der Welt gezuckert werden muss, bevor junge Menschen es überhaupt in Erwägung ziehen.

Gottes Wort sagt – und wir alle würden dem zustimmen: „Alle Schrift ist von Gott eingegeben." Alle meine Mitchristen glauben das natürlich von ganzem Herzen. Manchmal habe ich allerdings den Eindruck, dass wir in Bezug auf die direkt folgende Stelle den Faden verloren haben: „... und nützlich zur Lehre" (2Tim 3,16).

Ich bin mir der Tatsache bewusst, dass wir die geistliche Verfassung der Menschen berücksichtigen müssen, denen wir dienen. Aber wenn wir die Chronikbücher, Könige, Samuel, Richter und Josua nicht interessant präsentieren können – immerhin sind sie ja die Stimme des lebendigen Gottes –, dann bin ich der Meinung, dass wir mit dem christlichen Glauben einpacken und heimgehen können. Wenn Gottes Wort heute schon so langweilig ist, wie muss es dann erst sein, ihm eine ganze Ewigkeit zuzuhören? Das wäre entsetzlich, oder? Sehen Sie es mir bitte nach, wenn ich hier etwas dicker auftrage, als ich es sollte.[355]

22. *Dezember*

Sich auf Gefühle verlassen anstatt auf Gottes Wort

Textlesung: 1. Mose 27,1-30

Großen Frieden haben die, die dein Gesetz lieben. Sie trifft kein Straucheln. (Ps 119,165)

Achten Sie mal auf Isaak und seine fünf Sinne: Sehen, Hören, Fühlen, Schmecken und Riechen. Anstatt sich auf Gottes Wort zu stützen, orientierte er sich an seinen Sinneseindrücken.

Es scheint, dass wir diese Lektion lernen sollten. Möglicherweise brauchen wir sie nicht auf diesem niedrigen, elementaren Level, aber sie gilt auch für die geistliche Ebene. Wollen Sie Segnungen, müssen Sie lernen, den Herrn zu suchen und seinem Wort zu glauben. Danken Sie Gott für jedes Gefühl und jede Empfindung, die er Ihnen schenkt, wenn Sie seinem Wort glauben und Gemeinschaft mit ihm haben. Von Zeit zu Zeit wird er Sie mit den wundervollsten Gefühlen und Empfindungen beschenken. Doch Sie würden sich entsetzlich täuschen, wenn Sie Ihre Vorstellung von Segen auf Empfindungen gründen.

Wenn wir Empfindungen als Maßstab dafür benutzen, wie es um uns steht, was wird dann in Situationen passieren, in denen wir schmerzliche Verluste, Schikane oder vielleicht einen kleinen Nervenzusammenbruch erleiden – mit allen möglichen unangenehmen Empfindungen? Wie leicht kann der Teufel Sie da täuschen! Wenn wir wissen, dass der Segen in Christus liegt, in seinem erklärten Wort und seinen Verheißungen, und es wagen, daran zu glauben, werden wir gerettet werden – sowohl an solchen Tagen, an denen der Glaube an die Verheißung und die Erfahrung des Herrn Freude und Segen bringt, als auch an Tagen, an denen der Glaube an Gottes Wort und das Vertrauen auf den Erlöser keine großen Gefühle der Freude hervorruft, sondern eher traurige, notvolle Empfindungen. Und wir werden auch in einem tieferen Sinne bewahrt, denn es ist möglich, auch auf der geistlichen Ebene zu sündigen.

In den Tagen vor unserer Bekehrung waren unsere Gefühle generell unser Wegweiser und Maßstab. Was uns Spaß machte, was wir unbedingt tun wollten – daran maßen wir, ob unser Leben erfolgreich war. Allzu leicht kann man im geistlichen Leben in die Vorstellung abrutschen, Befriedigung sei der entscheidende Maßstab. Wir kommen zu den Gemeindestunden, wenn sie uns Spaß machen. Wir tun das Werk des Herrn, wenn es uns Spaß macht. Sollten Herausforderungen kommen, harte Arbeit oder unangenehme Erfahrungen, lassen wir das lieber! Ehe wir uns versehen, haben wir unser geistliches Leben auf den Kopf gestellt. Anstatt Gott zu suchen und die Empfindungen und Gefühle zu genießen, die er uns gibt, streben wir nach unseren eigenen Emotionen und hängen Gott irgendwo hinten an, damit es irgendwie noch respektabel aussieht. Aber das ist eine Täuschung.[356]

23. *Dezember*

Zacharias' Unglaube

Textlesung: Lukas 1,5-25

Und Zacharias sprach zu dem Engel:
Woran soll ich dies erkennen? Denn ich bin ein alter Mann,
und meine Frau ist weit vorgerückt in ihren Tagen. (V. 18)

Hätte Zacharias gegenüber dem Engel protestiert, es sei unglaublich, dass er und seine Frau dazu auserwählt sein sollten, auch nur eine Nebenrolle in diesem großen Ereignis zu spielen, hätten wir womöglich seine fromme Demut gelobt – auch wenn Unglaube gegenüber dem Wort eines Engels nicht besonders gut zu Frömmigkeit passt. Doch Zacharias sorgte sich nicht über die Unwahrscheinlichkeit, dass ausgerechnet er für ein so hohes Amt auserwählt sein sollte, als er auf die Ankündigung des Engels antwortete. Ihn beschäftigte eher die in seinen Augen körperliche Unmöglichkeit, dass die Worte des Engels wahr werden könnten: „Woran soll ich dies erkennen?", protestierte er, „Denn ich bin ein alter Mann, und meine Frau ist weit vorgerückt in ihren Tagen." Dafür, dass er aus diesem Grund zweifelte, wurde er zu Recht mit Stummheit geschlagen.

An diesem Tag, als der Engel Zacharias im Tempel erschien, betete dieser dort nicht nur für seine eigenen, persönlichen Bedürfnisse. Die ganze Volksmenge betete draußen vor dem Tempel, während Zacharias sie drinnen vertreten sollte. In ihrer Naivität dachten sie vermutlich nicht im Traum daran, dass im Herzen ihres Berufspriesters ein Unglaube schlummerte, der sein Gebet zum Hohn machte. Wenn Gott darauf beschränkt ist, nur solche Dinge zu tun, die im normalen Verlauf der Natur sowieso passieren, wozu bittet man Gott dann überhaupt darum? Ihn zu bitten, in die normalen Abläufe der Natur einzugreifen und etwas zu tun, das die Natur von selbst nicht tun kann, heißt, ihn um ein Wunder zu bitten.

Wenn man allerdings nicht glaubt, dass Gott Wunder tun kann, warum sollte man ihn dann überhaupt um irgendetwas bitten?

Angemessenerweise schlug der Engel Zacharias daher mit Stummheit – das bedeutete vorerst das Ende seiner öffentlichen Gebete. Außerdem konnte er nicht mit den Leuten reden, die draußen auf ihn warteten, um sie zu segnen. Andererseits hat ein Priester, der nicht an Wunder glaubt, den Leuten ohnehin nichts zu sagen – erst recht kein Evangelium. Wenn Gott den Körper einer alten Frau nicht erneuern kann, welche Hoffnung gibt es da, dass er das ganze Universum wiederherstellen kann? Wenn Gott einem gebrechlichen, aber immerhin noch lebendigen Körper kein neues Leben geben konnte, wie sollte er da einen Körper aus dem Grab auferwecken, der schon drei Tage tot war? Und wenn Christus nicht von den Toten auferstanden ist, gibt es kein Evangelium zu predigen, und die Zukunft hält nichts bereit außer der stummen, undurchdringlichen Stille eines toten Universums.[357]

24. Dezember

Marias Glaube

Textlesung: Lukas 1,46-55

Denn Großes hat der Mächtige an mir getan, und heilig ist sein Name. (V. 49)

An diesem Punkt in ihrem Lobgesang hat Maria bereits drei Verspaare formuliert. In allen dreien hat sie etwas über sich selbst gesagt, wenn auch ohne jegliche Selbstgefälligkeit oder Ichbezogenheit. Es folgen noch doppelt so viele Verspaare, doch Maria redet nun nicht mehr persönlich und ausdrücklich von sich. Das mag uns bemerkenswert demütig erscheinen. Es entspringt jedoch ganz natürlich aus ihrer Perspektive auf das Ereignis selbst. So völlig einzigartig es in einem Sinn auch ist, erscheint es Maria doch andererseits überhaupt nicht ungewöhnlich. Es ist ein Akt von Gottes Erbarmen. Doch „seine Barmherzigkeit ist von Geschlecht zu Geschlecht über die, welche ihn fürchten“ (V. 50). Jeder von den Millionen Menschen in diesen unzähligen Generationen könnte eine Geschichte von Gottes Erbarmen erzählen, genau wie sie. Sie spürt die Besonderheit ihres

Falles deswegen nicht, weil ihr Auge nicht auf sich selbst gerichtet ist, sondern auf Gottes Beständigkeit. In der unendlichen Reihe von Gottes barmherzigen Taten ist ihr Fall, ganz gleich wie groß, nur einer unter vielen.

Maria ist sich der großen Unterschiede in Bezug auf Fähigkeit, Möglichkeiten und Macht bewusst, die die Philosophen, Reichen und Aristokraten von den Ungebildeten, Armen und Schwachen trennen. Sie selbst beobachtet, dass Gott zum Zweck der Menschwerdung bewusst die obere Klasse übergangen und jemanden aus der unteren Klasse erwählt hat. Um das zu erklären, verwendet sie eine Reihe von Verben in der griechischen Zeitform des Aorists (vgl. V. 51-53). Diese Zeitform lässt die Exegeten rätseln: Beschreibt sie damit Gottes Handeln in der Vergangenheit oder Gottes Handeln in der Zukunft prophetisch als bereits vollendet gesehen oder Gottes gewöhnliches Handeln? Wir müssen die Frage der Exegeten hier nicht abschließend beantworten. Maria meint alle drei Möglichkeiten. Sie betrachtet ihre Erwählung durch Gott als eines unter vielen Beispielen dafür, was Gott immer tut, immer getan hat und immer tun wird. Den Grund dafür hat sie uns bereits in ihrem allerersten Verspaar genannt: Was ihr widerfährt, ist Gottes Handeln als Retter. Im Hinblick auf die Errettung vertreibt er immer die Stolzen, stürzt die Mächtigen, schickt die Reichen leer fort, erhöht aber die Niedrigen und gibt den Hungrigen zu essen. Aus diesem Grund verwendet sie die poetische Sprache früherer Jahrhunderte, um ihre eigene Erfahrung zu beschreiben. Denn das war schon immer die Erfahrung derer, die zu irgendeinem Zeitpunkt irgendeinen Aspekt von Gottes Heil erlebt haben. Hanna (vgl. 1Sam 2) erlebte es so in ihrer familiären Situation, so sehr sich diese auch von Marias unterschied. Paulus sollte später feststellen, dass dies immer (im höchsten Sinne des Wortes) das Prinzip ist, nach dem Gott Rettung wirkt (1Kor 1,18-31).[358]

25. Dezember

Zacharias' Glaube wird wiederhergestellt

Textlesung: Lukas 1,67-79

Gepriesen sei der Herr, der Gott Israels,
dass er sein Volk angesehen und ihm Erlösung geschaffen hat. (V. 68)

Während seiner gesamten Prophetie hat Zacharias die Vergangenheitsform verwendet. „Gott Israels, dass er sein Volk angesehen ... hat. ... Er hat uns ein Horn des Heils aufgerichtet." In gewisser Hinsicht war das völlig richtig so: Der Retter war bereits gekommen. Doch zu dem Zeitpunkt war er noch ein ungeborenes Baby, noch nicht einmal lebensfähig. Was die Welt anging, so war die Sonne noch nicht aufgegangen. Es war noch immer dunkel. Dennoch nahm Zacharias' Glaube bereits die Rechtfertigung und den Sieg wahr. Vor langer Zeit hatten die Propheten begonnen, Gottes Verheißung zu verkünden (vgl. V. 70). Gott selbst hatte Abraham gegenüber einen Bundeseid abgelegt (vgl. V. 73). Seit damals war der Glaube oftmals angefochten gewesen: Waren diese alten Prophezeiungen nicht nur Mythen, ein Ausdruck des menschlichen Glaubens an die Hoffnung selbst als Lebensprinzip (denn ohne Hoffnung ist das Leben ja unerträglich)? Dieser Glaube musste sich verteidigen und verkünden, dass Gott nicht lügen kann. Er meint, was er sagt. Und die Propheten waren keine Dummköpfe, die sich selbst etwas in die Tasche gelogen hatten. Gott selbst hatte zu dieser langen Reihe von einzelnen Propheten gesprochen. Und eines Tages würde er seinen Schwur einlösen und so den Glauben von Generationen von Menschen ehren.

Und nun war es geschehen. Der Glaube hatte sich als wahr erwiesen. Doch Glaube ist auch nüchtern. Das kann er sich leisten. Zacharias blickt wieder auf sein eigenes Baby. „Ja, du, mein Kind, wirst die notwendige Vorarbeit leisten. Der Messias wird uns aus der Hand all unserer Feinde retten" (vgl. V. 74), „einschließlich der großen imperialistischen, heidnischen Mächte. Doch zuerst muss Israel Buße tun. Es kann erst Errettung im anderen Sinn geben, wenn Israel den Weg zur Errettung im Sinne von Sündenvergebung und Versöhnung mit Gott gelernt hat. Das allein ist der Weg heraus aus der Finsternis des Todesschattens, der Weg zum Frieden. Es wird die Aufgabe des Messias sein, mein lieber Sohn, seinem

Volk nicht nur die Vergebung all seiner Sünden zu bringen, sondern auch die Gewissheit, dass ihnen vergeben worden ist. Aber du musst vorausgehen und ihm den Weg vorbereiten" (vgl. V. 76-79).

Zacharias kannte das Volk. Er war nicht von ungefähr Priester. Die Israeliten würden sich mehr für politische Befreiung interessieren als für Buße und Sündenvergebung und dafür, mit Gott ins Reine zu kommen. Es würde schwierig werden für Johannes, den Weg zu bereiten, auf dem der Messias gehen konnte, um ihre Herzen zu erreichen. Nichts konnte jedoch etwas an der Tatsache ändern oder den Triumph für Zacharias' Glauben schmälern. Der Messias war gekommen. Zu Beginn war Zacharias' Glaube noch sehr schwankend gewesen. Es ist Mut machend zu sehen, dass Zacharias' Glaube zuversichtlich wurde und triumphierte, bevor der Messias tatsächlich leiblich und öffentlich in die Welt kam. Möge es unserem Glauben ebenso ergehen, bevor der Messias wiederkommt.[359]

26. Dezember

Der Geburtsort Jesu als Erfüllung von Prophetie

Textlesung: Lukas 2,1-7

Es geschah aber in jenen Tagen, dass eine Verordnung vom Kaiser Augustus ausging, den ganzen Erdkreis einzuschreiben. (V. 1)

Das Evangelium besteht nicht aus einer Reihe zeitloser, universeller Wahrheiten, die in mythologischer Sprache zum Ausdruck gebracht werden. Das Evangelium besteht darin, dass Gott vor Jahrhunderten mit Abraham und seinen Nachkommen und anschließend mit David eine große Bewegung der Menschheitsgeschichte in Gang setzte. Eine Bewegung, die genauso buchstäblich und historisch zu verstehen ist wie der Aufstieg des Römischen Reiches; und Jesus war als Messias und Retter der Gipfel dieser historischen Bewegung. Er kam, um all die Verheißungen zu erfüllen, die David gegeben und durch ihn weitergegeben worden waren. Daher war es unabdingbar notwendig, diese königliche Familienlinie bei der Geburt Jesu zu wahren. Das galt insbesondere für ein Detail davon. Der Prophet Micha hatte vorausgesagt, dass der Messias in Bethlehem geboren werden würde (Mi 5,1). Also musste Jesus in Bethlehem zur Welt kommen.

Weder Josef noch Maria arrangierten das, um dem Anspruch Jesu, Davids Sohn zu sein, mehr Glaubwürdigkeit zu verleihen, wenn der Tag einmal käme. Vielmehr ordnete die göttliche Vorsehung die Dinge so, dass das oberste Organisationsgenie der antiken Welt dafür sorgte, dass Jesus in Bethlehem geboren wurde. Kaiser Augustus ordnete nämlich eine Volkszählung an. Das Grundprinzip hinter dieser Volkszählung war folgendes: Jeder Mann sollte in die Stadt zurückkehren, aus der seine Familie ursprünglich stammte, um sich dort registrieren zu lassen. Josef gehörte zum Haus und Geschlecht Davids. Daher musste er in Davids Stadt zurückkehren. Er konnte gar nicht umhin, die Familientradition zu bewahren: Die Volkszählung zwang ihn dazu. Natürlich wusste Augustus nichts von dieser Konsequenz. Er und sein Vasallenkönig Herodes wären die Letzten gewesen, die die Legitimation eines messianischen Anwärters auf den Thron Israels bewusst gestärkt hätten. Für Augustus war die Volkszählung eine von vielen Strategien, um die verschiedensten Teile seines Reiches unter Kontrolle zu halten. Doch – und darin liegt die Ironie der ganzen Sache – während er glaubte, sein riesiges Reich fester in den Griff zu bekommen, organisierte er die Dinge so, dass Jesus – der Sohn Marias, der Sohn Davids, der Sohn Gottes, der dazu bestimmt war, auf dem Thron Israels und der Welt zu sitzen – in der Stadt Davids, seines königlichen Vorfahren, geboren wurde. Völlig unwissentlich erfüllte er Michas Prophezeiung und organisierte dieses spezifische Detail in Jesu Anspruch, der Messias zu sein.[360]

27. *Dezember*

Die Ankunft der Hirten

Textlesung: Lukas 2,8-20

Und sie kamen eilend und fanden Maria und Josef, und das Kind in der Krippe liegend. (V. 16)

Zu Hause in Nazareth hatte Maria die bestmöglichen Vorkehrungen für die Geburt getroffen. Doch dann kam die Volkszählung und machte alle ihre

Pläne zunichte. Unter solchen Umständen eine Reise unternehmen und in einem öffentlichen Gasthaus übernachten zu müssen, das war schlimm genug. Nun stellen Sie sich einmal ihre Verzweiflung vor, als sie dort ankam und auch noch feststellte, dass alle Zimmer vergeben waren. Nun würde sie in irgendeiner behelfsmäßigen Unterkunft gebären müssen, halb öffentlich. Und wo sollten sie das Kind unterbringen, wenn es erst geboren war? Ihr erstes Kind! Und noch dazu Gottes Sohn! Wie konnte sie Gottes Sohn in eine raue Futterkrippe legen?

Dann kamen die Hirten, die nach dem Baby fragten. Auf die Frage, woher sie gewusst hatten, wohin sie gehen mussten, antworteten die Hirten, ein Engel des Herrn habe ihnen gesagt, der Retter sei in dieser Nacht in der Stadt Davids geboren worden. Spätestens jetzt, wenn nicht schon vorher, muss das alles für Maria Sinn ergeben haben. Gabriel hatte ihr gesagt, dass ihr Kind den Thron seines Vorfahren David bekommen sollte. Und nun war da ein Engel, der diese Hirten zur Stadt Davids geschickt hatte. Sie und Josef hatten nicht vorgehabt, nach Bethlehem zu gehen. Doch Augustus hatte sie gezwungen – so war es ihr zumindest damals vorgekommen –, in die Stadt Davids zu gehen. Jetzt sah sie, welcher Plan hinter Augustus und seiner Anordnung stand, die sie und Josef nach Bethlehem geführt hatte. Eine Frage blieb jedoch offen. Aufgrund der plötzlich stark angewachsenen Menschenmenge, die die Volkszählung verursacht hatte, hätte in dieser Nacht in der Stadt Davids vielleicht auch mehr als ein Baby geboren werden können. Woher wussten die Hirten also, dass Marias Baby das richtige war? Die Antwort war einfach: Der Engel hatte ihnen ein Zeichen genannt. Sie würden das richtige Baby ausgerechnet in einer Krippe liegend finden.

Frauen in Bethlehem legten ihr erstgeborenes Baby normalerweise nicht in Futterkrippen, dessen können wir uns sicher sein. Für Maria muss es unaussprechlich schmerzlich gewesen sein, genau das tun zu müssen. Aber jetzt waren da diese Hirten. Und ihnen zufolge wussten die Engel, dass Gottes Sohn in einer Krippe lag. Sie schienen sich sogar über diese Tatsache zu freuen, denn das diente als Zeichen, um einfache Hirten an den Ort zu führen, an dem sie den Retter finden würden. Wenn sich die Engel freuten, die Krippe als Zeichen für die Hirten zu nutzen, musste es ein anderer Hirte gewesen sein, der sie und Josef mit dem Kind überhaupt erst zu dieser Krippe geführt hatte. Also war alles gut, und alles würde gut werden: Die Verantwortung dafür, den kleinen Gottessohn zu behüten, lag in höheren Händen als ihren.[361]

28. Dezember

Hannas Trost

Textlesung: Lukas 2,36-40

Und sie trat zur selben Stunde herbei, lobte Gott und redete von ihm zu allen, die auf die Erlösung Jerusalems warteten. (V. 38)

Maria wurde zunächst vom Engel Gabriel auf die Menschwerdung vorbereitet. Dann wurde ihr Glaube zusätzlich durch Elisabeth gestärkt. Auf das Kreuz wird Maria zuerst von Simeon vorbereitet werden, und Hanna wird sie trösten und ermutigen.

Simeon und Hanna hatten beide einen starken und lebendigen Glauben an das, was sie für das göttlich inspirierte prophetische Programm zur Wiederherstellung Israels hielten. Von Hanna wird beschrieben, dass sie von Jesus redete „zu allen, die auf die Erlösung Jerusalems warteten". Diese Erwartung wiederum war kein bloßes Wunschdenken und kein engstirniger Hurrapatriotismus. Sie gründete sich fest auf die zahlreichen Verheißungen der Propheten. Jeremia, beispielsweise, hatte davon gesprochen (vgl. Jer 33). Daniel hatte einen Ablaufplan bekommen für Jerusalems Teilwiederherstellung sowie die darauffolgenden erneuten Zeiten der Trostlosigkeit und schließlich der endgültigen, vollständigen Wiederherstellung der Stadt (vgl. Dan 9). Nach der Rückkehr aus dem Exil in Babylon hatte der Prophet Sacharja wiederholt bestätigt, dass Jerusalem eines Tages endlich dauerhaft wiederhergestellt werden würde. Und seine Formulierungen hatten deutlich gemacht, dass er dabei an eine weit herrlichere Wiederherstellung dachte als diese, die damals von Nehemia erzielt wurde, als er die Stadtmauern wieder aufbaute (vgl. Sach 1,12–2,17; 8,1-23; 9,9; 12,1–13,1; 14,1-21). Seit dieser Zeit war Jerusalem von Antiochus Epiphanes entweiht und nun von den Römern unterdrückt worden. Aber Hanna und Menschen wie sie hielten unbeirrt an ihrem Glauben fest: Daniel hatte gesagt, dass es nach der Teilwiederherstellung im Anschluss an das Exil Zeiten der Trostlosigkeit geben würde, bis die endgültige Wiederherstellung käme. In Hannas Augen lief eigentlich alles nach Plan. Jerusalems „Witwenschaft" hatte lange angedauert (vgl. Kla 1,1). Doch auch Hanna war im wahrsten Sinne des Wortes seit langer Zeit Witwe. In gewisser Hinsicht spiegelte ihre persönliche Erfahrung die ihrer Stadt wider. Beharrlich in ihren Gebeten und Fürbitten hielt sie unbeirrt an ihrem Glauben fest, dass die Trauer und Trostlosigkeit der Stadt eines Tages der Vergangenheit angehören würden und dass Jerusalem erlöst werden würde (vgl. Lk 2,37-38). Wenn Maria getröstet und gestärkt werden musste, um die Aussicht auf die „Ausrottung" des Messias, wie Daniel es formuliert hatte (9,26), zu bewältigen, war für diese Aufgabe niemand besser geeignet als Hanna.[362]

29. *Dezember*

Simeon und der Blick in die Ewigkeit

Textlesung: Lukas 2,25-35

Denn meine Augen haben dein Heil gesehen,
das du bereitet hast im Angesicht aller Völker. (V. 30-31)

Simeon hatte ein langes Leben der konsequenten Hingabe an Gott und der praktischen Rechtschaffenheit gelebt. Nun kam er als gereifter Heiliger wie eine goldene Garbe ins große Erntehaus. Offenbar lebte er in enger Vertrautheit mit Gott, denn Gott hatte ihm offenbart, dass er nicht eher sterben sollte, bis er den Gesalbten des Herrn gesehen hätte. Als er eines Tages in den Tempel kam, sah er Maria und Josef mit dem kleinen Jesus. Sofort erkannte er in dem Baby diesen Retter, dessen Kommen Gott angekündigt hatte. Im selben Augenblick wurde ihm bewusst, dass seine Tage auf Erden nun bald zu Ende gehen würden.

Es folgte eine wunderbare Szene, in der der alte Heilige Maria das Kind sanft aus den Armen nahm. Er nahm „es in seine Arme und lobte Gott und sprach: Nun, Herr, entlässt du deinen Knecht nach deinem Wort in Frieden; denn meine Augen haben dein Heil gesehen" (V. 28-30). Welch wundervolles Bild, als er so da steht mit dem Baby in den Armen; sein weißes Haar und sein edles Gesicht strahlen schon die Herrlichkeit der Ewigkeit aus, so wie ein Berggipfel von den Strahlen der aufgehenden Sonne erleuchtet wird!

Der Mann sieht der Ewigkeit ins Auge. Er steht kurz vor seinem Tod und erklärt, dass er in Frieden in die Ewigkeit eingehen kann. Deshalb fällt kein Wort zu seinem eigenen Leben. Seine Augen ruhen allein auf dem Leben eines anderen. „Meine Augen haben dein Heil gesehen", ruft er aus. Wir brauchen nicht zu fragen, wo. Er blickt aufmerksam auf Christus. Gewiss denkt er in diesem Moment nicht nur an sich selbst – hier war ein Heil, das groß genug für alle Völker und Nationen war.

Aber ein Heil, das groß genug für die gesamte Menschheit war, war auch groß genug für Simeon. Mehr brauchte er nicht. Er hatte Christus. Wenn wir ihn nun verlassen, überlegen Sie noch kurz, wie er wohl seine Arme hielt. Er hält nicht Christus im einen Arm und in dem anderen etwas anderes. Er hat Christus nicht nur persönlich in Empfang genommen, er hält auch nichts anderes in den Händen als ihn: Beide Arme halten Christus umschlungen. Darin liegt das Geheimnis seines Friedens. Wenn einmal unsere Zeit kommt, um abzutreten, können auch wir im tiefen, vollkommenen Frieden gehen, wenn wir für unser Heil den Retter persönlich angenommen haben und uns auf nichts anderes als ihn verlassen.[363]

30. Dezember

Jesus als Junge in Jerusalem

Textlesung: Lukas 2,41-52

Wusstet ihr nicht, dass ich im Haus meines Vaters sein muss? (V. 49; NeÜ)

Jesus sitzt zwischen den Gesetzeslehrern und verblüfft alle mit der Tiefe seines Verständnisses und der Qualität seiner Antworten. In einer Situation, wenn ein Kind ohne Begleitung in einem öffentlichen Gebäude gefunden wird, stellen die Verantwortlichen ganz natürlich Fragen wie: „Hallo, junger Mann, bist du ganz allein? Wo ist denn dein Vater? Wer ist dein Vater?" Als Jesu Eltern hereinkamen und sich durch Marias Rüge – „Kind, warum hast du uns das getan? Siehe, dein Vater und ich ..." – als Eltern des Kindes auswiesen, müssen die Theologen daher mit großem Interesse gelauscht haben: „Das ist also sein Vater. Ich frage mich, wer genau er ist."

In dem Moment erwiderte das Kind: „Warum habt ihr mich denn gesucht? ... Wusstet ihr nicht, dass ich im Haus meines Vaters sein muss?" (V. 49; NeÜ). Das Haus meines Vaters? Die studierten Professoren kannten das Alte Testament in- und auswendig. Seit Beginn der biblischen Aufzeichnungen hatte kein Prophet, kein König oder Bürger die Stiftshütte oder den Tempel jemals als „Haus meines Vaters" bezeichnet. Das Kind war sich einer Beziehung zu Gott bewusst, die sich niemand zuvor gedanklich vorgestellt, geschweige denn formuliert hätte. Und mit dieser Beziehung war eine unwiderstehliche Hingabe verbunden: „... dass ich im Haus meines Vaters sein muss." „Wusstet ihr das nicht?", fragte er Maria und Josef. Die Frage wurde mit der entzückenden Einfachheit eines Kindes gestellt.

Zumindest Maria hätte es wissen können. Zu ihrer Verteidigung: Sie war nicht die Einzige, die Jesus zwar durchaus für Gottes Sohn hielt, dann aber doch unglücklicherweise im Widerspruch dazu andeutete, Jesus irre sich manchmal. Nun waren Maria und Josef beide aufgeregt und verstanden nicht, was Jesus da sagte (vgl. V. 50). Bedeutete das, dass er von nun an ständig seine Unabhängigkeit von ihnen behaupten würde? Nein, er würde nicht verfrüht Unabhängigkeit reklamieren. Maria und Josef hatten immer noch ihre Aufgabe als Eltern zu erfüllen, und er würde sich ihnen unterordnen. Er war ein echtes Kind. Aber sie hatten eine frühzeitige Warnung bekommen. Und Maria bewahrte all diese Worte in ihrem Herzen (V. 51). Es würde der Zeitpunkt kommen, da sie ihn auf der Ebene rein menschlicher Eltern-Kind-Beziehung loslassen müsste, um ihn als Retter, Herrn und Gott anzunehmen. Maria dachte weiter über diesen Vorfall nach, was sie darauf vorbereitete, dass der Bruch, wenn er dann käme, nicht so sehr ein Bruch wäre, sondern dass die einzigartige Freude und Verantwortung schließlich von dem unendlich viel größeren Wunder, der Anbetung und dem Gehorsam übertroffen werden würde.[364]

31. Dezember

Ein Gebet zum Jahresende

Textlesung: Römer 11,33–12,1

Welche Tiefe des Reichtums,
sowohl der Weisheit als auch der Erkenntnis Gottes!
Wie unerforschlich sind seine Gerichte und unaufspürbar seine Wege! (11,33)

Vater, für diese wunderbaren Dinge preisen wir dich nun in aller Demut und Dankbarkeit. Oh, als was für ein herrlicher Gott hast du dich selbst erwiesen!

Wie erhaben sind deine Absichten, wie unendlich großzügig ist deine Gnade! Wie atemberaubend ist der Anblick der Vollkommenheit, des Glücks und der Freude und des Lebens, den du uns eröffnet hast, die wir deinen Sohn als Retter kennen!

Wir danken dir für deinen göttlichen Ratschluss. Wen immer du vorher erkannt hast, den hast du dazu vorherbestimmt, dem Bild deines Sohnes gleichförmig zu sein. Wen du vorherbestimmt hast, den hast du auch berufen. Wen du berufen hast, den hast du auch gerechtfertigt. Wen du gerechtfertigt hast, den hast du auch verherrlicht.

Wir preisen dich, Herr, für die Sehnsucht, die du in unserem Herzen geweckt hast. Eine Sehnsucht nach dem Himmel, nicht als einem Altersruhesitz, sondern als dem großen Ziel des Lebens – der vollkommenen Sohnschaft, in die wir dann eintreten werden, um wie dein Sohn zu sein und nicht mehr vom Kampf gegen die Sünde geplagt zu werden.

Wenn wir, Herr, endlich gelernt haben, nicht mehr auf die Stärke unserer eigenen Wünsche zu vertrauen – sie haben sich allzu oft als Irrlichter erwiesen –, bitten wir dich in diesen Momenten, in denen wir unser Herz zur Ruhe bringen, dass du auf die Stimme deines Heiligen Geistes hörst, den du in deiner unermesslichen Gnade in unsere Herzen und Persönlichkeiten gelegt hast. Höre seine Sehnsucht und sein Verlangen, sein Atmen und sein Seufzen, das durch seine Gnade aus unseren Herzen aufsteigt, während er sich bemüht, uns auf den Weg zu bringen, den du vorgezeichnet hast. Oh Gott, was er will, das wollen wir durch deine Gnade auch wollen. Obgleich wir nicht wissen, wofür wir beten sollen, erhöre doch seine Gebete in uns und erfülle sie nach dem großen Reichtum deiner göttlichen Kraft und Gnade. Dann können wir von diesem Augenblick an umso fester in deinem Geist und ohne zu wanken auf diesem Weg gehen, bis die Zeit kommt, da alle unsere Gebete und Wünsche in Erfüllung gehen und wir Christus sehen! Wir flehen dich an: Erhöre uns um deines Namens willen! Amen.[365]

Weitere Veröffentlichungen von David Gooding

Doktorarbeit
„The Greek Deuteronomy“, PhD thesis, University of Cambridge, 1954

Bücher
Recensions of the Septuagint Pentateuch. Cambridge: Tyndale Press, 1955.

The Account of the Tabernacle: Translation and Textual Problems of the Greek Exodus. Texts and Studies: Contributions to Biblical and Patristic Literature, ed. C. H. Dodd, no. 6. Cambridge: Cambridge University Press, 1959.

Herausgegeben The Text of the Septuagint: Its Corruptions and Their Emendation von Peter Walters (ehemals Katz). Cambridge: Cambridge University Press, 1973.

Studies in Luke's Gospel. Bible Study and Discussion Papers 1–3. Dublin: Biblical Studies Institute, 1973.

An Unshakeable Kingdom: The Letter to the Hebrews for Today. Scarborough, Ontario: Everyday Publications, 1975; [auf Deutsch] Ein unerschütterliches Reich: 10 Studien über d. Hebräerbrief. Dillenburg: Christliche Verlagsgesellschaft, 1987; rev. ed. Leicester: Inter-Varsity Press/Grand Rapids: Eerdmans, 1989; repr. Port Colborne, Ontario: Gospel Folio Press, 1989; [auf Ungarisch] Rendíthetetlen királyság, Stuttgart: Evangéliumi Kiadó, 1991; [auf Bulgarisch] Посланието към Евреите, Sofia: Нов човек, 1995; [auf Russisch] Осуществление Ожидаемого: Посланце к Ебреям, Moscow, 1996; [auf Vietnamesisch] 2003; [auf Spanisch] Según Hebreos: Un reino inconmovible, Barcelona: Publicaciones Andamino, 2008; repr. Coleraine, N. Ireland: Myrtlefield House, 2013.

Relics of Ancient Exegesis: A Study of the Miscellanies in 3 Reigns 2. Society for Old Testament Study Monograph Series, 4. Cambridge: Cambridge University Press, 1976.

According to Luke: A new exposition of the Third Gospel. Leicester: Inter-Varsity Press, 1987; [auf Polnisch] Według Łukasza: nowe spojrzenie na Trzecią Ewangelię. tr. Witold Gorecki. Wydawnictwo Ewangeliczne, 1992; [auf Spanisch] Según Lucas: una nueva exposición del tercer Evangelio. Editiorial Clie/Publicaciones Andamio, 1996; [auf Russisch] Новый взгяд на Евангелие от Луки. Duncanville, USA: World Wide Printing, 1997. Duncanville, USA: World Wide Printing, 1997; repr. Port Colborne, Ontario: Gospel Folio Press, 2002; repr. Eugene, Origen: Wipf and Stock, 2005; repr. as According to Luke: The Third Gospel's Ordered Historical Narrative. Coleraine, N. Ireland: Myrtlefield House, 2013. [auf Deutsch] Das Evangelium nach Lukas : Botschaft, Aufbau und Ziel, CLV: Bielefeld, 2012

True to the Faith: A fresh approach to the Acts of the Apostles. London: Hodder & Stoughton, 1990; [auf Spanisch] Según Hechos: permaneciendo fiel a la fe. Editiorial Clie/Publicaciones Andamio, 1990, 2008; [auf Russisch] Верные вере: Новый подход к Деяниям святых Апостолов. Duncanville, USA: World Wide Printing, 1994, 1998; repr. Port Colborne, Ontario: Gospel Folio Press, 1995; [auf Rumänisch] Cluj: Editura Logos, 1995; repr as True to the Faith: Defining and Defending the Gospel. Coleraine, N. Ireland: Myrtlefield House, 2013.

In the School of Christ: A Study of Christ's Teaching on Holiness. John 13–17. Port Colborne, Ontario: Gospel Folio Press, 1995, 2001; [auf Spanisch] Según Juan: En la escuela de Cristo. Juan 13-17. tr. Roger Marshall, Barcelona: Publicaciones Andamino, 1995, 2012; [auf Ungarisch] Krisztus iskolájában. Budapest: Evangéliumi Kiadó, 1996; [auf Russisch] В Школе Христа (Учение Христа о святости) Newtownards, Myrtlefield Trust, 1997; [auf Bulgarisch] В училището на Христос. Sofia: Veren, 2000; [auf Polnisch] W szkole Chrystusa: studium nauczania Chrystusa na temat świętości, Ewangelia Jana 13-17. tr. Adam Mariuk. Areopag, 2010; [auf Burmesisch] 2013; repr. as In the School of Christ: Lessons on Holiness in John 13–17. Coleraine, N. Ireland: Myrtlefield House, 2013. [auf Deutsch] In der Schule des Meisters: eine Betrachtung der Lehren Christi über Heiligkeit, CLV:Bielefeld, 2015.

Windows on Paradise. Port Colborne, Ontario: Gospel Folio Press, 1998, 2001; [auf Spanisch] Ventanas al paraíso: Estudios en el evangelio de Lucas. Talleres Gráficos de la M.C.E. 1982; [auf Russisch] Окно в рай. Исследование Евангелия от Луки. Newtownards: Myrtlefield Trust, 1993; [auf Malayisch] Jendela Syurga. 2008; [auf Bulgarisch] Прозорец към рая. Sofia: Veren, 2011; [auf Burmesisch] 2012; [auf Vietnamesisch] 2013.

The Riches of Divine Wisdom: The New Testament's Use of the Old Testament. Coleraine, N. Ireland: Myrtlefield House, 2013.

Drawing Near to God. Belfast, Northern Ireland: Myrtlefield House, 2020.

Bücher, die zusammen mit John Lennox veröffentlicht wurden

Christianity: Opium or Truth? Port Colborne, Ontario: Gospel Folio Press, 1997; [auf Russisch] Христианство: опиум или истина? Duncanville, USA: World Wide Printing, 1991; Keresztyénség: illúziók vagy tények? Budapest: Evangéliumi K. és Iratmisszió, 1998; [auf Bulgarisch] Християнството: опиум или истина? Sofia: Veren, 2004; [auf Deutsch] Opium fürs Volk? Bielefeld: Christliche Literatur-Verbreitung, 2012; [auf Portugiesisch] Cristianismo: Ópio do Povo? Porto Alegre: A. Verdada, 2013.

The Definition of Christianity. Port Colborne, Ontario: Gospel Folio Press, 2001; [auf Russisch] Определение Христианства. 1997, 1999, 2005; [auf Polnisch] Definicja chrześcijaństwa. tr. Przemysław Janikowski. Areopag, 2001; [auf Spanisch] Una definición del cristianismo para el siglo XXI: un estudio basado en los hechos de los Apóstoles. Editiorial Clie; [auf Deutsch] Christentum definitiv : der Unterschied zwischen christlicher Botschaft und Christenheit, jota: Hammerbrücke, 2003; [auf Bulgarisch] Дефиниция на християнството. Sofia: Veren, 2004; repr. Coleraine, N. Ireland: Myrtlefield House, 2014.

Key Bible Concepts. Port Colborne, Ontario: Gospel Folio Press, 2001; [auf Russisch] Ключевые понятия Библии. 1997; [auf Bulgarisch] Ключови библейски Понятия. 1997, 2004; [auf Malayisch] Konsep Utama Dalam Alkitab; [auf Spanisch] Conceptos bíblicos fundamentales. Barcelona: Editiorial Clie/Publicaciones Andamio, 2001; [auf Polnisch] Kluczowe koncepcje biblijne. Areopag, 2001; [auf Deutsch] Schlüsselbegriffe der Bibel. Bielefeld: Christliche Literatur-Verbreitung, 2013; [auf Portugiesisch] Conceitos-Chave da Bíblia. Porto Alegre: A. Verdada, 2013; [auf Malayisch] Konsep Utama Dalam Alkitab; [auf Burmesisch]; repr. Coleraine, N. Ireland: Myrtlefield House, 2013.

Being Truly Human: The Limits of our Worth, Power, Freedom and Destiny. Belfast, Northern Ireland: Myrtlefield House, 2018. [auf Deutsch] Was ist der Mensch?: Würde, Möglichkeiten, Freiheit und Bestimmung, Dillenburg: Christliche Verlagsgesellschaft, 2020.

Finding Ultimate Reality: In Search of the Best Answers to the Biggest Questions. Belfast, Northern Ireland: Myrtlefield House, 2018. [auf Deutsch] Was dürfen wir hoffen?: Antworten einfordern – Den Schmerz des Lebens ertragen, Dillenburg: Christliche Verlagsgesellschaft, 2021.

Questioning Our Knowledge: Can We Know What We Need to Know? Belfast, Northern Ireland: Myrtlefield House, 2019. [auf Deutsch] Was können wir wissen?: Können wir wissen, was wir unbedingt wissen müssen?, Dillenburg: Christliche Verlagsgesellschaft, 2020.

Doing What's Right: Whose System of Ethics is Good Enough? Belfast, Northern Ireland: Myrtlefield House, 2019. [auf Deutsch] Was sollen wir tun?: Was ist das beste Konzept für Ethik?, Dillenburg: Christliche Verlagsgesellschaft, 2021.

Claiming to Answer: How One Person Became the Response to our Deepest Questions. Belfast, Northern Ireland: Myrtlefield House, 2019. [auf Deutsch] Was dürfen wir hoffen?: Antworten einfordern – Den Schmerz des Lebens ertragen, Dillenburg: Christliche Verlagsgesellschaft, 2021.

Suffering Life's Pain: Facing the Problems of Moral and Natural Evil. Belfast, Northern Ireland: Myrtlefield House, 2019. [auf Deutsch] Was dürfen wir hoffen?: Antworten einfordern – Den Schmerz des Lebens ertragen, Dillenburg: Christliche Verlagsgesellschaft, 2021.

Veröffentlichte Vorlesungen und Broschüren

The inspiration and authority, canon and transmission of Holy Scripture. Edinburgh: Darien Press, 1961.

How to Teach the Tabernacle. Dublin: Merrion Press, 1970; repr. Port Colborne, Ontario: Everyday Publications, 1977; [auf Spanisch] Cómo enseñar el tabernáculo. Port Colborne, Ontario: Everyday Publications, 1977.

Current Problems and Methods in the Textual Criticism of the Old Testament. Belfast: Queen's University, 1979.

How? The Search for Spiritual Satisfaction. Leicester: Inter-Varsity Press, 1980.

Freedom under God. Bath: Echoes of Service, 1985.

Unfettered Faith: The Promotion of Spiritual Freedom. Coleraine, N. Ireland: Myrtlefield Trust, 1986.

Wer glaubt muß denken. Bielefeld: Christliche Literatur-Verbreitung, 1998.

Die Bibel—Mythos oder Wahrheit? Gibt es eine echte Erfüllung? Dillenburg: Christliche Verlagsgesellschaft, 1993; 2. Aufl. Bielefeld: Christliche Literatur-Verbreitung, 2001.

The Bible: Myth or Truth. [auf Bulgarisch: Библията: мит или истина] Coleraine, N. Ireland: Myrtlefield Trust, 2001.

How about God? Four broadcast talks (Belfast: Graham & Heslip, n.d.).

Kapitel und größere Artikel

‚The Text of the Psalms in two Durham Bibles.' Scriptorium 12:1 (1958): 94–96.

‚Aristeas and Septuagint Origins: A review of recent studies.' Vetus Testamentum 13:4 (1963): 357–379.

‚Ahab According to the Septuagint.' ZAW 76 (1964): 269–280.

‚Pedantic Timetabling in 3rd Book of Reigns.' Vetus Testamentum 15:2 (1965): 153–166.

‚The Septuagint's Version of Solomon's Misconduct.' Vetus Testamentum 15:3 (1965): 325–335.

‚An Impossible Shrine.' Vetus i 15:4 (1965): 405–420.

‚Temple Specifications: A Dispute in Logical Arrangement between the MT and the LXX.' Vetus Testamentum 17:2 (1967): 143–172.

‚The Septuagint's Rival Versions of Jeroboam's Rise to Power.' Vetus Testamentum 17:2 (1967): 173–189.

‚The Shimei Duplicate and its Satellite Miscellanies in 3 Reigns II.' Journal of Semitic Studies 13:1 (1968): 76–92.

‚Problems of Text and Midrash in the Third Book of Reigns.' Textus 7 (1969): 1–29.

‚Text-Sequence and Translation-Revision in 3 Reigns IX 10 – X 33.' Vetus Testamentum 19:4 (1969): 448–463.

‚Observations on Certain Problems Connected with the So-called Septuagint.' TSF Bulletin 56 (1970): 8–13.

‚Jeroboam's Rise to Power: A Rejoinder.' Journal of Biblical Literature 91:4 (1972): 529–533.

‚Two possible examples of midrashic interpretation in the Septuagint Exodus' in Wort Lied, und Gottesspruch: Festschrift für Joseph Ziegler (ed. Josef Schreiner; Echter Verlag: Katholisches Bibelwerk, 1972), 39–48.

‚On the use of the LXX for dating Midrashic elements in the Targums.' Journal of Theological Studies ns 25:1 (1974): 1–11.

‚A Recent Popularisation of Professor F. M. Cross' Theories on the Text of the Old Testament.' Tyndale Bulletin 26 (1975): 113–132.

‚An Appeal for a Stricter Terminology in the Textual Criticism of the Old Testament.' Journal of Semitic Studies 21 (1976): 15–25.

‚Tradition of interpretation of the circumcision at Gilgal.' Jerusalem: World Union of Jewish Studies, 1977.

‚Structure littéraire de Matthieu 13:53 à 18:35.' Revue biblique 85:2 (1978): 227–252.

‚Demythologizing, Old and New, and Luke's Description of the Ascension: A Layman's Appraisal.' Irish Biblical Studies 2 (1980): 95–119.

‚The Literary Structure of the Book of Daniel and its Implications' (The Tyndale Old Testament Lecture, 1980). Tyndale Bulletin 32 (1981): 43–79.

‚Demythologizing the Ascension: A Reply by D. W. Gooding.' Irish Biblical Studies 3 (1981): 45–54.

‚A Sketch of Current Septuagint Studies.' Proceedings of the Irish Biblical Association 5 (1981).

‚The Composition of the Book of Judges.' Eretz-Israel, H. M. Orlinsky Volume. Jerusalem: 1982.

‚Philo's Bible in the De Gigantibus and Quod Deus.' in Two Treatises of Philo of Alexandria: A Commentary on De Gigantibus and Quod Deus Sit Immutabilis, mit V. Nikiprowetzky (Hrsg. D. Winston and J. Dillon; BJS 25; Chico, Calif.: Scholars Press, 1983), 89–125.

‚The Problem of Pain.' Journal of the Irish Christian Study Centre 1 (1983):63–69.

‚An Approach to the Literary and Textual Problems in the David-Goliath Story', in The Story of David and Goliath: Papers of a Joint Research Venture von Dominique Barthélemy et al.; Orbis Biblicus et Orientalis, no. 73 (Fribourg: Éditions Universitaires, 1986; Göttingen: Vandenhoeck & Ruprecht, 1986), 55–86.

‚David-Goliath Project: Stage Four', in The Story of David and Goliath: Papers of a Joint Research Venture von Dominique Barthélemy et al.; Orbis Biblicus et Orientalis, no. 73 (Fribourg: Éditions Universitaires, 1986; Göttingen: Vandenhoeck & Ruprecht, 1986), 145–154.

The Bible and Moral Education for Schools, with John Lennox. Moscow: Uchitelskaya Gazeta (Newspaper for Teachers), 1993–5; repr. as The Bible and Ethics.

Articles in New Bible Dictionary on ‚Bezalel, Bezaleel'; ‚Capital' [in tabernacle]; ‚Censer'; ‚Gershom, Gershon'; ‚Kaiwan'; ‚Kohath, Kohathites'; ‚Merari, Merarites'; ‚Oholiab'; ‚Rephan'; ‚Snuffers'; ‚Tabernacle'; ‚Texts & Versions 2. The Septuagint'; ‚Trays'. Leicester: Inter-Varsity Press, 1996.

‚The tabernacle: no museum piece' in The Perfect Saviour: Key themes in Hebrews (Hrsg. Jonathan Griffiths; Nottingham: Inter-Varsity Press, 2012), 69–88.

Rezensionen

Review of Ilmari Soisalon-Soininen, Der Charakter der asterisierten Zusätze in der Septuaginta. Gnomon 33:2 (1961): 143–148.

Review of Joost Smit Sibinga, The Old Testament Text of Justin Martyr. Journal of Theological Studies ns 16:1 (1965): 187–192.

Review of Ilmari Soisalon-Soininen, Die Infinitive in der Septuaginta. Journal of Theological Studies ns 18:2 (1967): 451–455.

Review of James Donald Shenkel, Chronology and Recensional Development in the Greek Text of Kings viii. Journal of Theological Studies ns 21:1 (1970): 118–131.

Review of Adrian Schenker, Hexaplarische Psalmenbruchstucke: Die hexaplarischen Psalmenfragmente der Handschriften Vaticanus graecus 752 und Canonicianus graecus 62, Journal of Theological Studies ns 27:2 (1976): 443–445.

Review of Raija Sollamo, Renderings of Hebrew Semiprepositions in the Septuagint. Journal of Semitic Studies 25:2 (1980): 261–263.

Review of John W. Olley, "Righteousness" in the Septuagint of Isaiah: A Contextual Study. Journal of Theological Studies ns 32:1 (1981): 204–212.

Review of J. H. Charlesworth, The Pseudographa and Modern Research. Irish Biblical Studies 4:1 (1982): 46-49.

Review of Anneli Aejmelaeus, Parataxis in the Septuagint. Journal of Semitic Studies 28:2 (1983): 369–371.

Short Notice on Joseph A. Fitzmyer, An Introductory Bibliography for the Study of Scripture. Journal of Theological Studies ns 34:2 (1983): 693.

Review of Homer Heater, A Septuagint Translation Technique in the Book of Job. Journal of Theological Studies ns 35:1 (1984): 169–177.

Review of Roger Beckwith, The Old Testament Canon of the New Testament Church. Irish Biblical Studies 8:4 (1986): 207-211.

Review of George Alexander Kennedy, Duane Frederick Watson (Hrsg.), Persuasive Artistry: Studies in New Testament Rhetoric in Honour of George A Kennedy. Evangelical Quarterly 64 (1992): 264–268.

Nicht wissenschaftliche Artikel

‚The True Peacemaker and Benefactor of the People.' Precious Seed 3:7 (1950).

‚Modern Translations—Their Use and Abuse.' Precious Seed 7:8 (1956).

‚New Testament Word Studies.' Precious Seed 12:1–4 & 13:1–6 (1961–62).

‚How do you relate and reconcile the teaching on women in 1 Corinthians 11 and 14?' The Word (Belfast, 1994).

‚Symbols of Headship and Glory.' The Word (Belfast, 1980); [auf Deutsch] ‚Symbole oder Zeichen von Autorität und Herrlichkeit' tr. von G. Giesler. Verlegerbeilage zu Die Wegweisung 6/87 (Dillenburg, Christliche Verlagsgesellschaft, 1987).

Index: Tägliche Textlesung und Schlüsselverse

AT

1. Mose

1,11-27	355
1,27-31	356
2,17	298
2,18-25	359
2,3	412
2,4-17	353
3,1-7	365
3,3	361
3,8-15	366
5,18-24	161
6	475
8,20–9,17	229
12,1-9	202
14,18–15,5	278
15,6-21	199
16	279
16,7-16	390
17	170
20	208
22,1-8	207
22,9-19	206
22,16-17	66
24,1-50	345
24,56-67	441
25,19-34	263
27,1-30	481
28,10-22	247
29,14-30	249
29,31–30,24	257
32,23-33	262
39	260
50,15-26	213

2. Mose

1,8-22	339
3,1-10	125
3,7	339
4,1-17	293
6	186
12	180
17,7-16	314
19,3-4	391
19,4	343
20,2	411
24,9-18	383
25,23-30	408
25,31-40	407
26,15-29	402
26,31-37	27
27,1-8	173
27,20	342
28,6-43	152
29,1-4	406
29,46	400
30,17-21	406
30,1-10	409
30,34-38	409
32,1-30	334
33,12-23	191
34,1-14	297
34,29-35	349
38,25-28	402
40,17-38	400

3. Mose

4,1-13	197
6,1-6	424
9,9-24	106
10	185
16,11-19	220

16,20-28 374
22,17-33 425
23,9-14 141
23,15-21 341
23,33-44 421
24,1-3 342
24,8 408
26,13 186

4. Mose
6,24-25 191
9 415
11,1-25 313
14,1-24 200
20,1-13 326

5. Mose
1,33 383
4,1-14 233
4,15-20 386
4,32-40 319
6,1-12 477
7,2 168
7,9 204
9,6 387
10,12-22 29
11,22-28 393
16,1-8 417
28,63-64 393
31,2 427
32,6-20 39

Josua
1,2-3 430
2 169
2,10 336
3,9-17 113
4,1-9 476
4,10-18 428
4,19-24 476
5,13–6,21 133
6,22-27 336
8,1-19 110
8,20-35 195
10,1-15 275
11,1-9 337
14,6-15 276
20,1–21,3 434
24,1-21 361

Richter
1,11-15 276
3,7-11 306
4,4-16 396
4,8-24 310
5,1-23 309
5,12 396
7,22–8,3 312
9,12-13 85
16 455

Rut
3,1-10 362

1. Samuel
1 266
15,34–16,13 332

2. Samuel
1 252
2,1-7 253
7,1-16 389
11 283
24 285

1. Könige
6,19-38 328

2. Könige
2,1-15 304

1. Chronik
11,1-9 337
21,1 394
29 435

Hiob

2,1-10 290
38,1-18 13

Psalmen
8 358
16,1-6 432
16,7-11 34
22 28
24 141
27 399
36,10 220
40 371
41 62
50,1-9 165
51 228
53 384
102,1-18 271
102,19-29 146
105 430
110 145
119,97-104 225
119,165 481
130 404
139,23-24 419

Jesaja
5,1-7 50
6,1-4 14
14,12-15 29
27,6 384
40 449
43,19 381
44,6 70
44,6-11 302
45,18-25 351
46,1-7 412
46,8-13 370
49,1-21 63
50,4-9 450
53 104
53,12 58

Jeremia
2,1-8 391
2,2 362
2,19 334
31,31 90
31,31-40 72

Daniel
1,17-21 162
3 234
4,16-34 243
6,2-11 162
7,9-14 12
8,9-26 394
10,7–11,1 308
12,1-13 67

Joel
3,1 439

Habakkuk
2,4 371

Sacharja
1,1-17 154
1,7-13 346
1,12 297

Maleachi
1,2 477
3,6-16 100

NT

Matthäus
4,1-11 31
4,19 222
5,48 231
6,25-34 238
6,28-29 355
8,1-17 461
8,18-22 224
8,23-27 75
8,28-34 68
9,18-26 222
10,11-25 196
10,29-42 99
11,1-19 227
11,20-30 10
11,28 223, 413
13,1-23 210
14,22-36 82
19,28-30 330
24,36-51 161
25,14-30 162
25,34 302
26,27-28 479

Markus
6,45-52 67
12,36 389
14,12-26 61
14,36 119

Lukas
1,5-25 483
1,46-55 484
1,67-79 486
2,1-7 487
2,8-20 488
2,25-35 491
2,36-40 490
2,41-52 492
4,1-13 19
4,8 29
4,9 31
4,14-34 36
4,31-44 38
5,1-11 240
5,12-16 43
5,17-26 73
6,27-36 231
8,22-25 177
8,26-39 41
8,40-56 93
9,26-36 142
9,33 189
9,37-43 39
9,44-50 105
9,51-56 94
9,57-62 224
10,1-18 144
10,1-21 190
10,38-42 244
11,1-4 272
11,5-13 273
11,14-28 42
12,22-34 254
12,33 256
12,35-48 258
12,37 96
13,1-17 45
14,33 234
16,1-15 259

17,1-10 282
17,20-37 159
18,1-8 157
18,18-30 256
18,31-43 57
19,1-10 86
19,11-26 318
19,28-48 32
20,9-19 118
20,27-47 130
21,5-31 397
22,1-23 115
22,24-30 101
22,27 57
22,39-45 119
22,47-71 121
23,26-43 126
24,49 304

Johannes
1,1-18 9
1,4 407
1,24-34 440
5,1-30 54
5,17 224
6,1-15 259
6,16-24 71
6,21-51 79
6,25-59 95
7,28-29 300
8,1-12 219
8,19-30 438
10,1-21 80
10,22-42 81
11,1-44 158
11,45-57 416
12,20-26 103
12,27-33 26
12,31 133
12,32 367
12,41 14
13,1-17 59
13,8 94
13,10 406
13,18-30 117
13,26 62
13,31–14,1 76
13,33–14,7 153
14,1-3 343
14,5-12 17
14,12 245
14,15-24 444
14,15-31 33
14,23 84
14,31 196
15,1 50
15,1-8 269
15,9-17 85
15,18-25 301
15,26-27 448
16,14 449
16,15 306
16,17-33 18
16,7 34
16,8 450
16,28 37
17 15
17,1-19 77
17,6-19 155
18,9 55
18,28-40 122
19,19-27 124
20,1-31 128
21,15-23 316

Apostelgeschichte
1,1-11 137
2,1-21 138
2,22 46
2,22-36 300

2,22-41 439
2,24 128
2,26-28 34
2,34-35 145
6,1-7 471
9,1-19 64
9,20-35 187
9,36-43 242
10,23-48 245
10,34-44 46
11,1-18 462
12,20-25 462
13,32-41 129
13,46 332
14,8-28 210
16 175
17,1-15 131
17,16-34 134
17,25 165
18,1-17 461
20,13-38 472
27,9-20 211
27,21-42 212

Römer
1,16 233
1,21 365
3,21-31 114
4,13 97
5,1-11 182
5,8 325
5,12-21 368
6 172
6,4 475
6,11-23 192
6,14 228
6,23 49
7 183
8,1-8 443
8,12-17 327
8,18-25 13
8,18-30 176
8,26-28 441
8,37 75
9,1-4 386
9,6-29 376
9,30–10,4 377
10 387
11,33–12,1 493
11,33–12,2 363

1. Korinther
1,18-28 108
1,25 110
2,1-10 381
2,10-16 445
2,14 444
3,1-15 348
3,13 242
5,7 415
5,8 418
9,16 434
11,23-34 479
12,1-11 453
12,7-13 380
12,12-31 454
12,13 440
15,12-34 420
15,35-58 135

2. Korinther
2,15 409
3 446
3,18 349
4,1-6 322
4,17 263
4,18 317
5,19 118

Galater
3,5-25 427
3,26–4,7 97
4,9 416
4,25 390
5,1-15 411
5,16-26 52

Epheser
1,4 351
1,13-23 431
2,6 353
2,11-22 89
2,15 380
2,18 446
3,1-13 457
3,7-21 216
4,4 458
4,6 458
4,7-16 463
4,17 305
4,17-25 464
4,26-32 458
5,8-10 236

Philipper
1,20-26 343
2,3 243
2,5-11 372
2,13 314
3,1-14 189
3,13-14 346

Kolosser
1,1-12 236
1,15-23 109
1,16 352
1,20 379
1,22 109
1,24-29 291
1,28 348
2,6-7 52
2,6-23 112
2,12 443
3,1-15 49

1. Thessalonicher
1 375
1,9-10 169

2. Thessalonicher
2,5-17 88
2,10-11 337
3,6-15 239
3,10 225

1. Timotheus
1,12-20 379
1,16 64
5,1-16 248
6,13-16 26

2. Timotheus
1,8-14 37
2,8-13 330
2,12 473
3 436
3,10-17 480
4,2 480

Titus
3 166

Hebräer
1,1-4 352
1,2 12
1,3 13
2,1-9 20
2,3 176
2,5-18 8

2,9 103
2,10-18 22
2,14 113
3 23
4,1-11 413
4,10 229
4,16 268
5 24
5,7 26
5,11–6,12 203
6,1-20 66
7,1-22 150
7,23–8,6 148
7,25 154
8,1-6 403
8,6-13 90
9,11-28 149
9,14 106
10,1-14 423
10,12 141
10,15-25 268
10,19-20 27
10,19-25 173
10,30 91
10,32-39 294
11,5-6 161
11,6 200
11,8 202
11,8-10 317
11,13-16 317
11,19 207
11,32–12,2 215
12,1 215
12,1-13 287
12,3 286
12,6 193
12,12-13 187
12,28-29 425
13,1-2 469
13,10-13 374
13,12 197
13,18-25 469

Jakobus
1,1-12 289
1,12-18 295
2,1-11 217
2,12-13 264
3,1-12 250
3,13–4,3 419
4,4-12 281
4,13-17 232
5,7-12 264

1. Petrus
1,3-4 428
1,3-9 193
1,7 316
1,13-25 468
1,18-19 239
2,11 313
2,18-25 286
2,24 404
3,8-22 58
4,12-19 91

2. Petrus
1,3-11 204
1,17 142
2,10 308

1. Johannes
1,2 399
1,5 322
1,1-10 48
2,1-2 197
2,12-17 298
2,18-29 452
3,1 327
3,15-24 466

4,1-6 305
4,7-21 467
4,10 374
5,3-4 301
5,6-15 325

2. Johannes 84

3. Johannes
4 436

Judas
24-25 155

Offenbarung
1,1-20 53
1,16-20 70
2,8-11 70
2,24-29 473
3,19-22 193
3,20 84
4,1-6 305
4,4 330
4,6 328
4,11 363
5 331
5,9 372
7,9-12 448
7,13-17 178
15 335
21,3 319
21,4 421
22,1-6 367
22,3-4 318

Stimmen zum Buch

David Gooding war mit einem einzigartigen Verständnis für den Reichtum der Heiligen Schrift begabt. Seine Vorträge und Schriften sind voller Schätze der Erkenntnis. Es freut mich, dass sie nun in leicht zugänglicher Form von kurzen täglichen Lesungen zur Verfügung gestellt werden, die das Leben des Lesers mit kleinen Momenten der Herrlichkeit bereichern werden.

John C. Lennox
Professor emeritus für Mathematik, University of Oxford; Emeritus Fellow in Mathematik und Wissenschaftsphilosophie, Green Templeton College; Associate Fellow der Said Business School

Dr. David Goodings Kommentare, die für dieses neue Andachtsbuch verwendet wurden, haben meinen eigenen Predigt- und Lehrdienst sehr bereichert. Meine Frau hat in ihrer täglichen stillen Zeit ebenfalls von ihnen profitiert. Ich empfehle seine Bücher immer jungen Studenten und Bibellehrern und werde das gerne auch mit dieser neuen Ausgabe tun.

Alexander Strauch
Autor von „Biblische Ältestenschaft"

Dieses Buch kommt einem vollen Jahr an jeder theologischen Hochschule gleich. Mir wird mehr denn je bewusst, warum so viele meiner Freunde von Dr. Gooding als Mentor begleitet wurden.

George Verwer DD
Gründer von „Operation Mobilisation"

In einer Welt, die von Krise zu Krise geht, brauchen wir die beständige Ermutigung dieses Buches, unseren Blick auf Jesus zu richten auf unserer Reise zu unserem letzten Ziel, dem Haus unseres himmlischen Vaters. Diese täglichen Andachten erinnern mich daran, wie Dr. Gooding mein Leben und das Leben vieler anderer in Asien beeinflusst hat – sowohl durch seine Schriften als auch durch seine

Bereitschaft lange Reise auf sich zu nehmen, um uns zu lehren und uns immer wieder daran zu erinnern, die Bibel nicht nur zu wissenschaftlichen Zwecken zu studieren, sondern darin die Grundlage für unsere Beziehung zu unserem Retter, Jesus Christus, zu finden und zu stärken. Beim Lesen von Tiefer glauben werden Sie erleben, wie er Sie bei der Hand nimmt und Sie gewissermaßen in die Arme unseres geliebten Herrn Jesus führt. Alles läuft wie geplant: Dies ist unser Trost in turbulenten Zeiten.

Isaac Shaw
Vorsitzender Delhi Bible Institute

David Goodings tiefes Verständnis der Heiligen Schrift ermöglicht es ihm, die reichen Wahrheiten, die ein Textabschnitt nach dem anderen bietet, auf eine Art und Weise zu erfassen, die die Schwachen ermutigt, die Geringen aufrichtet und uns alle näher zu Jesus zieht. Dieses Buch ist voller tiefgründiger Einsichten, die mich wieder und wieder innehalten und über die unvergleichliche Güte unseres Gottes und Retters staunen lassen.

Dr. Todd Bolen
Professor für Bibelwissenschaften, The Master's University

Tiefer glauben verbindet die Weisheit und Herzlichkeit, die David Goodings Lehre auszeichneten, mit einer umfassenden Vision von Gottes wunderbarem Heilsplan durch den Einen, der die Freude des Autors und der die Quelle aller Weisheit ist. Ich kann dieses Buch nur jedem wärmstens empfehlen, der Christus besser kennenlernen und ihn anderen treu verkündigen will.

Dr. Paul Coulter
Leiter der Ministry Operations bei Living Leadership und
Direktor des Centre for Christianity in Society

Dr. David Gooding war einer der besten Bibellehrer, die ich je gehört habe. Selbst wenn er etwas sagte, dem ich nicht zustimmen konnte (was selten der Fall war), tat er das auf eine so gewinnende und charmante Art, dass ich ihn faszinierend fand. Er liebte die Bibel, er kannte die Bibel und er lehrte die Bibel auf eine brillante Art. Er beherrschte die Ursprachen der Heiligen Schrift und war in Bezug auf die Auslegungsgeschichte der Heiligen Schrift bestens informiert. Seine Bücher zu lesen ist ein Genuss – sowohl wegen ihrer scharfsinnigen Anmerkungen als auch wegen ihrer Unabhängigkeit des Denkens. Er war ein Original. Ich bin froh, ihn gekannt zu haben und die Gelegenheit gehabt zu haben, seine Vorlesungen zu hören.

David J. MacLeod
Dekan für Bibelwissenschaften und Programmleiter für Bibelwissenschaften, Bibelauslegung und Theologie, Emmaus Bible College, Dubuque, Iowa

Dieses Buch ist typisch David Gooding mit seinen scharfsinnigen biblischen Einsichten und seiner herausragenden Lehre – und das alles zusammengepackt in einem außergewöhnlichen Andachtsbuch. Er lässt die Schrift nicht nur lebendig werden. Seine Einsichten spiegeln ein lebenslanges, sorgfältiges und detailliertes Studium der Heiligen Schrift wider. Er stellt tiefschürfende Fragen und zeigt auf, wie die Bibel die Sehnsüchte beantwortet, die Gott in alle Menschen hineingelegt hat. Das ist etwas, das der Säkularismus niemals tun kann. Gooding ist auch kein Sesselakademiker. Es ist offensichtlich, dass wir hier einen Mann kennenlernen, der die Herrlichkeit und Erhabenheit Gottes liebt. Das Buch hat mich zu einer größeren Liebe zu unserem auferstandenen Herrn bewegt, der alles für uns und unser Heil geopfert hat. *Tiefer glauben* steht ganz oben auf meiner Liste neuer Andachtsbücher! Dieses Buch ist ein Muss!

Rebecca Manley Pippert
Autorin von „Stay Salt"

Endlich haben wir sorgfältig ausgewählte Auszüge aus David Goodings Schriften, die für diejenigen zugänglich sind, die eines der wirksamsten Mittel zur Stärkung des Glaubens suchen: Lebendige, aber sorgfältige Auslegung der Heiligen Schrift, die so geschrieben ist, dass sie denen, die nach Gott hungern, seinen heilsamen Segen spendet.

Ajith Fernando
Teaching Director, Youth for Christ, Sri Lanka

Ein biblisch fundiertes und gleichzeitig relevantes Andachtsbuch zu finden, kann oftmals eine Herausforderung darstellen. David Gooding bietet hier beides. *Tiefer glauben* wird Ihnen biblische Erkenntnis und biblische Weisheit für alle 365 Tage des Jahres liefern. Jede Seite ist eine tägliche Erinnerung, Jesus zu begegnen und ihn zum Zentrum unseres Lebens zu machen. Ich empfehle wärmstens, diesem Ruf zu folgen und heute damit anzufangen, dieses Andachtsbuch zu lesen.

Dr. Jack Graham

Pastor, Prestonwood Baptist Church in Dallas, Texas

Es war mir eine große Freude Dr. Gooding auf meinem Lebensweg zu kennen und zu lieben. Er war brillant und theologisch geradlinig, wie ein Pfeil. Und er besaß die einzigartige Gabe, tiefe theologische Wahrheiten für jeden verständlich zu machen. Ich empfehle *Tiefer glauben* mit großer Überzeugung und ohne jeden Vorbehalt. Sie werden es als eines der besten Geschenke Gottes für Ihr geistliches Leben empfinden. Lesen Sie es – profitieren Sie davon!

O. S. Hawkins, PhD

Ehemaliger Pastor, First Baptist Church in Dallas, Texas und Autor der Bestseller-Andachtsreihe Code einschließlich „The Joshua Code", „The Jesus Code" und „The Bible Code"

Tiefer glauben ist ein großartiger Ausgangspunkt, um sich mit den Werken von Dr. David Gooding vertraut zu machen. Er war schon zu Lebzeiten eine Legende und überall auf der Welt bekannt. Er war mein Freund und predigte bei uns in der Westminster Chapel. Wir danken Gott dafür, dass er der Welt das Vermächtnis seiner Schriften hinterlassen hat, die nun zu entdecken sind. Ich will Ihnen ans Herz legen, sich die Gelehrsamkeit eines Mannes zunutze zu machen, der an der Unfehlbarkeit der Heiligen Schrift festhielt und dessen Schriften Sie nicht mehr loslassen werden.

R. T. Kendall

Pfarrer, Westminster Chapel (1977–2002)

Tiefer glauben erweist sich als durch und durch biblisch, wahrhaft Gott verherrlichend und eloquent durchdacht; mit fester Speise für den reifen Christen und Milch für den frisch zum Glauben Gekommenen. Ich empfehle diesen Schatz wärmstens allen, die den Herrn Jesus Christus lieben.

Richard Mayhue, Th. D.
Research Professor of Theology Emeritus, The Master's Seminary

Einen Großteil meines Lebens als Christ und meines geistlichen Dienstes bin ich immer wieder zu den geliebten Andachten von C. H. Spurgeon und Oswald Chambers, *Bibellese am Morgen und am Abend* und *Mein Äußerstes für sein Höchstes*, zurückgekehrt. Bis ich *Tiefer glauben* entdeckte, hatte ich kein zeitgenössisches Andachtsbuch gefunden, das diesen Büchern in Bezug auf Tiefgründigkeit der Theologie, Beständigkeit der Überzeugungen, Schönheit der Sprache und der sicheren Grundlage biblischer Irrtumslosigkeit gleichkam. Wenn Sie auf der Suche nach einem Andachtsbuch sind, das eine Bibel, ein Notizbuch und einen Stift erfordert sowie Zeit zum gründlichen Nachdenken und Beten; wenn sie ein Andachtsbuch suchen, das von Ihnen Rechenschaft über Ihr Leben gemäß der Heiligen Schrift verlangt, dann ist *Tiefer glauben* dieses Buch.

Dr. Jay Strack
Vorsitzender und Gründer der Student Leadership University

Quellenangaben der Andachten aus den Werken von David Gooding

1. An Unshakeable Kingdom: The Letter to the Hebrews for Today, S. 81–82
2. In the School of Christ: Lessons on Holiness in John 13–17, S. 208–209
3. The Gospel of Authority and the Path of Discipleship: Studies in Matthew, S. 60–61
4. An Unshakeable Kingdom: The Letter to the Hebrews for Today, S. 28–29.
5. An Unshakeable Kingdom: The Letter to the Hebrews for Today, S. 30–31
6. An Unshakeable Kingdom: The Letter to the Hebrews for Today, S. 29–30
7. In the School of Christ: Lessons in Holiness in John 13–17, S. 255–256
8. In the School of Christ: Lessons on Holiness in John 13–17, S. ~~87–88~~ 97–98 / Deutsch S. 104f
9. In the School of Christ: Lessons on Holiness in John 13–17, S. 209–210
10. According to Luke: The Third Gospel's Ordered Historical Narrative, S. 77–78
11. An Unshakeable Kingdom: The Letter to the Hebrews for Today, S. 79
12. An Unshakeable Kingdom: The Letter to the Hebrews for Today, S. 84
13. An Unshakeable Kingdom: The Letter to the Hebrews for Today, S. 96–97
14. An Unshakeable Kingdom: The Letter to the Hebrews for Today, S. 121–122
15. An Unshakeable Kingdom: The Letter to the Hebrews for Today, S. 61–62
16. The Riches of Divine Wisdom: The New Testament's Use of the Old Testament, S. 302
17. An Unshakeable Kingdom: The Letter to the Hebrews for Today, S. 85–86
18. According to Luke: The Third Gospel's Ordered Historical Narrative, S. 78–79
19. According to Luke: The Third Gospel's Ordered Historical Narrative, S. 79–80
20. According to Luke: The Third Gospel's Ordered Historical Narrative, S. 330–331
21. In the School of Christ: Lessons in Holiness in John 13–17, S. 110–111
22. True to the Faith: The Acts of the Apostles–Defining and Defending the Gospel, S. 74–75
23. According to Luke: The Third Gospel's Ordered Historical Narrative, S. 90–91
24. In the School of Christ: Lessons on Holiness in John 13–17, S. 213–214
25. According to Luke: The Third Gospel's Ordered Historical Narrative, S. 91–92
26. According to Luke: The Third Gospel's Ordered Historical Narrative, S. 178–179
27. What is Your Name? The Healing of the Possessed Man in Luke 8, S. 4
28. According to Luke: The Third Gospel's Ordered Historical Narrative, S. 232–233
29. According to Luke: The Third Gospel's Ordered Historical Narrative, S. 105–106
30. According to Luke: The Third Gospel's Ordered Historical Narrative, S. 266–267
31. True to the Faith: The Acts of the Apostles–Defining and Defending the Gospel, S. 69–70
32. Life in the Family of God: Twelve Seminars on the First Epistle of John, S. 14–15
33. God's Power for Salvation: Paul's Letter to the Romans, S. 133–134
34. In the School of Christ: Lessons on Holiness in John 13–17, S. 128–129
35. In the School of Christ: Lessons on Holiness in John 13–17, S. 129–130
36. The Book of the Revelation: Major Themes of Revelation's Six Sections, S. 29–30
37. Four Journeys to Jerusalem: A Series of Seminars on the Gospel of John, 50–51
38. Four Journeys to Jerusalem: A Series of Seminars on the Gospel of John, S. 82–83

39. Windows on Paradise: Scenes of Hope and Salvation in the Gospel of Luke, S. 99–100
40. The Restoration of Israel: A Study in Isaiah 43, 53 and 59, S. 5–6
41. In the School of Christ, Lessons in Holiness in John 13–17, S. 40–41
42. According to Luke: The Third Gospel's Ordered Historical Narrative, S. 349
43. In the School of Christ: Lessons in Holiness in John 13–17, S. 57–58
44. Satisfaction in Serving the Lord: Three Principles from the Prophecy of Isaiah, S. 6
45. Take Hold of Eternal Life: Major Themes in Paul's First Letter to Timothy, S. 11–12
46. An Unshakeable Kingdom: The Letter to the Hebrews for Today, S. 140–141
47. Days Yet to Come: Israel's Future and Ours in Daniel 10–12, S. 8–9
48. The Gospel of Authority and the Path of Discipleship: Studies in Matthew, S. 19
49. The Book of the Revelation: Major Themes of Revelation's Six Sections, S. 28
50. The Church's Witness to Christ: Faith Strengthening Evidence from Matthew, S. 15–17
51. Windows on Paradise: Scenes of Hope and Salvation in the Gospel of Luke, S. 94–95
52. According to Luke: The Third Gospel's Ordered Historical Narrative, S. 107–108
53. The Gospel of Authority and the Path of Discipleship: Studies in Matthew, S. 17–18
54. In the School of Christ: Lessons on Holiness in John 13–17, S. 74–75
55. In the School of Christ: Lessons on Holiness in John 13–17, S. 231–232
56. Four Journeys into Jerusalem: A Series of Seminars on the Gospel of John, S. 77–78
57. Four Journeys to Jerusalem: A Series of Seminars on the Gospel of John, S. 132–133
58. Four Journeys to Jerusalem: A Series of Seminars on the Gospel of John, S. 133
59. The Church's Witness to Christ: Faith Strengthening Evidence from Matthew, S. 17–18
60. In the School of Christ: Lessons on Holiness in John 13–17, S. 102–103
61. In the School of Christ: Lessons on Holiness in John 13–17, S. 155–156
62. Windows on Paradise: Scenes of Hope and Salvation in the Gospel of Luke, S. 22–23
63. Eternal Encouragement and Good Hope: 2 Thessalonians 2:13-17, S. 6
64. Ephesians: A Bird's Eye View of the Major Movements of Thought, S. 70–71
65. Windows on Paradise: Scenes of Hope and Salvation in the Gospel of Luke, S. 96–97
66. James' Vision of the Perfect Man and Woman: The Epistle James, S. 35
67. According to Luke: The Third Gospel's Ordered Historical Narrative, S. 153–154
68. In the School of Christ: Lessons on Holiness in John 13–17, S. 36–37
69. According to Luke: The Third Gospel's Ordered Historical Narrative, S. 166–167
70. According to Luke: The Third Gospel's Ordered historical Narrative, S. 294–295
71. God's Power for Salvation: Paul's Letter to the Romans, S. 79
72. The Gospel of Authority and the Path of Discipleship: Studies in Matthew, S. 38–39
73. Spiritual Dullness: A Study in the Prophet Malachi, S. 7–8
74. Windows on Paradise: Scenes of Hope and Salvation in the Gospel of Luke, S. 98–99
75. An Unshakeable Kingdom: The Letter to the Hebrews for Today, S. 80
76. Satisfaction in Serving the Lord: Three Principles from the Prophecy of Isaiah, S. 7
77. According to Luke: The Third Gospel's Ordered Historical Narrative, S. 179–180
78. The Beauty of Holiness: Israel's Sacrificial System and the Christian Faith, S. 7
79. The Christian Philosophy of Man: Eight Studies in 1 Corinthians, S. 17
80. Christ Is All: Twelve Seminars on the Letter to the Colossians, S. 32
81. Entering the Inheritance: Studies in Joshua 1–12, S. 37
82. Christ Is All: Twelve Seminars on the Letter to the Colossians, S. 54
83. Entering the Inheritance: Studies in Joshua 1–12, S. 21–22
84. The Unexpected Person and Character of Jesus Christ, S. 28
85. Windows on Paradise: Scenes of Hope and Salvation in the Gospel of Luke, S. 79–80

86. In the School of Christ: Lessons on Holiness in John 13–17, S. 61–62
87. In the School of Christ: Lessons on Holiness in John 13–17, S. 62–63
88. According to Luke: The Third Gospel's Ordered Historical Narrative, S. 353–354
89. According to Luke: The Third Gospel's Ordered Historical Narrative, S. 355–356
90. Four Journeys to Jerusalem: A Series of Seminars on the Gospel of John, S. 160
91. Four Journeys to Jerusalem: A Series of Seminars on the Gospel of John, S. 37–38, 186
92. No Longer Bondmen: Thirteen Studies in the Book of Exodus, S. 22–23
93. Windows on Paradise: Scenes of Hope and Salvation in the Gospel of Luke, S. 37–43
94. True to the Faith: The Acts of the Apostles-Defining and Defending the Gospel, S. 71–72
95. An Unshakeable Kingdom: The Letter to the Hebrews for Today, S. 46–47
96. According to Luke: the Third Gospel's Ordered Historical Narrative, S. 340–341
97. True to the Faith: The Acts of the Apostles – Defining and Defending the Gospel, S. 339–340
98. Entering the Inheritance: Studies in Joshua 1–12, S. 36
99. True to the Faith: The Acts of the Apostles–Defining and Defending the Gospel, S. 356–357
100. The Feast of the Lord: Studies on the Feasts Appointed by the Lord for Israel, S. 26
101. True to the Faith: The Acts of the Apostles–Defining and Defending the Gospel, S. 51
102. True to the Faith: The Acts of the Apostles–Defining and Defending the Gospel, S. 77–78
103. In the School of Christ: Lessons on Holiness in John 13–17, S. 203–204
104. The Feasts of the Lord: Studies on the Feasts Appointed by the Lord for Israel, S. 28–29
105. According to Luke: The Third Gospel's Ordered Historical Narrative, S. 174–175
106. According to Luke: The Third Gospel,s Ordered Historical Narrative, S. 207
107. True to the Faith: The Acts of the Apostles–Defining and Defending the Gospel, S. 78–79
108. An Unshakeable Kingdom: The Letter to the Hebrews for Today, S. 67–68
109. The Riches of Divine Wisdom: The New Testament's Use of the Old Testament, S. 295
110. An Unshakeable Kingdom: The Letter to the Hebrews for Today, S. 115–116
111. An Unshakeable Kingdom: The Letter to the Hebrews for Today, S. 117–118
112. An Unshakeable Kingdom: The Letter to the Hebrews for Today, S. 193–194
113. In the School of Christ: Lessons on Holiness in John 13–ss17, S. 81–82
114. The God of Restoration: Four Studies in the Prophecy of Zechariah, S. 8–9
115. How Religion Goes Wrong: Four Studies in the Epistle of Jude, S. 10–11
116. According to Luke: The Third Gospel's Ordered Historical Narrative, S. 307–308
117. Four Journeys to Jerusalem: A Series of Seminars on the Gospel of John, S. 144–145
118. According to Luke: The Third Gospel's Ordered Historical Narrative, S. 305–306
119. An Unshakeable Kingdom: The Letter to the Hebrews for Today, S. 206
120. Daniel: Civil Servant and Saint, S. 14–15
121. True to the Faith: The Acts of the Apostles–Defining and Defending the Gospel, S. 363–364
122. In the School of Christ: Lessons on Holiness in John 13–17, S. 24–25
123. What Moses Could Not Do: Nine Studies in the Book of Joshua, S. 35–36
124. What Moses Could Not Do: Nine Studies in the Book of Joshua, S. 37–38
125. The God of New Beginnings: Eighteen Seminars on the Book of Genesis, S. 114
126. God's Power for Salvation: Paul's Letter to the Romans, S. 120–121

127. An Unshakeable Kingdom: The Letter to the Hebrews for Today, S. 192–193
128. True to the Faith: The Acts of the Apostles–Defining and Defending the Gospel, S. 309–310
129. An Unshakeable Kingdom: The Letter to the Hebrews for Today, S. 76–77
130. According to Luke: The Third Gospel's Ordered Historical Narrative, S. 144–145
131. Daniel and Revelation: A Comparative Study, 97–98
132. No Longer Bondmen: Thirteen Studies in the Book of Exodus, S. 57–58
133. Wreckage and Recovery: God's Way of Making Believers Holy: Romans 5–8, S. 17
134. Wreckage and Recovery: God's Way of Making Believers Holy: Romans 5–8, S. 41
135. The Feasts of the Lord: Studies on the Feasts Appointed by the Lord for Israel, S. 5–6
136. The Feasts of the Lord: Studies on the Feasts Appointed by the Lord for Israel, S. 6
137. True to the Faith: The Acts of the Apostles–Defining and Defending the Gospel, S. 199
138. Windows on Paradise: Scenes of Hope and Salvation in the Gospel of Luke, S. 60–61
139. Windows on Paradise: Scenes of Hope and Salvation in the Gospel of Luke, S. 62–63
140. Understanding the Old Testament: An Overview of Genesis to Joshua, S. 36–37
141. Wreckage and Recovery: God's Way of Making Believers Holy: Romans 5–8, S. 18
142. Wreckage and Recovery: God's Way of Making Believers Holy: Romans 5–8, S. 18–19
143. What Moses Could Not Do: Nine Studies in the Book of Joshua, S. 46–47
144. In the School of Christ: Lessons on Holiness in John 13–17, S. 124
145. Understanding the Old Testament: An Overview of Genesis to Joshua, S. 28–29
146. The Riches of Divine Wisdom: The New Testament's Use of the Old Testament, S. 135–136
147. An Unshakeable Kingdom: The Letter to the Hebrews for Today, S. 200–201
148. An Unshakeable Kingdom: The Letter to the Hebrews for Today, S. 209–210
149. An Unshakeable Kingdom: The Letter to the Hebrews for Today, S. 124–125
150. An Unshakeable Kingdom: The Letter to the Hebrews for Today, S. 211–212
151. An Unshakeable Kingdom: The Letter to the Hebrews for Today, S. 141–142
152. An Unshakeable Kingdom: The Letter to the Hebrews for Today, S. 214–215
153. The God of New Beginnings: Eighteen Seminars on the Book of Genesis, S. 128
154. True to the Faith: The Acts of the Apostles–Defining and Defending the Gospel, S. 263–264
155. True to the Faith: The Acts of the Apostles–Defining and Defending the Gospel, S. 486–487
156. True to the Faith: The Acts of the Apostles–Defining and Defending the Gospel, S. 489–490
157. An Unshakeable Kingdom: The Letter to the Hebrews for Today, S. 218–219
158. An Unshakeable Kingdom: The Letter to the Hebrews for Today, S. 224–225
159. Ephesians: A Bird's Eye View of the Major Movements of Thought, S. 77
160. James's Vision of the Perfect Man and Woman: The Epistle of James, S. 30
161. Four Journeys to Jerusalem: A Series of Seminars on the Gospel of John, S. 122
162. Life in the Family of God: Twelve Seminars on the First Epistle of John, S. 20
163. The Gospel of Authority and the Path of Discipleship: Studies in Matthew, S. 6–7
164. The Gospel of Authority and the Path of Discipleship: Studies in Matthew, S. 7–9
165. The Gospel of Authority and the Path of Discipleship: Studies in Matthew, S. 13–14
166. Family Life with Abraham and Jacob: Studies in Genesis 12–50, S. 43
167. The Gospel of Authority and the Path of Discipleship: Studies in Matthew, S. 43

168. Wreckage and Recovery: God's Way of Making Believers Holy: Romans 5–8, S. 38
169. The God of New Beginnings: Eighteen Seminars on the Book of Genesis, S. 79–80
170. According to Luke: The Third Gospel's Ordered Historical Narrative, S. 122
171. James's Vision of the Perfect Man and Woman: The Epistle of James, S. 69
172. With Moses on the Plains of Moab: Studies in Deuteronomy, S. 13
173. Daniel: Civil Servant and Saint, S. 106–107
174. A Cosmic-sized Salvation: Three Studies in Colossians, S. 19–20
175. Three Creation Stories and Three Patriarchs: The Book of Genesis, S. 73–74
176. The Feasts of the Lord: Studies on the Feasts Appointed by the Lord for Israel, S. 15
177. According to Luke: The Third Gospel's Ordered Historical Narrative, S. 103
178. True to the Faith: The Acts of the Apostles–Defining and Defending the Gospel, S. 200–201
179. Daniel: Civil Servant and Saint, S. 52–53
180. According to Luke: The Third Gospel's Ordered Historical Narrative, S. 224–225
181. In the School of Christ: Lessons on Holiness in John 13–17, S. 89–90
182. The God of New Beginnings: Eighteen Seminars on the Book of Genesis, S. 172
183. Take Hold of Eternal Life: Major Themes in Paul's First Letter to Timothy, S. 30–31
184. The God of New Beginnings: Eighteen Seminars on the Book of Genesis, S. 174
185. The God of New Beginnings: Eighteen Seminars on the Book of Genesis, S. 82–83
186. Governing for God: Studies in 2 Samuel, S. 17–18
187. Governing for God: Studies in 2 Samuel, S. 18–19
188. According to Luke: The Third Gospel's Ordered Historical Narrative, S. 254–255
189. According to Luke: The Third Gospel's Ordered Historical Narrative, S. 256
190. The God of New Beginnings: Eighteen Seminars on the Book of Genesis, S. 175
191. According to Luke: The Third Gospel's Ordered Historical Narrative, S. 256–257
192. According to Luke: The Third Gospel's Ordered Historical Narrative, S. 287
193. Family Life with Abraham and Jacob: Studies in Genesis 12–50, S. 68
194. Three Creation Stories and Three Patriarchs: The Book of Genesis, S. 77
195. Family Life with Abraham and Jacob: Studies in Genesis 12–50, S. 27–28
196. James's Vision of the Perfect Man and Woman: The Epistle of James, S. 42
197. Priesthood and Holiness, Sin and its Consequences, Atonement and Acceptance, S. 6–7
198. An Unshakeable Kingdom: The Letter to the Hebrews for Today, S. 185–186
199. In the School of Christ: Lessons on Holiness in John 13–17, S. 149–150
200. An Unshakeable Kingdom: The Letter to the Hebrews for Today, S. 61–62
201. According to Luke: The Third Gospel's Ordered Historical Narrative, S. 226–227
202. According to Luke: The Third Gospel's Ordered Historical Narrative, S. 229–230
203. Entering the Inheritance: Studies in Joshua 1–12, S. 45–46
204. What Moses Could Not Do: Nine Studies in the Book of Joshua, S. 68–69
205. The God of New Beginnings: Eighteen Seminars on the Book of Genesis, S. 87
206. The God of New Beginnings: Eighteen Seminars on the Book of Genesis, S. 109
207. James's Vision of the Perfect Man and Woman: The Epistle of James, S. 65–66
208. According to Luke: The Third Gospel's Ordered Historical Narrative, S. 293–294
209. Governing for God: Studies in 2 Samuel, S. 9–10
210. Governing for God: Studies in 2 Samuel, S. 10
211. An Unshakeable Kingdom: The Letter to the Hebrews for Today, S. 226–227
212. An Unshakeable Kingdom: The Letter to the Hebrews for Today, S. 229–230

213. James's Vision of the Perfect Man and Woman: The Epistle of James, S. 7–8
214. James's Vision of the Perfect Man and Woman: The Epistle of James, S. 73
215. Christ is All: Twelve Seminars on the Letter to the Colossians, S. 39
216. No Longer Bondmen: Thirteen Studies in the Book of Exodus, S. 36
217. An Unshakeable Kingdom: The Letter to the Hebrews for Today, S. 230–231
218. James's Vision of the Perfect Man and Woman: The Epistle of James, S. 15–16
219. The God of Restoration: Four Studies in the Prophecy of Zechariah, S. 9
220. Daniel: Civil Servant and Saint, S. 53–54
221. The Riches of Divine Wisdom: The New Testament's Use of the Old Testament, S. 219–220
222. The Riches of Divine Wisdom: The New Testament's Use of the Old Testament, S. 215
223. No Longer Bondmen: Thirteen Studies in the Book of Exodus, S. 30
224. Studies in the Life of the Prophet Elisha, S. 24
225. The Lord Saves His People: Fourteen Seminars on the Book of Judges, S. 52
226. The Lord Saves His People: Fourteen Seminars on the Book of Judges, S. 34
227. Daniel: Civil Servant and Saint, S. 93–94
228. The Lord Saves His People: Fourteen Seminars on the Book of Judges, S. 62
229. The Lord Saves: His People: Fourteen Seminars on the Book of Judges, S. 63
230. The Lord Saves His People: Fourteen Seminars on the Book of Judges, S. 74–75
231. The Saving and Losing of a Soul, S. 9–10
232. No Longer Bondmen: Thirteen Studies in the Book of Exodus, S. 107–108
233. Windows on Paradise: Scenes of Hope and Salvation in the Gospel of Luke, S. 110–111
234. An Unshakeable Kingdom: The Letter to the Hebrews for Today, S. 210
235. No Longer Bondmen: Thirteen Studies in the Book of Exodus, S. 86
236. What Moses Could Not Do: Nine Studies in the Book of Joshua, S. 63
237. Life in the Family of God: Twelve Seminars on the Epistle of John, S. 17
238. Daniel and Revelation: A Comparative Study, S. 91–92
239. God's Power for Salvation: Paul's Letter to the Romans, S. 86
240. Understanding Old Testament: An Overview of Genesis to Joshua, S. 40–41
241. The God of New Beginnings: Eighteen Seminars on the Book of Genesis, S. 115
242. God's Programme and Provision: Lessons from History in Chronicles and Kings, S. 20–21
243. Daniel and Revelation: A Comparative Study, S. 88–89
244. Daniel and Revelation: A Comparative Study, S. 94–95
245. Governing for God: Studies in 2 Samuel, S. 4–5
246. No Longer Bondmen: Thirteen Studies in the Book of Exodus, S. 144
247. The Book of the Revelation: Major Themes of Revelation's Six Sections, S. 98–99
248. Entering the Inheritance: Studies in Joshua 1–12, S. 15–16
249. Entering the Inheritance: Studies in Joshua 1–12, S. 46–47
250. No Longer Bondmen: Thirteen Studies in the Book of Exodus, S. 38–39
251. The Feasts of the Lord: Studies on the Feasts Appointed by the Lord for Israel, S. 33
252. Ephesians: A Bird's Eye View of the Major Movements of Thought, S. 22
253. No Longer Bondmen: Thirteen Studies in the Book of Exodus, S. 115
254. Family Life with Abraham and Jacob: Studies in Genesis 12–50, S. 21
255. The God of Restoration: Four Studies in the Prophecy of Zechariah, S. 31
256. A Cosmic-sized Salvation: Three Studies in Colossians, S. 22–23
257. No Longer Bondmen: Thirteen Studies in the Book of Exodus, S. 151–152

258. Ephesians: A Bird's Eye View of the Major Movements of Thought, S. 14–15, 17
259. Christ is All: Twelve Seminars on the Letter to the Colossians, S. 30
260. Three Creation Stories and Three Patriarchs: The Book of Genesis, S. 34–35
261. The God of New Beginnings: Eighteen Seminars on the Book of Genesis, S. 33–34
262. The God of New Beginnings: Eighteen Seminars on the Book of Genesis, S. 17–18
263. The God of New Beginnings: Eighteen Seminars on the Book of Genesis, S. 16–17
264. The God of New Beginnings: Eighteen Seminars on the Book of Genesis, S. 37–38
265. The God of New Beginnings: Eighteen Seminars on the Book of Genesis, S. 35–36
266. The God of New Beginnings: Eighteen Seminars on the Book of Genesis, S. 36–37
267. A Cosmic-sized Salvation: Three Studies in Colossians, S. 12–13
268. In the School of Christ: Lessons on Holiness in John 13–17, S. 53
269. The God of New Beginnings: Eighteen Seminars on the Book of Genesis, S. 50–51
270. The Beauty of Holiness: Israel's Sacrificial System and the Christian Faith, S. 8
271. God's Power for Salvation: Paul's Letter to the Romans, S. 91
272. Ephesians: A Bird's Eye View of the Major Movements of Thought, S. 17–18
273. The God of New Beginnings: Eighteen Seminars on the Book of Genesis, S. 29–30
274. The Book of the Revelation: Major Themes of Revelation's Six Sections, S. 88
275. Life in the Family of God: Twelve Seminars on the First Epistle of John, S. 68–69
276. Eternal Encouragement and Good Hope: 2 Thessalonians 2:13-17, S. 4
277. The Power, the Wisdom and the Glory: Romans 9–11, S. 22–23
278. The Power, the Wisdom and the Glory: Romans 9–11, S. 42
279. A Cosmic-sized Salvation: Three Studies in Colossians, S. 13-14
280. Ephesians: A Bird's Eye View of the Major Movements of Thought, S. 72
281. Ephesians: A Bird's Eye View of the Major Movements of Thought, S. 66–67
282. The Power, the Wisdom and the Glory: Romans 9–11, S. 7
283. A Proud Tyrant Brought Down, The Suffering Servant Exalted: A Study in Isaiah, S. 5
284. With Moses on the Plains of Moab: Studies in Deuteronomy, S. 12
285. The God of New Beginnings: Eighteen Seminars on the Book of Genesis, S. 148–149
286. God's Great Salvation: Lessons from the Lives of Old Testament Characters, S. 27–28
287. Entering the Inheritance: Studies in Joshua 1–12, S. 8–9
288. With Moses on the Plains of Moab: Studies in Deuteronomy, S. 20
289. With Moses on the Plains of Moab: Studies in Deuteronomy, S. 36–37
290. Daniel: Civil Servant and Saint, S. 94–95
291. The Lord Saves His People: Fourteen Seminars on the Book of Judges, S. 58
292. According to Luke: The Third Gospel's Ordered Historical Narrative, S. 345–346
293. The Beauty of Holiness: Israel's Sacrificial System and the Christian Faith, S. 9–10
294. No Longer Bondmen: Thirteen Studies in the Book of Exodus, S. 125
295. The Approach to God: Studies in the Tabernacle, S. 83
296. Understanding the Old Testament: An Overview of Genesis to Joshua, S. 19–20
297. The Approach to God: Studies in the Tabernacle, S. 11
298. The Approach to God: Studies in the Tabernacle, S. 19–20
299. The Approach to God: Studies in the Tabernacle, S. 36
300. The Riches of Divine Wisdom: The New Testament's Use of the Old Testament, S. 289–290
301. The Riches of Divine Wisdom: The New Testament's Use of the Old Testament, S. 293–294

302. The Feasts of the Lord: Studies on the Feasts Appointed by the Lord for Israel, S. 13
303. The Feasts of the Lord: Studies on the Feasts Appointed by the Lord for Israel, S. 7
304. The Feasts of the Lord: Studies on the Feasts Appointed by the Lord for Israel, S. 8
305. The Feasts of the Lord: Studies on the Feasts Appointed by the Lord for Israel, S. 14–15
306. The Feasts of the Lord: Studies on the Feasts Appointed by the Lord for Israel, S. 18–19
307. The Feasts of the Lord: Studies on the Feasts Appointed by the Lord for Israel, S. 19–20
308. The Feasts of the Lord: Studies on the Feasts Appointed by the Lord for Israel, S. 22
309. The Feasts of the Lord: Studies on the Feasts Appointed by the Lord for Israel, S. 10–11
310. The Feasts of the Lord: Studies on the Feasts Appointed by the Lord for Israel, S. 38–39
311. The Approach to God: Studies in the Tabernacle, S. 12–13
312. Understanding the Old Testament: An Overview of Genesis to Joshua, S. 33–34
313. The Beauty of Holiness: Israel's Sacrificial System and the Christian Faith, S. 10
314. What Moses Could Not Do: Nine Studies in the Book of Joshua, S. 11–12
315. What Moses Could Not Do: Nine Studies in the Book of Joshua, S. 27
316. Entering the Inheritance: Studies in Joshua 1–12, S. 10–11
317. What Moses Could Not Do: Nine Studies in the Book of Joshua, S. 6–7
318. What Moses Could Not Do: Nine Studies in the Book of Joshua, S. 5–6
319. What Moses Could Not Do: Nine Studies in the Book of Joshua, S. 66
320. God's Great Salvation: Lessons from the Lives of Old Testament Characters, S. 30
321. The Lord Saves His People: Fourteen Seminars on the Book of Judges, S. 57
322. Four Journeys to Jerusalem: A Series of Seminars on the Gospel of John, S. 122–123
323. True to the Faith: The Acts of the Apostles–Defining and Defending the Gospel, S. 67
324. The Gift and His Gifts: The Holy Spirit and the Use of Spiritual Gifts, S. 25
325. God's Power for Salvation: Paul's Letter to the Romans, S. 139–40
326. The God of New Beginnings: Eighteen Seminars on the Book of Genesis, S. 78–79
327. In the School of Christ: Lessons on Holiness in John 13–17, S. 92–93
328. The Gift and His Gifts: The Holy Spirit and the Use of the Spiritual Gifts, S. 13–14
329. In the School of Christ: Lessons on Holiness in John 13–17, S. 96–97
330. In the School of Christ: Lessons on Holiness in John 13–17, S. 180
331. The Gift and His Gifts: The Holy Spirit and the Use of Spiritual Gifts, S. 9
332. The Gift and His Gifts: The Holy Spirit and the Use of Spiritual Gifts, S. 7–8
333. Life in the Family of God: Twelve Seminars on the First Epistle of John, S. 42
334. The Gift and His Gifts: The Holy Spirit and the Use of Spiritual Gifts, S. 18
335. The Gift and His Gifts: The Holy Spirit and the Use of Spiritual Gifts, S. 33
336. The Lord Saves His People: Fourteen Seminars on the Book of Judges, S. 93–94
337. Ephesians: A Bird's Eye View of the Major Movements of Thought, S. 76
338. Ephesians: A Bird's Eye View of the Major Movements of Thought, S. 12–13
339. God's Great Salvation: Lessons from the Lives of Old Testament Characters, S. 28
340. True to the Faith: The Acts of the Apostles–Defining and Defending the Gospel, S. 375
341. True to the Faith: The Acts of the Apostles–Defining and Defending the Gospel, S. 231–232
342. Ephesians: A Bird,s Eye View of the Major Movements of Thought, S. 86–87
343. Ephesians: A Bird's Eye View of the Major Movements of Thought, S. 89
344. Life in the Family of God: Twelve Seminars on the First Epistle of John, S. 57
345. Life in the Family of God: Twelve Seminars on the First Epistle of John, S. 66–67
346. The Saving and Losing of a Soul, S. 9

347. An Unshakeable Kingdom: The Letter to the Hebrews for Today, S. 241–242
348. True to the Faith: The Acts of the Apostles–Defining and Defending the Gospel, S. 123–124
349. True to the Faith: The Acts of the Apostles–Defining and Defending the Gospel, S. 426–427
350. Eternal Encouragement and Good Hope: 2 Thessalonians 2:13-17, S. 8–9
351. The God of New Beginnings: Eighteen Seminars on the Book of Genesis, S. 70
352. Entering the Inheritance: Studies in Joshua 1–12, S. 22–23
353. Spiritual Dullness: A Study in the Prophet Malachi, S. 3–4
354. The Approach to God: Studies in the Tabernacle, S. 66-67
355. Fundamentals of the Gospel For the Church Today, S. 4
356. The God of New Beginnings: Eighteen Seminars on the Book of Genesis, S. 164-165
357. Windows on Paradise: Scenes of Hope and Salvation in the Gospel of Luke, S. 121–122
358. According to Luke: The Third Gospel's Ordered Historical Narrative, S. 40
359. According to Luke: The Third Gospel's Ordered Historical Narrative, S. 45–46
360. According to Luke: The Third Gospel's Ordered Historical Narrative, S. 48–49
361. According to Luke: The Third Gospel's Ordered Historical Narrative, S. 50-52
362. Daniel Gooding, According to Luke: The Third Gospel's Ordered Historical Narrative, S. 52–53
363. Windows on Paradise: Scenes of Hope and Salvation in the Gospel of Luke, S. 65–66
364. According to Luke: The Third Gospel's Ordered Historical Narrative, S. 59--61
365. Wreckage and Recovery: God's Way of Making Believers Holy: Romans 5--8, S. 53–54

David Gooding / John Lennox
Was ist der Mensch?
Würde, Möglichkeiten, Freiheit und Bestimmung
Gb., 400 S., 15,1 x 22,8 cm
Best.-Nr. 271651
ISBN 978-3-86353-651-0

Wie sollen wir unseren Weg finden in einer sich rasant verändernden Welt? In dieser Buchreihe, die mit „Was ist der Mensch?“ beginnt, nehmen Gooding und Lennox unterschiedliche Weltanschauungen unter die Lupe: Was ist die Wahrheit über unsere Welt? Dabei hören sie auf die Bibel als Gottes Offenbarung, nehmen aber auch auf, was Intuition, Wissenschaft, Philosophie und die Geschichte zu sagen haben. Was ist der Grundwert eines Menschen? Wo ist menschliche Freiheit gefährdet? Was sind die Maßstäbe für Moral? Welche Macht hat der Mensch über die Natur und wo sind die Grenzen? Und was ist die letzte Bestimmung des Menschen? Warum leben wir?

David Gooding / John Lennox
Was können wir wissen?
Können wir wissen,
was wir unbedingt wissen müssen?
Gb., 448 S., 15,1 x 22,8 cm
Best.-Nr. 271698
ISBN 978-3-86353-698-5

„Was ist Wahrheit?“, fragte Pilatus, als er Jesus verhörte. Gibt es überhaupt eine für alle gültige Wahrheit? Das ist eine zentrale Frage dafür, wie wir die Welt grundsätzlich sehen. Und hier gibt es sehr unterschiedliche Antworten. Hinter der Wahrheitsfrage verbergen sich weitere wichtige Themen, die die Wissenschaft, Philosophie, Ethik, Literatur, aber auch unser tägliches Leben betreffen: Was können wir überhaupt wissen? Wie ist das Verhältnis von Glauben und Denken? Die Autoren Gooding und Lennox gehen in ihrem Buch diesen Fragen nach: Ist wirkliche Erkenntnis möglich, und welche Grenzen hat sie? Sie gehen auch auf die postmoderne Debatte des Wahrheitsrelativismus ein. Dabei wird deutlich, dass es nicht nur um die Frage geht, was Wahrheit ist, sondern auch darum, wer die Wahrheit ist.

Dies ist das zweite Buch der Reihe „Die Suche nach Wirklichkeit und Bedeutung“, die den großen Fragen der Weltanschauungen nachgeht. Dabei hören die Autoren auf die Bibel als Gottes Offenbarung sowie auf andere führende Stimmen unserer Zeit.

David Gooding / John Lennox
Was sollen wir tun?
Was ist das beste Konzept für Ethik?
Gb., 464 S., 15,1 x 22,8 cm
Best.-Nr. 271727
ISBN 978-3-86353-727-2

Was sollen wir tun? Wir sind nicht die erste Generation, die mit der ethischen Frage ringt. Deshalb präsentieren Gooding und Lennox im dritten Band der Reihe „Die Suche nach Wirklichkeit und Bedeutung“ die wichtigsten ethischen Theorien. Diese Konzepte erheben alle den Anspruch, allgemeingültige Grundprinzipien zu vertreten. Die Autoren vergleichen die Vorteile und Schwächen, prüfen die Grundlagen und obersten Ziele jedes Systems und seine konkreten Regeln für den Alltag. Dabei wird deutlich, dass selbst die besten Theorien unmöglich konsequent befolgt werden können. Die christliche Ethik unterscheidet sich hier an einem ganz entscheidenden Punkt.

David Gooding / John Lennox
Was dürfen wir hoffen?
Antworten einfordern –
Den Schmerz des Lebens ertragen –
Was ist Wirklichkeit?
Gb., 608 S., 15,1 x 22,8 cm
Best.-Nr. 271728
ISBN 978-3-86353-728-9

Wie viel Hoffnung kann eine Weltanschauung geben? Führen alle Religionen zum selben Ziel, und wie erklären sie die Welt? Wie begründet sind diese Erklärungen, halten sie einer kritischen Überprüfung stand? Welche Antworten haben Atheismus und Naturalismus auf die großen Fragen? Werden die unterschiedlichen Ansätze der Realität gerecht, oder reduzieren sie die Komplexität der Wirklichkeit so stark, dass wesentliche Eigenschaften unserer Welt ausgeblendet werden?

Der vierten Band der Reihe „Die Suche nach Wirklichkeit und Bedeutung" umfasst die Bände 5, 6 und 2 der englischen Ausgabe. Dabei geht es überwiegend um Aspekte der Religionsphilosophie: die Frage nach dem Leid in der Welt, die Frage nach der Zuverlässigkeit der Überlieferungen und die Frage nach dem Wirklichkeitsverständnis der jeweiligen Weltsicht. Dabei gehen die Autoren besonders auch auf kritische Fragen gegenüber dem christlichen Glauben ein.